Progress
in
Research
on
Library
Science

Research Progress
of Library
and Information Science
in Digital Era

数字时代图书馆学情报学研究进展（第三辑）

湖北省“十三五”重点图书

图书馆学研究进展

黄如花　司莉　吴丹　主编

WUHAN UNIVERSITY PRESS
武汉大学出版社

图书在版编目(CIP)数据

图书馆学研究进展/黄如花,司莉,吴丹主编.—武汉:武汉大学出版社,2017.9

数字时代图书馆学情报学研究进展.第三辑

湖北省“十三五”重点图书

ISBN 978-7-307-18727-6

Ⅰ.图…　Ⅱ.①黄…　②司…　③吴…　Ⅲ.图书馆学研究
Ⅳ.G250.1

中国版本图书馆CIP数据核字(2017)第078517号

责任编辑:徐胡乡　　责任校对:汪欣怡　　版式设计:韩闻锦

出版发行:**武汉大学出版社**　(430072　武昌　珞珈山)
(电子邮件:cbs22@whu.edu.cn 网址:www.wdp.com.cn)
印刷:武汉中远印务有限公司
开本:720×1000　1/16　印张:45.5　字数:653千字　插页:3
版次:2017年9月第1版　2017年9月第1次印刷
ISBN 978-7-307-18727-6　定价:136.00元

编 委 会

前　言

图书馆学产生于19世纪初，1807年，德国学者马丁·施莱廷格(Martin Schrettinger，1772—1851)首次使用了“图书馆学”这一概念，1808年他在《试用图书馆学教科书大全》中建立了以图书馆整理为核心的学科体系，标志着图书馆学学科正式诞生。1887年美国学者杜威(Melvil Dewey，1851—1931)在哥伦比亚大学创办世界第一所图书馆学校，1930年芝加哥大学设立第一所图书馆学博士班课程，图书馆学开始走进大学殿堂。至今图书馆学已走过210年的历史。

当今的图书馆学作为研究知识信息的收集、组织、管理与利用的专门学科，主要解决社会信息化、网络化与数字化进程中信息资源的开发、利用与服务等一系列问题。随着社会经济文化发展的紧迫需求，信息环境与信息技术日新月异的发展以及图书情报机构业态的变化，图书馆学面临前所未有的机遇及挑战。武汉大学信息管理学院已成功策划出版了两辑学科年度进展，分别是第一辑(2001—2005)，第二辑(2005—2010)。本辑也就是第三辑共收录15篇论文，内容涉及当代图书馆学研究现状、热点及前沿领域，由武汉大学信息管理学院从事图书馆学研究的专家撰写。

社会的进步、信息技术的发展给图书馆事业的发展提供机遇也带来挑战，图书馆转型与创新成为新趋势。陈传夫与陈一撰写的《图书馆转型发展研究进展》以国内外发表的文献成果为基础，梳理了图书馆转型的理论脉络与实践进展。作者认为，图书馆转型本质是图书馆业态发展创新，使图书馆更能满足文化、信息、知识需要，服务经济与社会发展，使图书馆服务更好地融入公众的生活，获得长期的可持续发展的动力。认为转型发展必须保持图书馆的传统价值，防止转型过程中的内外风险。

2010年以来，学界围绕图书馆学基础理论一些问题的讨论一直在深入，近年来国外一些新理论的引入，带来了新的研究热点。肖希明、刘巧园、曾粤亮与卢世晴撰写的《近五年来图书馆学基础理论研究热点分析》对2010年以来我国图书馆学基础理论研究的成果进行了系统的梳理，认为这些成果主要集中在“现代图书馆学”与“后现代图书馆学”关于图书馆本质的探讨、作为第三文化空间的图书馆研究、公共图书馆研究和图书馆哲学研究几个领域。这些领域及研究热点不仅丰富了图书馆学理论研究的内容，而且为国家制定图书馆政策提供了理论支撑，为我国图书馆实践发展提供了理论指导。

随着信息技术的迅速发展和社会信息化进程的加快，信息资源作为国家经济和社会发展战略性资源的重要性越来越被人们深刻认识，信息资源建设已成为国家信息化发展战略的重要组成部分。肖希明、完颜邓邓与沈妍撰写的《近五年来信息资源建设研究综述》一文对2010—2014年间国内外以图书情报领域为主的信息资源建设研究成果进行了系统梳理。变革信息资源建设模式，重视信息资源建设政策，探索实体文献资源建设中文献采访模式的创新，拓展和丰富数字资源建设的领域与内容，推进数字信息资源在多领域的整合，以及在信息资源共建共享研究中关注信息资源共享系统绩效评估、重视信息政策与法律和知识产权问题的研究等，是近五年来研究的热点问题。对这些问题的研究，丰富了信息资源建设理论的内涵，促进了信息资源建设实践的发展。

随着知识组织环境计算机化、网络化与社会化，作为用户信息需求和文献资源之间的桥梁、用于对人类知识组织结构进行表达和有组织地阐述的各种语义工具——知识组织系统，包括分类法、叙词表、语义网络、概念本体，以及其他情报检索语言与标引语言也呈现出新的特征，其理论研究与实践发展得到深化与拓展。司莉与贾欢撰写的《2010—2015年我国知识组织领域研究热点探析》一文对2010年以来的国内知识组织研究热点进行总结和分析，将其归纳为9个专题，分别是：关于分类法与叙词表、知识组织系统、自动分类、标签、语义标注及标注系统、folksonomy、本体、关联数据、资源与知识整合、主题图与知识地图的研究。

信息描述是根据信息组织和检索的需要，对信息资源的主题内容、形式特征、物质形态等进行分析、选择、记录的活动。信息资源描述的结果是描述记录，用来作为信息资源的代替物组织检索系统。吴丹与史劲松撰写的《近五年信息描述研究进展》一文首先对近五年来元数据的研究状况进行梳理，分析其研究热点和发展动向，然后对图书馆编目研究的新动向进行总结。目前不论是元数据领域还是编目领域都出现了 RDF 化、融入语义网环境的趋势，图书馆关联数据的发布和应用成为研究、实践的热点。

信息检索是图书情报学及计算机科学领域持续的研究热点之一，通过完善信息检索技术以及提升用户信息检索技能等来推动信息检索领域的整体发展是该领域的长期目标。黄如花与邱春艳撰写《2011—2015 年国内外信息检索研究述评》一文以信息检索领域顶尖国际学术会议——美国计算机协会信息检索专门兴趣小组（SIGIR）年会 2011—2015 年间会议主题和论文作为研究对象，统计这五年信息检索研究的成果，系统梳理模型、技术、方法、评价等比较典型的主题领域的研究进展，总结信息检索领域研究的特点和总体发展趋势，以期为未来我国信息检索研究提供借鉴。

服务是图书馆的永恒话题，为了适应用户信息需求和信息行为的变化，图书馆用户服务也在不断创新变革，出现了各种新的服务方式。吴钢撰写《近五年图书馆用户服务研究进展》一文从图书馆新媒体服务、学科服务、数据管理服务、阅读推广服务、特殊群体服务等领域对近五年来国内外图书馆用户服务的研究进展进行了概述，总结了本阶段图书馆用户服务实践与研究的发展特点，主要表现在：从服务理念上看，近年来的图书馆实践和研究都越来越关注特殊群体的用户服务；从服务工具上看，Web2.0 工具、移动服务平台等已成为图书馆服务的标准配置；从服务广度看，图书馆关注信息环境的变化，创新服务方式，开拓服务类型。

自科特勒于 1969 年提出非营利组织营销的概念之后，国外图书馆开始引入营销理念，以达到提升图书馆影响力从而吸引更多用户的目的。近些年来，国外图书馆界逐渐认识到图书馆营销的重要作用，对图书馆营销的理解也更加深入，在实践和理论层面均已取得长足进步。司莉、潘秋玉与封洁撰写《近五年来国外图书馆营销研究进展》一文对2010年以来的国外图书馆营销研究成果进行总结和分析，将其归纳为6个专题，分别是：图书馆营销现状调查及分析、有关图书馆营销的国际组织动向及奖项、关于图书馆营销模型的研究、关于图书馆营销战略的研究、关于图书馆营销策略的研究以及关于新媒体工具在营销中应用的研究。

知识经济时代，知识产权作为保护人类智力劳动成果的专有权利，在综合国力竞争中发挥着越来越重要的作用。冉从敬与肖兰撰写《基于热点探测的知识产权研究进展》一文，采用定量分析与定性分析相结合的研究方法，利用CiteSpaceIII软件呈现知识产权学术热点演化过程，探究知识产权的学术发展规律。根据CNKI数据，分析2006—2015年间知识产权总领域及其分支领域每五年及各年度的学术研究热点，有利于把握知识产权及其各分支学术发展和研究主题演变，也为更加科学地预测未来几年内的大致研究方向提供参考。

图书馆管理是指引导人力资源、财力资源、物资资源和信息资源进入动态的图书馆活动中以达到图书馆的目标，使其服务对象获得满意，并且使馆员亦获得一种高度的士气和成就感的活动。周力虹、段欣余与屠晓梅撰写《近五年图书馆管理研究进展》一文，对国内2012—2016年发表的核心期刊论文进行检索和分析，发现我国图书馆管理学理论研究发展迅速、热点鲜明、渐成体系。当前的研究热点主要集中在图书馆管理体制、图书馆财务管理、图书馆业务管理、图书馆管理信息系统、图书馆协作管理、专业图书馆管理和图书馆质量管理与评价等七个方面。文章梳理和归纳了各研究热点当前的研究进展，以期推动我国图书馆管理学领域理论体系的进一步完善和发展。

知识图谱是以科学知识为对象，显示学科的发展进程与结构关系的一种图形，具有“图”和“谱”的双重性质与特征，当前成为图书情报学、管理学、科学学等领域的研究热点。杨思洛撰写《科学知识图谱研究进展》一文，通过系统文献调研，综述了科学知识图谱研究进展，具体包括：从知识单元关系角度归纳知识图谱构建的6种方法（基于共引、文献耦合、共词、合作、互引及多种关系结合等）；全面阐述了8个步骤组成的知识图谱绘制流程（数据检索、数据预处理、构建知识单元、数据分析、可视化与解读等）；总结了知识图谱的绘制软件，并详细比较9种专门知识图谱工具；提出知识图谱应用研究的总体框架，从3个方面总体把握知识图谱应用研究现状；最后从理论体系的构建、绘制方法的完善、应用的深入等3个方面展望了知识图谱研究的发展趋势。

虚拟现实具有交互性、沉浸性、想象性、感知性、可视化等特点，以逼真可视的效果、自然丰富的感知、形象生动的功能，被广泛地应用于虚拟空间的再现。图书馆是较早开展虚拟现实应用与研究的领域。陆颖隽撰写《我国图书馆虚拟现实应用及研究进展》一文，在对国内3大期刊全文数据库、学位论文数据库、有关出版物以及相关网络文献进行广泛调研的基础上，总结出图书馆的虚拟现实技术主要应用及研究主要集中在图书馆虚拟馆舍漫步、信息资源三维建设、图书馆服务等方面。

伴随着大数据分析越来越普遍，很多开源的可视化工具为图书馆的数据分析和可视化提供了可利用的技术方法。数据分析为可视化提供可利用的数据源，可视化技术或工具则将数据分析的结果以视觉化的效果呈现出来，使结果便于用户认知和普遍接受。洪亮、周莉娜、宋天宇与蔡明师撰写《数据分析与可视化研究进展》一文，主要从三方面综述近五年数据分析与可视化的研究进展：第一，图书馆数据分析与可视化，主要从立足于构成图书馆体系的人、资源、服务进行研究；第二，社会网络分析与可视化，包括社会网络分析方法和社会网络可视化的研究；第三，可视化工具的介绍，包括Google Charts APIs、R语言等一系列可视化工具。最后，针对目前的研究成果，提出了未来这三方面的相关研究展望和新的研究思路。

古籍作为中国传统文化与历史知识的载体，具有重要的文化价值、学术价值和艺术价值，古籍的充分利用和长久保存是古籍整理与保护的直接目的。李明杰撰写《中国古籍整理与保护研究进展（2005—2015）》一文，分为古籍整理与保护两大部分，前者在概述

2005年以来古籍整理研究成果的基础上，以文本的复原性整理、语义的解释性整理、内容的组织性整理的架构对普通古籍整理研究取得的进展进行了详细论述，同时对少数民族及中医药古籍整理研究取得的进展、古籍整理出版及其规划予以充分介绍。后者按照古籍的原生性保护、再生性保护、非物质文化遗产保护的层级结构，对近十年来古籍保护研究，尤其是古籍修复和古籍数字化领域取得的成果进行了重点分析。最后对现有研究存在的问题进行了总结，并对未来研究的发展趋势进行了展望。

文华图专是我国第一所图书馆学专门教育机构，为我国乃至世界图书馆事业发展培养了大量领导人才和技术骨干。彭敏惠撰写《文华图专研究进展(2005—2014)》一文，将对文华图专的研究划分为整体研究和个体研究两个方面。整体研究方面，主要包括文华图专发展历史总体、不同历史时期、办学不同方面等研究成果。对于个人的研究，一方面对作为文华图专创始人的韦棣华和沈祖荣的研究成果较为集中，另一方面文华图专师生校友中毛坤、钱亚新、周连宽、徐行可、严文郁、喻友信、王文山等人成为关注的热点。成果数量上，对机构的整体研究数量远远小于对文华图专师生校友个人的研究。研究风格上，对史料的处理较之前更为精细化，相关论证更为深入。对文华学子的研究中，原有部分热点人物依然得到关注，同时出现了一批新兴研究点。在当今环境下，对文华图专进一步研究的空间依然十分广阔。

本书内容新颖，资源翔实，综述性强，集中描绘了近年来图书馆学研究前沿与概貌，可供高等学校图书馆学、信息资源管理、图书情报和信息管理与信息系统等专业作教学参考书，对于从事图书馆学研究的理论工作者与实际工作者，本书也具有重要的参考作用。由于要考虑专家的研究兴趣与领域，研究选题的涵盖面难以包括图书馆学研究的所有领域，又由于时间仓促，水平有限，本书难免存在一些不足，敬请各位读者批评指正。

司　莉

2017年5月于珞珈山

目　录

图书馆转型发展研究进展

陈传夫　陈　一

(武汉大学信息管理学院)

[摘　要]社会的进步、信息技术的发展给图书馆事业的发展提供机遇也带来挑战，图书馆的转型与创新成为新趋势。本文以国内外发表的文献成果为基础，梳理了图书馆转型的理论脉络与实践进展。作者认为，图书馆转型本质是图书馆业态的发展创新，使图书馆更能满足文化、信息、知识的需要，服务经济与社会发展，使图书馆服务更好地融入公众的生活，获得长期的可持续发展的动力。因此，转型发展必须保持图书馆的传统价值，防止转型过程中的内外风险。

[关键词]图书馆　转型　研究进展

Research Progress of Library Transformation

Chen Chuanfu　Chen Yi

(School of Information Management, Wuhan University)

[**Abstract**] The progress of the society and the development of information technology provide both opportunities and challenges to library field. Library transformation and innovation has become a new trend. The author thinks that the essence of library transformation is the innovation of library format development, which enables the library to meet the needs of culture, information, knowledge, services, economic and social development, and makes the library service better integrates into the public life and to obtain long-term sustainable development. Therefore, library transformation must maintain the traditional values and prevent the internal and external risks.

[**Keywords**] library　transformation　research progress

2012 年初，世界著名的哈佛大学图书馆突然解聘了所有的员工，宣布将图书馆进行重组。将哈佛大学现有的 73 座图书馆分成 5 组，分别按照馆藏需求、内容、服务领域和特定活动，统一在“哈佛大学图书馆”之下，这使得之前分散的图书馆重整联合为一个有机体系。按照转型计划，所有哈佛大学图书馆馆员解聘后，必须重新接受定岗、培训、再上岗。哈佛大学图书馆的重组，是图书馆管理机制的革命性变革”[1]，有学者将这次转型称为“风波”“阵痛”[2]。哈佛大学图书馆的重组，出乎很多人的意料。这次转型实践表明，转型发展必须符合实际，充分考虑各种风险因素。

图书馆之存在至少有着 2500 年的历史。图书馆的发展表现为收藏数量的不断增多、文献种类的不断丰富、馆舍空间的不断扩大、馆员队伍的不断壮大。图书介质也经历了从泥版、羊皮版、竹简版到纸质一统天下。在几代人的印象中，图书馆一直都是他们获取知识的地方[3]。然而，通信网络的出现使信息便宜且易获取并改变着传统的与潜在的用户行为[4][5]，从全球业态来看，图书馆正经历着历史上最深刻的转型[6]。一些作者认为，如果不转型，公共图书馆的衰败将在 21 世纪末出现[7]，有人描述图书馆的生存危机[8]，并预测图书馆的消亡方式[9]。有人认为图书馆可能会变成一个虚拟的地点[10]，甚至开始争论图书馆的去留问题[11]。2010 年 10 月兰卡斯特教授在中美图书馆学情报学教育研讨会上的书面发言说“生存无从强制”[12]。在全球图书馆界，Radical Change 思潮悄然盛行[13][14][15]，金融衰退[16]也长期影响对图书馆的投资，图书馆转型势在必行[17]。有研究认为“转型”意味着图书馆组成或结构、外形、性质及状态的改变[18]。有学者认为，图书馆转型，是指随着图书馆信息基础设施的完善及数字化信息系统的形成，将图书馆从里到外、从硬件到软件，彻底转移到信息轨道上来。具体而言，就是在发展理念、功能定位、资源建设、用户服务、技术应用等方面的转变过程[19]。无论如何，转型问题已经成为图书馆界普遍关心的热门话题。这一浪潮也迅速波及 LIS 教育界，ALISE 确定 2016 年年会主题是“Radical Change”[20]。

1 图书馆转型是社会发展的新要求

国内外图书馆实践及学术领域都深刻认识到转型的重要性，但很多学者只是粗略提出“经济”和“信息技术”的发展是推进图书馆转型的关键因素。但图书馆转型不单是指图书馆业务的“信息化”转变，而是整个服务理念的深刻变革。经济发展、教育改革、人口结构等社会各方面的转变都牵动着图书馆转型，这既是图书馆转型的机遇，也使图书馆转型面临更多挑战。

1.1 无处不在的数字资源与移动设备

国际图联(IFLA)2013 年发布研究报告《乘风破浪还是随波逐流？——如何在信息狂潮中把握方向》(Riding the Waves or Caught in the Tide? Insights from the IFLA Trend Report)中表示，2010 年，全球信息传输量首次突破 1ZB，并有望在未来每两年翻一番。仅在 2011 年一年之内，人们创建的数字信息量就超越了所有现存出版物的几百万倍。经济合作与发展组织的数据显示，仅 2008—2011 年创建的数字信息量就超过了有历史记载的所有信息的总和[21]。在大数据时代，每个人都是数据生产者，以电子书为例，用户的阅读速度、阅读偏好都能被当做数据收集起来。在大数据环境下，数据集成为有价值的信息资源，图书馆作为数据集存储库，理所应当的被公众要求去搜集各种数据，阐述不同研究数据之间的关系，通过对数据进行分类和归档，以元数据和关键字来标识它们，以便于被检索[22]。这也给图书馆带来一种双向冲击。图书馆可以收集数据满足自身的工作需求，用以改善自己的产品和服务，但同时图书馆自身作为数据提供者，可能会更多地被要求与企业、政府或其他组织分享自身的数据。这对数据完整性提出了更高的要求，也必须更加关注数据隐私问题[23]。

移动设备，例如智能手机、平板电脑和电子阅读器也在占据着越来越大的信息市场份额。皮尤研究中心(Pew Research Center)2015年发布的一份调查报告显示，64%的美国成年人拥有智能手机，而在2011年这一比例仅为39%[24]。随着人们热衷于移动内容消费，图书馆用户更希望随时随地能获取图书资源。移动技术也正在改变学术工作的流程，教师、学生及研究人员越来越倾向于通过图书馆网站来搜索图书馆目录、阅读摘要和部分数字内容，保存合适的数字文献，而较少地进行实体访问，这就给图书馆工作方式带来了巨大冲击。

1.2 收入差距与技能鸿沟加大

全球经济危机以来，贫富差距越来越大。美国前总统奥巴马表示，收入不平等是“定义我们这个时代的挑战”。根据政策研究院(Institute for Policy Studies)研究显示，美国收入不平等程度，在过去30年显著提升[25]。随着收入不平等的加剧，不同收入家庭的孩子在教育中的“学术鸿沟”也在拉大[26]。在经济中，收入潜力是依赖于教育成就的，学前教育、夏令营、课后活动等都被认为是解决收入不平等的机会。收入不平等限制了人们向上流动的机会，这无疑会产生恶性循环。马里兰大学经济学教授 Melissa Kearney 表示，“大规模的技能升级”是最直接的解决方案，虽然极其困难，但会产生明显效果[27]。除此之外，技能鸿沟也在逐渐拉大，从业者在学校里学的东西与工作岗位所需要的实际技能差距甚远。普华永道的调查显示，美国有52%的企业认为难以找到合适的人才，这一问题在发展中国家更为严重[28]。收入差距和技能鸿沟的加大使得图书馆在提升人们技能方面可能会变得更加重要。图书馆不再单单只是为阅读创造好的环境，更要为提升市民的信息素养、技能素养以及职业素养提供相应的服务，图书馆所有的空间优势都可充分利用为居民提供多元化的技能培训场所。

1.3 人口老龄化问题

2015年，全球65岁以上人口达6亿，到2050年全球将有16

亿老年人。美国发布的《老龄化世界：2015》(An Aging World：2015 International Population Reports)报告表示，预计到2050年，65岁及以上人口将占全球总人口的17%，或达到16亿人，其中80岁以上高龄老人预计将从2015年的1.26亿增至2050年的4.46亿[29]。随着寿命的增加，生活质量的提高，老年人退休后的时间将更长[30]，这也使得老年人更愿意花时间娱乐、学习或者参与志愿活动，因此，图书馆、文化馆或旅游公司这样的机构或企业要及时调整自己的工作策略。寿命的增加使得退休人员需要为医疗保健准备更多的存款，许多人到了退休的年纪后还在继续工作。对于图书馆，特别是医疗和一些专业图书馆来说，这意味着它们的用户群体发生了变化，它们也必须随之调整自己的资源配置和馆员结构。

2 国际上图书馆转型研究

2.1 国际组织和国际会议

国际图书馆学界近些年来越来越意识到图书馆转型的必要性及重要性。2011年8月，第77届国际图联大会的主题为“图书馆的自我超越——整合、创新与信息的普遍获取”，大会的研讨主题分为：开放获取与数字资源；政策、策略与宣传推广；用户驱动的利用与服务；工具与技术；创意、创新、预期。通过上述主题可以强烈地感受到，国际图书馆界在发展理念、图书馆功能、馆员定位、资源建设、知识组织、用户服务、技术应用等多方面都在发生着深刻的变化。这些变化与社会发展有着密不可分的关系，如：技术的使用日益广泛、文化消费不断改变、获取知识更加及时、兴趣丰富多样、文化多元发展。这些社会因素也在逐渐改变市民利用图书馆的方式和他们对于图书馆服务及设施规划的需求，也导致新的挑战涌现。

美国研究图书馆协会 (Association of College & Research Libraries，ACRL)2012年发布了学术图书馆的10大发展趋势(2012 top ten trends in academic libraries)：①展示自己的价值；②数据监

管；③数字资源长期保存；④高等教育环境转变对图书馆产生冲击；⑤信息技术的驱动；⑥移动设备改变信息传递和存取的方式；⑦读者决策电子图书的采购；⑧图书馆需要更积极参与到新的学术交流和出版模式中；⑨通过创新方式雇佣有竞争力的员工；⑩方便性决定了信息检索[31]。由以上不难看出，社会的发展既便利了图书馆的服务方式，也使图书馆受到资金、技术、社会认可等多方面的挑战。2014 年 ACRL 又发布了 7 大趋势：①数据；②载体进步让数字服务日趋成熟；③开放存取与公开教育；④协助学生成功；⑤以能力为基础协助学生学习；⑥社媒影响计量学(Altmetrics)；⑦数字人文[32]。基于对文献的调研，ACRL 归纳出图书馆的发展趋势，2012 年的 10 大趋势更像是学者对图书馆的"担忧"，而 2014 年的 7 大趋势则体现出图书馆通过转型所带来的变化，其技术手段、服务方式更契合高校的高等教育。

2014 年 4 月美国图书馆协会(American Library Association，ALA)发布了 2014 年度美国图书馆发展状况报告(The state of American's Library 2014)，报告对当前美国图书馆发展的一些重要趋势进行了总结，其中包括：①2013 年图书馆到馆人数较 2012 年下降了 5%，但网站访问人数较 2012 年提高了 5%；②图书馆应用网络技术水平提升，公共图书馆对社交媒体的使用更为普遍；③电子图书市场发展迅猛，但是仅有少数读者完全用电子阅读取代传统阅读；④打造半开放式空间、半私人空间及技术体验区成为图书馆设施建设的一个主要趋势；⑤对比其他行业，图书馆员的就业前景比较低迷[33]。怎样根据社会发展趋势，调整图书馆事业的发展成为目前的关注重点。实际上，在此之前，美国图书馆协会(ALA)就从 2012—2014 年连续三届以"改变我们的图书馆，改变我们自己"(Transforming Our Libraries，Ourselves)为年会主题[34][35][36]。并且，在 2015 年年会上，2015—2016 年度 ALA 主席 Sari Feldman 在其就职午宴的演讲中着重提出了"图书馆转型"(Libraries Transform)的公众意识运动，并指出这场运动要达到以下五大目标：展示当前图书馆转型的必然性，为图书馆争取更多支持；让人们更充分地了解图书馆及图书馆人在数字时代的重要作用；塑造图书馆及图书馆人的新形象；吸引各界优秀人士共同参与并推动图书馆事业的发展；影响国家、州和地方的重要决策者们，使之在图书馆的经费和信息决策方面提供更多支持。Sari Feldman 还推荐了“图书馆转型”网站(http://www.librariestransform.org)，它是为支持这场运动而专门推出的。ALA 2016 年报告再次强调“要用‘图书馆转型’来将‘图书馆是过时的’想法扭转到‘图书馆是不可或缺的’”，通过转型使图书馆成为社区的中心，成为一个学习、创造、分享的空间[37]。

图书馆转型的意义、社会价值已经得到了越来越多人的认可，国际图书馆界也逐渐将焦点转移到图书馆转型的具体策略，更具针对性地推进转型进程。

2015 年 2 月 26 日，西班牙巴塞罗那召开了“公共图书馆新用途”(New uses of the public library)的研讨会，会议探讨了公共图书馆使用方面发生的一些变化，以及这些变化如何影响了服务、用户、空间和专业人士。图书馆专业人员面临的一大挑战是在以深层变革、社会经济不确定性为主要热点的全球环境下确定图书馆的模式[38]。

虽然纸质资源向电子资源过渡是图书馆转型的重要表现形式之一，但这绝不意味着忽视传统纸质资源的重要作用。早在 2003 年 7 月，美国研究图书馆中心(CRL)曾组织召开“保存美国的纸质资源”(Preserving America's Print Resources, PAPR)会议。该会议主要探讨的是在数字资源迅速成为研究人员首选资料来源的时期，图书馆在维护纸质馆藏方面面临的一些挑战。“保存美国的纸质资源Ⅱ：北美峰会”(Preserving America's Print Resources Ⅱ: a North American Summit)于 2015 年 6 月 25 日在美国加利福尼亚大学伯克利分校召开，该会议的目标是指定一个共同的愿景，以推动研究图书馆馆藏的进一步发展与馆藏共享的发展，并确定研究图书馆中心在支持同等级别馆藏保存项目中的优先事务，以防止重要的纸质期刊和政府出版物丢失[39]。

图书馆社会角色的转变也是图书馆转型的一个重要方面，2015 年 4 月 ALA 发布的美国图书馆状况报告(The State of America's

Libraries 2015）就重点关注了这一点。报告指出，高校图书馆、公共图书馆、中小学图书馆正经历着一个转折性的变化，主要体现在社区及社会对图书馆的认知，人们认为，各类图书馆已不再仅仅是一个藏书的地方，它们更是学术生活的据点、研究中心和宝贵的场所。报告中还提到了以下重要趋势：①数字素养日益成为一项重要的图书馆服务；②创客空间（Makerspaces）受到更多的关注，图书馆已经突破了传统的以馆藏为中心的发展状态；③联邦政府政策中有关个人隐私、图书馆资金、劳动力发展以及版权法相关的内容受到图书馆界的关注[40]。

图书馆资源的开放获取以及长期保存是国际上近年来关注的热点。2015 年 8 月 15 日，第 81 届国际图联大会在南非开普敦召开，会议主题为“有活力的图书馆：存取、发展与转型”（Dynamic Libraries：Access，Development and Transformation），来自多个国家的部长和国家代表就图书馆状况及信息存取议程的实施进行了共同探讨。会议希望为进一步获取、保护和保存文化遗产资料提供便利；支持图书馆和信息行业，满足各机构对信息的需求；公众能够更广泛地了解高质量图书馆和信息服务的价值和重要性；促进图书馆作为一个重要机构，通过公平享有知识和信息，来提高人们的生活质量。

2.2 文献研究

2.2.1 图书馆转型的社会意义

Jaeger 等人在所著的 *Public Libraries*，*Public Policies*，*and Political Processes*：*Serving and Transforming Communities in Times of Economic and Political Constraint* 书中开篇就发出疑问：我们拥有谷歌后是否还需要图书馆？现在的图书馆员每天的工作是在整理图书？[41]进入 21 世纪来，不少学者认识到社会的发展对图书馆带来的冲击，新技术的发展对图书馆来说既是机遇也是挑战[42]。英国伯明翰信托基金会图书馆首席执行官布莱恩曾表示，在网络与多元文化的时代背景下，图书馆应该通过创新与转型来吸引更多的民众利用图书馆；在经济压力日趋增加下，图书馆应帮助市民减压，可借力其他专业机构让其成为交流聚会的场所，并争取与媒体机构合作开发图书馆的服务。Byrne 表示目前整个社会都在数字化转型，我们图书馆和图书馆馆员在自身数字化转型中同时推动着社会的变化。图书馆要抓住转型的机会为社会贡献更多的知识和服务[43]。土耳其更是将公共图书馆转型作为国家发展计划的一部分，并且转型不局限在图书馆建筑上，它还重新界定公共图书馆的要求和功能，并创造与之匹配的社会环境[44]。

2.2.2 图书馆转型具体策略分析

不同的学者从不同的侧重点研究图书馆转型，Brunner 等人认为人员重组和改进服务是关键[45]，有些学者则专注于研究信息环境下图书馆参考咨询服务的转型[46]。Carol Shepstone 和 Lyn Currie 从文化环境的角度提出转型建议，他们认为文化给馆员工作创造了成功的环境，在调研了当前高校图书馆的组织机构文化的基础上，提出通过具体的行动实施文化变革，实现组织转型，创造积极的、有创造性的工作环境[47]。David W. Lewis 表示，由于遍及各地且便宜的全球通信网络的存在，使得人们能够轻松、免费地获取文献资源，这使得高校图书馆必须改变馆藏收集策略。如果高校图书馆想要取得成功，它们需要解构传统的印刷藏品、将按项目选书的模式改为按需求订购、向开放存取期刊过渡、重点策划一些有特色的项目、建立机构基础设施、建设新的资金机制[48]。自动化设备的引入带来工作效率的提升，但也有学者发出提醒，图书馆不能一味追求工作效率，图书馆“麦当劳化”是不理性的，要坚持图书馆自身的文化价值，在“怎么转型”之前首先要思考“为什么转型”[49]。

在构建公共环境时，青少年往往是被忽视的一个群体，因为他们通常被认为是图书馆麻烦的制造者，所以很多时候青少年不能公平地享有公共设施。Bernier 分析了青少年的重要性，从空间设计的角度强调图书馆转型过程中，应根据青少年特点及自身意见进行图书馆空间规划[50]。

2.2.3 典型地区或典型案例分析

Jill Mierke 通过加拿大萨斯喀彻温大学（Saskatchewan）图书馆利用内部领导力发展培训（in-house leadership training）员工这一案

例，强调了内部领导力培训而非合作方式对于馆员和机构的变革性影响[51]。科罗拉多大学波尔德分校图书馆从2010年11月到2012年2月规划了重大的机构重组。他们依托校园和图书馆的优势，实现了以团队为基础、强调共享领导的参与式结构，并且保证这个框架是可持续发展的，最大限度减少潜在的未来大规模重组，其实质是适应高等教育的变革、资助模式以及学术交流模式[52]。西班牙加泰罗尼亚开放大学是在信息社会中产生的一所新生大学，老师、学生和管理者都加入虚拟大学城，所以图书馆信息服务就更显关键，Cervera等人指出要强化学校图书馆学科馆员服务，提高服务效率，为教学和研究提供契合的学习资源[53]。

非洲作为经济欠发达地区，近年来图书馆事业的发展也受到国际上的关注。非洲共有55个国家和地区，图书馆事业的发展并不均衡。非洲大多数国家的图书馆事业由文化部、教育部管理，很多图书馆的经费都十分缺乏。除一些发展较快的国家使用计算机系统外，很多国家的图书馆服务与管理还没有实现现代化。虽然北非和南非诸国的图书馆事业比较发达，但总的来说，非洲的图书馆事业相较于其他洲来说仍是比较落后的。Hart和Nsssimbeni介绍了南非图书馆转型章程制定的过程，分析了其中政治及专业影响因素，他们认为转型不但为图书馆系统的转变和整合提供了美好的愿景，对于南非整个社会也影响深远[54]。Nicholsoon认为在数字环境下，南非的法定呈缴制度也需要转型。法定呈缴是信息自由的基础，它在教育、研究以及提供社会经济转型知识方面起着关键作用。南非需要及时地修改著作权法、法定呈缴制度以及其他相关的图书馆法律，诸如信用认证、隐私、安全、服务器空间、技术、灾害管理、媒体/格式转换等问题都需要在政策中得到解决[55]。信息的访问被视为一种基本的人权，获得法律信息也是一个基本的信息访问问题。在非洲和美国，法律图书馆是处理、传播法律信息的前沿阵地，Jones Y和Ilako探讨了信息行为和司法公正的交汇点，分别讨论了美国和乌干达获取法律信息的方法和途径，并强调乌干达法律图书馆员要勇于创新，提升自己的法律素养，并采取移动技术办事，提高公众尤其是农村地区的法律意识[56]。

Chadha 等人也将关注点聚焦在法律图书馆上，分析了印度法律图书馆在公正存取方面的角色转变。他们认为，公共领域的资源应该是昂贵的数据库的替代品，它们对于公众来说是有用的“法律大学”，目前主要的法律信息，例如判例法、法律改革报告、国际文书等都是在公告基金中产生的，并应该在公共领域公开。印度有超过 1200 家法律机构，但是其中只有不超过 10%的机构有资金来维护它们的数据库。因此，图书馆有必要保证公众能够获取最新的公共资源，法律图书馆员在其中发挥了重要作用[57]。

3 国内图书馆转型研究

在中国，图书馆界流行的观点认为“未来十年，转型将成为这一时期最突出的关键词”[58]。事实上，中国图书馆界已经在进行转型实践。1985 年，著名的中国科学院图书馆，开始使用“中国科学院文献情报中心”这一名称，2001 年启动“国家科学数字图书馆”(CSDL)项目[59]并期望通过对其在武汉、成都、兰州等地分馆进行集中化改造，打造“数字化网络化环境下新的文献情报服务模式”[60]；1995 年 10 月，原上海图书馆、上海科技情报研究所合为一体，成为国内首家实现图书、情报联合的机构，但其馆长表示，“合并有很多好处，但并不等于说所有图书馆和情报所都必须合并”。[61]2009 年中国教育部直属重点大学浙江大学图书馆、网络与信息中心两大机构合并新命名为“图书与信息中心”[62]，“浙江大学图书馆”名称消失，在图书馆界引起广泛关注。

通过文献调研发现，我国学者很早就开始关注图书馆转型问题。早期有关图书馆转型的研究多集中在理论探索上，例如 1998 年黄俊贵发表的《图书馆的转型与发展散论》中提出图书馆转型主要包括图书馆的体制转变和办馆思想转变[63]。2011 年第 77 届国际图联大会召开后，我国有关图书馆转型的研究也呈突增趋势。之后的研究主题也逐步过渡到图书馆服务方式、技术创新、馆员培养等具体的转型策略上来。

3.1 图书馆转型的意义分析

《人民日报》曾发文指出，当今获取信息的渠道多样，图书馆的传统职能逐渐失去吸引力，而图书馆又或多或少存在人浮于事、功能单一、馆藏陈旧、效率低下等问题，转型和变革势在必行[64]。范兴坤认为社会生产方式的文献信息需求变化是图书馆转型的主要内因，而知识总量则决定了图书馆发展及转型的方式[65]。吴建中先生表示，图书馆正经历着一场革命，在这场革命中，图书馆中的每一部分都发生了剧烈的变化。作为构成图书馆的三要素，资料、人员和馆舍需要被重新定义[66]。图书馆转型不仅有深刻的时代背景，也有深层次的理论基础，组织发展理论要求组织具有很强的适应能力，以适应来自外界的挑战；社会认同理论要求图书馆进行转型以实现社会和读者的认可；图书馆学理论也证明了图书馆是一个生长着的有机体，要不断吐故纳新[67]。但图书馆特有的传统价值应该受到重视，促进传统业务的现代化转型。技术的进步给图书馆业务带来挑战，例如文献编目工作。文献编目始终是图书馆特有的核心技术方法，图书馆人应该守护图书馆的专业技术领域。程焕文坚定地认为，MARC 面临的不是消亡而是发展。卜书庆认为编目工作应为元数据的编制完善与应用拓展而正确转型。胡小菁认为编目工作衰落无可挽回，但编目部门应基于编目工作的专业性主动面向书刊以外的馆藏资源开拓新领域，编目员也需要将自己的编目技能提高并泛化到广义的元数据领域[68]。

矛盾是事务发展的源泉和动力，黄俊贵和莫少强从矛盾的角度出发，指出我国图书馆存在事业发展与经费不足的矛盾；入藏与利用的矛盾；社会需求与服务水平的矛盾；管理体制与办馆效益的矛盾。这些矛盾制约了图书馆的发展，只有正视矛盾，进行突破和改革才能给图书馆事业增添新的活力[69]。事物的发展也是内外因共同作用的结果，朱开忠从环境影响的角度分析了图书馆转型的必要性，并指出现代信息技术的应用、互联网的快速发展、知识经济时代的需求以及其他信息机构的冲击这些外部因素决定了图书馆只有转型才能跟上社会发展的需求，而转型也是图书馆内质变化的必然结果，其内驱力决定了图书馆必须转型[70]。朱宁分析了社会转型对图书馆存在的冲击和影响以及图书馆自身的本质属性，二者共同决定了转型的必要性和重要性[71]。在社会转型和城市化进程中，居民的闲暇消费呈明显的消解性特征，其层级和品质较低，图书馆要通过服务转型进一步发挥其教育职能，沿着生态—福利—经济多目标协同发展的路径，实现城市居民闲暇结构从消解性行动向构建性行动的转变[72]。还有学者指出中国加入 WTO 也给图书馆提供了机遇和挑战，并具体阐述了给图书馆转型所带来的影响[73]。

图书馆转型不但促进了图书馆自身的发展，为用户提供了更加便利的服务，给社会进步也带来了积极的影响。王梅指出，图书馆转型具有四大优越性：一是关注新的附加值，在数字化信息中，图书馆需要关注新的增长点和新的附加值，而非单纯的功能拓展；二是转型突破了图书馆原有的纸本传递，形成了基于信息和知识性工作的新的图书馆模式；三是转型着眼于人的使命，转型促使其在体系结构、组织方式和运作模式上更注重形成有机的统一体；四是转型顺应了信息技术的发展[74]。

3.2 图书馆转型的具体策略分析

多年来，我国的图书馆事业结构可以分为公共图书馆系统、高校图书馆系统和科学专业图书馆系统，三者管理体制不同，服务的具体对象也存在差异，其实施转型的具体策略也不尽相同。图书馆转型是个系统工程，涉及图书馆的各个维度。管理转型是服务创新的基础和保障，服务创新则是图书馆创新的显性成果，众多学者也大致从这两方面对三类图书馆进行了有针对性的转型策略研究。

3.2.1 公共图书馆

张晓林先生提出，要想将图书馆从固有的物理载体、工作过程和场所中解放出来，就必须跳出传统的图书馆概念，这样才能充分利用现代信息环境和机遇[75]。缪其浩先生通过查找《图书馆与信息科学文摘》和检索互联网发现，业务重组虽然起源于企业管理，但是很快便进入了国际图书馆和信息管理领域，他以上海图书馆的实践为例，对图书馆业务流程重组进行了探究[76]。范并思先生更为明确地提出信息技术对于图书馆事业发展的颠覆性作用，他在国内图书馆学界较早提出了图书馆面对信息技术的冲击，不能按照内部管理需求、按传统的思维模式去调整组织结构，而是需要系统的、科学的重新设计组织框架[77]。周德明等以上海图书馆的实践为基础，认为公共图书馆在转型过程中应及时调整资源的采购配置方针，提供强有力的设备与技术支持，主动转变管理模式，努力提高馆员的专业技能，增强与读者的黏合度[78]。王薇认为，在知识经济时代，图书馆的服务模式应该更加个性化、市场化和多样化，图书馆虽不以盈利为目的，但它同样受到市场规律的制约，因此图书馆也应该采取有效的营销策略，使服务效益最大化[79]。

在开放网络环境下，也有一些学者提出图书馆可以推出新型业务来助推转型。邓李君认为图书馆服务转型应该结合流媒体服务和移动电子书转型，提倡资源服务的推广和评价，同时应整合、利用社会化资源[80]。而随着“互联网+”行动计划的提出，公共图书馆也迎来了新的发展机遇，刘芳认为应该积极抓住这一机会，通过重塑思维、培养人才、跨界融合和顶层设计来促进公共图书馆转型[81]。

3.2.2 高校图书馆

当前，高校图书馆的主体形态在快速走向数字化、网络化、泛在化，功能定位面向学科化、知识化和智能化。图书馆正在被重新定义，传统的到馆服务的业务范式将会被超越[82]。

王丽萍介绍了美国高校图书馆转型与创新的实践，美国高校图书馆管理转型涉及管理理念转型、组织架构调整与变革以及组织文化重构与创新。美国图书馆界积极借鉴企业管理的理论与方法，从单纯的重视文献和业务管理拓展到重视图书馆的全面管理，在组织结构方面打破了图书馆原有组织架构和部门设置，重构组织文化，为转型提供支撑[83]。倪代川总结了高校图书馆发展中面临的传统资源与数字资源、虚拟服务与实体服务、信息技术与人文传统、数字安全与文化传承、大学服务与社会服务五个方面的突出问题，为大学图书馆发展厘清障碍[84]。曲瑞琴则具体提出高校图书馆要打破原有的“金字塔”型的组织结构，建立扁平式的组织结构，以实现信息的快速传递，提高工作效率，而管理模式也应该更加开放[85]。高校图书馆转型不仅要体现在“软实力”的提升上，其硬件改革也不容忽视。近年来全国大部分高校在进行新馆建设，新馆建设不能盲目行动，要将服务理念融入到建设当中，在馆舍设计、布局等多方面为图书馆服务提供有力支持[86]。

高校图书馆为整个高校的教学和科研提供强有力的支撑，服务转型也是学者们研究的热点。具体而言，高校图书馆的图书馆服务模式应该变内向为开放，变被动为主动，由单纯服务转向服务经营，变刚性管理为柔性管理，服务也应该突破空间限制，从面对面服务转向信息检索型服务[87]。馆员在为用户提供有效服务中发挥了至关重要的作用。馆员要真正实现从“以书为本”向“以人为本”转变，从“以藏书为中心”的落后思想转变为“以读者为中心”。从高校图书馆的发展需要来看，馆员队伍应该是学科馆员和嵌入式信息专员。而由于信息环境对于高校图书馆职能的挑战以及用户信息行为的变化，馆员的情报分析与知识服务能力越来越成为其核心能力[88]，应该通过学科服务促进学科内涵式发展[89]。早在 2000 年，张晓林就表示了知识服务是图书情报工作的突破口和生长点[90]。高校图书馆知识服务主要可分为：学科化服务模式、用户自助服务模式、个性化学习服务模式、参考咨询服务模式、专家知识服务模式以及教参信息服务模式[91]。在具体实践中，高校图书馆也创新出许多形式多样的知识服务，例如，以学科为基础，构建基于博客的学科化知识服务平台[92]；开展 Living library 活动，将“以人为书”的交流方式运用到高校图书馆学科化知识服务中[93]。

3.2.3 科学专业图书馆

专业图书馆分布在各行各业中，覆盖了我国科研机构、公共部门、非政府组织、厂矿企业等，是数量最大、种类最多的一类图书馆系统[94]。面对急剧转型的社会，公共图书馆、高校图书馆还有可能以传统的方式存在一段时间，但是对专业图书馆来讲，危机真的来了[95]。不同种类的专业图书馆要根据自己的服务特色有针对性地采取转型对策。医院图书馆作为医院的重要组成部分，为医务人员提供大量的信息，拓展思路、填补空缺，如果规模较小，馆藏资源不足，势必无法满足医护人员及患者对医学信息日益增长的需求。但是专业图书馆不能追求大而全，医院图书馆更应该根据本院优势确立特色馆藏[96]。张政提出采用联合建馆的方法，走集约化管理、集团式经营，可以有效地实现医院图书馆的可持续发展[97]。国防科技信息是国防科技与军队现代化建设发展的重要战略资源，国防科技专业图书馆作为这一领域的专业信息机构，为我国国防科技进步和创新提供强有力的支撑。在新型信息环境下，应该强化信息资源整合，构建国防科技专题特色数据库，开展深层次专业信息服务，提升国防科技专业图书馆在我国国防科技事业中的地位[98]。在数字网络环境下，构建独特的数字资源体系应成为专业图书馆的工作重点，要更加重视专业文献数据库集团采购和建立特色数据库[99]，以实现专业图书馆的服务特色，并为提供专业特色服务提供有效支持。

4 图书馆转型中的风险研究

图书馆转型已成为图书馆发展的必然趋势，但由于转型运动涉及面广且深刻，结果可能是积极的，也可能是消极的，在实践过程中面临诸多不确定性，甚至一些图书馆的转型停滞不前[100]。Lancaster 教授也曾警示，过分关注技术已经导致图书馆员远离用户[101]。OCLC 2010 年发布《研究型图书馆，风险与系统变化》(Research Libraries, Risk and Systemic Change)[102]，该报告将风险归类为“价值取向”“人力资源”“硬件设施”“传统技术”与“知识产权”五大类。研究发现，30%的风险与图书馆不确定的价值主张相关；与人力资源和技术相关的风险都受到了较高的关注；图书馆并不认为知识产权是比较严峻的风险。

目前我国已经有少部分学者意识到转型中存在不确定性，并就如何科学应对转型提出了自己的看法。汤利光表示正确把握“改”与“转”的度十分重要，改得适时合理会推进图书馆事业的发展，否则会使人们产生“传统图书馆可能会被相近行业消融”的错觉，因此，要正确把握图书馆事业的核心内容[103]。刘爱华表示，图书馆不仅遭遇了因生存环境变化而带来的“倒逼”问题，而且在毫无经验可借鉴的背景下，面临着理论建构和实践探索的“双重焦虑”，他认为，图书馆转型最缺乏的并非宏观指导，而是具体思路的建构，尤其是逻辑关系的梳理，逻辑起点、功能定位和战略突破口尤其需要明确[104]。特殊地区的图书馆转型更应该统筹协调把握，有学者专门讨论了边疆地区高校图书馆的转型，强调在转型过程中的资源配置工作要根据其地方性、民族性、宗教性、边境性和贫困性进行[105]。也有部分学者针对转型过程中的具体业务提出规避风险的举措。有学者提出通过项目风险识别、风险分析、风险规划、风险控制对图书馆业务流程重组(BPR)进行项目风险管理[106]。黄水清等根据 ISO27000 系列标准，在对数字图书馆资产、威胁和脆弱性进行识别与估值的基础上，分析和计算数字图书馆信息安全风险，提出风险等级划分方法[107]。李金波指出社交媒体在图书馆的大量应用使图书馆面临隐私安全风险、资源与系统安全风险、著作权风险、名誉风险等[108]，图书馆在应用社交媒体时要尤为注意。王静以新浪微博被黑事件为视角，倡导建立 Web 环境下高校图书馆微博信息服务推广的风险管理机制[109]。

5 结　　语

随着计算机信息技术的飞速发展，图书馆必须由原本的提供文本服务过渡到提供信息服务进一步提升到提供知识服务，图书馆的服务工作需要与时俱进，积极变革，引进新技术、新理念，建立多元化信息模式[110]。图书馆转型不是简单的馆舍重建或服务变革，它关系到图书馆“软实力”以及硬件设施的全面提升，包括组织体系机构更加合理，服务能力更加完善，服务模式更具特色。通过对文献的调研不难发现，越来越多的学者关注到图书馆转型的必要性和迫切性，也提出了很多具有建设性的转型策略。但是，转型过程中面临的诸多不确定性也不容忽视，然而，本领域却鲜有对图书馆转型风险的宏观整体研究。图书馆转型会面临怎样的风险和挑战？图书馆转型是否会导致图书馆传统价值消失？这些都还是未知，也都亟待去探索。图书馆转型对于图书馆发展来说既是机遇也是挑战，众多学者为图书馆转型构建了美好的蓝图，但是还有更多实际问题等待我们去探索。

参考文献

[1]罗四鸰. 哈佛图书馆“大屠杀”[N]. 经济观察报，2012-05-04.

[2]哈佛大学图书馆重组风波. [2015-08-22]. http://nalsi. net/posts/20120129133221.html.

[3]Why the internet hasn't killed the library (yet). [2016-08-10]. http://qz.com/672706/why-the-internet-hasnt-killed-the-library-yet/.

[4]Lewis D W. From stacks to the web: the transformation of academic library collecting[J]. College & Research Libraries, 2013(74): 159-176.

[5]Chu H. Electronic books: viewpoints from users and potential users [J]. Library Hi Tech, 2013, 21(3): 340-346.

[6]Wood E J., Miller R, Knapp A. Beyond survival: managing academic libraries in transition[M]. Westport: Libraries Unlimited, 2007.

[7]Lead beater C. Overdue: How to create a modern public library service. [2016-08-10]. http://www. demos. co. uk/files/overdue. pdf.

[8]Jonathan Rochkind. Academic library existence at risk? [2016-08-10]. https://bibwild. wordpress. com/2013/05/22/academic-library-existence-at-risk/.

[9]Jonathan Rochkind. One scenario for the death of the academic library. [2016-08-10]. https://bibwild.wordpress.com/2013/05/26/one-scenario-for-the-death-of-the-academic-library/.

[10]Tonta Y. Libraries and museums in the flat world: are they becoming virtual destinations? [J]. Library Collections Acquisitions & Technical Services, 2008, 32(1): 1-9.

[11] Berndtson M. "What and why libraries?": looking at what libraries might look like and why we still need them now and into the future [J]. Library Hi Tech News, 2012, 29(4): 13-15.

[12] Lancaster F W, Survival is not Mandatory, Keynote, the 3rd Sino-US LIS Education Simposium. Wuhan, China, 2010. 王兴译, 邹永利审校. 生存无从强制[J]. 中国图书馆学报, 2011(1): 19-23. 王启云先生认为, 该文最简短的翻译为: 醒醒吧, 图书馆员。寓意深刻。笔者注。

[13] Dresang E T, Mcclelland K. Radical change: digital age literature and learning[J]. Theory Into Practice, 1999, 38(3): 160-167.

[14] Dresang E T, Koh K. Radical change theory, youth information behavior, and school libraries[J]. Library Trends, 2009, 58(1): 26-50.

[15] Koh K. Theory-to-research-to-theory strategy: a research-based expansion of radical change theory[J]. Library & Information Science Research, 2013, 35(1): 33-40.

[16] Rush Miller. Damn the recession, full speed ahead[J]. Journal of Library Administration, 2012, 52(52): 3-17.

[17] Cheryl Cuillier. Choosing our futures … still! [J]. Journal of Library Administration, 2012, 52(5): 436-451.

[18] James G. Neal. 21st Century expertise in academic libraries, it's all about transformation over the next decade. ARL-ACRL Human Resources Symposium. Nov. 15, 2012.

[19] 胡瑛, 许军林. 高校图书馆转型发展理论与策略研究[J]. 图书馆建设, 2015(1): 51-54, 58.

[20] ALISE 2016 Conference. [2016-08-10]. http://www.alise.org/index.php?option=com_content&view=article&id=979:alise-2016-conference&catid=21:alise-conferences.

[21] 乘风破浪还是随波逐流?——如何在信息狂潮中把握方向. [2016-08-10]. http://trends.ifla.org/files/trends/assets/ifla-trend-report_simplified-chinese.pdf.

[22] Horizon Report-2014 Library Edition. New Media Consortium. 2014. [2016-08-10]. http://cdn.nmc.org/media/2014-nmc-horizon-report-library-CN.pdf.

[23] Envisioning the Library of the Future Phases 1 and 2: Full Report. Arts Council England. 2013. [2016-08-11]. https://www.ipsos-mori.com/Assets/Docs/Publications/sri-localgov-nvisioning_the_library_of_the_future_phases_1_and_2_full_report-300513.pdf.

[24] U. S. Smartphone use in 2015. [2016-08-11]. http://www.pewinternet.org/2015/04/01/us-smartphone-use-in-2015/.

[25] Income Inequality. [2016-08-11]. http://inequality.org/income-inequality/.

[26] Sean F. Reardon. The widening academic achievement gap between the rich and the poor: new evidence and possible explanations. [2016-08-11]. http://cepa.stanford.edu/content/widening-academic-achievement-gap-between-rich-and-poor-new-evidence-and-possible.

[27] No easy answer for rising income inequality. [2016-08-11]. http:// www.usnews.com/news/articles/2014/10/16/no-easy-answer-for-rising-income-inequality.

[28] 吴建中. 新常态下的图书馆转型[N]. 联合时报，2015-09-25(4).

[29] An Aging World: 2015 International Population Reports. [2016-08-12]. http://www.useit.com.cn/thread-11830-1-1.html.

[30] What happens when we all live to 100? [2016-08-12]. http://www.theatlantic.com/magazine/archive/2014/10/what-happens-when-we-all-live-to-100/379338/.

[31] 2012 top ten trends in academic libraries. [2015-09-10]. http://crln.acrl.org/content/73/6/311.full.

[32] Top trends in academic libraries. [2015-09-10]. http://crln.acrl.org/content/75/6/294.full.

[33] The state of American's Library 2014. [2015-09-10]. http://

www.ala.org/news/state-americas-libraries-report-2014.

[34] Transforming Our Libraries, Ourselves. [2015-09-10]. http://ala12.scheduler.ala.org/.

[35] Transforming Our Libraries, Ourselves. [2015-09-10]. http://ala13.ala.org/.

[36] Transforming Our Libraries, Ourselves. [2015-09-10]. http://ala14.ala.org/.

[37] ALA. State of America's libraries report 2016. [2016-08-22]. http://www.ala.org/news/sites/ala.org.news/files/content/state-of-americas-libraries-2016-final.pdf.

[38] Public Libraries: Report From "New Uses of the Public Library" Seminar. [2015-08-22]. http://www.infodocket.com/2015/04/12/public-libraries-summary-report-from-new-uses-of-the-public-library-seminar/.

[39] PAPR II Summit Looks at the Future of Print in North American Libraries. [2015-08-22]. http://www.crl.edu/news/papr-ii-summit-looks-future-print-north-american-libraries.

[40] The State of America's Libraries 2015. [2015-08-22]. http://www.ala.org/news/state-americas-libraries-report-2015.

[41] Jaeger P T, Gorham U, Bertot J C, et al. Public libraries, public policies, and political processes: serving and transforming communities in times of economic and political constraint[M]. Rowman & Littlefield, 2014.

[42] Hillenbrand C. Librarianship in the 21st century—crisis or transformation? [J]. The Australian Library Journal, 2005, 54(2): 164-181.

[43] Byrne A. Endless invention, endless experiment, knowledge. IFLA WLIC 2014.

[44] Kandur H. Transforming Public Libraries as Part of the National Development Plans in Turkey. [2015-08-22]. http://library.ifla.org/1241/.

[45] Brunner M, Borovsky Z, Osorio J, et al. Transformation Begins when the Renovation is Done: Reconfiguring Staff and Services to Meet 21st-Century Research Needs. [2015-08-22]. http://www.ala.org/acrl/sites/ala.org.acrl/files/content/conferences/confsandpreconfs/2013/papers/Brunner_etal_Transformation.pdf.

[46] Gibson C, Mandernach M. Reference service at an inflection point: transformations in academic libraries[C]. The Proceedings of the ACRL 2013 Conference in Indianapolis, Indiana, April 10-13, 2013. ACRL, 2013.

[47] Shepstone C, Currie L. Transforming the academic library: creating an organizational culture that fosters staff success [J]. The Journal of Academic Librarianship, 2008, 34(4): 358-368.

[48] Lewis D W. From stacks to the web: the transformation of academic library collecting[J]. College & Research Libraries, 2013, 74(2): 159-177.

[49] Nicholson, Karen P. The mcdonaldization of academic libraries and the values of transformational change[J]. College & Research Libraries, 2015, 76(3): 328-338.

[50] Bernier A. Informing the "Naive Triangle": Evidence-Based Transformations in New Young Adult Library Spaces. [2015-08-22]. http://library.ifla.org/900/.

[51] Mierke J. Leadership development to transform a library[J]. Library Management, 2014, 35(1/2): 69-77.

[52] Jack M M. John C. Reorganizing for transformational change: the 21st century research library at a flagship public university [J]. Library leadership & management, 2015, 29(3): 69-77.

[53] Cervera-Farre A, Cervera-Biedma E, Lopez-Perez C, et al. Towards the liaison librarian: transformation of library services to support teaching at the Open University of Catalonia (UOC)[J]. Profesional De La Informacion, 2015, 24(2): 121-129.

[54] Hart G, Nassimbeni M. South Africa's LIS Transformation Charter:

Policies, Politics and Professionals[J]. 2014.
[55]Nicholson D R. Legal deposit in South Africa: transformation in a digital world. [2015-08-22]. http://library.ifla.org/1127/1/089-nicholson-en.pdf.
[56]Jones Y. Ilako C. Dynamic Law Libraries: Access, Development and Transformation in Africa and the United States. [2015-08-22]. http://library.ifla.org/1120/1/114-jones-en.pdf.
[57]Chadha RK. Rai P. Akash A. Transformational Role of Law Libraries in Access to Justice in India: Time to Act Locally and Think Globally. [2015-08-22]. http://library.ifla.org/1044/.
[58]2025年，图书馆“长”什么样. http://news.xinhuanet.com/local/2016-01/23/c_128658954.htm.
[59]张晓林. 国家科学数字图书馆：面向用户的数字信息服务体系[J]. 现代图书情报技术，2002(5)：1-2.
[60]中国科学院文献情报中心. [2016-05-21]. http://www.las.ac.cn/subpage/subframe_detail.jsp? SubFrameID=1045.
[61]谈上海图书馆和情报研究所合并的启示. [2016-05-21]. http://news.xinhuanet.com/book/2011-05/21/c_121441826_2.htm.
[62]浙江大学图书馆. [2016-05-21]. http://libweb.zju.edu.cn/libweb/redir.php? catalog_id=42441.
[63]黄俊贵. 图书馆的转型与发展散论[J]. 中国图书馆学报，1998，24(1)：3-11.
[64]杨旭. 图书馆陷入转型之困[N]. 人民日报，2010-11-04(12).
[65]范兴坤. 随社会而变：图书馆转型的历史内源[J]. 国家图书馆学刊，2011，20(1)：33-40.
[66]吴建中. 关于图书馆未来的对话[J]. 图书馆杂志，1995(3)：15.
[67]胡瑛，许军林. 高校图书馆转型发展理论与策略研究[J]. 图书馆建设，2015(1)：51-54，58.
[68]胡小菁. 图书馆编目的衰落与转型[J]. 国家图书馆学刊，2015

(6)：12-15.
[69]黄俊贵，莫少强. 试论传统图书馆转型与图书馆体制改革[J]. 图书情报知识，1994(1)：2-8.
[70]朱开忠. 图书馆转型背景分析[J]. 情报探索，2011 (6)：122-123.
[71]朱宁. 是“图书馆消亡”还是“图书馆转型”？[J]. 图书馆建设，2013(10)：2.
[72]王稳琴. 城市居民闲暇结构变化下的图书馆服务转型研究[J]. 图书馆论坛，2014(10)：34-40.
[73]高琦. WTO 背景下图书馆的转型研究[J]. 情报探索，2003 (1)：18-21.
[74]王梅. 图书馆转型的机理探讨[J]. 图书情报知识，1998 (1)：14-17.
[75]张晓林. 走向虚拟，走向辉煌——试论现代信息网络对图书馆的挑战[J]. 图书馆，1996(1)：12-15.
[76]缪其浩.“业务流程重组 (BPR)”与图书馆改革[J]. 中国图书馆学报，1998，24(2)：15-19.
[77]范并思，胡小菁. 论信息技术对图书馆学的影响[J]. 图书馆，2000(1)：12-17.
[78]周德明，林琳，唐良铁. 公共图书馆转型发展的思考与实践——以上海图书馆为例[J]. 图书馆杂志，2014，33(10)：4-12.
[79]王薇. 公共图书馆信息服务的转型模式探析[J]. 科技情报开发与经济，2008，18(23)：16-17.
[80]邓李君，杨文建. 移动服务助推下的图书馆服务转型研究[J]. 情报理论与实践，2014(3)：46-49.
[81]刘芳.“互联网+公共图书馆”：是服务创新也是转型发展[J]. 图书馆杂志，2016(3)：1-12.
[82]柯平. 重新定义图书馆[J]. 图书馆，2012(5)：1-5.
[83]王丽萍. 美国高校图书馆的转型与创新[J]. 图书与情报，2014 (3)：92-96.

[84]倪代川. 大学图书馆转型发展中的几个突出问题[J]. 情报资料工作, 2013, 34(6): 10-14.
[85]曲瑞琴. 网络条件下高校图书馆从传统管理向现代管理的转型[J]. 兰台世界: 下半月, 2009 (8): 75-76.
[86]胡瑛, 许军林. 高校图书馆转型发展理论与策略研究[J]. 图书馆建设, 2015(1): 51-54, 58.
[87]李阿莹. 试论高校图书馆服务模式的转型[J]. 教育探索, 2007(8): 91-92.
[88]黄孝群. 转型变革期高校图书馆馆员能力建设策略[J]. 图书情报工作, 2014, 58(9): 51-56.
[89]林嘉. 新信息环境下高校学科服务的转型策略[J]. 图书情报工作, 2014(20): 28-32.
[90]张晓林. 走向知识服务: 寻找新世纪图书情报工作的生长点[J]. 中国图书馆学报, 2000, 26(5): 32-37.
[91]胡舒莉. 高校图书馆知识服务环境及模式探究[J]. 情报杂志, 2008(3): 155-157.
[92]孙翌, 郭晶. 基于博客的高校图书馆学科化知识服务平台实证研究[J]. 图书与情报, 2009(5): 104-107, 119.
[93]徐璟. Living library: 高校图书馆学科化知识服务的创新点——以上海交通大学图书馆为例[J]. 图书情报工作, 2010(1): 58-61
[94]赵树宜, 周金龙. 专业图书馆服务发展的趋向——专业图书馆学会 2001—2008 年学术年会主题略谈[J]. 图书情报工作, 2008(11): 147-149.
[95]魏东原. 专业图书馆转型探索[J]. 图书馆论坛, 2012(6): 167-169.
[96]刘广玲. 我院图书馆的转型和发展[J]. 现代医院, 2004, 4(10): 113-115.
[97]张政. 现代医院图书馆的转型与发展研究[J]. 医学信息学杂志, 2007(1): 38-41.
[98]胡均平, 赵相安, 真溱, 周倩. 新时期国防科技专业图书馆的

转型、变革与发展[J]. 情报理论与实践，2005(6)：4-7，12.
[99]赵树宜，周金龙. 专业图书馆服务发展的趋向——专业图书馆学会 2001—2008 年学术年会主题略谈[J]. 图书情报工作，2008，52(11)：147-149.
[100]Coffman S. The Decline and Fall of the Library Empire[J]. Eventdv，2012.
[101]Lancaster F W，Survival is not mandatory[J]. Journal of library science in China，2010(2)：187-193.
[102]Research Libraries，Risk and Systemic Change. [2016-05-21]. http://www.oclc.org/content/dam/research/publications/library/2010/2010-03.pdf.
[103]汤利光. 图书馆改革与转型的哲学意蕴[J]. 图书馆，2016(5)：26-29.
[104]刘爱华. 研究图书馆转型发展的实践逻辑[J]. 国家图书馆学刊，2016(4)：11-21.
[105]李全华. 双转型背景下边疆高校图书馆资源优化配置探析[J]. 图书情报工作，2015(s1)：63-65.
[106]蒋知义，邹凯. 图书馆 BPR 项目风险管理[J]. 中国图书馆学报，2006，32(6)：45-48.
[107]黄水清，茆意宏，熊健. 数字图书馆信息安全风险评估[J]. 现代图书情报技术，2010(7)：33-38.
[108]李金波. 图书馆社交媒体服务风险管理策略研究[J]. 图书与情报，2015(1)：77-81.
[109]王静. Web2.0 环境下高校图书馆微博客信息服务推广的风险管理机制研究——以新浪微博被黑事件为视角[J]. 图书馆，2012(4)：91-93.
[110]王洪翀. 也谈公共图书馆信息服务的创新[J]. 图书馆学刊，2015(3)：85-87.

【作者简介】

陈传夫，男，武汉大学信息管理学院教授、博士生导师，教育部长江学者特聘教授。主要专业方向：信息资源管理、图书馆发展与知识产权。出版著作多部，在国内外期刊、会议发表学术论文百余篇，主持国家社会科学基金重大项目、国家自然科学基金项目等多项。

陈一，女，武汉大学信息管理学院博士研究生。

近五年来图书馆学基础理论研究热点分析

肖希明　刘巧园　曾粤亮　卢世晴
（武汉大学信息管理学院）

［**摘　要**］文章对2010年以来我国图书馆学基础理论研究的成果进行了系统的梳理，认为这些成果主要集中在“现代图书馆学”与“后现代图书馆学”关于图书馆本质的探讨、作为第三文化空间的图书馆研究、公共图书馆研究和图书馆哲学研究几个领域，而在每个领域都有研究的热点问题。这些研究热点不仅丰富了图书馆学理论研究的内容，而且为国家制定图书馆政策提供了理论支撑，为我国图书馆实践发展提供了理论指导。

［**关键词**］图书馆学基础理论　研究综述　热点分析

Analysis of the Basic Theory Research of Library Science in Recent Five Years

Xiao Ximing　Liu Qiaoyuan
Zeng Yueliang　Lu Shiqing
（School of Information Management, Wuhan University）

［**Abstract**］Through combing the research results of basic theory of library science in China since 2010, the paper finds out that the results mainly focus on these fields: discussion about the essence of library between modern library science and postmodern library science, library as the third cultural space, public library and library philosophy. Each field has its own hot spots, which not only enrich the theory of library science but also provide theoretical support for national library policymaking and practical development of library in China.

[**Keywords**] basic theory of library science research overview hotspot analysis

在2010年出版的《图书馆学研究进展》(第二辑)中，笔者曾撰文对2005—2009年间我国图书馆学基础理论的主要研究成果进行了较为系统的总结。2010年以来，图书馆学基础理论研究与新世纪第一个十年那种高潮迭起，新理论、新观点不断涌现的状况相比，似乎寂静了一些。然而，当我们系统地梳理近五年以来图书馆学基础理论研究的成果时就会发现，其实，学界围绕图书馆学基础理论一些问题的讨论一直在深入，而近年来国外一些新理论的引入，又带来了新的研究热点。随着国家促进文化大发展大繁荣战略的实施，我国公共图书馆事业蓬勃发展，为图书馆学基础理论研究提供了丰富的实践资源。因此，近五年来的图书馆学基础理论研究依然可以说是精彩纷呈，本文将对此进行梳理分析。

1 “现代图书馆学”与“后现代图书馆学”之争

后现代主义(post-modernism)兴起于20世纪中期，并于20世纪80年代逐渐引入中国。后现代主义思潮涉及哲学、艺术、建筑等多个领域，其核心观点是反对一元化和中心论，主张多元化和非核心论。在图书馆学领域，国内外学者几乎是在同一时期开展了相关研究。

1998年，国外学者Radford依据福柯的后现代主义理论对图书馆、图书馆员特别是读者等概念进行解构，开启了图书馆学研究的新视角[1]。在国内，北京大学图书馆于1998年举办了“21世纪大学图书馆的新使命”国际会议，会上有学者首次将后现代主义同图书馆联系起来。后现代主义逐步受到图书馆学研究者的关注，研究内容涉及图书馆职能演变、图书馆服务以及图书馆学发展趋势等多个方面。

国外学者对后现代图书馆学的研究近年来逐渐转入低潮，而与之相反，国内学者近五年来较为关注这方面的研究。后现代图书馆学是对现代图书馆学的转向、否定、批评和解构，随着后现代图书馆学研究的深入，双方的争论也愈加激烈。傅荣贤、蒋永福于2009年先后发表文章批判现代图书馆学研究中的“本质主义”理论，认为后现代主义是图书馆学理论研究的应然走向，随后徐跃权、刘君等学者撰文回应并质疑该观点，成为国内研究的新热点。

1.1 “本质主义”与“反本质主义”之争

“本质主义”与“反本质主义”之争起源于傅荣贤2009年发表的《论当代图书馆学研究范式的转变》一文，该文借鉴后现代主义的反本质主义理论，即认为事物本质不过是人们一厢情愿的主观臆构的产物，提出“就图书馆学研究而言，应该摒弃寻找本质和规律并致力于证成它们的研究思路，解构某些预设的‘给定’在图书馆学研究中的先在性地位，从而彻底否定先验的各种‘给定’对人们思想认识的束缚”。傅荣贤认为“我们应当彻底摒弃本质观，转而面向当下、具体、真实的图书馆现象，从而使图书馆事业和图书馆工作展现出多元化的价值追求和价值实现”[2]。

此后，蒋永福在《后现代图书馆学的理论品格》一文中将后现代图书馆学的价值多元化特征概括为反客观主义、反基础主义和反本质主义。反客观主义即“认为诸如图书馆概念、图书馆学研究对象、图书馆学理论基础、图书馆学理论体系等理论学说，其实都是研究者个体依据自己的价值观主观建构的产物，因而都是个人性、主观性言说，不具有客观性、同一性基础”。反基础主义认为图书馆学理论只存在不断被建构的“基础”，而不存在永恒不变的“基础”，即使“基础”存在也应该是多元基础而非一元基础。反本质主义认为图书馆的本质并不存在，蒋永福认为“人们以界定图书馆学的研究对象的方式来追问图书馆的本质的努力，其实并不是在‘发现’本质，而是在‘制造’本质——即制造乌托邦式的‘元叙事(meta-narratives)’”[3]。2010年，蒋永福发表《不再追问本质：图书馆学理论的后现代走向》进一步论述其观点。他否定了现代图书馆学“界定图书馆学的研究对象=揭示图书馆的本质”的逻辑，认为图书馆学没有研究对象，图书馆的本质无法用“元叙事”方式确定，图书馆学研究应当不再追问本质。蒋永福主张“放弃对‘元叙事’的制造，不再追问虚幻的图书馆‘本质’，摆脱对逻辑实证主义方法论的盲信，摒弃理性主义一元论的束缚，尊重价值观之间的客观差异性，从而走向多元价值观之间的民主对话和博弈选择”，他认为这是图书馆学理论应然的后现代走向[4]。

针对上述反本质主义理论及其主要观点，一些学者提出了质疑和反对。徐跃权最早在《论图书馆本质的哲学解构与建构》一文中从本体论、认识论和价值论的角度出发解构了图书馆本质的有关观点，得出结论“图书馆没有抽象的本质，只有具体的现实的本质，图书馆的本质就其现实而言是其所有社会关系的总和”，他认为“轻言本质或否认本质恰恰暴露出我们在世界观和方法论上的问题”，“应该摒弃的是在图书馆本质问题上的经院哲学的思维方式，代之以马克思主义哲学的辩证法和实践观”，他强调图书馆人已经并将持续通过实践回答图书馆本质，图书馆学人对此问题的理论构建最终要服从和服务于图书馆实践[5]。

随后，马恒通发表文章评述蒋永福的《图书馆学通论》一书，马恒通首先概括性地肯定了该书采用后现代主义思想阐述图书馆学基本理论的探索，同时对书中涉及的具体观点提出了质疑。他认为“认识的根本任务，科学研究的任务就在于揭示事物的本质和规律”，“研究图书馆学，不讲本质是不行的。图书馆学研究的任务就在于揭示图书馆的本质和规律”。他还指出蒋永福的反本质主义观点和其书中的内容存在自相矛盾之处并提出了修改建议[6]。王子舟回顾总结了新中国成立六十年来中国的图书馆学研究，其中提到“近几年部分研究者撰文以后现代理论为利器对现代图书馆学进行了反省与批评”，他认为“这些研究倡导学术多元化，消解理论的宏大叙事，重视地方性知识的作用，肯定事物发展的不确定性，这些观点给图书馆学界吹进了清新之风”。但同时他也指出其研究中的部分观点，如认为“图书馆学研究对象”是伪命题等，反映了这些学者自身现代性传统的局限，他强调后现代主义者应用扬弃的方式在批判中继承相关理论[7]。刘兹恒和周佳贵认为虽然图书馆理论发展呈现出了一些后现代特征，但只是表面现象，“研究者们对这些现象的评述更像是将后现代思想套用在图书馆学理论研究领域而缺乏实质的分析”[8]。

刘君于2012年在《图书馆杂志》连续撰文7篇探讨图书馆的本质问题。他认为图书馆本质是一种客观存在，不能主观“建构”或“制造”，对图书馆本质的探讨，不但是图书馆学理论研究的重要基础，而且对图书馆实践具有重要的指导作用，是图书馆人的长期使命[9][10][11][12][13][14][15]。此外，他还在《本质主义、反本质主义与中国图书馆学研究——对中国图书馆学反本质主义批判的理性思考》一文中列举了我国图书馆学理论研究中12位代表性人物对图书馆本质的探讨，经过分析得出结论：中国图书馆学家对图书馆关于本质的观念与“后现代哲学”本质主义的内涵特征是完全不同的，中国图书馆学研究整体上并不存在“后现代”意义上的所谓“本质主义”。刘君指出尽管后现代主义理论的某些观点可能对图书馆学研究有所启发，但由于它不是一种相对成熟的理论，也不适用于当代中国图书馆和图书馆学的发展需要，因而不能作为中国图书馆学研究的“应然指向”[16]。

而刘宇等人2014年在《合法性的争夺：为什么图书馆学人热衷于讨论研究对象》中对图书馆学界存在的本质主义与反本质主义之争进行了深入分析，指出刘君的文章存在逻辑、内容、表现形式上的缺陷，认为图书馆本质研究盛行的原因是想凭借本质研究向学术界和社会证明图书馆学的合法性，而他们主张应当立足于学科特色并通过学术界认可的表达方式展现研究成果，确定图书馆学的学科合法性[17]。

1.2 “一元论”与“多元论”之争

“现代图书馆学”与“后现代图书馆学”之争除了表现为对图书馆本质问题的争论之外，也表现为对图书馆学价值观的争论，即“一元论”与“多元论”之争。现代图书馆致力于以最经济的方式向普通读者传递最全面、最准确的信息，并由此奠定了图书馆学的一元论价值基础。现代图书馆学认为图书馆的终极使命是最大限度地满足读者的信息需求，实现信息资源配置和利用的帕累托最优。为实现该目标，图书馆十分重视信息资源建设、信息组织以及信息服务水平的提升，并引入一系列指标和评测方式来评估和完善图书馆的服务质量。

后现代图书馆学学者则认为“这样的图书馆(学)价值目标和发展策略在短期内是富有成效的，但长期来看则是僵化的和短视的，显示了图书馆学的堕落和自蔽”。随着图书馆职能的转变，“图书馆学研究必须以价值多元论为基础”，“必须充分思考社会大系统和图书馆小系统之间的生态影响”，引入和图书馆相关的多样化因子[18]。蒋永福指出图书馆理论或实践发展问题的解决方案不是单一的、确定的，而是多样的、多元的，“多样化研究方案和多元化解决方案及其博弈选择”，是不可避免的。他认为“价值一元主义实际上是一种思想专制”，价值多元化并不一定会陷入价值相对主义，我们应当“允许和提倡多元价值观之间的和平共处、民主对话、博弈选择”[19]。

对此，有学者提出了不同观点。邱景华认为蒋永福实际上是采用理性一元推理来建构“后现代图书馆学”：后现代时期—后现代性—后现代图书馆学，他“要用两两相对的‘后现代’取代‘现代’，犯了郑敏先生所说的用‘一个中心’取代‘另一个中心’的失误”，这种典型的线性进化论思维模式与后现代主义所主张的“无中心论”“多元并置”理论是自相矛盾的。他指出“蒋永福对后现代主义的‘非中心论’和多元并置的方法并不理解，更谈不上掌握”，他的线性进化论和一个中心、二元对抗的思维模式严重阻碍了他对后现代理论的深入理解。邱景华认为，郑敏的结构-解构理论是真正采用后现代主义多元并置的方法，改变了“一个中心，二元对立”旧思维模式的顽症，对当代中国文化转型有着深远影响，也为中国图书馆学融合后现代理论提供了典型范例[20]。

1.3 后现代主义理论对图书馆学的影响研究

随着对后现代主义理论研究的深入，部分学者不再局限于对图书馆学研究对象、研究方法的辨析和讨论，转而开展后现代主义思潮对我国图书馆学的影响研究，其中后现代主义理论对图书馆学理论研究和实践研究的影响受到了学者的广泛关注。

1.3.1 后现代主义理论对图书馆学理论研究的影响

傅荣贤在《论当代图书馆学研究范式的转变》一文中最先探究了后现代主义理论对图书馆学理论研究的影响，这些影响主要表现在：①研究对象从本质主义转向反本质主义；②价值观从一元论转向多元论；③研究内容从图书馆小文本转向社会大文本；④研究方法从二维线性模式到多元立体模式。傅荣贤主张打破线性的简单思维模式，运用多元并存的思维方式进行图书馆学研究[21]。与之相反，储流杰论述了图书馆学研究的当代困境与危机，他认为能够使图书馆学走出困境和危机的方法之一就是坚持本质研究的科学逻辑，图书馆现象和图书馆活动的本质不是伪命题，必须重视这方面的研究[22]。

王平认为后现代主义哲学为图书情报学研究的未来提供了一种可能，后现代主义理论对图书馆学研究的影响主要表现在：①图书情报学的存在环境发生改变，信息生产、组织和传播方式的转变使其面临前所未有的挑战；②图书情报学的认识与存在发生改变，科学研究必须注意视角的多元化、解释的多元化和意义的多重性；③图书情报学学科体系的开放性、非确定性和非线性特征明显[23]。后现代主义价值多元化的思维逻辑打破了图书馆学基本理论定式的防线，图书馆学实践论遭到否定[24]。后现代图书馆学的批判方法是图书馆学价值取向的矢量，创造了自由、多元化的图书馆学理论体系[25]。对此，有的学者提出尽管“用后现代主义思想审视现代图书馆学研究方法论体系的局限，对于图书馆学的理论研究来说是一种思维方式上的转变和理念上的突破”，但也必须警惕陷入不可知论、虚无主义或是过于强调“以人为本”的思想泥潭。他们认为图书馆学研究有必要理性借用后现代主义思想中的部分理念以完善图书馆学研究方法论体系[26]。

1.3.2　后现代主义理论对图书馆学实践研究的影响

后现代图书馆的概念伴随着后现代主义理论的传入而产生，并引发了学者对其特征、职能定位、发展趋势等问题的讨论。后现代图书馆的特征在于借助Web2.0技术形式，将图书馆员的专业技能和知识结构嵌入用户知识结构体系构建的过程之中。在后现代图书馆环境下，图书馆的服务对于用户的影响是以图书馆员而非整体的图书馆为主体，“这与后现代性强调人而非方法以及现实条件对建构世界及其意义的主导地位相对应”[27]。后现代图书馆的发展趋势应当是从单一的纸质文献服务走向多种类型资源整合服务，图书馆员也不再仅仅是“搬运工”而会成为知识的生产者，真正做到“把一切知识教给一切人”[28]。

颜务林等人分析了后现代图书馆的职能定位，他们认为后现代图书馆是学习中心，当前图书馆的“第一职能”急需从信息职能向教育职能转变，教育职能是后现代图书馆的生命力所在，建设学习中心是图书馆所面临的首要任务[29]。俞传正从公共图书馆职业的角度剖析了后现代主义理论对图书馆学实践的影响，主要表现为：①图书馆职业使命被削弱；②图书馆职业核心价值观受到质疑；③图书馆学界针对用户的研究存在话语体系隔阂；④管理方式发生转变；⑤服务方式发生转变[30]。

2　作为第三文化空间的图书馆

“第三空间”的概念最早来源于美国地理学家爱德华·索雅的《第三空间》一书，他提出第三空间是对第一空间(物理空间)和第二空间(精神空间)的包容与超越[31]。随后，克里斯蒂娜·米昆达在《期望的概念》一书中定义了城市的“第三空间”，他认为第一空间是居住场所，第二空间是工作场所，第三空间是情感精神之所，如图书馆、公园等[32]。美国社会学家雷·奥登伯格进一步阐述了这一观点：第三空间是在居住空间(第一空间)和职场空间(第二空间)以外的，不受功利关系限制的公共空间，如城市的闹市区、酒吧、咖啡店、图书馆、城市公园等[33]。

图书馆自其诞生以来一直同读者的工作与生活有着密切的联系。荷兰鹿特丹市图书馆馆长舒茨曾提出“公共图书馆是市民的第二起居室”的说法并得到世界各国图书馆的认可与支持。2009 年 8 月，在意大利都灵举办的国际图联卫星会议上，“作为第三空间的图书馆”作为会议的主题之一被正式提出。杭州市图书馆馆长褚树青在奥登伯格第三空间理论的基础上作了延伸，他认为“第三空间”的定义过于宽泛，无法准确地体现图书馆的文化职能。2010 年年底，在丹麦奥尔胡斯市召开的“国际未来图书馆论坛”上，褚树青在《把图书馆打造成为市民生活“第三文化空间”》的演讲中，将图书馆第三空间的特性凸显在“文化”二字上，并将杭州市图书馆的发展目标定位为“为市民打造第三文化空间”，“作为第三文化空间的图书馆”的概念首次被提出。2012 年中国图书馆学会年会设立“公共图书馆——公众的第三文化空间”分会场，探讨公共图书馆建设第三文化空间的系列问题。“第三文化空间”为新时期图书馆的发展提供了新的理念，引起了国内学者的关注和讨论。

2.1 第三文化空间的内涵及其社会价值

2.1.1 第三文化空间的内涵

除了奥登伯格和褚树青对第三文化空间的定义外，也有其他学者从不同角度阐述了自己对第三文化空间内涵的理解。吴一舟首先延伸了第三空间的概念逻辑，指出第一文化空间是指以家庭为背景的文化空间，满足人们个性化和私密性的文化需求；第二文化空间是指以职场为背景的组织文化空间，满足人们作为社会人和职业人的文化需求；而第三文化空间则是包罗了第一和第二文化空间以外的所有文化空间。其次，他又从社会发展的角度出发，指出第一文化空间是指传统的实体文化场所，第二文化空间是指技术支持下的虚拟空间，而第三文化空间则是第一和第二文化空间的融合[34]。龚娅君将第三文化空间的范围进一步限定于公共图书馆，她认为公共图书馆作为第三文化空间首先是一个自由、开放、交融的文化空间，公众在其中平等地享受文化服务，自由交流和学习；其次，公共图书馆作为第三文化空间应当立足于文化而又不局限于文化，要注重发挥其社会教育属性[35]。

但也有学者对第三文化空间这一概念提出了质疑，认为第三文化空间的说法并不准确，因为并不存在与之对应的第一、第二文化空间，因此应当将第三文化空间描述为“公共文化空间”更为合理[36]。

2.1.2 第三文化空间的社会价值

图书馆作为第三文化空间所产生的社会价值也是近年来学界关注的重要问题。图书馆作为第三文化空间帮助人们学习和了解城市文化，解决城市化进程中公共交流平台缺失的问题，为人们创造沟通和交流的条件，是人们不可或缺的缓解压力的第三空间[37]。作为第三文化空间的图书馆有别于其他第三空间，它一方面满足了社会民众的信息需求，另一方面则满足了用户自我表现的需求，能够促进用户的沟通和交流，满足用户的休闲娱乐需求，促进社会融合。从社会文化价值层面上说，图书馆作为第三文化空间能够弘扬区域文化，提升公众文化品位，满足公民终身教育的需求[38]。

图书馆在不同的历史时期肩负着不同的使命，从而有着不同的社会价值。有别于传统图书馆，作为第三文化空间的图书馆的社会价值除了通过其职能和服务方式体现外，更重要的是要提升和丰富其内涵，最大限度地体现其公共、平等和自由的精神，为公众提供一个丰富、多元、自由、平等的文化空间和精神家园[39]。

2.2 作为第三文化空间的图书馆的功能定位及其特征

2.2.1 作为第三文化空间的图书馆的功能定位

图书馆的传统职能包括保存人类文化遗产、开发信息资源和参与社会教育，而作为第三文化空间的图书馆的功能定位在此基础上有了新的延伸。郭欣萍在《公共图书馆功能再定位思考》一文中提出，作为第三文化空间的图书馆应当兼具信息共享空间、学习空间、文化交流空间的新定位，探索新的服务理念和服务模式[40]。牛红艳也提出图书馆作为第三空间应当承担知识共享空间、社会创新空间和文化空间等新职能[41]。此外，周芸熠创造性地提出“图书馆需要转换范式为以人为中心的图书馆，成为人们主动触及并愿意走进的如知识生态圈般的第三空间，承担起知识收集器、发生器、扩散器的社会角色，将知识与智慧通过图书馆这个平等、自由、舒适的空间分享到有形和无形世界的各个角落"[42]。

国外学者近年来也较为关注图书馆作为第三空间的功能定位问题。Susan 和 Jonathan 认为在未来十年内，图书馆将不再仅仅扮演保存文献和提供信息服务的角色，图书馆将会成为人们进行协作学习的主要场所，并成为主要的交流社区之一[43]。Tara 通过研究发现，作为第三空间的图书馆能够为老师和学生提供一个交流合作的场所，是课堂教学方式的创新和延续，在这种轻松、友好的氛围下，学生的学习热情被有效激发，取得了更多的学术成就[44]。James 探索了新信息环境下图书馆和图书馆员所面临的挑战，提出图书馆作为第三空间需要克服困难，发挥其作为学习空间的职能，致力于帮助人们平等、无障碍地获取信息[45]。

2.2.2 作为第三文化空间的图书馆的特征

作为第三文化空间的图书馆具有以下几个特征：①中立性，第三空间允许人们发表自己的见解而不受其他思想的排挤[46]；②平等性，来自不同国家和地区、不同种族、不同文化和语言的读者都可以自由、平等地获取知识并参与第三空间的建设[47]；③交流性，图书馆要从"书"的空间转变为"人"的空间，为读者提供自主学习、交流的机会，达到启迪智慧和思想的目的[48]；④创新性，作为信息共享空间的图书馆聚集了许多富于创造力的读者，是知识创新的绝佳场所。

2.3 作为第三文化空间的图书馆的建设模式分析

李红培和鄢小燕对比了六种图书馆第三空间的建设模式并分析了其各自的特色，具体表现为：①概念店(idea store)模式，该模式将图书馆与商店、练舞厅、音乐培训室和咖啡厅等完美结合，重点突出图书馆的教育功能，将图书馆打造为终生学习的重要场所；②信息共享空间(information commons，IC)，该模式致力于整合图书馆的空间、资源和服务，为读者提供一站式服务，提高读者的信息素养；③真人图书馆(living/human library)，该模式突出读者间的交流，有利于隐性知识的挖掘和共享，激发了读者潜在的知识需求；④悠·图书馆，是深圳市罗湖区图书馆借鉴第三文化空间理念打造的全新的社区图书馆服务模式，其从环境、资源、服务三个方面展开建设，提升读者的归属感；⑤Library 10 模式，该模式以赫尔辛基火车站旁的音乐图书馆为代表，将图书馆的信息服务同某一专业领域知识相结合，将图书馆功能和兴趣教育有效结合；⑥女子图书馆，该模式的代表之一是湖南省图书馆筹建的女子图书馆，为女性读者提供针对性的书籍和服务，该图书馆为了充分发挥女性读者的阅读优势和细化图书馆服务，建设了少儿馆和女子图书馆，还计划建设艺术馆和老人馆，体现了第三空间所推崇的人性化、个性化理念[49]。

近年来国内较多公共图书馆都展开了建设城市第三文化空间的实践探索，其中具有代表性的有：①杭州市图书馆。杭州市图书馆新馆自开馆以来，始终将“平等、免费、无障碍”的服务理念贯穿于业务实践与读者服务活动之中，并以打造“平民图书馆，市民大书房”为己任，积极举办各种活动，是近年来我国图书馆界第三文化空间的实践典范[50]。②深圳罗湖区图书馆。罗湖区图书馆构建了以“悠·图书馆”为主题的图书馆模式，吸引读者参与公共图书馆第三空间的建设，成果显著。③福建省图书馆。福建省图书馆从环境、资源、服务三个方面入手，通过改善建筑环境、丰富实体馆藏和数字馆藏、建设特色馆藏、开展文化活动和开设社区分馆等举措发挥图书馆作为第三文化空间的作用[51]。

对图书馆作为第三文化空间的研究并不局限于公共图书馆领域。龚蛟腾认为社区图书馆作为社区居民休戚与共的知识共享空间，应当积极整合人、资源、空间三大元素，营造第三空间的知识生态圈[52]。吴惠茹认为高校图书馆是大学校园的第三空间，是校园的文化空间、社交空间和休闲空间，应当重视高校图书馆第三空间的建设，从理念、人员和制度三个方面为其提供保障，实现其价值[53]。

2.4 作为第三文化空间的图书馆构建策略

2.4.1 注重图书馆环境布局建设

首先是图书馆的选址问题。作为第三文化空间的图书馆在建筑设计及选址时应该站在读者的角度选择交通便捷的馆址，使图书馆成为该地区的文化中心和文化地标。在建筑设计方面，既要反映城市的文化特色，以富有丰厚文化内涵的形象立足城市，又要充满时代气息，具有感人的艺术魅力，通过建筑来表达人文关怀[54]。郭欣萍从物理空间和数字虚拟空间这两个维度提出了构建策略，其中在物理空间的设计方面，她认为既要考虑公共图书馆的内部设施，也要处理好与周围环境的关系，既要考虑各类型读者的特点，又要考虑图书馆所提供的服务内容，应注重便利性、安全性和灵活性[55]。在内部环境的构建方面，要在细节上将图书馆当作“公众的书房”来设计和布局，旨在为用户构建一个温馨并舒适的学习娱乐环境[56]。李小菊认为除了阅览室、参考咨询室等传统服务场所外，图书馆还可以增设文化休闲、知识学习、才艺展示等空间为读者提供多元化服务[57]。

2.4.2 完善图书馆馆藏资源配置

馆藏资源建设是作为第三文化空间的图书馆所面临的重要问题。图书馆一方面需要在原有基础上继续根据用户需求采购纸质资源丰富馆藏；另一方面需要着力建设数字馆藏，特别要注意本馆馆藏数字化工作和特色数字馆藏的建设工作。王伟提出，图书馆应当针对不同层次需求，以信息技术为先导，进行传统图书馆馆藏的数字化转换、网络信息资源的挖掘和组织，为公众提供一个知识网络、知识中心，面向信息一体化，不受时空限制的“空间”，即实现跨库无缝链接与智能检索的知识中心，即没有围墙的图书馆[58]。

2.4.3 建立“以人为本”的服务体系

图书馆在继续完善传统借阅服务、参考咨询服务的基础上，还应密切关注读者需求的变化，为读者提供更高层次的服务。刘兰认为在当前信息环境下，作为第三空间的图书馆应当开展以下服务以完善原有的服务体系，提升服务水平：①基于 Web2.0 的信息服务；②基于学科互动平台的学科咨询服务；③基于知识构建的知识服务；④基于移动图书馆的全天候服务[59]。

馆员的职业素养直接影响着图书馆的服务水平。图书馆作为第三文化空间，对馆员的素质提出了更高的要求，一方面要求工作人员具备扎实的专业知识和服务技能；另一方面馆员必须以用户需求为中心，贯彻以人为本的服务理念。服务中应注重细节，把“读者至上，服务第一”的理念渗透到每一项服务中，提升用户体验。图书馆应当通过行业准入制度和职业资格认证制度来保证相关服务的公共性和专业性[60]。

2.4.4 开展多元化文化休闲活动

文化休闲活动是作为第三文化空间的图书馆的基本功能之一。图书馆开展文化休闲活动，既可以是音乐会、电影欣赏等艺术休闲活动，也可以是阅读分享会、学术报告等知识休闲活动[61]。图书馆应当常年举办各种公益性展览、讲座、报告会等活动，还可以利用世界读书日、图书馆服务宣传周、科技活动周等契机集中开展形式多样的文化活动。针对特殊群体，如残障人士，图书馆应当开辟特定的阅读空间，帮助所有读者无障碍地获取所需资源。

图书馆可以通过建设读者俱乐部来为读者搭建一个沟通交流的平台，通过定期举办书评比赛、读书报告会、沙龙等各种形式的活动来丰富读者的文化生活。此外，图书馆还应当开展广泛合作，加强与博物馆、文化馆、美术馆、群众艺术馆的合作，打造文化共同体，向社会提供文化创新、艺术交流的文化空间和舞台[62]。

3 公共图书馆研究

在我国，关于公共图书馆理论的研究是进入 21 世纪以后才真正起步的。21 世纪的前十年，公共图书馆理论研究可谓硕果累累。2010 年以来，国家陆续出台了一系列促进社会主义文化大发展大繁荣的方针政策，加快构建公共文化服务体系，公共图书馆事业迅速发展，公共图书馆理论与实践形成良性互动。

3.1 公共图书馆思想

21世纪之初的我国公共图书馆研究，是以传播联合国教科文组织《公共图书馆宣言》所体现的公共图书馆理念为开端和主要内容的。2010年以后，关于公共图书馆思想的研究进一步深入，其中颇具代表性的成果，应是潘燕桃2011年出版的《近60年来中国公共图书馆思想研究(1949—2009)》。作者以全球公认的平等、自由、免费、开放等公共图书馆的核心价值为基石和纲领，审视和探讨了近60年来中国公共图书馆思想的发展，揭示了我国公共图书馆学术思想的发展在世界公共图书馆理念和价值坐标系中的发展轨迹和所处位置。[63]而近几年我国图书馆界关于公共图书馆思想的研究，正是围绕着公共公益、普遍均等、知识自由与人文关怀等公共图书馆基本理念研究展开的。

3.1.1 公共公益

2011年年初，文化部、财政部《关于推进全国美术馆、公共图书馆、文化馆(站)免费开放工作的意见》正式发布。这是很长时期以来最具社会影响的文化政策，困扰业界很久的有关公共图书馆公共性质和公益性原则终于得到了国家政策的明确认定。[64]

近年来，图书馆界对于公共图书馆公共公益性质的讨论主要集中在“免费开放”与“免费服务”之上。柯平认为免费开放是公民的一种文化权利，是国家的一种惠民方式，是减少信息鸿沟和信息贫富差距的公共平台，是社会的基本保障，特别是应对社会危机时的重要措施，也是一种服务品质。[65]朱峻薇认为，免费服务是公共图书馆社会责任的体现，能够保障公民公平的获取信息，提升城市人文环境。[66]

全国各地公共图书馆先后进行了实践，而实践中也暴露了一定的问题。黄筱玲和刘芳从资金槛、服务槛与文明槛三个方面提出公共图书馆在公共公益实践中遇到的挑战。[67]肖希明等通过调查和分析，认为建立制度化的公共图书馆免费开放服务政策保障机制、重视基层公共图书馆服务网络建设、提高公共图书馆免费开放的公众知晓率、切实解决免费开放中的问题和拓展服务内容、培育服务品牌是公共图书馆免费开放服务可持续发展的关键。[68]柯平从免费服务的利益相关者视角出发，提出建立由“政府—公共图书馆—公众”组成的公共图书馆免费服务立体化模式。[69]

3.1.2 普遍均等

普遍均等是指公共图书馆要保障全体社会成员平等地享有图书馆服务，实现无身份歧视。目前，我国在现代化过程中出现贫富差距过大、社会分配不公等问题，而公共图书馆践行普遍均等的服务理念对构建和谐社会意义重大。它对于维护信息公平、促进社会的和谐与稳定以及保障公民文化权利、促进个人与社会的和谐发展具有重要意义，其与公共图书馆制度在公益性、公平性、服务范围的普遍性及服务方式的便利性上相契合。[70]

要实现基本公共服务均等化，公共图书馆应当进一步完善相应的机制。王聪聪认为目前公共图书馆服务缺乏科学的配套措施、足够的财力保障和有效的监管，应尽快建立公共图书馆服务标准，努力实现服务均等化、法制化；明确政府对公共图书馆服务的供给责任，强化基本公共图书馆服务均等化的财政保障；建立基本公共服务数据采集和监测体系，实现公共服务均等化的可持续性。[71]张正认为，迈向服务均等化的公共图书馆，需要重构其管理，通过引入物流管理，形成新的文献信息资源采集、典藏、组织、调配和流通、利用管理机制；重组部门架构，实行“以人为本、权责相依”的绩效管理制度；加强公共关系管理，积极参与公共文化服务体系建设，开展各项社会文化活动，广泛听取用户的批评、建议，以便争取更多的支持和改善公共图书馆均等化服务。[72]此外，王晓燕也提出，拓展服务空间、创新服务思路、打造多元服务链是公共图书馆贯彻普遍均等思想的途径。[73]

3.1.3 知识自由

《公共图书馆宣言》指出，图书馆“保存并向社会成员公平、平等、自由地提供知识信息所做的各种努力，归根结底是为了实现知识自由，保障社会成员的知识权利”。与公共图书馆相关的知识自由，指的是传播知识和获取知识的自由。

知识自由的思想起源于美国，而美国图书馆协会（American

Library Association，ALA）作为非政府组织为维护和捍卫知识自由做出了重大的努力，先后制定和颁布了许多法律、法规用于维护美国公民的知识自由权，代表性的法规当属《图书馆权利法案》。

追求自由是人类社会最大的幸福目标之一，知识是人类争取自由不可或缺的重要武器，而图书馆则是收集、储存、传播知识的重要机构和制度，是人类追求知识自由的产物。目前，我国图书馆界对知识自由的认识还处于研究与探索阶段，但知识自由已成为图书馆界的研究热点。从某种意义上说，图书馆的发展历史就是一部人类争取知识自由的斗争史。[74]

有学者认为，知识自由是建构在人类对公平、公正本能的心理预期，利益诉求和价值理念基础之上的，它在实际运行中，起到了维护民众利益、保障民众在公共图书馆领域应享有的自由、独立的信息权利，也就是说知识自由的内涵赢得了民众的普遍欢迎，这也就确立了其在知识信息领域的有效性、合理性和科学性的实质。同时指出，深化图书馆联盟、加速数字资源共享工程建设、建构对知识自由保护的程序化设计制度、强化公共图书馆社会责任的担当意识是实现知识自由的途径。[75]

3.1.4 人文关怀

消除弱势群体利用图书馆的困难，为全体读者提供人性化、便利化的服务，是公共图书馆人文关怀的体现。近年来，针对公共图书馆人文关怀的讨论主要包括权利平等与社会包容。

联合国教科文组织《公共图书馆宣言》宣示：公共图书馆应该在人人享有平等权利的基础上，不分年龄、种族、性别、宗教信仰、国籍、语言或社会地位，向所有的人提供服务。《宣言》奠定了图书馆“以人为本”的思想内核与理念基础。周加仁认为，平等是国际上图书馆共同遵循的普遍原则，它要求图书馆在读者工作中，实施无等级差别服务、无身份界限服务、无强制服务和无歧视服务。充足的服务时间、免费的服务机制、多元的文化服务、人性化的服务环境是公共图书馆人文关怀的体现。[76]

戴艳清认为，公共图书馆是体现社会包容的“场所”，是国家为保障公民获取知识自由而设置的专业信息机构。我国公共图书馆管理与服务过程中存在的若干社会排斥现象违背了图书馆社会包容理念，限制了公众对知识的自由、平等获取。因此，公共图书馆应制订相关的职业规范和服务准则，确立其负有社会包容的责任和使命，培育公共图书馆社区服务意识，在资源与服务配置上向被社会排斥人群倾斜，倡导并重新评估“机会平等”，以促进图书馆社会包容理念的推广与实践。[77]

3.2 公共图书馆制度

制度建设对于公共图书馆的自身运行及图书馆事业的健康有序发展具有重要的作用。关于公共图书馆制度的研究是21世纪之初图书馆学理论研究开辟的一个新领域，成果甚丰，以至于提出“制度图书馆学”的概念。近年来，不少学者仍致力于公共图书馆制度研究，并取得不少研究成果。

3.2.1 内涵与外延

对于公共图书馆制度的内涵，学者们有不同的表达，常见的说法是将图书馆当成“社会制度”(Social Institution)。范并思认为，这一说法的背景是公共图书馆产生后，图书馆人对于公共图书馆在保障公民文化权利与信息权利、推进社会民主制度建设方面的社会价值方面认识的提升。将图书馆当成一个社会机构的认识曾经正确解释了公共图书馆促进社会交流的社会价值，当人们认识到公共图书馆具有保障公民权利、促进社会民主的社会价值后，他们便越来越倾向于将图书馆当成一种社会制度。[78]

易向军和李蔚蔚认为，公共图书馆是实现公民求知自由的一种社会制度，它由宏观层面的法制保障、中观层面的行业协作与微观层面的服务规则构成。中观制度和微观制度的设计，要依据宏观制度的要求和安排。提高我国公共图书馆的整体服务水平，需要对各个层次的图书馆制度进行反思、创新和设计。有了契合当前社会发展需求的制度保障，才能提高图书馆的服务能力，才能推动我国公共图书馆事业的发展。[79]

3.2.2 意义

公共图书馆作为保障公民文化权利的制度安排，它能保障公民自我教育的权利、共享人类文化发展成果的权利、参与文化活动的权利以及平等获取信息的权利。因此，公共图书馆制度建设意义重大。李东来和蔡冰从读者权益角度出发阐述了公共图书馆制度建设的意义。他们认为，维护读者权益是现代图书馆的重要标志，是法律精神、法律效力在图书馆服务领域的正当切入。对读者权益概念和内容进行定位，在图书馆服务中保障读者权益，并促进读者权益的充分实现，这不仅需要图书馆和读者的共同努力，而且也有赖于国家政策和法律制度的保障。应该从制度上和法律上保障读者平等利用权、免费使用权、信息知情权、参与权、自主选择权、个人隐私权等的充分实现。[80]这是对公共图书馆制度建设意义视角颇为独特的阐释。

3.2.3 核心内容——立法

图书馆立法是公共图书馆制度建设的核心内容。遗憾的是，我国至今还没有颁布一部全国性的公共图书馆法，已颁布的地方性图书馆法规也没有对读者权利作统一界定，图书馆规章制度对读者权利又多有践踏，并且在图书馆服务中对读者权利有意、无意地漠视和侵害的事情屡有发生，让我们看到读者权利的实现是不确定的，甚至是困难的。如何依法尊重和保障读者权利，确保读者自由、平等与合法地利用图书馆，使读者权利真正从应然权利经法定权利到实然权利得以实现，显然是当前我国图书馆界应该深思、图书馆立法应当明确的重要课题。[81]

2009年，我国《公共图书馆法》立法进程重新启动。中国图书馆学会组织了70余位专家学者，分11个专题，展开了公共图书馆立法支撑研究。对这次立法支撑研究的成果，李国新总结为：把公共图书馆事业纳入公共文化服务体系；公共图书馆设置以逐步形成设施覆盖体系为导向；经费保障以满足公共图书馆免费提供基本服务的需求为原则；人员保障重点关注优化数量与结构以及建立准入制度；强化读者权利保障和读者个人信息保护；对近年来图书馆服务和运营中出现的若干热点问题做出了回应。[82]2010年以后，这一批图书馆立法研究成果问世。

《公共图书馆法》的立法基础与必要性仍然是研究公共图书馆

立法首先要解决的问题。杨玉麟的研究成果分析了我国公共图书馆事业目前存在的发展不平衡、政府责任不到位、服务体系不完善、功能定位不清晰和人员结构不合理等主要问题，认为这些问题的解决需要图书馆立法。而目前我国公共图书馆立法在现行政策层面、学术研究层面以及地方性立法实践层面，已经有了较为坚实的基础。公共图书馆的“公共性”、公共图书馆活动的“社会性”以及普遍的国际经验，决定了立法保障公共图书馆事业发展的必要性。[83]应该说，这是对公共图书馆立法基础与必要性较为全面的认识。

如何为覆盖全社会的公共图书馆服务体系选择和界定合理的建设主体，需要国家从宏观层次提供法律依据和保障。邱冠华的研究成果在对国内外公共图书馆服务体系经验进行总结归纳、对5个案例地区总分馆进行成本核算、对5个样本省份构建全覆盖公共图书馆服务体系要素进行分析的基础上，提炼发现，提出建议，为我国《公共图书馆法》合理选择新时期的公共图书馆服务体系建设体制提供了依据。[84]

公共图书馆管理体制是一个涉及国家对于公共图书馆的机构设置、隶属关系、权限划分及其活动进行管理的一整套制度化安排的宏观命题。国外发达国家在公共图书馆管理体制方面较为成熟的做法是通过制定专门法律，明确政府、社会及法人的关系，各方依法履职。而我国公共图书馆在管理体制上尚存在着法制化程度低、政府职能错位、行业管理体系独立性差、法人制度欠完善、新型管理模式遇到体制性障碍等问题。肖容梅提出的构建新型管理体制的基本思路是：重新调整政府与社会、政府与图书馆的关系，本着“政社分开”“政事分开”的理念，清晰界定政府、行业协会、法人等各自的角色地位，充分保障图书馆自主权，建立起“政府主导、行业自律、公共图书馆法人治理的管理体制”。[85]

公共图书馆事业发展的诸多领域需要立法保障。如经费保障，一直是图书馆界十分关注的问题。吴洪珺等人研究提出，应建立起基本服务经费和项目经费相结合的公共图书馆经费保障机制，建立与公共图书馆的公益性相适应的公共图书馆经费结构，为公共图书馆经费保障机制提供法律保障。[86]针对公共图书馆文献资源建设的法律保障问题，肖希明课题组对国内300余所公共图书馆在文献资源购置经费、馆藏资源建设、信息资源保存保护、政府公开信息的采集、数字资源建设、文献资源共建共享等方面的法律需求进行了调查，据此提出我国《公共图书馆法》关于文献资源经费投入、文献补充、文献使用与处置、文献资源合作建设与共享等问题的立法建议。[87]针对公共图书馆在读者权益保障方面存在的诸多问题，李东来课题组提出应参照国外图书馆相关法规，从制度上和法律上保障读者平等利用权、免费使用权、信息知情权、参与权、自主选择权、个人隐私权等的充分实现。[88]针对目前我国呈缴本制度存在的缺陷，冯守仁等提出应通过《公共图书馆法》调整呈缴制度管理者、呈缴受体和呈缴者之间的法律关系，呈缴受体之间的关系，以及保障版本的完整收藏保存与保护呈缴者权益之间的关系。应当建立全国统一的呈缴本制度，建立公共图书馆呈缴本收藏体系和呈缴者单一呈缴的制度，以及建立以“免费呈缴”为主的多种呈缴方式和鼓励呈缴的制度。[89]针对我国公共图书馆队伍存在着人员数量不足、整体素质偏低等问题，肖维平主张将公共图书馆工作人员保障机制纳入法治轨道。[90]随着网络环境下数字图书馆的出现和读者维权意识的不断加强，读者隐私权问题也成为当今图书馆管理中最突出的矛盾之一，因而有的学者认为应该将图书馆保护读者隐私纳入图书馆法规范的范围。[91]

3.3 公共图书馆服务体系

2005年党的十六届四中全会首次提出了建立“公共文化服务体系”的目标，自此以后党中央和国务院的许多重要会议、文件都对此进行过规划与部署。进入“十二五”以后，国家更是将“构建现代公共文化服务体系”作为全面建成小康社会的战略目标之一，对其高度重视。作为公共文化服务体系的重要组成部分，公共图书馆服务体系建设也必然受到政府和社会的关注，相关研究成为热点问题。

3.3.1 理论探讨

早在2007年，在中国图书馆学会立项“图书馆服务网络构建研究”之时，邱冠华和于良芝带领的课题组就对我国公共图书馆服务体系进行了探究，并在《覆盖全社会的公共图书馆服务体系：模式、技术支撑与方案》一书中将公共图书馆服务体系定义为“一个国家或地区的公共图书馆独立或通过合作方式提供的图书馆服务的总和”。

近年来，图书馆学界对这一课题的研究不断深化。张欣和徐向东认为，公共图书馆是公共文化服务体系的基础设施和主体构成，具有传承文明的中坚作用，能够提升公民文化素质，是提供公平服务的有力保障，全覆盖的公共图书馆服务体系具有公共性、公益性、开放性、普惠性和便利性等特征。[92]张正认为，公共图书馆服务的均等化，就是政府在建设公共文化服务体系时大力发展公共图书馆服务网络，为人民群众提供普遍均等的图书阅读、信息服务。[93]可见，普遍均等和覆盖全民是公共图书馆服务体系首要实现的目标。

公共图书馆服务体系的建设需要政策的保障。申晓娟等对《全国公共图书馆事业发展“十二五”规划》进行了解读，阐述了设施网络建设、文献信息资源保障体系建设、服务能力建设、新技术研发与应用、法制化与标准化建设、人才队伍建设等战略重点与量化指标。[94]肖希明等通过问卷对国内公共图书馆工作人员和读者在公共图书馆整体建设、经费保障机制、文献信息资源建设、读者服务、人力资源管理、体制建设和知识产权问题等方面的政策需求进行了调查[95]，从全局和整体的角度出发，提出了包括公共图书馆服务网络建设政策、经费保障政策、文献资源建设政策、图书馆服务政策、队伍建设政策和其他相关政策在内的公共图书馆服务政策体系框架。[96]

3.3.2 公共图书馆服务体系建设模式研究

经过理论研究与实践，我国公共图书馆服务体系建设呈现出多种模式。

李超平介绍了嘉兴模式的延伸与深化，通过对嘉兴相关政府文件的分析和对相关人士的访谈，总结出嘉兴模式包含以总分馆为核心的公共图书馆服务体系和跨系统的图书馆服务联盟体系。李超平认为，从公共图书馆服务体系到图书馆服务联盟体系延续了“政府主导”的建设思路，这一思路保证了公共图书馆服务体系进一步的垂直延伸——建设村级图书馆，也使图书馆服务联盟能够克服松散联盟导致的资金保障问题，并有望提升统一服务平台的服务能力。[97]

邱冠华分析了苏州总分馆制度设计的背景，从总分馆的建设主体、管理单元和服务网络三方面介绍了其设计思路，目前已实现了全市总分馆按规划建设、批准增建苏州图书馆二期、五个区实行委托管理、分馆数量快速增加并且得到了更多的政府支持。[98]

叶艳萍介绍了杭州地区公共图书馆“中心馆—总分馆制”的建设情况，重点介绍了“桐庐模式”，提出要突出区(县)级图书馆的核心地位，统一投入、统一管理、专家指导、规划先行以及加强宣传和呼吁等改进措施以便更好地为大众服务。[99]

林丽萍介绍了厦门市图书馆托管型分管的建设情况，认为托管型分馆是该馆联合社会力量合作创办的各种类型分馆中管理最规范、办馆效益最显著的分馆，是现行体制下厦门市图书馆拓展基层服务领域的主要网点，它扩大了图书馆的服务辐射面、提高了图书馆的办馆效益并且提升了图书馆的社会影响，但同时存在体制保障缺乏、网点布局不够科学合理、服务效益有待提高等问题，在今后的建设中需要发挥政府主导作用、提高总馆文献保障能力、提升分馆人员素质和加大宣传推广以及增强市民的图书馆利用意识。[100]

此外，也有学者对各种模式进行对比，如徐益波从总分馆建设的主客体、管理方式、服务网络以及资源建设与传递方式 4 个方面对嘉兴乡镇图书馆、苏州图书馆——社区分馆和佛山市联合图书馆进行对比[101]；陆晓曦和刘璇从具体形式、建设主体、人财物投入与管理、业务运作方式与服务互动等几方面对佛山市禅城区图书馆、东莞市图书馆、深圳南山区图书馆、北京市公共图书馆等 14 种模式进行详细比较，认为我国行政事业体制的现实约束、经济发展水平的参差不齐、建设过程中的概念混杂和规范性较差以及资源共建共享效益较低等因素，仍然是制约我国公共图书馆建设发展总分馆体系的瓶颈。[102]

3.3.3 区域性公共图书馆服务体系研究

公共图书馆服务体系具有明显的区域性。刘慧娟认为，公共图书馆作为一个区域的公共文化服务设施，是公共文化服务体系中的一个重要组成部分，它的分布和管理样式，直接影响着该区域民众的阅读生活和文化享受。她总结出了托管模式、联盟模式、协作模式与主导模式4种区域性公共图书馆服务体系类型，认为当前区域性服务体系具有以下特点：充分利用现代化技术、实现体系内的资源共享、集各馆智慧创建服务品牌、推动了图书馆业务建设标准化进程。[103]

陈晓红根据相关统计数据，运用洛伦兹曲线、基尼系数和泰尔指数对我国公共图书馆资源配置公平性进行实证分析，认为我国东中西部三大区域之间、区域内的公共图书馆服务还不均等，应改善公共图书馆服务分布的地区差异、改善公共图书馆内部的不平衡、强化政府担负的公平责任、建立多元化的图书馆服务供给机制，以促进我国公共图书馆服务均等化。[104]

熊伟等以宝鸡市公共图书馆服务体系的制度创新历程为例，探讨了西部地区公共图书馆服务体系建设的道路选择和制度设计问题，认为推进制度创新是公共图书馆服务体系建设面临的关键问题；“馆点线制”是符合宝鸡市等西部地区公共图书馆服务体系实际的一个综合性制度设计方案；我国区域公共图书馆服务体系的制度设计应坚持实事求是、因地制宜、整体创新、简易可行的理念。[105]

潘燕桃和张琦在分析广州与佛山两地公共图书馆事业发展情况的基础上，认为构建广佛同城公共图书馆服务网络是建设广佛同城公共图书馆服务体系的需要，广佛同城公共图书馆服务网络应建设成为具有一卡通借通还、网上委托借阅、主题图书馆服务、联合参考咨询、讲座直播、自助图书馆服务、移动图书馆服务、流动图书馆服务等服务功能的服务网络。[106]

此外，东莞市图书馆在体系化服务中十分注重技术的应用，形成一定的技术特色：构建服务体系，研发集群管理平台；延伸时空，打造24小时自助服务；创新形态，建设新型公共电子阅览室；

业务转型，建立东莞学习中心。[107]克拉玛依市通过示范项目“图书馆联建共享体系”的创建，完成了一个跨行政层级、跨行业的资源共享体系建设，使克拉玛依市图书馆事业实现了现代化的跨越。[108]

3.3.4 基层公共图书馆服务体系研究

基层图书馆指的是公共图书馆系统中面向广大农村基层的县、镇、村图书馆(室)。[109]我国是农业大国，全国人口的大多数在农村，做好基层图书馆建设，不仅是加强公共图书馆基础的需要，也是我国公共文化建设的重要组成部分。

目前，我国基层公共图书馆服务体系建设还不够健全。程远以江西公共图书馆服务农村工作为例，分析了基本情况与存在的问题，提出了解放思想、提高认识，充分发挥图书馆阵地作用，借助文化共享工程的动力，扶持建设好乡镇文化站，重点帮助建设村级图书室，切实加强与社会各界的合作以及努力创新服务措施和方式等多种对策。[110]

臧运平等通过访谈、文献分析、问卷调研、实地考察等数据收集方式，收集有关诸城农村图书馆发展历史与当前模式的相关资料，考察了山东省诸城市依托社区服务平台的农村图书馆建设模式，分析了它对于保障城乡普遍均等公共图书馆服务的价值与局限，认为诸城模式继承了以往农村图书馆建设的两大元素，分别是“将图书馆学意义上的公共图书馆功能分散在不同的文化设施中”以及“维持图书馆运行的长期任务主要依靠基层政府”，而社区服务平台的建设机制改变了诸城农村图书馆的性质，也为它注入了更强的可持续发展动力。[111]

在《国家“十一五”时期文化发展规划纲要》思想的指导下，我国启动了若干旨在覆盖全民的文化基础设施建设项目，包括文化信息资源共享工程基层服务点、乡镇综合文化站和农家书屋。[112]其中，基层公共图书馆与农家书屋相融合的模式是研究与实践的重点。

刘炜红对江西省九江地区的“农家书屋”进行调研，分析其当前存在的问题，认为公共图书馆在“农家书屋”建设中有着不可替代的作用，它能对“农家书屋”进行一定规模的培训和业务指导，缓解书刊更新压力，利用文化信息共享工程资源丰富书屋的文献种类和数量，通过图书资源最大化共享解决资源不足以及通过丰富的文化活动使农民成为书屋的终身主体。[113]

陈春云认为“农家书屋”的性质和管理与公共图书馆非常相似。他介绍了松江区图书馆利用自身资源采购、资源管理、读者服务工作的经验和优势，开创了农家书屋服务精细化的图书配置、标准化的文献分类加工和规范化的管理体系。[114]

金刚武提出，“农家书屋”在日常运行管理中出现了设施运行没有保障、图书资源不能满足农民需求、服务形式单一等问题，同时，“农家书屋”与农村公共图书馆功能重合导致重复建设和资源浪费。为解决这些问题，不少地方在实践中进行了积极探索，包括开展专业化培训，建立图书流动网络、丰富服务形式、实行“农家书屋”与公共图书馆一体化建设等。综合各地经验，金刚武提出将“农家书屋”纳入农村公共图书馆服务体系的设想，实现建设主体合一、经费统筹使用、设施统一管理、服务统一规范、人员统一培训，通过两者融合发展，提高农村公共文化服务效能。[115]

4 图书馆哲学研究

哲学是关于世界观的学问，是人们对于自然界、社会和思维的根本问题的认识。用一定的哲学观点来解释各学科领域的根本问题，就形成各领域的哲学。图书馆哲学就是应用一般的哲学思想来讨论图书馆领域的根本问题，如图书馆的性质、图书馆的使命、图书馆职业的价值观等。进入21世纪以来，图书馆界热烈讨论的图书馆精神、图书馆权利、图书馆核心价值等，都属于图书馆哲学的范畴。2010年以来，图书馆哲学的讨论似乎有所降温，但静水下面仍有深流，人们的理论探索不仅在继续，而且在深入。

4.1 图书馆核心价值

图书馆核心价值是图书馆人为社会服务时必须坚守的价值观，

是图书馆文化在长期积淀过程中形成的内在价值，是图书馆人对自己的责任和使命的系统说明，是图书馆的灵魂和中心。[116]

中国图书馆学会于2007年新年峰会启动了关于图书馆核心价值的研究，2008年前后，研究达到了高潮。近年来，学界对图书馆学核心价值的讨论热度虽有所回落，但在《图书馆》《图书馆建设》《图书与情报》《图书情报工作》等期刊上仍维持着虽规模不大但相对稳定的讨论。

4.1.1 概念的讨论

如何界定图书馆核心价值？这个问题一直众说纷纭。五年前人们已经下过无数定义，近年来仍有人执着地探求新的定义。仰煜认为，图书馆核心价值是图书馆界对于自己责任或使命的一种系统的说明，表达了图书馆的基本理念。[117]陈有志与徐荻蕙认为，图书馆核心价值不是"职业价值"或"核心职能"，也不单纯是"责任或使命"，而是图书馆拥有的区别于其他行业的、不可替代的、最基本最持久的那部分行业特质，是图书馆赖以生存和发展的根本原因，独立于环境，独立于竞争要求，更独立于管理事务，属于组织文化研究的范畴。[118]朱钗提出，图书馆核心价值应是图书馆价值中最一般、最基础、最本质的价值，是图书馆相对稳定的、持久的一整套原则。[119]蒙少东认为，图书馆的核心价值是图书馆界对于自己的责任、使命和存在理由的系统说明，表达的是图书馆人的基本理念。[120]毛赣鸣、李黛君则对图书馆核心价值进行"狭义"和"广义"界定，认为狭义的图书馆核心价值就是以知识为核心的收集、整理、保存、传承、传递、传播、转移、利用等活动的图书馆内在的核心职能；广义的图书馆核心价值是社会对图书馆的价值定位，集中体现在图书馆法权从属的社会法律体系上。[121]

或许人们永远也找不到一个能够被公认的定义，但仔细分析就会发现，看起来不同的定义，其实并没有本质的区别。图书馆核心价值就是图书馆界对于自己责任或使命的一种系统的说明，是图书馆拥有的区别于其他行业的、不可替代的、最基本最持久的那部分行业特质，是图书馆相对稳定的、持久的一整套具有普适性的原则。有人认为，图书馆核心价值有不同的层次，基本层次是永恒不变的，而附加层次则具有时代性；图书馆核心价值不但具有普适性，还具有特殊性。[122]

而在图书馆学核心价值的学科归属与属性上，尹鸿博提出，图书馆核心价值研究隶属于图书馆哲学，图书馆哲学隶属于图书馆文化学，图书馆文化学隶属于人文图书馆学，所以图书馆核心价值研究隶属于人文图书馆学研究领域，近年来构建“人文图书馆学”“图书馆哲学”等图书馆分支学科的时机已经成熟。[123]

4.1.2 确立图书馆核心价值的意义

2006年以来图书馆学界和业界对图书馆核心价值的持续关注，固然有国家倡导全社会践行社会主义核心价值观这一时代背景，但更重要的，是图书馆这个行业或组织自身发展的必然要求。有学者指出，积极开展对图书馆核心价值的研究和提炼，对促进图书馆界转变工作观念、调整工作思路、丰富和扩大工作内容，以更好地适应新的历史条件和经济、社会发展形势，不断提高服务质量和水平，加快推进图书馆事业的健康发展，都有着重要的理论和现实意义。[124]

其实，确立图书馆核心价值的现实意义更深刻的还在于提高图书馆的社会认同程度与提升图书馆的核心竞争力。[125]陆宇杰、范并思认为，明确我国图书馆核心价值，对于进一步推动图书馆发展和全面发挥公共图书馆的社会功能，具有不言而喻的重大意义。[126]尹鸿博同样认为，图书馆核心价值的研究，对于图书馆事业的发展具有重大的指导意义。[127]具体到不同类型的图书馆核心价值，李强认为，少数民族地区图书馆核心价值体系的确立有利于推进少数民族地区图书馆的建设以及少数民族文化的传播，加快少数民族地区经济社会的发展进步。[128]秦晓珠认为，研究民族地区高校图书馆核心价值理论，能够防止民族地区高校图书馆被边缘化，对于推动民族地区高等教育事业、民族地区高校和谐校园文化建设、文化事业、图书馆的可持续发展具有重要意义，对于促进民族地区高校图书馆在该地区的主流意识形态领域的建设和健康发展、培养各民族合格优秀人才、培养民族地区大学生民族意识和爱国意识、提高民族地区大学生道德素质、维护国家统一及加强民族团结等方面具有积极意义。[129]

4.1.3 图书馆核心价值的内容

图书馆核心价值包括哪些具体内容，是研究者一直在致力探求的问题，也是图书馆核心价值研究的关键。人们首先争论的问题是，究竟有没有永恒的图书馆核心价值？不少人认为图书馆的核心价值并不是一成不变的，它会随着社会实践和信息环境的发展而不断变化。但也有人认为，图书馆核心价值的特征应该具有独立性、稳定性、本质性与社会性，而不应该具有时代性、创新性与可塑性[130]，他们将图书馆核心价值的内容归纳为具有普适性的内容。其实，变与不变总是相对的。图书馆核心价值的基本精神应该是具有普适性、恒久性的，但它的具体内涵则是可以随着时代的发展而变化的，而且也是可以从不同的角度来理解的。考察目前的研究成果，就可以看到从不同角度阐释的图书馆核心价值：

(1)从"要素"角度的阐释。

国外对图书馆核心价值的研究，大多将核心价值归结为若干要素。Yusuf Felicia 与 Ilo Promise 指出，科文纳特大学的图书馆核心价值包含 7 个要素：精神性(spirituality)、诚实(integrity)、可能性(possibility)、头脑性(mentality)、能力建设(capacity building)、勤奋(diligence)与奉献(sacrifice)。[131]陆宇杰、范并思通过词频统计，大致勾勒出当前北美图书馆的主要核心价值为 accessibility(自由获取)、service(优质服务)、community(社区建设)、intellectual freedom(智识自由)、diversity(多样性)、meetneeds(满足需求)、innovation(服务创新)、information(提供信息)、excellence(追求卓越)、respect(尊重读者)。[132]国内学者，如毛赣鸣、李黛君认为核心价值主要表现为以下要点：公共物品(公益性)、公共权利、隐私权、民主性、公平存取信息、社会责任、保存、记录社会、教育及终身学习、馆员的专业性、多元性、维护智识自由、资源共享、无偿服务、社会效益最大化、知识转移、权利平衡与知识创新。[133]毛赣鸣还提出，图书馆核心价值实际上是由图书馆的内部规定性和外部联系性构成的。他从图书馆法权体系、信息资源体系、综合价值体系与知识资本循环体系中分别提取出图书馆核心价值要素，认为图书馆的基本社会价值、基本功能、基本职责、基本任务、基本作用、基本义务、基本社会关系和基本权限都可概括为图书馆的核心价值。

(2)从"价值"角度的理解。

图书馆核心价值观中的"价值"究竟是指什么？人们的理解也不尽相同。尹鸿博将图书馆核心价值研究分成两大学派，一派是以黄宗忠、马恒通为代表的以经济学价值范畴为切入点的图书馆经济性价值研究，代表性的观点有图书馆核心价值的"服务说""传播说""功能说""知识说""效益说""文化说"等；另一派是以蒋永福、谭楚子为代表的以哲学价值范畴为切入点的图书馆理性价值研究，其代表性的观点有"权利说""发展说""信仰说""公益说""体系说"等。尹鸿博认为，图书馆核心价值语境下的"价值"，是哲学意义上的"价值"，是构成价值观的"价值"，而非经济学意义上的价值。在经济学意义基础之上构筑成的图书馆核心价值，并非真正意义上的图书馆核心价值观。[134]

但基于"经济价值"范畴的"服务说"并不缺少支持者。郭绍全认为，"读者至上，服务第一"就是图书馆的核心价值观。[135]袁永久提出，"服务"始终是图书馆核心价值的核心，构建了由物质载体、馆员素质、管理制度、服务模式及知识管理五个层面组成的图书馆核心价值体系。[136]

而在基于"哲学范畴"的"知识说"中，王政、洪伟达认为，在对图书馆核心价值的概念表述上，知识自由最具综合性与统摄性，以知识自由为逻辑起点可以演绎出其他核心价值的意义。因此，知识自由在图书馆核心价值体系中具有基础性的地位与作用，是普世的图书馆核心价值。[137]

(3)从"体系"角度的阐释。

有人认为图书馆核心价值是一个价值体系。杨经铭认为可以把图书馆核心价值看做一个由核心价值观念(开展公正平等服务)、主要价值功能(实现自由知识存取)、基本价值关系(读者需要与馆员满足需要)和客观价值效应(促进人的全面发展和社会文明进步)构成的有机整体，它具有系统的基本特征。[138]华瑶、杨欣佳与田振坤认为，图书馆核心价值体系主要由知识载体、服务模式、管理制度和知识人员 4 个方面组成。[139] 吴俊英、蒋润秋认为，图书馆核心价值是一个体系，而服务是图书馆核心价值体系中的主要要素。[140]

(4) 从“伦理”角度的阐释。

将“哲学”“道德”与图书馆核心价值联系在一起的不乏其人。李丽楠认为，可以将图书馆核心价值作为图书馆道德意识，应结合图书馆核心价值，建立道德规范对图书馆进行约束。[141] 刘磊、王浩提出，应在儒家思想视角下对图书馆核心价值进行研究，他们认为可以用儒家思想中的“仁、义、礼、智、信”来构建我国图书馆核心价值：①以仁为本，平等对待读者是核心；②以义为尺，坚持知识自由是内在约束；③以礼而立，彰显书香氛围是外在表现；④以智促长，提高信息素养是手段；⑤以信为名，树立社会形象是保障。[142]

(5) 从“功能”角度的阐释。

刘秋让、燕辉认为，促进社会公众阅读是图书馆的重要核心价值，提出图书馆应充分实现其价值，促进阅读社会构建。[143] 郎杰斌论述了空间体验的含义与意义，阐述了空间体验是图书馆的核心价值之一的观点。[144] 张艺缤认为，我国图书馆核心价值应包括两个方面的内容：信息资源保存和服务中体现“以人为本”的理念。[145] 于春莉认为，图书馆的核心价值在于保存人类文化遗产、尊重并保障用户对信息的公平获取，同时，利用专业化手段生产和传递多元化信息，满足特定用户群的个性化知识需求。[146] 肖勇、张自锋从实践基础与社会现实两个角度，论证了“构建信息公平”已经在事实上成为当代中国图书馆学的核心价值所在。[147]

除在整体上对图书馆核心价值进行探讨外，近年来，倡导在构建图书馆核心价值的同时对不同类型图书馆的图书馆核心价值开展具体研究的学者亦不少。其中，对高校图书馆核心价值的研究成果丰富。陆宇杰、张凤仙与范并思通过对全球 146 所高校图书馆已发布的核心价值陈述文本的共词分析，提炼出优质服务和提供资源几乎是所有高校图书馆共同拥有的核心价值。除此之外，可将高校图书馆核心价值大致分为五类，第一类是学习支持型图书馆的核心价值，由学习支持、教学支持、科研支持、指导等组成，较为典型和普遍；第二类是服务型图书馆的核心价值，主要以读者为中心、满足需求、及时响应、社区化、公共空间、教育、终身学习构成；第三类是合作创新图书馆的核心价值，主要由合作、参与、沟通交流、资源共享、创新、多样性组成；第四类是专业化图书馆的核心价值，主要的核心价值有专业化、发展和提高、社会责任、领导力、团队精神；第五类是公共物品型图书馆核心价值，主要由公平、诚实、诚信、尊重、隐私等关键词组成。[148]

李丽楠等认为，我国高校图书馆的核心价值应具备以下因素：传承人类文化、引领新思想和新观念、资源建设与管理、平等服务、知识与信息传播、用户隐私、版权保护、文献资源保障和协作发展。[149]张海涛、钱丹丹和支凤稳从知识角度，把高校图书馆核心价值体系的内涵定义为在高等院校中，为满足教学和科研而对知识需求(组织和咨询)进行存储、传播、转移、创新、服务的图书馆价值体系。[150]

秦晓珠把中国民族地区高校图书馆核心价值体系的内涵定义为提供优质的服务和馆藏，收藏保护民族地区的非物质文化遗产，传承文明，支持学校和民族地区相关机构及人士提供优质的教育、科研及终身学习计划，并对所有用户提供自由、有效、公平、民主的高效服务，承担为满足学校教学和科研及对所处民族地区知识需求的知识存储、传播、转移、创新等知识服务的职责，以满足用户信息需求。[151]李强认为，在信息时代和知识经济的背景下，图书馆的核心价值被认为是传承文明，促进知识的转移。具体到少数民族地区图书馆核心价值，传承文明是核心，文明教育、信息共享以及收藏保护是主要内容。[152]

徐靖对科研院所图书馆核心价值进行研究后认为，科研院所为追求愿景，实现使命而提炼出来并予以践行的图书馆核心价值，是指导科研院所图书馆工作共同行为模式的精神元素。具体而言，就是通过促进图书馆信息的活化与转化，通过对图书馆职业价值和图书馆职业制度的定位，带来社会效益和经济效益。[153]蒙少东认为，我国社会科学专业图书馆的核心价值，主要表现为以下 3 个方面：①保存特定文化遗产，为社会科学专业读者提供卓越的知识文献服务；②服务并满足特定用户个性化和多样性的需求；③建立“双赢或多赢”的馆际协作关系。[154]

4.1.4　践行图书馆核心价值理念

研究图书馆核心价值的目的，是要以图书馆核心价值理念指导图书馆实践，从而促进图书馆事业的健康发展。因此，如何践行图书馆核心价值理念，也是研究者关注的问题。

李雪冰提出，应培育适应时代要求的图书馆核心价值理念和文化精神，图书馆的核心价值要建立在图书馆事业的进步与个人需求相统一的基础上。[155]刘磊、王浩认为图书馆核心价值的实现途径是：遵循以人为本，承担社会责任，优化内部管理，赢得社会认可。[156]杨经铭认为，在图书馆核心价值的实现过程中，开展公正平等服务、实现自由知识存取、读者需要与馆员满足需要、促进人的全面发展和社会文明进步这四个要素是不可或缺的。[157]

实现图书馆核心价值还要提高图书馆的自身服务水平。郑红京提出，图书馆要实现核心价值，一方面必须创新图书馆制度，另一方面必须从国家或社会获取必需的各种资源，开展各种层次的图书馆专业教育和提供各种各样的职工培训，从国家或社会获取必需的财政支持。[158]王琳认为，高校图书馆利用本馆的信息资源、人力资源和技术资源，通过图书馆员自身的服务水平和特色，提高服务质量，尽可能地满足读者的信息需求，进而推动图书馆持久竞争优势的形成，才能实现图书馆的核心价值。[159]

袁永久指出，在图书馆核心价值的实现中，应该应用知识管理，知识管理能促进图书馆核心价值与时俱进，作用于图书馆核心价值实现的全过程，促进图书馆核心价值的实现。[160]秦晓珠认为，要实现核心价值，必须从高等教育事业的历史与现实出发，将民族地区高校图书馆核心价值理论与实践紧密结合起来，通过校园文化建设，推动民族地区高校图书馆核心价值的具体化、实践化。[161]

4.2　图书馆精神

21 世纪前十年，我国图书馆学理论研究致力于传播和弘扬公共图书馆理念，发起了一场21世纪的新图书馆运动。新图书馆运动使公共图书馆精神根植于我国图书馆实际工作中，对我国公共图书馆的发展具有重要的意义。[162]《图书馆》2005—2006年设立的"21世纪新图书馆运动论坛"、2008—2009年设立的"新理念、新思潮、新视野论坛"，极大地激发了学者们的研究热情。近五年来，关于图书馆精神的研究，虽不如十年前百花齐放、百家争鸣的热潮，却仍有不少学者投身其间。

4.2.1 对"图书馆精神"概念及其内涵的探讨

"图书馆精神"的概念是程焕文1988年提出的，2004年在苏州举行的中国图书馆学会年会上，他又对百年图书馆精神进行了系统的阐述。但"图书馆精神"的概念及其内涵，从提出开始就充满着争议。2010年以后，这些争议仍在继续。

郭科文认为，图书馆精神是一种普世的价值准则，作为一种意识形态伴随图书馆的存在而存在。[163]同样认为图书馆精神是价值与意识的还有燕辉，他认为，图书馆精神属于图书馆人的一种信仰，它高于一般意义上的价值意识，是一种比较理性化的、科学化的价值意识内容，体现着图书馆的价值诉求。[164]

将图书馆精神理解为一种观念的也不乏其人。陈文革认为，图书馆精神是图书馆从业者共同信奉的原则和信念，其通过服务贯彻到图书馆工作的每一个环节中，并最终传递到读者心里，使读者认可。[165]杨章玲认为，图书馆精神是随着社会的发展而发展，并形成稳定的行为风尚的行业精神，是图书馆实践活动的概括、总结，是在图书馆工作实践基础上的一种工作理念、一种思想意识和稳定的行为风尚，是本行业所认同的核心观念。[166]李丽萍对图书馆精神做了细分概括，在她看来，图书馆精神是一种行业精神，应包括价值观、职业道德、职业本领3个方面。[167]

孙腊梅、储流杰则认为，图书馆精神是支撑图书馆事业绵延不绝的精神力量。他们进一步辨析了公共图书馆精神，认为公共图书馆精神不能涵盖图书馆精神的全部意义，公共图书馆精神只能是图书馆精神的现代延续和现代性的体现。[168]

图书馆精神的内涵是什么？研究者自然见仁见智。李丽萍提出，图书馆精神指的是图书馆人忠诚图书馆事业、热诚服务、甘于奉献的敬业精神，她极为赞同程焕文提出的“爱国、爱馆、爱书、爱人”的图书馆精神内涵。[169]余昌俊以此为理论依据，提出了高校图书馆精神的“四爱”，即爱校、爱馆、爱书与爱读者，这是建设和发展图书馆伦理性存在的重要力量。因此，余昌俊认为图书馆精神又可以称之为图书馆伦理精神。[170]

不少学者秉承图书馆精神的内涵由开放、平等与服务构成。燕辉认为，图书馆精神倡导知识自由、平等获取、免费服务等观念。[171]郭科文将传统文化和图书馆精神相融合，认为图书馆精神应该会通儒家思想、道家思想与佛教思想，具有“仁、义、礼、智、信”“天下为公”“道德”“有无相生”“法布施”(使人获得智慧)与“众生平等”的内涵。[172]公共图书馆精神是图书馆精神的重要分支，余胜、吴晞认为，免费向社会开放是现代公共图书馆精神的体现。他们赞同“以人为本”的理念，认为信息自由获取原则、信息开放原则、平等服务原则、免费服务原则等公共图书馆的基本理念和基本原则是社会普遍认可的现代公共图书馆精神的核心内涵。[173]

还有不少学者从图书馆员的角度阐述了图书馆精神。杨章玲认为，图书馆精神的本质是敬业奉献的图书馆行业精神、勇于探索的图书馆创新精神与忠诚事业的图书馆奉献精神。[174]杨扬认为，图书馆人要把点点滴滴的工作做好，真正有敬业精神，爱图书馆这一单纯、不“招摇过市”、默默奉献的职业。图书馆人具有这一精神理念，也就具有了图书馆精神。[175]何金丽认为，新时期图书馆精神的内容包含民族精神、奉献精神、人文精神与科学精神。[176]孙腊梅、储流杰认为，图书馆精神的本质主要表现为主体对知识的虔诚信仰和对知识传播的勤勉笃行，历史和现实地成为人类知识的使者和知识管理与传播事业的清教徒。[177]

在笔者看来，这或许是一个永远也得不到标准答案的问题。其实，人们从不同的角度理解和阐释图书馆精神，不仅是正常的，而且是有益的，因为它丰富了图书馆精神的内涵。人们无论从哪一个角度去理解和践行图书馆精神，都会有助于图书馆的发展。

4.2.2 图书馆精神的培育与弘扬

如何培育与弘扬图书馆精神呢？不少学者将培育和弘扬图书馆精神与社会环境及社会精神结合在一起。孙腊梅、储流杰认为，图书馆精神必然与其他社会精神存在联系，也必然要接受人类普遍精神和价值的规范与实践引导，人类社会普适的精神和价值同样是图书馆精神理论与实践的力量之源。因此，培育与发展图书馆精神，应将图书馆精神在形式和内容上与其他各种社会精神通约，使图书馆与社会交流融通、共存发展、与时俱进，融于社会不断开放进步。[178]方波认为，时代精神和社会需要是培育图书馆精神的大环境，应该想方设法克服一切障碍，通过向社会开放服务的方式，培育图书馆精神。而弘扬图书馆精神，首先要树立社会化服务理念，除此之外，还要学习国外先进经验，因地制宜，扬长避短。[179]

将馆员工作作为培育与弘扬图书馆精神的载体，不少学者持这样的观点。何金丽认为，将图书馆精神内化在服务之中，让读者理解图书馆文化的人文理念，同时加强管理，提升服务质量，注重形成独具一格的馆风，这样才能在图书馆工作中培养和弘扬图书馆精神，增强其现实意义。[180]郭科文认为图书馆精神不仅仅是一种精神，它应反映在每个图书馆员的日常工作之中，图书馆员对读者的一个微笑，一声问候皆是图书馆精神的反映，所以，培育与弘扬图书馆精神，要靠每位图书馆员使自己的行为符合图书馆精神，做到知行合一。[181]杨扬认为，要培育图书馆精神，图书馆人必须有良好的心态看待当今的社会，不能有蠢蠢欲动的私念、私利。[182]陈文革认为，图书馆精神培育根植于开展图书馆榜样教育。榜样教育是一件实践性很强的活动，应贯穿于图书馆各项具体工作环节中，使抽象的图书馆精神转化为具体的图书馆行动，通过图书馆员群体规模效应感染整个社会，使图书馆的正面形象及事业价值得到社会的正确判断和共同认可。[183]

除上述观点外，亦有学者别出机杼，从“爱”的角度对此进行探讨。余昌俊认为，图书馆精神的发展是一个过程，这个过程是由感觉的爱、知性的爱和理性的爱这三大主要环节构成的，也即是说，图书馆精神要经历感性、知性和理性这三大主要环节才能最终完成。理性的爱可以扮演建设和发展图书馆精神的最高根据或目标的角色，所以我们完全应该甚至必须把理性的爱逻辑在先地作为第一性的东西去诱导或指导图书馆精神的建设和发展。[184]此外，他还提出，要使图书馆精神由知性对立过渡到理性统一，就必须依赖“中介”，这“中介”就是图书馆软实力。[185]

4.3 图书馆权利

图书馆权利理论是西方图书馆学的核心命题和重要基石之一，它奠定了图书馆普遍服务、平等服务和人性服务的基础。[186]进入21世纪后，图书馆权利研究成为我国图书馆学研究关注的热点。2005年1月，中国图书馆学会新年峰会将“图书馆权利”作为首要议题，随后《图书馆建设》推出“走向权利时代”栏目，研究者纷纷撰文探讨。同年，程焕文的“图书馆权利研究”获国家社科项目立项。2011年，该项目最终成果《图书馆权利研究》出版，并入选《国家哲学社会科学成果文库》，表明图书馆权利研究的成果已经得到了学术界的充分肯定。

4.3.1 关于图书馆权利主体的讨论

图书馆权利主体的界定，一开始就形成三种有代表性的观点：①民众权利论；②图书馆员权利论；③公民与图书馆(员)权利论。2010年以来的讨论，基本上是这些观点的延续。

程焕文是民众权利论的代表，他认为，图书馆权利是指民众的图书馆权利，民众(读者)是图书馆权利的主体。[187]陆超卉认为，图书馆的服务对象是广大读者，所以图书馆权利，是指图书馆读者的权利。[188]郭晓敏也认为，图书馆权利的主体是公民。[189]

范并思坚持图书馆权利是公民与图书馆员权利的观点。他认为，图书馆权利是一种人权，主要是公众的所有者权利，也是图书馆管理者的职业权利。[190]不少人都赞同图书馆权利包含公民的图书馆权利与图书馆组织或图书馆员的权利的观点。阮健英认为，图书馆权利可以概括为公民依法享有的平等、自由和合理使用图书馆的权利及图书馆人维护图书馆科学有效运作的权利。[191]吴雪映认为，在强调读者权利的同时，也要注重馆员权利。[192]郑红京认为，由于社会对图书馆制度本身的期望与实现图书馆社会职责的个体愿望上的差异，图书馆权利表现为基于社会立场的图书馆权利和基于馆员立场的图书馆权利两种表现形式。[193]

近年来，也有学者从新的角度来探讨图书馆权利的概念与主体问题。尚丽维认为，图书馆权利是一种集体权利，它旨在捍卫个人的知识自由权利。[194]尹培丽认为，图书馆权利从本质上讲不是法律，而是图书馆基于其社会职责的自觉意志，是行业自律规范。[195]袁淑琴扩大了对图书馆主体认识的观点，她认为，图书馆权利包括：主管图书馆部门的权利、图书馆自身的权利、图书馆工作人员的权利、读者的权利。[196]

看来，对图书馆权利主体的认识仍未取得共识。不过从各种观点可以看出，绝大部分研究者认为，图书馆权利主体始终包含民众(读者)。

4.3.2 图书馆权利的内容

关于图书馆权利的内容，大致可以分为"统筹说"和"特定角度说"。"统筹说"认为图书馆权利包括公民与图书馆员的权利，是两者的综合体。"特定角度说"则从某一特定角度，如图书馆组织/图书馆员/图书馆读者的角度展开阐释。持"统筹说"观点的，如李丽楠等认为，图书馆权利包括公民和图书馆用户依法享有平等、自由和合理利用图书馆资源与服务的权利，以及图书馆或馆员依法保障和维护公民与图书馆用户平等、自由和合理利用图书馆资源与服务的权利。[197]燕辉、常安认为，图书馆权利强调读者自由、平等地利用图书馆信息资源和信息服务的权利，并从读者和图书馆两个角度进行论证，除了强调其属于读者的图书馆权利，更加强调图书馆在实现读者权利过程中的保障作用。[198]冯继强等认为，普遍均等是图书馆权利的内容。[199]郑红京认为，基于社会立场而言的图书馆权利，是作为公共信息资源中心向社会公民提供基础的信息共享与信息自由权利；基于馆员立场的图书馆权利是图书馆人从自身的角度出发，在履行特定社会职责过程应该享有的基本权利，包括按图书馆活动的专业要求科学管理图书馆事业，维护图书馆人的职业价值、职业尊重，为构建合理的社会信息基础设施获取相应的各种资源等。[200]

而从图书馆读者权利这一“特定角度”展开的对图书馆权利的阐述出现频率很高。程焕文、潘燕桃、张靖认为，民众图书馆权利的三大内涵包括平等权利、自由权利和智识自由(intellectual freedom)。[201]程焕文在其论文中对此进行了简化表述，提出图书馆权利是指民众利用图书馆的自由、平等权利。[202]何瑜[203]、陈立刚[204]、郭晓敏[205]对此表示了认同。程焕文对此做了进一步阐释，认为“图书馆权利”应以“用户权利”为核心，即用户平等、自由地利用图书馆的权利。[206]陆超卉认为，图书馆权利是指图书馆读者的权利，主要内容包括读者的阅读权、受教育权、咨询权、受服务权和休闲权。[207]燕辉认为，图书馆权利的最终落脚点是为实现读者平等、自由、合理利用图书馆的权利。[208]李金波认为，知识自由是民众的图书馆权利的内容。[209]张国良认为，读者权利就是图书馆对应承担的义务，即图书馆应以实现读者利益与价值为工作宗旨，以平等、尊重的态度对待每个读者为工作原则，最大限度地满足读者对图书馆的需求为工作目标。[210]王华玉认为，图书馆读者权利应包括平等拥有借阅权与人格保护权。[211]孙振领认为，图书馆权利表现为公众利用图书馆的自由和平等，具有存在属性、价值属性和受限属性。[212]

也有学者单纯从图书馆的角度或图书馆员的角度对图书馆权利的内容进行解释。郭俊平等从知识产权的角度探讨图书馆权利，认为图书馆权利的核心是图书馆作品使用权，即指版权保护状态下的图书馆作品使用豁免权。[213]吴雪映认为，馆员权利也包括一般权利和特殊权利。馆员的一般权利是指馆员作为普通公民享有的所有权，馆员的特殊权利是在图书馆日常工作中体现出来的权利，指法律赋予以图书馆工作为职业的社会公民在实现图书馆价值的过程中，认真履行自己的义务时所应依法享有的与个人利益密切相关的权利。[214]

4.3.3 图书馆权利的冲突与保障

图书馆权利冲突，细而言之，就是图书馆与馆员之间、图书馆与读者之间、馆员之间、馆员与读者之间、读者之间等发生的权利冲突，其中尤其突出的是图书馆与读者之间、馆员与读者之间、读者之间等发生的权利冲突。图书馆权利冲突的内容主要有两点，一是单纯法律上的权利冲突，二是资源利用上的权利冲突。资源利用上的权利冲突又可分为图书馆信息资源利用上的权利冲突与图书馆空间资源利用上的权利冲突。[215]

曾瑛认为，要解决图书馆权利冲突，需要坚持利益衡量原则与权利救济机制。在坚持利益衡量原则时，要遵守权利平等保护的前提，特定情况下要坚持社会利益优先，并兼顾个人利益，还要坚持一般利益优于特殊利益。[216]

程焕文、潘燕桃、张靖对如何保障图书馆权利做了系统的阐述。他们指出，应尽快建立我国图书馆权利政策体系，保障和维护民众图书馆权利；建立覆盖全社会的图书馆网络，实现制度创新和服务创新，使民众能够自由平等地充分获取图书馆资源；采取积极措施，激发民众提高图书馆权利意识；加强图书馆权利理论与实践研究，树立正确的图书馆权利观念，不断完善图书馆权利政策体系，实现图书馆公天下的目标。[217]

常安、燕辉认为，图书馆权利作为受教育权的重要组成部分，具有极强的积极权利性质，其实现不仅需要国家给予一定的自由空间，更需要国家通过积极作为如加大经费投入等来为图书馆权利的实现创造条件。[218]张靖、李凌慧、梁丹妮对 1969 年起在北美设立的 11 个智识自由奖项进行了研究，认为北美图书馆智识自由奖项作为一种智识自由权利保护机制，实现了其权利保护功能。我国可借鉴国外经验，对我国的图书馆权利保护增添保障。[219]在社会发展的过程中，如何有效保障图书馆权利，也有学者做出了回答。孙振领认为，在城镇化过程中，观念救助、制度救助、服务救助、联合救助能够很好地解决图书馆权利问题，促使图书馆事业持续发展。[220]

上述内容均为综合探讨如何保护图书馆权利。而针对如何保护读者权利或馆员权利，亦有研究者提出了对策。张国良认为，保障读者权利，要靠图书馆严格履行自己的义务。[221]李金波认为，只有增强图书馆权利意识，才能保障和维护公众自由平等利用图书馆的权利。[222]王华玉认为，保护图书馆读者权利应从两个方面开展：一是法律保障，二是人文关怀。在法律保障方面，应该完善法律体系，建立维权机制和纠纷解决机制；在人文关怀方面，应做到尊重读者、满足读者要求、对读者坦诚相助、以读者利益为出发点、建立完善的制度体系，并虚心听取读者意见和建议。[223]吴雪映认为，保障馆员权利应从四个方面做起：一是提高法律意识，二是树立证据意识，三是培养权利意识，四是提高人文关怀。[224]

还有学者对如何保障读者权利中的弱势群体图书馆权利进行了研究。何瑜认为，要保障图书馆权利，应该从以下方面着手：修订或制定专门法律，健全弱势群体图书馆权利法律保护体系；完善弱势群体文化权益表达机制，加强弱势群体图书馆权利保护力度；增强法律的可诉性，发挥法律的现实作用；增强弱势群体图书馆权利意识，实现图书馆资源供给过程透明化；完善图书馆服务诉讼机制，加大弱势群体图书馆权利救助。[225]冯继强等认为，保障弱势群体图书馆权利，有3个要点：①建立长效机制，发挥馆藏资源优势，实现共建共享；②整合闲散社会资源，形成帮扶合力，持续不断地进行心理关怀；③根据实际需求，组织爱心人士的有序参与和指导他们的关爱方式。简言之，制定工作流程及目标，让救助工作常态化持续开展是保障其图书馆权利必不可少的条件。[226]

4.3.4 图书馆权利与知识产权的协调

随着数字技术的迅速发展和网络环境的形成，图书馆在信息资源建设与服务的过程中也涉及越来越复杂的知识产权问题。图书馆代表的是社会公众的利益，图书馆所主张的权利，实际上是公众要求平等自由地获取知识信息的权利，而知识产权保护的是著作权人的专有权利，两者不可避免地会产生矛盾。因此，协调图书馆权利与知识产权之间的矛盾，是学界业界都极为关注的问题。

丘柏林认为，著作权保护与图书馆权利在促进社会知识创新与传播的根本利益上具有一致性，两者能够通过协调相互促进：著作权集体管理制度，促进图书馆权利高效实施；逐步完善“合理使用”条款，可以维护利益平衡；适当调整法定许可范围，能够适应图书馆权利的需要；著作权法自身限制，亦可主动防止权利滥用。[227]

陈立刚撰文认为，知识产权与图书馆权利同属公民的基本权利，两者追求的最终价值目标一致，两者的矛盾需要通过知识产权权利限制来解决。知识产权权利限制通常表现为知识产权人的专有权利行使的限制，如合理使用、法定许可与权利穷竭。当然图书馆在行使权利时，也必须遵守相关的版权法规，做到合理与合法，以避免版权纠纷。要在权利限制和合理使用的动态变化中，不断取得新的利益平衡和协调发展。[228]

阮健英认为，著作权合理使用原则是著作权法的核心原则，它保障了社会公众自由获取知识和信息的权利、促进知识和信息共享的权利与增进知识和学习的权利，是著作权法平衡精神的精髓所在，在平衡著作权人利益和公共利益方面具有特殊的功能和作用，体现了保护著作权人合理利益和促进知识与信息公共传播的双重目的。[229]

刘燕具体分析了版权权利人对版权协议的非理性运用对图书馆权利造成的不合理压缩，如对图书馆合理使用权的规避、对图书馆技术豁免权的剥夺等，提出了图书馆对知识产权权利人滥用版权协议的反制措施。[230]

以上研究成果，对图书馆权利与知识产权的协调，既有理论思考、法理分析，又有具体对策研究，表明在这一领域的研究是理性的和具有建设性的。

5 结　语

综观近五年来的图书馆学基础理论研究，笔者认为具有以下几个特点：

第一，对图书馆学基础理论元问题的关注仍在继续，但研究的方向呈现多元化趋势。许多研究者不再苦苦追寻“图书馆的本质”“图书馆学研究对象”这类“经院式”研究的答案，而是主张以价值多元论为基础，将图书馆置于社会大系统中加以考察和研究。当然也有学者认为这种追问是图书馆学理论与图书馆实践发展的基础。

理论的多元化既是理论发展的必然，也是理论发展的动力。

第二，理论研究的成果正在影响政府决策和图书馆事业的发展进程。近年来图书馆学基础理论研究关注的公共图书馆思想、公共图书馆制度、公共图书馆服务体系，以及图书馆权利、图书馆核心价值等问题，已经产出了大量有价值的成果，这些成果所包含和传播的现代图书馆理念、图书馆政策思想和制度设计，正在成为政府领导图书馆事业宏观决策的理论支撑，从各级政府近年来出台的有关图书馆事业发展的方针政策可以清楚地看到这一点。这些成果也正在运用于并指导着图书馆实践的发展，理论与实践形成良性互动。

第三，引进国外新的理论与观点，结合中国特点开展研究，体现图书馆学基础理论研究的开放性。“后现代图书馆学”是引进国外后现代主义理论思考中国图书馆学基础理论研究的成果，虽然仍有争论，却为该领域开启了另一扇思维的窗户。“第三空间理论”源自国外，国内研究者将它与“文化”嫁接，进而提出“作为第三文化空间图书馆”的概念，不仅合理解释了当今中国公共图书馆繁荣发展的动因，而且为图书馆在新的社会历史条件下的进一步发展提供了理论依据。

参考文献

[1]Radford G P. Flaubert, foucault, and the bibliotheque fantastique: toward a postmodern epistemology for library science[J]. Library Trends, 1998, 46(4): 616-634.

[2]傅荣贤. 论当代图书馆学研究范式的转变[J]. 大学图书馆学报, 2009, 27(1): 23-29.

[3]蒋永福. 后现代图书馆学的理论品格[J]. 国家图书馆学刊, 2009, 18(4): 23-29.

[4]蒋永福. 不再追问本质：图书馆学理论的后现代走向[J]. 图书情报工作, 2010, 54(1): 5-7.

[5]徐跃权. 论图书馆本质的哲学解构与建构[J]. 中国图书馆学报,

2010(5)：23-33.
[6]马恒通. 一部标新立异的图书馆学专业教材——读蒋永福的《图书馆学通论》[J]. 图书馆学刊, 2010, 32(9)：1-3.
[7]王子舟. 建国六十年来中国的图书馆学研究[J]. 图书情报知识, 2011(1)：4-12.
[8]刘兹恒, 周佳贵. 论图书馆学理论研究的科学化[J]. 图书馆论坛, 2011, 31(6)：38-44.
[9]刘君. 图书馆本质："实存"还是"虚构"？——图书馆本质研究之一[J]. 图书馆杂志, 2012(4)：2-6.
[10]刘君. 为何追问本质：图书馆本质追问的正当性辩护——图书馆本质研究之二[J]. 图书馆杂志, 2012(5)：7-10.
[11]刘君. 如何探寻本质：图书馆本质研究的方法论考察——图书馆本质研究之三[J]. 图书馆杂志, 2012(6)：2-9.
[12]刘君. 玻璃杯的启示：再谈图书馆本质研究的方法论问题——图书馆本质研究之四[J]. 图书馆杂志, 2012(7)：11-16.
[13]刘君. 本质是什么：图书馆研究中的本质概念浅析——图书馆本质研究之五[J]. 图书馆杂志, 2012(8).
[14]刘君. 错位的本质：图书馆本质及其相关概念辨析——图书馆本质研究之六[J]. 图书馆杂志, 2012(9)：15-22.
[15]刘君. 迷惘的本质：图书馆本质若干元问题辨析——图书馆本质研究之七[J]. 图书馆杂志, 2012(10).
[16]刘君. 本质主义、反本质主义与中国图书馆学研究——对中国图书馆学反本质主义批判的理性思考[J]. 中国图书馆学报, 2013(5)：4-25.
[17]刘宇, 谢欢, 杜慧平. 合法性的争夺：为什么图书馆学人热衷于讨论研究对象——兼与刘君先生商榷[J]. 大学图书馆学报, 2014, 32(4)：28-35.
[18]傅荣贤. 论当代图书馆学研究范式的转变[J]. 大学图书馆学报, 2009, 27(1)：23-29.
[19]蒋永福. 不再追问本质：图书馆学理论的后现代走向[J]. 图书情报工作, 2010, 54(1)：5-7.

[20]邱景华. 后现代理论与中国图书馆学[J]. 图书馆杂志, 2011(9): 7-11.
[21]傅荣贤. 论当代图书馆学研究范式的转变[J]. 大学图书馆学报, 2009, 27(1): 23-29.
[22]储流杰. 论图书馆学研究的当代困境与危机[J]. 图书馆, 2013(3): 12-17.
[23]王平. 国内外后现代主义哲学与图书情报学研究的述与思[J]. 图书情报工作, 2010, 54(13): 22-26.
[24]陈立华. 现代图书馆学的实践论与后现代主义理论范式的冲突及延续[J]. 图书馆杂志, 2010(9): 9-11.
[25]陈立华. 论詹姆逊的后现代主义理论对图书馆学发展的影响[J]. 图书馆工作与研究, 2011(2): 25-27.
[26]玄冬梅, 刘治伟. 后现代主义对图书馆学研究方法的解构[J]. 新世纪图书馆, 2011(1): 14-16.
[27]梁灿兴. 不可或缺的黯淡蓝点——图书馆后现代浪潮中的现代性[J]. 图书馆, 2009(4): 1-4.
[28]阮朝辉. 基于后现代图书馆发展趋势的思考[J]. 教学与管理, 2012(5): 42-43.
[29]颜务林, 李亚芬. 后现代图书馆的职能定位——对"图书馆是学习中心"这一命题的学理分析[J]. 新世纪图书馆, 2013(3): 6-9.
[30]俞传正. 现代性、后现代性与公共图书馆职业[J]. 图书馆, 2011(5): 1-3.
[31][美]爱德华·索雅. 第三空间[M]. 王志弘, 译. 台北: 桂冠图书股份有限公司, 2004.
[32]沈栖. 城市的"第三空间"[J]. 国际市场, 2008(4).
[33]第三空间: 寻找失落的世外桃源[EB/OL]. [2015-07-23]. http://www.cnetnews.com.cn/2011/0803/2050254.shtml.
[34]吴一舟. 公共图书馆的发展定位与使命探讨[J]. 图书馆工作与研究, 2012(8): 4-7.
[35]龚娅君. 公共图书馆社会"第三文化空间": 内涵、实践与发展

[J]. 图书与情报, 2013(2): 78-80.
[36]金胜勇, 张吻秋. 关于图书馆社会功能的再认识[J]. 图书馆, 2014(6): 38-41.
[37]刘丛. 作为第三空间的公共图书馆社会价值分析[J]. 图书馆理论与实践, 2012(5): 69-70.
[38]王伟. 打造第三文化空间——加快学习型社会公共图书馆建设[J]. 科技创新导报, 2014(28): 199.
[39]李秀娟. 作为第三空间图书馆社会价值的实现[J]. 公共图书馆, 2012(3).
[40]郭欣萍. 公共图书馆功能再定位思考[J]. 国家图书馆学刊, 2013, 22(2): 29-32.
[41]牛红艳. 图书馆营造"第三空间"的实践探索[J]. 图书情报工作, 2012, 56(3): 92-95.
[42]周芸熠. 基于"第三空间"的图书馆范式转换[J]. 情报资料工作, 2013(3).
[43]Susan E. Montgomery, Jonathan Miller. The third place: the library as collaborative and community space in a time of fiscal restraint [J]. College & Undergraduate Libraries, 2011, 18(2): 228-238.
[44]Third space: creating a library environment that opens doors for collaboration, value, and student achievement [EB/OL]. [2015-07-25].
[45]James Elmborg. Libraries as the spaces between us: recognizing and valuing the third space [J]. Reference & User Services Quarterly, 2011, 50(4): 338-350.
[46]韦晓玲. 公共图书馆打造城市"第三空间"的探讨[J]. 农业图书情报学刊, 2013, 25(7): 80-83.
[47]高源. 图书馆作为第三空间的构建[J]. 图书馆学刊, 2012(10): 4-6.
[48]谢群. 以构建文化第三空间为导向的图书馆服务创新[J]. 图书馆学研究, 2014(10).
[49]李红培, 鄢小燕. 国内外图书馆第三空间建设进展研究[J]. 图

书馆学研究，2013(16).
[50]龚娅君. 公共图书馆社会“第三文化空间”：内涵、实践与发展[J]. 图书与情报，2013(2)：78-80.
[51]范华秀. 福建省图书馆打造城市第三文化空间的实践探索[J]. 福建图书馆理论与实践，2014(1)：13-15.
[52]龚蛟腾. 从社会视角看社区图书馆发展[J]. 高校图书馆工作，2013(6)：3-8.
[53]吴惠茹. 高校图书馆作为校园第三空间的价值及其实现[J]. 图书馆工作与研究，2013，1(5)：14-17.
[54]鲍甬婵. 图书馆：城市的“第三空间”[J]. 图书馆论坛，2011，31(5).
[55]郭欣萍. 公共图书馆功能再定位思考[J]. 国家图书馆学刊，2013，22(2)：29-32.
[56]赵美璇. 公共图书馆构建城市“第三空间”研究[D]. 河北大学，2014.
[57]李小菊. 公共图书馆“第三空间”的构建与服务——基于单向街图书馆的分析[J]. 图书馆研究，2013，43(4)：12-15.
[58]王伟. 打造第三文化空间——加快学习型社会公共图书馆建设[J]. 科技创新导报，2014(28)：199.
[59]刘兰. 图书馆“第三空间”营造途径研究[J]. 图书与情报，2012(5)：99-101.
[60]李素美，郭太敏. 公共图书馆作为城市“第三空间”的社会功能与构建策略[J]. 情报资料工作，2013(4)：103-105.
[61]李小菊. 公共图书馆“第三空间”的构建与服务——基于单向街图书馆的分析[J]. 图书馆研究，2013，43(4)：12-15.
[62]谢群. 以构建文化第三空间为导向的图书馆服务创新[J]. 图书馆学研究，2014(10).
[63]程焕文. 公共图书馆价值观的理性复归与传承弘扬——《近60年来中国公共图书馆思想研究(1949—2009)》序[J]. 图书馆研究与工作，2012(2)：2-4.
[64]褚树青. 把公共还给图书馆[J]. 图书馆，2011(3)：11-12.

[65]柯平. 公共图书馆免费开放的理论思考[J]. 图书馆, 2011(3): 1-5.
[66]朱峻薇. 公共图书馆的免费服务与社会责任[J]. 图书馆, 2011(4): 69-73.
[67]黄筱玲, 刘芳. 对公共图书馆免费开放的冷思考[J]. 图书馆, 2011(5): 47-49.
[68]肖希明, 余愿, 等. 公共图书馆免费开放服务的调查分析[J]. 图书馆, 2012(4): 8-11, 19.
[69]柯平. 公共图书馆免费开放的理论思考[J]. 图书馆, 2011(3): 1-5.
[70]朱国萍. 普遍均等、公共图书馆制度与责任政府[J]. 图书馆建设, 2014(8): 13-16.
[71]王聪聪. 从标准化走向均等化——对推进我国公共图书馆服务均等化的若干思考[J]. 图书馆建设, 2010(1): 56-60.
[72]张正. 迈向服务均等化的公共图书馆管理重构[J]. 图书情报知识, 2010(2): 24-29.
[73]王晓燕. 基于均等服务的图书馆公共价值诠释[J]. 图书馆学研究, 2013(2): 36-38.
[74]黄幼菲. 从图书馆发展史看知识自由的演进历程[J]. 图书馆建设, 2011(1): 1-5.
[75]丁清英. 知识自由的内在价值及其中国本土化的策略之维[J]. 图书馆, 2010(3): 20-23.
[76]周加仁. 读者工作中“以人为本”理念的实现[J]. 图书馆杂志, 2011(5): 53-58.
[77]戴艳清. 公共图书馆的社会包容理念: 内涵、存在的问题及对策[J]. 图书馆建设, 2011(7): 48-53.
[78]范并思. 公共图书馆的制度研究: 十年回顾与述评[J]. 图书馆杂志, 2013(7): 9-15.
[79]易向军, 李蔚蔚. 论公共图书馆的制度设计[J]. 中国图书馆学报, 2010(5).
[80]李东来, 蔡冰. 以制度保障公共图书馆的读者权益[J]. 中国

图书馆学报，2010(4)：17-23.
[81]龙华阳. 公共图书馆法对读者权利的法律保护[J]. 图书馆建设，2010(10)：4-8.
[82]李国新.《公共图书馆法》立法进展[J]. 图书馆建设，2010(10)：1-3，8.
[83]杨玉麟，等.《公共图书馆法》立法基础与必要性研究[J]. 中国图书馆学报，2010(2)：9-14，15.
[84]邱冠华，等. 公共图书馆的设置与体系建设研究[J]. 中国图书馆学报，2010(2)：16-23，45.
[85]肖容梅，等. 公共图书馆管理体制研究[J]. 中国图书馆学报，2010(3)：4-11.
[86]吴洪珺，等. 公共图书馆经费保障机制研究[J]. 中国图书馆学报，2010(3)：12-18.
[87]肖希明，张勇. 我国公共图书馆文献资源建设法律需求的调查分析与研究[J]. 中国图书馆学报，2010(3)：19-25.
[88]李东来，蔡冰. 以制度保障公共图书馆的读者权益[J]. 中国图书馆学报，2010(4)：17-23.
[89]冯守仁，等.《公共图书馆法》呈缴本制度的立法研究[J]. 中国图书馆学报，2010(6)：67-64.
[90]肖维平，等. 公共图书馆工作人员保障机制研究[J]. 中国图书馆学报，2010，36(4)：10-16.
[91]胡洁. 公共图书馆立法应明确保护读者隐私权[J]. 图书馆，2010(1)：22-26.
[92]张欣. 全覆盖的公共图书馆服务体系建设研究[J]. 图书馆，2014(4)：106-108.
[93]张正. 迈向服务均等化的公共图书馆管理重构[J]. 图书情报知识，2010(2)：24-29.
[94]申晓娟. 关于“十二五”时期我国公共图书馆事业发展的战略思考——《全国公共图书馆事业发展“十二五”规划》解读[J]. 中国图书馆学报，2012(4)：4-11.
[95]肖希明. 面向公共文化服务体系的公共图书馆政策需求调查分

析[J]. 图书馆，2012(5)：6-10.
[96]肖希明. 面向公共文化服务的图书馆政策体系构建[J]图书馆，2012(6)：1-5.
[97]李超平. 嘉兴模式的延伸与深化——从总分馆体系到图书馆服务体系[J]. 中国图书馆学报，2012(3)：12-19.
[98]邱冠华. 苏州总分馆制度设计的背景、思路与成效[J]. 图书馆，2014(2)：27-30.
[99]叶艳萍. 杭州地区公共图书馆总分馆制的实践与思考——以桐庐县总分馆制建设为例[J]. 图书馆论坛，2012(6)：155-158，64.
[100]林丽萍. 厦门市图书馆托管型分馆建设述略[J]. 图书与情报，2010(6)：109-112.
[101]徐益波. 我国公共图书馆总分馆制实践案例比较分析[J]. 图书与情报，2013(6)：62-64.
[102]陆晓曦，刘璇. 中国公共图书馆总分馆体系研究述评[J]. 图书馆建设，2012(3)：4-9.
[103]刘慧娟. 区域性公共图书馆服务体系未来发展模式的探讨[J]. 图书馆，2014(5)：14-16.
[104]陈晓红. 我国公共图书馆服务均等化研究[J]. 图书馆建设，2011(11)：27-33.
[105]熊伟，索新全，陈碧红，等. 西部地区公共图书馆“馆点线制”服务体系建设研究——以宝鸡市公共图书馆服务体系建设的制度设计为例[J]. 中国图书馆学报，2012(4)：16-25.
[106]潘燕桃，张琦. 广佛同城公共图书馆服务网络建设研究[J]. 图书馆论坛，2012(4)：41-47.
[107]张利娜. 示范区创建背景下东莞市图书馆体系化服务的技术特色研究[J]. 图书馆，2014(3)：38-41.
[108]李军. 在示范区创建中的图书馆服务体系[J]. 图书馆，2014(5)：78-80.
[109]卢素珍. 转变基层图书馆发展方式探讨——以梅州市基层图书馆建设为例[J]. 图书馆论坛，2012(4)：80-83.

[110]程远. 公共图书馆构建农村服务体系的思考——以江西公共图书馆服务农村工作为例[J]. 图书馆, 2010(3): 142-144.
[111]臧运平, 宋桂娟, 郑满生, 等. 我国农村地区公共图书馆建设的诸城模式研究[J]. 中国图书馆学报, 2012(5): 4-16.
[112]于良芝. 我国基层图书馆的专业化改造——从全覆盖到可持续的战略转向[J]. 图书馆建设, 2011(10): 7-11.
[113]刘炜红. 公共图书馆在“农家书屋”建设中的不可替代作用——以江西省九江地区“农家书屋”调研为例[J]. 图书馆论坛, 2010(3): 162-167.
[114]陈春云. 公共图书馆与农家书屋的精细化可持续发展——以上海市松江区农家书屋建设为例[J]. 图书馆杂志, 2011(6): 53-54, 67.
[115]金刚武. 农家书屋与农村公共图书馆服务体系融合发展探析[J]. 中国图书馆学报, 2014(1): 84-92.
[116]李力. 关于图书馆核心价值的思考[J]. 情报理论与实践, 2011, 34(6): 44-47.
[117]仰煜. 公共图书馆价值的再认识[J]. 图书馆论坛, 2011, (5): 145-147.
[118]陈有志, 徐荻蕙. 图书馆核心价值辨[J]. 图书馆建设, 2011(4): 9-11.
[119]朱钗. 高校图书馆价值与功能的内隐观调查与分析[J]. 图书情报工作, 2011, 55(13): 84-87.
[120]蒙少东. 社会科学专业图书馆的核心价值探析[J]. 情报资料工作, 2011(1): 38-40.
[121]毛赣鸣, 李黛君. 图书馆核心价值体系系统模型的构建与解读[J]. 情报理论与实践, 2011, 34(6): 48-51.
[122]李力. 关于图书馆核心价值的思考[J]. 情报理论与实践, 2011, 34(6): 44-47.
[123]尹鸿博. 图书馆核心价值研究的学科归属[J]. 图书馆建设, 2011(9): 9-11.
[124]蒙少东. 社会科学专业图书馆的核心价值探析[J]. 情报资料

工作，2011(1)：38-40.
[125]李力. 关于图书馆核心价值的思考[J]. 情报理论与实践，2011，34(6)：44-47.
[126]陆宇杰，范并思. 北美公共图书馆核心价值体系结构研究[J]. 图书馆建设，2013，(2)：6-12.
[127]尹鸿博. 图书馆核心价值研究的两大学派述评[J]. 图书情报工作，2010，54(21)：131-134.
[128]李强. 少数民族地区图书馆核心价值体系的构建[J]. 图书馆，2010(2)：80-81.
[129]秦晓珠. 民族地区高校图书馆核心价值建构的战略思考[J]. 图书馆，2013(1)：36-39.
[130]陈有志，徐荻蕙. 图书馆核心价值辨[J]. 图书馆建设，2011(4)：9-11.
[131] Felicia Y, Promise I. Library support for covenant university's core value of capacity building[J]. IFE PsychologIA, 2013, 21(1): 217-227.
[132]陆宇杰，范并思. 北美公共图书馆核心价值体系结构研究[J]. 图书馆建设，2013(2)：6-12.
[133]毛赣鸣，李黛君. 图书馆核心价值体系系统模型的构建与解读[J]. 情报理论与实践，2011，34(6)：48-51.
[134]尹鸿博. 图书馆核心价值研究的两大学派述评[J]. 图书情报工作，2010，54(21)：131-134.
[135]郭绍全. 图书馆人文精神的价值实现是以读者为本[J]. 图书馆理论与实践，2011(4)：23-25.
[136]袁永久. 知识管理在图书馆核心价值实现中的作用[J]. 情报科学，2011(6)：856-859.
[137]王政，洪伟达. 知识自由在图书馆核心价值体系中的地位与作用[J]. 图书情报工作，2010，54(11)：35-39.
[138]杨经铭. 系统方法视野中的图书馆核心价值体系建设[J]. 图书馆论坛，2011，31(2)：166-168.
[139]华瑶，杨欣佳，田振坤. 基于管理能力视角下的图书馆核心

价值研究[J]. 情报科学，2012(11)：1638-1640.
[140]吴俊英，蒋润秋. 基于服务的图书馆核心价值探讨[J]. 图书馆，2010(6)：28-29.
[141]李丽楠. 图书馆核心价值中的道德问题探讨[J]. 图书与情报，2011(6)：121-123.
[142]刘磊，王浩. 图书馆核心价值研究——基于儒家思想的实证分析[J]. 图书情报工作，2011，55(23)：45-48.
[143]刘秋让，燕辉. 论阅读社会构建中的图书馆价值定位[J]. 图书与情报，2011(3)：37-40.
[144]郎杰斌. 空间体验——图书馆的核心价值之一[J]. 大学图书馆学报，2013，31(2)：42-48.
[145]张艺缤. 价值哲学视域下的图书馆核心价值浅析[J]. 图书馆工作与研究，2012(9)：29-30.
[146]于春莉. 高校图书馆核心竞争力建设的研究[J]. 情报理论与实践，2012，35(9)：54-56.
[147]肖勇，张自锋. 构建信息公平：当代中国图书馆学的核心价值所在[J]. 图书馆，2012(6)：6-9.
[148]陆宇杰，张凤仙，范并思. 基于共词分析的高校图书馆核心价值研究[J]. 大学图书馆学报，2011，29(6)：34-40.
[149]李丽楠，许利民，曾莉. 高校图书馆核心价值与权利关系的探讨[J]. 图书情报工作，2011，55(7)：35-39.
[150]张海涛，钱丹丹，支凤稳. 高校图书馆核心价值体系：内涵、维度及结构模型[J]. 图书情报工作，2011，55(17)：22-26.
[151]秦晓珠. 民族地区高校图书馆核心价值建构的战略思考[J]. 图书馆，2013(1)：36-39.
[152]李强. 少数民族地区图书馆核心价值体系的构建[J]. 图书馆，2010(2)：80-81.
[153]徐靖. 从社会分工中理性看科研院所图书馆的核心价值[C]. 中华医学会第十七次全国医学信息学术会议，2011.
[154]蒙少东. 社会科学专业图书馆的核心价值探析[J]. 情报资料工作，2011(1)：38-40.

[155]李雪冰. 公共价值缺失下的图书馆核心价值生成与实现的途径[J]. 图书馆理论与实践，2011(2)：31-33.
[156]刘磊，王浩. 基于儒家思想的图书馆核心价值及实现途径[J]. 图书馆，2011(1)：17-19.
[157]杨经铭. 系统方法视野中的图书馆核心价值体系建设[J]. 图书馆论坛，2011，31(2)：166-168.
[158]郑红京. 基于图书馆权利分析的核心竞争力研究[J]. 图书馆，2010(5)：97-98.
[159]王琳. 高校图书馆核心竞争力诸要素解析[J]. 图书馆工作与研究，2013(1)：46-49.
[160]袁永久. 知识管理在图书馆核心价值实现中的作用[J]. 情报科学，2011(6)：856-859.
[161]秦晓珠. 民族地区高校图书馆核心价值建构的战略思考[J]. 图书馆，2013(1)：36-39.
[162]沈占云. 新世纪十年的新图书馆运动[J]. 图书馆建设，2012(4)：6-14.
[163]郭科文. 论图书馆精神和传统文化的融合[J]. 图书馆，2011(1)：20-21.
[164]燕辉. 图书馆价值与图书馆精神、图书馆权利的关系研究[J]. 情报杂志，2010，29(10)：180-184.
[165]陈文革. 图书馆精神的救赎——榜样教育[J]. 图书馆建设，2011(9)：86-88.
[166]杨章玲. 图书馆精神探究[J]. 教育观察旬刊，2014(6)：89-91.
[167]李丽萍. 重建人类美丽的精神家园——评《不朽的图书馆精神：汶川地震与家园重建》[J]. 图书馆建设，2010(11)：99-101.
[168]孙腊梅，储流杰. 对图书馆精神的理性思考[J]. 图书馆，2011(3)：24-27.
[169]李丽萍. 重建人类美丽的精神家园——评《不朽的图书馆精神：汶川地震与家园重建》[J]. 图书馆建设，2010(11)：

99-101.
[170]余昌俊. 论图书馆精神(之二)：图书馆精神的整体性——纪念黑格尔《精神现象学》发表 203 周年[J]. 图书馆，2010(2)：20-23.
[171]燕辉. 图书馆价值与图书馆精神、图书馆权利的关系研究[J]. 情报杂志，2010，29(10)：180-184.
[172]郭科文. 论图书馆精神和传统文化的融合[J]. 图书馆，2011(1)：20-21.
[173]余胜，吴晞. 免费开放：理论追寻、历史回顾与现实思考[J]. 中国图书馆学报，2011，37(3)：10-17.
[174]杨章玲. 图书馆精神探究[J]. 教育观察旬刊，2014(6)：89-91.
[175]杨扬. “辛文助学会”是图书馆精神的体现和升华[J]. 图书馆理论与实践，2011(11)：74-76.
[176]何金丽. 新时期图书馆精神的现实意义刍议[J]. 河南图书馆学刊，2014(5)：88-89.
[177]孙腊梅，储流杰. 对图书馆精神的理性思考[J]. 图书馆，2011(3)：24-27.
[178]孙腊梅，储流杰. 对图书馆精神的理性思考[J]. 图书馆，2011(3)：24-27.
[179]方波. 从图书馆精神谈高校图书馆社会化服务——兼与否定高校图书馆社会化服务者商榷[J]. 图书馆建设，2012(1)：9-12，17.
[180]何金丽. 新时期图书馆精神的现实意义刍议[J]. 河南图书馆学刊，2014(5)：88-89.
[181]郭科文. 论图书馆精神和传统文化的融合[J]. 图书馆，2011(1)：20-21.
[182]杨扬. “辛文助学会”是图书馆精神的体现和升华[J]. 图书馆理论与实践，2011(11)：74-76.
[183]陈文革. 图书馆精神的救赎——榜样教育[J]. 图书馆建设，2011(9)：86-88.

[184]余昌俊. 论图书馆精神(之二): 图书馆精神的整体性——纪念黑格尔《精神现象学》发表 203 周年[J]. 图书馆, 2010(2): 20-23.
[185]余昌俊. 论图书馆精神: 图书馆精神的整体性(之三)——纪念黑格尔《精神现象学》发表二〇三周年[J]. 图书馆, 2011(1): 14-16.
[186]范并思. 新世纪十年我国图书馆学基础理论的光荣与梦想[J]. 高校图书馆工作, 2010(4): 13-16.
[187]程焕文. 图书馆权利的界定[J]. 中国图书馆学报, 2010, 36(2): 38-45.
[188]陆超卉. 论图书馆读者的权利[C]. 广西图书馆学会 2011 年年会暨第 29 次科学讨论会论文集, 2011.
[189]郭晓敏. 我国公民图书馆权利普及现状——从"乞丐入馆案"说起[J]. 图书馆建设, 2011(8): 20-25.
[190]范并思. 权利、读者权利和图书馆权利[J]. 图书馆, 2013(2): 1-4.
[191]阮健英. 试论著作权合理使用原则与图书馆权利规定[J]. 图书馆工作与研究, 2012(12): 8-12.
[192]吴雪映. 图书馆一线馆员权利保护的探索[J]. 图书馆杂志, 2013, 32(4): 68-71.
[193]郑红京. 基于图书馆权利分析的核心竞争力研究[J]. 图书馆, 2010(5): 97-98.
[194]尚丽维. 文化权利 · 图书馆权利 · 读者权利[J]. 图书馆, 2010(4): 12-15.
[195]尹培丽. 是畅销书, 又是禁书——从《哈利 · 波特》看美国的图书馆权利[J]. 图书馆杂志, 2011(7): 18-21.
[196]袁淑琴. 对图书馆地方性法规关于图书馆权利规定的研究[J]. 图书馆论坛, 2011, 31(1): 132-134.
[197]李丽楠, 许利民, 曾莉. 高校图书馆核心价值与权利关系的探讨[J]. 图书情报工作, 2011, 55(7): 35-39.
[198]燕辉, 常安. 图书馆自由与图书馆权利之辨[J]. 图书馆建

设，2012(12)：1-5.
[199]冯继强，朱峻薇，丁晓芳，等. 流浪未成年人公共图书馆权利初探——以杭州图书馆和杭州少年儿童图书馆知识关怀实践为例[J]. 图书馆工作与研究，2011(1)：126-128.
[200]郑红京. 基于图书馆权利分析的核心竞争力研究[J]. 图书馆，2010(5)：97-98.
[201]程焕文，潘燕桃，张靖. 图书馆权利研究[M]. 北京：学习出版社，2011：36-104.
[202]程焕文. 图书馆权利的界定[J]. 中国图书馆学报，2010，36(2)：38-45.
[203]何瑜. 弱势群体图书馆权利的法律保护[J]. 图书馆建设，2013(3)：6-10.
[204]陈立刚. 试论知识产权权利限制对现代图书馆权利的影响[J]. 图书馆论坛，2011，31(2)：172-174.
[205]郭晓敏. 我国公民图书馆权利普及现状——从“乞丐入馆案”说起[J]. 图书馆建设，2011(8)：20-25.
[206]程焕文. 图书馆权利的界定[J]. 中国图书馆学报，2010，36(2)：38-45.
[207]陆超卉. 论图书馆读者的权利[C]. 广西图书馆学会2011年年会暨第29次科学讨论会论文集，2011.
[208]燕辉. 从价值构建到制度保障：图书馆价值与图书馆权利的关系研究[J]. 图书馆建设，2010(12)：17-20.
[209]李金波. 国外图书馆权利案例研究——电子书借阅限制事件分析[J]. 图书与情报，2012(6)：52-56.
[210]张国良. 从美国《图书馆权利宣言》发展谈读者权利内涵[J]. 情报杂志，2010(S2)：234-236.
[211]王华玉. 图书馆读者权利的法律保护与人文关怀[J]. 福建图书馆理论与实践，2013(1)：48-49.
[212]孙振领. 图书馆权利：城镇化过程中的迷失与救助[J]. 图书馆，2013(2)：92-94.
[213]郭俊平，董永飞，陆辉. 论图书馆权利之作品使用权[J]. 图

书馆工作与研究，2011(10)：11-14.
[214]吴雪映. 图书馆一线馆员权利保护的探索[J]. 图书馆杂志，2013，32(4)：68-71.
[215]曾瑛. 图书馆权利冲突论——一个微观的视角[J]. 图书与情报，2011(4)：94-97.
[216]曾瑛. 图书馆权利冲突论——一个微观的视角[J]. 图书与情报，2011(4)：94-97.
[217]程焕文，潘燕桃，张靖. 图书馆权利研究[M]. 北京：学习出版社，2011.
[218]常安，燕辉. 论作为积极权利的图书馆权利[J]. 图书情报知识，2012(4)：4-10.
[219]张靖，李凌慧，梁丹妮. 北美图书馆智识自由奖项及获奖案例介绍[J]. 中国图书馆学报，2013，39(2)：77-84.
[220]孙振领. 图书馆权利：城镇化过程中的迷失与救助[J]. 图书馆，2013(2)：92-94.
[221]张国良. 从美国《图书馆权利宣言》发展谈读者权利内涵[J]. 情报杂志，2010：234-236.
[222]李金波. 国外图书馆权利案例研究——电子书借阅限制事件分析[J]. 图书与情报，2012(6)：52-56.
[223]王华玉. 图书馆读者权利的法律保护与人文关怀[J]. 福建图书馆理论与实践，2013(1)：48-49.
[224]吴雪映. 图书馆一线馆员权利保护的探索[J]. 图书馆杂志，2013，32(4)：68-71.
[225]何瑜. 弱势群体图书馆权利的法律保护[J]. 图书馆建设，2013(3)：6-10.
[226]冯继强，朱峻薇，丁晓芳，等. 流浪未成年人公共图书馆权利初探——以杭州图书馆和杭州少年儿童图书馆知识关怀实践为例[J]. 图书馆工作与研究，2011(1)：126-128.
[227]丘柏林. 著作权对图书馆权利的促进作用研究[J]. 图书馆理论与实践，2011(7)：8-10.
[228]陈立刚. 试论知识产权权利限制对现代图书馆权利的影响

[J]. 图书馆论坛，2011，31(2)：172-174.
[229]阮健英. 试论著作权合理使用原则与图书馆权利规定[J]. 图书馆工作与研究，2012(12)：8-12.
[230]刘燕. 版权协议对图书馆权利的制约与对策分析[J]. 图书馆工作与研究，2013(5)：58-61.

【作者简介】

肖希明，武汉大学信息管理学院图书馆学系教授，博士生导师。学术兼职有：中国图书馆学会学术研究委员会资源建设与共享专业委员会主任委员、《中国图书馆学报》编委等。主要研究领域为信息资源建设、图书馆学基础理论，主持国家社会科学基金项目、教育部人文社会科学研究项目多项，出版著作、教材10部，发表论文200余篇。

刘巧园、曾粤亮、卢世晴，均为武汉大学信息管理学院图书馆学专业2014级硕士研究生。

近五年来信息资源建设研究综述

肖希明　完颜邓邓　沈　妍
（武汉大学信息管理学院）

［摘　要］文章对2010—2014年间国内外以图书情报领域为主的信息资源建设研究成果进行了系统梳理。作者认为，变革信息资源建设模式，重视信息资源建设政策，探索实体文献资源建设中文献采访模式的创新，拓展和丰富数字资源建设的领域与内容，推进数字信息资源在多领域的整合，以及在信息资源共建共享研究中关注信息资源共享系统绩效评估、重视信息政策与法律和知识产权问题的研究，等等，是近五年来研究的热点问题。对这些问题的研究，丰富了信息资源建设理论的内涵，促进了信息资源建设实践的发展。

［关键词］信息资源建设　研究综述　研究热点

A Review of Information Resources Construction in Recent Five Years

Xiao Ximing　WanYan dengdeng　Shen Yan
(School of Information Management, Wuhan University)

[**Abstract**] This paper study the results of information resources construction field in library and information science at home and abroad in the years of 2010-2014. Authors believe that the hot issues in nearly five years as follows: change the mode of information resources construction, attach importance to the information resources construction policy, explore and innovate the mode of literature acquisitioning in entity literature resources construction, expand and enrich the domain and content of digital resources construction, promote the digital information resources integration in multi domain, and pay attention to the performance evaluation of information resources sharing system, attach importance to information policy, law, intellectual property issues in information resources construction and sharing research. These fruits enrich the connotation of information resources construction theory, and promote the development of information resources construction practice.

[**Keywords**] information resources construction　research review　research hotspot

随着信息技术的迅速发展和社会信息化进程的加快，信息资源作为国家经济和社会发展战略性资源的重要性越来越被人们所认可，信息资源建设已成为国家信息化发展战略的重要组成部分。信息资源具有很强的渗透性，它可以广泛渗透到社会经济、政治、教育、科技、文化等几乎所有的领域，形成不同领域的信息资源，如政府信息资源、企业信息资源、商务信息资源、公共信息资源、文化信息资源、科技信息资源、学术信息资源等。不同领域的信息资源建设虽然有一定共性，但无论从指导原则、建设内容，还是方法手段来看，都有各自的特点与规律。这就使得信息资源建设成为极为复杂的信息活动。也因为如此，很难用一篇文章来综述各领域信息资源建设研究的进展。本文将沿用《图书馆学研究进展》前两辑对"信息资源建设"内容范围的界定和叙事体例，对2010—2014年以图书情报领域为主的信息资源建设研究成果进行系统梳理。

1　变革信息资源建设模式的研究

信息资源建设模式是指信息资源在生产、采购、存储、整合、发布过程中的集中表现形式[1]。在数字环境中，信息资源的形态发生了变化，由传统纸质资源转向纸质资源与数字资源并存发展，数字资源逐渐成为馆藏资源中越来越重要的组成部分。“拥有与存取”理念的提出和开放获取的发展深刻影响着馆藏资源建设，使得资源建设模式发生变革。

1.1 “拥有与存取”

“拥有与存取”理念的提出使得信息资源建设不再以“拥有”为单一建设模式，“存取”成为和“拥有”同等重要的建设模式，“存取”可以弥补“拥有”的不足，增强信息资源保障能力。信息资源建设模式中“拥有”与“存取”是相辅相成的，缺一不可，合理处理两者关系，使之达到平衡已经成为共识。遵循“拥有”和“存取”的共存互补原则，以网络为依托，建立起良好的“存取-拥有”互动关系，对不同类型资源根据其用途和使用目的的不同采取拥有或存取方式建设，既能使某些资源满足系统性和永久拥有的要求，也可通过存取的方式满足对某些不需要系统收藏与保存资源的需求，从而构建实虚共存、内外互补的信息资源体系[2][3]。对“拥有”与“存取”的研究涉及资源采集、文献传递、资源共建共享等方面：①资源采集方面，变革图书馆的资源采集模式，重视对网络资源的采集，只需保障对网络资源的“存取”能力。数字时代大多数印刷型书刊都将成为联机数据库型的数字化文献，在数字化资源建设过程中应该接受“能获取，但不拥有”的理念，图书馆只需购买“许可权”，这些联机数据库实际就成为图书馆的“虚拟馆藏”[4]。②文献传递方面，合理处理拥有与存取的关系，对于核心资源采取“拥有”式的建设模式，保障核心资源建设；对于利用率低、价格昂贵的文献采取“存取”式的建设模式，通过文献传递来保障需求，正确处理两者关系能促使文献传递服务可持续发展[5]。③资源共建共享方面，拥有与存取理论的提出与应用为信息资源共享提供了新模式，单纯的存取或拥有都不能最大程度地满足用户需求，只有将两者协同发展、互相弥补不足才能实现信息资源共建共享的目标[6]。

1.2 开放获取对信息资源建设的影响

开放获取(open access，OA)运动蓬勃发展，OA 资源迅速增长，以OA期刊和OA知识库为主要形式的OA资源以其数量丰富、类型多样、免费获取等优势已经成为信息机构收集、组织与提供利用的重要文献类型，改变着信息资源建设模式，加强OA资源建设成为信息资源建设中必不可少的内容。OA出版资助方式从出版源头开始，通过支付开放出版服务费，实现学术论文开放获取，是从源头保障信息获取能力的一种信息资源建设模式[7]。OA可以缓解信息机构的资金压力，增加馆藏资源总量，在丰富数字资源建设的内涵和外延，促进信息资源的开发利用、建设信息资源保障体系方面具有重要作用[8]。OA资源还为图书馆变革传统服务，提升自身价值，创新服务方式与拓展服务功能提供了机遇，图书馆应收集、整合网络上免费的OA资源，并以多种方式提供给用户使用，由传统的公共服务角色拓展到促进学术信息交流与传播的角色[9]。

面对OA的发展趋势，国外图书馆开始调整馆藏资源建设政策，将OA资源纳入馆藏资源建设政策，参与支持OA出版、构建机构知识库和创办OA期刊，为OA出版提供资金支持等。加拿大亚伯达大学在其馆藏政策中有一条明确的声明："图书馆支持OA，将OA资源纳入馆藏体系，并为选择将自己的学术著作进行OA出版的全校师生员工提供支持。"此外，还有渥太华大学图书馆、皇后大学图书馆发表声明支持相关的OA资源馆藏建设[10]。津巴布韦的一些高校图书馆也在宣传倡导OA，并且已经有几所高校建立了OA知识库，参与OA出版；为促进OA在津巴布韦的发展，津巴布韦高校图书馆联盟(Zimbabwe University Libraries Consortium，ZULC)建立了机构知识库[11]。肯尼亚的大学图书馆支持OA的做法包括建立OA作者资金，为作者支付OA期刊出版费、建立OA知识库、将OA资源纳入图书馆馆藏以支持学习和教学[12]。

我国的公共图书馆、高校图书馆、科学专业图书馆均开展了不同程度的OA资源建设实践，其中中国科学院文献情报中心紧密关注国际OA发展动态，在OA资源建设与服务、推动OA发展、OA研究等方面均走在国内前列。该中心于2007年启动研究所机构知识库建设[13]，自2009年开始主要开展了三个方面的开放资源建设工作：①启动了开放会议采集和服务系统、开放课件网、开放资源登记系统等项目，构建不同类型开放资源的集成和服务平台；②与国际上大型开放资源系统合作，建设本地化镜像，提供开放服务和资源保存；③争取国际知名开放资源的长期保存合作，目前实现了开放获取期刊 BMC 系列期刊在中国科学院文献情报中心的长期开放存储[14]。越来越多的图书馆对 OA 资源进行搜集、整理、组织与揭示，在图书馆网站上进行介绍和推荐，按照专业建立 OA 资源导航库的要求，构建统一检索平台，实现 OA 资源整合。除搜集外部的 OA 资源外，图书馆也在关注机构内部的资源，建立机构知识库，收集机构内的各类资源。特别是大学图书馆，拥有教师的论文、学生的学位论文、科研报告、讲义等大量学术资源，创建机构知识库能大大增加图书馆的可利用资源，丰富馆藏。

随着 OA 资源建设实践的进展，OA 资源收集、组织、揭示、整合、开发利用等方面存在的问题引起了广泛关注，有学者针对 OA 资源建设的现状与不足提出了 OA 资源建设策略。(1)在 OA 资源收集策略方面：①系统开放获取方式。对于支持 OAI 等开放协议的开放资源，采用主动获取的方式，经评价后通过开放接口，将其纳入图书馆的开放资源体系[15]。②合作谈判方式。对于国内外有规模的、成功的开放资源系统，争取通过谈判，建立本地镜像，或对于不提供开放接口的资源，争取其对图书馆的资源开放共享。③自建资源开放集成方式。采取自我采集、用户登记的方式，通过建设服务系统，将开放资源虚拟集成纳入开放资源服务体系。(2)在OA 资源揭示、标引、整合的策略方面：①成立相关组织与协调机构，以统一、规范和协调开放获取资源的集成与揭示，减少由于名称设置不统一等问题而造成的困扰；②组建开放获取资源集成与揭示中心，将各图书馆集成与揭示的开放获取资源集中后再提供给各图书馆使用[16]；③对分布于不同存储载体的 OA 资源进行重组、编目和揭示，将其与馆内其他独立的数字化资源统一纳入到图书馆的 OPAC 书目检索系统中，为了使纳入到 OPAC 系统的 OA 资源与以 MARC 标引的馆藏书目数据兼容，可以采用 MARC 对 OA 期刊进行编目和著录[17]；④开展 OA 资源的识别、评估与筛选，建立 OA 资源的导航系统，可按照文献类型或学科主题进行组织，如果需要重点揭示某些专题，可以将馆藏资源和 OA 资源按照内容组织在一起建立导航，便于读者一站式获取该主题相关资源，此外通过对文献单元信息进行充分的揭示，可使读者准确定位到具体的 OA 文献[18]。

2 信息资源建设政策

信息资源建设政策包括宏观层次的信息资源建设政策和馆藏发展政策。近年国外信息资源建设政策研究较少，国内主要研究馆藏发展政策，特别是通过对国外及中国台湾和香港地区的图书馆馆藏发展政策的调查分析，总结其对我国的借鉴与启示。

吴春浩、王敏研究了美国芝加哥大学图书馆馆藏发展政策。该政策文件以总论和各学科馆藏发展政策细则为主体制定。总论是对馆藏级别、采选流程、馆藏文献类型、捐赠和馆藏保存政策等方面的总体规定；细则主要是各学科根据自身特点对总论规定的细化。该政策文本对我国图书馆界的启示是，必须重视馆藏发展政策的理论研究与实践，明确馆藏发展组织的职责，强化行业协会的指导作用[19]。从馆藏政策的基本原则、文献馆藏级别和以国际公法为例的馆藏发展政策细则等方面来看，李少芳认为美国乔治城大学法律图书馆的馆藏发展政策有着较高的使用价值，其馆藏发展政策与图书馆的定位、馆藏发展政策细则的制订、馆藏发展政策的动态性与公开性、标准与规范的支持对我国图书馆馆藏建设策略的制订具有借鉴作用[20]。齐东峰认为密歇根图书馆在馆藏发展政策制定、特色资源建设以及用户服务方面都形成了良好的管理体制，对于国内公共图书馆的借鉴意义有：明确馆藏发展定位、立足用户群体；扬长避短，以自己的特色馆藏体系保障馆藏发展；以馆际合作为基础，发展图书馆资源共建共享[21]。官凤婷分别从政策文件的形式和内容方面对美国 28 个州立图书馆的馆藏建设政策进行全面、系统的分析和探讨，总结出美国州立图书馆馆藏建设政策的四大特点：乐于共享，积极交流；制订时间相差较大，时效性较强；明确馆藏定位，以图书馆目的为中心；重视特殊馆藏，强调地方特色[22]。陈志红调查哈佛大学法学院图书馆、耶鲁大学法学院图书馆和乔治城大学法学院图书馆的馆藏政策制定状况，总结得出美国高校法律图书馆自身不断更新观念、重视法律文献资源建设，加强馆藏发展政策的研究工作、发挥行业组织作用，建立法律图书馆行业标准和规范，值得我国的借鉴[23]。

我国香港和台湾地区的馆藏发展政策也受到关注。张新兴和肖希明调查台湾地区 30 所大学图书馆网的馆藏发展政策文件，归纳出台湾地区大学图书馆馆藏发展政策所涉及的内容非常广泛、各项规定较为具体和详细、政策样本各具特色的特点，指出了其不足及对我国大陆地区大学图书馆的启示：重视馆藏发展政策的研究和编制，并对外公布；政策的各项规定应具体明确，具备可操作性；明确用户在馆藏发展中的权利与责任；加强对馆藏电子资源建设的说明[24]。张新兴调查台湾地区 4 所公共图书馆的馆藏发展政策，认为其对中国大陆的启示有：首先在国家层面研究并拟定政策编制指南，规定馆藏发展政策的制定程序、文件体例、主要项目，规范政策文件使用的标准术语和代码等，以供各图书馆参考；馆藏发展政策的内容制定应突出对电子资源建设和馆际合作的规定[25]。代晓飞通过对香港地区 4 所高校图书馆馆藏发展政策的主要内容和基本项目的阐述分析得出，中国大陆图书馆应设置专门的馆藏发展机构，尽快制定科学合理的馆藏发展政策和电子馆藏发展政策，并根据信息环境、服务对象信息需求的变化不断更新修订[26]。随着电子资源的扩张，图书馆需要制订馆藏电子资源发展政策来指导资源建设和读者服务，Mangrum S 对大学图书馆馆藏政策的调查发现仅有一半的图书馆馆藏政策涉及电子资源[27]。代晓飞、黄悦深介绍了香港大学电子资源发展政策的缘起、框架，并对电子资源的采选制度、电子资源的管理服务等内容进行分析，总结出高校图书馆在制定电子资源发展政策时应注意的几点：保持电子资源发展政策的独立性、设立结构合理的专门机构、及时修订发展政策[28]。

对中国大陆图书馆馆藏建设政策的研究方面。冀亚娇调查了黑龙江省高校图书馆文献资源建设政策，发现相关政策性内容多散见于图书馆的规章制度中，缺乏系统性。大多高校图书馆缺乏关于集中采购和共享协作的政策，地区性的文献资源共建共享工作发展落后，因此应从宏观和微观两个层面出发，统筹规划，制订科学的文献资源建设政策，积极筹划建立省级文献资源建设共享体系[29]。陈军结合我国西部地区图书馆的馆藏特色传承，分析了西部少数民族文献的出版、存藏与利用情况，认为西部地区图书馆在馆藏发展政策的制定中，要重视对少数民族文献的搜集和利用，采用短期目标和中长期规划相结合的方式，以阅读推广、珍贵文献保护、专业人才培养等为平台，加大对少数民族文献的开发利用，提高认知率，使图书馆成为传承民族优秀文化的主阵地，并为民族文化交流融合作出贡献[30]。赵波针对我国目前多媒体视听资料的采访实践活动存在较大的盲目性和随意性，指出要构建科学合理的多媒体视听资料馆藏体系，首先要制定多媒体视听资料馆藏发展政策，确立采访中应遵循的原则。在选择具体的视听资料时应遵照一系列标准因素来确定是否符合图书馆的馆藏发展政策，同时要注意处理好视听资料的一些特殊的关系问题[31]。

3 实体文献资源建设研究

3.1 文献采访工作新探索

文献采访是图书馆文献资源建设的起点，其质量与水平直接影响图书馆馆藏质量和数量。当前图书馆自动化、网络化程度日益提高，文献出版市场呈现多元化的特征，文献采访工作的内外环境发生了巨大变化。原有的采访制度和采访方法已经不能很好地适应图书馆的发展，图书馆采访人员纷纷就提高采访效率从而合理使用购书经费、优化各馆馆藏资源采取积极措施。鲁雪梅认为，图书馆应及时调整采访策略，根据各馆的发展目标及任务、购书经费等情况，通过对不同种类、不同层次的文献入藏比例的调研分析，明确藏书重点和收藏标准，进行有针对性的文献采访工作，以最大限度地发挥文献的利用率，同时强调查重策略对于文献采访工作的重要性[32]。祝春晖通过对图书流通次数与图书数量分布规律、流通图书的学科结构分析等图书利用的分布特点及规律研究，认为图书的使用价值会影响价值，但不决定价值；读者阅读倾向虽有规律，但可积极引导；图书馆可以改变采访策略，以图书利用情况确定合理的复本量[33]。王艳等则以图书订购、到达、外借、还回、剔旧等行为建立 Markov 过程，利用 SQ 文献采访策略，获得了“订购量-借阅期限”的最优策略，研究结论为图书馆“通盘考虑”采购数量、采购时间、借阅期限提供了思路[34]。

在高校图书馆，传统的文献采访工作模式是由采访人员包办图书馆文献采购和选择、院系的意见收集及访问工作，这种做法的弊端在于，图书馆采访人员的知识能力难以满足学校各学科专业文献的采购要求，从而影响教学科研需求的满足，也降低了馆藏质量。另外，采购业务本身比较繁琐，仅靠采访人员很难有精力去和院系师生进行沟通，很难真正了解到师生的实际需求[35]。构建以学科为导向的采访团队，这个团队的成员有文献资源建设部门的，也有非文献资源建设部门的；有图书馆的，也有非图书馆的，这样开放的组织模式，有利于减少各种知识结构屏障、部门间长期形成的交流屏障，能够更加有效地完成不同类型的文献采访任务，并把现行组织模式下的采访行为由“一个人的选择”变成“一个团队的选择”、将采访人员的“选”和“采”适度分离[36]。由于有学科馆员的加入来完成文献的选择和院系师生需求的收集，采访人员可以将更多的精力放在采购业务上，还能够充分利用各部门人员的专业知识背景和业务专长，从而提高“采”“选”的质量，同时，也能将一个学科所有类型的文献收集起来，集中在文献资源部门采购，大大提高了工作效率[37]。

在文献采访的形式方面，书目征订、现场采购、划单采购都是较为常用的图书采访方式，邮购和捐赠则一般作为补充采访的方式。近年来，随着计算机技术和网络技术的发展，网络采访成为图书馆文献采访的新方式，很多图书馆进行了网络采访的实践，利用网络开展文献资源的采购工作。与传统采访方式相比，网络采访具备以下优势：①信息来源更加丰富，扩大了采访的图书品种与出版时间的范围，消除传统书店和出版社的地理空间局限；②可以从多个角度对图书外在形式和内容特征进行深层揭示，避免采访的盲目性；③极大地提高图书检索、查重的效率，大大节省采访人员的时间；④网上书目数据更加标准、规范，图书到馆的同时标准 MARC 也随即转入，编目人员不用重新进行分类、编目，而只需简单加工、加上本馆标识即可投入使用；⑤采访周期更短，不受时空限制；⑥互动性更强，方便进行补充修订工作[38]。

3.2 招标采购

招标采购是近年来图书馆普遍采用的引进图书文献的模式，经过多年的实践，取得了良好的社会效益和经济效益。图书采购招标可以帮助节约购书经费，降低购书成本。林亚新等运用合作博弈的相关理论建立了文献资源招标采购的资金分配模型，对图书馆每年用在图书、期刊和电子资源三方面的整体资金分配问题进行了研究，并将研究与通过问卷调研得到的图书馆实际需求状况结合，得出应分配在期刊上的合理经费[39]。文献采购招标制度将市场竞争机制引入图书馆采购过程中，主要具有以下优势和现实意义：①提高资金支出的透明度，规范采购行为，避免采购中产生腐败现象和其他不正当行为的发生；②节约采购成本，提高采购经费的使用效益；③有利于打破代理商垄断经营的局面，吸引各地的代理商参与投标，促进文献发行市场的竞争与合作，从而保证采购的质量；④有利于扩大采购范围，获得更完整的出版信息；⑤使采购质量得到基本的法律保障，促进采购工作的规范化、标准化；⑥有利于依法保护图书馆利益和中标供应商的利益，使双方达到双赢的目的；⑦有利于简化采购手续，节约采购时间[40][41]。杨琳结合医院图书馆文献资源建设的实际情况，针对不同类型文献的采购提出适用的招标方式：①国内纸质图书，由于每个代理商都有自己供应图书的范围和优势，没有一个代理商能够提供所有的可供图书，此时宜采用公开招标或邀请招标的方式；②国内纸质期刊，近年来，能全面发行国内期刊的代理商很多，但也有只针对专业期刊的代理商，此时宜采用邀请招标或竞争性谈判的方式；③外文原版图书和原版期刊，宜采用邀请招标或竞争性谈判的方式，外文原版图书由于涉及进出口审批问题，必须由国家指定的具有图书进出口权的代理商代理，国内目前只有四五家有资质的代理商[42]。

虽然文献招标采购方式在提高图书馆采编工作效率等方面优势明显，然而，随着图书采购招标的逐步推进，图书馆的招标采购环节也出现了一些新问题。招标方式如果操作不严密，会让盗版出版物明目张胆地进入图书馆。纵使是资质比较高的供应商跟图书馆合作，也不能因为其是合法营销的单位而忽视了其营销过程中可能出现的非法营销行为。为避免非法营销书刊进馆，在招标文件中，不少图书馆或采购中心也将盗版问题列入合同条款。从馆藏查缺补缺需求看，只有当合法书刊完成交易进馆后，方可按照著作权法对其实施合理的复制[43]。

3.3 读者需求驱动采购

近年来，文献采访工作面临着巨大的困难和挑战，海量的文献资源与采集符合馆藏要求和读者需求资源的矛盾日益突出。不少图书馆借助迅速发展的计算机和网络技术，采用网上设置“荐购服务”栏目的办法，让读者参与到图书馆文献采访中来，由读者向图书馆推荐所需要的文献，以解决文献采访瓶颈问题[44]。经过多年的实践，发现简单的推荐方式难以形成以读者使用为目的的藏书采购机制，这种读者推荐方式被证实对图书馆馆藏贡献有限，部分图书馆开始尝试对推荐方式加以改进[45]。Web2.0及社会网络的出现为推进读者决策的图书采购奠定了基础。读者需求驱动采购（Demand-Driven Acquisitions，DDA），也称读者决策采购（Patron-Driven Acquisitions，PDA），逐渐成为图书馆文献资源建设的重要内容，是2011年国际图联IFLA年会、美国图书馆协会ALA年会的重要主题之一。

自1990年美国巴克内尔大学尝试基于馆际互借记录开展PDA项目算起，PDA在美国大学图书馆实施已有20多年，全美已实施或有意向实施PDA的图书馆大约占到65%，其中包括许多研究型大学，如加州大学、康奈尔大学、杜克大学、普渡大学、丹佛大学、爱荷华大学、密西西比大学、俄亥俄州立大学、佛罗里达大学、亚利桑那大学、得克萨斯 A&M 大学的图书馆全部实施了以读者为主导的文献资源建设模式。进入 2010 年，不少中小型学术图书馆包括威尔斯利女子学院、威廉玛丽学院等也加入此行列[46][47]。2011 年年初，华东师范大学图书馆胡小菁将 PDA 介绍到中国，几年来，PDA 已成为我国图书馆界十分关注的领域。

李洁结合“满足读者需求是图书采访工作的出发点和归宿”的原则，建立了闭环图书采访系统，将读者的基本需求信息作为控制目标进行采访，使采访工作既能始终结合馆藏发展方向，抓住采访重点，又能统筹兼顾各个层面的读者，做到全面考虑读者需求[48]。闭环的图书采访体系是对图书采访工作的一种优化，它构建了一种与其他工作互相联系、依存、补充、促进和有序的灵活反应的图书采访工作体系[49]。需求产生之后再决定采购相应的文献，能够确保每一本图书有其读者[50]。读者需求驱动模式不一定有助于节约图书馆经费，却能够保证图书馆购买的文献资源都是读者最需要的[51]。也有学者认为，读者主导式采购应当引起图书馆的反思。Barbara Fister 认为读者主导式采购将改变图书馆的基本特性，使其朝图书商店的方向发展[52]。实际上国内图书馆大多采用“读者荐购”，尽管本质上都是读者参与馆藏建设，但其与 PDA 的最大区别在于：PDA 采购的图书可以即时获得电子版、采购自动化程度较高，“读者荐购”的图书大多是纸质版，获取时间较长，采购仍需馆员收集书目后向书商订购[53]。国内图书馆实施 PDA 的实证报道也很少，如佛山市图书馆 2011 年开始实施的“新书借阅处”[54]。图书馆引入读者需求驱动采购模式需要做的工作和需要克服的困难还很多。

3.4 文献采访质量控制与评价

图书馆文献采访质量高低直接关系到图书馆各项读者服务工作的开展。在图书采访实践中，建立文献采访质量评价体系是提高纸质文献馆藏质量的保证。近年来各类图书馆，尤其是高校图书馆文献采访质量控制研究受到研究者的重视，根据决策控制、成本控制、技术控制、优化控制的原则，文献采访质量控制的评价主要有以下四项指标：①文献内容质量：文献内容是否符合馆藏发展战略、核心文献的占有率、学科覆盖率、文献的更新频率、文献资源的权威性和规范性、文献入藏的完整率和完备率。②采访系统及服务功能：由采访模式、采访效率、订到率、采访数据的更新频率、技术设备手段、馆员素质等几项参考性指标组成。③经济成本：主要包含文献资源价格、文献品种和复本、经费分配比例、出版商情况等。④文献利用情况：具体包括用户满意度和响应度、借阅次数、拒借次数、读者级别、文献周转率等指标[55]。其评价体系主要包括以下几个方面：①组建主管领导、图书馆、院系专业教师三级图书采访制度；②解析流通数据，重视读者图书预约信息的分类统计工作；③建立书商信用评级机制，确立长期合作的图书供应商；④采访人员业务素质考评[56]。王金英运用因果分析图法对图书采访工作中存在的问题进行梳理与层层分解，提出对书商建立详细的评价体系，通过对书商评价并进行招标的方法实现采访质量控制[57]。

文献采访质量控制是一项系统性的工作，其动态的过程涉及宏观层面如政策、经费、人员等，以及具体操作层面多方面的因素。赵晶等认为可以从以下几个方面建立图书采访质量评价体系的有效途径：①合理制定详尽的图书采访计划；②确定采选图书的质量标准；③注重履行图书招标合同过程中的质量控制；④树立以“读者为本”的思想，实施科学管理；⑤采用多种采访模式相结合的采访策略；⑥提升采访人员的综合素质[58]。

4 数字资源建设研究

4.1 馆藏文献数字化

馆藏文献数字化就是将馆藏文献中有价值、有特色的资源进行数字化加工，转换成为数字化的资源[59]。近年来，国外图书馆馆藏资源数字化的进程加快，特别是日本、英国、美国等国的国家图书馆，通过数字化项目将本馆收藏的民族文化资源、珍稀文献资源、灰色文献资源等实现数字化。日本国立国会图书馆(NDL)馆藏数字化工程成绩斐然，仅在2009—2010年，数字化转化平均累计完成量已经达到总馆藏的四分之一，截至2013年2月21日，NDL可提供的数字化资料的总数，已达到223万种，NDL的馆藏资源数字化之所以取得如此成就，在于日本政府的大力扶持，营造宽松的法律环境；自身探索新技术手段，突破关键环节；与企业、公众合作，扩充资源[60]。大英图书馆将馆藏中具有价值与特色的传统形式的馆藏资料加以数字化，数字化成果包括：完整体现国家历史风貌的各种文献资源的数字化项目——“收藏英国”(Collect Britain)、收录极为珍贵文献型资料的“珍宝全览”(Treasures in Full)、英国报纸1800—1900数字化项目、书籍装帧数据库(Database of Bookbindings)等，大英图书馆数字馆藏发展对我国图书馆的启示有：制定图书馆中长期发展的战略规划；正确定位图书馆的角色；为数字馆藏的发展制定详细具体的实施方案[61]。美国国会图书馆将极地国家图书馆捐赠的大量有关南极的灰色文献(如未发表的作品、会议资料、罕见的政府报告)数字化，建立南极书目全文数据库，首先将资源送至OCLC文献保护专家进行评估与选择，对选出的资源进行组织描述，然后制成缩微胶片，为解决胶片边缘不标准问题，胶片使用一个自动裁切框扫描[62]。但是作为欧盟会员国的克罗地亚共和国，其公共图书馆数字化馆藏的规模相当小。Vrana R通过电子邮件调查了克罗地亚的165个公共图书馆数字化馆藏的状况，结果表明，克罗地亚的公共图书馆已经认识到数字化的重要性、已采取措施通过现有的馆藏资源数字化扩大其拥有的数字资源，未来的发展计划包括通过数字化提高自身社会地位，需要解决的问题是更好的设备、图书馆工作人员的培训、充足的资金等[63]。

发达国家很快适应了全球信息化的挑战，通过资源数字化为后代保存有用信息。然而发展中国家(如非洲国家)在馆藏资源数字化方面却面临着重重困难，包括资金、技能、互联网接入、电信基础设施和版权问题，有调查显示尼日利亚高校图书馆馆藏资源数字化项目很少，主要是缺乏对馆藏数字化的认识所致。南非的文化遗产馆藏资源数字化程度遥遥领先于其他非洲国家，南非图书馆和国家博物馆合作参与DISA项目，旨在通过利用数字技术使世界各地的研究人员访问南非的资源[64]。虽然孟加拉国政府承诺建立“数字孟加拉国”项目，但是没有制订针对全国数字图书馆的计划，孟加拉国的大多数高校图书馆都不准备进行馆藏资源数字化，原因是缺乏资金支持、基础设施和专业人员[65]。

我国国家图书馆、公共图书馆、高校图书馆开展馆藏文献数字化主要是针对本馆的资源特点与优势，将特色资源数字化后建成本馆特色数据库。上海图书馆收藏了较多的早期唱片，从2009年开始启动馆藏唱片数字化工作，将早期唱片进行数字化整理、修复开发并提供利用，已经数字化整理132740张唱片，中文46311张，外文86429张，在唱片的数字化实践中探索出包括品相挑选、唱片清洗、唱片试听、登记素材母版目录、转录数字化、建立数据关联的一套流程[66]。吉首大学图书馆以其靠近居住30多个少数民族的武陵山区的地理位置优势，收集武陵山区少数民族口述资料，将口述资料整合并采用彩色扫描方式对收集到的口述资料进行数字化处理，建立武陵山区少数民族口述历史数据库[67]。北京林业大学数字图书馆将馆藏外文原版图书中的图片、图片说明文字转化成数字资源，建成外文原版图书图片数据库[68]。

馆藏资源数字化主要是复制原件，因此首先要解决原件的版权问题。馆藏资源数字化要根据资源的保护期决定该原件是否可以数字化及数字化的形式。国家图书馆陆续对部分馆藏民国图书、期刊和法律文献进行了数字化处理，为解决民国文献数字化和利用中的著作权问题采取了以下措施：对于已进入公有领域的作品甄别后开放利用；一时无法判定是否进入公有领域的，先推出目录、文摘等形式的服务；能够找到继承人的，获取授权后再利用等[69]。由于图书馆的公益性，版权法应该明确图书馆的合理使用范围，赋予馆藏资源数字化更多的豁免权。Wu M M研究了法律图书馆的协作数字化馆藏建设，指出出版商与版权所有人对馆藏资源数字化带来的诸多阻碍，图书馆应该联合起来为自身争取更多的豁免权，在保护知识产权的前提下，使各种类型的资源得以数字化并提供利用[70]。

李钢通过对美国 Hathitrust 案与 Google Books 案的判决结果的研究得出结论：图书馆为公众提供文献检索服务和为视障人士提供无障碍使用服务而采取的馆藏文献数字化复制行为，属于著作权的合理使用范围，我国在处理图书馆馆藏文献数字化的合理使用问题时，应当在目前明确列举的合理使用情形外增设一般条款，并且对已为判例所认可的图书馆馆藏文献数字化的著作权合理使用情形予以明确规范[71]。

随着信息技术的发展与社会环境的变化，新的理念和技术被引入馆藏文献数字化建设中，比如按需数字化和众包建设。刘军指出按需数字化是图书馆为应对数字化信息需求提供的新兴按需服务之一，阐述按需数字化的概念、背景及需求，从版权问题、操作模式、扫描质量与后期处理、存储与传递、运转周期和费用等方面介绍国外图书馆按需数字化服务的概况及其对我国图书馆开展按需数字化服务的启示[72]。李书宁研究众包在图书馆数字馆藏建设中的应用，介绍国外图书馆数字馆藏众包建设在馆藏征集和整理、数字化资源 OCR 识别错误纠正、数字资源组织描述三个方面的实践及其成功经验[73]。

4.2 数据库建设

数据库建设按照建设主体分为自建数据库和购买商业数据库两种形式。我国 26 所省级公共图书馆订购的商业数据库种类涵盖 122 种中文数据库和 40 种外文数据库[74]，697 所高校图书馆中有 529 个图书馆开发了 2488 个自建数据库[75]。数据库按照资源覆盖范围分为综合性数据库、特色数据库、专题数据库。吴建华以湛江地方文献全文数据库建设为例，研究综合型地方文献全文数据库的建设与服务模式[76]，其余文献集中于对特色数据库和专题数据库的研究。

4.2.1 特色数据库建设

特色数据库是图书馆开展本馆特色资源建设，提供特色服务的重要手段。近年对高校特色数据库的研究占据了相当大的比重。李辉调查黑龙江省地方本科高校图书馆的特色数据库建设，发现特色数据库的建设存在着深层次开发不够、向社会开放程度不够、利用率低、名称不规范、缺乏统一性及建设、发展不均衡等问题，需要各高校图书馆进一步加大地域文化特色数据库的建设力度、成立区域性地方高校图书馆特色数据库建设机构、加强特色数据库的宣传力度、对特色数据库进行定期维护与更新[77]。尚建翠在对上海地区普通高等学校图书馆特色数据库建设现状进行深入调查的基础上，分析了上海高校特色数据库建设的特点以及存在特色库类型不均、不同层次高校建库数量相差悬殊、自我产权意识导致数据库共享程度低、访问受限、系统平台参差不齐、服务功能简单、缺乏统一管理等问题，并提出了相应的对策：统筹共建、协调发展、做好调研论证工作、严把选题关、标准化建库、提高建库质量、增加服务功能、重视用户参与[78]。黄敏针对高校特色数据库建设存在建库资源的同质化稀释了数据库特色、图书馆主导建库方式影响了数据库质量、区域性特色数据库共建共享难以保障、“重建轻用”导致资源利用率不高的问题，提出建设与推广的“一体化”模式，包括提升网络服务水平、强化宣传推广意识、完善数据库监管、妥善处理市场开拓中的知识产权问题[79]。张秉军研究高校图书馆地域文化特色资源数据库建设，提出了建设“天津文化艺术特色数据库”的具体方案，平台模块包括资源展示、资源编目、资源审核、用户管理、用户行为分析与管理、意见反馈等，采用的主要技术有PHP 语言、SHA 算法、流媒体技术[80]。张丽静根据自身在参与特色库建设过程的实践，分析高校图书馆特色数据库在建设缘起、建库方式、质量控制、技术标准、开放权限、推广应用、建设维护等方面存在的实践悖于理论的矛盾现象，提出如下建议和对策：开展好建库前期调查论证工作、主动采取各馆联合共建方式、制定评估体系进行特色库考核、严格按照统一标准规范建库、合作馆共享特色库资源、通过多种途经加大特色库宣传力度、自觉开展有效可行的监督维护工作[81]。

特色数据库建设过程涉及资源收集、资源组织描述、数据库的质量控制与评价等。穆亚凤根据中国矿业大学图书馆建设特色数据库过程中有关灰色文献与“类白色”文献的实践经验，介绍了灰色文献与“类白色”文献收集方法，对于传统灰色文献的收集采用对内挖掘、对外交流，广泛关注国内外学术会议、展览会、学术报告等，“类白色”文献的收集途径采用搜索引擎法、社交媒体法、软件采集法，提出灰色文献与“类白色”文献收集要以“特色学科需求”为本、文献收集者要具备应有的素质要求、收集活动应具有可持续性[82]。程妹芳研究了《资源描述与检索》(*The Resource Description and Access*，RDA)之于图书馆特色数据库建设的启示，RDA关于数字资源著录的条款很多，适用于图书馆特色数据库建设工作，对于图书馆特色数据库建设在文献揭示、元数据提取与标引，基于数据聚类与关联法则的知识推送等数字技术方法与实践应用上，起到积极的引导和示范作用[83]。王丽将全面质量管理引入高校图书馆特色数据库的质量控制实践中，全面质量管理有利于保证特色数据库建设的质量、有利于特色数据库建设的标准化、有利于特色数据库的可持续性发展等，研究了全面质量管理视角下高校图书馆特色数据库质量控制的基本内容与质量控制流程[84]。

4.2.2　专题数据库建设

近年来，特定时期的历史专题数据库、民族文献专题数据库、地方文献专题数据库建设受到关注。任竞分析重庆抗战大后方专题数据库建设的可行性，设想专题数据库应充分体现“特色选题”的原则，囊括抗战历史文献、现代文献、多媒体资源以及学术交流的相关资源，经过科学的数据加工组织，支持多终端阅读[85]。黄红研究了“日本侵华时期我国受损图书”史料数据库建设过程，对日本侵华时期我国损失图书的相关中日史料进行收集、整理与分类工作，利用三维技术进行损失图书复原，立体、逼真地展现历史场景，对日本侵华时期掠夺中国文化的事件和人物进行系统研究，构建成一个可视化的“日本侵华时期我国受损图书”史料数据库[86]。陈冬梅研究回族古籍资源数据库建设，指出在整理已有的回族古籍目录的基础上，进行回族古籍的数据库建设；通过回族古籍保护与利用情况的调查研究，进一步搜集、整理已散佚化、民间化的各种载体的回族古籍；回族古籍的标准化和规范化建设；加强横向联合[87]。王小林研究基于异构网络的西部少数民族文献联合数据库建设，从文献资源基础、民族文字数字化处理技术及网络信息基础三个方面分析构建条件，通过前期规划、特色数据库建设方略指出了联合数据库建设的基本策略，并强调注重人才培养、严把数据质量、实时更新数据才能保证数据库的可持续发展[88]。温州市图书馆以馆藏为依托，整合当地个人收藏者资源，建设新中国连环画数据库，实现新中国连环画名家名作、文学名著、“文革”作品、温籍画家作品的全文阅读，并与各位收藏者开展温州地区连环画书目数据库的建设共享[89]。江亚玲研究了干部教育培训专题数据库建设，介绍东北地区经济专题数据库的建设经验[90]。张琳研究了湖州市委党校建设《湖州地方志全文数据库》在资源内容、平台选择、标引规范等方面的实践及启示。[91]

国外专题数据库建设研究方面，Decker E N 对佐治亚大学的古典文化部和艺术学院合作建立图像数据库的实践进行了研究，通过跨校区合作建设，将项目定位于专业化和特色化，多渠道寻求资金支持，这一项目的合作方式和资金来源为图书馆和学校部门合作建设数字化项目提供了启示与借鉴[92]。Tsimpoglou F 研究了由塞浦路斯大学图书馆创建的希腊图书馆学信息学全文数据库(E-Viva)，该数据库的内容来源于会议论文、期刊文献、报纸、演讲、报告等，还将继续丰富资源数量，覆盖学科领域的研讨会文献使之被索引，纳入图书馆学信息科学领域的出版物、博硕士学位论文，并介绍这些资源在分类、编目、版权法律框架方面的实践[93]。McIntyre K M 研究了家禽家畜和宠物传染病数据库(The ENHanCEd Infectious Diseases database，EID2)的构建，从多个医学数据库与检索系统中搜集资源并系统地整理，描述人类和动物的病原体、宿主和载体的种类，以及全球发病的情况，该数据库可作为人兽共患病病原的预警系统[94]。

4.3 网络信息资源开发

信息技术推动网络信息资源的增长，互联网已经成为信息资源获取的主要途径。网络信息资源的庞杂无序给用户利用带来障碍，因此有必要对其进行选择、采集、组织、存储等开发活动，形成有序的信息产品。开发利用网络信息资源的途径有：①利用联机网络书目数据库；②搜集网上电子期刊，有效利用免费网络电子期刊；③开发与建设网上信息资源指引库；④为引进数据库编写使用指南；⑤建设专业特色数据库[95]。

日本国立国会图书馆较早开始进行网络信息资源采集和保存，目前已经建立起比较完善的体制，网络信息资源采集保存项目"WARP"利用网络爬虫对所有公立机构以及部分私立机构和个人发布的网络信息资源网页进行自动采集、保存和整合发布。国会图书馆在实施WARP项目的过程中，积极推进相关法律法规的制定，为大规模采集和保存网络信息提供了法律保障，区分不同的情况分别采取全面采集和选择采集的策略，充分挖掘采集资源，进行读者服务时注意遵守相关法律法规，在法律法规许可的范围内进行[96]。尼日利亚超过一半的图书馆使用了两种以上的在线编目和分类工具，如LC Classification Web、LC Online Public Access Catalogue、Cataloguing Calculator、LC Online Classification Scheme、OCLC World Cat、DDC Online Classification Scheme、LC List of Subject Headings[97]。我国39所985高校图书馆共有24所高校图书馆提供推荐网络学术站点服务，4所图书馆提供CALIS重点学科网络导航服务，推荐的学术站点资源主要有OA期刊、预印本资源、主题网关服务、学术搜索引擎、深网资源[98]。

网络信息资源开发利用实践活动已在很多图书馆开展，而著作权风险、行政法风险及图书馆法律规定不统一造成的"差别待遇"等法律障碍却限制了这项工作的顺利进行，建立网络信息资源呈缴制度，修改著作权法扩大图书馆合理使用的范围，完善图书馆立法等可以消除网络信息资源开发利用过程中的法律障碍[99]。网络信息资源开发利用的过程中会形成很多法律关系，包括法律关系主体、法律关系客体、民事法律关系、行政法律关系、刑事法律关系等法律关系内容，因此网络信息资源开发需明确法律关系、调整法律规范、依据图书馆属性承担相应的法律责任、协商解决法律纠纷[100]。

学科信息门户又称主题网关，是对网络中特定学科的资源进行组织揭示、整合后，提供统一的网络导航与检索服务，是网络信息资源开发的一种形式。学科信息门户借鉴传统的文献信息处理技术和经验，对网络信息资源进行深度加工和更为系统的组织，克服了搜索引擎检索效率低的缺点，成为解决网络信息过载问题的有效途径和手段之一[101]。随着信息技术的进步与用户要求的提高，如何弥补学科信息门户的缺陷引起关注。刘向红针对学科门户交互功能较差、资源更新不及时等缺陷，提出学科门户可以利用大众标注这种资源组织形式，综合现有综合网摘(社会化书签网站)和学科信息门户的优点，以 Folksonomy 的资源组织形式鼓励用户参与，促进门户的及时更新和与用户的互动，以传统列类的组织方式突出学科特色并避免网摘的随意性，建立既具有专业特色又体现个性化需求的学科网摘门户，并设计了学科网摘门户的建设架构[102]。王晓山针对目前学科信息门户所面临使用率低、用户认知度不高的发展困境，设计可嵌入用户环境的学科信息门户框架，通过采用面向服务的架构，学科信息门户将服务功能进行解构、封装，然后以标准的 Web Service 方式发布至服务代理，使不同平台用户的信息使用环境能够动态嵌入和逻辑集成[103]。

信息环境的变化使得用户迫切希望能够跨越信息载体，直接获取"面向解决问题"的知识，基于知识服务的学科信息门户可以提供知识集成服务、基于服务集成的创新服务和提供开放式知识增值服务，是网络环境下高校图书馆开展个性化服务的有效手段，是实现由信息服务向知识服务过渡的理想模式，通过学科知识门户建设的正确定位、重视学科知识门户标准规范体系建设、加强门户评价指标体系的研究来推动学科知识门户可持续发展[104]。

5 数字资源整合研究

网络技术、信息数字化技术的发展改变了信息拥有、获取、利用和交流的方式。数字资源整合致力于打造效能更好、效率更高的新的数字资源体系，正逐渐成为解决资源复杂性和需求迫切性之间矛盾与挑战的重要举措。近年来，数字资源整合在广度和深度等方面飞跃发展，图书馆之间及跨组织机构范围的数字资源整合研究成果不断涌现。

5.1 数字资源整合模式

刘瑜认为，图书馆的信息资源整合模式基本可以归纳为面向资源的信息资源整合模式和面向用户的信息资源整合模式两种。面向资源的信息资源整合主要是利用数据库及数据仓库等技术，对各种异构、散乱的信息资源进行筛选组织，从而优化信息资源体系的结构性，使之成为更为系统、专业、便于利用的体系；面向用户的信息资源整合是信息资源和服务的有机集成，它有集成性、互动性、定制性和个性化等一系列特点[105]。

OCLC在2010年的调查报告中显示[106]，有84%的人把网络搜索引擎作为信息研究的起点，但没有一个人从图书馆网站开始他们的搜索活动(另外，有3%的人选择了Wikipedia)，可见OPAC对读者的吸引力还很低。如何将图书馆日益增多的电子资源无缝地融入OPAC的检索系统里，更好地发挥其资源优势的作用，提高系统效能和资源的利用效率，显得格外重要[107]。基于OPAC整合数字资源的内容按照不同的整合方式可分为两类：一是整合不同来源的信息资源，对资源进行的横向整合，实质是将异构系统进行横向集成，汇集不同平台上的异构数据库，以便让用户通过OPAC就可以检索到自己需要的信息资源，而不论其存在于何处，从而实现信息资源的普遍存取；二是整合不同类型的信息资源，即对资源进行的纵向整合，实质是通过书目数据的整合形成一个向多种类型相关资源的延伸，达到通过OPAC检索到书目信息、全文文献、文摘、书评以及各种音视频等多媒体的各种相关资源的目的[108]。这种整合模式可以实现实体馆藏资源和数字资源之间的有效对接，用户利用外馆资源不需要重新熟悉新的检索系统和检索方式，但该模式在异构资源的整合方面存在劣势，加之人力、物力和知识产权等问题的限制，实现全面信息资源整合的可能性较小，且电子资源的链接地址不能随意更改，系统维护成本较高[109]。萨雷认为，结合OPAC的发展方向，基于OPAC进行资源整合有如下三个途径：①深入挖掘书目关系，实现作品层面的文献整合；②加强对语义网的研究，实现语义层面的内容整合；③利用可视化技术，实现表现层面的资源整合[110]。

基于EDI(电子数据交换)的馆际互借是一种较新模式的图书馆资源整合。胡芳等研究了基于EDI技术构建高校图书馆异构系统资源整合平台，认为这是一种无中介的馆际互借服务，即图书馆在EDI系统的基础上，让读者自己检索、订购和获取文献，而无需借入馆馆员介入，整个借阅过程在图书馆读者和文献提供馆之间进行[111]。利用门户系统整合图书馆数字资源，应遵循门户与各系统互为表里原则、用户导向原则及合理配置资源整合方式原则[112]。这种整合方式是针对特定学科群体、特定专业领域而进行的信息资源整合，专业性较强，将信息资源和服务有机整合在一个界面中，用户只需一次登录，就可实现对多种资源和服务的利用，具有很强的集成性；并且系统会根据用户填写的信息或者信息访问行为的动态来判断用户的需求，然后将自己所有的资源搜寻和检索及时推送给用户，智能性较强[113]。张闫认为基于知识链的数字资源整合分基于外部知识链的资源整合和基于内部知识链的资源整合，提出知识链各节点的知识主体之间的信息资源整合是内部知识链整合以及知识创新的关键，可以从信息技术的整合、信息资源的整合、知识库的构建三方面着手；内部知识链信息资源整合的内容则主要是以知识为中心，围绕知识获取、知识组织、知识增值、知识服务、知识外化和知识创新而形成的内部知识流[114]。崔伟等将数字资源整合与知识链结合，从知识流向方面，建立了横向数字整合模型，旨在实现集服务于一体的跨平台、跨内容的数字资源系统，为用户提供高效、个性化的知识服务，实现知识共享、创新与增值，并运用主题图及领域本体两种方法实现数字资源整合，构建了纵向的数字资源整合模型[115]。

基于关联数据的LAM数字资源的整合模式从下往上可以分为数据发布层、数据关联层和数据集成应用层三个层次[116]。运用关联数据对数据访问方式进行标准化，用户或是代理无需知道某具体关联数据发布网站的体系架构、存储方式等任何技术细节，只需要知道Web服务器地址，就能够直接用SPARQL进行访问[117]。郑燃等认为对于图书馆、档案馆、博物馆来说，关联数据最大的优点是对来自不同数据源的同一个对象提供多个分布式异构数据源整合的关联访问，并将统一视图反馈给用户，但是仍需要对用户交互模式进行优化，提供和互联网浏览器类似的前进和后退功能，使用户能在数据网络中自由的畅游[118]。张巧娜通过对海峡两岸高校图书馆的数字资源整合进行比较研究，发现大陆高校馆采用的资源整合方式比台湾地区多了两种，分别是基于学科导航和服务的资源整合方式，但这两种资源整合方式在大陆高校的普及率也比较低。总体来说，海峡两岸高校馆采用的主流资源整合方式是一样的[119]。从构建全局模式本体的角度，提出了基于本体集成的资源模型，分析了基于本体的全局模式信息集成方法及数字资源整合结构[120]。

5.2 数字资源整合系统评价研究

构建数字资源整合系统评价体系，可以更好地衡量资源整合系统的优劣，促进系统的优化与改进，从而使整合系统更加适应图书馆信息服务的需要。美国学者Vaughan等人提出在高校图书馆资源发现系统选择阶段需要考虑的问题有：背景、馆藏、出版商与集成商协议及索引内容、开放获取内容、相关度排序、认证与权限管理、用户界面等[121]。瑞士联邦洛桑理工学院图书馆制定的评价指标是内容与相关度、检索功能、检索结果的处理与利用、用户管理、专业界面五项指标[122]。美国印第安纳大学图书馆将资源发现系统的评价内容分为4类，即通用功能、身份认证与账户管理、输出与共享、检索功能与结果显示，评价指标共60项，其中优先考虑的是保持现有功能、用户多系统无缝切换、满足用户期望及可达性、开源社区的发展、先进的体系架构、适应多校区环境、整合非MARC元数据[123]。加拿大学者Cai等提出的评价指标包括体系架构、整合深度、资源覆盖度、元数据质量、用户界面及其他附加指标[124]。美国学者Brian Conlan等提出的评价指标包括智能检索、结果显示与定制性、管理、安全、支持[125]。项英对我国高校图书馆信息资源整合与服务评价进行研究，建立了相应的评价指标体系，认为评价目标主要包括管理评价、用户评价和服务评价。其中管理评价分为资源的管理评价和系统的管理评价，资源管理评价指标有相关性、覆盖面、权威性、新颖性、完整性、有效性、规范性，资源整合系统评价指标包括可靠性、效能、效率、安全性；用户评价包括对界面可用性和系统支持的评价；服务评价内容是服务绩效和用户反馈，评价指标包括完备性、灵活性、交互性、稳定性及满意度等[126]。潘林武借鉴软件体系架构三层理论的分层思想，利用层次分析法，构建层次分析模型，通过指标赋权，实现了对资源整合系统的定性评价与定量评价的结合[127]。

5.3 数字资源整合策略及整合机制研究

从整体情况来看，作为图书馆重要入口的 OPAC 资源整合能力不足；图书馆众多电子资源服务系统之间各自独立、缺乏关联；以 Google 为代表的非图书馆服务入口使图书馆面临挑战[128]，制定怎样的数字资源整合策略和机制以应对挑战也是这一时期的研究重点之一。沈艳芳等选取 11 所“985”高校图书馆进行非介入式调查发现，8 所高校图书馆在资源整合方面已开展了行动或即将行动，其整合策略主要包括以下四种：①积极测试或引进发现系统；②制定资源整合的建设规划；③更换 ILS 和资源整合工作同步进行；④积极优化现有 OPAC 系统和联邦搜索系统[129]。新的发现系统通过单一的接口和集中的综合索引能提供更快更好的搜索结果，并将它迅速反馈给用户[130]。裴微微对泛在信息社会环境下的图书馆信息资源发展策略分层次进行探讨，提出从信息资源描述与表示层来看，数字资源整合是开展信息服务的基础，认为在信息社会图书馆应当大力加强建立链接系统和跨库检索系统相结合的整合方式[131]。叶青等在研究 XML 中间件、SFX 和 Web Service 等图书馆数字信息资源整合关键技术的基础上，提出以下几种整合策略并加以对比研究：①导航整合策略；②OPAC 整合策略；③数字图书馆应用系统整合策略；④跨库检索整合策略；⑤链接系统整合策略；⑥元数据整合策略；⑦数据仓库整合策略[132]。具体到图书馆、档案馆和博物馆的数字资源整合，三者隶属于不同文化部门，有着各不相同的馆藏发展政策，且数字资源整合项目经费不足、专业综合性人才缺乏，同时较多地涉及著作权问题。刘小瑛认为要解决LAM三者合作机制问题的关键是要确定好LAM三者之间的定位；要克服用户习性与需求的难以预知性，可以开展用户需求调研；要解决异构系统数字资源集成整合、互操作与数据共享问题，则要求LAM用关联数据的形式发布本机构的资源，将异构系统连接起来，从而实现互操作和数据共享[133]。

5.4 LAM数字资源整合及其数字化服务融合研究

如何为用户提供深层次、一体化的信息资源服务，形成知识资源的无缝集成与协同共享环境，成为近年来国内外LAM领域十分关注的研究课题[134]。在2010年IFLA年会上，李斯白·福斯隆等以《博物馆、图书馆和档案馆相互合作以满足使用者需求》为题，探讨了LAM未来的发展领域主要有城市综合网络门户、虚拟耶夫勒和城市空间"GefleVapen"、市政档案馆和图书馆的整合[135]。肖希明等通过对国外图书馆、档案馆和博物馆数字资源整合研究进行梳理，得出如下结论：各国LAM及该领域的国际组织积极面对社会公众需求，充分运用现代信息技术手段，探索三馆数字化资源的融合，构建面向公共文化服务的数字化服务平台，这一领域的实践和理论研究重点主要在数字资源融合的技术和数字化服务平台建设上，而对不同机构数字资源与服务融合的制度和管理机制关注不够[136]。在我国目前各自为政的形势下，合并模式难以推行，三类机构对集成模式的参与动力不足，只有同时兼顾整体和三类机构各自利益的联盟模式相对可行[137]。郑燃等提出我国LAM数字资源整合的发展建议：①建立跨机构的协调委员会，统一规划、统筹安排；②建立统一访问标识和联合目录；③加快通用型人才队伍建设[138]。赵生辉基于图书馆、档案馆、博物馆信息服务的关联性和交叉性，以及用户需求的集成性，遵循面向用户、资源共用、协同交流、多维呈现、服务共同体等发展原则建立了图书、档案、博物信息共享空间(IC-LAM)模型，其理论模型分为实体层、虚拟层、服务层和支持层四个层面，通过对图书馆、档案馆和博物馆的空间资源、信息资源和人力资源的整合为用户提供一体化的服务环境[139]。

LAM数字化服务融合是图书馆、档案馆、博物馆未来提供一体化信息服务的必然态势，用户与服务/资源之间可信的交互环境是其取得成功的重要基础，但LAM各资源主体隶属不同的管理域，交互主体间的生疏性和共享资源的敏感性成为跨管理域信任建立的屏障[140]。徐文哲引入信任协商与信任管理机制，构建了针对LAM数字化融合服务的自适应自动信任协商模型，对LAM数字化融合服务交互过程中可信监督所涉及的关键技术进行了有益探索[141]。

6 信息资源共建共享

6.1 信息资源共享系统及其绩效评估

信息资源共享系统是集信息资源协调采集、馆藏文献数字化、联合编目、数字信息资源开发、数据库建设、馆际互借和文献传递等功能于一体的集成系统。随着各种信息资源共享系统的不断建立，国家对于信息资源共享系统建设的投入不断增加，信息资源共享系统的有效性、运作效率和效益问题，也引起人们的关注，因此，有必要对信息资源共享系统的绩效进行评估。

肖希明团队承担的国家社会科学基金项目“文献资源共享系统的绩效评估研究”对信息资源共享系统及其绩效评估进行了全面系统的研究，取得了一系列研究成果。作为标志性成果的《信息资源共享系统绩效评估研究》，从系统观、资源观、功能观等不同视角考察和分析了信息资源共享系统绩效评估要素，并通过对关键指标和要素的分析，设计了一个相对完善的信息资源共享系统绩效评估的指标体系。作者运用所构建的评估指标体系，对我国两个有代表性的信息资源共享系统——“中国高等教育文献保障体系”(CALIS)和“珠江三角洲数字图书馆联盟”的运行绩效评估进行了实证研究[142]。该著作于2012年入选了《国家哲学社会科学成果文库》。此外，《用户导向的信息资源共享系统绩效评估探讨》探讨了以用户为导向，从资源保障、资源可获知性、资源可检索性、资源可获得性和资源获取成本五个方面构建信息资源共享系统绩效评估指标体系的可能性[143]。《信息资源共享机制绩效评估初探》探讨了信息资源共享机制绩效评估的三个维度：机制体系的完备性评估、适应性评估、有效性评估，并具体分析了信息资源共享机制绩效评估的内容[144]。《提高信息资源共享系统绩效的机制创新》一文指出信息资源共享系统应该致力于管理机制、标准保障机制、竞争合作机制和绩效评估机制的创新，以提高信息资源共享系统运行的绩效[145]。《基于不同模型的信息资源共享系统绩效管理策略》一文结合实例，在构建信息资源共享系统绩效管理一般模型的基础上，提出成立专门的绩效管理小组、加强绩效管理制度建设、建立科学完善的绩效评估指标体系及建立多元化和长效持久运行的评估机制等管理策略。在构建平衡记分卡绩效管理模型的基础上，指出绩效管理应以系统的战略和使命为核心，重视系统的动态性特征，对成员馆的成长给予高度关注，并精简评价指标体系等[146]。《面向风险控制的信息资源共享系统绩效评估协作机制》识别共建共享风险，分析风险和绩效的关系，从风险控制的视角指出当前信息资源共享系统绩效评估的障碍，构建信息资源共享系统绩效评估协作机制[147]。

6.2　信息资源共享的机制与政策法律

随着国内外图书馆联盟的发展与信息资源共享系统的建立，信息资源共建共享取得了一定成绩，但仍存在一些阻碍因素，因此需要从制度上进行创新。张新鹤、肖希明从适应新的信息环境的图书馆合作与信息资源共享机制创新角度探讨了图书馆合作与信息资源共享的动力机制、决策机制、信息传递与交流机制、市场机制和利益平衡机制等五个方面的创新问题[148]，通过对我国图书馆信息资源共享机制现状的问卷调查，发现我国图书馆共享机制建设的优势与不足，提出我国图书馆信息资源共享机制创新的战略方向：第一，构建完备的图书馆信息资源共享机制体系；第二，改革现有机制建设中的不足，建立与环境相适应、实践性强的共享机制[149]。

刘岩芳、过仕明运用演化博弈理论，建立数字信息资源共享机制的演化博弈模型，分析数字信息资源共享网络的动态演变过程。研究结果表明高校图书馆数字信息资源共享网络的演变与成员博弈的支付矩阵以及系统初始状态有关，信任、不信任、搭乘车以及机会主义行为是影响数字信息资源共享的关键因素[150]。

信息资源共建共享需要政策的引导和支撑。信息资源共享政策包括文献信息资源布局政策、经费与投资政策、文献收集政策、书目信息报道政策、文献传递政策、技术支持政策、管理政策[151]。目前我国还没有一部专门法律对信息资源共建共享进行规范，也未形成有关信息资源共享的政策法律体系，我国高校图书馆地区信息资源共享活动应建立健全国家、地区、系统和图书馆实体四位一体的政策法规保障体系，统一联合编目标准，采用听证会制度、建立读者协会、建立读者培训制度、图书馆行业自律、规范图书馆员工作等方式健全信息资源共享系统管理体制[152]。美国已经建立了比较完善的信息资源共享政策法规体系，李浩比较中国与美国关于信息资源共享政策法规建设，总结了美国信息资源共享政策法规的特点与我国的不足，提出我国信息资源共享政策法规建设要加快构建不同层面的信息资源共享政策法规体系、尽快形成有法可依的良好局面、避免政策法规落实不到位的现象发生[153]。

6.3 信息资源共享中的知识产权问题

知识产权制度和信息资源共享是对立统一的关系，然而法律对著作权保护具有确定性，而对使用者豁免规则则不确定，法律对著作权人的保护占了上风，对图书馆网络信息资源共享保护的相关法律缺位都会造成图书馆信息资源共享的知识产权风险[154]。

近年，信息资源共享中知识产权问题的研究成果增多，从不同角度提出解决信息资源共享中知识产权问题的策略，探讨如何平衡著作权人与公众的利益关系，如何规避知识产权风险，如何为图书馆争取更多合理使用权与豁免条件。吉宇宽认为图书馆具有尊重知识产权、维护公共利益、协调知识产权个人利益与社会利益的功能，图书馆促进信息资源共享与知识产权保护是和谐统一的，著作权范式理论“权利弱化与利益分享”强调弱化著作权人过分刚性的禁止权，为图书馆信息资源共享提供了理论支撑[155][156]。陈伟斌指出著作权利益补偿是解决网络信息资源共享与著作权保护之间矛盾问题的有效途径，通过分析网络信息资源著作权利益补偿主体之间的关系，构建网络信息资源著作权利益补偿的运行机理与交易流程，围绕著作权人与网络服务提供者的利益补偿关系，建立著作权人与网络服务提供者利益补偿的委托代理模型，并提出网络信息资源著作权利益补偿机制的实现要素[157]。孙瑞英采用博弈分析方法，从平衡网络信息用户对信息的共享利用权与保护版权人的信息独占权角度研究版权制度，建立信息资源共享与版权保护的博弈模型，指出了信息资源共享与版权保护博弈双赢的可能性，基于卡尔多-希克斯效率视角，提出了信息资源共享与版权保护的博弈双赢策略[158]。刘青等从以图书馆为代表的公共信息机构对信息共享程度的要求、合理保护知识产权对信息资源建设的作用以及知识产权滥用对公共信息机构资源建设的影响等几方面探讨知识产权滥用对信息资源共享的影响，提出加强对知识产权滥用的控制、构建信息资源共享与知识产权保护利益平衡机制以遏制知识产权滥用，促进信息资源共享[159]。曹玉平阐述信息网络传播权保护与图书馆资源共享的关系，构建两者利益平衡机制，图书馆在信息资源共享中可以通过积极整合公共领域的信息资源、信息资源共享尽可能控制在合理使用范围内、信息资源共享中要注意符合法律规范、密切关注版权立法动态来规避法律风险[160]。

6.4 馆际互借与文献传递

馆际互借与文献传递是信息资源共享的主要形式，越来越多的图书馆开展了此项服务，国内外均已建立了许多规模不一的图书馆联盟或图书馆网络，通过馆际互借与文献传递来促进联盟馆之间的资源共享。

印度的图书馆网 DELNET-Developing Library Network 已经连接来自印度 32 个邦和其他 7 个国家的 1674 个图书馆，Delnet 的主要目的是通过收集、存储和传播信息，提供网络服务，促进成员馆之间的资源共享，Delnet 已开发出 basisplus 软件，会员图书馆可以通过文献传递设备在线请求文献传递[161]。西班牙的高校图书馆网 Rebiun(The Spanish Academic Libraries Network)通过“馆际互借工作组”协调高校图书馆之间的馆际互借和文献传递服务，Rebiun 通过建立通用标准，规范流程，提高全国馆际互借和文献传递服务的质量。西班牙的高校图书馆之间形成了许多共享联盟，共享联合目录、电子资源，西班牙最近几年的馆际互借和文献传递发生了新变化，表现为图书馆联盟购买的包含许可协议的电子期刊数量下降，这意味着图书馆之间电子期刊的馆际互借和文献传递受阻[162]。北京地区高校图书馆文献资源保障体系(BALIS)馆际互借服务代替了传统图书馆之间的互借服务，通过集中管理和分散服务相结合的方式，为北京各高校的教学和科研工作提供了文献保障。BALIS 馆际互借服务在制度体系构建上采取了集中式管理的模式，业务体系构建方面采取分布式服务的方式，BALIS 馆际互借软件系统实现了从读者提出申请到文献归还再到借出馆整个过程中的馆际互借事务的全过程跟踪，并构建了馆际互借服务评估办法[163][164]。

影响馆际互借的三大要素是资源、读者需求和馆际互借环境[165]。目前馆际互借的环境已经发生变化，电子书数量日益增多，传统的以纸本图书传递为主的馆际互借服务已经不能满足新形势下读者的电子书阅读需求，图书馆应适时地提供电子书的馆际互借服务[166]。近年来，电子书的馆际互借服务受到关注。Zhu Xiaohua 通过调查美国高校图书馆的电子书和电子期刊馆际互借政策，发现电子资源馆际互借的障碍因素。结果显示，与电子书馆际互借相比，电子期刊馆际互借进展缓慢，许可限制和技术手段的缺乏是主要障碍，此外馆员对电子书馆际互借的了解与认知也是障碍之一[167]。Percy J 调查美国大学图书馆的电子图书借阅实践，东华盛顿大学的 Kindle 馆际互借试点以及道格拉斯县图书馆电子书的采购程序，提出图书馆电子书借阅的解决方案：需要重新评估电子书许可协议、馆际互借工作人员应参与和出版商的谈判工作[168]。Litsey R 认为高校图书馆必须开始考虑供应商提供的馆际互借电子书系统的替代方案，开发自己的电子书借阅系统[169]。Müller H 基于图书借阅理论，研究美国、德国、加拿大的版权法，指出现有的法律和国际版权条约不适用于电子书借阅，图书馆需要游说立法机构修改法律，建立适合于电子书馆际互借的版权制度[170]。文献传递同样受到资源、读者需求和环境的影响。Hu Fang 以首都师范大学图书馆文献传递服务为例，研究 OA 对文献传递服务的影响，结果表明 OA 对文献传递服务的效果有正向影响，馆员可以使用 OA 资源作为文献传递的补充，考虑到 OA 的未来发展以及用户对于文献传递和 OA 资源缺乏了解，图书馆应该推广其文献传递服务，对包含 OA 资源的文献传递服务进行重新设计[171]。最近的馆际互借和文献传递请求有所下降，部分由 OA 造成，但 OA 不是唯一的导致因素，OA 知识库和 OA 期刊有替代馆际互借和文献传递的潜力，但由于不同的原因，这种替代是有限的[172]。

6.5 环境的变化对信息资源共建共享的影响

面对信息环境的变化，我们不得不对“信息资源共享”的概念进行反思。信息资源共享的概念在扩大，涉及图书馆服务的方方面面，而不只是馆际互借、文献传递，事实上，信息资源共享是动态的、迅速变化的、以用户为中心，包含技术创新，与图书馆事业同步发展，在图书馆服务中发挥着重要作用[173]。随着信息技术的发展，信息环境和用户需求的变化，信息资源共建共享的形式与内容随之发生变革，图书馆要充分利用新技术新观念构建信息资源共享的新模式，满足用户动态变化的信息需求。

云计算环境下的图书馆信息资源共享具有经济、高效、移动和分布式存储计算等特点，云共享是资源共享发展的新阶段，为信息资源的共享带来了新选择，但同时云共享也产生了数据共享的保密性、完整性，平台的可用性、有效性等新的安全威胁，云计算环境下图书馆信息资源共享的发展应协商制定科学有效的云信息资源共享相关准则、提高云中共享资源的威胁监测能力、在云共享的信息传输中采用数据隐藏技术、建设两个云共享中心[174]。基于轻量级通信协议之间的资源云共享系统有助于实现数字信息资源的互操作与共享[175]。云计算环境下的信息资源共享模式包括内容构建和服务构建：内容构建包含有私有云(本地云)和公共云不同的构建内容；服务构建包括面向数字图书馆的公共服务平台，用于构建公共云服务中心、面向数字图书馆的 SaaS 服务平台，用于为图书馆提供 SaaS 服务、数字图书馆私有云服务平台、云集群服务平台[176]。

OA 资源的开放利用使得以"馆际互借和文献传递"为主的资源共享将被重新定义[177]。开放数据根本上是一种信息资源共享方式，开放数据使图书馆信息资源共享对象范围更广，粒度更小、共享的对象将突破馆藏限制、共享范围更广，突破图书馆系统限制、降低共享成本，提高共享效率，需求驱动性更强、更加精准化等[178]。

移动图书馆无限制地扩展了服务范围与信息共享空间、深化了信息共享的层次，移动图书馆联盟解决了内容提供的瓶颈问题与版权问题、提供整套的移动数字图书馆系统解决方案、有利于获得稳定的财政支持，拓宽资金来源渠道。高校通过成立移动图书馆联盟，可以有效地整合图书馆海量的纸质馆藏资源、数字信息资源与优质的信息服务，通过网络技术、通信技术、计算机技术、数字图书馆技术的综合运用，极大地提高了高校图书馆资源共享效率。移动图书馆联盟将是未来我国高校图书馆信息资源共享的发展趋势[179]。

参考文献

[1]李明理. 数字图书馆信息资源建设模式转型策略探讨[J]. 图书馆论坛，2012，32(4)：84-88，119.

[2]赵良英，李沂濛. 天津市高校复合图书馆信息资源建设优化配置研究[J]. 图书馆工作与研究，2012(4)：85-88.

[3]陈寿. 论高校图书馆数字化馆藏建设策略及原则[J]. 图书馆工作与研究，2010(173)：56-59.

[4]袁琳，何坚石. 数字出版环境下的信息资源采集策略研究[J]. 图书馆理论与实践，2010(4)：7-11.

[5]祁卓麟，白君礼. 浅议高校图书馆文献传递的可持续发展[J].

图书馆，2012(6)：98-100.
[6]金胜勇. 目标导向型图书馆信息资源共建共享理论体系研究[D]. 天津：南开大学，2010.
[7]张晓林，李麟，顾立平，等. 从SCOAP3模式看图书馆资源建设的范式转变[J]. 图书情报工作，2012，56(17)：42-47.
[8]卞长云. 基于OA环境下图书馆肩负的责任和使命——兼论开放获取学术信息资源的组织与标引问题[J]. 图书馆理论与实践，2014(3)：55-58.
[9]Mullen L B. Open access and academic library public services：roles for reference and instruction[J]. Open Access to STM Information：Trends, Models and Strategies for Libraries, 2011(153)：29.
[10]Xia Jingfeng, Wilhoite S K, Myers R L. A "librarian LIS faculty" divide in open accesspractice. [J]. Journal of Documentation, 2011, 67(5)：791-805.
[11]Kusekwa L, Mushowani A. The open access landscape in Zimbabwe：the case of university libraries in ZULC[J]. Library Hi Tech, 2014, 32(1)：69-82.
[12]Milimo Wasike J. An assessment of the status of open access resources in Kenyan university libraries[J]. Library Hi Tech News, 2013, 30(6)：17-21.
[13]张晓林，刘细文，李麟. 研究图书馆推进开放获取的战略与实践——以国家科学图书馆为例[J]. 图书情报工作，2013，57(1)：15-19，48.
[14]黄金霞，张建勇，黄永文，等. 开放资源建设的措施及工作策略[J]. 图书情报工作，2013，57(8)：57-61.
[15]黄金霞，张建勇，黄永文，等. 开放资源建设的措施及工作策略[J]. 图书情报工作，2013，57(8)：57-61.
[16]徐丽芳. 刘锦宏. 我国高校图书馆开放获取学术资源集成与揭示现状分析[J]. 出版科学，2011(3)：76-80.
[17]卞长云. 基于OA环境下图书馆肩负的责任和使命——兼论开放获取学术信息资源的组织与标引问题[J]. 图书馆理论与实

践，2014(3)：55-58.
[18]蒋静. 我国公共图书馆揭示开放获取资源现状调查[J]. 图书馆，2014(6)：89-90.
[19]吴春浩，王敏. 美国高校图书馆馆藏发展政策研究[J]. 图书馆建设，2013(5)：32-34，43.
[20]李少芳. 图书馆馆藏发展政策思考——美国乔治城大学法律图书馆馆藏发展政策及启示[J]. 图书馆建设，2011(10)：49-51.
[21]齐东峰，罗欢. 密执根图书馆馆藏发展政策及其启示[J]. 图书馆杂志，2012(7)：74-78.
[22]官凤婷，高波. 美国州立图书馆馆藏建设政策研究[J]. 图书情报工作，2011，55(11)：76-80.
[23]陈志红. 高校法律专业图书馆的馆藏发展政策研究[J]. 大学图书馆学报，2013(5)：51-57.
[24]张新兴，肖希明. 台湾地区大学图书馆馆藏发展政策研究[J]. 大学图书馆学报，2011(2)：49-55.
[25]张新兴. 台湾地区公共图书馆馆藏发展政策研究[J]. 图书馆建设，2011(3)：19-22，26.
[26]代晓飞. 香港地区高校图书馆馆藏发展政策研究[J]. 图书馆学研究，2011(3)：31-33，43.
[27]Mangrum S，Ellen Pozzebon M. Use of collection development policies in electronic resource management[J]. Collection Building，2012，31(3)：108-114.
[28]代晓飞，黄悦深. 高校图书馆电子资源发展政策研究——以香港大学为个案分析[J]. 图书馆学研究，2010(6)：49-51，5.
[29]冀亚娇. 黑龙江省高校图书馆文献资源建设政策制定与实施现状调查分析[J]. 图书馆建设，2012(10)：17-21.
[30]陈军，党燕妮，陈萍. 西部地区图书馆馆藏发展政策分析——基于少数民族文献的讨论[J]. 图书与情报，2014(2)：27-30.
[31]赵波，周群芳. 多媒体视听资料馆藏新论[J]. 图书与情报，2011(4)：119-121.

[32]鲁雪梅. 多馆管理模式下提高采访效率之探讨[J]. 图书馆工作与研究, 2012(4): 69-71.

[33]朱春晖. 图书利用分布情况及其对馆藏建设的影响[J]. 图书馆建设, 2011(3): 56-59, 64.

[34]王艳, 周剑, 邓小昭. 图书馆纸质文献采访——借阅优化策略分析[J]. 图书情报工作, 2010(11): 76-79, 99.

[35]周艳, 赵晓莅, 丁恩俊, 熊建萍. 基于扁平化理论的学科导向型文献采访团队构建——以西南大学图书馆为例[J]. 图书馆, 2014(1): 139-141.

[36]温敬鹏. 美国高校图书馆馆藏建设制度安排及启示研究[J]. 图书馆论坛, 2011(4): 46-48.

[37]陈学清, 贾朝霞. 高校图书馆文献采访绩效评价指标体系构建[J]. 图书馆理论与实践, 2010(5): 82-84.

[38]冯建福. 图书馆网络采访工作流程控制[J]. 图书馆学研究, 2012(10): 46-49.

[39]林亚新, 唐振宇, 李慧颖. 文献资源招标采购的资金分配模型[J]. 情报理论与实践, 2010(12): 88-91.

[40]刘自强. 高校图书馆图书采购招标存在的问题及对策[J]. 图书馆建设, 2012(7): 16-18.

[41]杨琳. 医院图书馆文献招标采购的实践与思考[J]. 图书情报工作, 2012(2): 81-85.

[42]杨琳. 医院图书馆文献招标采购的实践与思考[J]. 图书情报工作, 2012(2): 81-85.

[43]汤罡辉, 王元. 文献采访业务的潜在知识产权风险分析[J]. 图书情报工作, 2010(7): 76-79, 41.

[44]尚新丽, 屈亚杰. 高校图书馆网上荐购服务现状调查研究[J]. 图书馆学研究, 2014(20): 58-61, 57.

[45]张甲, 胡小菁. 读者决策的图书馆藏书采购[J]. 中国图书馆学报, 2011(3): 36-39.

[46]谢莉. 美国大学图书馆实施 PDA 过程中面临的问题及解决办法[J]. 图书情报工作, 2013(9): 65-69.

[47]刘华. 以读者为主导的文献资源建设——美国学术图书馆读者决策采购(PDA)研究[J]. 图书情报工作, 2012(3): 89-93, 127.

[48]李洁. 闭环控制理论在高校图书馆采访工作中的应用[J]. 图书馆论坛, 2011(10): 94-96.

[49]周文骏. 图书馆是社会的产物[J]. 大学图书馆学报, 2010(5): 5-9.

[50] Barbara Fister. Puzzled by patron-driven acquisitions [EB/OL]. [2010-11-11] [2015-6-23]. https://www.insidehighered.com/blogs/library_babel_fish/puzzled_by_patron_driven_acquisitions.

[51] Rick Anderson. What patron-driven acquisition does and doesn't mean[OL]. [2011-5-31] [2015-6-23]. http://scholarlykitchen.sspnet.org/2011/05/31/what-patron-driven-acquisition-pda-does-and-doesnt-mean-an-faq/.

[52]Barbara Fister. A library is more than a shopping site built to satisfy immediate patron needs[EB/OL]. [2015-6-23]. http://www.llibraryjournal.com/lj/communityacademiclibraries/887739-419/problematizing_patron-driven_acquisitions_peer.html.csp.

[53]丁海晖. 读者决策采购在纸质图书采购中的应用分析与效果评估[J]. 图书与情报, 2014(4): 127-131.

[54]佛山日报. 图书馆设新书借阅处1.7万新书任看任借[N/OL]. [2014-6-23]. http://www.946.com.cn/school2/201103090043.html.

[55]陈学清, 贾朝霞, 王玉. 文献采访过程的质量控制原则与评价[J]. 情报杂志, 2010(9): 176-178.

[56]顾永时. 基于流通数据的图书采访质量评价体系的建立[J]. 图书与情报, 2012(2): 104-107.

[57]王金英. 因果分析图法在图书馆质量管理中的应用[J]. 图书馆建设, 2013(12): 76-79.

[58]赵晶, 易中梅. 谈新形势下图书采访质量评价体系的建立[J]. 图书馆工作与研究, 2012(3): 61-63.

[59]肖希明，郑燃. 新世纪十年信息资源建设回顾与展望[J]. 高校图书馆工作，2011(1)：3-10.

[60]庞淑杰. 日本国立国会图书馆大规模馆藏数字化工程[J]. 图书馆理论与实践，2014(9)：86-88.

[61]曹力佳. 大英图书馆数字馆藏的发展及启示[J]. 图书馆理论与实践，2012(2)：93-96.

[62]Gheen T，Olmste S. Digitizing grey literature from the antarctic bibliography collection[J]. The Grey Journal，2010，6(1)：9-14.

[63]Vrana R. Public libraries in Croatia and the digitization challenge [J]. Library Review，2010，59(5)：325-340.

[64]Baro E E，Oyeniran K G，Ateboh B. Digitization projects in university libraries in Nigeria：the journey so far[J]. Library Hi Tech News incorporating Online and CD Notes，2013，30(9)：21-26.

[65]Zaman Shuva N. Are university libraries in Bangladesh ready to be digital？[J]. OCLC Systems & Services：International Digital Library Perspectives，2014，30(2)：108-131.

[66]林琳. 图书馆唱片收藏与利用——以上海图书馆馆藏唱片数字化为例[J]. 图书馆理论与实践，2013(8)：20-22.

[67]彭燕. 少数民族口述历史数据库建设与研究——以武陵山区少数民族口述历史数据库为例[J]. 图书馆，2014(5)：119-121.

[68]余彤心. 外文原版图书图片数据库建设中的知识产权保护问题[J]. 图书馆建设，2011(1)：49-51.

[69]李华伟. 民国文献数字化利用及其著作权问题——以国家图书馆馆藏为例[J]. 图书馆建设，2010(10)：16-19.

[70]Wu M M. Building a collaborative digital collection：a necessary evolution in libraries[J]. Law Library Joural，2011，103(4)：527-551.

[71]李钢. 图书馆馆藏文献数字化的著作权合理使用——基于美国Hathitrust案与GoogleBooks案的启示[J]. 图书馆建设，2014(10)：16-19，23.

[72]刘军，毛一国. 按需数字化与数字图书馆服务[J]. 图书情报工作，2013，57(16)：76-80.

[73]李书宁，曾姗. 国外图书馆数字馆藏众包建设实践调查与分析[J]. 图书情报工作，2014，58(23)：83-90.

[74]姚勤. 省级公共图书馆拥有的商业数据库情况调查[J]. 图书馆学研究，2011(9)：40-44.

[75]高婵，刘建国. 自建数据库系统化、学科体系化研究——全国本科院校自建数据库调查报告[J]. 图书馆工作与研究，2014(221)：35-38，88.

[76]吴建华. 综合型地方文献全文数据库的建设与服务模式研究——以湛江地方文献全文数据库建设为例[J]. 图书馆杂志，2014(7)：63-68，107.

[77]李辉. 地方高校图书馆特色数据库建设现状调查分析[J]. 图书馆建设，2014(8)：64-65，63.

[78]尚建翠. 上海高校特色数据库建设现状与发展策略研究[J]. 图书馆杂志，2014(5)：60-65，28.

[79]黄敏，都平平. 高校特色数据库建设及可持续发展问题研究[J]. 图书馆论坛，2012(9)：83-86.

[80]张秉军，邢杰，卜洁. 高校图书馆地域文化特色数据库建设与研究——以天津文化艺术特色数据库为例[J]. 图书馆研究与工作，2014(220)：46-48.

[81]张丽静. 高校图书馆特色数据库建设中存在的各种矛盾现象分析[J]. 大学图书馆学报，2011(1)：54-57，71.

[82]穆亚凤，都平平，刘灿. 特色数据库中灰色文献与“类白色”文献开发与建设[J]. 图书馆，2014(6)：118-120.

[83]程妹芳. RDA之于图书馆特色数据库建设的启示[J]. 图书馆工作与研究，2014(216)：31-34.

[84]王丽. 全面质量管理视角下高校图书馆特色数据库质量控制研究[J]. 图书馆工作与研究，2014(221)：105-108.

[85]任竞，何晓阳. 重庆抗战大后方专题数据库建设构想[J]. 图书馆杂志，2014(8)：41-46.

[86]黄红，王伟．“日本侵华时期我国受损图书”史料数据库建设研究[J]．大学图书馆学报，2014(1)：49-53.

[87]陈冬梅．回族古籍资源的文献价值与数据库建设研究[J]．图书馆理论与实践，2012(11)：98-101.

[88]王小林，陈军．基于异构网络的西部少数民族文献联合数据库建设[J]．图书与情报，2014(2)：44-47.

[89]章亦倩．新中国连环画数据库建设的探索与实践[J]．图书馆理论与实践，2014(9)：99-101.

[90]江亚玲，于光，孙文豪，等．干部教育培训专题数据库建设的探讨与实践[J]．图书情报工作，2013，57(3)：101-105.

[91]张琳，叶续俊，查侃．浅议基于TPI平台的湖州地方志全文数据库建设[J]．图书馆理论与实践，2012(8)：109-112.

[92]Decker E N. University art school and classics department collaboration to build an image database[J]. Mergers and Alliances: The Operational View and Cases (Advances in Librarianship, Volume 37) Emerald Group Publishing Limited, 2014(37): 49-58.

[93]Tsimpoglou F C. Koukounidou V V, Sakka E. E-ViVa, the national Hellenic fulltext database on Librarianship and Information Science[J]. Program: Electronic Library And Information Systems, 2014, 48(4): 383-393.

[94]McIntyre K M, Setzkorn C, Wardeh M, et al. Using open-access taxonomic and spatial information to create a comprehensive database for the study of mammalian and avian livestock and pet infections[J]. Preventive Veterinary Medicine, 2014, 116(3): 325-335.

[95]许江涛．网络信息资源的评价与利用[J]．图书馆工作与研究，2010(176)：69-72.

[96]陈瑜．日本国立国会图书馆网络信息资源采集保存项目介绍研究[J]．图书馆杂志，2014(3)：91-94.

[97]Adeleke A A, Olorunsola R. ICT and Library operations: more on the online cataloguing and classification tools and techniques in Ni-

gerian libraries[J]. The Electronic Library, 2010, 28(3): 453-462.
[98]黄奇奇, 邓仲华. 高校图书馆网络信息资源利用现状及评价体系研究——以推荐学术站点为例[J]. 图书馆学研究, 2013(22): 44-49.
[99]王玉林. 图书馆开发利用网络信息资源法律障碍研究[J]. 情报理论与实践, 2010, 33(3): 41-45.
[100]王玉林. 网络信息资源开发利用法律关系研究[J]. 情报理论与实践, 2010, 33(1): 45-47, 29.
[101]何琳, 陈焕之. 我国学科信息门户研究综述[J]. 图书馆工作与研究, 2010(178): 9-13, 28.
[102]刘向红. 基于用户自组织的学科网摘门户的设计[J]. 情报理论与实践, 2011, 34(6): 102-106.
[103]王晓山, 崔宇红. 可嵌入用户环境的学科信息门户框架设计[J]. 图书情报工作, 2010, 54(2): 62-65.
[104]周军. 高校图书馆学科知识门户的构建[J]. 图书馆, 2010(3): 26-28.
[105]刘瑜. 当代图书馆信息资源整合的若干模式[J]. 图书馆杂志, 2010(3): 38-41.
[106]Brad Gauder. OCLC perceptions of libraries[R]. OCLC Online Computer Library Center, Inc, 2010: 10-15.
[107]王庆娟. 基于 OPAC 系统检索功能的图书馆资源整合研究[J]. 图书馆学研究, 2012(7): 69-72.
[108]萨雷. 基于 OPAC 的数字资源整合研究[J]. 图书馆, 2014(1): 113-116.
[109]刘瑜. 当代图书馆信息资源整合的若干模式[J]. 图书馆杂志, 2010(3): 38-41.
[110]萨雷. 基于 OPAC 的数字资源整合研究[J]. 图书馆, 2014(1): 113-116.
[111]胡芳, 刘露. 基于 EDI 的高校图书馆异构系统资源整合的研究[J]. 图书馆学研究, 2010(9): 50-53.

[112]汪玉红，马胜利，张倩. 基于门户的高校图书馆信息资源整合探析[J]. 图书馆工作与研究，2010(12)：29-31.

[113]刘瑜. 当代图书馆信息资源整合的若干模式[J]. 图书馆杂志，2010(3)：38-41.

[114]张闫. 基于知识链的数字图书馆信息资源整合原则和模式[J]. 情报杂志，2011(1)：182-185.

[115]崔伟，徐恺英，王宁. 基于知识链的数字资源整合研究[J]. 图书馆学研究，2010(8)：32-35，10.

[116]马费成，等. 基于关联数据的网络信息资源集成[J]. 情报杂志，2011(2)：167-170，175.

[117]刘炜. 关联数据：概念、技术及应用展望[J]. 大学图书馆学报，2011(2)：6-9.

[118]郑燃，唐义，戴艳清. 基于关联数据的图书馆、档案馆和博物馆数字资源整合研究[J]. 图书与情报，2012(1)：71-76.

[119]张巧娜. 海峡两岸高校图书馆数字资源整合的比较研究[J]. 图书情报工作，2012(10)：43-47.

[120]郝欣，刘英涛. 基于本体集成的数字资源整合研究[J]. 图书馆学研究，2010(10)：55-59.

[121]Jason Vaughan. Evaluating and selecting a library web-scale discovery service[M]. IGI Global, 2012.

[122]David Aymonin, Alain Borel, Raphael Grolimund, et al. Be realistic, demand the inpossible: comparison of 4 discovery tools using real data at the EPFL Library[EB/OL]. [2012-1-19][2015-6-15]. http://infoscience.epfl.ch/record/172947/files/EPFL-discovery-techreport-20111219.pdf.

[123]Kate B. Moorea, Courtney Greene. The search for a new OPAC: selecting an open source discovery layer[J]. Serials Review, 2012, 38(1): 24-30.

[124]Huibin Cai, Tianfang Dou, Airong Jiang. Effective approaches to the evaluation and selection of a discovery tool[M]. Berlin: Springer, 2011: 347-356.

[125]Brian Conlan, Danya Leebaw, Christina Sinkler-Miller, Nat Wilson. Improving library resource discovery: exploring the possibilities of vufind and web scale discovery in a consortial environment [EB/OL]. [2012-5-15][2015-6-20]. http://digitalcommons.macalester.edu/libtech_conf/2012/sessions/87/.
[126]项英. 高校图书馆信息资源整合与服务评价研究[J]. 情报探索, 2013(4): 116-119.
[127]潘林武. 层次分析法在图书馆资源整合系统评价体系中的应用研究[J]. 图书馆学研究, 2014(6): 41-44.
[128]Swanson T, Green J. Why we are not Google: lessons from a library Web site usability study[J]. Journal of Academic Librarianship, 2011, 37(3): 222-229.
[129]沈艳芳, 肖鹏. "985"高校图书馆资源整合策略研究[J]. 图书情报工作, 2012(4): 32-37.
[130]SOL. Discoverying discovery services[EB/OL]. [2011-2-3][2015-6-3]. http:// federatedsearchblog. com /2009/07 /19/discovering-discovery-services/.
[131]裴微微. 泛在信息社会的图书馆信息资源发展策略[J]. 图书馆学研究, 2013(11): 47-52.
[132]叶青, 刘洪辉, 易娟, 陈莹, 黄浩波. 数字信息资源整合关键技术和策略研究[J]. 图书馆, 2013(6): 90-91.
[133]刘小瑛. 我国图书馆、档案馆、博物馆数字资源整合面临的主要问题及应对策略[J]. 图书馆学研究, 2014(12): 63-66, 45.
[134]Marcum D. Archives, libraries, museums: coming back together? [J]. Information & Culture, 2014, 49(1): 74-89.
[135]Forslund L, Sjö E L, Persson C. Museums, libraries and archives (MLA) in collaboration to meet the needs of users[C]. World library and Information Congress: 76th IFLA General Conference and Assembly, Gothenburg, Sweden, Aug10-Aug15, 2010: 1-11.

[136]肖希明，郑燃. 国外图书馆、档案馆和博物馆数字资源整合研究进展[J]. 中国图书馆学报，2012(5)：26-39.
[137]赵生辉，朱学芳. 我国图书馆、档案馆、博物馆数字化协作框架D-LAM研究[J]. 情报资料工作，2013(4)：57-61.
[138]郑燃，李晶. 我国图书馆、档案馆与博物馆数字资源整合研究进展[J]. 情报资料工作，2012(3)：69-71.
[139]赵生辉，朱学芳. 图书、档案、博物信息共享空间的理论模型与建设思路初探[J]. 图书馆论坛，2014(10)：15-23.
[140]郝世博，朱学芳. LAM数字化融合服务中动态信任评估研究[J]. 图书情报工作，2014(8)：64-69.
[141]徐文哲. LAM数字化融合服务中自适应自动信任协商模型研究[J]. 情报资料工作，2014(5)：44-48.
[142]肖希明. 信息资源共享系统绩效评估研究[M]. 北京：学习出版社，2013.
[143]肖希明，郭以正. 用户导向的信息资源共享系统绩效评估探讨[J]. 国家图书馆学刊，2010(3)：18-22.
[144]张新鹤. 信息资源共享机制绩效评估初探[J]. 国家图书馆学刊，2010(3)：13-17.
[145]肖希明，张新兴. 提高信息资源共享系统绩效的机制创新[J]. 情报科学，2010，28(11)：1620-1624.
[146]肖希明，戴艳清. 基于不同模型的信息资源共享系统绩效管理策略[J]. 中国图书馆学报，2010，36(190)：40-47.
[147]李卓卓. 面向风险控制的信息资源共享系统绩效评估协作机制[J]. 国家图书馆学刊，2010(3)：23-27.
[148]张新鹤，肖希明. 图书馆合作与信息资源共享机制创新研究[J]. 图书馆杂志，2010(2)：22-26.
[149]张新鹤，肖希明. 我国图书馆信息资源共享机制现状调查与分析[J]. 中国图书馆学报，2011，37(193)：66-78.
[150]刘岩芳，过仕明. 基于演化博弈的高校图书馆数字信息资源共享机制研究[J]. 图书情报工作，2010，54(13)：14-17.
[151]祁跃林. 文献信息资源共享政策建设[J]. 图书馆理论与实

践，2012(12)：11-13.

[152]刘磊，冯英华，李诗祺. 网络环境下基于需求的地区信息资源共享政策法规建设调查与分析[J]. 情报理论与实践，2010，33(7)：7-13.

[153]李浩. 中美信息资源共享政策法规建设比较研究[J]. 图书馆工作与研究，2014(221)：39-42.

[154]曹玉平. 图书馆在信息资源共享中规避知识产权风险的策略研究[J]. 情报科学，2010，28(9)：1319-1324，1338.

[155]吉宇宽. 图书馆信息资源共享著作权豁免的法理支撑[J]. 图书馆理论与实践，2011(5)：14-17.

[156]吉宇宽. 图书馆信息资源共享与知识产权保护和谐统一[J]. 图书情报工作，2011，55(9)：27-30，39.

[157]陈伟斌，张文德. 网络信息资源共享的著作权利益补偿机制研究[J]. 2014，58(3)：40-45，71.

[158]孙瑞英. 网络信息资源共享与版权保护的博弈双赢研究[J]. 图书情报工作，2013，36(12)：30-34.

[159]刘青，张春萍. 知识产权滥用对信息资源共享的影响及对策探讨[J]. 图书情报工作，2010，54(6)：75-79.

[160]曹玉平. 信息网络传播权保护与图书馆信息资源共享的利益冲突及平衡机制论析[J]. 图书馆，2010(6)：41-44.

[161]Kaul S. DELNET-the functional resource sharing library network: a success story from India[J]. Interlending & Document Supply, 2010, 38(2): 93-101.

[162]Echeverría M, Jiménez S. Interlending and document supply in the context of Spanish library consortia[J]. Interlending & Document Supply, 2011, 39(4): 190-199.

[163]伊雷，张博婧. BALIS 馆际互借服务存在的主要问题及对策分析[J]. 图书馆建设，2012(12)：60-63.

[164]严潮斌. BALIS 馆际互借管理研究[J]. 大学图书馆学报，2011(6)：47-50，54.

[165]孙维莲，王伟. 影响我国馆际互借发展的主要因素研究[J].

图书馆，2012(4)：82-84.
[166]蹇瑞卿，胡海燕. 电子书馆际互借及其实现[J]. 图书情报工作，2012，56(1)：98-101，129.
[167]Zhu X，Shen L. A survey of e-book interlibrary loan policy in US academic libraries[J]. Interlending & Document Supply，2014，42(2/3)：57-63.
[168]Percy J. E-book lending：the challenges facing interlibrary loan [J]. Interlending & Document Supply，2013，41(2)：43-47.
[169]Litsey R，Ketner K. Oh the possibilities：ebook lending and interlibrary loan[J]. Interlending & Document Supply，2013，41(4)：120-121.
[170]Müller H. Legal aspects of e-books and interlibrary loan[J]. Interlending & Document Supply，2012，40(3)：150-155.
[171]Hu F，Jiang H. Open access and document delivery services：a case study in Capital Normal University Library[J]. Interlending & Document Supply，2014，42(2/3)：79-82.
[172]Schöpfel J. Open access and document supply[J]. Interlending & Document Supply，2014，42(4)：187-195.
[173]Posner B，Simpson E. The Rethinking Resource Sharing Initiative：education，advocacy and inspiration for libraries[J]. Interlending & Document Supply，2011，39(3)：142-147.
[174]尤春花. 云计算环境下图书馆信息资源共享的挑战与对策[J]. 图书与情报，2011(4)：66-68.
[175]Goldner M，Birch K. Resource sharing in a cloud computing age [J]. Interlending & Document Supply，2012，40(1)：4-11.
[176]张鼐. 云计算环境下信息资源共享模式研究[J]. 情报科学，2010，28(10)：1476-1479，1495.
[177]Cimen E. Future of resource sharing in Turkey：can open access be an alternative？[J]. Interlending & Document Supply，2012，40(3)：144-149.
[178]余红，刘娟. 开放数据及其对图书馆信息资源共享的影响

[J]. 图书馆，2014(4)：87-90.
[179]梁欣. 移动图书馆联盟：高校图书馆信息资源共享未来的发展趋势[J]. 情报资料工作，2012(2)：65-69.

【作者简介】

肖希明，武汉大学信息管理学院图书馆学系教授，博士生导师。学术兼职有：中国图书馆学会学术研究委员会资源建设与共享专业委员会主任委员、《中国图书馆学报》编委等。主要研究领域为信息资源建设、图书馆学基础理论，主持国家社会科学基金项目、教育部人文社会科学研究项目多项，出版著作、教材10部，发表论文200余篇。

完颜邓邓，武汉大学信息管理学院图书馆学专业2014级博士研究生。

沈妍，武汉大学信息管理学院图书馆学专业2013级硕士研究生。

2010—2015年我国知识组织领域研究热点探析

司 莉[1] 贾 欢[2]
(1. 武汉大学信息资源研究中心；2. 武汉大学信息管理学院)

[**摘 要**]通过查阅相关期刊论文数据库，以及CALIS联合目录数据库，对2010年以来的国内知识组织研究热点进行总结和分析，将其归纳为9个专题，分别是：关于分类法与叙词表、知识组织系统、自动分类、标签、语义标注及标注系统、folksonomy、本体、关联数据、资源与知识整合、主题图与知识地图的研究。

[**关键词**]知识组织 本体 知识整合 关联数据 研究热点

Research Focus of Knowledge Organization from 2010 to 2015 in China

Si Li[1] Jia Huan[2]
(1. Center for the Studies of Information Resources, Wuhan University;
2. School of Information Management, Wuhan University)

[**Abstract**] Through accessing related professional periodical articles database and CALIS on-line catalogue, the research focus in the field of knowledge organization since 2010 is summarized and analyzed, it is concluded the methods of classification and thesaurus, knowledge organization system, automatic classification, tag, semantic tagging and annotation system, folksonomy, ontology, linked data, resources and knowledge integration, topic mapand knowledge map.

[**Keywords**] knowledge organization ontology knowledge integration linked data research focus

随着知识组织环境计算机化、网络化与社会化，作为用户信息需求和文献资源之间的桥梁、用于对人类知识组织结构进行表达和有组织地阐述的各种语义工具——知识组织系统(knowledge organization systems，简称KOS)的统称，包括分类法、叙词表、语义网络、概念本体，以及其他情报检索语言与标引语言也呈现出新的特征，其理论研究与实践发展得到深化与拓展。我们通过查阅相关期刊论文数据库，以及CALIS联合目录数据库，深入研读各类文献，对2010年以来的国内知识组织研究热点进行总结和分析，将其归纳为9个专题，分别是：关于分类法与叙词表、知识组织系统、自动分类、标签、语义标注及标注系统、folksonomy、本体、关联数据、资源与知识整合、主题图与知识地图的研究。

1 关于分类法与叙词表的研究

分类法与主题法这类传统的信息组织工具在组织实体资源与网络学术资源方面发挥着其他工具无法替代的作用。近年来这方面研究主要集中在《中国图书馆分类法》(以下简称《中图法》)(第五版)修订、叙词表修订与编制以及分类主题一体化研究等方面。

1.1 关于《中图法》第五版的修订研究

《中图法》第五版修订历时5年，来自全国58个单位的百余名专家、用户参与了调研和修订，于2010年8月由国家图书馆出版社正式出版。自《中图法》(第五版)出版以来，许多研究者对其具体类目的修订进行探讨。研究成果主要发表在《图书馆建设》与《国家图书馆学刊》等刊物上。

1.1.1 《中图法》(第五版)出版与整体修订的建议

卜书庆在阐述《中图法》(第四版)修订概况的基础上，将《中图法》(第五版)特点总结为：确定了特别处理的大类、重点修订大类和局部调整大类；增加复分标记、"一般性问题"的禁用标记；完善类目的参见注释，补充类目反向参照；合并使用频率过低的类目；完善附表类型，补充共性复分的新主题，对主附表增改注释，明确连续用附表复分问题；其他常规性修订；发布多种版本[1]。认为修订后的《中图法》更具有实用性和时代特征，更能充分反映和体现信息组织、知识组织、文献组织的工具性。卜书庆和刘华梅编写了《中图法》第五版与第四版增删改类目对照表，提供新旧版本变化类目的查找途径，为文献改编提供参考[2]。

《中图法》编委会还编著了《中国图书馆分类法(第五版)使用手册》，内容包括：《中图法》简史、《中图法》编制理论和技术；标记符号的编制与使用、组配技术、同类书排列、文献改编问题；《中图法》版本及系列工具书介绍等。《使用手册》对于解决标引实际问题起到了参考作用[3]。

王江分析了《中图法》(第五版)在修订过程中还存在的问题主要有：部分类号、类名不一致，类名与学科体系不对应，部分类目名称与注释清晰度不够，部分类目整体与部分不统一，部分类目上下位类概念不清，部分类目设置不合理，并提出了相关修改的建议[4]。

1.1.2 具体类目的修订建议

研究者对《中图法》(第五版)的具体类目修订提出建议，主要涉及E类、F类、G类、I类、J类、O类、R类与S类等。

祝朝安以《中国军事图书总库》6万余条书目统计数据为依据，认为军事类目存在同级子类文献分布不均、低文献保障类目与有书无类现象，并提出了相应措施[5]，同时，提出修改"E92 武器、军用器材"类目建议：增设"军用雷达和电子对抗装备"子类目；增设"军用航天器"类目；在"E926.3 各种军用飞机"类目下增设"隐身飞机"和"无人机"子类以及停用无文献保障或过时的类目等[6]。

王江分析"F3 农业经济"类目修订中存在的问题，认为类目的修订必须充分考虑学科发展现状、文献保证原则、类目划分概念清晰、类目设置对应原则[7]，并提出具体修订建议，其最大的特点就是取消了F325类目及其下位类，将其相关类目分解到其他相应类目中。

李敏指出《中图法》G250、G350 类目体系修订的意义在于：如实记录了图书馆学和情报学的学科变化、发展的历史轨迹；积累了《中图法》类表结构的改造经验；构造了图书情报一体化的理论基础，为将来图书情报档案的进一步融合做了铺垫；描述了图书馆学和情报学深度分化、边缘综合、层次拓展的结构体系。提出“比较图书馆学”“图书馆管理学”“专门图书馆学”“网络计量学”“数据库建设”等类目修订建议[8]。

周雨华探讨了“I 文学”类目中的“网络文学理论与创作方法”“I236 地方剧”“中长篇小说题材复分表”修订问题[9]。还提出 I 类文学在中国现代文学的起点、“I109 文学史、文学思想史”有关下位类目的分期、“I27 民间文学”的类目设置和“I24 小说”的类目设置上存在一些问题[10]。

吕静平指出“J5 工艺美术”类目中存在设计学科的迅猛发展与工艺美术类图书类目设置相对滞后的问题，建议将“J5 工艺美术”类目改为“J5 艺术设计”类目，下设“J50 艺术设计理论”“J51 平面设计与视觉传达设计”“J52 产品形态设计”“J53 环境艺术设计与景观设计(含室内装饰设计)”“J54 手工艺设计”“J55 服饰设计”“J56 中国艺术设计作品”“J57 各国艺术设计作品”等下位类[11]。刘纪刚和丁学淑指出戏曲相关类目存在类目体系结构不完善、类名不准确、类目注释中的概念模糊等问题，并提出修订和调整建议[12]。

滕玉石指出戏剧艺术、戏剧文学等有关类目的设置上仍存在需要完善的地方，如类名的一致性、类目体系的完整性、注释表述的规范化等问题，并提出相关修订建议[13]。刘纪刚建议“J9 电影、电视艺术”类目的修订应密切结合社会发展水平与学科专业发展现状，突出电视艺术的重要性，确立电影、电视的分类标准，及时更新类名和注释，使类目结构更合理、类名和注释表述更准确[14]。

石惠文对“O 数理科学和化学”大类中的化学类(O6-O69)的修订情况进行介绍和分析，概述化学类具体的修订内容及特点包括：新增类目、调整类目、增加复分标记、补充类目反向参照、完善类目注释、类目勘误，指出新版中仍存在技术和类目的设置方面的错误。石惠文建议在修订“06 化学分类”时，不仅要从分类方法自身的问题考虑，还要考虑相应学科的科学性内涵和知识体系，提出增加化学生物学类目的建议[15]。

顾颖采用类表规模、类目交替度、参照度、注释的清晰度和详尽度等指标对《中图法》“R 医药、卫生”第四版和第五版进行定量比较[16]。杨旭闽提出“R 医药、卫生”类目中在修订中增加“泌尿系统疾病护理”“老年病护理学”等类目以及“R241.2 四诊”类目体系修订的具体建议[17]。

张红林对 CNKI 中“S9 水产、渔业”(第五版)各级类目标引频率进行统计，分析类目体系设置的合理性和有效性及存在的问题，根据其提出的划分标准，统计得出 S9 类中过于概括的类目、需增加下位类的类目或需重新列类的类目、展开过细的类目以及必要归并“宜入”类目的具体范围[18]。

1.1.3　对于复分表与类目仿分复分的修订

研究者主要对于类目复分仿分规则、通用复分表、专类复分表等提出修改建议。

刘华梅对《中图法》(第五版)类目复分、仿分加“0”规则；通用复分表复分规则；专类复分表复分规则；类目仿分规则；多次复分仿分组合规则进行了详细分析，并给出实例[19]。

宋晓丹探讨了根据不同类型的特殊仿分规则，包括具体类目仿“一般性问题”分、被仿分类目采用特殊编号方法仿分、复分依据转换仿分、越级仿分时不同的分类标引方法[20]。

刘少武在总结《中图法》(第五版)世界地区表的修订情况基础上，对其存在的问题提出修改建议，如进一步强化类名的修改与规范力度、重视注释的准确一致、“南斯拉夫”相关类目的处理、停用“365 锡金”类目并在“351 印度”类目下增加相应注释[21]。黄洪民和刘少武分析了世界地区表中的“18 海洋”类的修订情况，提出增补公认主要的海和海湾类目、设置“其他”类目、调整隶属关系、更改类名、增改注释、删除冗类等措施[22]。

蒋文汇指出《中图法》(第五版)“中国时代表”在类名设置、年代起止时间划分、类目注释等方面存在不足，并提出相应的修改建议[23]。

1.2 关于叙词表的研究

叙词表已经成为当前基于知识组织的术语服务的主要数据源。叙词表作为知识组织系统中呈现术语及其关系，用于标引与检索的主要工具之一，受到研究者们的高度重视，这方面的研究主要集中在叙词表发展与修订的总结分析、叙词表编制的技术与方法和叙词表的应用研究3个方面。

1.2.1 叙词表发展与修订的总结分析

(1)《汉语主题词表》(工程技术卷)与《汉语科技词系统》的出版。

《汉语主题词表》(工程技术卷，2014年版)由中国科学技术信息研究所编著，是基于最新的知识组织理论、编制规范和计算机技术，对词汇分布、实际使用情况等进行统计分析和挖掘，并由专家逐一进行词汇筛选、词间关系的构建、词汇分类。该表按学科分为13册，收录正式主题词(叙词)20万条，非正式主题词(入口词)16.6万条。每个概念都有相应的学科分类和英文译称。词间关系类型包括用、代、属、分、参、族。等同率从0.18提高到0.84，属分参照度为2.14，相关参照度为0.63。《汉语主题词表》(工程技术卷)在体系结构、词汇术语、词间关系等方面，都得到改进和创新。同时建立了《汉语主题词表》服务系统，提供在线概念检索和辅助标引服务，通过可视化技术，展示各类概念关系[24]。

《汉语科技词系统》(新能源卷、智能材料与结构技术卷和重大自然灾害监测与防御卷)由中国科学技术信息研究所2014年编著。各卷内容大体包括：词系统背景知识、词系统的建设与词系统实例。[25][26][27]

(2)对于词表编制与修订的调查分析。

常春对网络环境下叙词表的编制和发展进行探讨。叙词表的编制内容包括词形规范和词汇规范控制，基础词库的建立和维护，等同关系、等级关系和相关关系的建立方法，叙词表词间关系的合并方法，无关联词的处理，本体模式下叙词表的发展，叙词表向本体的转化方式，叙词表相关的国际标准、国家标准的制定和变迁等。从术语服务、多语种翻译、概念组配、知识单元、概念映射、国外应用等多个方面，阐述了网络环境下叙词表的发展方向。[28]

鲍秀林和吴雯娜从词表规模、词表结构(宏观结构与微观结构)、词汇性能(等同率、参照度与关联比)三个方面对我国11部经过不同程度修订的叙词表进行统计分析，认为经过修订的词表词量不断增加，性能大多优于旧版，组织方式以及显示方式开始为用户着想。词表修订存在的问题是：重编制，轻应用，疏修订；重词量增加，轻适应性改造；手工维护为主，机器维护较少；离网络词表还有一段距离；词表宏观结构还不够简明。[29]她们还从对收集的135部叙词表的外部信息(出版时间、出版机构、编制单位等)分析入手总结了20世纪80年代以来叙词表的发展概况，通过对77部叙词表的词汇信息(用项、属项、参项等)进行词表性能测评，并指出词表中存在勘误和关系缺失，等同、等级以及相关关系的逻辑错误问题。[30]

司莉等选取108个英文网络叙词表，从应用形式、学科主题范围、编制语种、使用方式、应用范畴等五个方面分析其构建与应用现状，认为更新方式智能化、互操作、可视化、本体转换及Web 2.0技术的应用将是网络叙词表的发展方向。[31]

1.2.2　叙词表编制的技术与方法

这方面研究主要围绕词汇选择与控制方式、词表的构建方法以及词表的应用研究三方面展开探讨。

(1)关于词汇选择与控制。

在叙词表编制与应用过程中，词频信息成为不可或缺的重要方法依据和评判方法。常春认为词频信息的利用方法有：通过词频和专业偏向度确定专业核心概念、通过词频信息确定优选词属性以及通过词频信息为概念确定范畴号。[32]

网络环境下叙词表编制和修订中的收词方式与来源已发生转变。鲍秀林和吴雯娜探讨了6种面向网络词源的收词方法，即网络数据库中的关键词、联网检字法词库、网站热点词、网络检索界面相关词显示、大众网站标注词和网络百科资源[33]。浦墨等认为只参考关键词词频来确定叙词候选词的方法不够完善，定义了词共现关系强度的算法，即某一关键词与其他关键词在不同文献中共现频次的累加，如果两个关键词同时出现在一篇文章中，则计数一次。通过计算关键词词频和词共现关系强度确定叙词候选词[34]。

王刘安和常春总结了《英文超级科技词表》构建过程中概念优选词选择的 4 种方法，包括基于来源叙词表、基于文献词频大小、参考中文叙词表、参考专业人员和用户的推荐的方法，并讨论了多种方法的加权问题[35]。词间关系的合并是叙词表合并的重要环节。常春等探讨了叙词表词间关系的合并方法，具体方法是在确定等同概念的基础上，分别进行等同关系、相关关系、等级关系的词间关系合并，给出了三种关系的合并方法，并讨论了合并后不同逻辑关系的处理方法[36]。王刘安和常春探讨基于用代传导的同义术语识别方法，结合英文超级科技词表项目，概括出了 3 种方法，即基于用代关系类型、基于术语释义分析、基于叙词表颗粒度，建立来自不同叙词表中表示相同概念的优选词与非优先词的集合[37]。

王冠华和危红认为网络环境下《汉语主题词表》(工程技术版)新版本的编制应注重等同关系的建立及同义词群的构建、等级关系的建立及概念指引聚集语义大小的辨析，并充分考虑用户检索用词和文献主题的准确表达，实现叙词表词库与用户检索用词最大限度的一致[38]。

袁旭和常春以图书馆学和情报学领域叙词表为例，从现有叙词表、其他知识组织体系、检索数据库和领域专家及用户推荐 4 个方面探讨叙词表相关关系的获取途径，讨论构建效果检验、参照系统和颗粒度问题[39]。

邓盼盼等探讨了中英文词表概念映射关系及处理方案，包括基于等同关系及译项进行中英文同义词集及词义的相似匹配；基于词表内明确标明的组代关系及暗含的组配情况，推荐候选的复合等同映射；基于多重属分关系，推理一对多映射的候选语词；基于分类思想，解决专指概念与分面主题词、宽泛概念与基本大类的映射等[40]。

常春和赖院根探讨在叙词表、本体等知识组织体系构建过程中获取通用概念的三种方法：一是继承传统知识组织体系通用概念；二是通过关键词在文献中的词频分布情况确定通用概念；三是基于关键词总词频与标准差二维信息获得通用概念[41]。

(2)关于词表的构建方法。

①对于专门词表的编制方法的研究。首先集中在对于新型《汉语主题词表》的编制方法的探讨上。新型《汉语主题词表》是由基础词库、核心词库、叙词词库等构成的知识组织系统，将充分考虑用户检索用词和文献主题的准确表达，使叙词表词库与自然语言尽量一致。曾建勋探讨新型《汉语主题词表》的构建方式——构造“基础词库-范畴体系-概念关系网络”三级联动机制。基础词库以元数据为框架，吸收各类词汇，为《汉语主题词表》编制提供丰富和可靠的素材；范畴体系将词语纳入统一的框架结构，使词语各入其类；通过概念的遴选和属性描述，以概念为中心，建立并丰富概念间关系[42]。《汉语主题词表》(工程技术版)编修过程采取了先分散后集中的方案，即首先分领域编制专业表，然后逐步集成、融合为综合表。高碧红和吴雯娜提出在编修过程中，需要对采集自不同编表单位的概念树依据相似度排序[43]。从概念树间概念重复量的角度分析，并应用最大值方法、相对值方法及内积法等不同相似度算法予以例证。

周杰等从基础词库、概念库和范畴体系方面，论述国家叙词库的构建流程[44]。国家叙词库将来源于不同学科和领域的叙词表、术语表、词单等词表中的词汇与通过其他渠道获取的词汇进行合并、去重与融合，扩大原本分散在各处来源的词表的服务与利用范围，为知识组织系统的建设与应用提供基础性的支撑。

邓仲华等提出了叙词本体的思想，即利用本体技术来构建叙词表。重点研究多语种叙词表本体的构建理论与多语种叙词本体的自动维护模型，包括叙词表及其应用、本体及其应用、叙词本体、叙词本体的构建、叙词本体演化、叙词本体信息源获取、叙词本体概念获取、概念关系抽取、专家评审机制、系统设计与实现等内容[45]。

②叙词表协同编制与自动编制方案。赵捷等对网络环境下叙词

表的协同编制机制进行探讨，在分析叙词表的基本特征的基础上，构建叙词表协同编制平台，对叙词表的编制系统进行优化[46]。

自动构建的核心技术是主题词的自动抽取与主题词语之间词间关系的自动处理。曾文提出的方法是：采用语言规则和统计计算方法自动建立术语集合，通过自动优化算法实现主题词的自动选定过程；针对不同的文本数据的内容和结构，分别建立自动构建词间关系[47]。

杜慧平等提出了一套适用于网络环境中信息资源组织用领域叙词表自动编制方案，系统地阐述了自动编制过程中的步骤，并介绍了其中的关键技术，包括收词选词原则与方法，等同关系、等级关系和相关关系的自动识别方法和技术[48]。

1.2.3 叙词表的应用研究

研究者们认为叙词表的应用主要集中在术语服务、文献数据库以及知识管理等方面。

朱小梅等探讨叙词表在知识管理中的应用。如用于用户检索和知识发现，分类主题词表的分级性质提供与语境相关的知识；分类词表可以用来明确同义词和歧义词的含义，从而提高检全率和检准率；叙词表可过滤搜索结果；叙词表可以用来统一不同的内容和语言等。叙词表对组织知识管理活动的支持功能与作用，体现在企业叙词表的创建和维护、利用企业叙词表组织企业信息仓储、利用叙词表组织知识库[49]。

熊霞和常春设计了基于叙词表的文献数据库知识单元检索系统。该系统首先将数据库中的文献分解为知识单元，用正式叙词对用户输入的检索词进行规范化处理，利用词表中的词间关系查找出该词的等同词、上下位词和相关词作为扩展检索词，对知识单元进行加权检索，按权值之和以及检索词的密集程度排序输出[50]。

叙词表国际标准在修订过程中增加了大量与术语服务相关的内容。刘华通过对叙词表国际标准技术内容的剖析，结合基于知识组织的术语服务现状，探讨叙词表的最新修订对基于知识组织的术语服务发展的影响。这些影响主要有 3 个方面：推动基于知识组织的术语服务的规范化发展；促进术语集在基于知识组织的术语服务中的应用；促进基于知识组织的术语服务与术语工作的协调发展[51]。

1.3 关于分类主题一体化的研究

关于主题分类一体化的研究，涉及分类号-关键词对应关系、分类主题词表重构、主题词 SKOS 化描述及自动转换以及主题词表的自动扩充等方面。

钟伟金以中国生物医学文献数据中具有深度标引的分类号及共现的关键词作为统计对象，构建共现矩阵统计三级分类号与关键词的共现频率，在此基础上使用相互包容法计算分类号与关键词共现的紧密度，并以最高紧密度值作为判定关键词所对应的分类号。同时，还对四级分类号与关键词的对应关系进行统计分析，结果发现随着分类号的细分，对应的关键词数量减少，显示出一定的层级特性[52]。

苏燕等以干细胞研究文献为例，以医学主题词表(medical subject headings，MeSH)为基础，通过对主题词进行分类，对知识进行重构，使同一类别的文献通过同一类别的主题词聚集在一起，构建了面向情报学分析的分类主题词表，解决专题文献检索问题，并通过检索实验验证了构建的分类词表的有效性[53]。

吕美香针对《中国分类主题词表》的自动扩充问题，介绍了基于统计的、从元数据标题中抽取关键词并定位在词表中的方法[54]。其内容包括 3 个步骤：从标题中提取关键词；确定抽取出的关键词的专指度；将专指度高的专业词汇定位在词表中，实现《中国分类主题词表》词汇的自动丰富。

2 关于知识组织系统的研究

知识组织系统(knowledge organization systems)这一术语自 2000 年由 Hodge 提出就引起了业界的高度重视[55]。国内这方面的研究集中在知识组织系统介绍与互操作，以及 SKOS 研究等方面。

2.1 对于知识组织系统的介绍与互操作

王知津和赵梦菊对知识组织系统的概念、分类、功能与作用进行分析，阐述其语义关系的含义和类型，重点对分类法、叙词表、本体、语义网络中包含的语义关系进行探讨[56][57]。

卜书庆等从网络环境下知识组织系统的构建理论与方法、构建原则及标准、维护及服务技术和研发实践等方面进行调研论证，研究并分析知识组织系统网络化的关键理论技术及其表现形式、面向概念检索与知识导航服务的关键理论和技术、面向自动标引的关键方法和技术，并在此基础上提出"中国分类主题一体化的网络化知识组织系统"平台的设计思路、结构框架、服务手段及每个系统的实施方案[58]。

KOS描述是实现其注册管理的依据，薛春香等从资源整体描述、单个术语概念描述、服务描述、数据标准描述四个方面介绍了KOS的描述[59]。

毕强提出数字图书馆知识组织系统建构的发展趋势为从机器可读到机器可理解。实现此过程需要在一定逻辑框架下，将信息组织中的关系组织起来，通过类似"知识构建"方式建立知识组织中的"关系网"。在传统方法(描述结构化信息的词表、MARC等)的基础上，利用新的理论与方法(Ontology、概念格)，以"概念-关联"为重点重释知识组织(包括理论、方法与技术)[60]。

知识组织系统互操作已成为情报检索语言研究中亟待解决的重要问题之一。胡滨和吴雯娜在调查国内外43个知识组织系统互操作项目的基础上，总结了3种互操作模式(跨语言的互操作、异构知识组织系统间的互操作、跨领域知识组织系统的互操作)和8种互操作方法，认为国内知识组织系统互操作研究应注重跨语言的互操作、中外文分类法兼容及分类语言和主题语言的互操作，以及跨词表和跨领域知识组织系统的互操作[61]。曲建峰等以《杜威十进分类法》和《中国图书馆分类法》为例，运用数理统计学和语料库语言学的方法建立DDC与CLC的映射规则，并利用该规则设计和实现试验系统[62]。

2.2 关于SKOS的研究

W3C发布的简单知识组织系统(the simple knowledge

organization system，SKOS）为知识组织系统提供了一套简单、灵活、可扩展的、机器可理解的转换机制，为知识组织系统的语义描述提供了基本的建模框架。曾新红设计“通用的中文网络知识组织系统（CNKOS）构建规范”以及《中国分类主题词表》语义化描述规范时，以 SKOS Core 为基础，以实现中文叙词表和分类法等传统受控词表的全描述为目标。针对中文 KOS 描述需求中 SKOS 能够描述的部分，研究制定用 SKOS 描述的具体规范；对于现有 SKOS 词汇无法描述的部分，则利用 RDF /RDFS /OWL 的建模结构[63]。

贾君枝等利用 SKOS 研究成果，讨论《汉语主题词表》的 SKOS 表示方法，并指出实现《汉语主题词表》SKOS 形式的自动化，不仅提升了转换效率，而且为其在语义网环境下的应用奠定了基础[64]。

段荣婷以《中国档案主题词表》的语义置标为例，阐述了 SKOS 系统化与规范化控制的具体实现。应用 SKOS 标准能够实现对一般性主题词表从宏观、中观至微观，从主题词词形至词义，乃至词间关系的系统化与标准化的控制[65]。

3 关于自动分类的研究

1957 年，美国 IBM 公司的 Luhn 首次创造性地进行自动分类的研究[66]。我国已陆续研制出一批计算机辅助分类系统和自动分类系统，而大数据时代的到来使得自动分类再次受到关注。这方面研究集中在自动分类系统与模型、自动分类方法与文本分类以及文本聚类方面。

3.1 自动分类系统及模型

王效岳等设计了一个网络学术文献自动分类系统，该系统使用模块化设计，包括学术文献自动抓取模块、学术文献词-文档矩阵处理模块、本体集成模块以及基于语义驱动的分类模块，使用 Heritrix 平台指定规则对种子站点数据进行抓取，对于抓取到的海量文件资源，根据设定的学术文献特征规则，对其进行判定，然后选择其中的部分文献邀请领域专家进行类别标引，训练机器学习分类算法，最终实现所有文献的分类[67]。

王兴兰和宋文结合神经网络模型和基于知识组织体系的自动分类方法，使用中国科学院文献情报中心的 KOS 引擎中的集成知识组织体系，在现有 KOS 引擎分类方法的基础上，设计了自动分类方法——基于 N-IKOS 自动分类方法(automatic classification based on neural network and integrated knowledge organization system)。通过寻找类别间的“共享上位类”来定义多个类别间的关联，找到“共享上位类”后，通过算法计算信息资源被分类到共享上位类的可能性[68]。其分类思想为：输入候选类别后，经过一定的信息转换处理，计算出分类到共享上位类的概率。

3.2 自动分类方法与文本分类技术

宋培彦等提出一种基于英汉术语语义推导和归并的术语自动分类方法。用户输入某个术语，以双语知识库作为支撑，通过翻译关系、语义关系(同义关系、属分关系)和词形处理，获得多个候选分类结果集；再对分类结果进行适当的归并，在统一的分类框架下获得相对准确的分类结果[69]。

王兰成和徐震提出一种基于语义相似度的 Web 文本分类方法，利用特定的领域本体将用关键词表示的文本特征向量表示为与之匹配的语义概念特征向量，给出 Web 文本相似度的计算公式，并实现基于语义相似度的 KNN(k-nearest neighbor algorithm)分类算法[70]。

高影繁、王惠临与徐红姣总结了跨语言文本分类技术研究现状，认为目前主要有 3 种方法，即基于平行语料的跨语言分类方法、基于机器翻译软件的跨语言分类方法与基于词典的跨语言分类方法。研究存在的问题是：主题迁移是主要壁垒；重特征提取、轻分类算法；多翻译资源的共同使用；研究停留在实验室阶段[71]。

3.3 文本聚类

文本聚类，是将文档集合全自动归类的过程，是一种无指导的文本自动归类方法。顾晓雪和章成志采用 Engadget 中英文博客数据，使用 TF×IDF、TextRank、TextRank×IDF 三种特征抽取方法、线性函数和 Sigmod 函数进行相似度加权、AP 算法进行聚类，并评估了三种特征抽取的聚类结果和标签对文本聚类的作用，探讨社会标签与文本内容的结合对文本聚类的影响，社会标签与文本内容相似度的线性加权能改善 Web 文本聚类结果[72]。章成志对主题聚类中的相似度计算、样本加权聚类方法、聚类结果的描述进行了详细的描述和实验论证，并进行了测评[73]。

洪韵佳和许鑫基于领域本体提出一种适用于知识库树状结构的多层次文本聚类方法。该方法利用领域本体将词映射为各层级的概念，先以高层级的概念实现粗粒度聚类，以识别不同题材的文本，形成知识库的主体分类框架；再结合各层级的概念与未能映射的非概念特征词实现细粒度聚类，以揭示不同深度的文本主题信息，从而实现从粗粒度到细粒度的多层次聚类[74]。

4 关于标签、语义标注及标注系统的研究

4.1 关于标签的研究

社会标签(tags)是一种新型网络信息组织方式，由用户随意标注，实现网络信息的分众分类，改变了传统的网络信息组织模式。其研究涉及标签的应用与比较两方面。

4.1.1 标签的应用

贾君枝和张宁选取中国知网数据库中 2009—2011 年有关社会标签的论文，提取有关社会标签应用网站信息，搜集并整理 73 个社会标签网站，并逐一登录明确标签应用的范围及所属的网站类型，整理分析出当前国内外各类型网站中标签的实际应用情况，并对标签的基本功能和扩展功能进行了详细论述[75]。

黄如花和任其翔对 WorldCat 热门标签的内容按主题与质量进行统计分析，将其与 BibSonomy、Flickr 和豆瓣热门标签的功能从质量控制、排序方式、浏览模式与内容显示等四方面进行比较，进

而从了解用户的标注行为、加强标签的质量控制及扩展热门标签的功能等提出了优化 WorldCat 热门标签的建议[76]。

陆泉等以现存的大量图像社会标签为基础，设计基于社会标签的图像情感自动分类标注模型，提出图像社会标签对情感的贡献度、区分度以及标签在情感维度上的权重3个因子及计算方法，实现5种基本情感语义的图像分类标注[77]。

沈奎林等以 CNKI 中收录的17种图书情报 CSSCI 核心期刊为例，采用 PHP 语言编制程序，数据库采用 MySQL，抓取近五年论文的关键词，形成了关键词数据库，以关键词数量排序生成标签云并展示在网页上，从而提供一种新的检索和导航方式[78]。

4.1.2　标签的比较

贾君枝和李婷对豆瓣网的图书标签与中国国家数字图书馆的书目记录进行对比分析，揭示两者之间的异同与关联，获取用户、专家标引者之间标引选词的差异。研究发现用户标注行为与专家标注行为存在着部分的一致性[79]。她们提出图书标签与书目记录的有效结合点在于：扩充人名库、机构库，进行受控词推荐，同义词表进行关联，加强标签、资源和用户推荐[80]。

吴丹和王艳妮分析学术论文标注的作用与典型的学术论文标注系统，以图书情报领域为例，选取英文学术论文标注系统 CiteULike 和 Bibsonomy，对用户的学术论文标注与学术论文数据库标引进行对比实验，发现社会标签与受控的主题词的重合率不高。提出了规范学术论文标注的建议，如结合社会标签与标引词和关键词，从不同的角度，从更宽广的层面来揭示学术信息资源[81]。

熊回香、廖作芳与蔡青对 Tag Ontology、SCOT 和 MOAT 三种典型性标签本体模型进行分析比较。以构建原理，然后以资源、标签、标引者、标签集和含义等元素为比较标准，分别从基本信息、类和属性等方面对三个标签本体模型的适用性和完备性进行比较，提出整合三种典型模型、构建基于多语种的标签本体模型、构建与更新多领域的在线本体库等标签本体研究的思路[82]。

4.2 关于语义标注及标注系统的研究

4.2.1 语义标注及其应用

尹长余、毕强与王传清选取 semanticweb. org 收录的 10 种自动化语义标注工具，从标注对象、标注语言、本体来源、使用的本体语言、本体元素以及文件格式等方面进行比较和特征分析，提出数字图书馆在选择和使用自动化语义标注工具时需要考虑的问题[83]。

王传清和毕强通过归纳和分析语义标注的平台框架的技术方法，结合与国外成熟工具的比较分析，构建包含系统输入模块、语义处理模块、本体知识模块、语义标注模块和存储模块的自动化语义标注工具的系统模型，并分析模型的关键算法[84]。

姚晓娜、祝忠明与王思丽以地学领域的专业文档为标注对象，实现基于地球科学术语语义网 SWEET 和文本工程通用框架 GATE 的自动语义标注，并提出一种依据领域本体中属性的定义域和值域映射 RDF 三元组的方法[85]。

余春从社会标注应用的普及度、使用对象、应用模式、应用领域、提供的标注方式、标签检索、浏览、显示方式、推荐功能与使用指导等 8 方面，对 100 所中美大学图书馆应用社会标注的情况进行比较分析，提出我国大学图书馆图书标注改进对策，包括综合利用多种模式、拓宽应用领域和应用层次、增强图书馆社会标注应用的系统功能、增强用户间的交互、提高用户社会标注的质量[86]。

宣云干结合潜在语义分析信息检索代数模型，提出基于潜在语义分析的标签语义检索模型和排序算法，用以解决由于标签的模糊性、不规范及资源数据庞大等造成的漏检与低效率等问题[87]。

4.2.2 用户图书标注行为

许小梅和吴丹以武汉大学图书馆读者为例，通过问卷调查了解大学生对图书标注结果的关注度、在网络上的图书标注行为、在图书分享网站和图书馆中标注行为产生的原因，以及用户对图书馆实施标注服务的期望，并对图书馆开展标注服务提出加强知识普及、完善并简化图书标注功能的意见[88]。吴丹和许小梅对图书分享网站和国内公共与高校图书馆的图书标注现状进行调查，从标注目的、方式与特点 3 方面对两者图书标注功能进行比较，并以武汉大学图书馆和豆瓣网为例，通过真实的用户日志比较两者的用户标注行为[89]。

4.2.3 标注系统研究

陈婷、胡改丽与陈福集提出融合主题图技术与社会化标签，构建社会化标注系统知识导航的研究思路，利用主题图在知识组织中的语义完整性和知识关联表达的灵活、易用性，以社会化标签为基础，构建意义丰富、完整的知识语义网络，从实现主题知识关联的视角优化标签云，从而构建一个融合社会化标签和主题图的可视化导航模型[90]。

武慧娟和徐宝祥指出社会化标注系统用户集、资源集、标签集及社会化标注系统均是自组织系统，运用超循环理论分别对它们的自组织演化机理进行探讨，并构建社会化标注系统的自组织演化模型，最后结合豆瓣网进行了论证分析[91]。

庄晓喆和吴丹选取国内外包括社会编目网站、在线读书网站、网上书店 10 个图书标注系统进行比较，从标注主体、标注目的、标注功能和标签处理 3 个方面总结其特点；并提出拓展图书标注的应用范围、完善标注功能、增加标签推荐算法、拓宽系统的配套服务等完善图书标注系统的建议[92]。

黄如花和刘鎏提出优化 WorldCat 标注系统方案，包括前期准备工作、具体实施内容和后期调整完善三部分，涉及通过明确标签含义层次、增加用户编辑功能、完善用户社区聚合功能等具体措施[93]。

5 关于 Folksonomy 研究

Folksonomy 是一个创造词，由“folks”与“taxonomy”两个词合成，是指“群众”自发性定义的平面非等级标签分类，又称为“分众分类法”“大众分类法”“草根分类法”等。自 2004 年由 Vander Wal 提出以来，对于 Folksonomy 研究呈现逐年上升趋势。近年来研究集中在对于 Folksonomy 研究现状的总结、Folksonomy 的传播与形成机制、Folksonomy 在图书馆与语义推荐中的应用与 Folksonomy 与主题词的比较这些方面。

5.1 对于 Folksonomy 研究现状的总结

翟爽和宋文将社会标签的进展归纳为两个方面：一是在各个领域中的应用进展；二是与传统知识组织体系的关系探讨和融合研究，涉及社会标签与词表比较、与词表映射、与分类表的研究以及与分面分类法的研究等方面[94]。毕强和王雨对 2003—2012 年国外 Folksonomy 应用研究的相关成果进行归纳和梳理，重点对其在 Ontology、Library2.0、Web 语义检索、学科信息导航这 4 个领域的应用进行总结[95]。

李蕾和章成志对有关社会化标签质量的相关研究进行总结，归纳出 8 种标签质量评估方法：利用人工评价、基于标签自身统计属性、依据规范词语进行隐含的质量评估、依据标签和主题词的比较、依据用户标签与专家标注结果的比较、依据标签与文本内容关键词的比较、基于信息检索的方式，以及基于用户、资源、标签三者的关系，并对不同的评估方法进行比较[96]。

5.2 Folksonomy 的传播与形成机制

陈珏静通过对高校读者及馆员进行问卷调查与访谈，运用扎根理论构建高校图书馆 Folksonomy 的传播机制，包括传播动力机制、传播影响机制、传播共享机制、传播反馈机制，总结了 Folksonomy 具有强制共享传播、借鉴模仿传播、弱关系传播的特点[97]。

王翠英运用扎根理论，提出 Folksonomy 形成机制的过程模型。研究发现：目前高校图书馆存在“以高校图书馆用户为中心”的形成模式-用户标签、“以高校图书馆馆员为中心”的形成模式-馆员标签、“以社会网络系统用户为中心”的形成模式-社会性标签、“以数据库商为中心”的形成模式-数据库商标签和“以数据库用户为中心”的形成模式-数据库用户标签 5 种 Folksonomy 形成模式[98]。

5.3 Folksonomy 在图书馆与语义推荐中的应用

王翠英选取国内 107 所“211 工程”高校图书馆，从其网页中的图书、期刊、数字资源等的查询系统调查 Folksonomy 的应用现状，包括是否存在以自然语言“标签”“关键词”作为信息资源组织和检索的方式以及信息资源揭示的广度和深度、采用的技术支持平台。仅有 20 所大学图书馆馆员接受标签这种由用户组织、揭示信息资源的方式，另外有 39 所大学图书馆虽采用了自然语言——关键词，但仍由图书馆员来揭示资源[99]。

贾君枝和李婷对应用分众分类的 22 个图书馆网站和针对图书与学术资源的社会书签网站进行比较，发现目前分众分类与书目记录结合的基本功能体现为添加标签、标签浏览与检索，提供标签推荐、书目评论及评价、用户兴趣小组、RSS 订阅、外部链接、导入/导出功能，呈现出增强了开放度、检索性能、应用性与合作性的特点[100]。

罗琳等将分众分类法应用到图书推荐系统中，试图在图书管理系统中利用用户的自主性活动来揭示图书资源的内容以及资源之间的关系，在此基础上通过协同过滤的方法来为用户实现图书资源推荐服务[101]。

冯倩然和吴丹分别从图书馆的 OPAC 及用户教育两个方面归纳社会标签的具体应用现状与应用模式。在图书馆 OPAC 中的 4 种应用模式包括结合式应用模式、内嵌式应用模式、混合式应用模式与延伸式应用模式。在图书馆用户教育中的应用包括在组织与管理教育课程资料中的应用模式、在向用户传送教育内容中的应用模式、在标签素养教育中的应用模式[102]。

翟爽和宋文综合国外各种类型图书馆对社会标签的应用实例，探讨社会标签在图书馆领域的应用包括内嵌式服务模式和延伸式服务模式两种模式[103]。

邢文明、司莉与陈红艳针对 Folksonomy 应用于图书馆信息组织中存在的问题，提出对用户进行信息组织知识培训、构建标签词库、推荐标签、对标签进行分层以及将分众分类法与传统分类法相结合等多种优化策略[104]。

陈丽霞、窦永香与秦春秀将社会化标签引入 P2P 系统，构建 P2P 社区标签本体，然后通过用户历史标签集与社区标签本体的匹配，实现基于社会化标签的 P2P 语义推荐，向用户推荐与其历史标签集语义相关的标签或资源，最终实现语义推荐。并对模型进行了验证[105]。

从维强、李保珍与王逊引入社会网络的结构化分析方法对相关元组进行量化加权，构建加权的三维张量结构模型，并通过元组的潜在语义分析，得到能体现用户兴趣度的加权元组集。并通过 Delicious 中的用户标注数据集，验证模型的标签推荐效果[106]。

5.4 Folksonomy 与主题词的比较

贾君枝和张宁以教育领域的主题词及 Delicious 系统中的标签为研究对象，分析主题词在标签系统中的应用状况，发现有 57% 的主题词被作为标签标引，通过统计主题词、标签的频率、字符长度、语言特征等，明确用户标引的特征，得出筛选标签作为主题词候选词汇的标准[107]。

卢超和章成志以中英译本的图书为研究对象，从豆瓣、Amazon、Librarything 获取社会化标签，从中国国家图书馆和美国国会图书馆获取 MARC 记录中的主题词，探讨在不同语言、不同图书类目下社会化标签的长度、个数以及重合度方面的特点和差异，并与主题词进行比较[108]。

6 关于本体的研究

本体构建与研究一直成为近年来研究的热门课题，主要集中在领域本体构建及其应用，本体映射与评价方面。

6.1 领域本体构建及其应用

6.1.1 多个领域本体的构建

研究者们构建了以下领域本体，主要有：古典音乐录音资源本体、古籍版本学习本体库、传染病本体、中华烹饪文化领域本体、航空领域本体、软件企业领域本体、情报学资源本体、档案学数据资源本体、国家基本药物本体、情报学领域本体、农业领域专利本体等。

吴丹和史劲松在调查古典音乐录音资源的作品、表演版本、载体的特点基础上，确定其基本类和属性，基于用户信息需求调查古典音乐录音资源的其他属性，并对属性进行处理，借鉴骨架法的一般流程，构建古典音乐录音资源本体。将该本体用于古典音乐唱片目录开发方面，并在目录结构的基础上提供本体其他类的实例的页面，同时实现基于本体的语义检索[109]。

邓仲华针对古籍版本知识的数据进行类、属性以及实例的设计，最后在 Protégé 本体构建工具中实现古籍版本学习本体库，研究了古籍版本知识中数据的结构化和系统化，为建设以古籍版本为主题的数据库打下基础[110]。

宋琳琳和李海涛利用 Protégé 的 SPARQL 查询工具及可视化工具，对大型文献数字化项目的具体实例数据进行重新组织，基于作品、内容表达、载体表现、单件、时间、代理、主题、数字化详细信息 8 个基本大类构建大型文献数字化项目图书书目本体[111]。

方安等借鉴 UMLS 语义网络构建传染病知识体系并利用语义关联关系构建传染病本体。通过抽取开放生物医学本体，尤其是传染病本体(infectious disease ontology，IDO)的概念、翻译及细化构建了传染病本体概念与对象，利用概念与 UMLS 语义网络中实体的映射实现概念之间关系的构建，通过继承和计算机辅助技术降低构建本体的成本，并将语义关系用于标注中，丰富不同文献之间的关联关系[112]。

郭金龙采用 Protégé4.2 本体创建工具，以手动添加、机器自动导入和人工语义标注多种方法相结合的方式实现本体实例的填充，构建了中华烹饪文化领域本体。并利用自然语言处理工具 GATE 提供的 OntoGazetteer 功能实现基于本体的语义标注，展现本体在文档语义检索中的应用[113]。许鑫和郭金龙提出基于本体的专题知识库构建模型，以中华烹饪文化领域为例详细介绍基于本体的专题知识库构建流程，包括其中关键的本体建模和本体语义标注技术，设计并实现中华烹饪文化知识检索原型系统[114]。

蔡盈芳和黄磊采用自顶向下的方法构建航空领域本体。首先规划本体框架，借助《中国航空百科词典》在术语方面的完整性，将词典中的术语转化为领域本体的概念，并保持其对应的概念定义、中英文标注和分类层次不变。再根据词典中原有的概念间的关系与本体概念间关系的差距，借助领域专家的有限参与，通过科学算法建立起概念间的关系。利用词典中的属性性质术语和航空产品数字化建模技术进行概念属性和实例标注，最后选择适当的语言形式化表示出来[115]。

张玉峰等综合应用知识工程与叙词表方法指导领域本体开发，复用 Enterprise 本体与 TOVE 本体的领域知识和概念模型构建领域本体框架，面向开源信息抽取本体概念，并利用主题词表加以规范和完善，构建了软件企业领域本体。利用 Protégé 对软件企业领域本体进行形式化编码，并对其等级关系和概念间关系进行可视化展示[116]。

邱均平和楼雯利用统计分析、共现分析和语义相似度计算等方法，依照本体构建原则与本体构建步骤，构建基于 CSSCI 情报学资源本体[117]。邱均平等从概念、信息计量方法、语义关系层次、构建方法等方面对资源本体的构建理论进行全面规范的说明。采用自顶向下和自底向上的本体构建综合法构建了基于 CSSCI 的档案学数据资源本体[118]。

王昊和苏新宁提出了基于本体构建 CSSCI 学术资源网络模型的解决方案，即通过本体的面向对象的知识结构来组织 CSSCI 中的学术资源，以达到提高 CSSCI 信息服务质量的目的。在完整地阐述 CSSCI 本体概念模型构建和基于概念模型的 CSSCI 数据语义标注过程的基础上，提出了专门用于 CSSCI-Onto 的评价模型[119]。

曹锦丹、米杨与周喜龙充分利用生物医学领域顶级本体 UMLS Semantic Network 的语义属性关系，通过本体编辑系统 Protégé4 构建了基于 UMLS Semantic Network 本体语义的国家基本药物 OWL2 语言本体，详细阐述了顶级本体的上层语义以及针对领域本体的语义复用方法[120]。

翟军、陈燕与林岩结合语言学与本体理论构建汉语颜色词本体。通过本体的数学模型给出颜色词语义的规范说明，符合本体构建的“可扩展性”“最小承诺”与“最小编码偏好”等原则。在建立相应的描述逻辑知识库TBox与OWL本体的基础上，将汉语颜色词本体应用到供需语义匹配领域[121]。

贾君枝等主要探讨了汉语框架网络本体的构建方法及理论，并对本体在语义Web的应用做了相应研究，深化本体与语义Web在国内的应用发展。具体内容包括语义Web与本体，汉语框架网络本体的构建，本体的集成研究，基于汉语框架网络本体的语义检索研究，本体的评估等[122]。

6.1.2 本体的构建方法

(1)基于叙词表的本体构建。

纪姗姗等以叙词表资源为转换对象，总结现有叙词表向本体转换的方法与工具研究，提出了叙词表向本体重构的通用技术框架，该重构过程涉及4个关键技术，即叙词表分析、叙词表转换、叙词表向本体重构的工具研究语义丰富及本体校验[123]。

叶光辉基于统一建模语言(unified modeling language，UML)探讨叙词表转本体的方法，借鉴间接转换法对叙词表的处理手段，提取出核心概念集。根据核心概念集构建概念集之间的UML类图，实现UML类图元素向本体元素之间的映射[124]。

薛建武、赵娜与王东娜等对叙词表中的等同关系、等级关系和相关关系进行深入分析，将叙词表中粗粒度的词间关系细化为16种细粒度的子关系，并对几种主要概念间关系进行特征提取和描述。在此基础上，对导弹本体构建进行详细设计，为基于叙词表的航空领域本体构建研究提供研究思路与实践基础[125]。

薛建武、勾苗与吴拓结合《国防科学技术叙词表》分析了SKOS对于概念、属性、映射的描述方法，剖析《国防科学技术叙词表》字顺表所包含的主要语义关系，节选词表的枪械部分段落，在详细分析枪械体系中的概念和其中的关联关系的基础上完成了本体的转换，通过《国防科学技术叙词表》构建国防科技领域本体[126]。

金晶等在基于《综合电子政务主题词表》(试用本)范畴表的基础上构建基于主题词表的政务领域本体。从词表中抽取出核心概念即类，分析每个类所具有的属性，同时对类的属性进行明确的界定。利用 Protégé 本体开发工具，以政务领域的子领域“软件”为例构建领域本体[127]。

贾君枝和卫荣娟通过对叙词表转换为本体的描述语言(XML、RDF、SKOS、OWL)和叙词表之间的语义关系进行映射分析，从描述能力、人工干预、应用性三个层面总结了描述语言在表示叙词表语义关系方面的差异性[128]。

(2)形式概念分析 FCA 用于本体构建。

邱璇、李端明与张智慧利用 FCA(formal concept analysis) 即形式概念分析相关理论和技术，以主题词表和 Folksonomy 数据集为数据源，各自构建形式背景，通过并叠置运算获得异构资源的形式背景，转换成概念格，从概念格中抽取概念模型，使用 Protégé 工具和 OWL 语言构建实验本体。通过词重率、增词率、漏词率 3 个参数评估实验本体构建效果[129]。

刘萍等将形式概念分析 FCA 应用于本体构建中。选择 Obitko (以概念和属性的空集开始，按需向概念表中添加概念和属性，用 FCA 对概念及其属性的表格进行可视，基于可视化结果，对其进行规范化，重复上述过程直到获得满意的本体)方法构建情报学领域本体[130]。

张云中和徐宝祥提出一种基于 FCA 的领域本体构建方法并建立“增量模型”。该方法将整个领域本体构建过程分解成核心本体和若干个并行开发的增量本体的构建过程，而后将核心本体和增量本体通过本体映射和本体集成的手段进行按需组合，最终得到用户所需领域本体[131]。

王磊、周宽久与仇鹏采用统计分词的方式进行文本处理，通过语料库中的特征提取产生领域词汇或者专业术语，通过形式概念分析构建文档-领域词汇形式背景，构造概念格及其关系形成本体。具体包括：基于 PAT-Tree 的统计分词，文档特征选择，基于文档-关键词的形式背景生成，最后用 FCA 构建本体[132]。

(3)本体的自动化与半自动构建。

吴鹏、马文虎与严明提出基于 WordNet 关系数据库的本体半自动构建方法，以 WordNet 关系数据库为主要知识来源生成可被本体工具编辑的OWL格式文件，包括两个部分：专利本体数据库半自动构建系统和基于关系数据库本体生成器，分析本体数据库半自动构建系统模型以及专利本体生成与转换流程，构建农业领域专利本体(Agr_ Patent)[133]。

李树青提出一种利用引文关键词共现技术的领域本体自动构建法，构建图情学科领域本体。该方法利用引文分析思想计算文献的学术价值，并以此来计算文献和引用文献的词语共现对权重值，完成本体结构中层次概念联系的表达和设计，同时还利用基于加权词语共现对序列相似度的算法实现同义概念联系的抽取[134]。

余传明和张小青从本体学习中的概念和实例获取以及关系获取两个任务出发，对利用Wikipedia进行本体学习的各种方法进行了详细分析。在剖析Wikipedia基本结构的基础上，分析和比较从类别结构图、信息盒和定义句中获取本体概念和实例的相关原理和方法，阐述利用Wikipedia获取本体关系的原理，探讨了基于结构特征、基于词典、基于句法和基于混合方式的模式匹配方法，以及基于结构特征和文本特征的统计学习方法[135]。

支丽平和王恒山将多Agent理论引入到大规模中文领域本体的自动化构建中，采用多Agent技术自动进行知识源获取、本体创建、本体测试和本体融合等本体构建工作。给出多Agent系统的分层体系结构、消息传递机制、存储方式、各类Agent的具体任务及关键算法，并将所提出的方法应用到专利领域本体的自动化构建之中[136]。

(4)专家知识在本体构建中的应用。

马捷等指出专家知识在本体半自动构建中的作用特点。基于流程分析领域专家在本体半自动构建中贡献知识的4个关键作用点和4个一般作用点，以及在不同作用点上的作用深度、作用方式和作用冲突，进而剖析领域专家知识在本体半自动构建中的作用机理[137]。

吴琼等分析领域专家知识作用冲突产生的原因和类型，提出协调领域专家知识作用冲突的原则：专家选取原则、少数服从多数原则、权威优先原则、遵循先例原则、及时修正原则。提出协调领域专家知识作用冲突的方法：搭桥法、调解法、用户反馈法[138]。

(5)本体构建中的术语选择。

张雷瀚等提出一种多策略融合的领域术语抽取方法。分析领域术语的语法结构及统计特征，构造术语抽取的逆向词性规则和领域专用停用词表；利用 PATTree 术语抽取模型和 C-value 方法获取候选术语；借鉴 TF-IDF 及参照语料对比思想，从单个文档和领域文档集两个层面计算术语领域度，并依据术语领域度的大小筛选得到领域术语，并选取经济类语料进行实验[139]。

何琳提出了一种不依赖于背景语料的术语领域度术语筛选方法，一是通过统计和规则相结合的方法从领域语料中抽取候选术语(短语)，二是提出了通过候选术语的分布度、活跃度以及主题度进行计算的多策略术语抽取方法，并通过实验进行了验证和分析[140]。

章成志围绕多语言领域本体学习中的两个关键问题包括双语术语抽取与概念层次体系构建问题进行了深入研究。研究内容主要涉及：基于领域平行语料抽取的双语核心术语抽取、基于多层特征的一体化策略术语抽取、基于术语度约束的双语术语对齐、基于术语聚类的概念层次体系生成以及基于多语文本聚类的主题层次体系生成研究[141]。

史伟、王洪伟与何绍义针对在线评论情感表达的多样性和模糊性，将情感本体划分为评价词本体和情感词本体。利用模糊理论和知网相关概念，构建模糊情感本体的基本模型。根据评价词和情感词的各自特点，运用模糊化处理和语义相似度的相关理论，分别对评价词模糊本体和情感词模糊本体的情感类型和隶属度进行相应处理[142]。

滕广青和毕强以概念格理论为基础探讨以图书馆内两大主要异构资源(主体词表与文本)为基础的领域本体的构建。通过概念格的并叠置运算，获得基于主题词表和文本两大异构资源的概念格，进而以异构资源概念格构建异构资源领域本体[143]。

6.2 本体的映射

本体映射是解决多领域本体语义互联的有效途径。若本体存在语义级的概念关联，通过其间的语义关联，指定出相应的映射规则，实现将源本体的实例映射到目标本体。

毕强、滕广青与赵娜基于利用知识地图解决多领域本体语义互联的研究思路，提出从领域本体到知识地图的映射框架。根据该框架对卓越网数字信息资源中包含的语义关系进行分析。通过针对不同领域中相应的概念、属性、实例的分析，计算其相似度并构建判断矩阵。根据概念间的相似关系，建立起跨领域的本体映射关系，利用Personal Brain可视化工具，实现基于知识地图的多领域本体语义互联[144]。

毕强和滕广青通过在共同语义基础上对异质领域本体的概念格解析，在不破坏偏序关系的情况下获得本体中相关概念的外延与内涵，进而借助基于对象(外延)与属性(内涵)的概念相似度计算方法建立跨本体的映射，并最终构建多本体协同知识地图，实现跨越异质本体的知识呈现与知识检索[145]。

潘有能和刘朝霞提出了一种利用本体映射技术在数据集之间建立关联的方法，搜集关联数据网络中的数据集本体，然后利用文档对象模型(document object model，DOM)方式解析这些XML格式的本体文档，以便构建本体映射所需要的树状结构模型。利用WordNet中同义词集和概念结构相结合的策略，对本体间概念进行相似性计算，建立概念间的映射关系并建立数据间的链接，从而实现本体映射的目标[146]。

熊回香和王学东通过选取豆瓣读书上的实例数据，在对标签进行层次聚类的基础上，以中文语义词典“知网”为语料资源，探讨了标签概念空间与领域本体间的映射机制，通过标签的预处理、标签的聚类(分组)、将已分组标签映射到相匹配本体，从而实现对标签的语义组织[147]。

王丽伟等提出多领域本体映射与聚类理论模型，并以该模型为指导，选取药物领域本体RxNorm与NDF-RT(美国国家药物文件-参考术语)进行映射实例研究，提出RxNorm与NDF-RT两个领域本体之间映射的方法。并利用NDF-RT提供的药物分类信息实现RxNorm本体中药物信息的分类聚合[148]。

滕广青和毕强通过对 2000 年以来国际学术界关于本体协调相关文献和研究成果的梳理，阐明了以本体映射为核心的本体协调各要素之间的关系，并对本体合并、本体集成与本体对应三条本体协调主要发展路径的前沿热点进行了分析[149]。

6.3 本体的评价

贾君枝和牛雅楠对 ODEval、OntoQA、Core、OntoManager 4 个本体评估工具的系统结构体系进行分析，从工具所用的评估方法、工具的评估机制、工具的使用者、工具的作用范围、工具的可操作性及有效性 5 个层面进行比较分析，明确其各自侧重点和差异[150]。

孙坦和宋丹辉分析对本体模型进行错误诊断的必要性，归纳总结本体模型的常见错误，如描述类错误、分类错误、冗余错误、循环错误、设计异常等，探讨其修正方法，以便为本体评价及构建优质本体评价工具提供参考[151]。

7 关于关联数据的研究

关联数据用来在语义网中使用 URI 和 RDF 发布、分享、连接各类数据、信息和知识，发布和部署实例数据和类数据，从而可以通过 HTTP 协议揭示并获取这些数据，同时强调数据的相互关联、相互联系以及有益于人机理解的语境信息[152]，可为多种来源数据的互联融合与开发共享提供语义途径。这方面研究主要集中在图书馆书目数据与知识组织体系的关联数据化、基于关联数据的语义链接与语义互联模式及关联数据的应用三个方面。

7.1 图书馆书目数据与知识组织体系的关联数据化

王忠义等为实现数字图书馆馆藏资源目录数据（中粒度）的中层关联数据的创建与发布，在对现有关联数据创建与发布方法进行研究的基础上，针对目录数据自身的特点，采用自动标引、主题词映射等技术实现目录数据的结构化，借助目录体系与文本匹配实现关联数据的关联发现，借助 D2R 最终实现中层关联数据的创建与发布[153]。

游毅提出图书馆可以分别针对文献管理与馆藏书目数据库，利用 D2RQ 映射文件编制、主外键转换、关联映射定义、书目本体构建将馆藏元数据转换为 RDF 文档并实现多重客户端访问查询，从而为图书馆关联数据应用提供一种现实选择[154]。他还提出通过图书馆 MARC 书目数据的 RDF 格式转换与 URI 资源命名能够实现馆藏元数据的关联数据化，借助指向外部数据源的 RDF 链接构建与面向关联数据网络的开放发布，就能够实现书目数据的语义转换与网络关联[155]。

鲜国建等基于 SKOS 及 SKOS-XL 规范和模型，将农业科学叙词表(Chinese Agricultural Thesaurus, CAT)中的叙词及词间语义关系进行规范表达和关联描述，并与 AGROVOC、NALT、EUROVOC 和 LCSH 等知识组织体系在概念实例层面建立语义关联。同时，基于开源工具 Virtuoso 构建 CAT 关联数据发布系统，可提供 CAT 概念解析、浏览导航、SPARQL 查询终端和 RDF 下载等关联数据服务[156]。

贾君枝和赵洁基于 Dewey. info 平台，以 DDC 关联数据为例，通过对 DDC 关联数据发展脉络的梳理和技术构成的分析，从授权模型确定、实体对象的明确、URI 命名、SKOS 模型化、RDF 表示五个方面解析 DDC 关联数据的具体实现[157]。

7.2 基于关联数据的语义链接与语义互联模式

司徒俊峰、曹树金与谢莉探讨采用关联数据技术构建知识链接的优势、构建模式和具体构建方法；根据知识链接的不同功能，将基于关联数据的知识链接划分为等同链接、相关性链接、词汇性链接三种类型，从应用角度建立基于关联数据的知识链接的 4 层应用框架，包括描述层、链接层、整合层、应用层[158]。

一方面游毅探讨图书馆可利用 SPARQL 查询从目标数据集中选择满足链接要求的术语变量，或通过基于本体映射的相似度计算在概念间构建词汇型链接。另一方面，关系型链接构建可利用

SPARQL 查询寻找与馆藏存在语义相似性的实体并判断其语义关系，或利用字符串相似度匹配对资源文本特征属性进行精确匹配，从而实现图书馆与外部关联数据集的链接构建与资源共享[159]。

黄丽丽等提出基于关联数据的数字资源语义互联模式，详细阐述这一模式的架构，该模式的语义互联框架分为 5 层，从下到上依次为数据层、标识层、逻辑层、描述层和应用层。明晰该模式下关联数据的衍射机制及本体的协同机制，探讨关联数据质量、关联数据间距与关联数据强度对语义互联效率的影响[160]。

牟冬梅等在充分复用医学知识组织体系基础上，构建以 UMLS 为主导的多本体融合的医学数字资源语义互联模式，即一种基于全局本体统控、多种本体融通的模式框架。以 UMLS 为主导的多本体融合模式由三个基本层和两个链接层构筑。从 UMLS 本体的全局统控、多本体融合的语义标引机制、多本体融合的语义检索模式、多本体融合的信息集成构架 4 个方面详细阐述医学数字资源语义互联的机理[161]。

张艳侠等分析关联数据和本体在 VIVO(一个开放的学术社交网络)系统语义互联中的作用，搭建本地 VIVO 系统，编辑适应本地数据源结构的当地本体，阐述 VIVO 本体映射、互操作实现机理，将 VIVO 作为关联数据的语义互联研究实例，探讨基于关联数据技术和本体互操作的语义互联运行机理及其实现[162]。

7.3 关联数据的应用

欧石燕提出了一个面向关联数据的语义数字图书馆资源描述与组织框架，该框架具有 4 个层次：元数据层、本体层、关联数据层和应用层，其核心是 RDF 语义元数据的构建与关联。以“图书、情报与档案学”领域的数据为例对该框架进行了实现，实现的重点是在本体层和关联数据层，包括相关本体的设计、普通元数据到语义元数据的自动转换、不同数据集间 RDF 语义链接的建立、关联数据的发布等[163]。

田野和祝忠明提出一种关联数据驱动的数字图书推荐模型。首先把图书馆的本地数据与外部相关的关联数据相融合，根据资源信息的不同特性，分别构建用户社会关系语义本体知识库与数字图书语义本体知识库，并根据用户对图书浏览的活跃程度，针对不同的用户，采取不同的推荐策略，实现推荐服务[164]。

关联数据为图书馆书目组织提供了新的发展思路与技术路线，也为图书馆数据融入到语义网提供可能。赵悦认为关联数据在馆藏书目组织中的应用主要在三个方面，即书目数据的关联数据化、知识组织系统的关联数据化与规范数据的关联数据化[165]。

房小可认为将图书馆的科学数据同外部资源连接起来，并以关联数据的形式发布，可以增强和扩展图书馆资源发现平台。图书馆可以从实体命名、实体资源描述框架(RDF)描述、实体关联化和实体的发布几方面构建科学数据的组织模型[166]。

高劲松等建立电子商务信用信息实体关系，利用 Protégé 构建信用信息本体，在此基础上构建基于关联数据的电子商务信用信息服务模型，其信用信息提供与利用的过程包括数据采集、关联数据发布、关联数据整合、关联数据查询和关联数据可视化[167]。

崔春和毕强介绍关联爵士项目(通过爵士历史的数字档案揭示音乐家之间的关系以及他们在爵士领域的社交网络)工作思路，从大量包含爵士信息的爵士档案中抽取出访谈脚本，识别脚本中包含的爵士艺术家名称并构建爵士名称目录，再与名称规范文档进行映射，对脚本中所提及的名称进行标注，然后让用户利用众包工具分析、标注艺术家之间的关系，最后再将艺术家的关系网络用可视化工具表达出来，认为其可为我国关联数据与数字人文领域的结合研究带来启示[168]。

8 关于资源与知识整合的研究

8.1 整合研究现状的总结

基于语义对馆藏资源进行深度聚合，有助于构建一个内容相互关联、多维度、多层次的资源体系。贺德方和曾建勋提出了基于概念及概念关系、基于引证关系和基于科研本体等对馆藏资源进行语义聚合，建立了语义描述框架和可视化展示机制，探讨了面向资源主题、知识深化演化、学术社群或科研决策实现馆藏资源的深度聚合[169]。

肖希明和唐义对国外数字资源整合在多领域的研究进展情况进行系统梳理。认为该领域的研究主题广泛，主要涉及数字资源整合的必要性及其作用、整合影响因素、整合方式等方面。国外学者主要从市场和法律、技术和业务流程、文化以及综合多因素探讨数字资源整合的影响因素，提出的整合方式主要有：基于数据的数字资源整合、基于信息的资源整合以及基于知识的资源整合[170]。

赵蓉英等将当前学者关于馆藏资源聚合的模式研究分为两类：一是馆藏资源的传统聚合模式(粗粒度聚合模式)，涉及基于传统文献编目的文献整理，基于元数据的数据集成；二是馆藏资源深度聚合模式，主要通过基于本体、基于关联数据、基于主题模型和基于计量分析及复合模式的方式来实现[171]。

8.2 整合方法的研究

毕强等构建了数字资源聚合的方法体系，该体系自下而上划分为概念聚类、概念关联、知识关联三个层次，提出社会网络分析、计量学、分众分类法、关联数据和本体等方法及技术的应用，不仅成为数字资源语义化实现的重要手段，同时也分别引领数字资源聚合的路径和发展方向，而且在数字资源语义化及其聚合的研究与实践中呈现出方法的整合与创新[172]。

李春明、萨蕾与梁蕙玮探讨基于书目关系、知识本体对方志资源进行知识聚合的方法；在此基础上，设计方志知识聚合服务系统的整体架构，并探讨本体构建的方法、文本自动分析技术及可视化技术在知识聚合系统中的应用[173]。

何超和张玉峰构建了基于本体的馆藏数字资源语义聚合与可视化模型。该模型主要由资源采集模块、资源描述模块、语义聚合模块、可视化展示模块、资源服务模块组成。该模型利用本体提供的语义知识进行深层次的馆藏数字资源语义聚合，利用本体的可视化插件将非空间数据转换为视觉形式进行聚合结果展示[174]。

8.3 知识整合模式与框架

邱均平和刘国徽以学术文献和学者两种知识节点为中心，对学科知识进行聚合研究。根据不同共现关系和聚合方式，构建了基于共现关系的学科知识深度聚合模型，将聚合分为四个层次，并以文献的两个外部特征(作者和关键词)为例分析了不同聚合层次中学科知识聚合的深度以及挖掘学科知识结构的特点[175]。

赖院根和曾建勋提出基于知识组织体系的期刊论文与专利文献的整合框架。将期刊论文与专利文献资源的整合划分为两个层面：领域层面和主题层面。前者将期刊论文与专利文献按照领域分类对应起来，后者将属于同一领域的期刊论文与专利文献按照主题内容对应起来。前者通过中图法和 IPC 的类目映射来实现，后者利用主题词表，通过基于语义的文本相似度计算来完成[176]。

欧石燕等提出一个本体与关联数据驱动的资源语义整合框架，旨在实现不同层次与范围的资源整合。该框架具有 3 层结构：①基于本体，实现图书馆内部不同类型、不同来源、不同时期、不同格式的文献资源异构书目元数据的整合。②基于关联数据，实现文献资源与知识组织资源等其他相关资源的整合。③基于关联数据，实现图书馆馆藏资源与外部相关资源的无缝链接，其次，构建一个资源整合演示系统，还将该系统与使用传统资源整合方式的 CALIS OPAC 系统和 CNKI 进行实验对比[177]。

袁红军分析了影响合作式数字参考咨询服务(CDRS)知识整合的 6 个要素，包括整合动机、整合渠道、整合技能、整合关系强度、整合风险、整合机制构成。这些影响因素相互依存、共同作用于知识整合机制[178]。

沈旺、李亚峰与侯昊辰提出数字参考咨询知识融合框架。首先对参考咨询问题进行定义和描述，利用领域本体映射技术建立参考咨询问题空间；接着依据问题空间在假设管理基础上对知识本体库进行抽取、清洗和匹配，得到元知识集；然后对元知识集进行知识融合，获取解空间；最后建立能够实现数字参考咨询知识融合的功能框架[179]。

李亚子等研究基于 UMLS 的疾病知识整合框架。借用 UMLS 的语义网络构建顶层本体，建立疾病知识和 UMLS 中语义类型的映射关系，并对 UMLS 的语义关系进行细化，通过细化的语义关系将疾病与其相关的知识关联，构建疾病与症状、检查、药物、医疗器械和医疗法规之间的关联关系，实现疾病知识的整合，并通过实例展示疾病知识整合的过程[180]。

9 关于知识地图的研究

知识地图是一种指向知识源的知识导航系统，它揭示了知识的位置及知识之间的动态联系，其最终目标是实现知识的共享和重复利用。邱均平等以中国期刊全文数据库中收录的知识地图相关文献为研究对象，主要采用信息计量学方法和社会网络分析方法，借助 SATI、UCINET、NetDraw 等软件，从文献时间分布、核心作者、核心机构等方面对 1990—2013 年的文献进行统计分析。揭示研究热点集中在知识地图的基本问题、知识地图的构建、知识地图的应用三方面[181]。近年的研究主要集中在知识地图的构建与应用方面。

9.1 知识地图的构建研究

研究者们探讨了知识地图构建的方法论、原则以及主要技术与方法。

叶六奇与石晶在深入分析各类知识地图的基础上，提炼出构建知识地图的基本方法论，即要素识别、关联分析和结构化展示，其支撑着知识的分类、链接和多结构化显示的要求，贯穿于知识地图构建、评价和优化的动态化全程[182]。

朝乐门等提出数据驱动型知识地图系统的设计必须遵循数据密集和敏感性原则、客观性原则、数据驱动原则、敏捷性原则和人机协同原则 5 个基本原则。从实现角度看，数据驱动型知识地图至少包括 6 个层次：数据层、监控层、驱动层、模型层、面向计算机的知识地图层和面向人的知识地图层[183]。

赵京与徐少同从设计目的和用途角度将知识地图划分为关系揭示、流程设计、可视化表示和知识管理 4 个类别，认为知识地图构建的关键技术有 4 种，即数据结构技术、词表技术、信息构建技术和社会网络分析技术，知识地图主要在产品设计、流程设计与再造、人力资源管理、教育学习等方面得到应用[184]。

赵捧未、李春燕与窦永香将传统对等网上知识地图构建的思想引入到语义对等网中，依据语义对等网环境所特有的节点资源语义标注信息，利用自然语言处理技术与本体技术进行知识抽取，并使用 OWL 语言进行知识描述，同时引入具有语义的三元组方式对知识概念之间的关系进行管理，最终动态生成可视化节点知识地图，实现节点资源有序化管理[185]。

吴才唤对隐性知识地图构建的关键因素（寻找联系）、隐性知识主体联系的载体（合著、引用认同、学术博客）和隐性知识地图实现的技术与方法——社会网络分析进行了探讨[186]。他还提出应用合著、引用和博客关系，构建隐性知识地图，是组建和管理虚拟科研团队的一种有效策略。

刘勘与周丽红认为专家知识地图是通过获取专家在其学科、领域内的专长知识，实现专家的定位和导航，挖掘有用的隐性知识，整合领域知识并以一种通用、直观的可视化方式将零散的专家知识予以呈现的一种方法。专家知识地图常用的构建方法（包括专家知识获取、专家知识索引、专家知识关联和专家知识地图 4 个步骤），分别针对专家研究领域知识地图和专家社会网络知识地图进行探讨[187]。

9.2 知识地图的应用

赵捧未等利用大众标注和本体技术相结合的资源标注方式，通过语义标签模型和相似度匹配将大众标注和本体技术结合，获得更加符合资源内容的标签集，并在此基础上建立知识间关系从而形成社区知识地图。并以实例验证该方法引入知识地图的可行性[188]。

秦春秀等采用知识地图理论对对等网节点知识资源进行统一表示和导航，给出了对等节点的树形知识地图模型，该模型包含知识单元集合、关系集合和关系集合到知识单元有序偶集合上的映射3个基本要素。在此基础上，以本体概念树为知识资源分类标准，给出了基于树形知识地图模型的对等网节点知识地图的构建方法。并邀请领域专家进行评价，结果表明构建的树形知识地图在对等节点知识资源结构化、导航方面具有较好的性能[189]。

唐晓波和胡胜勇探讨知识地图在知识检索、个性化信息推荐和局部本体集成3方面对于改进企业信息资源集成的作用。指出实现知识地图在企业信息资源集成的应用需要构建两种类型的知识地图，即综合知识地图和本体知识地图，并分别探讨其构建流程。在此基础上，构建知识地图在企业信息资源集成中的工作模型[190]。

参考文献

[1]卜书庆. 网络环境下《中图法》发展及第五版述要[J]. 中国图书馆学报，2011(3)：92-99.

[2]卜书庆，刘华梅.《中国图书馆分类法》第五版与第四版增删改类目对照表[M]. 北京：国家图书馆出版社，2013.

[3]国家图书馆《中国图书馆分类法》编辑委员会.《中国图书馆分类法》第五版使用手册[M]. 北京：国家图书馆出版社，2012.

[4]王江.《中国图书馆分类法》(第五版)类目设置的瑕疵[J]. 图书馆建设，2011 (5)：24-27.

[5]祝朝安.《中国图书馆分类法》(第五版)军事类目之修订[J]. 图书馆建设，2014(11)：27-29，32.

[6]祝朝安.《中国图书馆分类法》(第五版)"E92武器、军用器材"类目的若干问题和修订建议[J]. 图书馆建设，2013 (7)：59-61.

[7]王江.《中国图书馆分类法》(第五版)"农业经济"类目存在的问题及修订建议[J]. 图书馆建设，2011(9)：61-64.

[8]李敏.《中图法》G250和G350类目体系的修订研究[J]. 图书馆建设，2015 (1)：73-77，83.

[9]周雨华.《中国图书馆分类法》(第五版)"I文学"类目存在的问

题及修改建议[J]. 图书馆建设，2013(4)：49-52.
[10]周雨华.《中国图书馆分类法》(第五版) I 类存在的问题及修改建议[J]. 图书馆工作与研究，2014(5)：78-80.
[11]吕静平.《中国图书馆分类法》(第五版)“J5 工艺美术”类目的修订建议[J]. 图书馆建设，2013 (8)：28-31.
[12]刘纪刚，丁学淑.《中国图书馆分类法》(第五版)戏曲相关类目的修订及缺点探讨[J]. 图书馆论坛，2015 (2)：44-47.
[13]滕玉石.《中国图书馆分类法》(第五版)“J8 戏剧、曲艺、杂技艺术”类目修订评析[J]. 图书馆建设，2014 (2)：47-49.
[14]刘纪刚.《中国图书馆分类法》(第五版) “J9 电影、电视艺术”类目修订评述[J]. 图书馆建设，2014(5)：43-46.
[15]石惠文.《中图法》第五版化学类目修订评析[J]. 图书馆，2012(4)：94-95.
[16]顾颖. 第五版《中图法》医药卫生大类性能测评——与第四版《中图法》R 类的比较[J]. 图书馆杂志，2012 (8)：33-36.
[17]杨旭闽.《中国图书馆分类法》(第五版)医药、卫生类目的合理性探讨[J]. 图书馆建设，2013 (12)：33-35.
[18]张红林.《中国图书馆分类法》(第五版)S9 类缺陷分析[J]. 图书馆工作与研究，2013 (11)：78-80.
[19]刘华梅.《中国图书馆分类法》(第五版)类目复分仿分详解[J]. 图书馆，2014 (5)：128-131.
[20]宋晓丹，李雪根，李晋瑞.《中国图书馆分类法》(第 5 版)的特殊仿分及其分类方法研究[J]. 国家图书馆学刊，2014 (4)：75-79.
[21]刘少武.《中图法》(第五版)世界地区表“3/7”述评[J]. 国家图书馆学刊，2011 (2)：34-40.
[22]黄洪民，刘少武.《中图法》(第五版)世界地区表“18 海洋”类的不足与改进[J]. 图书馆论坛，2013(3)：131-135.
[23]蒋文汇.《中国图书馆分类法》(第五版)中国时代表的修订建议[J]. 图书馆建设，2014 (2)：43-46.
[24]中国科学技术信息研究所. 汉语主题词表：工程技术卷[M].

北京：科学技术文献出版社，2014.
[25]中国科学技术信息研究所. 汉语科技词系统：新能源卷[M]. 北京：科学技术文献出版社，2014.
[26]中国科学技术信息研究所. 汉语科技词系统：智能材料与结构技术卷[M]. 北京：科学技术文献出版社，2014.
[27]中国科学技术信息研究所. 汉语科技词系统：重大自然灾害监测与防御卷[M]. 北京：科学技术文献出版社，2014.
[28]常春. 网络环境下叙词表编制与发展[M]. 北京：科学技术文献出版社，2015.
[29]鲍秀林，吴雯娜 .40 年来中文叙词表修订情况概览[J]. 图书情报工作，2013 (2)：109-113.
[30]鲍秀林，吴雯娜. 中文叙词表发展概况和性能测评(1980—2009)[J]. 图书馆论坛，2012 (4)：101-106.
[31]司莉，柴源，周李梅，等. 国外网络叙词表的现状调查及发展趋势[J]. 图书馆杂志，2011(7)：22-26.
[32]常春. 基于词频信息确定叙词表概念属性[J]. 图书情报工作，2013(16)：11-14，24.
[33]鲍秀林，吴雯娜. 网络环境叙词表收词新来源刍议[J]. 图书情报工作，2011(14)：116-120.
[34]浦墨，郑彦宁，赵筱媛，等. 基于词共现关系强度和关键词词频的叙词选词方法探究[J]. 图书情报工作，2013(15)：121-125，49.
[35]王刘安，常春.《英文超级科技词表》编制中概念优选词的选择方法研究[J]. 图书情报工作，2014 (13)：107-112.
[36]常春，曾建勋，吴雯娜，等. 叙词表词间关系合并方法研究[J]. 情报杂志，2010 (12)：117-120.
[37]王刘安，常春. 用代传导中同义术语识别研究[J]. 情报理论与实践，2014 (9)：97-100，91.
[38]王冠华，危红. 网络环境下《汉语主题词表》(工程技术版)词间等同、等级关系的处理[J]. 图书馆论坛，2014 (8)：82-86.

[39]袁旭，常春. 面向构建的叙词表相关关系获取途径研究[J]. 情报科学，2013(1)：68-72.
[40]邓盼盼，常春，曾建勋. 中英文词表概念映射关系及处理方案研究[J]. 情报杂志，2013（10）：127-130，192.
[41]常春，赖院根. 数字环境下通用概念获取方法[J]. 图书情报工作，2011(22)：22-25.
[42]曾建勋，常春，吴雯娜，等. 网络环境下新型《汉语主题词表》的构建[J]. 中国图书馆学报，2011（4）：43-49.
[43]高碧红，吴雯娜. 叙词表中概念树相似度计算[J]. 情报杂志，2013（5）：155-157，137.
[44]周杰，丁遒劲，吴雯娜，等. 网络环境下国家叙词库的构建研究[J]. 图书情报工作，2013（16）：6-10.
[45]邓仲华，赵又霖，黎春兰，等. 多语种叙词本体[M]. 武汉：武汉大学出版社，2011.
[46]赵捷，曾建勋，吴雯娜. 网络环境下叙词表协同编制系统的构建[J]. 图书情报工作，2011（22）：6-10.
[47]曾文. 网络化数字化时代主题词表自动构建技术的探索与实践[J]. 国家图书馆学刊，2012(4)：78-82.
[48]杜慧平，朱晓霞，何琳 网络环境中领域叙词表自动编制方案与关键技术研究[J]. 情报理论与实践，2011（4）：102-105.
[49]朱小梅，周杰，董伟. 叙词表在知识管理中的应用研究[J]. 情报科学，2014(7)：29-32，138.
[50]熊霞，常春. 基于叙词表的知识单元检索系统设计[J]. 图书情报工作，2010（12）：50-53，108.
[51]刘华. 叙词表国际标准的修订及其对基于知识组织的术语服务的影响[J]. 图书情报工作，2012（22）：21-25.
[52]钟伟金. 基于共现模式的分类号——关键词对应关系研究[J]. 情报理论与实践，2013（5）：116-119.
[53]苏燕，徐萍，孔亮亮，等. 基于MeSH的生物医学分类主题词表重构探索——以干细胞研究文献为例[J]. 图书馆杂志，2015（3）：47-52.

[54]吕美香.《中国分类主题词表》的自动扩充研究——从元数据中提取关键词并定位[J]. 情报科学，2012（8）：1160-1166.

[55] Hodge Gail. Knowledge organization systems：beyond traditional authority files[M]. Washington，DC：The Digital Library Federation Council on Library and Information Resources，2000.

[56]王知津，赵梦菊. 论知识组织系统中的语义关系(上)[J]. 图书馆工作与研究，2014(8)：65-69.

[57]王知津，赵梦菊. 论知识组织系统中的语义关系(下)[J]. 图书馆工作与研究，2014(9)：67-71.

[58]卜书庆. 知识组织系统构建与知识服务研究[M]. 北京：国家图书馆出版社，2014.

[59]薛春香，朱礼军，乔晓东. 知识组织系统的描述与评价浅析[J]. 大学图书馆学报，2010（3）：75-79，58.

[60]毕强. 数字图书馆知识组织系统建构的发展趋势——从机器可读到机器可理解[J]. 国家图书馆学刊，2010（1）：12-17.

[61]胡滨，吴雯娜. 国内外知识组织系统互操作模式及方法研究[J]. 情报科学，2012（9）：1291-1297.

[62]曲建峰，李芳，张轶华，等. 知识组织系统自动映射规则研究与实现——以《杜威十进分类法》和《中国图书馆分类法》为例[J]. 现代图书情报技术，2012(10)：83-88.

[63]曾新红. 中文知识组织系统形式化语义描述标准体系研究(一)——扩展 SKOS 实现传统受控词表全描述[J]. 中国图书馆学报，2012（3）：57-68.

[64]贾君枝，杨洁，卫荣娟.《汉语主题词表》简单知识组织系统表示的自动转换设计[J]. 情报理论与实践，2011（5）：54-57，14.

[65]段荣婷. 基于简约知识组织系统的主题词表语义网络化研究——以《中国档案主题词表》为例[J]. 中国图书馆学报，2011(3)：54-65.

[66] Luhn H P. A statistical approach to mechanized encoding and searching of literary information[J]. IBM Journal of Research and

Development, 1957, 1(4): 309-317.
[67]王效岳，白如江，王晓笛，等. 海量网络学术文献自动分类系统[J]. 图书情报工作，2013(16): 117-122.
[68]王兴兰，宋文. 基于N-IKOS自动分类的实证研究[J]. 图书情报工作，2014 (24): 106-112.
[69]宋培彦，李俊莉，王芳. 跨语言术语自动分类方法及其实证[J]. 图书情报工作，2013 (16): 20-24.
[70]王兰成，徐震. 主题舆情分析中的语义 Web 文本分类研究[J]. 情报学报，2012，31 (4): 340-344.
[71]高影繁，王惠临，徐红姣. 跨语言文本分类技术研究进展[J]. 情报理论与实践，2010 (11): 126-128，104.
[72]顾晓雪，章成志. 结合内容和标签的 Web 文本聚类研究[J]. 现代图书情报技术，2014 (11): 45-52.
[73]章成志. 主题聚类及其应用研究[M]. 北京：国家图书馆出版社，2013.
[74]洪韵佳，许鑫. 基于领域本体的知识库多层次文本聚类研究——以中华烹饪文化知识库为例[J]. 现代图书情报技术，2013 (12): 19-26.
[75]贾君枝，张宁. 社会标签的应用功能分析[J]. 情报理论与实践，2012 (11): 112-116.
[76]黄如花，任其翔. WorldCat 热门标签的调查与分析[J]. 图书与情报，2012 (5): 7-10.
[77]陆泉，陈静，丁恒. 基于社会标签的图像情感自动分类标注研究[J]. 图书情报工作，2014 (12): 118-123.
[78]沈奎林，邵波，卢明. 标签云在学术资源揭示中的研究与应用——以中国知网数据库中图书情报类核心期刊论文关键词为例[J]. 图书馆论坛，2013 (3): 36-42.
[79]贾君枝，李婷. 图书标签与书目记录的对比分析[J]. 情报理论与实践，2013 (11): 123-128.
[80]贾君枝，李婷. 图书标签与书目记录结合方式[J]. 图书情报工作，2013 (3): 96-99.

[81]吴丹，王艳妮．社会标签的规范性研究——学术论文标注[J]．图书馆，2012（1）：85-88.
[82]熊回香，廖作芳，蔡青．典型标签本体模型的比较分析研究[J]．情报学报，2011，30（5）：479-486.
[83]尹长余，毕强，王传清．语义标注工具的特征分析及其适用性研究[J]．情报理论与实践，2014（12）：111-116.
[84]王传清，毕强．数字图书馆自动化语义标注工具系统模型研究[J]．现代图书情报技术，2014（6）：17-24.
[85]姚晓娜，祝忠明，王思丽．面向地学领域的自动语义标注研究[J]．现代图书情报技术，2013（4）：48-53.
[86]余春．中美大学图书馆应用社会标注的比较研究[J]．大学图书馆学报，2014（1）：83-89.
[87]宣云干．社会化标签的语义检索研究[M]．南京：东南大学出版社，2013.
[88]许小梅，吴丹．大学生的图书标注行为研究——基于武汉大学图书馆读者的问卷调查[J]．图书馆论坛，2013（4）：42-46.
[89]吴丹，许小梅．图书馆与图书分享网站的用户标注行为比较研究[J]．图书情报知识，2013（1）：85-93.
[90]陈婷，胡改丽，陈福集．社会化标注系统的语义标签资源导航构建[J]．图书馆建设，2015（1）：78-83.
[91]武慧娟，徐宝祥．社会化标注系统自组织演化机理研究[J]．图书情报工作，2014（2）：132-137.
[92]庄晓喆，吴丹．图书标注系统的比较分析[J]．图书情报工作，2012（5）：73-77.
[93]黄如花，刘鋆．WorldCat 标注系统的优化方案[J]．图书与情报，2012（5）：16-20.
[94]翟爽，宋文．社会标签进展研究概述[J]．图书情报工作，2010（20）：41-44，143.
[95]毕强，王雨．国外 Folksonomy 应用研究的前沿进展及热点分析[J]．现代图书情报技术，2013（Z1）：36-42.
[96]李蕾，章成志．社会化标签质量评估研究综述[J]．现代图书

情报技术，2013 (11)：22-29.
[97]陈珏静. 高校图书馆 Folksonomy 传播机制实证研究[J]. 图书馆杂志，2014 (10)：54-61.
[98]王翠英. 基于经典扎根理论的我国高校图书馆 Folksonomy 形成机制实证研究[J]. 情报资料工作，2015 (2)：88-94.
[99]王翠英. Folksonomy 在高校图书馆应用现状分析[J]. 图书情报工作，2013 (8)：62-66.
[100]贾君枝，李婷. 分众分类与书目记录结合研究[J]. 情报理论与实践，2011(7)：38-43.
[101]罗琳，梁桂生，蔡军. 基于分众分类法的图书馆书目推荐系统[J]. 现代图书情报技术，2014 (4)：14-19.
[102]冯倩然，吴丹. 社会标签在图书馆中的应用模式研究[J]. 图书情报工作，2011 (21)：88-92.
[103]翟爽，宋文. 社会标签在图书馆的应用[J]. 图书馆建设，2010 (2)：111-113.
[104]邢文明，司莉，陈红艳. Folksonomy 在图书馆信息组织中的优化策略分析[J]. 情报科学，2014 (1)：14-17.
[105]陈丽霞，窦永香，秦春秀. 利用社会化标签实现 P2P 语义推荐[J]. 图书情报工作，2011 (22)：110-113.
[106]丛维强，李保珍，王逊. 基于加权元组潜在语义分析的社会标签推荐[J]. 情报科学，2015(1)：57-62.
[107]贾君枝，张宁. 教育领域主题词与 Delicious 中的标签对比研究[J]. 图书情报工作，2014(21)：125-129，35.
[108]卢超，章成志. 中英译本图书社会化标签的比较研究[J]. 图书情报工作，2013 (23)：17-23.
[109]吴丹，史劲松. 古典音乐录音资源本体构建研究[J]. 图书情报工作，2014 (22)：117-124，137.
[110]邓仲华，黄鑫，陆颖隽，等. 论中文古籍版本本体库的构建[J]. 图书情报知识，2014 (4)：80-87，93.
[111]宋琳琳，李海涛. 大型文献数字化项目图书书目本体的构建研究[J]. 图书馆建设，2013(12)：19-25.

[112]方安，洪娜，高东平，等. 传染病本体构建及其在知识服务平台中的应用[J]. 现代图书情报技术，2012(1)：7-12.

[113]郭金龙，洪韵佳，许鑫. 中华烹饪文化领域本体构建及其应用[J]. 现代图书情报技术，2013 (12)：10-18.

[114]许鑫，郭金龙. 基于领域本体的专题库构建——以中华烹饪文化知识库为例[J]. 现代图书情报技术，2013 (12)：2-9.

[115]蔡盈芳，黄磊. 航空领域本体构建研究[J]. 情报学报，2010，29 (2)：223-231.

[116]张玉峰，周磊，王志芳，等. 领域本体构建与可视化展示研究[J]. 情报理论与实践，2012(10)：95-98，128.

[117]邱均平，楼雯. 基于CSSCI的情报学资源本体构建[J]. 情报资料工作，2013 (3)：57-63.

[118]邱均平，杨强，楼雯. 资源本体构建理论与实证研究[J]. 情报理论与实践，2014 (5)：1-6.

[119]王昊，苏新宁. 基于本体的CSSCI学术资源网络模型构建及其应用研究[J]. 情报学报，2010，29 (2)：331-341.

[120]曹锦丹，米杨，周喜龙. 基于顶级本体上层语义的领域本体构建研究[J]. 情报科学，2014(9)：142-146.

[121]翟军，陈燕，林岩. 汉语颜色词本体及其应用[J]. 情报学报，2011，30 (11)：1226-1232.

[122]贾君枝，邰杨芳，刘艳玲，等. 汉语框架网络本体研究[M]. 北京：科学出版社，2012.

[123]纪姗姗，刘峥，宋文. 叙词表向本体重构的关键技术研究[J]. 图书与情报，2013 (1)：8-12.

[124]叶光辉. 基于UML的叙词表转本体方法研究[J]. 图书馆杂志，2014(7)：28-33，18.

[125]薛建武，赵娜，王东娜. 面向本体构建的叙词表词间关系细化和应用研究[J]. 现代图书情报技术，2013 (3)：14-20，8.

[126]薛建武，勾苗，吴拓. 基于SKOS的国防科学技术叙词表向本体的转换研究[J]. 情报学报，2011，28 (3)：310-317.

[127]金晶，宋敏霞，徐晨琛，等. 基于主题词表的政务领域本体构建[J]. 图书情报工作，2010 (8)：16-20.
[128]贾君枝，卫荣娟. 叙词表形式化描述语言的比较研究[J]. 图书馆杂志，2010 (1)：27-30，26.
[129]邱璇，李端明，张智慧. 基于 FCA 和异构资源融合的本体构建研究[J]. 图书情报工作，2015 (2)：112-117，50.
[130]刘萍，高慧琴，胡月红. 基于形式概念分析的情报学领域本体构建[J]. 图书情报知识，2012 (3)：20-26.
[131]张云中，徐宝祥. 基于形式概念分析的领域本体构建方法优化研究[J]. 图书情报工作，2010 (8)：112-115.
[132]王磊，周宽久，仇鹏. 领域本体自动构建研究[J]. 情报学报，2010，29 (1)：45-52.
[133]吴鹏，马文虎，严明. 基于 Wordnet 关系数据库的专利本体半自动构建研究[J]. 情报学报，2011，30 (6)：598-604.
[134]李树青. 基于引文关键词加权共现技术的图情学科领域本体自动构建方法研究[J]. 情报学报，2012，31 (4)：371-380.
[135]余传明，张小青. 从 Wikipedia 中获取本体：原理与方法研究[J]. 情报学报，2011，28 (3)：244-252.
[136]文丽平，王恒山. 基于多 Agent 的大规模领域本体的自动化构建方法[J]. 情报学报，2012，31 (8)：813-822.
[137]马捷，吴琼，崔春. 领域专家知识在本体半自动构建中的作用机理研究[J]. 图书情报工作，2011 (23)：17-21.
[138]吴琼，马捷，韩毅. 本体构建过程中领域专家知识作用冲突协调机制研究[J]. 图书情报工作，2011(23)：22-26，21.
[139]张雷瀚，吕学强，李卓，等. 领域本体术语的抽取方法研究[J]. 情报学报，2014，33 (2)：167-174.
[140]何琳. 基于多策略的领域本体术语抽取研究[J]. 情报学报，2012，31 (8)：798-804.
[141]章成志. 多语言领域本体学习研究[M]. 南京：南京大学出版社，2012.
[142]史伟，王洪伟，何绍义. 基于知网的模糊情感本体的构建研

究[J]. 情报学报, 2012, 31 (6): 595-602.
[143]滕广青, 毕强. 基于概念格的异构资源领域本体构建研究[J]. 现代图书情报技术, 2011(5): 7-12.
[144]毕强, 滕广青, 赵娜. 基于知识地图的多领域本体映射研究[J]. 图书情报工作, 2011(23): 12-16.
[145]毕强, 滕广青. 基于概念格的多本体协同知识地图构建研究[J]. 情报学报, 2012, 31 (10): 1018-1025.
[146]潘有能, 刘朝霞. 本体映射技术在关联数据中的应用研究[J]. 情报科学, 2015(1): 54-56, 62.
[147]熊回香, 王学东. 大众分类体系中标签与本体的映射研究[J]. 情报科学, 2014 (3): 121-126.
[148]王丽伟, 王伟, 高玉堂, 等. 领域本体映射的语义互联方法研究——以药物本体为例[J]. 图书情报工作, 2013(17): 21-25, 33.
[149]滕广青, 毕强. 国外本体协调研究前沿进展及热点分析[J]. 中国图书馆学报, 2012(1): 113-120.
[150]贾君枝, 牛雅楠. 本体评估工具的比较分析[J]. 图书情报工作, 2010 (6): 87-90.
[151]孙坦, 宋丹辉. 本体模型中的错误类型及检测方法[J]. 图书情报工作, 2011(24): 84-89, 96.
[152]刘炜. 关联数据: 概念、技术及应用展望[J]. 大学图书馆学报, 2012(2): 5-12.
[153]王忠义, 夏立新, 石义金, 等. 数字图书馆中层关联数据的创建与发布[J]. 现代图书情报技术, 2013 (5): 28-33.
[154]游毅. 面向馆藏数据库的关联数据发布研究[J]. 国家图书馆学刊, 2014 (5): 74-81.
[155]游毅. 面向馆藏聚合的书目关联数据实现[J]. 情报理论与实践, 2014 (8): 105-110.
[156]鲜国建, 赵瑞雪, 寇远涛, 等. 农业科学叙词表关联数据构建研究与实践[J]. 现代图书情报技术, 2013(11): 8-14.
[157]贾君枝, 赵洁. DDC 关联数据实现研究[J]. 中国图书馆学

报，2014(4)：76-82.
[158]司徒俊峰，曹树金，谢莉. 论基于关联数据的知识链接构建与应用[J]. 图书情报工作，2013(16)：123-129.
[159]游毅. 面向图书馆关联数据的语义链接构建研究[J]. 图书与情报，2014(3)：74-78，96.
[160]黄丽丽，牟冬梅，张然. 基于关联数据的数字资源语义互联模式研究[J]. 图书情报工作，2013(17)：11-15.
[161]牟冬梅，王丽伟，高玉堂. 医学数字资源语义互联模式研究[J]. 图书情报工作，2011(23)：6-11.
[162]张艳侠，齐飞，毕强. 关联数据的语义互联应用研究——以VIVO 为实例[J]. 图书情报工作，2013(17)：16-20.
[163]欧石燕. 面向关联数据的语义数字图书馆资源描述与组织框架设计与实现[J]. 中国图书馆学报，2012(6)：58-71.
[164]田野，祝忠明. 关联数据驱动的数字图书推荐模型[J]. 图书情报工作，2013 (17)：34-38，52.
[165]赵悦. 关联数据在馆藏书目组织中的应用进展研究[J]. 图书情报工作，2013(18)：48-53.
[166]房小可. 基于关联数据的高校图书馆科学数据组织研究[J]. 图书馆建设，2013 (10)：31 34.
[167]高劲松，梁艳琪，李珂，等. 面向关联数据的电子商务信用信息服务模型研究[J]. 现代图书情报技术，2014 (6)：8-16.
[168]崔春，毕强. 关联数据在数字人文领域中的应用剖析——以关联爵士项目为例[J]. 图书情报工作，2014 (24)：99-105.
[169]贺德方，曾建勋. 基于语义的馆藏资源深度聚合研究[J]. 中国图书馆学报，2012 (4)：79-87.
[170]肖希明，唐义. 国外多领域数字资源整合研究进展[J]. 中国图书馆学报，2013(4)：26-35.
[171]赵蓉英，王嵩，董克. 国内馆藏资源聚合模式研究综述[J]. 图书情报工作，2014 (18)：138-143.
[172]毕强，尹长余，滕广青，等. 数字资源聚合的理论基础及其

方法体系建构[J]. 情报科学，2015(1)：9-14，24.
[173]李春明，萨蕾，梁蕙玮. 基于地方志资源的知识聚合服务系统构建[J]. 图书情报工作，2013(18)：44-47.
[174]何超，张玉峰. 基于本体的馆藏数字资源语义聚合与可视化研究[J]. 情报理论与实践，2013(10)：73-76，39.
[175]邱均平，刘国徽. 基于共现关系的学科知识深度聚合研究[J]. 图书馆杂志，2014(6)：14-19，28.
[176]赖院根，曾建勋. 期刊论文与专利文献的整合框架研究[J]. 图书情报工作，2010 (4)：109-112.
[177]欧石燕，胡珊，张帅. 本体与关联数据驱动的图书馆信息资源语义整合方法及其测评[J]. 图书情报工作，2014 (2)：5-13.
[178]袁红军. CDRS 知识整合模型及影响因素研究[J]. 图书馆，2014 (1)：107-109.
[179]沈旺，李亚峰，侯昊辰. 数字参考咨询知识融合框架研究[J]. 图书情报工作，2013 (19)：139-143.
[180]李亚子，钱庆，刘峥，等. 基于 UMLS 的疾病知识整合框架研究[J]. 现代图书情报技术，2011 (2)：34-41.
[181]邱均平，郭丽琳，肖婷婷，等. 我国知识地图研究计量分析[J]. 情报理论与实践，2015，38(1)：7-11.
[182]叶六奇，石晶. 知识地图的构建方法论研究[J]. 图书情报工作，2012，56(10)：30-34.
[183]朝乐门，张勇，邢春晓，等. 数据驱动型知识地图及其关键技术[J]. 图书情报工作，2012，56(10)：25-29，40.
[184]赵京，徐少同. 知识地图的关键技术与典型应用[J]. 情报理论与实践，2012，35(12)：101-105.
[185]赵捧未，李春燕，窦永香. 语义对等网环境下节点知识地图的构建[J]. 图书情报工作，2012，56(4)：101-106.
[186]吴才唤. 知识地图研究进展——从显性知识地图到隐性知识地图[J]. 图书情报知识，2012(6)：94-100.
[187]刘勘，周丽红. 面向专家的知识地图研究[J]. 情报资料工

作，2012(2)：18-22.
[188]赵捧未，冯娟，窦永香. 语义对等网环境下基于大众标注的社区知识地图构建研究[J]. 图书情报工作，2013 (5)：129-133.
[189]秦春秀，赵捧未，李东，等. 对等网环境下基于树模型的对等节点的知识地图构建研究[J]. 情报学报，2013，32 (7)：686-696.
[190]唐晓波，胡胜勇. 企业信息资源集成中的知识地图构建与工作模型研究[J]. 图书情报工作，2010(24)：117-121.

【作者简介】

司莉，武汉大学教授(珞珈特聘教授)，博士生导师。现任武汉大学信息管理学院图书馆学系主任，信息资源研究中心研究员。全国信息与文献标准化技术委员会识别与描述分技术委员会委员，《中国大百科全书》第三版图书馆学卷信息组织分支主编，《中国图书馆分类法》编委，中国科学技术情报学会知识组织专业委员会副主任，中国图书馆学教育委员会副主任，中国图书馆学会学术委员会信息组织专业委员会副主任，国际知识组织协会(International Society of Knowledge Organization，ISKO)会员。已出版与参编著作 10 余部，发表论文 140 余篇，其中 SCI、SSCI 索引论文 6 篇，EI 索引论文 6 篇。主要著作有：《信息组织原理与方法》《信息组织实验教程》《KOS 在网络信息组织中的应用与发展》等。

贾欢，女，武汉大学信息管理学院博士研究生，研究方向为信息组织。

近五年信息描述研究进展

吴 丹[1] 史劲松[2]

(1. 武汉大学信息管理学院；2. 南开大学图书馆)

[**摘 要**]信息描述是根据信息组织和检索的需要，对信息资源的主题内容、形式特征、物质形态等进行分析、选择、记录的活动。元数据已经成为网络环境下信息资源描述的主要手段，而在传统的图书馆编目领域，全新的编目规则 RDA 已经开始应用于 MARC 编目的实践，同时图书馆书目也日益与开放的网络环境接轨，编目界正处于重要的变革期。本文首先对近五年来元数据的研究状况进行梳理，分析其研究热点和发展动向。在元数据研究之后，对图书馆编目研究的新动向进行总结。另外，目前不论是元数据领域还是编目领域都出现了 RDF 化、融入语义网环境的趋势，图书馆关联数据的发布和应用成为研究、实践的热点。因此，本文最后对图书馆关联数据的相关实践、研究进行述评。

[**关键词**]信息描述 元数据 文献编目 关联数据

Research Progress of Information Description in Recent Five Years

Wu Dan[1] Shi Jinsong[2]

(1. School of Information Management, Wuhan University;
2. Nankai University Library)

[**Abstract**] Information description is an activity that analyzes, selects and records the topic contents, formal characteristics and material forms of information resources according to information organization and retrieval needs. Metadata has become the major means to describe the information resource under network environment. However, in the field of traditional library cataloging, a new cataloging rules RDA has been used in the practice of MARC, while the library catalog also has been in line with the increasingly opening network environment, so cataloging community is in an important period of change. This paper firstly combed the research status of metadata for the past five years and analyzed its research focus and development trends. Then, the new trends in library cataloging research were summarized. In addition, at present, either the metadata field or cataloging field has emerged the trends to be RDF-based, integrated into Semantic Web environment. The distribution and application of the library linked data is becoming research and practice focus. Therefore, this paper finally reviewed related practice and research of the library linked data.

[**Keywords**] information description metadata document cataloging linked data

1 引　　言

信息描述(information description)是网络时代学术界对传统“文献编目”概念的一种继承和发展。在网络时代，图书馆搜集、整理的对象已经延伸到了网络中的虚拟馆藏，网络信息已经成为图书馆重要的信息资源。“文献编目”无论从内容还是从外延上讲都无法涵盖现有的图书馆编目对象和编目内容，于是出现了“信息描述”的概念。信息描述是根据信息组织和检索的需要，对信息资源的主题内容、形式特征、物质形态等进行分析、选择、记录的活动。信息资源描述的结果是描述记录，用来作为信息资源的代替物组织检索系统，传统的图书馆 MARC 记录、用于描述网络信息资源的元数据都是描述记录的主要类型。

信息描述与信息组织的关系紧密，但存在明显区别。信息组织是依据一定的规则和方法，将大量原本处于无序状态的信息资源有序化，使之形成便于使用的信息系统的过程。信息描述可以看作为信息组织的重要环节和基础。

目前，元数据已经成为网络环境下信息资源描述的主要手段。下面将首先对近五年来元数据的研究状况进行梳理，分析其研究热点和发展动向。而在传统的图书馆编目领域，全新的编目规则RDA已经开始应用于MARC编目的实践，同时图书馆书目也日益与开放的网络环境接轨，编目界正处于重要的变革期。因此，在元数据研究之后，将对图书馆编目研究的新动向进行总结。另外，目前不论是元数据领域还是编目领域都出现了RDF化、融入语义网环境的趋势，图书馆关联数据的发布和应用成为研究、实践的热点。因此，本文最后将对图书馆关联数据的相关实践、研究进行述评。

2 元数据研究

元数据(metadata)又称为“描述数据”，即关于数据的数据，是对数据内容的描述。现在常说的元数据是特指在标记语言(主要为XML)环境下对各类信息资源进行描述的解决方案，作用是便于各类信息资源的发现、存储、管理和检索利用。在2010年出版的《图书馆学研究进展》一书中，吴丹基于2005—2010年元数据研究的主要内容，对研究特点进行了概括，主要包括：新的元数据类型不断出现、领域元数据的研究增多、重视元数据的管理和维护、元数据互操作和生成将是重点研究方向、元数据开始融入语义网等[1]。下面将对2011年至今的元数据研究进行梳理，在2010年的概括基础上，分析元数据研究领域的新动态。

2.1 近五年来元数据研究文献调查

对于外文文献，笔者利用图书馆与信息科学文摘(Library and Information Science Abstracts，LISA)数据库进行了检索，查找2011

年至今的“主题词”字段中含有“metadata”的文献有 463 篇，其中期刊论文 433 篇，经过同行评审的文献 266 篇，书评 31 篇。文献年份分布的结果如表 1 所示。可见，元数据研究的发文量从 2011 年到 2013 年在逐步增加，2013 之后呈下降趋势。

表 1　**2011—2015 年 LISA 数据库中主题为“metadata”的文献数量**

（截至 2015 年 7 月 9 日）

2011 年	2012 年	2013 年	2014 年	2015 年
79 篇	134 篇	147 篇	95 篇	9 篇

对于中文文献，笔者利用 CNKI 数据库进行检索，查找 2011 年至今的“篇名”字段中含有“元数据”的文献有 800 篇，其年度分布如表 2 所示。中文元数据发文量呈现出较为平稳的态势，元数据研究从 2011 年至今仍然保持着较高的研究热度。

表 2　**2011—2015 年 CNKI 数据库中题名为“元数据”的文献数量**

（截至 2015 年 7 月 9 日）

2011 年	2012 年	2013 年	2014 年	2015 年
168 篇	209 篇	180 篇	192 篇	66 篇

通过对上述文献进行主题分析，发现国内外学者对于元数据的研究成果主要集中在领域元数据标准构建、元数据质量、元数据互操作、元数据 RDF 化等方面。

2.2　近五年来元数据研究热点问题

2.2.1　领域元数据研究

目前，机构仓储(institutional repository)的构建、科学数据的保存和复用、文化遗产的长期保存以及政府信息资源的开发利用是信息资源建设研究的热点。领域元数据研究则与这些信息资源建设研究热点保持一致。其中，政府信息资源元数据在国内研究较多，机构仓储元数据、科学数据元数据、文化遗产元数据在国内外都是领域元数据研究的热门。

机构仓储是用来保存、利用一个组织的学术成果、资源的机构知识库。机构仓储是科研机构、大学等长期保存和有效共享利用本组织内学术科研成果的有效手段。机构仓储的元数据标准构建是机构仓储发挥其信息资源组织、共享功能的关键。目前机构仓储元数据研究主要关注于元数据标准的构建与改进、元数据质量的评估和控制等。如 Hilliker 等以哥伦比亚大学的"学术空间"为案例，通过利用 RDF 和非 RDF 的语义网技术设计了该机构库的资源描述标准，从而来提升该库的资源发现和存取服务[2]；Otto 对 54 个 ARL (Association of Research Libraries) 成员图书馆机构仓储的管理型元数据(administrative metadata)进行了调查，通过对调查结果的分析总结，为机构仓储的管理型元数据的改进提出了建议[3]；Tabares Morales 等为一个教学资源机构仓储的元数据质量评估提出了量化的指标和方法[4]；De Biagi 等则为研究成果机构仓储的元数据质量控制提出了一些功能性、组织性的解决措施[5]。

e-Science 在全球范围内迅速发展，科学数据的整合、管理和共享能够有效推动科研进程。科学数据仓储的建设已经成为研究者、学术机构、政府管理部门、投资者等方面关注的重点。相应的科学数据元数据研究包括元数据标准构建、科学数据元数据的互操作、元数据记录创建实践等，如：Alam 指出描述科学数据所需的元素非常复杂，直接使用 DC 元数据无法完整描述科学数据，于是采取了扩展 DC 部分元素和一些前端控制的方法，实现了对科学数据的完整描述，并有效控制了元数据标准的复杂度[6]；Jian 和 Kai 通过对 16 种科学数据元数据标准的 4400 多个元素的分析，发现这些元素之间存在着名称、语言形式上的差别，元数据的互操作存在明显的局限性，因此提出了构建一个元数据基础结构的建议[7]。Ogletree 则通过对实际的科学数据管理过程的调查发现元数据记录创建要滞后于数据存档，并对科学数据元数据记录的创建工作提出了改进策略等[8]。

元数据是保障文化遗产数字资源存取的基础，不同类型文化遗产元数据标准的构建成为研究热点。基于不同文化遗产数字资源的特点，其元数据标准的构建方法也各不相同，包括基于资源特点和用户任务、需求的构建方法，基于已有的元数据标准进行改进的方法等。如 Li 和 Zhang 为一个在线档案馆设计了用于描述多种类型手稿的元数据标准，该标准的构建不仅基于对该类资源存在现状的调查分析，而且也将用户任务纳入元数据标准的设计考虑中[9]；Qarabolaq 等则针对数字资源长期保存的需求，为在线虚拟博物馆设计了一个名为"PREMIS"的资源描述与保存元数据[10]；Bayih 则采用定性方法，通过对具体案例进行调查，总结了将资源长期保存元数据应用于文化遗产机构的方法，提出了系统的方法论[11]。国内的文化遗产数字资源元数据标准的构建多采用改进已有元数据标准的方法，如：刘晓莉、杨剑和杨明华在 DC 核心元素集的基础上，针对侨批资源的特点，对个别元素进行扩展，构建了侨批元数据方案[12]；Li 等人对我国数字资源元数据的研究历史进行了梳理，并总结出"适应""本地化"两个主要的元数据标准构建方法特点[13]。

除了标准构建之外，元数据的整合也是该领域关注的重点。目前主要收藏文化遗产数字资源的组织主要包括美术馆(gallery)、图书馆(library)、档案馆(archive)和博物馆(museum)，合称 GLAM。由于传统上这些组织有着不同的工作标准，其资源描述与组织方式也各不相同，元数据标准也有区别。为了提升这些组织的元数据标准的互操作性，促进文化遗产数字资源元数据的整合，提升这类资源的可获得性，DCMI 2014 年年会将"元数据互操作：搭起文化记忆的桥梁"作为会议的主题[14]。此外，文化遗产数字资源元数据整合的研究还有很多。如美国数字公共图书馆项目(DPLA)致力于将成员组织的文化遗产数字资源元数据进行整合和统一检索，Mark、Matienzo 和 Rudersdorf 就该项目的经验进行总结，并认为除了技术因素之外，如何协调项目成员组织的职责是实现元数据有效整合的关键因素[15]；Dulock 则通过 Colorado Coal Project Collection 的实践提出了文化遗产元数据的重用策略，通过元数据标准的重用实现元数据的整合[16]；2010年美国图书馆协会年会上，ALCTS元数据兴趣小组就文化机构的元数据标准整合问题进行了探讨，Roper将该会议的讨论内容整理成了一份报告，报告指出了元数据创建、保存，以及在图书馆、档案馆和博物馆等不同类型机构之间的互操作等挑战，此外报告中还提出了员工培训、构建元数据统一检索平台等建设性意见[17]。

政府信息资源具有综合性、权威性、时效性等特点，在社会发展的方方面面具有重要的应用价值。政府信息资源元数据的研究有助于此类资源的发布、应用和长期保存。目前我国已经形成了一些建议标准，包括电子政务信息资源描述元数据标准(e-GRMS)和中国政府信息资源元数据核心集(CGMIC)等[18]。在政府公开信息资源方面，国务院办公厅秘书局也编制了《政府信息公开目录系统实施指引》[19]。相关的研究主要关注于该类元数据的构建、维护、管理、应用等方面，如：胡翠红、廖思琴、周宇关注于政府网络信息资源在云存储环境下的长期保存，提出并构建了该资源的保存型元数据标准[20]；萨蕾、赵荣荣和梁蕙玮就中国政府公开信息整合服务平台进行案例分析，并对其元数据的语义、编目和维护等方面存在的问题提出了解决措施[21]，并指出公共图书馆在政府公开信息元数据研究方面的极大优势和责任；在元数据应用方面，陈氢构建了一个基于元数据的跨部门政府信息共享协商系统[22]，徐伟设计了一个基于元数据技术的政府机关文档管理系统[23]，吉文杰则设计了一个基于元数据的数据中心管理系统[24]等，这些应用能够有效提升政府的信息应用和处理效率。

2.2.2 元数据质量研究

元数据的质量与其资源描述和组织的功效密切相关。该方面在国外研究较多，国内研究较少。元数据质量研究主要涉及元数据质量提升方法、元数据质量评估等方面。

为了提升元数据标准的科学性、规范性以及元数据内容的准确性、完整性，目前采用的主要方法包括：制定和实施元数据标准应用配置文件(metadata application profiles)或元数据方案实施手册、制定元数据内容质量保障程序及策略、总结已有元数据质量控制经验、增强标引人员培训等。

元数据标准应用配置文件或手册能够为元数据标准的构建提供系统化、规范化的程序，从而提升元数据标准的科学性，DCMI 于 2007 年便提出了都柏林核心元素应用配置文件新加坡框架(The Singapore Framework for Dublin Core Application Profiles)，对于基于都柏林核心元素的元数据标准的构建提供了全方位的指导。目前，发布元数据标准应用配置文件已经成为元数据标准构建和应用的重要环节之一。相关的研究如：Bosch 和 Eckert 针对于 RDF 化的元数据约束条件的自动生成和验证问题，和 W3C 进行合作，成立了一个 RDF 应用配置文件工作小组，对目前 RDF 约束条件生成和验证的主要方法进行了评估，并对提升该程序质量的工作需求进行了分类分析[25]；德国国家数字图书馆(DDB)在将欧洲数字图书馆数据模型(EDM)应用到本馆数字资源描述的工作中，开发了一个名为 DDB-EDM 的应用配置文件，对应用流程进行全面指引[26]；Petiya 在构建一个漫画书资源元数据标准的过程中发布了一个核心应用配置文档，用以保证资源的描述符合该元数据标准的一般规范[27]；Pastva 和 Harris 为 PunkCore 这一描述朋克音乐文化资源的元数据标准开发了元数据应用配置文档，这一文档的内容、结构主要借鉴了 DCMI 的新加坡框架[28]；Chen，Lin 和 Chen 则为了向"国立台湾大学"各领域研究人员提供研究数据管理服务，在北美、欧洲已有的用于研究数据管理的元数据标准基础上，构建了一个元数据应用文档。[29]

除了元数据标准应用配置文件之外，制定元数据质量保障程序和策略也是有效手段，相关研究如：Palavitsinis，Manouselis 和 Sanchez-Alonso 为一个学习资源仓储设计了一个元数据评估认证程序[30]，将该程序应用于元数据创建的实践中能够显著提升元数据的完整性，同时，这三位学者也针对元数据质量保障程序(quality assurance process)的跨领域应用问题进行了实证调查，结果发现质量保障程序的迁移对于元数据质量的提升有一定效果[31]；De Biagi 等则为研究成果库的元数据质量控制提出了具体可行的策略[32]。

元数据质量控制是一个实践性较强的研究领域，许多研究都关注于元数据质量控制的实践项目，从这些项目中总结出质量控制的问题、经验、方法等。该类研究主要采用实证调查、案例分析、实验等方法。如 Rousidis 等对科学数据仓储元数据进行调查，分析识别出该类元数据质量的主要问题，并为元数据质量的改进总结出了相应的建议[33]。Tani，Cadela 和 Castelli 对数字图书馆领域已经成熟的元数据质量控制的工作、经验进行调查，在对调查结果分析的基础上构建了一个全面的元数据质量控制领域框架，元数据的创建、整合等过程中的质量控制问题以及相应的解决方案、技术、工具等都被包含在这一框架中[34]。Medrano 等对西班牙的 69 个数字资源仓储的元数据进行调查，对数据质量进行定量和定性分析，识别出元数据质量的主要问题(包括“Creator”“Subject”字段内容缺失等)及其直接的影响因素，并指出大型的数字资源仓储相较于小型仓储其元数据质量更差[35]。Gunning 关注于机构仓储的元数据自创建问题——受人员、时间等条件限制，许多机构仓储将元数据编辑的工作交付于资源上传人员。Gunning 以四个机构仓储为例，分析了这些仓储中对于控制自创建元数据质量所采取的措施[36]。Chuttur 通过实验的方法验证了最佳实践经验指南(best practice guidelines)对于减少都柏林核心元数据记录错误的积极作用，在其研究中，使用最佳实践经验指南和元数据元素定义为指导进行编目的人员标引的元数据质量要明显高于仅仅使用元数据元素定义的人员[37]。Fukuyama 和 Hashizume 则对东日本大地震档案数据库元数据标准的构建方法进行了描述，为同类元数据标准的构建提供了实践经验[38]。

此外，也有学者关注于元数据标引人员培训对于元数据质量的影响。如：Yasser 使用实验的方法论证了元数据业务培训对于减少元数据记录错误的积极影响，结果表明受元数据类型和错误类型的影响，元数据业务培训能够有效减少部分元数据记录中的错误，从而提升元数据记录的质量[39]；Dixon 和 Nickel 则以北卡罗来纳大学夏洛特分校图书馆的数字典藏资源描述工作为案例，关注于数字典藏元数据描述的员工培训工作，在该案例中，图书馆的特殊典藏部门和存取服务部门(access services unit)进行合作，目标是使员工能够为照片、明信片、历史文档、地图、口述历史等特殊数字典藏编制良好的都柏林核心元数据记录，元数据的质量控制是这一培训的核心问题之一[40]。

元数据质量评估是元数据质量控制的重要前提。元数据质量评估的对象主要包括元数据内容和元数据标准两类。如 Daas 和 Ossen 关注于二手科研数据（secondary data sources）元数据质量的评估问题，并开发了一个评估该类型元数据质量的可操作流程[41]；Sacher 等则关注于虚拟博物馆元数据标准的构建问题，为该类型元数据标准的评估提出了完整的方法论和评估途径[42]。元数据质量评估的研究内容主要包括制定评估标准和提出完整的评估方案等。在评估标准制定方面，目前的研究主要倾向于开发定量的、自动化的测算方法，主要用于测算元数据内容的完整性、一致性、准确性等指标。Margaritopoulos 等指出完整性（completeness）是元数据质量的最为重要的指标，并进一步指出目前评估元数据完整性的方法只局限于测算不同字段的值的有无，而忽略了元数据标准的等级层次性。鉴于这一现状，Margaritopoulos 等在其研究中提出了新的定量的元数据完整性评估方法，该方法能够有效评估元数据描述资源的完整性[43]。Goovaerts 和 Leinders 在元数据质量评估中引用了完整性度量（completeness metric）的方法，并以此为基础开发了一个元数据质量评估流程[44]。Bosch 等关注于社会学、行为学以及经济学领域的 RDF 化的元数据质量问题。在其研究中，个人信息管理层次的元数据、大型信息资源库的元数据等各种类型元数据都被列为评估对象。其评估标准为 RDF 约束条件语句（RDF Constraints），采用的工具为 RDF 验证器。通过这一方法，42 亿多条 RDF 化的元数据在该研究中得到质量验证[45]。Trippel 等在 CMD 框架（component metadata description framework）的基础上，提出了一些能够被自动测算的元数据要素评估指标[46]。Chen 等则关注于元数据记录跨语言机器翻译的人工评估问题，并开发了一个名为 HeMT 的评估系统[47]。

在评估方案制定方面，上面已经提到 Sacher 为虚拟博物馆元数据标准的评估提出了完整的方法论和途径[48]，以及 Daas 和

Ossen 为二手科研数据元数据质量评估开发的流程等[49]，此外 Lee，Clarke 和 Perti 关注于视频游戏和交互媒体资源元数据标准的评估问题。其实证评估采用了多种方法结合的途径，包括协作式审查(collaborative review)、元数据标准测试、半结构化用户访谈以及一个大规模的调查。评估结果显示出用户对于元数据的主要需求，然后研究人员根据这些需求对元数据标准进行了改进[50]。

2.2.3 元数据的 RDF 化

通过分析 LISA 的检索结果发现，检出文献的主题词除了"metadata"之外，出现频率较高的主题词还包括"linked data"(关联数据)、"Semantic Web"(语义网)等。这些主题词都与语义网技术关系密切。通过进一步筛选含有这些主题词的文献，发现元数据的 RDF 化是近年来元数据研究的热点，也是元数据发展的一个趋势。RDF(Resource Description Framework)是语义网环境下数据的基本模型，此类数据即为关联数据。DCMI 已经发布一系列标准使 DC 元数据适用于 RDF，包括 DCMI Abstract Model、Description Set Profile 和 Dublin Core Application Profiles。目前 DCMI Metadata Terms 和 Dublin Core 已经成为关联开放数据集运动中最为常用的词表[51]。除此之外，目前的研究主要关注于设计 RDF 化的元数据标准或将已有的元数据标准转化为 RDF 化的关联数据集词表。如 Solodovnik 构建了一个用于描述机构仓储信息资源的元数据标准。该标准的构建基于关联数据的范式，并引用已有的与关联数据范式相一致的其他元数据标准。使用该元数据标准能够促进数据仓储之间的元数据交换，并能通过语义关联改进仓储的浏览、检索等服务[52]。Peponakis 则针对一个硕博士学位论文仓储进行了元数据标准的 RDF 化转换分析。在这一分析中，Peponakis 在 RDF 基础上，参考了 FRBR、FRAD 等书目记录模型，对学位论文仓储的元数据标准进行了改进，从而能够深入挖掘仓储内的语义关联和学术网络[53]。从这些研究可以看出，元数据的 RDF 化不仅能够使元数据融入语义网环境中，而且能够深入挖掘信息资源之间的语义关联，并能够改进信息资源仓储的资源发现服务，提升资源的可存取性。

2.2.4 元数据互操作研究

该领域的国内外研究存在一定区别，国外研究主要关注于元数据标准之间的互操作问题，国内研究主要关注于利用元数据实现信息资源的整合。针对目前领域元数据标准之间缺乏关联，呈现碎片化的特点，DCMI 提出了元数据互操作的四个层次(层次越高，互操作程度越深)。第一层次，基于元数据要素自然语言定义的互操作。在这一层次，不同元数据应用之间的元数据交换基于元数据标准的自然语言定义，元数据的术语只能在特定范围内被识别、应用，而与外界的互操作问题并不是这类元数据标准的优先考虑项。第二层次，正式的语义互操作。这一层次的互操作要求元数据共享基于 RDF 的数据描述模型，而使用 RDF 化的元数据标准的元数据可以称为关联数据(linked data)。DCMI 为了使都柏林核心元素集融入语义网环境中，其元数据术语表(DCMI metadata terms)的类、属性的定义都依据语义网技术标准。在关联开放数据运动之中，不同关联数据集之间通过类、属性、实例数据的相互引用来不断提升彼此的语义关联，RDF 化的元数据标准能够使元数据这类数据参与到语义网环境之中实现更广范围的语义互操作。第三层次，描述集语法互操作。在这一层次，不同的元数据标准不仅都是 RDF 化的关联数据词表，而且彼此之间还共享元数据记录描述的基本语法。这种基本语法被 DCMI 称为“描述集”(description set)。描述集对 RDF 化的元数据元素的使用进行限制，包括值域类型、范围、数量关系等。而描述集配置文件(description set profiles)则是 DCMI 定义的一种用于限定元数据元素使用方式的语言。共享描述集语法、配置文件的 RDF 化的元数据标准能够实现更深层次的元数据互操作。第四层次，描述集配置文件互操作[54]。这一层次是 DCMI 定义的最高层级的互操作。在这一层级，不同的元数据应用的元数据记录采用通用的约束规则，使用相同的元数据标准，从而实现完全意义的语义互操作。

从这一层级划分可以看出，DCMI 将实现元数据标准的 RDF 化作为解决元数据互操作问题的主要途径，即将元数据标准与语义网环境下关联数据集的词表(或本体)相融合，使元数据成为关联数据集，从而与关联开放数据运动中的其他关联数据集产生语义关联，实现更为深层次、范围更广的数据互操作。

目前，基于语义网技术的元数据互操作的相关研究主要包括RDF化的元数据标准的应用、描述集配置文件的构建和应用等。RDF化元数据标准的应用属于DCMI规定的互操作第二层级，研究人员采取的主要方法与元数据RDF化方法基本一致，即构建全新的符合RDF标准的元数据标准、将目前的元数据标准替换为RDF化的元数据标准、将已有的元数据标准映射转换为RDF化的元数据标准等。在构建全新RDF化元数据标准方面，欧洲数字图书馆的解决方案是一个典型。欧洲数字图书馆由欧洲各国的文化遗产保护组织合作成立，为了实现各国文化遗产数字资源在同一平台上的统一检索和存取，该组织发布了ESE(Europeana Semantic Elements)和EDM(Europeana Data Model)两个元数据标准。Gardasevic对这两种元数据标准进行了介绍，并着重分析了其实现各国元数据互操作和整合的功能，其中ESE被作为解决互操作问题的主要途径，而EDM则是基于语义网标准构建的RDF化的元数据标准，对于欧洲数字图书馆的数据资源融入语义网环境具有长远意义。除了元数据标准之外，欧洲数字图书馆还发布了许多工具以方便元数据、资源的交换共享[55]。元数据标准替换的实例有很多，如Rühle，Schulze和Büchner将EDM(欧洲数字图书馆使用的一种RDF化的元数据标准)应用于德国国家数字图书馆的资源描述，并总结了元数据标准转换过程中的问题和经验[56]。相较于前两种方法，将已有的元数据标准转换为RDF化的元数据标准是一种成本较低、效率较高的方法。如Bountouri和Gergatsoulis把档案元数据标准EAD(Encoded Archival Description)的语义结构映射为CIDOC CRM本体，试图通过这个方法来整合更多建筑文化遗产元数据[57]。Mixter则将VRA Core 4.0这一描述视觉资源的元数据标准转化为一个RDF化的本体，并将以VRA Core 4.0为标准的元数据转化为RDF结构的关联数据，从而大大提升了这类元数据在语义网环境下的互操作性[58]。

基于DCMI对元数据互操作层次的定义，第三、四层级互操作的实现需要建立在描述集配置文件这一基础之上，因此目前高层次的语义互操作研究主要关注于元数据标准的描述集配置文件的构建、应用上。如上文提到的 Pastva 和 Harris 开发的 PunkCore 元数据标准不仅构建了元数据应用配置文档，而且定义了描述集配置文档。PunkCore 可以被视为应用 DCMI 标准构建元数据标准的典型，对于提升应用该元数据标准的元数据的质量和互操作性具有重要作用[59]。Honma，Nagamori，Sugimoto 则持续关注于描述集配置文档的抽取和应用。他们使用元数据实例和 SPARQL 问询语句实现了从 RDF 化的元数据中抽取描述集配置文件[60]。在应用方面，针对 HTML 网页中采取各种格式的元数据抽取问题，Honma 等使用了一种将元数据实例与 DCMI 描述集配置文档进行关联的方法[61]；另外，为了提升元数据的互操作性和降低元数据标准开发的成本，Honma，Nagamori 和 Sugimoto 也关注于 RDF 化元数据标准的复用问题，开发了一种发现和组合元数据标准的技术。该技术将描述集配置文件作为元数据标准的基础，以关联开放数据集为框架来整合元数据标准资源[62]。Bosch 和 Eckert 则关注于描述集配置文件在验证 RDF 数据中的应用。在其研究中，SPIN 被作为基本的数据验证模型，而 SPARQL 语言则成为描述集配置文件验证 RDF 数据合法性的中间操作语言[63]。

除此之外，一些研究从其他角度实现元数据的互操作，其中大多属于 DCMI 定义的元数据互操作的第一层级。其主要方法包括采用常用的标准化的元数据标准，利用元数据词典、术语库等中介构建起不同元数据标准的要素之间的桥梁。在采用常用的标准化元数据标准方面，Hafezi 等关注于伊朗的数字图书馆元数据的互操作性，通过调查问卷、观察等方法发现目前伊朗的大多数数字图书馆都忽视了元数据的互操作性，元数据的交换采用传统的书目数据交换协议 Z39.50。为了改变这一现状，Hafezi 等提出了一个改善伊朗数字图书馆元数据互操作的方案，该方案引入 METS/MODS 作为数据描述的标准，引入 OAI 协议作为数据交换的标准[64]。Capdevila Subirana 等介绍了西班牙地理协会为促进其制图遗产资源元数据的互操作所采取的措施，包括发布标准化的元数据和提供促进元数据共享的软件等[65]。在利用元数据词典、术语库方面，Southwick 和

Lampert 构建了一个元数据字典数据库（metadata dictionary database），利用该数据库的重要数据能够有效实现信息资源仓储元数据的管理和互操作[66]。Liu，Chen 和 Qin 使用维基百科作为中介，提出了一个跨语言元数据网络方法，用于实现跨语言元数据的链接、整合[67]。Jin 则在 DCMI 抽象模型的基础上构建了一个层级化的常用术语模型（common terminology）。该术语模型能够作为拥有不同描述程度的元数据标准之间数据交换的桥梁[68]。另外，Alemu，Stevens 和 Ross 关注于元数据互操作的实施主体问题，阐述了数字图书馆用户参与元数据语义互操作的重要性，并提出了相应的概念模型[69]。

国内研究主要关注于利用元数据实现信息资源的整合。相关的研究如李鹏云以国家图书馆的"文津搜索"项目为例，分析了图书馆数据整合的主要理念，并对该项目的系统结构等进行了阐述，最后提出了基于元数据技术的图书馆信息资源整合的发展建议[70]。刘子辉等以重庆地区的高校、公共图书馆、医院等组织的数字化文献信息资源为对象进行调查，发现各机构在资源种类、总量等方面差距巨大，信息资源的整合、共享具有重要意义。为了这一目标，刘子辉等基于元数据抽取技术和构建元数据仓储的方法，力图实现信息资源的统一检索和统一访问[71]。黄文碧认为利用元数据实现馆藏资源的聚合具有可行性，并提出了经过元数据仓库构建、元数据映射和元数据关联等过程实现馆藏资源对象的分面语义关联的方法[72]。张宏伟、许慧设计了一个基于 DC 元数据仓储的一站式检索系统构架模型并对模型中元数据采集、存储架构和数据检索等技术难点进行了阐述[73]。黄筱瑾则从科学数据与科技文献元数据标准的元素出发，总结分析出两者之间的关联模式，并分析了两者基于元数据元素实现资源关联的可行性[74]等。

2.3 元数据研究发展趋势

2.3.1 DC 年会主题分析

DC 年会作为元数据领域的顶级会议，其会议主题的更替能够体现元数据研究的热点和发展趋势。2011 年至 2015 年的 DC 年会基本信息如表 3 所示。

表 3　**2011—2015 年 DC 年会基本信息**

DC 会议	主办时间	主办国家	主办地点	主题
DC-2011	2011 年 9 月 21—23 日	荷兰	海牙	元数据协同：搭起不同描述语言的桥梁
DC-2012	2012 年 9 月 3—7 日	马来西亚	砂拉越州古晋	面对全球挑战的元数据
DC-2013	2013 年 9 月 2—6 日	葡萄牙	里斯本	链接未来
DC-2014	2014 年 10 月 8—11 日	美国	得克萨斯州奥斯丁	元数据交叉点：搭建文化记忆孤岛之间的桥梁
DC-2015	2015 年 9 月 1—4 日	巴西	圣保罗	元数据与文化、科技、数字人文资源无所不在的存取

DC-2011 的主题为"元数据协同：搭起不同描述语言的桥梁"，目的是探索不同信息资源描述语言之间互操作的理论与实践问题，这些描述语言不仅包括各种类型的元数据，也包括图书馆传统的 MARC、语义网环境下的本体、词表等。DC-2012 将元数据研究放置于更为宏观的世界发展环境中。元数据在全球信息系统中扮演重要的角色，从而间接影响到世界的环境、人权、教育和和平等重大社会问题。这次会议着重讨论如何开发元数据标准来面对这些全球性挑战。DC-2013 主要关注于元数据的管理、维护、长期保存等问题，特别是在文化遗产、科学数据、政府信息资源、财经贸易信息资源等领域，元数据的良好管理是此类数字资源长期保存的重要前提。DC-2014 在上文已经提到，这次会议主要关注于当前信息资源建设的热点——文化遗产数字资源的存取问题。目前，文化遗产数字资源的收藏机构较为多样，包括美术馆（gallery）、图书馆

(library)、档案馆(archive)、博物馆(museum)等，合称为GLAM。这些机构因其资源描述、存取的传统、标准各不相同，其元数据难以实现共享、整合。该次年会的主要目的就是探讨元数据在连接这些文化遗产数字孤岛中能够发挥的作用。DC-2015关注于文化、科技、数字人文资源等信息资源的可存取性。目前，这类信息资源的元数据仍然表现为相互孤立的孤岛状态，从而难以实现元数据的互操作和不同资源库的资源整合，降低了资源的可存取性。为了提升这些资源的可存取性，该次年会着重探讨元数据的互操作问题，并以欧洲数字图书馆、美国数字公共图书馆(DPLA)等文化数字资源统一存取平台为例，重点分析了在语义网、关联数据环境下元数据互操作的新特点、新问题。

分析上述近五年的DC年会主题可以总结出目前元数据研究的一些特点。第一，元数据研究与社会、经济的发展密切相关。从较为微观的层次看，文化遗产数字资源的长期保护、科学数据管理、政府信息资源建设是目前信息资源建设的焦点，元数据的研究热点也与此相一致。从宏观的层面看，元数据的研究也与环境、人权等世界性问题密切相关。由此可见，元数据研究不仅涉及范围广泛，而且与社会的热点息息相关，具有较强的实践性和实用性。第二，元数据互操作问题一直是元数据研究的核心问题之一，相关的研究、探讨也在不断深化。从2011年之前的历年DC年会的主题已经可以看出元数据逐渐融入语义网的趋势。这一趋势的一个重要推动因素便是实现元数据互操作的客观需求。上文中已经提到，DCMI提出了元数据互操作的四个层级，强调了语义网环境下元数据语义互操作的重要性。同时，DC-2015年会也将关联数据、语义关联等语义互操作机制作为重要的研讨课题，并指出提升元数据关联度对于提升信息资源的可存取性的重要作用。以上两个特点也同时印证了文献综述的结果，与近五年来元数据研究的热点领域较为一致。

2.3.2 DC年会主要议题分析

除了年会的主题之外，每年的DC年会还会列出会议主要议题列表。这些议题从一定程度上能够反映元数据的未来发展趋势。下面将以 DC-2014[75]、DC-2015[76]公布的议题为对象，对元数据研究的发展趋势进行分析。由于两次年会的议题基本相同，表 4 将合并列出两年的议题。

表 4　**DC-2014、DC-2015 年会议题**

元数据的原则、指导方针和最佳实践
元数据质量(方法、工具和实践)
概念模型和框架(如 RDF、DCAM 等)
应用配置文件
元数据生成(方法、工具和实践)
跨领域、语言、实践、结构和规模的元数据互操作
跨领域的元数据使用(如资源长期保存、机构仓储构建等)
领域元数据(如企业、文化遗产机构、政府、科学等领域的元数据)
作为语义网词表的书目记录标准(如 RDA、FRBR、主题词表等)
元数据的可获取性
科学数据元数据及应用
大众标签以及用户参与的元数据构建
数据应用
知识组织系统与简单知识组织系统(SKOS)
本体设计与发展
元数据与本体的整合
搜索引擎与元数据
关联数据与语义网
关联数据词表的注册与注册服务

分析上述年会议题，可以将这些议题划分为三类：元数据基础支撑类研究、元数据应用研究、元数据 RDF 化及互操作研究。元数据基础支撑类研究是指在元数据生命周期中为各项实践工作提供业务指导、经验借鉴、工具方法的研究，包括：提出元数据标准构

建的原则、指导方针，提升元数据质量，改进元数据生成的方法和来源(如用户参与的元数据生成)等。这类研究从元数据产生时就与元数据密切相关，也一直是DC年会的主要议题。同时，这类研究具有较强的实践性，在元数据标准的构建、元数据质量保障以及元数据生成等议题中，DC年会都特别强调了最佳实践的指导意义和方法、工具的应用价值。同时，相应的研究大多采用案例分析的方法，通过典型案例为元数据各项实践工作提供较为具体的、可操作的方法论。元数据应用研究是指将元数据应用于各类信息资源的描述、组织和检索等，包括：将各类功能性元数据应用于资源长期保存、机构仓储构建等；构建领域元数据，主要包括文化遗产数字资源、科学数据资源、政府信息资源等；将元数据应用于搜索引擎等。这类研究与信息资源建设领域，以及社会经济发展、国际问题热点等外部环境密切相关，实践应用性较强。元数据的RDF化与元数据的互操作密切相关，该类研究的议题占据了所有19个议题中的9个，且已经成为DC-2015的会议主题。元数据的RDF化已经成为当前元数据研究的核心问题，该类研究主要包括：概念模型和框架的研究，如RDF、DCAM等；元数据应用配置文件、描述集配置文件的设计；将书目记录标准、知识组织系统等发布为语义网词表、关联数据集；本体的构建及将元数据标准转化为词表或本体；关联数据与语义网的探索研究；开展关联数据词表的注册服务，促进词表的引用和互操作等。

2.3.3 元数据研究发展趋势

通过上述对近五年元数据领域研究热点、DC年会主题及主要议题的分析，可以总结出目前元数据热点研究的框架，如图1所示。其中，元数据基础支撑研究为元数据应用研究、元数据互操作与元数据RDF化研究提供最佳实践、方针及原则上的指导和方法、工具的支持，并根据元数据研究热点的变迁，不断提供新的支持。随着领域元数据标准构建和元数据RDF化热潮的持续推进，以后的研究将更加重视实践经验对于元数据研究开拓的重要作用。在这类研究之中，元数据质量(包括元数据标准的质量和数据的质量)的研究在这些年日益受到关注，这也将是今后元数据研究的一大热点。

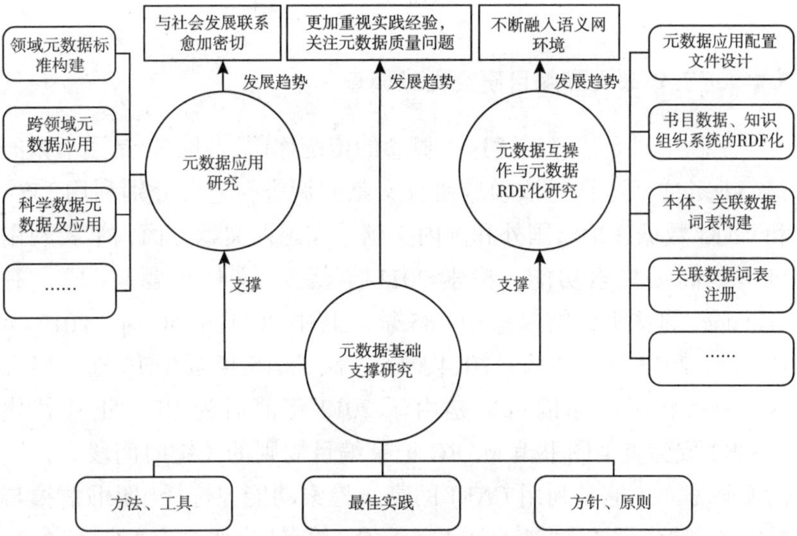

图 1　元数据热点研究框架图

元数据应用研究的特点是元数据在文化遗产长期保存、科学数据管理、政府信息资源应用等热点领域的应用。从这些研究现状可以预见，元数据的研究将紧跟社会信息资源建设的步伐，并将与社会热点问题联系愈加密切，同步性不断提升。

元数据的互操作问题将与元数据 RDF 化问题逐步融合。通过元数据标准的不断 RDF 化、元数据不断关联数据化，元数据将逐步融入到关联开发数据运动中，与语义网环境中的关联数据集的语义关系也将日益丰富。一方面，元数据的互操作性提升，更加方便元数据的整合和检索；另一方面，丰富的语义关联也提升了数据内容的丰富性，对于基于元数据的服务，如机构仓储、OPAC 等，能够提升这些系统的信息资源发现服务，使用户能够获取更多额外的，同时与其信息需求密切相关的丰富信息内容。元数据的 RDF 化是目前元数据研究发展的重心所在，即将到来的 DC-2015 将为这一发展趋势提供更多指导和启示。

3　文献编目研究

3.1　近五年来文献编目研究文献调查

文献编目是信息描述这一概念的传统称谓，目前仍是图书馆的核心业务之一。针对该领域研究文献的调查，笔者分别利用 LISA 和 CNKI 数据库检索国外和国内文献。在国外文献方面，笔者利用 LISA 的高级检索功能，检索 2011 年至今“文档标题”字段含有“catalog”的文献，结果命中 385 篇，其中 2011 年 56 篇、2012 年 154 篇、2013 年 100 篇、2014 年 65 篇、2015 年至今 10 篇。出现这一分布状况的原因可能是由于 2012 年前后为 RDA 正式替代 AACR2 成为英美图书馆 MARC 记录编目规则的关键时间段。在国内文献方面，笔者利用 CNKI 的高级检索功能，选择“图书情报与数字图书馆”领域，检索 2011 年至今“篇名”字段含有“编目”的文献，结果命中 841 篇文献，其中 2011 年 226 篇、2012 年 222 篇、2013 年 163 篇、2014 年 160 篇、2015 年 70 篇。国内的相关研究数量呈现不断下降的态势。

通过对这些检索获得的文献的主题进行分析，发现目前文献编目研究主要关注于编目工作的实践、在线目录的设计、FRBR 与 RDA 的应用等，其中 FRBR 与 RDA 的应用是目前编目领域研究的热点问题。

3.2　近五年来文献编目研究热点问题

3.2.1　MARC 记录的 FRBR 化

1998 年 FRBR 最终报告初版发布，革新了人们对书目的认知。此后，FRBR 报告持续保持更新，目前最新一版的 FRBR 最终报告于 2009 年 2 月发布。FRBR 定义了三组书目实体，并着重阐述了第一组实体的属性及相互关系[77]。为了进一步探讨和阐释第二、三组实体的结构，将书目控制引入书目模型，IFLA 又接连发布了《权威数据的功能需求》[78]（缩写为 FRAD，于 2009 年发布，最新修订版于2013年发布)和《主题权威数据的功能需求》[79](缩写为FRSAD，于2011年发布)两个报告，这两个报告对书目记录中的责任者、主题等概念建立了实体关系模型，并对其属性、相互关系进行了详尽的描述。

目前，FRBR模型已经在文献信息资源的描述中得到实际应用，包括基于FRBR的编目规则RDA的发布与应用、MARC记录的FRBR化、图书馆OPAC用户界面的改进、基于FRBR的元数据标准的构建、基于FRBR的关联开放词表的设计与关联开放数据集的发布等。其中，国内研究主要关注于FRBR在图书馆书目中的应用，而国外研究在图书馆书目之外，已经将FRBR应用于网络信息资源的描述与组织。

MARC记录的FRBR化是指将基于ISBD、AACR2等传统编目规则编制的MARC记录转化为FRBR化的记录，这是早期的一种FRBR应用方式。目前已经进行MARC记录FRBR化研究项目的组织包括OCLC、美国国会图书馆等。

为了论证MARC记录FRBR化的可行性并将其实践化，OCLC进行了一系列项目，包括：FictionFinder、xISBN、Algorithm、Humphry Clinker典型案例研究、Worldcat中的“作品级”记录构建等[80]。OCLC将MARC记录FRBR化的基本思路是利用MARC记录构建FRBR作品、表达方式实体。通过“Humphry Clinker”典型案例研究，OCLC研究者发现在表达方式识别方面难以实现自动化；在作品识别方面则认为可行，并以正式文本的形式提出了完整的计算机算法“Work-Set Algorithm”[81]。Classify是OCLC最新的书目记录FRBR化实践成果，目前处于试验测试阶段[82]。通过观察Classify提供的书目记录可以总结其达到的一些成果，包括：有单独的作品实体记录；作品名称、主要责任者名称、分类号、主题词等作品的重要属性通过“Work-Set Algorithm”获取，并显示在作品实体记录中；作品与表现形式的关系被建立起来，通过作品记录可以获取其所有表现形式的基本信息，并能够通过链接获取其中某一表现形式的具体信息(现有WorldCat书目记录)。目前的缺陷则包括：缺少表达方式实体；作品实体的信息较少，作品风格、作品背景等重要信息缺乏。

美国国会图书馆的 FRBR 研究从 MARC21 的字段与 FRBR 中的实体、属性、关系的对应性入手，分析了通过 MARC 字段与 FRBR 的相互映射以实现传统书目记录 FRBR 化的可行性。另外，美国国会图书馆分析 MARC21 字段的功能，并总结出对应的用户任务，在此基础上对 FRBR 模型进行拓展。通过将 MARC 字段数据映射到 FRBR 相应的实体、属性、关系，以及反过来将 FRBR 映射到 MARC 的试验，美国国会图书馆发现 MARC 与 FRBR 具有相当高的相关度，在 MARC 与反映 FRBR 理念的资源描述规则以及相关的模型之间实现数据交互至少在逻辑层面上具有较高的可行性。在调查结论的支撑下，美国国会图书馆建立了完整的 MARC 数据元素与 FRBR 的映射，以数据库的形式推出。除了字段映射之外，美国国会图书馆也认识到 MARC 记录的 FRBR 化需要建立作品实体、表达方式实体，但是没有提出 OCLC 那样完整的算法[83]。

总结 OCLC 和美国国会图书馆的 MARC 记录 FRBR 化研究，可以总结其主要方法，即首先利用 MARC 数据构建起 FRBR 作品、表达方式实体，目前这一手段尚不成熟，在表达方式实体建立方面难以实现自动化。然后通过 MARC 字段要素与 FRBR 实体、属性、关系的映射，将 MARC 记录的要素信息转化为 FRBR 实体的属性。

除了 OCLC 和美国国会图书馆之外，2011 年以来也有一些新的书目记录 FRBR 化的研究。如 Willer 和 Barbaric 为了将克罗地亚目前使用的"Eva Verona"编目语言转变为一个 FRBR 化结构的编目语言，同时对该国编目规则的发展方向进行评估，使用了字段映射的方法，将 FRBR 及 FRAD 的实体、属性和关系转化为了 Vernona 编目语言规则[84]。Abdullah 探索了将 FRBR 模型应用于《古兰经》相关的 MARC 记录的可行性，这些记录都来自于马来西亚国际伊斯兰大学的 OPAC 系统。结果显示，大多数的《古兰经》相关 MARC 记录都能够实现 FRBR 化显示，但还存在一些细节问题，包括难以识别复杂作品、主题词字段缺失等[85]。Petrucciani 则阐述了意大利编目语言的 FRBR 化转化方法和特点[86]等。

目前国内也开展了 CNMARC 记录的 FRBR 化的研究。如台湾地区的 Chang 等为了实现在 CMARC 环境中构建 FRBR 化的书目记录，构建了一个实验平台。通过此平台，Chang 等构建了一个“FRBR 应用功能图书馆”来存取 FRBR 化的书目记录，应用了一个 CMARC 到 FRBR 的映射工具，并设计了一个新一代的中文 FRBR 化的 OPAC 用户界面[87]。丁建勤关注于 UNIMARC 的 FRBR 化改造问题，并提出了 UNIMARC 记录的编制策略，主要包括：引用并创建作品和内容表达层记录、完善规范记录中的书目关系、前 FRBR 记录的升级完善等[88]。董桂存以中国国家图书馆的 CNMARC 记录为例，基于 FRBR 模型的作品类型进行了分析，得出了应用 FRBR 模型的有效性以及在《中图法》各基本大类上存在有效性差异的结论[89]。廖永霞则对国内外书目的 FRBR 化经验进行概述总结，针对中国国家书目的 FRBR 化进行了基于 Primo 资源发现系统的 FRBR 化试验，并在试验结果的基础上为数字时代下资源编目工作提出了若干建议[90]。

3.2.2　图书馆 OPAC 用户界面的改进

除此之外，已有研究还关注于 OPAC 用户界面的 FRBR 化改进。OCLC 和美国国会图书馆在其 MARC 记录 FRBR 化的同时，也通过其 Classify 项目、书目记录 FRBR 化展示工具对 OPAC 的记录显示进行了改进，提供了基于 FRBR 第一组实体的层级化书目记录。除此之外，Merĉun，Žumer 和 Aalberg 开发了一个名为 FrbrVis 的工具，该工具能够将基于 FRBR 模型的书目数据使用层级化的信息可视化结构展示出来，并将 FRBR 的概念结构通过交互式用户界面展现给用户[91]。Wetrum，Rekkavik 和 Tallerås 则利用 FRBR 模型和关联数据技术对 MARC 记录的显示进行改进。通过这一项目，用户可以通过一名作者的作品列表浏览其全部作品，并通过每个作品的链接，进一步浏览其表达方式和表现形式。此外，该项目还能通过数据集实例之间的语义关联来链接更多的外部资源，从而来丰富 OPAC 书目记录已有的信息[92]。Aziz 等利用美国国会图书馆开发的书目记录 FRBR 化显示工具，设计了一个 FRBR 化的图书馆在线目录系统，该系统能够提升 OPAC 的使用表现[93]。Dickey 则对 FRBR 用于信息资源描述的优点进行了分析，尤其对于音乐、艺术和文学等资源的描述与组织具有明显好处，并对基于 FRBR 的下一代图书馆目录和 OPAC 的优势进行了总结[94]。

3.2.3 基于 FRBR 的元数据标准的构建

FRBR 的发布之初是为了改进图书馆的编目工作，实现图书馆文献信息资源的良好描述和组织。随着网络信息资源描述问题的日益突出和元数据领域研究的发展，FRBR 的模型、实体、理念等开始被应用于元数据标准的构建。其主要原因在于，FRBR 对文献信息资源存在形态的四个层级的划分不仅适用于图书馆文献资源，同时也适用于部分网络信息资源，如音乐录音资源、文化遗产数字资源等。

如 Crane 等为一个希腊语、拉丁语的在线图书馆设计了一个基于 FRBR 和 CTS 模型的元数据标准。这一元数据标准不仅包括了标准元数据的要素，而且提供了一个完整的文字作品引用参照体系，用户不仅能够通过作品链接到其各个版本，而且能够引用一部作品的每个版本的每个单词[95]。为了解决实时研究信息系统(CRIS)的资源描述问题，Dvorák，Drobíková 和 Bollini 受到 FRBR 模型的启发，开发了 CERIF 元数据标准[96]。该元数据标准中包含了学术作品、学术表达方式、学术表现形式等来源于 FRBR 模型的主要实体。为了更好地管理模拟摄影资料和原生的数字图片资源，伍斯特艺术博物馆采用了一种基于 FRBR 和 TMS 的元数据标准。利用该元数据标准，数字图片资源与其模拟的父资源(analogue parents)的关系能够得到揭示，从而实现更好的资源描述和组织[97]。Signoles，Bitoun 和 Valderrama 为了解决联合国教科文组织下国际教育规划研究所的各个数据的统一检索问题，基于 FRBROO 设计了数据库元数据标准[98]等。

3.2.4 基于 FRBR 的关联数据词表的构建

除了在 MARC 书目记录、OPAC 以及元数据领域的应用之外，FRBR 还被应用于语义网环境下网络信息资源的描述和组织，作为关联开放词表进行发布。语义网(Semantic Web)是一种可以被计算机理解的方式描述事物的网络。由 Web 之父 Berners-Lee 等提出，是现有 Web 的扩展，让 Web 上的数据以一种良好的方式表示和连接，使机器和人都能理解和处理它们，使数据在不同应用系统之间自动整合和重用，而不仅仅是显示数据而已。而关联数据则是语义网环境下数据存在的具体形式。关联数据是一组最佳实践的集合，它采用 RDF 数据模型，利用 URI 命名数据实体，来发布和部署实例数据和类数据，从而可以通过 HTTP 协议揭示并获取这些数据，同时它强调数据的相互关联和有益于人机理解的语境信息。Berners-Lee 提出了创建关联数据的四个基本原则：①使用 URI(统一资源标识符)作为事物的名称；②使用 HTTP URI 让人们可以访问这些名称；③当人们访问 URI 时，提供有用的信息，并且要采用一定的标准(RDF，SPARQL)；④尽可能提供其他 URI 的链接，以便人们发现更多信息[99]。在关联数据之上的语义网概念为关联数据词表和本体。关联数据词表通常采用 RDF Schema(缩写 RDFS)定义，RDFS 在 RDF 的基础上为 RDF 关联数据集提供基本词表，包括类、属性的定义和约束。关联数据词表是一种原始的本体定义框架，而本体则通常采用 OWL 语言进行定义。OWL 语言以“描述逻辑”为基础，在 RDFS 基础上，为类、属性的定义提供更加复杂的约束条件，并具有逻辑推理功能。语义网环境下的关联数据与关联数据词表可以看作是基于语义的资源描述方式，而本体则可以视为一种知识组织的模式。

FRBR 是书目模型在语义网环境下则可以转化为信息资源关联数据的基本词表。如 Howarth 将 FRBR 与 RDF 化的关联数据进行结合分析，并探索了将 FRBR 模型转化为关联数据集词表的可能性[100]。Datos. bne. es 是西班牙国家图书馆发布的一个关联数据服务平台，通过这一平台，西班牙国家图书馆向公众提供书目关联数据、权威关联数据的查阅、下载、引用等服务。在关联数据集的词表设计中，西班牙国家图书馆选择了 FRBR 模型作为其基本架构[101]。社交网络是目前互联网中较为热门的领域，Li 等设计了一个专门面向学术领域的社交网络云 SOSN。为了实现学术社交网络中人、学术资源等实体关系的良好构建，SOSN 在 FRBR、FOAF 等词表或资源描述模型的基础上，构建了 Scholar、AcademicWork 等一系列关联数据词表[102]。这些词表是 SOSN 数据保存、关联、共享的基本模型。

除了上述研究之外，目前在关联开放数据项目(Linking Open Data)中，FRBR 已经被转化为多个关联开放词表，包括“frbr”“frbrer”“frbre”“fabio”“rdafrbr”等[103]。这些关联开放数据词表的发布通过词表间的互相引用、关联数据集对词表元素的应用，进一步扩大了 FRBR 模型在语义网中资源描述、组织的应用范围。其中，“frbr”词表与其他关联数据词表的关联度最高，目前已经被其他 19 个词表所引用，被 12 个关联数据集所应用，并引用了其他 10 个词表的元素[104]。“frbrer”则是 IFLA 发布的 FRBR 关联数据词表的官方版本，但目前该词表的关联度较低，只有“frad”和“isbd”两个 IFLA 自有的词表引用了该词表，同时也只有两个关联数据集应用了该词表。另外，该词表主动引用其他词表的数量也较少，只有五个[105]。“frbrer”的接受程度并不如非官方的“frbr”。除了将 FRBR 模型直接转化为关联数据词表之外，“fabio”“rdafrbr”等词表的发布只是为了满足某一特定需求而构建的，并不是 FRBR 的完整再现。“fabio”是一个用于描述语义网环境下学术成果书目记录的词表[106]，而“rdafrbr”则对 RDA 继承自 FRBR 模型的主要实体进行了定义[107]，而不是对 FRBR 模型进行完整定义。另外，通过对这些词表的关联词表的分析，发现这些词表之间互相并不引用，可见目前 FRBR 相关的关联数据词表存在着重复建设问题，这不利于关联数据集的数据交换和共享。

3.2.5 RDA 的实践

RDA 是“Resource Description and Access”的缩写，是由 RDA 开发联合指导委员会(Joint Steering Committee for Development of RDA，缩写为 JSC)开发的，用以替代 AACR2 作为英美等国图书馆编目的全新编目规则。相较于以往版本的 AACR 的开发，该委员会的来源机构更为广泛，包括美国图书馆协会、澳大利亚编目委员会、大英图书馆、加拿大编目委员会、图书馆学与情报学专家特许研究所(Chartered Institute of Library and Information Professionals，缩写为 CILIP)、德国国家图书馆、美国国会图书馆等[108]。RDA 已经于 2010 年 6 月在 RDA Toolkit 中发布，出版发行机构包括美国图书馆协会、加拿大图书馆协会以及 CILIP[109]。除了已有的英文版本，RDA 的出版发行商也着重于其他语言版本的翻译和发布，目前正在进行的翻译计划包括中文版、法文版、德文版和西班牙文版[110]。RDA 的设计基于 IFLA 发布的 FRBR 报告和 FRAD 报告[111]，是 FRBR 编目理念和基本构架在编目实践中的具体体现。早在 2001 年 10 月，JSC 就决定将 FRBR 模型的概念术语吸收入 AACR 编目规则之中。2005 年 4 月，JSC 决定使 RDA 的结构更加直接地与 FRBR 和 FRAD 模型保持一致[112]。

RDA 于 2013 年上半年开始陆续投入使用。美国国会图书馆将 2013 年 3 月 31 日规定为引入 RDA 作为编目规则的期限，在这之后，国会图书馆几乎所有新的书目记录会以 RDA 为根据进行编目[113]。同时，美国国家医学图书馆和国家农业图书馆也在 2013 年第一季度开始应用 RDA[114]。大英图书馆与美国的进度保持一致，也于 2013 年 4 月 1 日起，正式启用 RDA 作为大英图书馆的正式编目规则[115]。目前，已有不少图书馆已经采用 RDA 作为正式编目规则，这些图书馆主要为来自于以英语作为官方语言的国家的国家图书馆和大学图书馆，如菲律宾国家图书馆、新加坡国家图书馆、澳大利亚国家图书馆，美国北卡罗来纳州立大学、英国剑桥大学、芝加哥大学等。同时，一些非英语系国家也已经开始着手实施 RDA 的正式应用，如德国国家图书馆、荷兰国家图书馆于 2014 年启动其应用计划，芬兰国家图书馆则于 2015 年正式启动其计划[116]。

为了更好地促进 RDA 的普及和提升编目人员的编目质量，RDA 的联合发布机构发布了一个名为“RDA 工具包”(RDA Toolkit)的产品。RDA 工具包是一个为编目人员提供 RDA 编目所必要的文档、资源的基于浏览器的综合在线工具，其中包含了完整版的 RDA 编目规则[117]。具体而言，RDA 提供了三类资源：RDA 原文、工具、各图书馆的政策和最佳实践指导。其中工具主要包括 RDA 元素集的定义和应用示例、RDA 元素与 MARC 字段的映射关系、RDA 的 MARC 记录实例、不同类型信息资源编目的标准流程等。这些工具和图书馆的应用政策、最佳实践等与 RDA 编目规则相结合，能够为广大编目人员提供全面细致的编目指导[118]。

除了官方发布的 RDA 工具包之外，各图书馆也为 RDA 的应用提供了许多培训课程。如美国国会图书馆的合作编目计划(Program for Cooperative Cataloging)运行的编目人员学习工作间。该工作间为 RDA 的培训提供了各种各样的项目和资源[119]。除此之外，北卡罗来纳州立大学、芝加哥大学、澳大利亚国家图书馆、德国国家图书馆、IFLA 等组织都在其网站上发布了各自的培训资料。除了培训服务之外，具体的实践经验和实例具有直观的、易于理解的特点，对于辅助编目人员学习 RDA 有着重要的参考作用。音乐图书馆协会(Music Library Association)发布的《使用 RDA 和 MARC21 的音乐编目最佳实践》是这类辅助资料的典型，该资料的体例与 RDA 正文文档保持一致，在 RDA 的每一条规定中都给出音乐资源编目的具体操作建议，并给出直观的编目样例。这一资料发布的目的不仅仅是使编目员编制出基本的、标准的音乐资源 MARC 记录，更重要的是使记录中的作品层、表达方式层得到更为清晰明确的描述[120]。

3.2.6 RDA 的应用问题研究

在具体的 RDA 实践之外，RDA 也是编目界研究关注的重点，尤其是在 RDA 即将投入编目实践的 2012 年前后。对检索获取的文献进行分析发现，近五年来关于 RDA 的相关研究体现出实践性、操作性强的特点，着重关注于如何将 RDA 应用于编目实践工作这一实际问题。根据研究内容，这些研究可以分为 3 个方面，包括：不同类型信息资源的 RDA 编目、RDA 应用培训、RDA 分析评价。

针对不同类型信息资源的 RDA 编目问题，学者们主要采用案例研究的方法，对特定组织的特定文献信息资源的 RDA 编目实践进行全面的观察，总结工作中的问题和解决方案，从而对其他组织的 RDA 编目工作提供经验借鉴。Biella 和 Lerner 以一个编目社区的希伯来文手稿的 RDA 编目实践为研究对象，分析了这一实践过程中存在的问题、相应的解决手段和经验，这些经验对于将 RDA 应用于非西方语言信息资源的编目具有重要指导意义[121]。斯坦福大学是全美 RDA 应用测试协调委员会选择的 26 个参与机构之一。

Wilson 关注于视频资源的 RDA 编目问题，对斯坦福大学的视频资源编目实践经验、指导方针等进行了分析、介绍[122]，这些经验将有助于多媒体信息资源的 RDA 编目问题的解决。Frade 是伯明翰·杨大学哈罗德·李图书馆的一名手稿资源编目员。2010 年 9 月，Frade 被选择成为 RDA 应用测试的参与者。Frade 将其 RDA 编目的个人实践经验进行总结发表，并向编目员提供了具体的建议[123]。Fee 关注于插图小说这类特殊文献信息资源的 RDA 编目与分类中的实践问题和解决手段[124]。Novotna 关注于利用 RDA 进行制图文档这类特殊文献资源编目的实际问题，具体描述了在 RDA 指导下，MARC 具体字段的内容编制要点，为该类资源的 RDA 编目提供了详尽步骤[125]。Mejia，Garcia 和 Ramos 以 LIBRUNAM 目录为例，具体介绍和分析了将 RDA 应用于其书目记录和权威记录编目的流程，为其他图书馆的 RDA 编目提供了经验借鉴[126]。Veve 和 Rosinski 则组织了一个实际操作的 RDA 讲习会，该会主要关注于使用 RDA 作为编目标准的电子书资源的 MARC 编目问题。参与该会的人员根据编目指导手册进行 RDA 编目的实际操作，并通过设计的操作环节理解 RDA 定义的关系及其具体的 MARC 记录编制方法[127]。

针对于 RDA 应用培训问题，目前的研究主要采取的方法是对编目人员进行调查，通过问卷、访谈、实验等方法了解编目人员对 RDA 的了解程度、接受度，以及在具体编目中存在的培训问题和需求，从而为 RDA 应用培训的内容、方法的设计提供参考建议。在了解编目人员态度和认知度方面，McCutcheon 关注于 RDA 的应用对于参考馆员的影响，其通过访谈的方法获取参考馆员对于 RDA 的认知，并基于调查结果为参考馆员的 RDA 应用培训的内容设计提供参考[128]。Pazooki，Zeinolabedini 和 Arastoopoor 为了评估编目人员对于 RDA 的熟悉程度，以及他们对这一编目规则的接受程度和相关培训的效果，以伊朗国家图书馆和档案馆的编目人员为对象进行问卷调查[129]，这一调查结果将有助于 RDA 的实际实施策略的制定。Kiane 等则使用邮件调查的方法调查了编目员对于 RDA 的认知和看法，调查的目的是分析 RDA 逐渐代替 AACR2 的过程中编目界的未来发展潮流，调查结果提供了对于编目员群体而言的 RDA、AACR2 各自的优势和弱势[130]。在了解 RDA 培训问题和需求方面，Welsh，Carty 和 Williams 关注于 RDA 应用的培训需求问题，其采用电子邮件调查的方法对英国的一个在线 RDA 论坛的用户进行培训需求调查，通过这一调查，明确了 RDA 培训的主要需求，这些需求与美国 RDA 编目应用者关注的问题基本一致[131]。Harden 关注于新编目人员的 RDA 编目问题，其在研究中以北得克萨斯大学音乐图书馆的 RDA 应用测试为观察对象。在应用测试中，实习编目员的编目工作受到熟练编目员的检验、评估，通过对检验结果的分析，总结出新编目人员在利用 RDA 编目工作中经常出现的错误，对于这些错误的认知，将有助于新编目人员较快提升其 RDA 编目工作质量[132]。除了一般的编目人员之外，Sanner 对重要图书馆的编目部门的带头人进行了调查访问，从较为宏观的角度分析 RDA 应用中的主要问题，对 RDA 应用的前期预培训的组成部分进行了分析总结，并对 RDA 培训质量的提升提出了若干建议[133]。

针对于 RDA 的分析评价，由于目前 RDA 刚进入实际应用阶段，尚未有 RDA 编目工作及应用效果的具体评价研究。目前的研究主要采用背景分析的方法，对 RDA 的形成历史、形成条件等进行理论性分析，并在此基础上对 RDA 进行评估。如 Chandel 和 Prasad 关注于编目的历史发展，分析讨论了 RDA 的产生背景、特点和相较于 AACR2 的主要不同点，并对 RDA 的本质和优势进行了总结[134]。Dudas 对 RDA 的理论背景和创新性特征进行分析总结，并对将 RDA 应用于 MARC21 编目进行了评价，最后指出了 RDA 应用于英美世界之外的发展方向[135]。Picco 和 Repiso 对 RDA 的起源、基础，基于 FRBR 的结构、变化和优势等进行了全面的分析，并提出了应用 RDA 将会带来的编目界的变化和问题[136]。Wanaka 则通过描述和分析 RDA 的发布过程和应用测试，对未来 RDA 的编目工作提出了一些重要的、需要考虑的事项[137]。

4 图书馆关联数据研究

通过对元数据研究、编目研究的总结可以发现信息描述的不同手段、方式都出现了 RDF 化、融入语义网的趋势。图书馆书目等也出现了关联数据化的热潮。图书馆关联数据的发布已经成为书目数据等图书馆信息资源在语义网环境下存在的重要方式。当前，图书馆存在着书目资源利用率不高的问题[138]。同时，在信息社会的当今，图书馆也需要提升其信息服务的竞争力[139]。将图书馆信息资源融入语义网环境，能够提升图书馆信息资源的利用效率，深化图书馆信息描述的深度，并能够使图书馆获取更多外部信息资源来丰富自身的资源发现服务。图书馆发布关联数据也有自身的优势，图书馆行业长年累积的 MARC 数据有着良好的组织结构和质量。同时图书馆行业也有其特有的编目经验和规范控制经验——关联数据实际上是对现实事物的概念化描述与表达，编目则是对图书馆等文献信息资源的描述，二者具有一定相似度，图书馆行业的编目理念、规范控制经验等不仅可以应用于图书馆关联数据的发布，也可以应用于其他领域的关联数据。

4.1 图书馆关联数据的发布及词表的构建

目前，图书馆界发布的关联数据词表主要包括：书目词表、信息组织系统词表等。这些词表主要应用于相应类型图书馆信息资源的关联数据的发布。

4.1.1 书目关联数据的发布

在书目数据方面，目前在 Linking Open Data 项目中已经建立了开放书目数据小组，小组中已有关联数据集 30 个，包括美国国会图书馆书目数据、剑桥大学图书馆书目数据等[140]。这些书目关联数据集都有各自相应的词表或本体，如美国国会图书馆的 BIBFRAME 本体、大英图书馆的 BLT(British Library Terms)[141]、BIRO(The Bibliographic Reference Ontology)[142]等。其中，美国国会图书馆的 BIBFRAME 项目已经提出了较为完善的关联数据发布方案。BIBFRAME 计划由美国国会图书馆发起，目的是在未来语义网环境中以及更广阔的网络化世界中为书目记录描述的发展奠定基础。美国国会图书馆认为在关联开放数据日益发展的环境下，传统的 MARC 格式阻碍了图书馆界与外界的数据交流，图书馆应当发布书目关联数据，应当采用适合语义网环境的数据格式，在信息社会占据有利位置。在书目数据关联数据化可行性方面，美国国会图书馆一方面分析了 FRBR、RDA 与语义网、关联数据存在的天然联系，同时分析了已有的语义网环境下书目信息描述的研究成果，认为书目记录关联数据化已经具备实施条件。在 BIBFRAME 计划中，美国国会图书馆已经取得了一些成果：第一，BIBFRAME 词表模型和术语表已经发布，词表中的类、属性都有明确的定义，都有单独的 URI 可以访问；第二，BIBFRAME 提供了“BIBFRAME Profiles”“BIBFRAME Authorities”等使用说明文档，对 BIBFRAME 的类、属性的定义、使用规范等进行了详尽地说明和限定；第三，美国国会图书馆还提供了 BIBFRAME 的应用和测试工具。“BIBFRAME 应用试验台”为申请试用 BIBFRAME 进行书目记录关联数据发布的机构提供了全方位的工具、软件支持。“Profile Tool”能够保证构建的 RDF 化书目数据符合“BIBFRAME Profiles”的限定。BIBFRAME 的 MARC 转换工具则能够实现从 MARC 记录到 BIBFRAME 记录的自动转化，并能够实现书目记录的 FRBR 化层级显示[143]。目前参与 BIBFRAME 项目的图书馆有大英图书馆、德国国家图书馆、美国国家医学图书馆、普林斯顿图书馆等重要图书馆[144]。

针对关联数据词表的构建，目前主要的方法包括以下三种：①根据已有的结构化数据描述模型，构建新的、符合 RDF 规范的词表，如 BIBFRAME 词表。②改进已有的词表以适用于特定类型数据，如：DDI(Data Documentation Initiative)是一个用以描述统计学、社会科学数据的词表，Bosch，Cyganiak，Wackerow 等在 DDI 的基础上构建了新的词表，用来发布社会学、行为学和经济学中的统计数据[145]；Wira-Alam，Dimitrov 和 Zenk-Möltgen[146]在其开放数据仓储研究中，对都柏林核心元素集进行扩展作为数据描述的标准，并进一步融合了 DDI 词表的元素，从而使其仓储中的数据能够融入关联开放数据云(Linked Open Data Cloud)中。③建立原数据描述模型与符合 RDF 规范的词表的映射，如 Rühle，Schulze 和 Büchner 描述了德国数字图书馆将其数据模型由 CIDOC 映射为 EDM(Europeana Data Model，欧洲数字图书馆通用的、符合 RDF 规范原则的本体)的方法、策略[147]；Isaac，Charles，Fernie 等则将 CARARE(一个为考古学、建筑学设计的元数据标准)与 EDM 进行映射，以在欧洲数字图书馆发布资源[148]等。在实例数据发布方面，目前的主要途径是开发工具、软件实现原格式数据自动转化为关联数据集中的实例数据。除了上文提到的 BIBFRAME 的自动转化工具之外，还包括西班牙国家图书馆的 MARiMbA[149]、罗切斯特大学的 eXtensible Catalog[150]等。

4.1.2 信息组织系统关联数据的发布

信息组织系统词表是用来描述分类法、叙词表等信息组织系统关联数据的词表。目前最为常用的信息组织系统词表为 SKOS。SKOS 是 W3C 发布的，用以在语义网环境中描述知识组织系统(包括叙词表、分类法、标题表等)的标准[151]。而目前已经发布的信息组织系统关联数据集则包括 OCLC 的杜威十进分类法、美国国会图书馆的主题标目表等。在这些图书馆关联数据建设项目中，美国国会图书馆的关联数据服务(Linked Data Service)较为完善。首先，该服务提供了丰富多样的关联数据集，包括：国会图书馆主题标目表(LCSH)、国会图书馆名称权威文档(NAF)、国会图书馆分类法(LCC)；各种专业叙词表，如国会图书馆音乐表演媒介叙词表(LCMPT)等；MARC 中国家名称、地理区域、各种资源标识符等。其次，该服务提供了统一而使用方便的检索浏览界面。再次，使用多种知识组织系统词表和多种数据格式——除了 SKOS 之外，还使用 MADS/RDF 词表，同时在 RDF/XML 之外，还提供 N-Triple、JSON 等格式的关联数据，以满足不同应用的需求[152]。

目前，信息组织系统关联数据的研究主要包括关联数据集的发布和互操作等。针对信息组织系统关联数据集的发布，目前主要的方法是将原有的知识组织系统映射为 SKOS 构架下的关联数据集。如 Zapilko 等将一个社会科学叙词表(TheSoz)的叙词映射为 SKOS 的类、属性，实现了这一叙词表的关联数据化[153]。另外，提升信息组织系统关联数据集的互操作性，对数据集进行持续维护也是研究的重点。如 Caracciolo 等在将 AGROVOC 发布为关联数据集的实践中，将实现不同语言的农业词表的互操作作为重要目标，并通过自动化工具实现了 AGROVOC 与 10 个其他农业词表的语义关联[154]；Schandl 和 Blumauer 研制了 PoolParty 这一关联数据环境下的叙词表维护工具(TMT)，能够实现方便的数据集日常维护，促进数据集不断扩展，提升其互操作性等[155]。

4.2 图书馆关联数据的应用研究

将图书馆数据发布为关联数据能够改善图书馆的资源发现服务。首先，利用关联数据能够有效整合分散的图书馆书目记录，提升用户利用 OPAC 检索图书馆文献信息资源的效率。Westrum，Rekkavik 和 Talleras 利用 RDF/XML 构架了 FRBR 的词表，实现了 MARC 记录的 FRBR 化，改善了 OPAC 的资源整合效率[156]。其次，利用关联数据能够构建图书馆结构化数据间的语义关联，提升图书馆的资源发现服务。如梁亮、周宇麟以杭州图书馆“热门标签”服务为例，对关联数据应用于图书馆资源发现服务的实践状况进行了调查分析，并提出了优化建议[157]。再次，利用关联数据能够有效聚合语义相关的信息资源，提升图书馆信息资源的丰富度。如游毅、成全对基于关联数据的馆藏资源聚合模式进行了分析、总结，为资源聚合的实践提供了方法指导[158]；Neto 等则利用开放关联数据技术建立图书馆、档案馆和博物馆信息资源之间的语义关联，向用户提供更为丰富的信息资源[159]。最后，利用关联数据能够实现图书馆知识服务。如张永娟等基于关联数据构建了一个具有推理分析功能，并整合了 Pubmed 文献数据的专家系统[160]。

5 结　　语

近五年来，在信息描述领域，不论是传统的编目方面还是用于网络信息资源描述的元数据方面都出现了较大的变化，体现出这一领域实践、研究发展迅速的特点。在元数据方面：元数据基础支撑研究将持续成为热点，其中元数据质量的保障是关注的焦点问题；元数据研究与社会热点问题联系愈加密切，DCMI 已经将世界性问题作为元数据研究的重要背景；元数据融入语义网环境已经成为其主要的发展趋势，同样也是元数据互操作问题解决的主要途径。在编目领域，FRBR 的理念已经应用于 MARC 记录的改造、图书馆 OPAC 用户界面的改进。同时，FRBR 也已经走出图书馆领域，在元数据标准构建、关联数据词表构建中得到应用和借鉴。在编目实践领域，新一代编目规则 RDA 替代 AACR2 作为 MARC 编目的指导原则是业界关注的核心议题。RDA 继承 FRBR 的理念，而 FRBR 则是一个真实反映文献信息资源客观存在状况的"实体-关系"模型。FRBR、RDA 改变了传统的"巴黎规则"以手头文献为对象的编目理念，更加重视对文献载体承载内容(作品、表达方式等)的揭示，是图书馆界应对信息社会环境下信息资源出现新特点的主要举措。

从上述新变化可以看出，不论是元数据还是传统编目界都出现了关联数据化的发展方向，融入语义网环境已经成为信息描述领域的主要趋向。而实际上，世界上主要的图书馆及相关组织机构已经积极开展图书馆关联数据的发布及词表构建等工作。随着信息描述的不断关联数据化，图书馆信息资源的描述层次也将不断深化，基于语义的信息组织和信息检索能够为用户提供更为便捷准确的资源发现服务和更为丰富的信息资源。同时，图书馆信息资源不断融入语义网环境中，也将促进其利用率的提升，从而保持图书馆在信息社会中的重要信息中介地位。

参考文献

[1]陈传夫，肖希明，黄如花，等. 图书馆学研究进展[M]. 武汉：武汉大学出版社，2010.

[2] Hilliker R J, Wacker M, Nurnberger A L. Improving discovery of and access to digital repository contents using semantic web standards: Columbia University's academic commons[J]. Journal of Library Metadata, 2013, 13(2-3): 80-94.

[3] Otto J J. Administrative metadata for long-term preservation and management of resources[J]. Library Resources & Technical Ser-

vices, 2014, 58(1): 4-32.

[4]Tabares Morales V, Duque Méndez N D, Moreno Cadavid J, et al. Assessing metadata qualityin digital repositories of learning objects [J]. Revista Interamericana de Bibliotecología, 2013, 36(3): 183-195.

[5]De Biagi L, Puccinelli R, Saccone M, et al. Research product repositories: strategies for data and metadata quality control[J]. The Grey Journal, 2012, 8(2): 83-94.

[6]Alam A W. Dublin core metadata for research data: lessons learned in a real-world scenario with datorium[C]//Proceedings of the 2014 International Conference on Dublin Core and Metadata Applications. Dublin Core Metadata Initiative, 2014: 64-73.

[7]Qin J, Li K. How portable are the metadata standards for scientific data? a proposal for a metadata infrastructure[C]// Proceedings of the 2013 International Conference on Dublin Core and Metadata Applications. Dublin Core Metadata Initiative, 2013: 25-34.

[8]Ogletree A T. Research data reproducibility through shared metadata workflows: a survey of datanet federation consortium collaborators [C]// Proceedings of the 2014 International Conference on Dublin Core and Metadata Applications. Dublin Core Metadata Initiative, 2014: 184-186.

[9]Li F, Zhang J. Case Study: a metadata scheme for multi-type manuscripts for the TD Lee Archives Online[J]. Library Hi Tech, 2014, 32(2): 219-228.

[10]Qarabolag Z F, Inallou M S, HaFezi H A, et al. The Role of PREMIS preservation metadata in Information Management in Virtual Museums [J]. Procedia-Social and Behavioral Science, 2013 (73): 396-402.

[11] Bayih Y T. Application of preservation Metadata for Long-Term Accessibility of Digital Objects[EB/OL]. [2015-05-27]. http://e-ait.tlulib.ee/132/1/yibeltal_tafere_bayih_mag.pdf.

[12]杨剑，杨明华，金文坚，等. 侨批元数据方案的设计和实现[J]. 图书情报工作，2013，57(3)：100-104.

[13]Li Y, Xiao X, Feng X, et al. Adaptation and localization: metadata research and development for chinese digital resources[J]. International Journal of Digital Library Systems (IJDLS), 2012, 3(1): 1-21.

[14]Dublin Core Metadata Initiative. Metadata intersections: bridging the archipelago of cultural memory [EB/OL]. [2015-04-08]. http://dcevents.dublincore.org/IntConf/dc-2014.

[15]Matienzo M A, Rudersdonf A. The digital public Library of america ingestion ecosystem: lessons learned after one year of large-scale collaborative metadata aggregation [J]. arXiv preprint arXiv: 1408. 1713, 2014.

[16]Dolock M. Reusing legaly metadata for digital projects: the colorado coal project collection[C]. DCMI'14 proceeding of the International Conference on Dublin Core and Metadata Applications, 2014: 216-218.

[17]O'Brien Roper J. Converging metadata standards in cultural institutions: Apples & oranges. A report on the ALCTS metadata interest group program, American library association annual conference, Washington, DC, June 2010[J]. Technical Services Quarterly, 2011, 28(3): 361-363.

[18]李荣艳, 梁蕙玮, 曲云鹏, 等. 我国政府信息资源元数据标准研究[J]. 图书馆学研究, 2012, (11).

[19]李荣艳, 梁蕙玮, 曲云鹏, 等. 我国政府信息资源元数据标准研究[J]. 图书馆学研究, 2012, (11).

[20]廖思琴, 周宇, 胡翠红. 基于云存储的政府网络信息资源保存型元数据研究[J]. 情报杂志, 2012, 31(4): 143-147.

[21]赵荣荣, 梁蕙玮, 萨蕾. 公共图书馆政府公开信息元数据研究——以中国政府公开信息整合服务平台为例[J]. 图书馆学研究, 2013(15): 63-67.

[22]陈氢. 跨部门政府信息共享协商系统研究 *——基于元数据[J]. 情报杂志, 2014 (7): 188-193.
[23]徐伟. 基于元数据技术的政府机关文档管理系统设计与实现[D]. 天津大学, 2012.
[24]吉文杰. 基于元数据的数据中心管理系统的设计与实现[D]. 上海: 东华大学, 2011.
[25]Bosch T, Eckert K. Requirements on RDF constraint formulation and validation[C]//Proceedings of the 2014 International Conference on Dublin Core and Metadata Applications. Dublin Core Metadata Initiative, 2014: 95-108.
[26]Rühle S, Schulze F, Büchner M. Applying a linked data compliant model: the usage of the europeana data model by the deutsche digitale bibliothek[C]//Proceedings of the 2014 International Conference on Dublin Core and Metadata Applications. Dublin Core Metadata Initiative, 2014: 24-30.
[27] Petiya S. Converting personal comic book collection records to Linked Data[C]//Proceedings of the International Conference on Dublin Core and Metadata Applications: Metadata Intersections: Bridging the Archipelago of Cultural Memory, 2014: 222-224.
[28]Pastva J, Harris V. PunkCore: developing an application profile for the culture of punk[C]//Proceedings of the 2014 International Conference on Dublin Core and Metadata Applications. Dublin Core Metadata Initiative, 2014: 243-243.
[29]Chen H H, Lin Y, Chen C. Approaches to building metadata for data curation[C]//Proceedings of the 2013 International Conference on Dublin Core and Metadata Applications. Dublin Core Metadata Initiative, 2013: 190-193.
[30]Palavitsinis N, Manouselis N, Sanchez-Alonso S. Metadata quality in learning object repositories: a case study[J]. The Electronic Library, 2014, 32(1): 62-82.
[31]Palavitsinis N, Manouselis N, Sanchez-Alonso S. Metadata quality

in digital repositories: empirical results from the cross-domain transfer of a quality assurance process[J]. Journal of the Association for Information Science and Technology, 2014, 65(6): 1202-1216.

[32] De Biagi L, Puccinelli R, Saccone M, et al. Research product repositories: strategies for data and metadata quality control[J]. The Grey Journal, 2012, 8(2): 83-94.

[33] Rousidisa D, Garoufalloub E, Balatsoukasc P, et al. Metadata for Big Data: a preliminary investigation of metadata quality issues in research data repositories[J]. Information Services & Use, 2014 (34): 279-286.

[34] Tani A, Candela L, Castelli D. Dealing with metadata quality: the legacy of digital library efforts[J]. Information Processing & Management, 2013, 49(6): 1194-1205.

[35] Medrano J F, Figuerola C G, Berrocal J L A. Repositorios Digitales en España y calidad de Metadatos[J]. Scire: Representación y Organización Del Conocimiento, 2012, 18(2): 109-121.

[36] Gunning T. Metadata creation at institutional repositories[J]. PNLA Quartcrly, 2011(75): 5-18.

[37] Chuttur M Y. Investigating the effect of definitions and best practice guidelines on errors in Dublin Core metadata records[J]. Journal of Information Science, 2014, 40(1): 28-37.

[38] Hashizume A, Fukuyama J. The NDL great east Japan earthquake archive: features of metadata schema[C]//Proceedings of the 2014 International Conference on Dublin Core and Metadata Applications. Dublin Core Metadata Initiative, 2014: 210-215.

[39] Yasser C M. An experimental study of metadata training effectiveness on errors in metadata records[J]. Journal of Library Metadata, 2012, 12(4): 372-395.

[40] Dixon K L, Nickel L T. Meta WHAT? Training access services staff to partner in digital projects metadata creation[J]. College &

Research Libraries News, 2012, 73(2): 74-82.

[41] Daas P J H, Ossen S J L. Metadata quality evaluation of secondary data sources[C]//Proceedings of 5th International Quality Conference, 2011.

[42] Sacher D, Weyers B, Biella D, et al. Towards an evaluation of a metadata standard for generative virtual museums[M]//Ubiquitous Computing and Ambient Intelligence. Personalisation and User Adapted Services. Springer International Publishing, 2014: 357-364.

[43] Margaritopoulos M, Margaritopoulos T, Mavridis I, et al. Quantifying and measuring metadata completeness[J]. Journal of the American Society for Information Science and Technology, 2012, 63(4): 724-737.

[44] Goovaerts M, Leinders D. Metadata quality evaluation of a repository based on a sample technique[M]//Metadata and Semantics Research. Springer Berlin Heidelberg, 2012: 181-189.

[45] Bosch T, Zapilko B, Wackerow J, et al. An evaluation of metadata and data quality on person-level, aggregated, thesauri, statistical classifications, and rectangular data sets[J]. ArXiv Preprint Arxiv: 1504.04478, 2015.

[46] Trippel T, Broeder D, Durco M, et al. Towards automatic quality assessment of component metadata[C]//LREC 2014: 9th International Conference on Language Resources and Evaluation, 2014: 3851-3856.

[47] Chen J, Azogu O, Zhao W, et al. HeMT: a multilingual system for human evaluation of metadata records machine translation[J]. Proceedings of the American Society for Information Science and Technology, 2011, 48(1): 1-4.

[48] Sacher D, Weyers B, Biella D, et al. Towards an evaluation of a metadata standard for generative virtual museums[M]//Ubiquitous Computing and Ambient Intelligence. Personalisation and User

Adapted Services. Springer International Publishing, 2014: 357-364.

[49] Daas P J H, Ossen S J L. Metadata quality evaluation of secondary data sources[C]//Proceedings of 5th International Quality Conference, 2011.

[50] Lee J H, Clarke R I, Perti A. Empirical evaluation of metadata for video games and interactive media[J]. Journal of the Association for Information Science and Technology, 2015.

[51] Dublin Core Metadata Initiative. Metadata Basics [EB/OL]. [2015-05-01]. http://dublincore.org/metadata-basics/.

[52] Solodovnik I. Development of a metadata schema describing Institutional Repository content objects enhanced by "LODE-BD" strategies[J]. Jlis. It, 2013, 4(2): 109-144.

[53] Peponakis M. Libraries' metadata as data in the era of the Semantic Web: modeling a repository of master theses and PhD dissertations for the web of data[J]. Journal of Library Metadata, 2013, 13(4): 330-348.

[54] Dublin Core Metadata Initiative. Nilsson M. Interoperability Levels for Dublin Core Metadata[EB/OL]. [2015-05-27]. http://dublincore.org/documents/interoperability-levels/.

[55] Gardasevic, Stanislava. Europeana and Its Metadata Models[J] Citaliste: The Scientific Journal on Theory & Practice of Librar, 2013, 12(22): 85-93.

[56] Rühle S, Schulze F, Büchner M. Applying a linked data compliant model: the usage of the Europeana Data Model by the Deutsche Digitale Bibliothek [C]//Proceedings of the 2014 International Conference on Dublin Core and Metadata Applications. Dublin Core Metadata Initiative, 2014: 24-30.

[57] Bountouri L, Gergatsoulis M. The semantic mapping of archival metadata to the CIDOC CRM Ontology[J]. Journal of Archival Organization, 2011, 9(3-4): 174-207.

[58] Mixter J. Using a common model: mapping VRA core 4.0 into an RDF ontology[J]. Journal of Library Metadata, 2014, 14(1): 1-23.

[59] Pastva J, Harris V. PunkCore: developing an application profile for the culture of punk[C]//Proceedings of the 2014 International Conference on Dublin Core and Metadata Applications. Dublin Core Metadata Initiative, 2014: 243-243.

[60] Honma T, Tanaka K, Nagamori M, et al. Extracting description set profiles from RDF datasets using metadata instances and SPARQL queries[C]//International Conference on Dublin Core and Metadata Applications, 2014: 109-118.

[61] Honma T, Nagamori M, Sugimoto S. A model to support interpretation of embedded metadata without formal schema by linking a metadata instance to DCMI description set profiles[C]//Proceedings of the 2012 International Conference on Dublin Core and Metadata Applications. Dublin Core Metadata Initiative, 2012: 80-89.

[62] Honma T, Nagamori M, Sugimoto S. Find and combine vocabularies to design metadata application profiles using schema registries and LOD resources[C]//DC-2013, Lisbon, Portugal, 2013.

[63] Bosch T, Eckert K. Towards description set profiles for RDF using SPARQL as intermediate language[C]//Proceedings of the 2014 International Conference on Dublin Core and Metadata Applications. Dublin Core Metadata Initiative, 2014: 129-137.

[64] Hafezi M A, Horri A, Shiri A, et al. Digital library interoperability: proposing a model[J]. International Journal of Information Science and Management (IJISM), 2013, 11(1): 57-75.

[65] Subirana J C, Maganto A S, Arranz E C, et al. Opening up the cartographic heritage of the Spanish Geographical Institute by means of publishing standardized, inspire compatible metadata[J]. Liber Quarterly, 2013, 22(4): 345-357.

[66]Subirana J C, Maganto A S, Arranz E C, et al. Opening up the cartographic heritage of the Spanish Geographical Institute by means of publishing standardized, inspire compatible metadata[J]. Liber Quarterly, 2013, 22(4): 345-357.

[67]Liu X, Chen M, Qin J. Interlinking cross language metadata using heterogeneous graphs and wikipedia [C] //International Conference on Dublin Core and Metadata Applications. Dublin Core Metadata Initiative, 2014: 157-166.

[68]Jin S. A model and roles of a common terminology to improve metadata interoperability [C]//Proceedings of the 2014 International Conference on Dublin Core and Metadata Applications. Dublin Core Metadata Initiative, 2014: 219-221.

[69]Alemu G, Stevens B, Ross P. Towards a conceptual framework for user-driven semantic metadata interoperability in digital libraries: A social constructivist approach [J]. New Library World, 2012, 113(1/2): 38-54.

[70]李鹏云. 基于元数据仓储的图书馆数据整合实践——以国家图书馆"文津搜索"项目为例[J]. 图书馆学刊, 2013 (8): 46-49.

[71]刘子辉, 陈强, 彭渝, 等. 基于元数据的重庆地区电子文献资源整合研究[J]. 现代情报, 2013, 33(5): 47-50.

[72]黄文碧. 基于元数据关联的馆藏资源聚合研究[J]. 情报理论与实践, 2015(4): 15.

[73]张宏伟, 许慧. 基于DC元数据仓储的数字资源整合研究[J]. 图书馆学刊, 2014(6): 32-34.

[74]Novotna E. Cataloging cartographic documents with RDA[J]. Professional De La Informacion, 2014, 23(2): 195-203.

[75]Dublin Core Metadata Initiative. DC-2014 Overview [EB/OL]. [2015-04-27]. http://dcevents.dublincore.org/index.php/IntConf/dc-2014/schedConf/overview.

[76]Dublin Core Metadata Initiative. DC-2015 Overview [EB/OL].

[2015-04-27]. http://dcevents. dublincore. org/index. php/IntConf/dc-2015/schedConf/overview.

[77] IFLA. Functional requirements for bibliographic records[EB/OL]. [2015-05-16]. http://www. ifla. org/publications/functional-requirements-for-bibliographic-records? og=8708.

[78] Glenn E. Patton. Functional requirements for authority data — A conceptual model[EB/OL]. [2015-05-17]. http://www.ifla.org/publications/ifla-series-on-bibliographic-control-34? og=8708.

[79] Marcia Lei Zeng, Maja Žumer, Athena Salaba. Functional requirements for subject authority data (FRSAD) - a conceptual model [EB/OL]. [2015-05-17]. http://www.ifla.org/publications/ifla-series-on-bibliographic-control-43? og=8708.

[80] OCLC. OCLC Research Activities and IFLA's Functional Requirements for Bibliographic Records [EB/OL]. [2013-12-16]. http://www.oclc.org/research/activities/frbr.html.

[81] Bennett R, Lavoie B F, O'Neill E T. The concept of a work in WorldCat: an application of FRBR [EB/OL]. [2013-12-15]. http://www.oclc.org/content/dam/research/publications/library/2003/lavoie_frbr.pdf.

[82] OCLC. Classify [EB/OL]. [2013-12-29]. http://classify.oclc.org/classify2/.

[83] Library of Congress. Functional Analysis of the MARC 21 Bibliographic and Holdings Formats[EB/OL]. [2013-04-20]. http://www. loc. gov/marc/marc-functional-analysis/functional-analysis.html.

[84] Willer M, Barbarić A. FRBR/FRAD and Eva Verona's Cataloging Code: toward the future development of Croatian Cataloging Code [J]. Cataloging & Classification Quarterly, 2012, 50(5-7): 542-563.

[85] Mansor Y, Abdullah S N A S. Applying FRBR model to bibliographic works on Al-Quran[J]. Malaysian Journal of Library & In-

formation Science, 2015, 20(1): 19-28.
[86]Petrucciani A. From the FRBR model to the Italian cataloging code (and vice versa?)[J]. Cataloging & Classification Quarterly, 2012, 50(5-7): 603-621.
[87]Chang N, Tsai Y, Dunsire G, et al. Experimenting with implementing FRBR in a Chinese Koha system[J]. Library Hi Tech News, 2013, 30(10): 10-20.
[88]丁建勤. UNIMARC 的 FRBR 化改造及其记录编制[J]. 图书馆建设, 2014(7): 94-96.
[89]董桂存. FRBR 模型应用于中文书目记录的有效性研究——以中国国家图书馆为例[J]. 图书馆学研究, 2014(23): 9.
[90]廖永霞. 中国国家书目的 FRBR 化实践与思考[J]. 图书情报工作, 2013, 57(17): 102-108.
[91]Merĉun T, Žumer M, Aalberg T. FrbrVis: an information visualization approach to presenting FRBR work families[M]//Theory and Practice of Digital Libraries. Springer Berlin Heidelberg, 2012: 504-507.
[92]Westrum A L, Rekkavik A, Tallerås K. Improving the presentation of library data using FRBR and Linked data[J]. Code4Lib Journal, 2012(16).
[93]Aziz N A, Manser Y, Abdullah S, et al. Normalizing library records display using FRBR model for al-Qur'an work-set[C]//Information and Communication Technology for The Muslim World (ICT4M), 2014 the 5th International Conference on. IEEE, 2014: 1-6.
[94]Dickey T J. FRBRization of a library catalog: better collocation of records, leading to enhanced search, retrieval, and display[J]. Information Technology and Libraries, 2013, 27(1): 23-32.
[95]Crane G, Almas B, Babeu A, et al. Cataloging for a billion word library of Greek and Latin[C]//Proceedings of the First International Conference on Digital Access to Textual Cultural Heritage.

ACM, 2014: 83-88.

[96] Dvorák J, Drobíková B, Bollini A. Publication metadata in CERIF: inspiration by FRBR[J]. Procedia Computer Science, 2014 (33): 47-54.

[97] Gillis S L. FRBR and TMS: applying a conceptual organizational model for cataloguing photographic archives[J]. VRA Bulletin, 2015, 41(2): 7.

[98] Signoles A, Bitoun C, Valderrama A. Implementing FRBR to improve retrieval of in-house information in a medium-sized international institute[J]. Cataloging & Classification Quarterly, 2012, 50(5-7): 402-421.

[99] Bizer C, Tom H, Berners-lee T. Linked Data—The Story So Far [J]. International Journal on Semantic Web and Information Systems, 2009, 5(3): 1-22.

[100] Howarth L C. FRBR and linked data: connecting FRBR and linked data[J]. Cataloging & Classification Quarterly, 2012, 50 (5-7): 763-776.

[101] Santos R, Manchado A, Vilasuero D. Datos. bne. es: a LOD service and a FRBR-modelled access into the library collections, 2015.

[102] Li J, Zhao G, Rong C, et al. Semantic description of scholar-oriented social network cloud[J]. The Journal of Supercomputing, 2013, 65(1): 410-425.

[103] Linked Open Vocabularies[EB/OL]. [2015-05-27]. http://lov.okfn.org/dataset/lov/vocabs? q=frbr.

[104] Linked Open Vocabularies. frbr[EB/OL]. [2015-05-27]. http://lov.okfn.org/dataset/lov/vocabs/frbr.

[105] Linked Open Vocabularies. FRBRer model(frbrer) [EB/OL]. [2015-05-07]. http://lov.okfn.org/dataset/lov/vocabs/frbrer.

[106] Linked Open Vocabularies FRBR-aligned Bibliographic Ontology (fabio) [EB/OL]. [2015-05-07]. http://lov.okfn.org/dataset/

lov/vocabs/fabio.

[107] Linked Open Vocabularies. FRBR Entities for RDA (rdafrbr) [EB/OL]. [2015-05-07]. http://lov.okfn.org/dataset/lov/vocabs/rdafrbr.

[108] Joint Steering Committee. Joint Steering Committee for Development of RDA[EB/OL]. [2015-05-07]. http://www.rda-jsc.org/archivedsite/index.html.

[109] Joint Steering Committee. RDA: Resource Description and Access [EB/OL]. [2015-05-07]. http://www.rda-jsc.org/archivedsite/rda.html.

[110] RDA TOOLKIT. RDA in Translation[EB/OL]. [2015-05-07]. http://www.rdatoolkit.org/translation.

[111] Joint Steering Committee. Joint Steering Committee for Development of RDA. RDA[EB/OL]. [2013-04-07]. http://www.rda-jsc.org/rda.html.

[112] Joint Steering Committee. RDA: Resource Description and Access [EB/OL]. [2015-05-07]. http://www.rda-jsc.org/archivedsite/rda.html.

[113] Harvard Library. Harvard Library to Adopt RDA [EB/OL]. [2013-12-24]. http://library.harvard.edu/harvard-library-adopt-rda.

[114] Harvard Library. Harvard Library to Adopt RDA [EB/OL]. [2013-12-24]. http://library.harvard.edu/harvard-library-adopt-rda.

[115] RDA TOOLKIT. British Library announces implementation of RDA [EB/OL]. [2015-05-17]. http://www.rdatoolkit.org/blog/536.

[116] RDA TOOLKIT. Who's Cataloging in RDA[EB/OL]. [2015-05-27]. http://www.rdatoolkit.org/RDA_institutions.

[117] RDA TOOLKIT. About RDA[EB/OL]. [2015-05-17]. http://www.rdatoolkit.org/about.

[118] RDA TOOLKIT. RDA Toolkit Free Trial Request Form[EB/OL]. [2015-05-07]. http://access.rdatoolkit.org/freetrial.

[119] Linked Open Vocabularies. Workshop Course Materials[EB/OL]. [2015-05-07]. http://www.loc.gov/catworkshop/courses/index.html.

[120] RDA TOOLKIT. Best Practices for Music Cataloging Using RDA and MARC21[EB/OL]. [2015-05-17]. http://www.rdatoolkit.org/sites/default/files/rda_best_practices_for_music_cataloging-v1_0_1-140401.pdf.

[121] Biella J C, Lerner H G. The RDA test and Hebraica cataloging: applying RDA in one cataloging community[J]. Cataloging & Classification Quarterly, 2011, 49(7-8): 676-695.

[122] Wilson T. Videos—Cataloging (RDA) at Stanford University http://lib.stanford.edu/metadata-department/clone-video-cataloging-guidelines[J]. Technical Services Quarterly, 2012, 29(2): 170-171.

[123] Frade P. My year of RDA: one cataloger's journey to learning resource description and access[J]. American Libraries, 2012, 43(5-6): 39.

[124] Fee W T B. Where is the Justice ... League?: Graphic novel cataloging and classification[J]. Serials Review, 2013, 39(1): 37-46.

[125] Novotna E. Cataloging cartographic documents with RDA[J]. Profesional De La Informacion, 2014, 23(2): 195-203.

[126] Mejía J A, García C, Ramos Á, et al. Implementation of RDA to bibliographic and authority records from the LIBRUNAM catalog at the Universidad Nacional Autónoma de México[J]. Cataloging & Classification Quarterly, 2014, 52(6-7): 733-746.

[127] Veve M, Rosiński W. E-Book cataloging workshop: hands-on training using RDA[J]. The Serials Librarian, 2013, 64(1-4): 27-39.

[128] McCutcheon S. RDA and the reference librarian: what to expect from the new cataloging standard[J]. The Reference Librarian, 2012, 53(2): 123-137.

[129] Pazooki F, Zeinolabedini M H, Arastoopoor S. Acceptance and viewpoint of iranian catalogers regarding RDA: the case of the national library and archive of iran[J]. Cataloging & Classification Quarterly, 2014, 52(6-7): 640-659.

[130] Kidane R. Cataloguing in the digital age: cataloguers' and library schools' opinions on RDA and AACR2, 2013, 8(4): 24-34.

[131] Welsh A, Carty C, Williams H. "Mind the [Trans-Atlantic] gap, please": awareness and training needs of UK catalogers[J]. Journal of Library Metadata, 2012, 12(2-3): 242-263.

[132] Harden J. Inadvertent RDA: new catalogers' errors in AACR2 [J]. Journal of Library Metadata, 2012, 12(2-3): 264-278.

[133] Sanner E M. Preliminary training for RDA: a survey of cataloging department heads[J]. Journal of Library Metadata, 2012, 12(2-3): 213-241.

[134] Chandel A S, Prasad R V. Journey of catalogue from Panizzi's Principles to resource description and access[J]. Desidoc Journal of Library & Information Technology, 2013, 33(4).

[135] Dudas A. Resource description and access. The new cataloguing rules and their criticism[J]. Konyvtari Figyelo, 2012, 22(4): 727-750.

[136] Picco P, Ortiz Repiso V. RDA, the new cataloging code: changes and challenges[J]. Revista Espanola De Documentacion Cientifica, 2012, 35(1): 145-173.

[137] Wanaka M. RDA and issues of cataloguing[J]. TP&D Forum Series, 2012(21): 11-23.

[138] 刘炜等. RDA 与关联数据[J]. 中国图书馆学报, 2012(1): 34-42.

[139] 黄永文. 关联数据在图书馆中的应用研究综述[J]. 现代图书

情报技术, 2010(5): 1-7.

[140] Open Knowledge Foundation. Open Bibliography and Open Bibliographic Data [EB/OL]. [2015-04-27]. http://openbiblio.net/.

[141] British Library. British Library Terms [EB/OL]. [2015-03-16]. http://www.bl.uk/schemas/bibliographic/blterms.

[142] PURL. The Bibliographic Reference Ontology [EB/OL]. [2015-04-08]. http://purl.org/spar/biro.

[143] Library of Congress. Bibliographic framework initiative [EB/OL]. [2015-03-07]. http://www.loc.gov/bibframe/.

[144] Linked Open Vocabularies. BIBFRAME implementation & testing [EB/OL]. [2015-03-25]. http://www. loc. gov/bibframe/implementation/.

[145] Bosch T, Cyganiak R, Gregory A, et al. DDI-RDF discovery vocabulary: a metadata vocabulary for documenting research and survey data [C]//LDOW. 2013.

[146] Wira-Alam A, Dimitrov D, Zenk-Möltgen W. Extending basic dublin core elements for an open research data archive [C]//Proceedings of the 2012 International Conference on Dublin Core and Metadata Applications. Dublin Core Metadata Initiative, 2012: 56-61.

[147] Rühle S, Schulze F, Büchner M. Applying a linked data compliant model: the usage of the Europeana data model by the deutsche digitale bibliothek [C]//Proceedings of the 2014 International Conference on Dublin Core and Metadata Applications. Dublin Core Metadata Initiative, 2014: 24-30.

[148] Isaac A, Charles V, Fernie K, et al. Achieving interoperability between the CARARE schema for monuments and sites and the europeana data model [C]//DC-2013, Lisbon, Portugal, 2013.

[149] Vila-Suero D, Gómez-Pérez A. Datos. bne. es and MARiMbA: an insight into library linked data [J]. Library hi tech, 2013, 31

(4): 575-601.

[150] Bowen J. Metadata to support next-generation library resource discovery: lessons from the eXtensible catalog, phase 1[J]. Information Technology and Libraries, 2013, 27(2): 6-19.

[151] W3C. Simple knowledge organization system[EB/OL]. [2015-03-08]. http://www.w3.org/2004/02/skos/.

[152] Library of Congress. LC linked data service[EB/OL]. [2015-05-01]. http://id.loc.gov/.

[153] Zapilko B, Schaible J, Mayr P, et al. TheSoz: a SKOS representation of the thesaurus for the social sciences[J]. ArXiv Preprint ArXiv: 1209.5850, 2012.

[154] Caracciolo C, Stellato A, Rajbahndari S, et al. Thesaurus maintenance, alignment and publication as linked data: the AGROVOC use case[J]. International Journal of Metadata, Semantics and Ontologies, 2012, 7(1): 65-75.

[155] Schandl T, Blumauer A. PoolParty: SKOS thesaurus management utilizing linked data[M]//The Semantic Web: Research and Applications. Springer Berlin Heidelberg, 2010: 421-425.

[156] Westrum A L, Rekkavik A, Tallerås K. Improving the presentation of library data using FRBR and Linked data[J]. Code4Lib Journal, 2012(16).

[157] 梁亮, 周宇麟. 关联数据在图书馆的应用实践——以杭州图书馆"热门标签"应用为例[J]. 图书馆学研究, 2013(18): 24-28.

[158] 游毅, 成全. 试论基于关联数据的馆藏资源聚合模式[J]. 情报理论与实践, 2013(1): 109-114.

[159] Santos Neto A L, Marcondes C H, Pereira D V, et al. Using open data technology to connect libraries, archives and museums: a Machadian case[J]. Transinformacao, 2013, 25(1): 81-87.

[160] 张永娟, 孙晓丽, 管兴华, 等. 基于关联数据的专家系统库的构建[J]. 图书馆杂志, 2015(5): 80-84.

【作者简介】

吴丹，女，教授，博士，武汉大学信息管理学院图书馆学系副系主任，入选“国家万人计划青年拔尖人才”。研究方向为信息组织与检索。

史劲松，男，硕士，毕业于武汉大学信息管理学院，现工作于南开大学图书馆。研究方向为信息组织与检索。

2011—2015年国内外信息检索研究述评

——基于SIGIR的主题分析

黄如花[1]　邱春艳[2]

(1. 武汉大学信息管理学院；2. 曲阜师范大学传媒学院)

[**摘　要**]文章以信息检索领域顶尖国际学术会议——美国计算机协会信息检索专门兴趣小组(SIGIR)年会2011—2015年间会议主题和论文作为研究对象，统计这五年信息检索研究的成果，系统梳理模型、技术、方法、评价等比较典型的主题领域的研究进展，总结信息检索领域研究的特点和总体发展趋势，以期为未来我国信息检索研究提供借鉴。

[**关键词**]信息检索　述评　模型　方法　技术　评价　趋势

A Review of Research on Information Retrieval at Home and Abroad During 2011-2015

—Based on Analyzing Topics of SIGIR

Huang Ruhua[1]　Qiu Chunyan[2]

(1. School of Information Management, Wuhan University;

2. School of Communication Qufu Normal University)

[**Abstract**] The article takes themes and long articles of SIGIR 2011-2015 as research object and makes a statistic on research results during 2011-2015 by SIGIR Proceedings. The article analyzes main typical areas such as model, technology, method and evaluation. And then summarizes characteristics and general trends in information retrieval research aiming at providing reference for our future research.

[**Keywords**] information retrieval review model method technology evaluation trends

无论海量信息资源，还是大数据资源，组织和检索都是发挥其价值和作用的关键。一直以来，如何从海量信息资源中高效地获取所需信息是社会众多领域关注且需要解决的重要问题。信息检索是图书情报学及计算机科学领域持续的研究热点之一，通过完善信息检索技术以及提升用户信息检索技能等来推动信息检索领域的整体发展是该领域的长期目标。本文旨在系统梳理2011—2015年国内外信息检索领域的研究进展，以期为后续研究提供借鉴与参考。

美国计算机协会(Association for Computing Machinery，ACM)的信息检索专门兴趣小组(Special Interest Group on Information Retrieval，SIGIR)的年会被誉为信息检索领域顶尖国际学术会议，自1978年来已召开38届，其会议主题和收录的会议论文代表了信息检索阶段性的发展趋势和热点。本文以2011—2015年SIGIR会议主题及会议集收录的长论文为样本，综合运用网络调查法、文献计量法、统计分析和比较法等多种方法进行分析，旨在梳理这五年国内外信息检索领域的研究进展，分析国际信息检索领域的发展动态。

1　2011—2015年SIGIR会议主题及其发展

1.1　2011—2015年SIGIR会议的主题统计

笔者将ACM SIGIR近五年会议的征文主题网站信息进行整理，如表1所示。通过对这些会议网站的征文主题内容统计我们发现，近五年SIGIR会议的征文主题未发生较大变化，其主题主要包括以下11个方向，唯一的较大变化在于2015年会议增加了“物联网中信息检索的应用”这一主题。

表 1 **2011—2015 年 ACM SIGIR 会议的主题**

年份	主 题
2011—2015	Document Representation and Content Analysis(文档表示和内容分析)
2011—2015	Queries and Query Analysis(查询和查询分析)
2011—2015	Retrieval Models and Ranking(检索模型和排名)
2011—2015	Search Engine Architectures and Scalability(搜索引擎构建和可拓展性)
2011—2015	Users and Interactive IR(用户和交互式信息检索)
2011—2015	Filtering and Recommending(信息过滤和推荐)
2011—2015	Evaluation(评估与评价)
2011—2015	Web IR and Social Media Search(网络信息检索与社交媒体检索)
2011—2015	IR and Structured Data(信息检索与结构化数据)
2011—2015	Multimedia IR(多媒体信息检索)
2015	Search Applied to the Internet of Things(物联网中信息检索的应用)
2011—2015	Other Applications(其他应用)

1.2 2011—2015 年 SIGIR 会议征文主题的变化

我们通过对 2011—2015 年 ACM SIGIR 会议的征文主题网站进行进一步分析发现，虽然其总体主题未发生较大变化，但会议主题涵盖的多个具体方向却呈现出较为明显的变化(如表 2 所示)：在“文档表示和内容分析”领域，跨语言、多语言检索领域逐渐从非英语检索和跨语言检索演变而来，且其界定逐渐明晰，从 2013 年开始，自然语言检索和文本流开始成为该领域的热点问题；在“查询和查询分析”领域，对话检索从 2013 年开始逐渐进入研究视野，从 2014 年开始，查询预测、口语的查询、摘要等成为关注的新领域；在“检索模型和排名”方面，从基于特征的信息检索模型的研究

表 2　**2011—2015 年 SIGIR 会议主题涵盖的具体方向的变化**

2011	2012	2013	2014	2015	未发生变化的方向
非英语检索；跨语种检索	非英语检索；跨语种检索	多语言检索；跨语种检索，新增“自然语言处理、文本流”	术语变更为“跨语种和多语言检索”	—	文本表示、文档结构、语言分析、信息提取、情绪分析、聚类、分类、主题模型、方面
—	—	新增“会话式查询；会话分析”(新增，后续划归到“用户领域”)	新增“查询预测、口语查询、摘要”；“会话式查询”等变更为“会话式查询和对话”	—	查询表示、查询意图、查询日志分析、问题回答、查询建议、查询再造
—	—	特征模型(后取消)	新增“集成检索”	—	信息检索理论、语言模型、概率检索模型、排名、综合检索、多样性
—	映射化简(后取消)	移动设备(后变更了术语)	移动设备变更为“移动信息检索”；新增“云信息检索”	—	索引、压缩、分布式检索、P2P 检索
—	查询日志(后划归到“查询”类)	用户反馈；摘要(后续变更为“查询领域”)	新增“交互分析、会话分析、探索式查询、社会化和合作式查询、整体会话支持”	—	用户模型、用户学习、检索界面、问题模型

续表

2011	2012	2013	2014	2015	未发生变化的方向
—	—	情景(后取消)	—	—	内容过滤、协同过滤、推荐系统
			新增“基于会话的评估;仿真”		测试集、效率测量、实验设计
查询日志(后划归查询一类)	推广与检索(后取消)	新增“点击模型/行为模型、微博检索、推广检索”	推广检索扩充为“推广检索与垃圾邮件”	—	链接分析、社会化标签、社交网络分析、博客检索、论坛检索、社群QA、垂直和本地检索
—	—	—	—	—	XML检索、数据库排名、桌面检索、实体检索
—	—	—	—	—	图像检索、视频检索、语音/音频检索、音乐检索
—	—	—	新增“新信息检索问题”	—	数字图书馆、企业检索、基因检索、法律检索、专利检索、文本复用

转换为聚合检索的研究；对“搜索引擎构建和可拓展性”的研究，从分布式检索、移动设备拓展开展对移动信息检索和云信息检索的研究；“用户和交互式信息检索”领域从 2014 年开始新增交互分析、会话分析、探索性检索、社交和协同检索等方面的研究；“网络信息检索与社交媒体检索”领域，自 2013 年开始新增点击模型、行为模型、微博检索等方面的研究；而信息过滤和协同推荐、评估与评价、信息检索与结构化数据、多媒体信息检索等几个领域未出现较大的主题变化和增减。

由此可知，2013 年是 SIGIR 会议征文主题转换和增减最为突出的一年，从 2013 年开始，信息检索几个重要领域的研究问题和范围呈现较为突出的创新和拓展，自然语言检索、跨语言检索、查询预测、聚合检索、移动信息检索、云信息检索、交互分析、会话分析、社交和协同检索、点击和行为模型、微博检索等成为新的研究热点。

2 2011—2015 年 SIGIR 收录论文的计量分析

2.1 SIGIR 年度收录论文数量

SIGIR 每年的会议论文被 ACM Digital Library 收录，本文以 ACM Digital Library 中 SIGIR 会议论文集作为信息源进行统计，在分析中，选取会议集收录的长论文作为分析对象，其他类型的论文，如 poster 等则未纳入统计范围。从 2011 年至 2015 年，SIGIR 收录论文 431 篇，其各年收录论文量如表 3 所示。

表 3 **2011—2015 年 SIGIR 收录论文的国别分布**

2011	篇数	2012	篇数	2013	篇数	2014	篇数	2015	篇数
美国	51	美国	36	美国	27	美国	28	美国	21
中国	20	中国	15	中国	12	中国	21	中国	10
德国	8	英国	6	英国	6	新加坡	7	英国	7

续表

2011	篇数	2012	篇数	2013	篇数	2014	篇数	2015	篇数
英国	5	西班牙	8	荷兰	5	英国	3	荷兰	6
加拿大	4	荷兰	7	新加坡	5	西班牙	3	俄罗斯	4
新加坡	4	德国	3	俄罗斯	3	以色列	3	加拿大	3
巴西	3	意大利	2	加拿大	2	加拿大	3	新加坡	3
荷兰	2	日本	3	西班牙	2	法国	2	澳大利亚	2
土耳其	2	印度	3	智利	2	意大利	2	瑞士	2
澳大利亚	1	丹麦	1	巴西	2	荷兰	2	德国	2
以色列	1	新加坡	5	日本	1	爱尔兰	1	巴西	2
印度	1	加拿大	2	澳大利亚	1	葡萄牙	1	意大利	2
瑞典	1	瑞士	2	德国	1	巴西	1	丹麦	1
希腊	1	澳大利亚	2	韩国	1	日本	1	以色列	1
西班牙	1	芬兰	1	印度	1	德国	1	比利时	1
瑞士	1	挪威	1	以色列	1	芬兰	1	韩国	1
俄罗斯	1	智利	1	瑞士	1	印度	1	奥地利	1
挪威	1	—	—	—	—	澳大利亚	1	西班牙	1
合计	108	合计	98	合计	73	合计	82	合计	70

SIGIR 会议每年的投稿论文数量较多，接受比率稳定在 19%左右，而 2011—2015 年论文接受比率在 20%，平均比率偏高一个百分点。该会议每年接受论文平均在 71 篇左右，2011—2015 年接受论文数则呈现略高于平均值的趋势(见图 1)。

2.2 各国 SIGIR 发文数量统计

笔者对 2011—2015 年 SIGIR 长论文第一作者所属单位的国别进行统计(见表 3)，结果表明，近五年美国每年发文量高居榜首，其发文总量占总发文量的 37.82%，遥遥领先，中国紧随其后。此

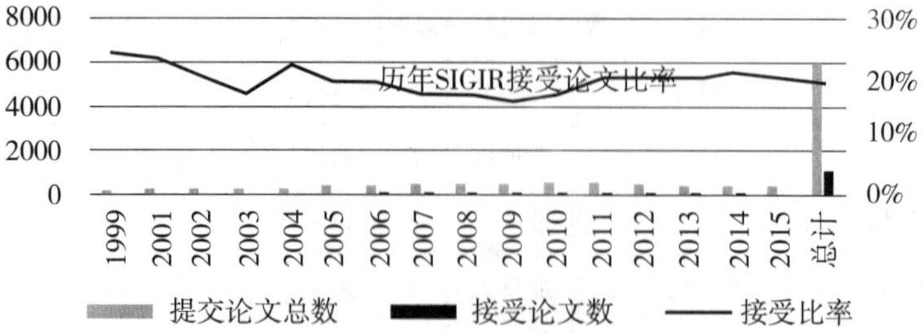

图 1　1999—2015 年 SIGIR 接受论文比率

外，英国、新加坡、荷兰等国 SIGIR 的参与度较高(见图 2)。

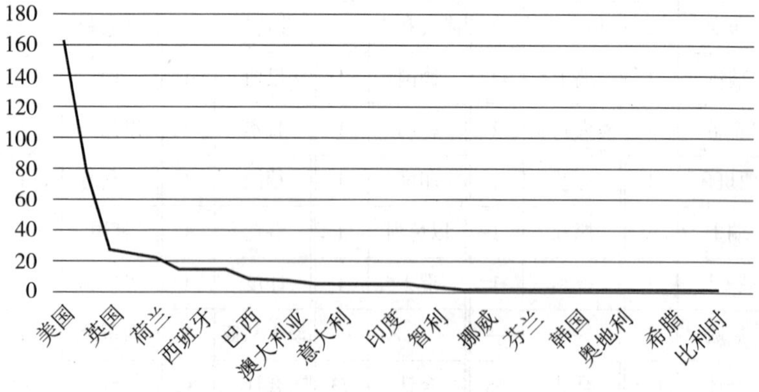

图 2　近五年 SIGIR 各国发文数量分布

2.3　中国机构发文数量统计

根据上述对 SIGIR 长论文发文机构所属国别的统计可知，在 SIGIR 发文的所有国家中，来自中国的机构发文数量次于美国，居第二位。从数量看，我国在 SIGIR 每年平均发文量为 15.6 篇，约占 18%(见表 4)，由此可见，我国亦是信息检索领域研究的重要力量之一。

表4　2011—2015年SIGIR论文中的中国机构发文量统计

	2011	2012	2013	2014	2015	合计
中国机构发文	20	15	12	21	10	78
年收录总文献量	108	98	73	82	70	431
中国机构发文比率	18.52%	15.31%	16.44%	25.61%	14.29%	18.10%

通过对发文机构的统计(见表5)可知，67篇来自于高校，占发文总量的85.90%；8篇来自于中国科学院；3篇来自于微软亚洲(北京)研究院。不难看出，高校是中国在SIGIR发文的主力，近些年IT机构在技术和产品研发的过程中也开始注重在信息检索领域的国际会议投稿。清华大学、北京大学、浙江大学、中国科学院等9所机构累计发文56篇，占发文总数的71.79%，是中国科研机构发文的核心力量。

表5　2011—2015年SIGIIR论文中中国发文机构的统计
(以第一作者为统计标准)

排名	机构	2011	2012	2013	2014	2015	发文合计
1	清华大学	3	2	4	2	3	14
2	北京大学	4	1	0	3	0	8
2	浙江大学	2	1	3	2	0	8
2	中国科学院	1	3	0	2	2	8
5	上海交通大学	0	2	0	2	0	4
5	复旦大学	1	1	0	2	0	4
5	台湾大学	0	1	1	2	0	4
8	北京理工大学	1	1	0	0	1	3
8	微软亚洲中国研究院	1	1	1	0	0	3
10	哈尔滨工业大学	1	1	0	0	0	2
10	南开大学	0	0	0	2	0	2
10	中国科技大学	0	0	0	1	1	2

续表

排名	机构	2011	2012	2013	2014	2015	发文合计
10	同济大学	1	0	0	0	1	2
10	香港科技大学	1	0	0	1	0	2
10	香港中文大学	0	0	1	1	0	2
16	华东师范大学	1	0	0	0	0	1
16	北京航空航天大学	0	0	1	0	0	1
16	大连理工大学	1	0	0	0	0	1
16	武汉大学	0	0	0	1	0	1
16	天津大学	1	0	0	0	0	1
16	山东大学	0	0	0	0	1	1
16	香港理工大学	0	0	1	0	0	1
16	香港城市大学	0	0	0	0	1	1
16	澳门大学	1	0	0	0	0	1
16	苏州大学	0	1	0	0	0	1

3 2011—2015 年 SIGIR 论文的主题统计

通过对上述 431 篇长论文的主题进行统计和分析，我们归纳了 23 个研究主题(部分论文并非仅涉及单一主题领域，但以其中某一主题领域为准)，并统计了各研究主题所占的载文量和载文量百分比，统计结果如表 6 所示。

表 6　　2011—2015 年 SIGIR 长论文的主题分布

主题	2011	2012	2013	2014	2015	合计	占总载文量百分比(%)
用户研究	8	11	12	9	7	47	10.90
评价与评估	7	11	14	5	9	46	10.67

续表

主题	2011	2012	2013	2014	2015	合计	占总载文量百分比(%)
查询	12	10	8	5	10	45	10.44
信息过滤与推荐系统	12	9	4	11	4	40	9.28
多媒体检索	9	9	3	4	6	31	7.19
社交媒体	3	4	8	10	5	30	6.96
模型与结构	6	8	11	1	1	27	6.26
网络检索	8	6	0	0	7	21	4.87
算法与排名	4	3	4	5	4	20	4.64
个性化与多样性	3	6	3	6	0	18	4.18
其他应用	4	4	3	2	4	17	3.94
摘要与索引	7	0	0	3	4	14	3.25
垂直检索与实体检索	4	6	0	1	3	14	3.25
分类与聚类	6	4	0	0	1	11	2.55
时间与空间	0	0	3	7	0	10	2.32
社群	4	4	0	0	0	8	1.86
专业领域检索	0	0	0	4	3	7	1.63
情感	0	0	0	6	1	7	1.63
跨语言检索	4	0	0	0	1	5	1.16
测试集	4	0	0	0	0	4	0.93
语义分析	3	0	0	1	0	4	0.93
结构化数据	0	3	0	0	0	3	0.70
相关反馈	0	0	0	2	0	2	0.46
合　计	108	98	73	82	70	431	100.00

经过上述23个研究主题的划分和统计，可知2011—2015年SIGIR长论文的主题覆盖范围较广，分布不均，其中“用户研究、

评价与评估、查询、信息过滤与推荐系统、多媒体检索、社交媒体、模型与结构、网络检索、算法与排名、个性化与多样性、摘要与索引、垂直检索与实体检索”等主题的长论文数量占总数的81.89%，可见上述主题是近五年相对热门的研究主题，其中，用户研究、评价、查询、信息过滤、模型与结构、算法与排名等主题是信息检索研究领域的长期热点，而近些年对网络、社交媒体、多媒体等领域的关注，带来了对社交媒体检索、网络检索、个性化与多样性等主题的研究热。与此相比，对于摘要、分类、语义、跨语言检索、结构化数据等主题的研究力度减弱，新兴领域如专业领域检索的研究成果数量较少。

4 2011—2015年SIGIR论文涉及的信息检索研究主要领域及其进展

从对 2011—2015 年 SIGIR 征文主题及其收录长论文主题的统计分析来看，SIGIR 涉及的信息检索研究领域广泛，细分主题相对较多，但在一定的时间范围内，信息检索领域的研究呈现出持续性与阶段性并存的特征。前文已通过征文主题和长论文主题的统计分析，对近年来信息检索领域的研究特征进行了总结，本部分将依据上述统计结果，选取信息检索领域当前比较热门的几个主题，详述其研究进展。

4.1 信息检索模型与算法

4.1.1 信息检索模型探索

经典信息检索概率模型如 BM25 将文件长度作为假设长度(认为文档与其长度之间的关系独立)与假设范围(与前述相反)之间的权衡。尽管经典概率模型有效，但在提升检索效果方面，文档长度与相关性之间的潜在关系并未得到充分的考虑。加拿大约克大学 Xiaofeng Zhou 等针对这一问题开展研究，认为文件长度对相关性有影响。Zhou X 等对概率密度函数进行研究的基础上，提出了以长度为基础的 BM25 相关度加权模型即 BM25L 模型，将文档长度作为实际的加权项，并对标准化 TREC 集合进行实验，结果表明 BM25L 明显优于 BM25 模型[1]。美国 Efron M 与 Golovchinsky G 就文档的时间性影响查询相关性这一问题展开研究，在早期建模时间性基础上，提出查询条件概率模型(query likelihood model)，其中将查询特征信息用来评估速度参数，在语言模型中引入时间因素，并采用伪相关反馈进行查询拓展，以 Twitter 语料库、两个新闻文章集合为测试对象进行检索实验。结果表明，与之前的方法相比，文中提出的方法能更好地获取与特定话题相关的时间变率[2]。加拿大约克大学 Jiashu Zhao 等针对术语临近检索的问题，引入交叉术语(cross term)的概念，构建提升信息检索效果的查询词邻近度模型，在该模型中，假设查询词的出现对其上下文文本具有影响，而这一影响将随着出现位置的距离增加而减弱。通过形状函数来描述这一影响，当两个查询词相邻且其影响形状函数存在交叉点时交叉术语项出现。Zhao J 等还提出结合交叉术语信息和基本概率加权排名模型的交叉术语检索(cross term retrieval，CRTER)模型，通过大量 TREC 标准化集合的实验验证了 CRTER 模型的有效性[3]。

对再发表的文章进行查询，归结起来是文章初始出版源与其他出版源之间的识别，其他出版源以社交媒体源为主。荷兰阿姆斯特丹大学 Tsagkias M 等就这一问题进行研究，将其作为临时性检索问题对待，将源文件作为一个查询。Tsagkias M 等将语言建模作为研究的基础方法，重新审视一元语言模型，并且将只面向完整新闻文章的查询设置纳入考虑范围。文中提出了两个检索模型，即日志文档模型和贝叶斯模型，其中文档参数用狄利克雷符合多项分布来估算，并使用新闻和博客文章做语料库，对新检索模型进行分析，发现基于不重复抽样分布的模型要优于传统多项分布模型[4]。

4.1.2 检索结果排名

机器学习排名近年来一直是研究者关注的焦点之一。从大规模文本语料库中根据给定的文本查找相似文本是基本的信息检索技术，然而现有的索引技术对于文本的特殊性质如高维度、稀疏表示、语义等的解决较为困难。清华大学 Linkai Weng 等与微软亚洲研究院的科研人员提出了一种基于文档分解的两级检索解决方案。

通过降维的方法将文档分解成为紧向量和一些特定的关键词，紧向量体现文档的语义，关键词补充降维过程所导致的识别力缺失问题。Weng L 等采用位置敏感哈希算法对紧向量进行索引，然后根据文档的特定关键词对文档进行再排名，并在相似文档检索试验中对该方法进行了有效性验证。[5] 研究表明，boosting 在各种检索问题中提高预测都有较好的作用，在机器学习排名中，RankBoost 以及 LambdaMART 等模型被证实是基于公共数据集评估学习的最佳模型。美国加利福尼亚大学 Ganjisaffar Y 等在其文中提出作为减少变化的装袋技术与作为降低方差的提升技术的结合，可以形成具有高精确度、低方差的排名模型。文中提出，通过对 LambdaMART 进行成千上万参数的实验，得到了高精度提升(boosting)模型，而装袋技术在 LambdaMART 模型的运用，其排名模型结果在高精确度的同时方差降低了 50%。[6]

现代信息检索中，检索结果的时效性是重要因素，若不能对查询的时效性进行有效识别可能导致消极的用户体验以及搜索引擎的失效。然而，时效性和相关度与新闻查询等部分主题相关，与时间要求不高的查询关系不大，因此不同指标的提升相互之间有所损益。美国利哈伊大学(Lehigh University)的 Na Dai 等提出了一个机器学习框架，可以同时优化时效性和相关度，权衡自适应的查询时间属性。文中首先阐述了查询的不同时间属性以及可以用来捕捉这些属性的特征，然后引入监管框架，该框架均衡查询文档的时间特性与其他排名属性从而提升检索结果的时效性和相关度，通过对大规模存档网络语料库的实验验证了该技术方法的有效性[7]。华东师范大学 Cai P 等提出在新环境中主动学习适应对于我们的知识和能力是一个常见的挑战。其论文将这种主动学习的原则用来提升排名自动适应的效果，这对于网络检索是至关重要的，因为，对于特定领域经过完全训练的“排名者”也很难收集足够多的标签数据。鉴于成本效益，我们总是希望特定领域最详实的实例成为被收集的目标，同时，我们可以对源领域的知识进行排名。文中提出统一的排名框架，实现信息化目标领域查询的积极选择与恰当的源训练数据作为相关先验知识权衡之间的相互增强。以 LETOR3.0 和

Yahoo！两个学习排名挑战数据集为基础进行实验，其方法明显优于在排名适应中所用的随机查询注释以及仅以领域数据为积极排名学习对象的方法[8]。

由于在运用学习排名方法的检索系统中，人工评判很难获得可靠的有效性评价，Niu S 等在文中提出了创新性的 top-k 学习排名框架，包含了标签策略、排名模型和评估措施等。鉴于用户比较关心排在最前面的检索结果，文中提出了创新性的 top-k 标签策略，类似于以堆序列的方式对从 n 文档集合中生成的 top-k 有序化条目进行偏好判断[9]。

马里兰大学的 Wang L 等认为通过高级的排名方法或者设计复杂的排名算法能够提升整体的检索效果，但忽略了稳健性，整体性、平均化的提升往往以对其他查询的损伤为代价。鉴于稳健性是测量用户满意度的重要指标，文章提出了统一化的框架以同时提升检索的有效性和稳健性，建议在原则性的学习框架中均衡两个互相排斥的措施，实验表明，此种方式的学习模型能够有效减少排名的失效，同时与当前最先进的模型保持平均水平的有效性。[10]

4.1.3 检索算法

美国伊利诺伊大学香槟分校的 Yuanhua Lv 等认为，伪相关反馈对于提升信息检索的效果非常有效，但伪相关反馈对其他的查询有所损伤，因此限制了其在信息检索实际应用中的有效性。为了在不对其他查询造成不利影响的情况下提升伪相关反馈的整体有效性，Yuanhua Lv 等提出了创新性的学习算法 FeedbackBoost，该算法在提升框架(boosting framework)的基础上，优化一系列基本反馈算法的组合，利用损失函数测量稳健性和有效性。FeedbackBoost 这一模型的特点在于可以与诸多基础的反馈方法结合，从而使此类方法成为伪相关反馈的优化框架。Yuanhua Lv 等通过结合不同文档权重策略，在语言模型基础上运用该模型对伪相关反馈进行改善[11]。当设计大规模文档集合的检索模型时，对有效性和效率有一个基本的均衡。有效性来自于复杂排名功能如使用机器学习排名构建的功能驱动，而效率的获得来自于查询评估和缓存策略。鉴于两者互相排斥的特性，在同一个系统中均衡有效性和效率很难做到。美国马里兰大学 Wang L 等提出了创新性的提升排名算法，学习级联排名直接用于优化有效性与效率之间的权衡，实验结果表明，级联更快，返回结果比其他排名模型质量更高[12]。

对于大规模相似检索而言，设计有效且高效的解决方案是重要的研究问题。较为流行的做法是通过语义哈希算法，将数据实例作为简洁的二进制编码，从而可以实现快速检索和低存储成本的目标，但此种方法存在一定缺陷：标签信息通常与真实应用世界中的文档相关，但未得到充分利用；关键词空间特征的相似性并不能完全呈现超过关键词匹配的语义关系。美国普渡大学 Wang Q 等在其文中提出了创新性的哈希方法，即使用标签与主题的语义哈希模型(semantic hashing using tags and topic modeling，SHTTM)，将标签信息和概率主题模型的相似性信息进行集成，该模型的设计确保哈希编码与标签信息的一致。通过对四个不同数据集的实验研究，发现 SHTTM 算法比同期一些先进的语义哈希技术呈现更多的优点[13]。鉴于其低存储成本和快速的查询速度，哈希算法已经被广泛应用于大规模数据的临近相似检索，传统的哈希算法通常在非监管的可度量结构的训练数据中学习哈希编码，近年来，监管下的哈希算法已被证明比非监管方法具有更高的准确度。上海交通大学 Zhang P 等提出了监管式的哈希方法，即潜在因素哈希算法(latent factor hashing，LFH)，在潜在因素模型的基础上学习相似-保存二进制编码，同时，线性时间变量和随机学习被用于大规模数据的 LFH 训练。对两个大规模数据集的实验结果表明，LFH 能够用同时期的方法所需的相同时间达到更高的准确度。[14]

推荐系统通常需要在用户选择特定条目之前对大量的目标对象进行比对，如果推荐系统经常处理大规模的数据集，这一过程需要较高的成本。普渡大学 Zhang Z 等针对这一问题，提出了创新性的哈希算法，即偏好保存哈希算法(preference preserving hashing，PPH)，用以提高推荐系统的速度。与一般的大规模相似性检索不同，推荐系统更注重用户的偏好而不是检索对象的相似性。PPH 在矩阵分解算法(matrix factorization，MF)基础上添加了两个创新性部分：限制学习过程和新型量化算法。前者通过用户和条目的相似性来预测用户偏好，后者根据有价值的用户和条目特征生成二进制哈希代码。通过 PPH 在三个真实数据集的测试发现，PPH 算法比 MF 的速度高百倍，推荐准确度比推荐系统所采用的哈希算法高。[15]

跨媒体哈希算法通过将来自不同形式的数据嵌入到通用的低维汉明(hamming)空间从而实现跨媒体检索，该方法近些年被广泛追捧。这种跨媒体哈希方法只针对那些保存形态内部以及形态之间关联的学习哈希算法，但不直接获取多模型数据潜在的语义信息。Yu Z 等提出了识别性耦合字典哈希算法(discriminative coupled dictionary hashing，DCDH)，该方法耦合字典不仅保留了内部相似性和多模型数据之间的相关性，还包含了字典原始语义的区别。为了实现快速跨媒体检索，DCDH 还学习了将字典数据映射到低维汉明空间的哈希功能。通过对真实的两个数据集的实验，表明 DCDH 和跨视域 DCDH 的表现与同期跨媒体检索方法相比有明显优势。[16] 基于哈希算法的相似性检索对于大规模文档和图像等多媒体数据库的跨模型检索有效从而广受关注，而跨模型哈希算法的主要问题在于如何有效构建异质性模型之间的关联。清华大学 Zhou J 等提出了潜在语义稀疏哈希算法(latent semantic sparse hashing，LSSH)，采用了稀疏编码和矩阵分解来开展跨模型相似性检索，前者用以获取图像的凸结构，后者用以学习文本的潜在概念，然后将获取的潜在语义特征与联合抽象空间进行映射。此外，应用迭代策略以抽取最佳解决方案，同时有效而自动地获取模型之间的关联。通过对三个数据集的实验表明 LSSH 的方法在跨模型情境下的效果明显优于同期其他方法。[17] 有研究表明，通过在哈希功能学习中结合监管性信息如语义标签等，可以大幅度提升哈希算法的质量，然而现有的监管式哈希方法通常是消息的方法，其假设标签化的数据是提前备好，但实际应用中此类信息可能无法获取。普渡大学 Wang Q 等提出了联合数据实例与标签选择的积极哈希算法(active hashing with joint data example and tag selection，AH-JDETS)，基于最不确定和彼此不同的标准积极选择最详实的数据实例和标签，标签信息与非标签数据结合生成有效的哈希函数。通过对四个不同的大规模数据集的实验证明，AH-JDETS 比同期监管式哈希算法先进，且标签成本要小得多。[18]

基于回归树附加集合的学习排名模型对于网络搜索引擎查询有效，对质量和效率要求较为苛刻，但此种方法成本高。Lucchese C 等提出了 QuickScorer 算法，该算法在基于树状排名模型让采用位矢量，并通过简单逻辑位操作来呈现整体的交叉。该方法支持缓存，无论在数据布局和访问模式还是对低分支错误控制方面都表现出色。[19]在网络检索和社会计量学等领域，SimRank 是基于链接相似性的较有影响的算法，但在高质量检索结果方面存在不足。伦敦帝国大学的 Yu W 等从高质量相似检索需求出发，采用 SR#的方法，相比其他方法，该方法可以准确抽取高质量得分，且速度更快。[20]

4.1.4　信息检索结构

监管式学习应用于回答的再排名能够高度提升问答系统的整体有效性，关键在于问题和回答这一对的关系和属性能够被学习模型有效地比对。Severyn A 等提出了创新性的监管方法来探索问题与备选答案之间的结构化关系以学习再排名模型，通过序列和树内核以支持向量机(support vector machines，SVMs)对结构进行编码，从而在大规模特征空间中隐性地呈现问题与回答。[21]墨尔本皇家理工大学 Culpepper J S 等认为，四十多年来，排名文档检索的主要数据结构一直都是反向索引，反向索引对于多样化的文档检索问题来说非常有效，同时对于需要硬件存取和储存的大规模数据集合的检索也能起到一定作用。然而随着硬件的发展，对效率有要求的检索任务可以在内存中较容易地实现。Culpepper J S 等在文中提出了一个内存袋混合算法框架，使用 FM 索引、小波树以及压缩后缀树的数据结构中抽取的自索引进行排序，并对不同算法在内存查询中的有效性进行优缺点的评估。结果表明，文中提出的框架与最先进的索引结构具有较大竞争力，同时表明该算法对于未来提高系统在基本检索功能方面的有效性和效率方面有无限可能。[22]

跨时间文本检索通过时间谓词丰富了文本检索的标准，因此，用户可以通过给定的关键词和特定的时间间隔方便地实现不同版本网络文档的查询。目前不同的索引结构被用于支持有效地跨时间段文本检索，然而却很少能紧跟网络的发展以及网络存档不断添加新版本的事实。Anand A 等在其文中提出了创新性的索引结构，既可支持跨时间的文本检索，又能追踪添加到网络存档中的新文档版本。该方法使用分片索引组织，限制每分片不符合逻辑的索引条目的数量，并且可以由小型内存缓冲区和拓展功能来维系。通过对两个大规模的真实数据集的实验，表明文中提出的索引结构比定期重建索引结构具有数量级的效率优势，同时，其处理性能并没有因此产生负面影响。[23]

版本文档集包含了一个文档的多个版本，最典型的例子如网络存档、维基百科，或者版本控制系统中的源代码和文档等。根据对过去版本保存的需求，版本文档集合可能变大，然而不同版本之间存在可开发利用的冗余，因此版本文档集合通常采用特殊微分压缩技术进行存储，同时，诸多科研人员正在研究如何利用这种冗余来获取更为简洁的全文索引结构。He J 等研究了版本全文索引结构所用的索引组织和压缩技术，提出了在版本文档集合中运用的索引和查询框架，集成了位置性与非位置性索引以实现快速的 top-k 查询处理。[24]

网络搜索引擎广泛应用的位置排名功能通过开发文档中查询词的位置来提升检索结果的质量。然而众所周知，位置限定索引需要大量的额外存储空间，约是非位置限定索引的 3 倍之多。为回答是否需要对位置数据进行索引的问题，Arroyuelo D 等在其文中通过位置排名功能和文本碎片的生成来分析搜索引擎的时空平衡，同时考虑索引和非索引的方法。其研究表明，位置和文本数据可以通过传统位置索引所需空间的 71%来实现，而查询时间增减却很少。[25]

4.2 信息检索用户研究

4.2.1 用户行为与点击模型

Elsweiler D 等对用户再查询行为进行研究，开展纵向、自然的电子邮件行为研究，通过定性和定量的方法区分日志中的再查询行为。研究证明使用电子邮件行为的识别方法，可以从电子邮件交互日志中准确地获取再查询行为。运用该方法所得到的发现，可以帮助电子邮件客户端改进设计，更全面地理解用户行为，进而满足用户需求[26]。网络检索的性能可以通过提升搜索引擎自身或者对用户检索效率的培训等来改善。大量研究针对搜索引擎自身改善开展，而对用户检索效率的培训则很难通过量化的方式进行测量。Moraveji N 等提出了可开展实验的方法，对用户教育的改善情况进行量化。在该研究中，用户教育通过实战性检索技巧的形式来实现，拓展了用户对于任务相关工具以及检索应用特征的意识。研究伊始，当参与者开展检索时提供检索提示，参与者可从中得到帮助，一周后的后续研究不再实时提供检索提示，参与者的检索效率仍比对照组有所提高。该研究对于用户检索界面设计、信息检索系统研究等有积极影响[27]。搜索引擎切换是网络搜索引擎之间自然的过渡，搜索引擎的切换可能是出自用户对检索结果的不满、对覆盖更广范围主题或者验证的需求、用户偏好，或者是无意识的行为。Guo Q 等对特定查询中搜索引擎切换的原因进行分析，通过设计和应用客户端仪器获取用户实时反馈以识别转换的原理。运用此反馈信息，文中对用户在特定检索中切换搜索引擎的原因进行详细分析。Guo Q 等还对内在行为信号与切换原因之间的关系进行研究，构建并评价切换原因的预测模型。研究结果揭示了行为持续性对于准确预测切换原理的支撑，这可以用来开展检索体验的调整以及获取更准确的竞争力指标等。[28]

分析检索达人的检索策略和行为对于提升所有检索者的检索体验至关重要。同是开展检索行为的研究，受控实验室开展的小规模研究与以日志为基础对检索者意图和其他重要因素进行推断的大规模研究之间存在争论。Ageev M 等提出了受控但实际、可伸缩、可再生的检索行为研究方法。其关注点着力于困难的富信息性检索任务，此类任务让当前网络检索的用户较为困扰。对信息检索中不同类型的“成功”提出一个原则性规范，该过程对之前提出的模型进行封装和锐化；提出一个众包检索行为研究的可拓展游戏性框架，专门获取和评估成功的检索策略，然后用上述数据来呈现检索成功的分析。通过研究表明，文中所提出的检索成功模型对于预测成功的检索比其他方法有效。[29]

点击率通常被作为较有价值的用户隐形相关反馈来源，由于用户行为通常受到位置、表现风格、网站声誉等因素的影响，科研人员提出了多种点击模型以生成合理的结果相关性评估。清华大学Wang C 等探索了如何将非时序行为恰当的纳入点击模型这一问题，提出了创新性的点击模型即部分时序点击模型(partially sequential click model，PSCM)，以获取用户实际操作行为。文中将 PSCM 与已有的若干点击模型进行实际应用对比，结果表明，PSCM 在预测点击行为、对结果相关度的预估等方面要优于其他模型[30]。该研究还将相关数据集进行公开，以供未来相关研究所用。Grotov A 等阐述了对信息检索的排名进行安全对比的问题，特别是从现有的产品排名向新的排名转换过程中牵涉的危险因素。现有的在线对比方法要求呈现潜在的、非最佳结果列表，因而容易导致用户的失望和放弃。Grotov A 等提出的方法只需要在产品排名过程中自然呈现用户的交互数据，具体来说，其提出了贝叶斯的方法：对比排名成品与备选排名，评估这一对比的信任度。通过点击模型为基础的信息检索指标，而信任度则来自于潜在点击模型中不确定性的贝叶斯评估。通过对若干学习排名数据集和点击日志的实验表明，该方法比其他没有考虑不确定性的排名方法要出色[31]。对用户浏览行为进行建模是现实应用领域的热点研究问题，如机构能够将其在线呈现进行调整以适应用户的浏览行为从而提高用户参与度或者提高收入。Tsagkias M 等将关注视角锁定于在线新闻代理，提出了预测用户在读完初始文章后访问特定新闻文章的半监管式方法。作者采用语言意图模型来解决问题，该模型来自于历史数据的训练，可以处理看不见的文章。通过在一些设定条件下对大量文章的实验，结果表明语言意图模型的使用能够预测用户在线新闻网站的浏览行为[32]。检索从本质上是交互过程，通常需要大量的迭代查询和评估以找到所需的相关信息。Azzopardi L 等将查询过程比作经济问题，将查询和评估作为输入，将相关性作为产出，运用微观经济学的理论对动态交互式信息检索进行分析，从而从经济学的视角构建交互式信息检索的理论基础，为以此为基础开展实证研究提供更多研究方向和视角。[33]

4.2.2 用户需求与满意度

搜索引擎用户的信息需求根据其正在努力完成的任务而呈现不同的复杂性，某些简单需求可以通过单条查询得以满足，而有些查询需要通过长时间的系列查询来满足。尽管搜索引擎能满足用户的诸多简单需求，但当用户需求跨越会话边界时，其获得的支持微乎其微。Kotov A 等提出了对多会话检索任务的用户检索行为建模和分析的方法。该方法关注两个问题，对于给定用户的查询，识别该用户之前表达的所有与之相关的查询；对于给定用户的多查询任务，预测该用户是否会在未来返回该任务。Kotov A 等运用分类框架来对上述两个问题进行建模，从不同粒度利用个体查询和用户长时间检索行为的特征。评估实验表明对跨会话检索任务进行有效建模是可能的，该发现对于提升复杂信息需求检索、设计支持跨会话检索任务的搜索引擎等都有重要影响。[34]

检索满意度是用户检索过程中的一个属性，理解用户满意度对于检索提供者评价自身表现、提升搜索引擎的效果等至关重要。现有的检索满意度模型从检索任务整体水平测量满意度，忽略了行动层和整体任务的满意度之间的依赖关系。Wang H 等构建了潜在结构学习方法，该方法中，丰富的结构化特性、对于检索满意度预测独一无二的关系之间的依赖性等都得到探测。通过检索者提供满意度判断来看，对行动层进行满意度建模在整个检索任务满意度预测方面有重要的价值。通过对 Bing. com 检索日志的实验，得知该方法对推断行动满意度标签的使用有明显有益之处。[35]在网络检索中若无超链接点击则成为被废弃的查询，而对废弃原因的理解对于搜索引擎评价其效果至关重要。废弃的好坏依赖于用户对检索结果界面内容的满意程度。前人通过用户调查来理解废弃，或者构造模型来预测用户行为模式的原因。然而这些模型忽略了诸如废弃查询之间的关系和先前的废弃实例等重要的文档情景因素。Song Y 等提出了新的方法，通过分析搜索引擎日志获取并利用用户查询的文档情境信息来构建模型和预测，发现废弃查询与用户行为之间的依赖关系，利用这些依赖关系的信号以及结构式框架来构建序列分类。

实验结果表明，其方法比同期其他废弃原因分类的准确率高出22%，此外，利用实例预测废弃的好坏显著提高了预测结果的相关性。[36]

网络信息检索面临两大挑战：手机检索拥堵的迅速增长；满足相关信息需求的简单答案式的结果盛行，此类答案或者相关信息的检索结果呈现不需要用户点击即可获取，然而点击对于组织检索结果、呈现结果的相关性和用户满意度等方面应用广泛。Lagun D等通过追踪手机浏览器窗口是否准确测量用户关注，并提供在无点击情况下的满意度测量方法。Lagun D等为关注答案式网络检索结果，设立实验室研究系统改变答案的呈现和相关性，从用户获得满意度排名，同时记录用户执行检索任务时眼睛的凝视和窗口数据。以此为基础，识别滚动过去答案的增加以及清晰答案下时间的增加，这都是用户对答案不满意的可测量信号。当窗口包含三四个答案时，用户的凝视时间与窗口持续在每个结果上的时间密切相关。普通用户的注意力集中在手机屏幕的上半部分，因此从窗口数据能够实现可伸缩且可靠地确定用户查看哪些特定结果。[37]

4.2.3 用户意图

大多数网络查询是模糊且涉及多方面，从查询日志数据中识别主要的查询感知和查询所涉及的方面，被称为查询副主题挖掘，是网络检索中的一个重要问题。微软亚洲研究院的Hu Y等通过查询日志分析，发现用户行为的两个现象："每个查询一个副主题""通过关键词区分副主题"。"每个查询一个副主题"即指用户在一个查询中点击多个URL，被点击的URL内容呈现相同的感知或者方面；"通过关键词区分副主题"即指用户在进行查询时往往通过增加额外的关键词来拓展查询从而阐明其查询意图，关键词因而成为感知或方面的提示。Hu Y等在文中提出了聚类算法，能够有效均衡这两种现象，自动挖掘查询中主要的副主题，每个副主题由包涵众多URL和关键词的聚类类别表示。实验结果表明，副主题挖掘的运用能够有效提高检索结果聚类的效果，同时，通过实验中的点击数据可知运用该方法进行检索结果的排名能显著提高用户查找信息的能力和效率。[38]

许多检索任务需要通过多次检索会话来完成，如旅游计划、大批量购买、工作查询等可能会需要几天甚至几个星期完成。因而不可避免地受到生活的干预，要求检索者要么恢复手工检索的状态，要么提前计划好中断。Agichtein E 等为了更好地理解、描述和自动检测检索任务以在近期继续搜索任务等目的，对网络搜索引擎 Bing 的查询日志进行分析，识别查询意图、主题的类型，以及与长期任务相关的检索行为模式。以此为基础，Agichtein E 等构建了有效的预测算法，在预测未来任务发展和延续方面比同期方法乃至人类的判断能力要出色，该技术可允许搜索引擎对检索者实现"先发制人"，进行更具针对性、更个性化的服务，在中断式的减速任务中提供更好的用户体验。[39]

传统的搜索引擎通常返回一个经过排名的网页列表作为查询结果，用户需要访问若干页面才能定位相关的内容，较有发展前景的检索应当包含几个部分：理解用户的查询意图，提供能够直接满足检索者需求的相关信息而不是相关网页。Song W 等提出了从不同方面对查询信息进行摘要的检索范例，查询的方面可以与用户意图相对应。生成的查询方面的摘要信息既具体又详实，用户才能更容易、更快速地查找相关信息。具体来说，采用复合查询摘要(composite query for summarization)的方法，一系列查询组成部分用以提供原始查询的额外信息。系统根据原始查询及其查询方面提交多个组成部分的查询，搜索引擎主动获取信息。通过此种方式，可获得每个查询方面的更多相关信息和大体分类信息。通过不同构成的查询检索结果的对比挖掘，可以识别查询方面的词汇，有助于产生更为具体和详实的摘要。通过对维基百科和 TREC ClueWeb2009 两个数据集的实验，表明文中所提方法在生成详实的摘要信息方面更为出色。[40]

4.2.4 人机交互

传统的批量评价标准将用户与检索结果的交互仅限于对排名列表的浏览。然而，现代检索接口通过事实与过滤呈现额外元素支持结果列表限定，从而带来用户检索行为的日趋活跃。He J 等提出了新的评估框架，超越传统的评价指标，允许系统运用或者不运用

RLR 指标进行批量评估。在该模型中，用不同子列表之间的转换对用户交互进行建模，从而提供了基于用户交互和结果质量结合的衡量用户所做努力的方法。通过模拟排名质量、用户、问题、接口属性等不同条件下的方法运用，表明该方法在整体系统效能方面具有良好的成本效益[41]。Zhang Y 等提出了创新性的优化信息检索接口的正式模型，为了使交互检索模型更通用化，文中将构建交互式检索系统的问题比作从一系列接口卡中为用户作出选择。在每一个交互层，系统的目标是选择能够最大化用户所需相关信息的接口卡，同时通过考虑用户的行为模式以及对接口卡的所有限制，从而使用户的工作量最小化。该模型不仅通过指定多重简化假设将交互信息检索可能性排名原则作为特殊实例，而且在检索系统中被用以提取创新性正式接口模型以适应最优化导航接口。实验表明，文中所提模型自动化生成的适应导航接口优于同期其他模型。[42]

理解检索系统的反应延迟对用户检索行为的影响是最近信息检索和人机交互领域研究的热点之一。通常，检索的效率和效果都是信息检索领域密切关注的问题，然而网络检索系统的反应延迟与用户检索体验之间的关联一直没引起重视。西班牙雅虎实验室的 Arapakis I 等开展了两个独立的研究，以期揭示在网络检索中，系统反应延迟对用户检索行为的影响。首先，开展了受控的用户研究以揭示用户对检索系统反应延迟的感知以及用户对反应延迟增加的敏感度。该研究表明，当人工延迟介入其中，快速检索系统的用户比慢速检索系统的用户更容易感知延迟。然后，利用 Yahoo 的大规模查询日志分析反应延迟对用户点击行为的影响，研究表明反应延迟对用户点击行为有某种程度的影响。两个信息同样丰富且有价值的网页结果，用户更倾向于点击延迟较低的结果。[43] Barreda-Ángeles M 等针对这一问题展开研究，其受控实验表明，系统反应延迟对用户的心理有影响，即使反应延迟的微弱增加都会造成心理影响；通过对 Yahoo 网络查询日志的分析，获得不同程度反应延迟之下用户使用网络搜索引擎变化的数据。同时，作者还分析了用户在反应延迟增加情况下点击行为的变化，揭示了重要的行为差异。[44]

4.3 查询研究

4.3.1 查询自动完成

查询的自动完成(query auto-completion, QAC)在协助用户以最少的输入完成查询的过程中发挥着重要的作用。QAC 引擎通常提供查询建议列表，该列表以用户输入的信息作为前缀，当用户继续输入时，查询建议列表随之改变。因此可以根据用户每次输入发现用户丰富的交互，直到用户点击建议中的一个或者手工输入全部检索式。Li L 等将关注点放在用户在 QAC 引擎中和在 QAC 会话中的连续性交互，而不是将用户每次按键作为独立的交互来处理。分析用户连续性交互中的依赖关系可以从三个方面提高对这一问题的理解：用户当前按键中的跳过或者浏览运动是如何受先前按键影响的；如何提升搜索引擎在长按键查询中的短按键建议；在给定查询建议列表的情况下，用户为何选择继续输入而非选择某一个建议进行查询。文中提出了概率模型，以统一解决上述三个问题，并阐述了该模型如何决定用户最终的点击决策。[45] 2014 年雅虎在全球用户通过选择查询建议提交英文查询时保存了半数以上的按键输入。用户的查询偏好可以通过 QAC 交互进行推断，然而在进行 QAC 模型设计时并未将这一功能充分利用，大部分 QAC 模型以特定的相关性得分对给定前缀的查询建议进行排名。Zhang A 等对用户在 QAC 交互中的隐性反馈进行研究，提出了自适应的模型 adaQAC，以使查询的自动完成能够适应用户在未选择查询建议方面的潜在消极反馈。通过收集和对大规模数据的实验表明，隐性消极反馈明显提高了那些仅依靠相关性得分的 QAC 模型的准确性。[46]

对于自动完成而言，准确预测用户正在输入的信息至关重要。既定查询前缀和查询情景之下，传统的文档感知方法通常对上下文环境产生相关查询。Jiang J Y 在其文中探讨了开发上下文情景信息学习用户检索重构行为以推动查询预测完善的可行性。首先对用户重构查询行为进行深度分析，以此分析为基础，文中提出了监管式的自动查询完成方法，该方法将三种重构关系特征，即术语层、查询层和会话层特征纳入考虑范围，这些特征可以体现用户在整个查询会话中如何改变先前查询。Jiang J Y 等对一个商业性搜索引擎的大规模查询日志进行拓展实验，结果表明在四个基线上有所提升。[47]查询自动完成通过预测用户查询意图来提升用户查询的速度，大部分 QAC 算法采用以学习为基础的方法，将各种信号进行查询相关性预测。然而此类模型是在查询日志数据中模拟用户输入的方法来训练，缺乏 QAC 过程中真实的用户交互数据。Li Y 等收集高分辨率的 QAC 查询日志，记录 QAC 会话中的每一次按键输入。以此为基础，发现了用户的两种行为，即水平跳过偏见和垂直位置偏见。[48]查询自动完成是现代搜索引擎的突出特征之一。Shokouhi M 提出了个性化自动完成排名的监管式框架，引入创新性的标签策略，生成离线训练标签，可以用来学习个性化排名因素。通过对比若干用户本身特征、人口特征，表明在这些特征中，用户检索历史和位置是实现个性化自动完成排名的最有效因素。Shokouhi M 等通过对公共可获取的 AOL 查询日志和 Bing 大规模查询日志进行实验，结果表明，通过个性化特征来增强监管式的排名，该方法比广泛流行的方法更为出色。[49]

4.3.2 查询意图

用户提交给搜索引擎的检索式通常对其信息需求的表达较弱，这表现了信息检索系统的一个潜在瓶颈。Harvey M 等在文中通过在一系列查询会话中提供高质量查询案例的方式，调查了在多大程度上帮助用户学习构造高质量检索式，通过受控用户研究收集定量和定性的证据，这表明：研究对象能够识别和抽取帮助其高效查询的检索式，研究对象在看到高质量查询案例之后能够构造高质量的检索式；构造的检索式类似于文献中定义的专家检索。[50]查询日志中通常包含了用户构造查询式中频繁出现的模式。Mitra B 等运用深度神经网络模型如卷积潜在语义模型，来研究分布式查询表现，表明可以用向量来表示查询的重构。这些重构向量表现出有利的属性，如相似查询变化的语义和语法映射在嵌入空间中更近。Mitra B 等受到了连续性空间语言模型在使用偏移向量获取词语及其含义之间关系方面成功的激励。研究表明，查询和查询重构的分布式表现有助于在查询预测任务中对查询情景进行建模，如查询自动完成排名等。[51] Kato M P 等利用认知检索意图(cognitive search intents, CSI)来调查用户查询式构建和查询策略。文中提出了基于实例识别发现查询式构造查询意图的方法；开展了基于问卷调查的用户研究，发现尽管用户可能意识到了 CSI，但超过半数的用户并未输入 CSI 中的每一个词；提出机器学习为基础的查询拓展可以提升 CSI 中某些类型的表现。[52]

当生成用户查询建议时，需要均衡用户最近提交的查询、参考查询以及当前查询语境信息，如用户最近的查询交互。Feild H 等关注两种重要的查询类型，表达与参考查询相同的信息需求，表达与参考查询不同的信息需求。作者对两种类型查询以及两种混合查询组成的情景进行查询推荐表现的影响分析，实验结果表明，自动查询任务识别可以消除混合环境中与参考查询不同信息需求这一类型查询的影响。[53]

4.3.3 查询日志的开发

Gao J 针对网络查询日志开发以支持查询拓展进行研究，提出了基于路径约束随机漫步(path-constrained random walks, PCRW)的查询拓展新方法，该方法中查询日志用标签化、向量式的图形表示，通过学习型的受控随机漫步组合的计算选择一个拓展词作为输入查询的可能性。文中以真实的数据集进行网络文档排名任务的实验评估，结果表明，PCRW 为基础的方法对于较为罕见查询(如查询日志中出现频率特别低的查询)的拓展非常有效，比同期 QE 方法更为有效。[54] 近年来，网络上涌现一批开放数据库，为网络用户提供平台，以合作方式生成结构化信息。由于此类数据库通常将异构信息和知识囊括其中，因而包含了大量的模式和数十亿的实例，如此大规模对于浏览和检索都是艰巨的任务。此种情况下，交互式查询构造为新用户检索信息提供了直观的接口，用户不需要获取机构化查询语言的知识，也不需要对数据库机制有所了解。然而现有的机制不能很好地在大规模数据集上得以施展。Demidova E 等从用户交互和查询性能两个视角提出了提升大规模交互查询构建的技术。将一个摘要本体层连接到数据库模型中，缩短用户与计算机交互的过程，此外还引入了一个查询机制，以实现对大规模数据查询解释空间的有效探索。通过对开放数据库 Freebase 的实验表明，文中所提方法有效。[55]

近些年，许多高效的长查询检索模型采用查询重构的方法，同时优化术语权重和术语选择。这些方法学习数据的语境以及全局语境，但是没能抓住查询的语境。Maxwell K T 等提出了术语排名算法 PHRank，在马尔科夫链框架基础上进行查询拓展，从查询自身选择紧凑而重点的术语。这个方法重在查询，因而在未加权重的模型中的 1~5 个术语，其检索效果要好过词排名权重选择模型中 30 个术语的设置。PHRank 算法通过由伪相关档中的共现词所构建的关联图来获取查询语境，随机图像与歧义权重一起用于术语排名。通过对新闻专线和网络收藏的实证评估发现，重构查询能够有效提升长查询的效果。[56]网络查询通常模棱两可或者存在多个方面，因而简单的排名结果列表并不能满足需求。为了支持多面查询实现信息查询，Kong W 等探索了使用从检索结果所抽取的语义化关联术语来明确呈现查询方面的技术。文中构建了以图形模型为基础的监管式方法，从复杂的备选内容中识别查询的多个方面。图形模型对一个候选词如何成为一个表示方面的术语，以及两个词如何组合成为一个查询方面等进行学习，获取两个因素之间的依赖关系。鉴于精确推理难以实现，文中提出了两种相似性推断的算法。通过对网络查询样本的实验，结果表明监管式的方法比现有的方法有显著的提升。[57]

4.3.4 查询建议

当用户输入部分查询式时，智能化的搜索引擎能够以自动完成的形式提供可能的建议，以帮助终端用户快速表达信息需求。所有主要的网络搜索引擎和大部分方法都建议依靠搜索引擎的查询日志来决定可能的查询建议。然而，对于企业领域、内部检索或者个性化检索如电子邮件或桌面检索等自定义的查询系统而言，查询日志不可获取，或者用户基数小，因而很难以此来学习形成合适的模型。Bhatia S 提出了不需要使用查询日志而是基于语料库生成查询建议的概率机制，利用文档语料库抽取一系列备选短语，当用户开始输入查询时，与用户输入的部分查询式高度相关的短语被选作查询式的自动完成并作为查询建议提供。经过对多样化数据集的测试和同期其他方法的对比，文中所提到的方法在提供高质量查询建议方面更为有效。[58]

搜索引擎一直致力于寻求减轻用户在获取所需信息时工作量的方法，因此，几乎所有主要的搜索引擎采用查询建议作为查询式构造和重构的方法。提供高质量的查询建议对于一个搜索引擎至关重要，目前，大部分的研究工作集中在如何利用查询日志识别潜在查询建议方面。依赖此单一的信息来源，建议提供系统通常将自己限制在先前那些可发现的查询会话中，因此，覆盖范围成为一个重要的挑战。为了解决这一问题，Jain A 等提出了生成用户查询建议的新方法，不需要查询日志，并为网络查询提供综合性建议。其中生成综合性建议较难实现，这包括识别查询中的重要概念、探索概念间的语义关系、确保检索结果与用户需求相关且具有较高实用价值。通过大规模网络查询日志和文中所提方法的比较，结果表明，文中方法在提升查询建议覆盖率方面提升了 39%。[59]

查询建议一般指向搜索引擎用户提供相关查询建议的过程。大多数科研人员将视角锁定在提升建议相关性上。Song Y 等提出了多元化检索结果的概念，从查询建议中选择同时保持建议的相关度。该框架首先运用随机漫步和其他技术从搜索引擎日志中检索一系列的候选查询式，然后对查询式进行再排名，排名的顺序遵循多样性功能，该功能测量原始查询结果与建议查询结果之间的区别。多样化功能包括开放目录项目(open directory project，ODP)分类、URL、领域相似性等特征。Song Y 等选择大规模人工标签数据集进行实验，该数据集从商业搜索引擎的查询日志进行随机抽样。结果表明，该排名框架显著提高查询建议的相关性。[60]

在专业的检索环境中，如专利检索或者法律检索，其检索任务具有独特的特性：用户对一个主题交互性的提出若干查询，用户更希望获取许多检索结果。据调查，专业领域检索用户更倾向于使用布尔逻辑检索，因为布尔逻辑检索呈现了被检索文档中的记录。为了支持该类型的专业检索，Kim Y 等提出了新的布尔逻辑查询建义技术。具体而言，通过从伪标签文档得来的决策树以及使用查询质量预测得来的查询建议排名等方面的开发，生成布尔逻辑查询式。通过对专利和医学领域的检索实践对本算法进行评估，与其他查询建议系统相比，文中所提方法有效且通用。[61]

4.4 信息检索技术

4.4.1 图像检索技术

Wang D 等通过挖掘网络免费获取的面部图像的弱标签，探索基于检索的面部注释框架，构建具有精确标签的面部图像数据库是该框架的关键组成，然而网络上的面部图像通常杂乱且不完整。为了提升原始网络面部图片的标签质量，Wang D 等提出了无监管式标签精练(unsupervised label refinement，ULR)方法，通过机器学习技术来精练网络面部图像的标签。通过对来自4万个网页面部图像、400多个人组成的网络面部图像数据库的实证研究表明，文中所提出的算法对于解决大规模学习问题非常有效。[62] 流形排序(manifold ranking，MR)是以图像为基础的排名算法，已经广泛地应用于信息检索中，在多样化数据类型的检索中表现出较好的性能和弹性。此外，鉴于其在发现既定图像数据库的潜在几何结构方面的出色能力，流形排序还被用于基于内容的图像检索中。但无论是在图像的构建还是排名计算阶段，其运算花费昂贵，这在很大程度上限制了它在大规模数据中的应用。Xu B 等拓展了原始的流行排序算法，提出了有效流线排名(efficient manifold ranking，EMR)，以克服在大规模图像构建和有效计算方面的缺陷。在数据集中构建了锚图像，来替代传统的K最邻近图像，设计了新的邻近矩阵来提升排序计算速度。通过对现实的图像数据库进行实验得知，文中所提方法性能和效率均较出色。[63]

利用高维度多模型的可视化特征呈现图像内容已经广为接受，分类器训练可能获得图像更充分的多样化视觉属性特征，从而带来分类器高度区分力。然而在高维度多模型特征空间中训练分类器需要大量的标签化训练图像。Jin C 等提出了多层次特征子集选择算法，以确保更加准确的图像分类，其中特征选择与分类器训练无缝地集成在一个单一框架中。该方法在特定领域自然图像检索实验中获得积极的结果反馈。[64]

Flickr、YouTube 等内容分享环境包含了大量的私人资源，如婚礼、家庭聚会和私人聚会的照片。此类资源具有高度敏感的特征，透露了许多用户私人领域的详细信息。为了支持用户在照片共享中对隐私进行选择决策，同时对网络上私人相关的可视化内容共享隐私有更好的了解，Zerr S 等提出了自动探测私人图片的技术，并驱动私人导向的图像检索。为此，Zerr S 等对隐私分类器进行学习，一方面结合呈现图像可视化特征的文本型元数据，另一方面在手工评估 Flickr 的大量数据基础上进行训练。采用结果分类模型专门开展私人照片的检索，提供多样化的检索结果以支持用户更好地理解私人内容和公共内容的范围。大规模的分类实验揭示了不同视觉和文本特征表现的预测见解，用户对查询结果的评估证实了文中所提途径的可行性。[65]

哈希算法被用于学习数据的二进制呈现，同时希望在原始特征空间中保存邻近结构。鉴于其查询快速、减少存储成本，哈希算法已经被广泛用于大规模文本、图像检索应用中的邻近检索。大部分哈希算法采用汉明距离测量哈希代码空间中的不同点之间的相似度，但该方法可能会破坏原始特征空间的邻近结构。Kong W 提出了曼哈顿算法，以曼哈顿距离为基础，以解决汉明距离测量的上述问题。通过对大规模图像数据集的实验，表明曼哈顿方法比同期其他方法的效果出色。[66]

相似性检索对多媒体检索应用是一个关键性挑战，因为多媒体检索应用通常以高维度空间来呈现数据。在众多高维度相似性检索的算法中，位置敏感哈希算法是最受欢迎的一个，如今已经拓展成为核心位置敏感哈希算法（kernelized locality-sensitive hashing，KLSH）。为了克服 KLSH 在图像检索中的不足，Xia H 等提出了推动多核心位置敏感哈希算法（boosting multi-kernel locality-sensitive hashing，BMKLSH），通过多核心的运用显著提高 KLSH 的检索性能。通过对大规模内容为基础的图像检索实验，表明该方法优于同期其他技术方法。[67]相似性检索是大规模多媒体检索应用的基本问题之一，哈希算法作为流行的策略已经被证实具有高速和强记忆的特点。Pan Y 等提出了半监管式哈希框架，均衡语义信任。通过对 CIFAR-10 和 Clickture 图像的实验，表明该方法的效果优于同期其他方法。[68]

人们通常通过阅读新闻文章的摘要来获取关于一个事件或主题的可靠信息，然而新闻文章所表达的信息并不总是确定的，许多语句包含了对一个事件的不确定信息。Wan X 等提出了 CTSUM 系统，将信息确定性因素融入到摘要的提取中。首先分析新闻文章的语句，运用支持向量回归的方法自动预测语句的确定性水平，被预测的确定性得分进而融入运用了以图像为基础的排名算法的摘要系统。对手工标签数据集的实验结果证明了语句确定性预测技术的有效性，对 DUC2007 数据集的实验结果表明，文中所提新的摘要系统不仅能够产生高质量内容的摘要，且摘要具有较高的确定性。[69]

4.4.2 多媒体检索技术

除了对图像检索技术的研究，科研人员还对音乐、视频等其他多媒体信息检索技术进行了探讨。在音乐检索领域，多标签分类是对一个音乐作品赋予一个或多个类型标签的问题。Sanden C 提出了一整套技术，专门处理多标签类型划分的问题，希望通过结合多样化的分类器来增强分类效果。此外，还对已有的机器学习技术进行调研，这些技术的有效性通过一系列的实证实验来阐述。鉴于少有文献研究多标签类型划分的整套技术，Sanden C 的研究内容不仅为音乐分类检索提出了一整套技术，同时为这个方向的未来研究阐明了发展方向。[70]Stupar A 开展了给一段音乐自动赋予合适的图片或一系列图片的研究，此项工作通常是指声道的建议。Stupar A 等提出了名为毕加索的方法来实现此项工作的自动完成，毕加索利用一流的当代电影中抽取的原始样本。因此，训练集可以任意大，同时，训练集容易获取且能够提供出色的信息源。在查询时，毕加索采用三级算法。首先，为既定的图像查询选择一个最相似截图排名，然后为截图选择电影中出现的最相似音乐，最后运用 TOP-K 算法选择所有最合适的歌曲。文中选择来自 28 部电影的由 4 万余张图片或声道样本构成的训练集进行实验，结果表明毕加索具有较好的适用性。[71]数据存储和通信技术的持续改善带来了大规模数字音乐集合的飞速发展。为了应对规模的增长，需要有效的音乐信息检索能力，如标签、概念检索、聚类等。音乐信息检索完整性(Integral to MIR)是对音乐文档进行建模、生成有识别力署名的框架。Shen J 等在文中提出了多模型的分层学习框架 DMCM。与现有将音乐作为一个特征向量进行编码的方法不同，DMCM 从每个音乐文档中抽取一系列声学特征，将其翻译成覆盖时间维度的低阶编码。DMCM 将概念动力学运用于音乐文档，以新型的音乐署名机制概念直方图(stochastic music concept histogram，SMCH)获取概念的概率分布。通过对两个大型音乐集合进行实验，证明了本框架相比其他框架的优势。[72]

Shou L 等认为，歌唱是流行的社交活动，也是一个人表达感情的良好途径。不太成功的歌唱表演在于歌者选错了歌曲。因此，Shou L 等提出了一个以歌唱能力为基础的歌曲推荐框架，区别于现有的以用户听歌兴趣和相似度计算的歌曲推荐系统。该框架将歌者的声音能力构建歌者文档，考虑歌者的音高、强度和音质等，然后提出了获取歌者文档的技术；文中还提出了歌者文档模型，用以构建人工注释歌曲数据库；最后，提出了通过歌者文档推荐歌曲的学习排名机制。对真实歌者的实验表明该方法有效。[73]

4.4.3 跨语言检索技术

许多语种特别是那些不太常用语种的网页缺乏标签信息，这为传统的监管式分类方法带来了挑战，很难达到令人满意的网页分类。为了解决这一问题，Wang H 等以双向知识转换为基础，提出了新型的非负矩阵分解模型(nonnegative matrix tri-factorization，NMTF)。该方法的提出基于两个重要发现：虽然表现形式不同，但不同语种的相同主题的网页共享相同的语义模式；词语群与网页分类之间的关系比跨语言的原始词语翻译更可靠。基于此，Wang H 等尝试将可获取大量网页标签信息的辅助语言向可以实现网页分类的目标语言进行翻译，该过程采用两种不同路径：词语群近似度、词语群与网页分类之间的关系。优于这两种途径的互相增强，文中所提方法能达到更精确的分类效果。对真实的跨语言网页数据集的实验得到了较理想的结果。[74]

Ture F 对跨语言检索中的成对相似性问题进行探讨，主要是抽取跨语言文档的相似对的问题。跨语言语境中通常采用的文本挖掘技术，已经在特定的机器翻译中得到应用。Ture F 采用跨语言信息检索技术，将特征向量从一种语言映射到另一种语言，然后使用位置敏感哈希算法抽取相似对。有效的跨语言对相似性需要与相似阈值一起实现，这比典型的单语种应用低很多。Ture F 等提出了排序滑动窗口算法的平行的、可伸缩映射缩减算法。实验结果表明，没有单一的最佳解决方案，建议从效率和有效性的权衡中选择合适的理想操作切入点。[75]

文档相似性测度在文档检索和开发项目中发挥着重要作用，过去几十年中，许多模型和技术均从与既定文档查询的相似度视角来进行文档排名，但这些方法通常依赖空间向量模型，很少能适用于跨语言语料库。Strötgen J 等提出了基于抽取文档事件的新型文档相似度测量方法。一个事件通过文档中邻近的时间和空间表达来唯一表示，因此在该模型中文档是可以对比的一系列事件，也可按照时空层次进行排序。该模型的特色在于术语和语言独立的表述为时空表达，该表达则来自于标准化格式文档中的内容。这也可以实现跨语言相似文档的探测。经过跨语言语料库的实验证明该方法在发现新的相似性方面十分有效。[76]

通常针对一个热点新闻事件会存在不同语种的新闻稿件，不同语种的新闻稿件以不同的方式呈现不同的视角。如针对同一个事件的中英文新闻稿件共享相同的新闻事实，但它们聚焦于不同的方面以反映事件的不同视角。Wan X 等为了发现中英文新闻报道在相同事件上的不同，提出了跨语言新闻摘要的方法，即受约束的合作排名方法(constrained co-ranking，C-CoRank)，该方法对合作排名过程中的不同得分和相同得分的语句添加限制，对15个主题的新闻手工标签化测试集进行实验，表明文中所提的方法有效，且优于典型的合作排名方法。[77]

4.4.4 索引与摘要技术

对于给定的一个感兴趣的话题，对比主题是一对相反的观点。Ren Z 等提出了对相反主题进行摘要的问题：给定一系列观点性文档，选择富有意义的语句表达这些文档中的相悖主题。未知的主题数量、主题之间的未知关系以及对比性语句的抽取等都给这一问题带来了困难。Ren Z 提出的方法包括三个部分：相悖主题建模、多样化主题抽取、相悖主题摘要。具体而言，Ren Z 等提出了非参数的层次模型来描述不同主题之间的层次关系；该模型被用来推断主题的关联，同时通过运用结构化决策处理选择一系列高质量主题的方式来增强主题多样性。对比该文中提出的方法与迭代优化算法所选择的语句，对比相对性、相关度和多样性。对三个数据集的实验证明了该文所提方法的有效性。[78]查询偏见结果摘要或者“片段”有助于用户对一个结果是否符合其信息需求进行决策，对于存在困难的查询用户或者模棱两可的检索任务而言越来越重要。Ageev M 等提出了通过结合后点击用户行为数据如鼠标光标的移动、滚动结果文档等完善结果摘要的方法。为了达到此目的，作者构建了收集用户与查询意图密切相关的行为数据、文档检查行为数据和相应文档片段的方法。反过来，这也支持将网页检查行为信号融入行为偏见片段生成系统（behavior-biased snippet generation system，BeBS）。通过广泛地实验和分析表明文中所提方法明显提高了结果摘要的质量。[79]“十大蓝色连接”定义了过去 15 年的网络检索结果，即结合文档标题和 URL 的片段。Haas K 等在文中提出了增强版检索结果的名词，这包括了拓展网络结果以包含多媒体对象如图像、视频、允许用户通过检索结果页面实现与网页内容交互的元素等内容。文章表明，用户对增强版的检索表现明显的偏好，在帮助用户评估检索结果相关性方面较为有效。[80]

反向索引是信息检索中最基础、最广泛应用的数据结构。对于文档中出现的每一个独立的词语，反向索引存储一个出现该词的文档列表。压缩技术通常被用于减少列表的空间需求。然而索引有不足之处，只有预定义的查询模式才能被有效支持。Patil M 等提出了针对字符串和段落检索都能使用的反向索引集，核心理念在于如果在文档 d 中字符串 P 是以另一个字符串前缀的形式出现，则在字符串 P 的反向索引列表中排除文档 D，因而最优化空间利用。简洁的数据结构实现压缩，同时实现频率和文档 ID 的快速获取。[81]

大规模网络搜索引擎每天处理数以十亿计的查询、数以百亿计的文档，同时面临用户严苛的检索体验要求，特别是低延迟、高相关度检索结果的要求，索引的生成和提供是满足这两个需求的关键。Ding S 等对稳健的索引策略进行探讨，如对检索质量的轻度降低，Ding S 探讨了有效算法的空间、现有理论的经验等，很难实现在不重复的情况下最优化解决定位和选择的问题，因而提出了重复算法，并在不同的定位和选择中进行性能的检测。[82]

版本文档集合包含了随时间增加的多样化文档版本，大规模的版本文档比较典型的有维基百科、Internet Archive 等。对此类集合进行检索通常使用关键词和时间限定，通常是一个时间范围的限定。He J 等对如何支持多版本文档集合跨时间范围的检索进行了研究，旨在通过开发额外限定来提升检索速度。较为简单的方法是将索引分布在不同的时间范围，然后只访问相关部分，然而专门的反向索引压缩技术对于大规模版本文档集合至关重要，新的分区对索引规模和查询吞吐量产生负面影响。He J 等通过运用智能索引分区技术将索引压缩纳入考虑范围，从而获得高查询吞吐量。通过对维基百科 8500 多万个文章版本的实验，表明可以在几毫秒内执行基于内存的索引结构的查询，在磁盘结构上的查询则仅需略多一点的时间。[83]

4.4.5 协同过滤和推荐技术

对于长尾市场构建推荐系统需要将不稳定的商品投射到一个持久的潜在产品空间中。Chen Y 等在 eBay 上构建了一个创新的、可拓展的推荐系统。首先提出一个非结构化、异质、假设商品数据集合的原生聚类模型，在此假设下产品生成于长期产品。一个产品被表示为一个独立的、具有明确分布式变量的向量，而一个长期产品则用相应的可能性分布向量来表示。用概率分布作为不同类型数据的自然随机模型。长期产品的空间中，推荐可以利用新贝叶斯排名从历史交易数据中抽取。以产品为基础的推荐通过对看不见的条目集中推断长期产品而获得。此外，Chen Y 等还构建了推荐产品的概率给分功能，将产品会员、产品购买概率、重要的拍卖截止时间因素等纳入考虑范围。[84] 为了在真实世界中匹配用户购买决策，

Wang J 等探索了电子商务网站如何利用最高的边际净效用来推荐产品的问题。受到将柯布-道格拉斯效用函数运用于消费行为理论的激励，Wang J 等提出了实用性的推荐框架，该框架可以改变现有的一系列推荐算法。文中以奇异值分解为例，利用该框架对其进行改变。运用新算法对 shop. com 进行实验，新算法特别是在向用户推荐新的而且是用户可能再次购买的产品方面对原始算法进行了明显改善。[85]

面向排名的协同过滤算法在推荐系统中获得了巨大成功，一般通过对用户近期的检索表现来估计每个用户的排名偏好，而不是估计未排名项目的绝对排名。Huang S 等在其文中提出了新的面向排名的协同过滤算法 ListCF。ListCF 根据相似用户在项目排列的概率分布直接为每个用户预测项目的整体排序。与先前的面向排名的基于内存的 CF 算法不同，该方法重在预测不同项目之间的成对偏好。ListCF 的优势之一在于其减少了训练和预测中的计算复杂性，却获得了与面向排名的基于内存的 CF 算法相同甚至更好的排名效果。[86] Zhang Y 等提出了明确因素模型以生成可解释的推荐同时保持高度的预测准确性。首先抽取明确的产品特性，对用户评论采用短语情感分析来获取用户观点，然后根据符合用户兴趣的特定产品特性和隐藏的特性来生成推荐和非推荐信息。此外，从模型生成一个产品是否被推荐的直观特征解释。对若干真实数据集的线下实验证明了该框架在排名预测和 Top-k 推荐任务中的竞争力。[87] 以协同过滤为基础的推荐算法在网络上获得了广泛成功。Zhang Y 提出了新的通用的协同过滤框架。通过这个框架，用户的一般和特殊兴趣得到区分，这有助于在协同过滤任务中提升预测准确性。通过对 Yahoo! 音乐数据集等四个真实数据的实验，表明该框架能帮助传统的协同过滤算法进行更加准确的排名预测。此外，通过利用更密集的子矩阵进行预测，该框架实现推荐系统的可伸缩性。[88]

4.5 社交媒体信息检索

检索结果的个性化为网络检索的完善提供了极大可能性。Bennett P N 等提出了利用物理位置和网页兴趣位置的更加通用的概念来推断更加通用的位置相关度。利用用户的隐性行为数据计算此类信息，描述最核心位置的网页，并展示位置信息如何纳入网络检索排名。实验结果表明，大部分网络检索因结合了定位特征而得到了显著改善。[89] 人和信息是社交网络的两个核心维度。人们共享信息如博客、新闻、专辑等是人的基本行为。Cui P 等关注预测条目的社会影响力预测问题，以回答谁应该共享什么的问题。这可以拓展为两个信息检索场景：用户排名，给定的一个条目，由谁来分享它在社交网络中的扩散范围才最大化；网络帖子排名，既定的用户，共享什么内容才能最大化他在朋友中的影响力。Cui P 等将社会影响力预测问题设定为用户帖子矩阵，每个条目都呈现了用户网络发帖的影响力强度。文中提出了混合因素非负矩阵分解（hybrid factor non-negative matrix factorization，HF-NMF）的方法来对条目的社会影响力建模，并且设计了高效的投影梯度法来解决 HF-NMF 中存在的问题。[90]

社会系统中的实体如 Twitter 上的用户、Flickr 上的图像等，是许多有趣应用的核心。它们可以在检索结果中排名，可以推荐给用户，也可用在文档广告中。此类应用推断一个实体的性质和特征属性知识，有效的编码方法是标签。一个未加标签的实体难以检索或者交互因而很难获取，为了解决这个问题，许多平台允许用户手动添加标签，尽管此类标签能够提供信息，但它们通常不完整、琐碎、模糊甚至错误。Lappas T 等提出了基于社会推荐的方法以摆脱此类限制。几乎每一个社交网络平台允许用户添加其感兴趣的实体，此类贡献丰富且能够直接获取用户偏好。文中利用潜在社会贡献网络来抽取社交网络中有用的标签，利用主题模型获取用户兴趣的技术，并将其用于抽取相关的描述性标签。通过对 Twitter 和 Flickr 大规模数据的实验表明，该方法具有较强的竞争力。[91]

用户生成内容是社交网站的基本元素，少有对系统分析生成和共享内容的动机的研究。Xu Z 等对用户在社交网站 Twitter 上发帖的行为进行综合分析。经分析，提出用户行为主要受三个因素的影响：突发新闻、从社交网络的朋友处转帖、用户的内在兴趣，结合这些因素提出了混合潜在主题模型。从困惑型内容的抛出、转发预测表现和潜在话题生成质量 3 个方面对 Twitter 大规模数据集进行实验，结果表明该方法明显优于其他方法。[92] Cha Y 等拓展了概率主题模型来分析流行社交网络数据的关系图，从而可以根据主题相似性对边和点进行分组或添加标签。首次将著名的潜在狄利克雷分布模型及其变种运用于图像标签任务，现有的模型无法较好地处理图像中的流行节点，然后提出了该模型拓展的可能性。实验表明，该方法能够在社交网络中更有效地提供朋友推荐。[93]

在微博上从数以百万计的用户中查找某个主题的专家是一个困难且极富挑战性的问题。Ghosh S 等提出了在社交网络 Twitter 上发现主题专家的新方法。该方法依赖 Twitter 用户的私人列表，该列表通常由个人用户管理，囊括了领域专家，其元数据提供了专家所在主题领域的有价值的语义线索，对列表信息进行开发以构建 Cognos 系统。研究表明，列表信息对于 Twitter 的内容检索或者专家检索系统的构建都有潜在价值。[94] Twitter 信息的嘈杂和简短的特性给信息检索和自然语言处理带来了挑战。Li C 等提出了 tweet 信息切割批处理方法 HybridSeg，该方法将本地语境知识融入全球知识基础以实现更好的 tweet 信息切割。通过对两个微博数据集的实验表明，HybridSeg 显著提高了分割质量。[95] Web2.0 时代，网络资源的流行会根据趋势和社会兴趣的变化而短暂波动，因此，以内容为基础的相关度信号不能满足用户不断发现 Web2.0 项目的信息需求。将未来的流行度纳入排名是解决方法之一，但第三方对项目的历史难以获取，因此预测流行度很难实现。He X 等提出了利用用户评论来解决这一问题的替代方法，通过对 YouTube、Flickr、Last. fm 的数据集实验表明该方法在评估任务中具有较大优势。[96]

4.6 信息检索评价

人们希望通过合作来完成对于个人难以完成或不可能完成的任务。合作的工作成果大于个人成果的综合，这归结为协作的协同效应，在信息查询任务中寻找合作人的情况与此类似。然而当前缺乏对协同效应研究和测量的评价指标。Shah C 等针对该效应的评价问题进行探讨，同时讨论了对多种协作信息查询情景的意义。文中在四种不同条件下开展了用户研究：单用户、同计算机的成对用户、不同计算机但同地址的成对用户、远程成对用户。研究发现，多台计算机上运行的信息检索可以获得更广泛的信息资源，此外，真实成对的检索用户使用自己的计算机进行检索比人工凑成的合作更能获取唯一的、有用的信息。这表明，远程的信息检索合作不仅能实现协同效应，还能保持独立的思考和工作。通过研究，Shah C 提出了对协同信息检索行为评价的方法和指标。[97] 构建效率测量标准以对用户行为进行建模，进而向用户提供模型化系统应用。Carterette B 等开发了一个分析此类有效性测量的概念性框架，将广泛的测量方法划分为四种不同的类型，每种反映系统应用的不同概念。在该框架中，可以对测量应该有的属性进行假设，并利用系统和用户数据对假设进行测试。[98] 任何新的检索任务类型面临的首要问题是如何提出可靠并可重复的评价机制，众包的方法有诸多优势，然而众包评估是否能够在长时间的重复中保持可靠性不得而知。Blanco R 等提出了针对关键词为基础的专门对象的语义检索评估活动。与传统的网页检索不同，面向对象的检索旨在从对现实世界对象的事实断言中检索信息而不是对网页文本描述进行检索。经过首次大规模网络对象检索评估活动，得知众包评估活动可重复且能保持结果的有效性。此外，当排名系统与结果包含不同评价和相关度指标时，还将该结果与专家判断进行比对。文中提出了大规模、可靠的、可重复性的运用众包方式的检索系统评价方法。[99] 当前许多有效性测量方法将简化的用户行为假设纳入其中，这些假设妨碍了对反应检索过程方面的测量，而检索过程直接影响用户检索结果质量。而且此类测量方法将用户作为工作的检索结果列表进行建模，对每个文档耗费相同的时间进行评判。然而即使再谨慎的用户，在部分文档花费的时间会比其他文档多。Smucker M D 等引入了时间偏好获取测量方法，对测量的属性进行测试，与传统的有效性测量进行对比，探索其运用在其他方面或环境的可能性。文中所提方法不仅可以由人来进行系统性能评价，同时也可以系统为导向来测试其简单性和可重复性。[100]

网络检索通常通过一个窗口集成来自于异质性来源或垂直来源

的信息，如新闻、图像、视频等。尽管对于如何选择相关的垂直检索结果或者优化集成检索结果界面存在多种方法，但评价集成检索结果界面的质量是一个开放式的命题。Zhou K 等提出了评价集成检索界面的通用框架。通过对 56 个主题和 12 个垂线的经注释的用户偏好进行收集，对文中所提方法进行评估。经实验证明，该框架与经注释的用户偏好聚合模拟页面保持一致，且比其他信息检索多样性评价指标效果更好。文中还指出，该框架具有弹性，能够用个性化历史偏好数据来完善当前方法的指标。[101] Saha Roy R 等提出了基于信息检索表现的网络查询分割评估框架。过去的分割策略通常是针对手工注释，当前的算法其实跟手工注释方法相比在有效性上持平甚至更好。通过对 6 个分割策略的拓展性评估，文中所提的框架提供了对现有的最好的以及可能是最好的分割算法之间差距进行理解的客观理解，此外，该评估框架还给出了关于哪个分割必须被算法探测才能获取最佳的检索结果的理解。[102] Chandar P 等提出了评估框架，不仅能够考虑隐性因素，还能处理潜在信息需求变化所带来的用户偏好差异。该框架的基本思想是，用户从上到下浏览检索结果排名列表，当在获得排名值 $ k $ 时停止，从每个与信息需求相关的文档中获取效用。经过实验表明，文中所提的方法能够应对多样的用户文档开展相关性评估。[103]

5 研究特点与建议

5.1 研究特点

经统计和对热点主题研究文献的综述发现，近五年信息检索领域研究呈现出如下几个典型特点和趋势：

(1)研究主题细分更加明显。

从 SIGIR 征文主题和长论文主题的统计可知，信息检索领域研究所覆盖的范围广泛，囊括了众多的细分主题。近年来，随着信息检索研究对象的逐渐丰富，研究内容所属的研究主题逐渐细化。此外，从 SIGIR 会议录自身的类目划分变化情况可知，SIGIR 在其

2011 年会议录中将长论文划分为模型、结构、查询、多媒体检索等比较传统的信息检索研究主题领域，到 2015 年，会议录对主题的划分已经演变成为图像、检索体验、位置限定、预测、引用等极其细化的小主题。

（2）主题交叉研究逐渐深入。

信息检索本身属于交叉学科的研究领域，信息检索具体领域的研究则将主题交叉的特征充分发挥和展现。传统方法在信息检索新领域的应用、新信息检索领域的新方法探索、两个或多个视角的交叉碰撞、其他领域理念和方法的引入等都带来了交叉主题研究的开展。

（3）信息检索研究重视验证和实验。

通过对典型研究主题的文献综述可知，大部分研究文献遵循提出问题、分析问题和解决问题的研究思路，且在论证或对比中体现其所提方法的有效性，但均通过实际检索实验或测试来对其方法、模型等进行效果测试。

（4）长期热点与新增热点并存。

信息检索研究中，模型、方法、技术、评估与应用等一直是研究的基础和长期的研究热点领域。随着研究对象的不断充实、方法和技术的不断创新，不断有新的研究热点发展并充实其中。近些年来，社交媒体信息检索、多媒体信息检索等逐渐成为越来越多研究人员的研究兴趣所在。可以预见，在未来五年，信息检索与大数据、新媒体、互联网+等领域的交叉融合，将不断激发信息检索领域新的研究热点。

（5）从研究向应用的拓展。

研究以应用为导向，为应用服务的理念逐渐可见。信息检索研究的主题来源越来越多地来自于实际应用，特别是旨在提升信息检索应用效果的研究。如对用户、搜索引擎等主题的研究多旨在提升实际检索应用的效果，满足用户的实际检索需求。方法、技术和模型等研究多以现实的检索应用如 Bing、Yahoo、Twitter、Flickr 等作为实验和验证的来源。此外，除了高等学校和科研院所之外，信息检索实践领域单位如微软亚洲研究院、雅虎、谷歌等纷纷涉足信息检索学术研究和探讨领域，与其他学术研究机构和科研人员合作开展研究，共享研究成果。

5.2 后续研究建议

综上所述，近五年国际信息检索研究领域在整体上取得了较为明显的成果，与此同时也存在一些问题，有待后续研究进一步地探讨和完善。

(1)信息检索应用有待拓展。

从整体来看，无论是模型、算法的研究，还是用户需求、行为和查询意图等方面的研究，多数从理论研究的视角出发，未能与信息检索实践或者信息检索的实际应用进行良好的衔接；偶有来自如微软、Yahoo！等信息检索一线行业领域从业者或研究人员的科研成果，其研究落脚点多为信息检索效果、用户行为与需求等领域。当前信息资源类型和数量激增，信息行业、数字内容产业发展蒸蒸日上，信息检索的应用领域为信息检索的研究与应用带来了新的要求和挑战。企业内部、产业或行业领域的信息检索已不再局限于互联网领域，而当前对互联网行业领域的信息检索研究仍占据主要地位，少有研究深入到企业内部信息检索以及非互联网行业领域信息检索。

(2)专业领域检索可深入研究。

专业领域检索是近两年发展较为迅速的研究主题，当前多以互联网环境下地理位置相关的信息检索和医疗卫生领域信息检索为主。专业领域检索的研究对于提升相关领域信息检索的性能和效果具有重要意义，特别是当前对地理位置相关信息检索以及医疗卫生领域信息检索的研究，能够与交通、物流、医疗、卫生等关乎社会经济发展的领域紧密结合，应用前景广阔，然而目前相关研究成果较少，从理论研究到具体应用还有诸多问题需要深入探讨和解决。

(3)加强信息检索研究的跨界合作。

从SIGIR长论文的发文机构统计可知，当前信息检索研究成果多出自多机构合作，其中高校之间以及高校与科研院所之间合作占绝大多数，高校与微软、Yahoo！等互联网机构的合作成果数量相对较少。未来信息检索理论研究的问题将更多地来自于实际应用领域，跨界合作就变得愈发重要。科研机构与互联网企业或机构的合作需继续深入，同时，科研机构与信息企业或数字内容企业之间的合作能够为信息检索研究带来新的研究问题，提供新的研究视角。因此，加强信息检索研究的跨界合作，既是未来发展趋势，也是信息检索研究机构需着手落实的问题。

通过上述研究可知，信息检索一直是研究的热点领域，该领域研究呈现鲜明的特点。随着时代背景和科学研究范式的发展，在信息检索研究领域，交叉、融合和深入研究将更加明显，服务于社会经济发展、符合时代发展热点的主题研究将逐渐成为创新的核心领域。国内应更多地参与信息检索研究领域的国际对话，在长期热点和新增热点两个方面寻求突破口，夯实基础，积极创新，增强该领域科学研究的国际影响力，以期把握信息检索领域研究的国际话语权。

参考文献

[1] Zhou X, Huang J X, He B. Enhancing ad-hoc relevance weighting using probability density estimation[C]//Proceedings of the 34th International ACM SIGIR Conference on Research and Development in Information Retrieval. ACM, 2011: 175-184.

[2] Efron M, Golovchinsky G. Estimation methods for ranking recent information[C]//Proceedings of the 34th International ACM SIGIR Conference on Research and Development in Information Retrieval. ACM, 2011: 495-504.

[3] Zhao J, Huang J X, He B. CRTER: using cross terms to enhance probabilistic information retrieval[C]//Proceedings of the 34th International ACM SIGIR Conference on Research and Deve-lopment in Information Retrieval. ACM, 2011: 155-164.

[4] Tsagkias M, De Rijke M, Weerkamp W. Hypergeometric language models for republished article finding[C]//Proceedings of the 34th

International ACM SIGIR Conference on Research and Development in Information Retrieval. ACM, 2011: 485-494.

[5] Weng L, Li Z, Cai R, et al. Query by document via a decomposition-based two-level retrieval approach [C]//Proceedings of the 34th International ACM SIGIR Conference on Research and Development in Information Retrieval. ACM, 2011: 505-514.

[6] Ganjisaffar Y, Caruana R, Lopes C V. Bagging gradient-boosted trees for high precision, low variance ranking models[C]//Proceedings of the 34th International ACM SIGIR Conference on Research and Development in Information Retrieval. ACM, 2011: 85-94.

[7] Dai N, Shokouhi M, Davison B D. Learning to rank for freshness and relevance[C]//Proceedings of the 34th International ACM SIGIR Conference on Research and Development in Information Retrieval. ACM, 2011: 95-104.

[8] Cai P, Gao W, Zhou A, et al. Relevant knowledge helps in choosing right teacher: active query selection for ranking adaptation [C]//Proceedings of the 34th International ACM SIGIR Conference on Research and Development in Information Retrieval. ACM, 2011: 115-124.

[9] Niu S, Guo J, Lan Y, et al. Top-k learning to rank: labeling, ranking and evaluation[C]//Proceedings of the 35th International ACM SIGIR Conference on Research and Development in Information Retrieval. ACM, 2012: 751-760.

[10] Wang L, Bennett P N, Collins-Thompson K. Robust ranking models via risk-sensitive optimization[C]//Proceedings of the 35th International ACM SIGIR Conference on Research and Development in Information Retrieval. ACM, 2012: 761-770.

[11] Lv Y, Zhai C X, Chen W. A boosting approach to improving pseudo-relevance feedback[C]//Proceedings of the 34th International ACM SIGIR Conference on Research and Development in Information Retrieval. ACM, 2011: 165-174.

[12] Wang L, Lin J, Metzler D. A cascade ranking model for efficient ranked retrieval[C]//Proceedings of the 34th International ACM SIGIR Conference on Research and Development in Information Retrieval. ACM, 2011: 105-114.

[13] Wang Q, Zhang D, Si L. Semantic hashing using tags and topic modeling[C]//Proceedings of the 36th International ACM SIGIR Conference on Research and Development in Information Retrieval. ACM, 2013: 213-222.

[14] Zhang P, Zhang W, Li W J, et al. Supervised hashing with latent factor models[C]//Proceedings of the 37th International ACM SIGIR Conference on Research & Development in Information Retrieval. ACM, 2014: 173-182.

[15] Zhang Z, Wang Q, Ruan L, et al. Preference preserving hashing for efficient recommendation[C]//Proceedings of the 37th International ACM SIGIR Conference on Research & Development in Information Retrieval. ACM, 2014: 183-192.

[16] Yu Z, Wu F, Yang Y, et al. Discriminative coupled dictionary hashing for fast cross-media retrieval[C]//Proceedings of the 37th International ACM SIGIR Conference on Research & Development in Information Retrieval. ACM, 2014: 395-404.

[17] Zhou J, Ding G, Guo Y. Latent semantic sparse hashing for cross-modal similarity search[C]//Proceedings of the 37th International ACM SIGIR Conference on Research & Development in Information Retrieval. ACM, 2014: 415-424.

[18] Wang Q, Si L, Zhang Z, et al. Active hashing with joint data example and tag selection[C]//Proceedings of the 37th International ACM SIGIR Conference on Research & Development in Information Retrieval. ACM, 2014: 405-414.

[19] Lucchese C, Nardini F M, Orlando S, et al. QuickScorer: a fast algorithm to rank documents with additive ensembles of regression trees[C]//Proceedings of the 38th International ACM SIGIR Con-

ference on Research and Development in Information Retrieval. ACM, 2015: 73-82.

[20] Yu W, McCann J A. High quality graph-based similarity search [C]//Proceedings of the 38th International ACM SIGIR Conference on Research and Development in Information Retrieval. ACM, 2015: 83-92.

[21] Severyn A, Moschitti A. Structural relationships for large-scale learning of answer re-ranking[C]//Proceedings of the 35th International ACM SIGIR Conference on Research and Development in Information Retrieval. ACM, 2012: 741-750.

[22] Culpepper J S, Petri M, Scholer F. Efficient in-memory top-k document retrieval[C]//Proceedings of the 35th International ACM SIGIR Conference on Research and Development in Information Retrieval. ACM, 2012: 225-234.

[23] Anand A, Bedathur S, Berberich K, et al. Index maintenance for time-travel text search[C]//Proceedings of the 35th International ACM SIGIR Conference on Research and Development in Information Retrieval. ACM, 2012: 235-244.

[24] He J, Suel T. Optimizing positional index structures for versioned document collections[C]//Proceedings of the 35th International ACM SIGIR Conference on Research and Development in Information Retrieval. ACM, 2012: 245-254.

[25] Arroyuelo D, González S, Marin M, et al. To index or not to index: time-space trade-offs in search engines with positional ranking functions[C]//Proceedings of the 35th International ACM SIGIR Conference on Research and Development in Information Retrieval. ACM, 2012: 255-264.

[26] Elsweiler D, Harvey M, Hacker M. Understanding re-finding behavior in naturalistic email interaction logs[C]//Proceedings of the 34th International ACM SIGIR Conference on Research and Development in Information Retrieval. ACM, 2011: 35-44.

[27] Moraveji N, Russell D, Bien J, et al. Measuring improvement in user search performance resulting from optimal search tips[C]//Proceedings of the 34th International ACM SIGIR Conference on Research and Development in Information Retrieval. ACM, 2011: 355-364.

[28] Guo Q, White R W, Zhang Y, et al. Why searchers switch: understanding and predicting engine switching rationales[C]//Proceedings of the 34th International ACM SIGIR Conference on Research and Development in Information Retrieval. ACM, 2011: 335-344.

[29] Ageev M, Guo Q, Lagun D, et al. Find it if you can: a game for modeling different types of web search success using interaction data[C]//Proceedings of the 34th International ACM SIGIR Conference on Research and Development in Information Retrieval. ACM, 2011: 345-354.

[30] Wang C, Liu Y, Wang M, et al. Incorporating non-sequential behavior into click models[C]//Proceedings of the 38th International ACM SIGIR Conference on Research and Development in Information Retrieval. ACM, 2015: 283-292.

[31] Grotov A, Whiteson S, De Rijke M. Bayesian ranker comparison based on historical user interactions[C]//Proceedings of the 38th International ACM SIGIR Conference on Research and Development in Information Retrieval. ACM, 2015: 273-282.

[32] Tsagkias M, Blanco R. Language intent models for inferring user browsing behavior[C]//Proceedings of the 35th International ACM SIGIR Conference on Research and Development in Information Retrieval. ACM, 2012: 335-344.

[33] Azzopardi L. The economics in interactive information retrieval [C]//Proceedings of the 34th International ACM SIGIR Conference on Research and Development in Information Retrieval. ACM, 2011: 15-24.

[34]Kotov A, Bennett P N, White R W, et al. Modeling and analysis of cross-session search tasks[C]//Proceedings of the 34th International ACM SIGIR Conference on Research and Development in Information Retrieval. ACM, 2011: 5-14.

[35]Wang H, Song Y, Chang M W, et al. Modeling action-level satisfaction for search task satisfaction prediction[C]//Proceedings of the 37th International ACM SIGIR Conference on Research & Development in Information Retrieval. ACM, 2014: 123-132.

[36]Song Y, Shi X, White R, et al. Context-aware web search abandonment prediction[C]//Proceedings of the 37th International ACM SIGIR Conference on Research & Development in Information Retrieval. ACM, 2014: 93-102.

[37]Lagun D, Hsieh C H, Webster D, et al. Towards better measurement of attention and satisfaction in mobile search[C]//Proceedings of the 37th International ACM SIGIR Conference on Research & Development in Information Retrieval. ACM, 2014: 113-122.

[38]Hu Y, Qian Y, Li H, et al. Mining query subtopics from search log data[C]//Proceedings of the 35th International ACM SIGIR Conference on Research and Development in Information Retrieval. ACM, 2012: 305-314.

[39]Agichtein E, White R W, Dumais S T, et al. Search, interrupted: understanding and predicting search task continuation[C]//Proceedings of the 35th International ACM SIGIR Conference on Research and Development in Information Retrieval. ACM, 2012: 315-324.

[40]Song W, Yu Q, Xu Z, et al. Multi-aspect query summarization by composite query[C]//Proceedings of the 35th International ACM SIGIR Conference on Research and Development in Information Retrieval. ACM, 2012: 325-334.

[41]He J, Bron M, Vries AD, et al. Untangling result list refinement and ranking quality: a framework for evaluation and prediction[J].

International Acm Sigir Conference, 2015: 293-302.
[42] Zhang Y, Zhai C. Information retrieval as card playing: a formal model for optimizing interactive retrieval interface [C]//Proceedings of the 38th International ACM SIGIR Conference on Research and Development in Information Retrieval. ACM, 2015: 685-694.
[43] Arapakis I, Bai X, Cambazoglu B B. Impact of response latency on user behavior in web search [C]//Proceedings of the 37th International ACM SIGIR Conference on Research & Development in Information Retrieval. ACM, 2014: 103-112.
[44] Barreda-Ángeles M, Arapakis I, Bai X, et al. Unconscious physiological effects of search latency on users and their click behaviour [C]//Proceedings of the 38th International ACM SIGIR Conference on Research and Development in Information Retrieval. ACM, 2015: 203-212.
[45] Li L, Deng H, Dong A, et al. Analyzing user's sequential behavior in query auto-completion via markov processes [C]//Proceedings of the 38th International ACM SIGIR Conference on Research and Development in Information Retrieval. ACM, 2015: 123-132.
[46] Zhang A, Goyal A, Kong W, et al. AdaQAC: adaptive query auto-completion via implicit negative feedback [C]//Proceedings of the 38th International ACM SIGIR Conference on Research and Development in Information Retrieval. ACM, 2015: 143-152.
[47] Jiang J Y, Ke Y Y, Chien P Y, et al. Learning user reformulation behavior for query auto-completion [C]//Proceedings of the 37th International ACM SIGIR Conference on Research & Development in Information Retrieval. ACM, 2014: 445-454.
[48] Li Y, Dong A, Wang H, et al. A two-dimensional click model for query auto-completion [C]//Proceedings of the 37th International ACM SIGIR Conference on Research & Development in Information Retrieval. ACM, 2014: 455-464.
[49] Shokouhi M. Learning to personalize query auto-completion [C]//

Proceedings of the 36th International ACM SIGIR Conference on Research and Development in Information Retrieval. ACM, 2013: 103-112.

[50] Harvey M, Hauff C, Elsweiler D. Learning by example: training users with high-quality query suggestions[C]//Proceedings of the 38th International ACM SIGIR Conference on Research and Development in Information Retrieval. ACM, 2015: 133-142.

[51] Mitra B. Exploring session context using distributed representations of queries and reformulations[C]//Proceedings of the 38th International ACM SIGIR Conference on Research and Development in Information Retrieval. ACM, 2015: 3-12.

[52] Kato M P, Yamamoto T, Ohshima H, et al. Investigating users' query formulations for cognitive search intents[C]//Proceedings of the 37th International ACM SIGIR Conference on Research & Development in Information Retrieval. ACM, 2014: 577-586.

[53] Feild H, Allan J. Task-aware query recommendation[C]//Proceedings of the 36th International ACM SIGIR Conference on Research and Development in Information Retrieval. ACM, 2013: 83-92.

[54] Gao J, Xu G, Xu J. Query expansion using path-constrained random walks[C]//Proceedings of the 36th International ACM SIGIR Conference on Research and Development in Information Retrieval. ACM, 2013: 563-572.

[55] Demidova E, Zhou X, Nejdl W. Efficient query construction for large scale data[C]//Proceedings of the 36th International ACM SIGIR Conference on Research and Development in Information Retrieval. ACM, 2013: 573-582.

[56] Maxwell K T, Croft W B. Compact query term selection using topically related text[C]//Proceedings of the 36th International ACM SIGIR Conference on Research and Development in Information Retrieval. ACM, 2013: 583-592.

[57] Kong W, Allan J. Extracting query facets from search results [C]//Proceedings of the 36th International ACM SIGIR Conference on Research and Development in Information Retrieval. ACM, 2013: 93-102.

[58] Bhatia S, Majumdar D, Mitra P. Query suggestions in the absence of query logs[C]//Proceedings of the 34th International ACM SIGIR Conference on Research and Development in Information Retrieval. ACM, 2011: 795-804.

[59] Jain A, Ozertem U, Velipasaoglu E. Synthesizing high utility suggestions for rare web search queries[C]//Proceedings of the 34th International ACM SIGIR Conference on Research and Development in Information Retrieval. ACM, 2011: 805-814.

[60] Song Y, Zhou D, He L. Post-ranking query suggestion by diversifying search results [C]//Proceedings of the 34th International ACM SIGIR Conference on Research and Development in Information Retrieval. ACM, 2011: 815-824.

[61] Kim Y, Seo J, Croft W B. Automatic boolean query suggestion for professional search [C]//Proceedings of the 34th International ACM SIGIR Conference on Research and Development in Information Retrieval. ACM, 2011: 825-834.

[62] Wang D, Hoi S C H, He Y, et al. Mining weakly labeled web facial images for search-based face annotation[J]. Knowledge and Data Engineering, IEEE Transactions on, 2014, 26(1): 166-179.

[63] Xu B, Bu J, Chen C, et al. Efficient manifold ranking for image retrieval[C]//Proceedings of the 34th International ACM SIGIR Conference on Research and Development in Information Retrieval. ACM, 2011: 525-534.

[64] Jin C, Yang C. Integrating hierarchical feature selection and classifier training for multi-label image annotation[C]//Proceedings of the 34th International ACM SIGIR Conference on Research and Development in Information Retrieval. ACM, 2011: 515-524.

[65] Zerr S, Siersdorfer S, Hare J, et al. Privacy-aware image classification and search[C]//Proceedings of the 35th International ACM SIGIR Conference on Research and Development in Information Retrieval. ACM, 2012: 35-44.

[66] Kong W, Li W J, Guo M. Manhattan hashing for large-scale image retrieval[C]//Proceedings of the 35th International ACM SIGIR Conference on Research and Development in Information Retrieval. ACM, 2012: 45-54.

[67] Xia H, Wu P, Hoi S C H, et al. Boosting multi-kernel locality-sensitive hashing for scalable image retrieval[C]//Proceedings of the 35th International ACM SIGIR Conference on Research and Development in Information Retrieval. ACM, 2012: 55-64.

[68] Pan Y, Yao T, Li H, et al. Semi-supervised hashing with semantic confidence for large scale visual search[C]//Proceedings of the 38th International ACM SIGIR Conference on Research and Development in Information Retrieval. ACM, 2015: 53-62.

[69] Wan X, Zhang J. CTSUM: extracting more certain summaries for news articles[C]//Proceedings of the 37th International ACM SIGIR Conference on Research & Development in Information Retrieval. ACM, 2014: 787-796.

[70] Sanden C, Zhang J Z. Enhancing multi-label music genre classification through ensemble techniques[C]//Proceedings of the 34th International ACM SIGIR Conference on Research and Development in Information Retrieval. ACM, 2011: 705-714.

[71] Stupar A, Michel S. Picasso-to sing, you must close your eyes and draw[C]//Proceedings of the 34th International ACM SIGIR Conference on Research and Development in Information Retrieval. ACM, 2011: 715-724.

[72] Shen J, Pang H H, Wang M, et al. Modeling concept dynamics for large scale music search[C]//Proceedings of the 35th International ACM SIGIR Conference on Research and Development in Infor-

mation Retrieval. ACM, 2012: 455-464.

[73] Shou L, Mao K, Luo X, et al. Competence-based song recommendation[C]//Proceedings of the 36th International ACM SIGIR Conference on Research and Development in Information Retrieval. ACM, 2013: 423-432.

[74] Wang H, Huang H, Nie F, et al. Cross-language web page classification via dual knowledge transfer using nonnegative matrix tri-factorization[C]//Proceedings of the 34th International ACM SIGIR Conference on Research and Development in Information Retrieval. ACM, 2011: 933-942.

[75] Ture F, Elsayed T, Lin J. No free lunch: brute force vs. locality-sensitive hashing for cross-lingual pairwise similarity[C]//Proceedings of the 34th International ACM SIGIR Conference on Research and Development in Information Retrieval. ACM, 2011: 943-952.

[76] Strötgen J, Gertz M, Junghans C. An event-centric model for multilingual document similarity[C]//Proceedings of the 34th International ACM SIGIR Conference on Research and Development in Information Retrieval. ACM, 2011: 953-962.

[77] Wan X, Jia H, Huang S, et al. Summarizing the differences in multilingual news[C]//Proceedings of the 34th International ACM SIGIR Conference on Research and Development in Information Retrieval. ACM, 2011: 735-744.

[78] Ren Z, de Rijke M. Summarizing contrastive themes via hierarchical non-parametric processes[C]//Proceedings of the 38th International ACM SIGIR Conference on Research and Development in Information Retrieval. ACM, 2015: 93-102.

[79] Ageev M, Lagun D, Agichtein E. Improving search result summaries by using searcher behavior data[C]//Proceedings of the 36th International ACM SIGIR Conference on Research and Development in Information Retrieval. ACM, 2013: 13-22.

[80] Haas K, Mika P, Tarjan P, et al. Enhanced results for web search [C]//Proceedings of the 34th International ACM SIGIR Conference on Research and Development in Information Retrieval. ACM, 2011: 725-734.

[81] Patil M, Thankachan S V, Shah R, et al. Inverted indexes for phrases and strings [C]//Proceedings of the 34th International ACM SIGIR Conference on Research and Development in Information Retrieval. ACM, 2011: 555-564.

[82] Ding S, Gollapudi S, Ieong S, et al. Indexing strategies for graceful degradation of search quality [C]//Proceedings of the 34th International ACM SIGIR Conference on Research and Development in Information Retrieval. ACM, 2011: 575-584.

[83] He J, Suel T. Faster temporal range queries over versioned text [C]//Proceedings of the 34th International ACM SIGIR Conference on Research and Development in Information Retrieval. ACM, 2011: 565-574.

[84] Chen Y, Canny J F. Recommending ephemeral items at web scale [C]//Proceedings of the 34th International ACM SIGIR Conference on Research and Development in Information Retrieval. ACM, 2011: 1013-1022.

[85] Wang J, Zhang Y. Utilizing marginal net utility for recommendation in e-commerce [C]//Proceedings of the 34th International ACM SIGIR Conference on Research and Development in Information Retrieval. ACM, 2011: 1003-1012.

[86] Huang S, Wang S, Liu T Y, et al. Listwise collaborative filtering [C]//Proceedings of the 38th International ACM SIGIR Conference on Research and Development in Information Retrieval. ACM, 2015: 343-352.

[87] Zhang Y, Lai G, Zhang M, et al. Explicit factor models for explainable recommendation based on phrase-level sentiment analysis [C]//Proceedings of the 37th International ACM SIGIR Confer-

ence on Research & Development in Information Retrieval. ACM, 2014: 83-92.

[88] Zhang Y, Zhang M, Liu Y, et al. Improve collaborative filtering through bordered block diagonal form matrices[C]//Proceedings of the 36th International ACM SIGIR Conference on Research and Development in Information Retrieval. ACM, 2013: 313-322.

[89] Bennett P N, Radlinski F, White R W, et al. Inferring and using location metadata to personalize web search[C]//Proceedings of the 34th International ACM SIGIR Conference on Research and Development in Information Retrieval. ACM, 2011: 135-144.

[90] Cui P, Wang F, Liu S, et al. Who should share what?: Item-level social influence prediction for users and posts ranking[C]//Proceedings of the 34th International ACM SIGIR Conference on Research and Development in Information Retrieval. ACM, 2011: 185-194.

[91] Lappas T, Punera K, Sarlos T. Mining tags using social endorsement networks[C]//Proceedings of the 34th International ACM SIGIR Conference on Research and Development in Information Retrieval. ACM, 2011: 195-204.

[92] Xu Z, Zhang Y, Wu Y, et al. Modeling user posting behavior on social media[C]//Proceedings of the 35th International ACM SIGIR Conference on Research and Development in Information Retrieval. ACM, 2012: 545-554.

[93] Cha Y, Cho J. Social-network analysis using topic models[C]//Proceedings of the 35th International ACM SIGIR Conference on Research and Development in Information Retrieval. ACM, 2012: 565-574.

[94] Ghosh S, Sharma N, Benevenuto F, et al. Cognos: crowdsourcing search for topic experts in microblogs[C]//Proceedings of the 35th International ACM SIGIR Conference on Research and Development in Information Retrieval. ACM, 2012: 575-590.

[95] Li C, Sun A, Weng J, et al. Exploiting hybrid contexts for tweet

segmentation[C]//Proceedings of the 36th International ACM SIGIR Conference on Research and Development in Information Retrieval. ACM, 2013: 523-532.

[96] He X, Gao M, Kan M Y, et al. Predicting the popularity of web 2.0 items based on user comments[C]//Proceedings of the 37th International ACM SIGIR Conference on Research & Development in Information Retrieval. ACM, 2014: 233-242.

[97] Shah C, González-Ibáñez R. Evaluating the synergic effect of collaboration in information seeking[C]//Proceedings of the 34th International ACM SIGIR Conference on Research and Development in Information Retrieval. ACM, 2011: 913-922.

[98] Carterette B. System effectiveness, user models, and user utility: a conceptual framework for investigation[C]//Proceedings of the 34th International ACM SIGIR Conference on Research and Development in Information Retrieval. ACM, 2011: 903-912.

[99] Blanco R, Halpin H, Herzig D M, et al. Repeatable and reliable search system evaluation using crowdsourcing[C]//Proceedings of the 34th International ACM SIGIR Conference on Research and Development in Information Retrieval. ACM, 2011: 923-932.

[100] Smucker M D, Clarke C L A. Time-based calibration of effectiveness measures[C]//Proceedings of the 35th International ACM SIGIR Conference on Research and Development in Information Retrieval. ACM, 2012: 95-104.

[101] Zhou K, Cummins R, Lalmas M, et al. Evaluating aggregated search pages[C]//Proceedings of the 35th International ACM SIGIR Conference on Research and Development in Information Retrieval. ACM, 2012: 115-124.

[102] Saha Roy R, Ganguly N, Choudhury M, et al. An ir-based evaluation framework for web search query segmentation[C]//Proceedings of the 35th International ACM SIGIR Conference on Research and Development in Information Retrieval. ACM, 2012:

881-890.

[103] Chandar P, Carterette B. Preference based evaluation measures for novelty and diversity[C]//Proceedings of the 36th International ACM SIGIR Conference on Research and Development in Information Retrieval. ACM, 2013: 413-422.

【作者简介】

黄如花，管理学博士，武汉大学信息管理学院副院长、教授、博士生导师。美国加州大学伯克利分校高级研究学者、匹兹堡大学访问学者。兼任国际期刊《国际信息与图书馆述评》(*International Information and Library Review*, IILR)同行评审专家、国际知识组织协会(International Society of Knowledge Organization, ISKO)会员、中国图书馆学会学术委员会副主任委员，湖北省图书馆学会副会长。2007年入选“教育部新世纪优秀人才”支持计划。已出版《网络信息组织：模式与评价》《信息检索(第二版)》《数字图书馆原理与技术》等著作9部，其中《信息检索》先后入选教育部“十一五”“十二五”规划教材。在国内外学术刊物和国际会议发表论文100余篇，大多数为CSSCI期刊论文，含《中国图书馆学报》14篇，SSCI源刊物论文2篇(SSCI索引1篇)、EI索引4篇，CPCI索引6篇、《人大复印报刊资料》转载10余篇。主持并完成了中美合作项目、国家社科基金项目、教育部人文社会科学重点研究基地重大项目、教育部新世纪优秀人才支持计划项目和国家留学基金项目各1项。现主持国家社科基金重大项目“面向国家大数据战略的政府数据开放共享对策研究”(15ZDC025)。

邱春艳，女，2015年毕业于武汉大学信息管理学院，获得管理学博士学位，现为曲阜师范大学传媒学院讲师。

近五年图书馆用户服务研究进展*

吴　钢

（武汉大学信息管理学院）

［摘　要］从图书馆新媒体服务、学科服务、数据管理服务、阅读推广服务、特殊群体服务等领域对近五年来国内外图书馆用户服务的研究进展进行了概述，总结了本阶段图书馆用户服务实践与研究的发展特点。

［关键词］图书馆　用户服务　新媒体服务　学科服务　数据管理　阅读推广　特殊群体服务

Progress in Research on Library User Services in the Past Five Years

Wu Gang

(School of Information Management, Wuhan University)

[**Abstract**] From the aspects of library new media service, subject service, data management service, reading promotion, special group service, this paper outlines the research progress of library user services at home and abroad in the past five years. It also summarizes the development characteristics of library user services practices and researches at this stage.

[**Keywords**] library　user services　new media service　subject

---

* 本研究得到国家留学基金资助。

service   data management service   reading promotion   special group service

服务是图书馆的永恒话题，图书馆的存在和发展离不开高品质的用户服务。为了适应用户信息需求和信息行为的变化，图书馆用户服务也在不断创新变革，出现了各种新的服务方式。本文对近五年来国内外图书馆用户服务研究的重点领域进行梳理，以求能够从整体上揭示图书馆用户服务的发展变化趋势。

1 图书馆新媒体服务

随着信息技术的发展和普及，各种新的技术工具也逐渐应用在图书馆用户服务中，以提升图书馆的服务能力。在这个过程中，图书馆积极采用新媒体工具开展创新用户服务，成为重要的发展趋势。需要说明的是，新媒体的内涵非常广泛，不同时期对新媒体的理解也存在着差异，如在图书馆网站刚出现时，被视为图书馆新媒体服务的重要体现。结合近五年来图书馆用户服务研究和实践关注的重点方向，本文主要将图书馆新媒体服务的考察范围限定在社交网络服务和移动服务领域。

1.1 图书馆社交媒体服务

正如 Noa Aharony 所指出，作为互联网用户的一种文化现象，社交网络被认为是 21 世纪网络的一个主要发展成果。社交网络的应用使跨越年龄、种族、文化和地理差异建立联系更为容易[1]。世界范围社交网络平台的利用越来越广泛，尤其是在青少年用户群体中的普及率非常高。图书馆为了能够继续在新的用户信息利用环境中提供服务，也大力通过社交网络平台开展相关服务。Madhusudhan M. 和 Nagabhushanam V. 提出图书馆专家必须应用 Web2.0 工具，对传统服务进行创新，以满足技术依赖的用户的信息需求，积极采用即时信息咨询服务、网络博客、维基等基于网络的图书馆新服务类型[2]。

国外众多研究者将图书馆开展社交媒体服务视为塑造图书馆形象、吸引用户利用的一种有力途径。如 Nancy Kim Phillips 提出，Facebook 已经成为大学生中占统治性的交流模式，高校图书馆需要探索将 Facebook 作为服务传递和营销方式的适用性，鼓励学生更好地利用图书馆服务。与图书馆网站相比，Facebook 可以将图书馆资源更便利地置于日常环境中。作为社交媒体站点，Facebook 最基础的功能是建立关系。如果 Facebook 可以帮助图书馆建立一个品牌，使图书馆超越传统上“图书”的认知，大学生就会发现图书馆更具有关联性和可接近性，会将其视为个人网络有价值的组成部分。图书馆需要利用 Facebook 展示自己的亲近性，以建立与学生的友好关系，最终促进服务的传递[3]。

Noa Aharony 对美国高校图书馆和公共图书馆利用 Facebook 开展服务的现状进行了调研。两种类型的图书馆都将 Facebook 作为向用户传递信息的工具，讨论场所的功能还比较薄弱。很多学生只将图书馆作为“学习”和“信息”的场所，借阅图书和利用计算机的空间。图书馆需要利用不同的 Facebook 应用来拓展其活动，以吸引更多用户。高校图书馆需要利用 Facebook 向学生介绍有价值的资料，在平台上开展友好的讨论，这将改变学生认为社会网络特别是 Facebook 并非图书馆的服务范围的观念[4]。

Ji-Hong Park 通过调研分析了高校中不同类型群体对社交网站的认知和利用情况，提出高校图书馆开展社交网络服务过程中需要尽可能考虑用户的实际需求：对于本科生而言，他们更多地将 SNS 视为娱乐性工具，图书馆需要经常发布新颖、有趣的服务，以留住有可能退出的用户，吸引新的潜在用户；对于研究生而言，其更多地转向社区服务，图书馆需要注意开发社区中高质量的内容资源；为了吸引教师用户，应该提供更有针对性的服务，向其强调利用 SNS 能够带来的好处[5]。

Edda Tandi Lwoga 提出 Web2.0 技术的应用提升了图书馆的服务质量，其优势包括：提供了更加互动、以用户为中心的咨询服务；通过图书馆博客的检索功能提升了对纸质和数字资源的获取；强化了在线和线下信息素养指导以适应用户新的学习方式；在更短的时间共享新闻、推广图书馆服务；提升了图书馆服务中的用户参与和反馈。作者提出了促进图书馆应用 Web2.0 技术的建议，如不断对用户的信息需求和搜寻行为进行研究，以有效地采纳和应用 Web2.0 技术；制定标准和政策来管理图书馆 Web2.0 的工具和内容；图书馆需要选择用户友好、只需较少时间建立和维护的工具，以确保对工具的有效管理[6]。

社交媒体也已经在我国各类型图书馆中得到了广泛应用。研究者对图书馆应用社交媒体的方式进行了分析，如白光祖等总结了国内外图书馆应用 SNS 的两大模式："推出去"模式和"引进来"模式。"推出去"模式是指图书馆借助当前主流的 SNS 网站，利用多种方式将自身服务推送到用户个人环境之中，使用户不必离开当前的工作、学习、娱乐环境就能享受到图书馆服务，其服务的实现主要依赖于用户现实生活中人际关系在网络中的再现、延伸和拓展。"引进来"模式是指图书馆基于 SNS 建设知识社区平台，吸引用户入驻并与图书馆以及其他信息服务机构一起发布动态、共享资源[7]。高春玲从图书馆实体服务与虚拟服务融合的角度讨论了图书馆开展社交媒体服务的意义和价值，提出只有更好地将服务场所拓展到微博和社交网站等虚拟社区空间，完善宣传与推广工作，才能更好地体现图书馆的场所价值、资源价值以及服务价值[8]。

胡春波对我国公共图书馆应用新浪微博平台开展服务的现状进行了调查，公共图书馆微博服务的主要内容包括新闻发布、阅读推广、活动介绍、沟通交流、信息咨询等，提出了公共图书馆利用微博服务的发展对策：重视用户的潜在需求、重视微博客的聚合功能、重视微博客的回复评论功能、重视多种信息技术的综合应用[9]。

邢文明和徐建锋对我国 39 所"985"工程高校图书馆开设的新浪认证微博进行调查，分析了这些微博的开设时间、发布数量、更新频率、粉丝数、关注数、吸引力等基本情况，并对微博内容进行了分析，发现这些微博的内容可分为通知公告、用户互动、文化普及、活动开展、图书推介和电子资源推介等 6 个方面。在此基础上提出了高校图书馆微博发展的策略建议：加强宣传，提高微博的可见度和影响力；划分主题，提高微博内容的针对性；及时更新微博，注重时效性；提高微博内容的全面性与多样性，提升服务水平等[10]。

Jianhua Xu 等对我国“985”工程高校图书馆应用微信服务的现状进行了调查，大约有 1/3 的图书馆应用微信作为营销工具向用户推广馆藏和服务。现阶段高校图书馆应用主要是一些基础性功能，随着微信应用的更加普及，高校图书馆需要采用微信的一些更高级的功能，如用户自助服务、关键词自动识别咨询解答、营销与宣传、提升咨询服务、增强知识共享活动等[11]。

社交媒体在图书馆服务中的应用已经非常普及，但正如 Noa Aharony 指出，图书馆维护、营销和更新 Facebook 需要投入很多时间[12]，图书馆社交媒体服务是一项需要付出巨大时间、人力成本的工作。在服务开通后，如果图书馆没有能够很好地进行维护，那么图书馆社交媒体服务的意义和效果就会大打折扣。Terra B Jacobson 提出，图书馆员必须意识到利用 Facebook 需要投入很多的注意力，图书馆如果不能至少每周 1 次持续更新其 Facebook 页面，那它就不是一个有用、成功的工具。图书馆越积极，效果就越好，Facebook 的首要利用方式是通告和营销，图书馆可以利用其开展活动、展览、研讨。作者也坦率指出，图书馆员也不需要过于关注 Facebook，因为互联网在持续变化中，Web2.0 的应用变化很快，用户在不断尝试新的工具或社交网站，图书馆员也需要准备着将下一项工具纳入自己的工作范围[13]。

Kay Cahill 以加拿大温哥华公共图书馆为例，分析了社交媒体工具在公共图书馆中的应用。图书馆意识到需要利用社交媒体工具参与到用户中来，这些工具只有在充满最新、及时更新的内容时，才会是有效的。作者提出，在快速变化的环境下，用户的忠诚度非常容易发生变化，今天很流行的工具也许很快会成为快速变化的牺牲品，如 MySpace、Friendster、Bebo 等。图书馆只有保持开放思维，不断关注信息技术利用的转变，才能发现直达其用户空间的新方式，进而提供有意义、有价值的在线服务[14]。

1.2 图书馆移动服务

随着移动网络的普及，移动终端功能日益丰富，移动化成为公众在工作、学习、生活、娱乐等各领域的发展趋势。在此背景下，为了满足用户在移动互联网络环境下的信息需求，移动服务成为图书馆的重要趋势。

Geoffrey Little 指出，智能手机和移动技术已经改变了人们消费、传播和创造信息的方式，具有战略眼光的图书馆需要满足已经存在的需求和期望。智能手机和移动技术在图书馆参考咨询、用户指导、信息提供、馆藏发展、系统与技术部门等领域中都有着广阔的应用空间。作者认为日益流行的快速响应码(Quick Response Code，即二维码)是一个非常好的推进工具，它给图书馆提供了一个简便、有趣的方式，直接引导用户获取相关内容。其在图书馆中的应用领域包括：数字资源链接、图书馆用户指导内容导引、图书的快速续借等[15]。

Noa Aharony 通过对以色列图书馆员的调研提出移动技术是图书馆经历的巨大变化中的一部分，用户已经习惯了日常生活中不同领域的各类型移动服务，因此也会将其兴趣延伸至图书馆服务中，图书馆员必须足够开放以适应这一趋势。图书馆希望在网站上提供更多简捷、有吸引力、高效的移动服务，使馆员也能享受到移动服务带来的便利。图书馆在招聘员工时就需要注意员工的个性特征(如对变化和创新的态度等)，向对技术变化持消极态度的员工提供实践和培训机会。作者提出，图书情报学教育项目也需要在课程中包含移动技术，强调这一问题对于图书馆未来的重要性[16]。

2010 年，Robin Canuel 和 Chad Crichton 对加拿大高校图书馆移动应用的调查发现，智能手机在高校中已经普及，但该领域的技术在图书馆中的应用还属于起步阶段。图书馆需要关注潜在的移动服务应用，如自助借阅、在线图书续借、学习室预约、实时可用计算机信息等，可以使图书馆以比较少的员工，为用户提供 24/7 的图书馆服务，提升图书馆在教育活动中的参与机会[17]。

Robin Canuel 和 Chad Crichton 在 2014 年对本主题进行了后续研究，对加拿大大学与学院协会（Association of Universities and College of Canada）的 97 个成员图书馆应用移动 APP 以推动科研、教学和学习的现状进行了调查，研究发现，37%的图书馆在网站上提供了移动 APP 的链接，大型的以研究为导向的图书馆更多地采用了 APP。现阶段已出现了许多应用于学术目的的 APP，作为信息素养专家，图书馆员需要帮助研究人员、管理者和学生管理多样化的 APP，通过移动 APP 提供馆藏、资源、服务和工具的获取，不断产生增值收益[18]。

Jingru Hoivik 介绍了挪威国家图书馆的移动图书馆项目，其目标是开发可视化的网络服务原型，以提供对图书馆不断增长的数据仓储的移动获取。该项目建立了测试数据库，开发了安卓应用程序，主要功能包括：图片展示、图书馆移动终端数字展示、传统的文本检索、基于位置的检索、ISBN 条码检索、音频检索。作者认为这 6 种方式在图书馆移动技术领域非常具有应用前景[19]。

ChunYi Wang 等人调研了中国台湾亚东技术学院（Oriental Institute of Technology）图书馆的移动服务开展状况，主要包括短信服务、移动视频点播（VOD）系统、新书预览和预约服务等。作者对最早应用的两项服务——过期提醒和续借请求服务进行了深入讨论，采用系统日志分析和问卷调查法，发现这两项服务有效减少了过期罚款的次数和金额总量，间接提升了用户的借书意愿，带来了更高的图书流通率。作者指出，问卷调查显示用户对移动服务的满意度和接受度都非常高，但还有相当数量的用户不知道图书馆提供的移动服务内容，因此宣传推广在吸引用户利用图书馆移动服务的过程中非常重要[20]。

梁欣和过仕明提出图书馆移动服务主要存在 3 种模式：短信服务、WAP 网站服务模式、客户端应用服务模式，3 种模式各有自己的特点和不足。图书馆在设计移动服务模式时，需要从用户第一的角度，广泛兼顾社会各层次服务对象的需求与基础条件，尽量简化社会公众接入与使用移动通信网络的门槛，消除他们利用移动服务的素养与技能障碍，并有针对性地设计富有层次感、服务手段多样、服务质量稳定、极具普适性与惠民性的服务模式[21]。

魏群义等采用网络调研、问卷调查、有效性测试等方法，对我国国家图书馆和31家省级公共图书馆的移动服务现状进行了调研，并与美国排名前25位的公共图书馆的移动服务进行对比分析。研究发现：中国公共图书馆移动服务普及率偏低，服务模式主要为WAP和APP；移动服务和移动资源较为丰富，移动服务具有良好的个性和交互性，但存在移动服务体系不完整、移动服务缺乏创新性、知晓度较低、有效性整体不高等问题。中美公共图书馆的移动服务各有所长，中国图书馆提供了更为丰富的移动服务和移动资源，而美国图书馆移动服务更加人性化和精细化，与移动终端结合得更好，馆藏信息的展示效果较好[22]。这些特点可供我国图书馆在设计移动服务时进行参考。

为了满足用户在移动互联网络环境下的信息需求，学者们结合上海图书馆[23]、北京大学图书馆[24]、清华大学图书馆[25]等已开展的实践，提出了图书馆移动服务的发展策略，如丰富与拓展移动服务的内容资源；加强二维码技术、智能手机全媒体功能等的应用；移动服务需要统一的客户端对不同功能进行分类整合管理等。

类型多样、数量众多的APP(应用程序)成为当前移动环境下的显著特征。我国高校移动图书馆的APP服务主要有信息查询、信息公告、在线阅读、预约续借等功能，而国外高校移动图书馆的APP服务还包括条码识别、在线展览、资源推送、虚拟体验等。我国高校移动图书馆的APP服务在标识性体现、功能设计等方面存在不足之处，可通过在APP开发中体现图书馆文化与特色、增加服务功能、提供知识咨询等途径来实现高校移动图书馆APP的功能优化与拓展[26]。王永华等提出图书馆APP移动服务的发展对策包括：加强图书馆、数据库商及第三方的合作共建共赢，实现全文资源获取；深度整合开发馆藏资源；拓展多元化APP服务；建立用户互动社区，促进实时交流；加强市场营销和推广，提高移动服务的使用[27]。

2 图书馆学科服务

作为知识服务的重要实施方式，学科服务对于高校和科研图书馆而言具有重要意义。开展学科服务是提升图书馆的服务层次和效果，彰显其显示度和影响力的有效途径。Sheila Corrall 提出，在数字世界里，学科馆员作为信息专家的战略贡献受到了一些机构管理者的怀疑，图书馆可以应用战略图来描述学科馆员的贡献。其研究发现学科馆员的核心功能仍在继续，其服务范围和能力在不断延伸。在学习和研究支持领域，学科馆员面临着拓展的功能要求和新机遇，合作与服务整合成为关键性的发展趋势。[28]

2.1 国内外图书馆学科服务比较分析与案例研究

学科服务作为舶来品，我国的研究者比较重视学习国外的发展经验，在比较分析中得出我国的可资借鉴之处。鄂丽君和蔡莉静对美国大学图书馆学科服务的网络调查发现，其学科服务内容主要有研究咨询服务、学科资源利用服务、学科课程指南、图书馆辅助教学服务、学科研究成果存储服务、学科数据管理服务、开放存取出版服务等。借鉴美国大学图书馆学科服务实践经验，我国大学图书馆宜采取扁平化的人员组织模式、以多对多模式开展学科服务、强化学科服务意识，系统规划学科服务内容、组建高校图书馆学科服务联盟[29]。

于静和赵敏对美国高校图书馆的学科服务开展状况进行了考察。美国高校图书馆深化了传统学科服务实践，将院系联络深入学术机构内部，将信息素养教育融入教学与学习，为师生提供建立在科学评估机制上的深度参考咨询服务。美国高校图书馆也发展学科服务创新实践，倡导建立基于开放存取的新学术交流体系，构建自己的机构知识库，为师生科研提供全过程的学科服务[30]。

随着我国学科服务的广泛开展，研究者也非常关注、总结我国图书馆学科服务的实践经验。万文娟对我国"985 工程"大学图书馆学科服务的调查发现，现阶段存在的主要问题包括：组织机构不健全，管理体制分散；学科馆员人数不足，综合素质偏低；评价制度不完善，激励机制缺乏；服务深度过浅，服务广度不宽。作者提出了学科服务深化发展的策略：①建立完善的学科馆员管理机制；②组建高素质的学科馆员队伍：学科馆员的选拔要慎重，学科馆员的分派要结合院系的实际情况，学科馆员的培训应是队伍建设的重点；③构建科学合理的绩效激励体系；④建设集成化的学科服务互动平台；⑤深化多途径的学科细节服务层次，开展学科信息导航服务，编写制作学科网页，深化学科信息素养教育，开展定题追踪服务[31]。

《大学图书馆学科服务案例精选》一书汇编了教育部“211工程”三期建设中国高等教育文献保障系统(CALIS)项目“馆员素养培训与资质认证”子项目中5期学科馆员培训班成员所提交的80个学科服务案例，从规划与创新、探索与发展、信息素养教育、支持科研、技术资源保障等方面对我国大学图书馆开展学科服务的经典案例进行了全面剖析。该书邀请国内知名专家为每一组案例做“专家点评”，另外设置“同行视角”板块，邀请有经验的学科馆员为同主题案例进行评阅[32]。该书是对我国高校图书馆开展学科服务现状的全面总结和提炼，具有较强的实用性和参考价值。

2.2 图书馆学科服务平台和工具

采用一定的平台可以便于学科服务的组织、实施和推广。现阶段LibGuides成为国内外高校图书馆广泛应用的学科服务平台。作为商业性内容管理系统的LibGuides，以软件即服务(SaaS)的方式供全世界图书馆订购使用，可以在不需要特殊编程技能或连接网络服务器的情况下，帮助图书馆快速开发动态、交互式的学科与课程导航[33]。

袁晔等认为LibGuides所具有的社区性、兼容性和互动性特点契合了用户需求，适合构建学科服务平台。作者介绍了上海交通大学图书馆引进LibGuides的建设实践及取得的成效，认为其在用户群体中的知晓度和影响力有待提升。作者在平台改进方面提出的对策包括：①数量优化：稳步增加学科类、课程类、文化类指南数量。②内容优化：多向扩展，扩大服务的学科、专题、课程的覆盖面，为用户提供全新的信息获取体验。③宣传优化：图书馆应设计实行“显性宣传”和“隐性宣传”相结合的宣传策略。“显性宣传”是指与学科服务具体工作相结合，在与院系师生接触过程中，由学科馆员主动积极地向院系师生介绍 LibGuides，使尽可能多的用户了解 LibGuides；“隐性宣传”是指图书馆应为 LibGuides 营造“最易于获取”的环境，如将“学科服务平台”入口设置在图书馆主页的醒目位置，或者嵌入到师生常用的学科专业数据库的介绍页面，借此吸引潜在的学科用户。(4)功能优化：深度拓展，与课程管理系统相结合，与教师学习共同体相结合[34]。

涂文波和涂艳玲以武汉大学图书馆利用 LibGuides 建立学科服务平台的实践为基础，提出了完善学科服务平台的建议，包括丰富平台内容，完善学科资源导引，提供多样化内容；增强平台交流功能；增加平台友好性；加强建设学科服务平台的管理。其中，加强建设学科服务平台的管理具体包括：出台政策，为学科服务平台建设提供依据和保障；健全组织体系，保障学科服务平台的顺利进行；加强质量监控，确保学科服务平台建设成果适用于师生教学科研；开展广泛的合作与交流等[35]。在当前图书馆中非专业馆员和兼职员工越来越多的情况下，Rachel Ann Erb 和 Brian Erb 提出可以利用 LibGuides 作为图书馆的一个交流平台，不仅可以向用户提供咨询服务，而且馆藏建设馆员、公共服务馆员可以共享信息，互相提供帮助，最终提升用户服务质量[36]。

兰小媛对国内外高校图书馆已有学科服务平台功能考察后提出，目前尚未真正出现“一站式获取资源和服务”的智慧型学科服务平台。学科服务平台应具备学科资源组织一体化、检索迈向一站式、服务趋于个性化和智能化三大发展趋势。基于高校图书馆开展学科服务的实际需求，智慧型学科服务平台的功能框架体系可分为学科门户、参考咨询、信息素养培训、学科交流社区、个性化服务、后台管理 6 大模块，以打造一个综合、开放、动态的智慧型学术环境[37]。

在为用户开展信息素养培训的过程中，可以开发相应的软件作为培训工具以提升服务效果。Karen Markey 等人对密歇根大学开发的 BiblioBouts 信息素养游戏软件进行了分析。该软件的目标是帮助学生解决利用图书馆资源中遇到的问题：数据库选择、数据库质量信息判断、引文管理软件的使用等，使学生能够更好地利用图书馆开展研究工作。该游戏软件向学生展示了图书馆的更多资源，这些资源学生自己可能不会主动发现，也向其介绍了一系列专业检索和信息资源管理工具，增强了其开展研究工作的信心[38]。Lorri M. Mon 指出，在线游戏是潜在的"第三空间"，在游戏和虚拟环境下成长的年轻用户需要在线图书馆和在线教育有更多可视化参与和仿真体验。图书馆可以通过自身的努力重塑虚拟世界中作为专业活动的环境[39]。

2.3 图书馆嵌入式服务

在图书馆开展学科服务的过程中，"嵌入式服务"作为更加紧密联结图书馆与用户的服务实施方式，受到了图书馆界的重视。张宇娥等提出，基于协同创新的大科研模式正在成为科技创新的新趋势，研究者与研究机构的科技创新模式与信息需求发生着重要转变，图书馆需要嵌入科研并为科技创新提供有力支撑。电子科技大学图书馆通过分析目前研究型大学的科研模式及发展需求，提炼出面向科研决策及学科分析(校级科研管理部门)、面向院系(院系学科与科研组织)、面向科研团队(基层学术研究组织)的嵌入目标，通过以科研体系链条中的重要结构点为学科知识化服务的重点目标，形成对学校整体科研体系的全方位、立体化支撑体系[40]。

谢守美提出，嵌入式学科服务成为泛在知识环境下学科服务发展的新方向，是图书馆应对泛在环境所主动开展的个性化服务。作者归纳了国内外图书馆嵌入式学科服务发展现状，指出其主要包括嵌入式信息素养教育(包括嵌入到课堂、课程管理系统)和嵌入式科学研究(包括嵌入到教师和学生科研)，主要通过嵌入到用户的物理空间和虚拟空间(博客、浏览器等)，提供个性化的、随时随地的学科信息服务[41]。

司莉和邢文明提出嵌入式服务要求馆员走出图书馆，主动融入用户环境，通过与用户的密切合作随时解决用户遇到的问题。在对我国高校图书馆嵌入式服务现状调研的基础上，指出我国图书馆嵌入式服务存在着嵌入具体课程教学不足、深入用户科研过程和科研环境不够、服务的主动性欠缺等问题，并提出了相应的改进对策与建议：嵌入用户环境，支援教学与科研；倡导流程嵌入，提高嵌入式馆员的素质；围绕课程或项目，创新服务模式；建立与用户的长效合作机制等[42]。

在数字化浪潮和机构重组的合力推动下，北京大学图书馆重新构建了原有的学科服务，将“嵌入式”模式和用户参与的智慧型服务作为学科服务的发展目标与方向，从多维度对学科服务进行拓展与深化，举措主要包括：深度嵌入教学，打造精品服务；重点科研的全程支撑服务；从学术评价转向为学科规划提供前瞻性服务；开展多种类型的知识与智慧分享服务[43]。

作为国家社科基金项目的最终成果，中国科学院文献情报中心孙坦、初景利主编的《图书馆嵌入式学科服务的理论与方法》一书系统总结了中国科学院文献情报系统和国内外图书馆开展嵌入式学科服务的经验及最佳实践，从理论研究性和实践指导性两个方面深入剖析了图书馆开展嵌入式学科服务需要面对和解决的关键性问题，系统阐述了图书馆嵌入式学科服务的基本概念、基本理论、基本方法、主要模式、难点与重点、发展方向等，该书的研究成果对于促进国内图书馆深入开展学科服务、推动图书馆转型变革具有重要的理论与实践意义[44]。

2.4 图书馆学科服务的特定领域

高素质的学科馆员队伍是学科服务有效开展的基础性保障。万文娟通过调研发现，目前我国高校图书馆学科服务团队建设存在构建学科服务团队的高校图书馆数量过少、学科服务团队多以兼职学科馆员为主体、团队中非学科馆员来源面过窄、很多学科服务团队仍类似于孤军作战、团队有效激励不足、团队绩效评估缺失等问题。作者提出应通过确立团队协作的共同目标、培育胜任力强的专职学科馆员、拓展非学科馆员的招聘渠道、采用多元化的激励机制、实行全面的绩效评价、开展学科服务团队的馆际协作等策略，来推动我国高校图书馆学科服务团队建设[45]。

随着“慕课”在我国应用的推广，图书馆也可以将利用“慕课”开展服务作为学科服务实施的切入点。傅天珍和郑江平认为高校图书馆在MOOC环境中开展服务具有得天独厚的优势，建议通过以下几方面进行服务创新：多途径嵌入信息素养教育，尝试提供MOOC课程；深化教学参考系统的建设，提供课程资源导航；关注版权和内容许可，促进教学资源的无障碍获取；倡导知识共享和开放式许可，鼓励使用开放获取资源[46]。

Joacim Hansson 和 Krister Johannesson 在2011年开展了一次为期6个月的焦点小组访谈，研究发现高校图书馆中传统的书目工作与研究者出版战略相结合的模式逐渐出现，图书馆要参与到数字仓储开发和开放存取出版的进程中，使图书馆成为学术知识生产过程中的积极参与成员。书目研究评价指标越来越受到重视，应用其开展服务可以提升图书馆在组织中的地位和实际价值。高校图书馆可以对相关的计量工具（JCR、SHERPA/RoMEO 等）进行营销推广，教会潜在用户利用[47]。

高校越来越重视对大学生创新能力的培养，越来越多的大学生在本科阶段就参与到科研项目活动中，因此高校图书馆对本科生科研活动的支持成为重要的业务关注领域。Mcrinda Kaye Hensley 等人调查了美国高校图书馆对本科生研究项目的支持情况，提出跨学科、实验性学习机会的增加改变了本科生体验学术的方式，图书馆可以在这个过程中发挥自身的价值，帮助本科生学习文献综述写作、应用统计软件等，在信息素养指导课程中增加知识产权、开放存取等内容，通过机构知识库等基础设施传播和保存本科生的研究成果等。在这个过程中，图书馆需要在课堂内外与教师和管理者建立战略合作关系[48]。Mary Beth Burgoyne 和 Kim Chuppa-Cornell 提出，在高校图书馆开展信息素养培训时，需要寻找新的合作机会，如作为合作者嵌入课程，开设独立、有学分的信息素养课程等，图书馆可以通过在线学习社区的方式，将研究指导直接应用到大学生的研究写作过程中[49]。

在我国推进国家知识产权战略实施的过程中，专利信息服务成为图书馆一项新兴的专业化深度信息咨询服务内容。南京工业大学图书馆开展嵌入式专利信息服务，主要包括专利检索技能培训、专利信息分析、专利监测、协助专利申请等。Jun Feng 和 Naixuan Zhao 通过引文分析和问卷调查，发现图书馆通过合作，可以帮助研究者检索相关专利，分析技术趋势，发现有价值的专利，追踪新出现的相关专利。在提供嵌入式专利信息服务过程中，图书馆员应该成为专利专家，与研究者紧密合作，嵌入其研究机构和团队，帮助其充分利用专利信息资源，使其在研究过程中能够更有效地创新[50]。

学科服务不仅受到高校、科研图书馆的重视，一些有实力、有需求的其他类型图书馆也将其作为重要的服务途径。如万仁莉提出国家图书馆有必要实施学科馆员制度，其提出的服务方式包括：专业馆藏服务模式，专业馆藏开发服务模式，专业数据库开发模式，面向专家、课题组的个性化服务模式，基于网络平台的学科化服务模式[51]。

在公共图书馆开展学科服务过程中，健康信息服务是可以重点考虑的切入点，尤其是在当前网络虚假信息盛行的环境下。Lili Luo 和 Van Ta Park 的研究提出公众希望公共图书馆成为健康信息的有效来源。通过在全美范围的调查发现，公共图书馆员面临的健康信息需求涉及众多主题：身体特征、健康状况、疾病信息、医疗观念、健康/饮食/营养信息等。现阶段在提供健康信息服务过程中，公共图书馆员遇到的最大挑战是：难以理解用户的问题；不了解可获取、可信赖、合适的医疗/健康信息源。为了能够有效提供健康信息服务，图书馆员希望接受培训，以掌握必需的技能和知识[52]。

Sanghee Oh 和 Younghee Noh 提出，公众在互联网上检索利用健康信息的情况持续增加，公共图书馆馆员也需要不断地向用户定位可靠的健康信息。在韩国的公共图书馆中，由于缺少检索和评价健康信息的专业知识，提供的相关服务还很有限。作者通过全面的文献调研，提出了评价健康网站的 33 个指标，通过用户调研确立指标的重要性，以帮助图书馆员向公众推荐最佳健康网站，提升健康信息服务质量[53]。

3 图书馆数据管理服务

大数据对人类社会的各个领域都产生了广泛深入的影响，在科学研究领域的表现尤为突出。数据不再仅仅是科学研究的结果，而且变成科学研究的活的基础，因此诞生了数据密集型的知识发现，即“科学研究的第四范式”[54]。为了实现支持科学研究的职能目标，图书馆需要积极参与到科学数据管理活动中。

3.1 图书馆数据管理服务理论探讨

Karen Antell 等认为，在高校里，图书馆的数据管理计划创造了使图书馆员可以参与研究者活动的新机会，同时也给图书馆员的职业发展带来了重要变化。图书馆员需要积极地准备开展数据管理工作，接受培训，学习新技能，同时也需要将其传统的图书馆员技能应用到数据管理任务中[55]。

Hans Jørn Nielsen 和 Birger Hjørland 提出，当数据被记录并赋予元数据时，其应被视为文献的一种类型，应该被包含进研究图书馆的兴趣领域。传统上，研究图书馆以出版物的方式控制了对研究数据的获取，因此在新的环境下，对原生格式的研究数据直接获取的控制，是其功能的自然延伸[56]。

图书馆在开展数据管理服务时需要考虑不同类型用户的实际需求。Travis Weller 和 Amalia Monroe-Gulick 通过对堪萨斯大学教师和研究生的调查提出，高校图书馆需要不断调整其提供的数据服务类型，以满足不同学科使用不同研究方法的研究者的多样化需求：历史和人文学者更加关注数字化服务；对于开展定量、定性统计和实验的研究者以及社会科学家，主要协助其开展数据分析服务；对于自然科学家来说，数据的存储和保存是图书馆的重要机遇，图书馆需要掌握自然科学家产生的数据类型，以确保机构知识库可以存储这些大规模的数据集。此外图书馆还可以协助撰写数据管理计划、提供咨询服务等。通过这些服务的开展，高校图书馆可以促进所在机构研究使命的实现，在研究者的所有研究阶段提供服务[57]。

Minglu Wang 提出，不同类型的图书馆用户对数据服务有着不同的需求，如研究中心涉及大规模的数据采集和应用项目，图书馆员的工作主要是提供咨询；而一个教师或学生则有可能需要图书馆员成为其研究伙伴，帮助其解决具体问题。数据图书馆员有其特殊优势：可以从多学科的视角观察问题，可以把握未来的研究趋势和学术环境变化，可以和研究者、技术专家进行交流。在 e-Science 环境下，在多学科网络和数据驱动的研究成为学术活动常规的情况下，这些能力是非常有价值的。当然数据图书馆员也需要参加培训，以能够掌握持续更新的技术和知识内容[58]。

Hans Jørn Nielsen 和 Birger Hjørland 也提出，许多特定领域的大型机构的主要活动是与数据的应用紧密结合的，研究图书馆很难承担起领导职责，需要专门的信息专家开展活动。在另外一些情况下，研究图书馆是选择、保存、组织和利用研究数据的最佳场所，为完成这些任务，研究图书馆需要积极参与到相关领域的分析研究中[59]。

在图书馆数据管理服务的设计与实施过程中，Minglu Wang 认为变化中的机构环境、图书馆和图书馆的能力、用户的背景和需求是动态发展、持续交互的 3 个主要因素，决定了图书馆开展数据服务的层次和范围。图书馆尽早建立与研究者和研究中心的深度联系是非常有益的。数据图书馆员需要采取多种交流与互动方式，如：会议、e-mails、实验室指导、课堂指导等，以便于发现数据需求和服务中存在的问题[60]。

图书馆在嵌入科研的过程中，开展科学数据服务是一种比较有效的方式。陆颖等提出了创新科学数据服务嵌入科研过程的方式，包括构建专题科技数据知识环境、科学数据咨询服务、科学数据备份服务、科学数据信息素质培训等，此外还需要完善学科数据服务管理制度、构建专业数据馆员体系、推动学科数据服务营销、构建学科数据智慧服务、实现跨部门协调与合作[61]。

3.2 图书馆数据管理服务案例分析

加州州立大学北岭分校(California State University Northridge, CSUN)奥维亚特图书馆建设了2个数字仓储：Digital Collections(保存档案和历史资料)和ScholarWorks(保存学术作品)。Stephen Kutay通过对其案例分析，讨论了开发新数字仓储、改进数字仓储服务的具体策略。作者提出，现阶段研究数据的管理普遍还在图书馆环境之外，图书馆数字仓储的开发、服务的开展，可以在数据共享、数字展示与教学等领域为员工的研究资源创造一个开放和共享的环境。作者提出了一些提升数字仓储服务的具体策略，包括拓展合作范围，将更多类型的数字对象纳入数字仓储中；制定政策以促进咨询、合作和保存服务；升级图书馆服务能力以提供对流媒体的获取；调研并设计数字仓储基础设施，使其更灵活、可重构、可升级，以满足不同类型的数字资源和用户需求[62]。

Carol Tenopir等人于2011年调查了美国和加拿大高校图书馆开展研究数据管理服务的状况，研究发现当时开展研究数据管理服务的高校图书馆还不普及，但有众多图书馆已经在进行规划。现阶段开展的研究数据管理服务大多是传统信息或咨询服务的延伸，如帮助老师和学生定位数据库或数字仓储。此外，越来越多的图书馆更加积极地参与到研究数据管理服务中，如帮助制定数据管理计划，在数据仓储中准备、提交和保存研究数据等。调查中许多高校图书馆员认为其具有向用户提供研究数据服务的专业知识，但还需要有机会接受培训，培训可以在学校里开展，也可以通过参加研讨会或专业会议的方式进行[63]。

2013年，Li Si等对排名全球前100位大学的87所高校图书馆进行了调查，有50所已经开展了研究数据服务，大部分的服务可以分为6类：研究数据介绍(47.13%)、数据监护与存储服务(43.68%)、数据管理指南(42.53%)、数据管理咨询(41.38%)、资源推荐(41.38%)、数据管理培训(24.14%)。作者提出图书馆应增强与研究人员、管理部门的合作，在研究人员中培育数据共享的文化，在机构制定数据管理程序过程中提供适当的服务。此外高校图书馆需要开发数据管理培训课程，提供参考咨询服务，帮助研究人员在科研过程中管理和共享数据集[64]。

武汉大学图书馆承担了教育部“211 工程”三期建设中国高等教育文献保障系统（CALIS）项目“中国高校科学数据管理与服务机制和平台的研究”，项目组对国内外文献和相关网站进行了调研，通过问卷调查和走访了解了高校科研人员数据生产和管理需求现状，在武汉大学确定了若干试点院系，利用 Dspace 搭建了共享平台，并开始面向全校提供数据存储和共享服务[65]。在实践经验基础上，课题组讨论了我国高校图书馆开展科学数据管理服务面临的 4 个关键问题：管理与共享机制亟需建立、用户需求需进一步培育和激发、系统功能需要持续改进、服务能力需要尽快提升。同时课题组也提出了一些解决思路：顶层设计和团队建设至关重要；科学定位，树立有限目标，逐步推行；利用开源软件，注重平台的通用性；通过数据服务体现个性化学科服务[66]。

4 图书馆阅读推广服务

阅读推广活动的广泛开展是近年来我国图书馆界用户服务领域的显著特征，正如范并思所言：阅读推广已经成为公共图书馆领域最引人注目的服务[67]。在高校图书馆界，阅读推广同样成为了重要的业务工作内容。

阅读推广服务地位的提升与当前政策环境的鼓励支持密不可分。在中国共产党十八大报告中，出现了“开展全民阅读活动”的提法。2014 年《政府工作报告》首次出现“倡导全民阅读”内容；2015 年《政府工作报告》中再次出现“倡导全民阅读，建设学习型社会”内容；2016 年《政府工作报告》中连续第三年写入“倡导全民阅读”内容。有关全民阅读的立法也在稳步推进，《江苏省人民代表大会常务委员会关于促进全民阅读的决定》于 2015 年 1 月 1 日正式实施，《湖北省全民阅读促进办法》于 2015 年 3 月 1 日正式实施，《深圳经济特区全民阅读促进条例》于 2016 年 4 月 1 日起正式施行。2016 年 2 月，国家新闻出版广电总局主持起草的《全民阅读促进条例》(征求意见稿)公开征求意见。这些政策、法规的出台为图书馆开展阅读推广活动创造了良好环境，提供了有力支持。

4.1 图书馆阅读推广的理论内涵分析

作为实践性非常强的一个领域，图书馆阅读推广活动在实施过程中，同样需要有相应的理论作为指导。范并思认为，阅读推广中的基础理论问题包括阅读推广的定义，与图书馆服务、图书馆核心价值的关系等。从图书馆学理论角度观察，图书馆阅读推广具有以下理论特征：①属性定位：阅读推广是图书馆服务的一种形式。②目标人群：阅读推广的重点是服务于特殊人群。③服务形式：阅读推广是活动化、碎片化的服务。④价值基础：阅读推广需要介入式服务，图书馆员不但直接介入从文献选择到内容解读的整个阅读过程，而且还通过各种措施鼓励读者阅读他们指定或推荐的读物。体现图书馆核心价值的阅读推广的最终目标是通过阅读提升公民素养，使不爱阅读的人爱上阅读，使不会阅读的人学会阅读，使阅读有困难的人跨越阅读的障碍[68]。

谢蓉等提出图书馆的阅读推广是图书馆利用其信息资源、设备设施、专业团队和社会关系等各种条件，鼓励各类人群成为图书馆的读者，并培养其阅读兴趣、养成阅读习惯或提升其信息素养的各种实践[69]。

王波对图书馆阅读推广的内涵进行了更深入的剖析，提出图书馆阅读推广是指图书馆通过精心创意、策划，将读者的注意力从海量馆藏引导到小范围的有吸引力的馆藏，以提高馆藏的流通量和利用率的活动。图书馆阅读推广主要靠富有创意的形式提高读者的阅读兴趣，靠优良的空间和氛围帮助读者养成阅读习惯，靠科学的馆藏发展政策保障读者的阅读质量，靠以海量馆藏带来的压迫感和信息素养教育帮助读者提高阅读能力，靠组织有序、体系完备的馆藏提升读者的阅读效果[70]。王波的释义更具针对性，聚焦了图书馆阅读推广活动的本质特征。

赵俊玲等主编的《阅读推广：理论·方法·案例》一书从理论和实践不同层面、多个维度讨论了阅读推广问题。在理论部分，对阅读推广的主体、客体、对象、策略进行了分析。在案例部分，分别讨论了主要国际组织、主要国家的阅读推广活动，不同类型机构(公共图书馆、高校图书馆、民间公益机构、私营阅读推广机构、幼儿园)开展的阅读推广活动，面向不同人群(青少年、成年人、老年人)的阅读推广活动，并对国内外的经典案例进行了剖析[71]。

4.2 图书馆阅读推广的实践经验总结

一些重视国民阅读的国家在阅读推广领域积累了丰富经验。胡敏对美国的“大阅读计划(The Big Read)”进行了剖析，这是由美国国家人文艺术基金会等在2006年发起的一项阅读活动。近年来，它在图书馆和其他非营利性机构的推广之下获得巨大成功，其对我国图书馆开展阅读推广活动的启示包括：打造阅读推广平台，重视保障制度建设；重视机构合作，构建充满阅读关怀的社会环境；通过阅读引导、交流和服务，体现图书馆的专业性；加强对阅读推广活动的总结与评估[72]。此外，还有一系列论文对美国[73]、日本[74]、俄罗斯[75]、印度[76]等国的阅读推广活动经验进行了探讨。这些国家图书馆发展水平各异，面临的实际情况也各不相同，但其在阅读推广方面的做法都有值得我国借鉴之处，如印度图书馆开展阅读推广的目标集中在农村，重视农村阅读资源建设的做法值得我国公共图书馆在开展阅读推广活动时参考。

有研究成果探讨了国外特定资源领域的阅读推广活动。如李芙蓉和李常庆将美国和日本公共图书馆的动漫推广活动分成两类：一类是依托传统服务开展的动漫阅读推广活动，包括动漫推荐书目、动漫主题展览等；另一类是以项目形式开展的动漫阅读推广活动，包括讨论性质的动漫俱乐部、灌输型的漫画讲座、参与型的漫画比赛以及综合型的动漫节。依赖两国的动漫文化，公共图书馆围绕动漫开展的推广活动内容多样，在促进阅读，提高用户到馆率方面发挥了很好的作用。美日公共图书馆的动漫阅读推广实践启发我国公共图书馆需要积极开发新资源，构建动漫馆藏，拓展相应的服务与活动，吸引少年儿童[77]。

研究者也对我国现阶段图书馆阅读推广开展的现状进行了调研

和总结。吴高和韦楠华分析了当前我国高校图书馆阅读推广的实践特点：传统文化活动占据主导，新型媒介推广崭露头角。并指出高校图书馆阅读推广存在的问题：阅读推广主体机构缺失、阅读推广活动主题单调、数字资源阅读推广不足、阅读推广活动间隔周期过长、阅读推广媒介形式单一、阅读推广合作机制不健全。作者从健全阅读推广组织机构、丰富阅读推广活动内容、拓展网上阅读推广渠道、优化数字阅读推广环境以及完善阅读推广合作机制5个方面提出了推进高校图书馆阅读推广的策略[78]。

刘彩娥认为目前国内高校图书馆以“图书馆服务宣传月”为主的阅读推广活动开展得如火如荼，然而其中存在以下误区：缺乏理论支撑、群体定位不够准确、前期调研与后期效果评估不到位。作者提出需要关注高校图书馆与公共图书馆的差异，加强阅读推广活动的前期工作；建立并完善有效的评价机制；建立长效机制，避免短期突击宣传推广[79]。

一些图书馆已经积累了丰富的阅读推广经验。北京大学图书馆在开展阅读推广活动时，主要特点在于：①打造有特色、有创意的活动：关注读者需求，量身定做活动主题；拒绝一成不变，适当创新活动形式。②探索建立长效机制：注重活动的系统性、持续性；成立跨部门的工作团队；获取稳定的经费保障；寻求多元化的合作支持[80]。北京大学图书馆阅读推广活动的显著特点在于，活动内容不断推陈出新，避免读者的“审美疲劳”，如举办的“书读花间人博雅”阅读摄影展、“知书·知脸·也知心”阅读摄影展，都是形式与内容俱佳的阅读推广创意案例。此外图书馆综合利用传统媒介与社交网络，进行全方位、立体化的宣传，增强了阅读推广活动的可视度。

上海交通大学图书馆以年为周期设立阅读推广方案，年度计划中包含若干项细化的子项目方案，活动方案围绕特色阅读、主题书展、思源讲座、征文竞赛、阅读沙龙、导读推荐等活动多重交叉开展，各方案包含活动的思路、创意、预期目标、前期准备、基本方案撰写、主办方以及合作对象、时间节点、经费额度、宣传方式、实施流程和效果总结及评估，规划非常全面细致。上海交通大学图书馆开展阅读推广活动的经验还包括：多维视角优化环境，营造阅读推广的怡悦氛围；多渠道加强宣传，提高阅读推广知晓度；多元化常态式活动，培养读者阅读兴趣；注重多方合作，促进阅读推广[81]。

“全国高校图书馆阅读推广案例大赛”于2014年启动，2015年上半年举行了全国6个分赛区的初赛工作，共有456个案例参赛，最后有38个案例参加了于2015年10月在武汉华中师范大学举行的决赛，118个优秀案例参加决赛现场的海报展示。四川大学图书馆“光影阅动——微拍电子书”、清华大学图书馆“读有故事的人，阅会行走的书”、上海交大图书馆“鲜悦：以人为书，分享智慧”、北京大学图书馆“书读花间人博雅”、武汉大学图书馆“拯救小布之消失的经典”、天津财经大学图书馆“书与剧的碰撞，你与我的思扬”话剧比赛共6个案例获得一等奖，12个案例获二等奖，17个案例获三等奖[82]。这次大赛是对我国高校图书馆阅读推广活动开展状况的全面检阅，参与高校数量多，案例多样，对高校图书馆开展阅读推广活动具有很大的参考价值。

杨敏文对我国省级以上公共图书馆阅读推广开展状况进行了调查，发现总体上比较重视阅读推广工作，将其作为核心业务之一，阅读推广形式比较多样，但也存在不同图书馆均以主题活动和讲座类活动居多，且项目主题类同，缺乏本地特色等缺点。新技术已经渗透到图书馆的阅读推广中，并重视为弱势群体提供服务，但在读者培训工作上存在缺乏规划、没有普遍形成系列化的培训课程、培训次数较少等问题。作者提出了一些发展对策：推进以政府拨款为主的多渠道经费保障体系；完善跨区域、跨行业的合作网络；优化“阅读推广人”的准入、考核、激励机制；加强读者培训工作；拓宽阅读推广活动的宣传渠道[83]。

与经费相对充裕的省级公共图书馆不同，对于国内大部分基层公共图书馆来说，开展阅读推广活动时在资金、合作资源、宣传、人力等诸多方面都存在着困难。要突围这些困境，基层公共图书馆可以采取的措施包括：找准策划方位，寻求政府经费支持；主动“搭高”合作单位平台，提升活动权威性；在细节上进行创新，提高活动吸引力；多方宣传，扩大活动影响力；充实人员队伍，提升工作活力等。最终形成“政府领导支持、社会各界加盟合作、图书馆实施推动”的读书节工作机制，以更好地承担起全民阅读推广的重任[84]。

从现有成果来看，公共图书馆阅读推广的实践和研究更加集中在未成年人群体，这对于国民阅读习惯的养成非常有帮助，公共图书馆开展儿童阅读推广活动，需要明确发展目标、界定目标人群、制定具体措施。依托总分馆体系联动兄弟馆、与小学语文课程结缘联动学校、借助流动服务车进社区联动家庭是公共图书馆儿童阅读推广工作的发展路径；借助民间阅读推广力量、以图画书推广为推手、儿童阅读推广常态化是公共图书馆儿童阅读推广工作的推进方向[85]。

公共图书馆和高校图书馆服务对象不同，资源和服务特色各有差异，在策划阅读推广活动时，需要以相关理论为指导，充分借鉴国内外图书馆阅读推广活动积累的经验，同时必须结合自身的实际馆情，选择最适合自己、最符合本馆用户需求的阅读推广实施方式。

5 图书馆特殊群体服务

图书馆，尤其是公共图书馆的服务对象类型多样，一些类型的用户有着比较特殊的需求，图书馆在设计和提供相关服务项目时需要特别关注，这是图书馆服务公平理念的直接体现，也是衡量图书馆用户服务开展效果的重要方面。

5.1 图书馆少儿读者服务

在较长的一段时间里，少儿读者服务是我国图书馆学领域研究相对薄弱的环节。有研究者曾指出，与图书情报学的其他研究分支不同，中国在少儿服务方面的学术交流显得相对滞后，少儿服务专业几乎被中国的“信息管理”高等院校所遗忘，中西方在少儿服务方面的差距有增无减[86]。

近些年来，上述情况已有所改观，图书馆界对少儿服务的重视达到了前所未有的高度。全国图书馆未成年人服务提升计划、全国图书馆未成年人服务论坛、全国少儿阅读峰会等一系列活动的举办将少儿服务推向了公共图书馆工作的焦点领域，同时也吸引了更多的研究力量投入到图书馆少儿服务的研究领域，并取得了丰硕成果。

范并思以国内外的政策文件和实践活动为参照，对公共图书馆服务中的“儿童权利原则”进行了系统阐释，提出我国公共图书馆未成年人服务实践中，儿童权利原则涉及3个主题：①儿童的平等权利：图书馆对未成年人平等开放，以确保其充分参加文化和艺术生活的权利。②图书馆服务中的儿童优先：公共图书馆需要在服务政策、馆舍布局、场所及设施建设、文献资源配备、服务人员安排等方面对未成年人服务有所侧重，为未成年人提供优质服务，并优先考虑未成年人的安全问题。③对所有儿童平等服务：在未成年人服务中坚持多样性，在服务设计与组织中体现人文关怀，使无法正常接受图书馆服务的未成年人中的特殊人群，也能够同样享有图书馆服务[87]。

近些年出现了一批研究国外公共图书馆少儿读者服务经验的成果。黄如花和邱春艳通过对美国公共图书馆未成年人服务相关文件和典型案例的分析，总结了美国公共图书馆未成年人服务的特点：具有悠久的历史、重视未成年人服务的指导、配备青少年服务馆员并提出明确的素质要求、设立专门的服务空间和全面的建设要求、提供区别化和特色化的服务、鼓励青少年参与管理、重视未成年人服务质量的评估、注重与外界的合作、开展未成年人服务的教育[88]。

霍瑞娟和吴悦提出美国图书馆“儿童优先”服务的实践对我国具有很强的借鉴性：针对儿童用户制定了完善的政策与规划、设立了专门机构、开展馆员专业化教育、开辟儿童馆藏建设、根据不同年龄段实施分段科学服务、合理安排馆舍布局、策划多样化儿童主题活动等。我国图书馆应将“儿童优先”作为儿童服务的核心理念，强化政策保障，提高馆员队伍专业化水平，提供符合儿童特点和需求的馆区设计和服务，发展丰富合理的馆藏资源，科学策划实施丰富、有效的儿童主题活动[89]。

赖彤和王平以美国50个州主要公共图书馆为调研对象，通过网络内容分析发现，美国公共图书馆儿童服务内容丰富、贴近儿童实际需求、基础阅读服务专业完善、服务主动性高、致力于采用多种方法激励儿童阅读、非常注重与学校教育的结合、重视网络资源的开发和儿童使用的安全性[90]。

王琳考察了世界上第一个国家性质的婴幼儿阅读推广计划——英国的“阅读起跑线计划”(Bookstart)，其最核心的内容是由公共图书馆、教育和卫生等领域多家机构联手为每个婴幼儿发放1个免费的阅读包。Bookstart还举办儿歌时间、故事时间、蓝熊俱乐部、全国活动周等活动，拉近了婴幼儿和图书馆的距离，增强了儿童的认知、理解和学习能力。作者提出，我国图书馆在借鉴英国Bookstart的基础上，应打破限制，将免费阅读礼包推送至符合年龄条件的婴幼儿身边；举办阅读推广活动，使婴幼儿亲近阅读；针对婴幼儿年(月)龄阶段倡导分级阅读，从而促进婴幼儿的阅读推广[91]。

徐捷针对学龄前儿童的特征，提出了公共图书馆开展阅读服务的切入点：①营造幼儿阅读环境：全力打造玩具图书馆，突出特色；倡导亲子阅读，培养阅读习惯；建立幼儿园分馆，培育幼儿早期阅读兴趣。②加强家长利用少儿图书馆教育：创办家长学校；开设专题讲座；开设专栏，宣传亲子阅读知识。③开展阅读活动，引导婴幼儿快乐阅读，可以举办的活动包括：讲故事、念读作品、表演书故事、各种竞赛活动等[92]。

蒋逸颖和周淑云对我国大陆地区32个省级以上公共图书馆少儿服务现状进行了调查，提出了少儿读者服务的发展对策：加强有关法律法规建设；拓展少儿服务的深度；扩大少儿服务的对象范围；加强少儿阅览室建设；加强图书馆少儿服务的网站建设；整合数字化资源，创建少儿数据库；深化少儿网络服务内容；加强特色服务，开创服务品牌[93]。

数字网络环境下，少年儿童的信息行为也发生了显著变化，数字信息资源检索利用行为越来越常见。在对少儿读者提供服务的过程中，公共图书馆需要关注其数字信息资源利用的需求，引导其合理有效地利用相关资源。Po Yao Chao 和 Chia Ching Lin 提出儿童在检索数字故事书的过程中会遇到一些困难，开发可视化的故事书检索界面，提供与故事相关的图标，帮助儿童发现、识别故事的角色、场景、背景色，让儿童根据自己的兴趣选择喜欢的故事书，可以有力地推动和鼓励儿童自主学习的开展[94]。

5.2 图书馆老年读者服务

世界上众多国家都面临着老龄化的状况。随着老年人比例的不断增长，公共图书馆也需要越来越关注这一部分读者群体，老年人服务需要成为公共图书馆的重要工作领域。John Vincent 指出，英国公共图书馆具有为老年人提供服务的悠久历史，现阶段也有令人振奋的新发展。公共图书馆需要成为老年人可以获取帮助的极佳环境。但是目前很多老年人服务项目的开展还比较低调，在图书馆面临经费削减的情况时，老年人服务项目就有可能受到影响。因此，老年人服务项目需要成为公共图书馆的核心议题，这样才能更有利于其发展[95]。

在美国，随着二战后出生的婴儿潮一代(Baby Boomers)步入老年阶段，美国的图书馆面临着前所未有的数量巨大的老年读者群体。如何使这些社会中的重要成员积极参与到图书馆活动中，使图书馆成为老年人群体重要的文化中心，是需要重点考虑的内容。Emy Nelson Decker 认为图书馆需要从设施、服务、技术、员工 4 个维度入手，提出了提升老年读者服务的具体应对措施：图书馆需要设立老年服务部，正如儿童服务部一样；在预算中一定要考虑老年读者服务的需求和期望；图书馆需要和本地健康俱乐部合作以提供老年服务；在图书馆网站上设置老年服务专区；在 OPAC 系统中加大字号，以提高易读性；在计算机屏幕上安装音频软件，帮助老年读者获取信息；教会老年读者如何利用互联网来定位和使用合适的健康信息等。作者提出，老年读者有着不同程度的教育水平、多样的兴趣和能力，因此图书馆提供的服务也需要避免过度类型化[96]。

Mary F Cavanagh 和 Wendy Robbins 也指出，公共图书馆中老年人类型非常多元化，在提供老年人服务时，图书馆也需要区分不同的年龄和用户类型，这正如公共图书馆开展的少儿用户服务会将服务对象区分为婴儿、学前儿童、儿童、青少年等[97]。

我国的研究者积极参考借鉴国外公共图书馆老年读者服务的经验，提出我国的发展对策。肖雪和周静对美国公共图书馆开展老年读者服务的状况进行了调研，发现其开展的主要服务方式包括：制定服务手册；提供满足特殊需要的有声书、大字书和辅助设备；开设阅读俱乐部，以书会友；开展终身学习活动，展示老年人积极形象，培养积极的老年生活方式；建立老年人日常所需信息的网站导航和馆藏推荐；开设电脑培训课程；开展延伸服务；珍视老年记忆，开展口述历史工作。作者提出，我国公共图书馆需要转换服务观念，深入了解老年用户；完善服务指南和法规，制定服务规划；明确服务重心，结合变化扩展服务内容；注重社会合作，积极参与国家老年事务；重视并充分发挥图书馆协会的作用[98]。

在了解美国公共图书馆老年读者服务状况的基础上，肖雪和周静以我国图书馆法规规划、省级网站信息、现有研究文献为样本，采用内容分析法对我国公共图书馆老年服务的制度规划、馆舍功能布局、设施设备、馆藏建设、经费与管理、服务体系和各类服务活动的发展状况进行了分析。研究发现尽管我国公共图书馆老年服务已取得一定进展，但依然存在较多问题：服务定位不明确，缺乏对用户的充分了解；管理体制上不完善；服务内容主题狭窄，服务范围有限，质量层次需提升。作者提出明确用户定位和服务定位应成为改进服务状况的前提和关键[99]。

老年人对信息技术的接受、应用程度不断增强，因此公共图书馆开展老年读者服务时也需要考虑其信息获取利用行为的变化。Mei Yu Wang 关注了老年人利用博客的状况，采用内容分析方法，发现老年人开设博客涉及的主要主题包括：心灵提升和宗教、健康与医药、休闲活动、学习、食物、政治、投资、销售。根据老年人的爱好，图书馆博客需要增加更多有趣、有信息含量的内容，向老年人营销公共图书馆博客。在这个过程中，图书馆博客需要扮演自主学习的促进者角色，以提供学习资料、创建学习活动的方式，鼓励老年人浏览博客、表达观点、共享知识[100]。

在我国，微信的应用越来越普及，在老年人群体中也有很高的利用率。阮晓岚和阮晓东从微信生态下的阅读新特征着手，通过问卷调查、面访和调研获取了江苏省城镇老年读者的相关数据，发现城镇老年人对微信阅读已经有较高的需求，图书馆开展城镇老年读者微信服务具有可行性。公共图书馆利用微信平台开展老年读者阅读服务时可以从以下方面着手：分析老年用户特征，开展导航服务；加强宣传，普及公共图书馆微信服务；依据老年读者需求，扩展个性化服务；完善微信服务反馈与评价体系；加强专业服务团队建设；广泛开展社会合作，寻求联盟[101]。

5.3 图书馆残障读者服务

公平正义是社会发展的基本价值理念，需要在各个领域得到充分体现。公共图书馆是保障社会信息公平获取的制度安排，关注因身体残疾而在信息获取方面处于弱势的群体，为其提供有效的信息获取利用途径，是其发展的应有之义。

国际图联发布了一系列有关残障读者服务的纲领性文件，如《残障人士利用图书馆清单》(Access to Libraries for Persons with Disabilities-Checklist)、《信息时代盲人图书馆服务发展指南》(Libraries for the Blind in the Information Age-Guidelines for Development)、《聋人图书馆服务指南》(Guidelines for Library Services to Deaf People)、《智障群体图书馆服务指南》(Guidelines for Library Services to Persons with Dementia)、《阅读障碍群体图书馆服务指南》(Guidelines for Library Services to Persons with Dyslexia)、《医院病人、长期居住在护理机构中的老年人和残疾人图书馆服务指南》(Guidelines for Libraries Serving Hospital Patients and the Elderly and Disabled in Long-Term Care Facilities)等，为世界各国图书馆有针对性地开展残障读者服务提供了指导。

Heather Hill 提出图书馆职业是促进残障人士信息获取的强有力支持者，但对图书情报学领域的相关研究进行分析发现，现有的研究成果多是从信息提供者视角出发，图书馆拥有什么资源、用户如何利用等，而从用户视角出发，讨论残障人士希望从信息提供处获得什么、如何更好地提供服务的研究还比较少[102]。这也是图书馆在开展相关残障读者服务时需要注意的方面。

我国研究者对国外图书馆残障读者服务的经验和国内相关实践进行了考察。陈婧、臧可调查了日本东京都立中央图书馆及26个市公立图书馆的残障读者服务情况，其特色在于：根据读者的残障状况提供差异化服务；自制录音、点字资料，残障文献储备丰富；残障文献资源共建共享程度较高；提供多样化的残障读者服务等。在借鉴日本经验的基础上，我国图书馆需要加强残障文献资源建设，实现资源共建共享；建设残障辅助设施与设备；培养图书馆残障服务人员；加强社会合作；丰富服务项目[103]。

张靖等综合应用网络调查、文献调查和访谈调查等方式，对加拿大多伦多公共图书馆残障用户服务政策、服务资源、服务形式、服务管理进行了梳理和分析，认为其可为国内业界所借鉴的内容包括：注重残障用户服务管理、注重残障用户服务的基础资源建设、注重残障用户服务细节[104]。

王素芳对我国公共图书馆开展残疾用户服务的现状进行了全面调研，发现尽管图书馆在无障碍设施建设，专门阅览空间设立，盲文、有声读物和数字资源提供，残疾人电脑培训及其他服务活动多元化等方面取得了较大进步，但仍然存在馆藏特殊载体资料陈旧、缺乏统一揭示和共享，服务人员意识与技能欠缺，残疾人专门阅览空间建设欠规范化和利用率低下，服务活动单一、非持续性与边缘化等问题。为实现图书馆残疾人服务的常规化或主流化，图书馆界应在理念变革、服务创新和持续开展以及相关制度支持等方面努力提高服务水平[105]。

张靖等对广东省市级以上公共图书馆残障用户服务情况进行的问卷调查发现：近九成的公共图书馆已有残障用户，公共图书馆必须将残障用户服务纳入基本工作体系中，且应全面考虑不同残障群体的不同需求；公共图书馆在残障用户服务方面仍有较大的改善空间；公共图书馆残障用户服务的有效管理将有利于其服务品质的提升。作者进一步指出：以特殊馆藏为主体的服务资源是公共图书馆开展残障用户服务的基础；特殊服务项目是为提升公共图书馆残障用户服务品质而设立的；除了设置专门馆员和专门部门外，服务管理还包括服务宣传和社会合作[106]。

从整体上看，视障用户服务是图书馆残障用户服务研究与实践中最集中的领域，而近年来对视障用户服务的研究更加关注数字信息资源的获取与利用。Stefanus Andreas Kleynhans 和 Ina Fouriee 提出在电子资源和数字图书馆不断增加的情况下，需要促进视障群体对电子信息资源的获取。在这个过程中需要注意视障人士的分类，提供有针对性的服务[107]。Shailendra Kumar 和 Gareema Sanaman 调查了印度德里的主要高校和专业图书馆网站视障用户服务现状后提出，图书馆需要重视网页设计的可获取性，以方便视障人士利用辅助技术获取和利用各种类型的在线资源和服务。图书馆网站需要设置更少的图片、更少的超链接、更少的广告，以便利于视障用户的信息获取[108]。

Zhang Wei 等介绍了中国国家图书馆建设的“中国盲人数字图书馆”(China Digital Library for Visual Impairment，CDLVI)网站的资源建设、服务方式、开发机制等内容。该网站对视障用户提供了丰富资源，应用了众多可获取性技术，包括网站设计、内容展示、辅助技术兼容性、后台管理、服务方式等。自 2008 年建立以来，该网站 3 年时间吸引了来自 114 个国家和地区的 4000 多万次点击。作者提出，网站服务对象不能局限于视障群体，整个残障群体用户都应该考虑在内。图书馆需要在已有项目积累经验的基础上，更加注意用户需求和反馈意见，不断调整服务项目，设置新的服务类型，为残障读者构建一个良好的阅读服务体系，提供个性化和便捷服务，创造比较好的学习环境[109]。

陈艳伟在调研的基础上，从视障人士的电脑操作水平和使用互联网的现状出发，分析了其使用网络的特点：对语音的要求较高、经常浏览固定网站、常使用收藏夹功能和判断网页困难等。作者从网络因素和视障人士自身因素两个方面分析了其信息需求的障碍，在此基础上从内容设计、辅助配置设计和文本替换设计及志愿者加入等方面探讨了视障图书馆的建设策略[110]。

近些年阅读障碍群体服务的研究成为国内外的一个重要关注领域。Maria Björklund 分析了高校图书馆可以为阅读障碍学生提供的服务：需要提供适用的技术设备，使学生感到其可以控制学习过程；综合应用文字和音频软件对阅读障碍学生具有帮助。此外图书馆可以为阅读障碍学生设置单独的空间与设施，以便于使用特殊的技术设备，这样可以避免将其面临的问题暴露于众。作者强调需要确保阅读障碍学生可以自己选择获取的服务保障类型，以避免技术超载或需求和支持之间的不匹配[111]。Anna Hampson Lundh 和 Genevieve Marie Johnson 分析了纸质阅读障碍群体利用数字有声图书进行阅读的可能性，介绍了 DAISY(Digital Accessible Information System，数字获取信息系统)语音书的导航功能在用户阅读方面提供了前所未有的帮助[112]。

随着国家社科基金项目"公共图书馆为阅读障碍人群服务的理论、方法与对策研究"(束漫主持)、"图书馆为阅读困难群体服务的对策研究"(王政主持)等研究工作的开展，我国也逐渐涌现出一系列图书馆阅读障碍群体服务的研究成果。束漫和宋双秀提出，我国公共图书馆推行读写困难症儿童服务需要注意以下内容：外部建设方面，需要从国家政策和立法、行业组织与建设、图书馆规划与自建等层面构建完善的制度保障体系，从横向、纵向建立广泛的多方合作关系、开展多样的服务宣传推广；内部建设方面，配置合理的馆藏资源布局、加强有效的特殊服务内容、提供友好的辅助服务环境(创建友好物理环境、配置辅助技术设备)、打造专业的精英服务团队[113]。课题研究的相关成果还在一些图书馆中得到了应用，如广州图书馆[114]、东莞图书馆[115]、嘉兴市图书馆[116]等，这些图书馆经验的积累有助于阅读障碍群体服务的进一步推广。

5.4 图书馆多元文化服务

文化的交流融合在全世界范围都日益普遍，越来越多的个体来到新的文化环境中，而图书馆可以通过采取相应的服务方式，支持来自各种不同文化背景的个人和团体参与并融入到所在社区。

Ragnar Audunson 等提出，迁移和多元化发展是当前全球化世界的一个重要趋势，图书馆具有帮助社会迎接多元文化和移民化挑战的潜力，可以向移民群体提供其适应新环境所需的信息，提供其与自身文化保持联系的机会，成为一个促进交流的聚会场所，构建一个少数民族文化和主流文化的沟通桥梁[117]。

国际图联于 2006 年通过了《多元文化图书馆宣言》，2009 年被联合国教科文组织批准，成为促进世界范围图书馆开展多元文化服务的纲领性文件。2009 年国际图联推出了《多元文化社区：图书馆服务指南》第三版，对多元文化服务的开展提供更具体的指导。

美国公共图书馆在多种族、多文化的移民国家社会生活中提供了平等的多元文化服务，营造了公平而没有偏见的学习机会和信息共享的公共文化氛围，有助于在民众中建立包容、宽容理念，不仅保存了多种族文化遗产，还促进了不同种族、文化背景的移民之间能够更好地沟通和加深理解，在求同存异的前提下谋求共同发展[118]。Andreas Vårheim 对图书馆移民服务项目调查了美国图书馆的馆长，发现对于移民而言，公共图书馆在建立信任方面具有比较优势，可以成为其创造社会资本的工具。美国公共图书馆开展的移民服务项目主要包括：英语培训课程、计算机课程、公民课程、普通教育文凭等。此外还为少年儿童提供了大量服务项目，包括讲故事时间、幼儿图书馆服务、青少年空间、家庭空间、日托中心(daycare centers)和学校服务等。图书馆招募了具备双语能力的馆员开展上述服务[119]。

Ragnar Audunson 等访谈了挪威 9 位来自伊朗、阿富汗等国的女性移民，发现公共图书馆作为聚会空间，能帮助其融入挪威社会，发挥了新国家文化与自己来源国家文化的沟通桥梁功能。公共图书馆作为一个舞台，可以帮助其平稳、无缝地从远距离观察新国家的文化过渡到积极参与其中。图书馆在移民融入新文化的不同阶段也发挥着不同作用，在早期阶段，图书馆作为安慰场所的职能非常重要，随着移民对新国家的逐渐适应，图书馆传统职能的开展逐渐增强[120]。

潘拥军提出图书馆的多元文化服务应渗透到业务的方方面面：

①文献服务：加强多元文化馆藏建设，打破传统的文献组织方式，以主题方式来组织多元文献，如广州图书馆新馆设立多元文献馆，分为美国馆、韩国馆、德国馆等，凡涉及同一种文化的所有类型与语种的文献资源集中展示与服务，既满足外国人士母语阅读的需要，也为市民打开了一扇多元文化之窗。②信息服务：有针对性地对不同文化背景的用户提供教育、法律、健康、医疗、就业、移民等信息服务，为其在心理、生活、就业、社交方面提供援助和创造机会，帮助其尽快适应并融入所在城市。③社区活动：图书馆走进社区以吸引少数族群参加图书馆举办的各种活动，包括读书俱乐部、读者聚会、图书沙龙、故事会、技能培训、文化艺术展览、多元文化讲座等。④多语言咨询服务：以少数族群语言提供服务，具体形式有网站呈现的语言多样化、图书馆标识系统语言多元化、书目检索系统支持多样性文字、馆员以多样性语言提供咨询服务等。图书馆多元文化服务的持续开展需要有国际化的发展视角、制订多元文化服务专项规划、强化多元文化馆员的再教育、配置相应的建筑空间[121]。

高校图书馆面临的具有多元文化背景的用户群体以留学生为主要代表。随着我国高校中留学生人数的持续增长，如何对这一部分群体提供有针对性的服务需要引起高校图书馆的重视。Yusuke Ishimura 和 Joan C Bartlett 调查了北美地区高校图书馆员服务于国际学生的教学技巧，提出高校图书馆员需要努力满足学生的特定需求，优化教学方法。被调查的图书馆员认为其已注意获取掌握学生的背景信息、沟通交流和教学技巧，他们对接受进一步的培训表现出很强烈的兴趣。因此，作者提出在服务国际学生的环境下，需要不断给高校图书馆员提供培训机会，以提升其教学效果[122]。

Charles N Nzivo 和 Chen Chuanfu 通过对武汉大学留学生的调研发现，留学生在利用高校图书馆信息资源与服务时还存在许多障碍，如由于语言障碍带来的交流困难、没有接受如何利用图书馆的用户培训等。高校图书馆在为留学生提供服务时，需要更多地与留学生进行接触以掌握其图书馆需求；设立专职的图书馆员进行服务，以跨越交流和互动障碍；考虑其不同的教育水平和学科领域；

开展图书馆用户教育项目等[123]。总体而言，我国高校图书馆需要充分了解留学生的信息需求，提升图书馆员服务留学生读者的能力。

6 结　　语

图书馆用户服务是一个实践性非常强的领域，实际工作的发展要求学术研究及时进行回应，而学术研究成果又能为实践进步提供指导思路。通过以上对近5年来国内外图书馆用户服务重点领域的考察可以发现，理论研究与实践进展交相辉映，呈现出以下主要特征：

从服务理念上看，近年来的图书馆实践和研究都越来越关注特殊群体的用户服务。少儿用户服务在公共图书馆中的地位持续提升，成为重要的业务领域，儿童权利原则逐渐被认可接受。图书馆残障用户服务的实践和研究也在不断提升，一些以前很少涉及的服务对象(如阅读障碍群体)被纳入图书馆用户服务的视野。对弱势群体服务的关注很好地彰显了图书馆服务的公平理念。

从服务工具上看，Web2.0工具、移动服务平台等已成为图书馆服务的标准配置。在为视障用户、老年用户等特殊群体提供网络资源服务时，依靠软件工具方便了用户的信息获取利用。范并思总结的我国公共图书馆阅读推广发展趋势的一个重要表现就是"信息技术广泛应用于阅读推广"[124]。未来信息技术的采用还将是图书馆用户服务发展的重要趋势，智能化的信息技术有可能会在图书馆中得到广泛应用。正如Younghee Noh提出，图书馆应用情境感知技术可以为用户提供最具可能性的便利服务。当用户踏入图书馆大门起，图书馆需要识别每个用户的特定需求，向其提供所需的信息和服务，而非试图创设一个适用于所有用户的通用服务环境[125]。相关信息技术的开发和应用将会不断提升图书馆的用户服务效果，增强图书馆的用户服务能力。

从服务广度看，图书馆关注信息环境的变化，创新服务方式，开拓服务类型。高校、科研图书馆大力开展科学数据管理服务，融入新的数字科研交流环境。各种富有创意的阅读推广服务方式不断涌现，发挥了良好的作用。从服务深度上看，图书馆也在积极提升用户服务层次，主动参与到用户的科研活动全过程，嵌入式学科服务不断强化，以求真正实现知识服务的目标。

图书馆用户服务将处在持续变化的过程中，但正如研究者所指出，图书馆界在任何时候都必须清楚地认识到，任何技术手段、服务模式的完善与更新只有一个目的，那就是提供能够覆盖全社会绝大多数成员的信息服务，保障社会公众获取信息与知识的权利[126]，这是图书馆服务理论研究和实践设计时都需要思考的内容。

参考文献

[1]Noa Aharony. Facebook use in libraries: an exploratory analysis[J]. Aslib Proceedings, 2012, 64 (4): 358-372.

[2]Madhusudhan M, Nagabhushanam V. Web-based library services in university libraries in India: an analysis of librarians' perspective [J]. The Electronic Library, 2012, 30(5): 569-588.

[3]Nancy Kim Phillips. Academic library use of Facebook: building relationships with students[J]. Journal of Academic Librarianship, 2011, 37(6): 512-522.

[4]Noa Aharony. Facebook use in libraries: an exploratory analysis[J]. Aslib Proceedings, 2012, 64 (4): 358-372.

[5]Ji-Hong Park. Differences among university students and faculties in social networking site perception and use: implications for academic library services[J]. The Electronic Library, 2010, 28(3): 417-431.

[6]Edda Tandi Lwoga. Integrating Web 2.0 into an academic library in Tanzania[J]. The Electronic Library, 2014, 32(2): 183-202.

[7]白光祖，吴新年，祝忠明. 泛在图书馆环境下 SNS 的应用扫描与模式分析[J]. 图书与情报，2012(3)：71-75.

[8]高春玲. 中美图书馆微博和SNS社交网站应用情况调查与思考[J]. 图书馆学研究，2012(22)：33-37.

[9]胡春波. 我国公共图书馆应用微博服务的调查与分析[J]. 图书与情报，2012(3)：96-99.

[10]邢文明，徐建锋. “985”高校图书馆新浪认证微博服务现状调研与分析[J]. 图书馆学研究，2015(16)：32-36，42.

[11]Jianhua Xu, Qi Kang, Zhiqiang Song, et al. Applications of mobile social media: WeChat among academic libraries in China[J]. The Journal of Academic Librarianship, 2015, 41(1): 21-30.

[12]Noa Aharony. Facebook use in libraries: an exploratory analysis [J]. Aslib Proceedings, 2012, 64 (4): 358-372.

[13]Terra B. Jacobson. Facebook as a library tool: perceived vs. actual use[J]. College & Research Libraries, 2011, 72(1): 79-90.

[14]Kay Cahill. Going social at Vancouver Public Library: what the virtual branch did next[J]. Program, 2011, 45(3): 259-278.

[15]Geoffrey Little. Keeping moving: smart phone and mobile technologies in the academic library[J]. Journal of Academic Librarianship, 2011, 37(3): 267-269.

[16]Noa Aharony. Librarians' attitudes towards mobile services[J]. Aslib Proceedings, 2013, 65(4): 358-375.

[17]Robin Canuel, Chad Crichton. Canadian academic libraries and the mobile web[J]. New Library World, 2011, 112(3/4): 107-120.

[18]Robin Canuel, Chad Crichton. Leveragingapps for research and learning: a survey of Canadian academic libraries[J]. Library Hi Tech, 2015, 33(1): 2-14.

[19]Jingru Hoivik. Global village: mobile access tolibrary resources [J]. Library Hi Tech, 2013, 31(3): 467-477.

[20]Chunyi Wang, Haoren Ke, Wenchen Lu. Design and performance evaluation of mobile webservices in libraries[J]. The Electronic Library, 2012, 30(1): 33-50.

[21]梁欣，过仕明. 移动图书馆服务模式探索[J]. 图书情报工作，

2013，57(9)：58-64.

[22]魏群义，袁芳，贾欢，等.我国移动图书馆服务现状调查——以国家图书馆和省级公共图书馆为对象[J].中国图书馆学报，2014，40(3)：50-63.

[23]张磊.上海图书馆移动服务实践与创新[J].图书情报工作，2013，57(4)：11-15.

[24]聂华，朱本军.北京大学图书馆移动服务的探索与实践[J].图书情报工作，2013，57(4)：16-20.

[25]张蓓，张成昱，姜爱蓉，等.二维条码在移动图书馆服务拓展中的应用探索[J].图书情报工作，2013，57(4)：21-24.

[26]覃燕梅.高校移动图书馆 APP 功能优化及拓展探究[J].图书与情报，2015(6)：122-125.

[27]王永华，周月莲，齐艳存.天津市高校图书馆 APP 移动服务探析[J].图书馆工作与研究，2015(5)：36-37.

[28]Sheila Corrall. Capturing the contribution of subject librarians：applying strategy maps and balanced scorecards to liaison work[J]. Library Management，2015，36(3)：223-234.

[29]鄂丽君，蔡莉静.美国大学图书馆学科服务实践及启示[J].国家图书馆学刊，2015(3)：24-30.

[30]于静，赵敏.美国高校图书馆学科服务实践与案例分析[J].图书馆建设，2015(1)：94-96，100.

[31]万文娟."985 工程"大学图书馆学科服务实践及不足分析[J].图书馆学研究，2012(3)：82-87.

[32]郭晶，余晓蔚.大学图书馆学科服务案例精选[M].上海：上海交通大学出版社，2014.

[33]Rachel Ann Erb，Brian Erb. An investigation into the use of LibGuides for electronic resources troubleshooting in academic libraries[J]. The Electronic Library，2015，33(3)：573-589.

[34]袁晔，郭晶，余晓蔚.LibGuides 学科服务平台的应用实践和优化策略[J].图书情报工作，2013，57(2)：19-23.

[35]涂文波，涂艳玲.基于 LibGuides 的图书馆学科服务平台建设

研究[J]. 现代情报, 2014, 34(2): 94-97.
[36] Rachel Ann Erb, Brian Erb. An investigation into the use of LibGuides for electronic resources troubleshooting in academic libraries [J]. The Electronic Library, 2015, 33(3): 573-589.
[37] 兰小媛. 高校图书馆智慧型学科服务平台功能需求研究[J]. 图书馆建设, 2014(2): 70-73.
[38] Karen Markey, Chris Leeder, Soo Young Rieh. Through a game darkly: student experiences with the technology of the library research process[J]. library Hi Tech, 2012, 30(1): 12-34.
[39] Lorri M Mon. Professional avatars: librarians and educators in virtual worlds[J]. Journal of Documentation, 2012, 68(3): 318-329.
[40] 张宇娥, 李泰峰, 嵇灵. 协同创新"大科研"模式下学科服务嵌入路径研究——电子科技大学图书馆学科服务实践与创新[J]. 图书情报工作, 2013, 57(22): 77-80.
[41] 谢守美. 泛在知识环境下嵌入式学科服务研究[J]. 图书馆工作与研究, 2013(1): 27-29, 42.
[42] 司莉, 邢文明. 我国高校图书馆嵌入式服务的策略选择[J]. 图书情报知识, 2012(4): 46-52.
[43] 刘素清, 艾春艳, 肖珑. 学科服务的多维拓展与深化——北京大学图书馆学科服务聚焦与思考[J]. 大学图书馆学报, 2012, 30(5): 18-22.
[44] 孙坦, 初景利. 图书馆嵌入式学科服务的理论与方法[M]. 北京: 科学出版社, 2015.
[45] 万文娟. 我国高校图书馆学科服务团队建设问题与策略分析[J]. 国家图书馆学刊, 2015(2): 63-69.
[46] 傅天珍, 郑江平. 高校图书馆应对 MOOC 挑战的策略探讨[J]. 大学图书馆学报, 2014, 32(1): 20-24.
[47] Joacim Hansson, Krister Johannesson. Librarians' views of academic library support for scholarly publishing: an every-day perspective[J]. The Journal of Academic Librarianship, 2013, 39

(3): 232-240.
[48] Merinda Kaye Hensley, Sarah L Shreeves, Stephanie Davis-Kahl. A survey of library support for formal undergraduate research programs[J]. College & Research Libraries, 2014, 75(4): 422-441.
[49] Mary Beth Burgoyne, Kim Chuppa-Cornell. Beyond embedded: creating an online-learning community integrating information literacy and composition courses[J]. The Journal of Academic Librarianship, 2015, 41(4): 416-421.
[50] Jun Feng, Naixuan Zhao. A new role of Chinese academic librarians: the development of embedded patent information services at Nanjing Technology University Library, China[J]. The Journal of Academic Librarianship, 2015, 41(3): 292-300.
[51] 万仁莉. 国家图书馆学科馆员服务模式探讨[J]. 图书馆, 2013(5): 123-125.
[52] Lili Luo, Van Ta Park. Preparing public librarians for consumer health information service: a nationwide study[J]. Library & Information Science Research, 2013, 35(4): 310-317.
[53] Sanghee Oh, Younghee Noh. Online health information in South Korean public libraries: developing evaluation criteria[J]. Library & Information Science Research, 2013, 35(1): 78-84.
[54] Tony Hey. 第四范式: 数据密集型科学发现[M]. 潘教峰, 译. 北京: 科学出版社, 2012.
[55] Karen Antell, Jody Bales Foote, Jaymie Turner, et al. Dealing with data: science librarians' participation in data management at association of research libraries institutions[J]. College & Research Libraries, 2014, 75(4): 557-574.
[56] Hans Jørn Nielsen, Birger Hjørland. Curating research data: the potential roles of libraries and information professionals[J]. Journal of Documentation, 2014, 70(2): 221-240.
[57] Travis Weller, Amalia Monroe-Gulick. Understanding methodological and disciplinary differences in the data practices of academic

researchers[J]. Library Hi Tech, 2014, 32(3): 467-482.

[58] Minglu Wang. Supporting the research process through expanded library data services[J]. Program: Electronic Library and Information Systems, 2013, 47(3): 282-303.

[59] Hans Jørn Nielsen, Birger Hjørland. Curating research data: the potential roles of libraries and information professionals[J]. Journal of Documentation, 2014, 70(2): 221-240.

[60] Minglu Wang. Supporting the research process through expanded library data services[J]. Program: Electronic Library and Information Systems, 2013, 47(3): 282-303.

[61] 陆颖，杨志萍，王春明，等. 基于科学数据的嵌入课题组学科服务策略探索[J]. 图书情报工作，2015，59(22)：56-63.

[62] Stephen Kutay. Advancing digital repository services for faculty primary research assets: an exploratory study[J]. The Journal of Academic Librarianship, 2014, 40(6): 642-649.

[63] Carol Tenopir, Robert J. Sandusky, Suzie Allard, et al. Research data management services in academic research libraries and perceptions of librarians[J]. Library & Information Science Research, 2014, 36(2): 84-90.

[64] Li Si, Wenming Xing, Xiaozhe Zhuang, et al. Investigation and analysis of research data services in university libraries[J]. The Electronic Library, 2015, 33(3): 417-449.

[65] 燕今伟. 专题：高校科学数据管理与服务机制及运行平台研究[J]. 图书情报工作，2013，57(6)：11.

[66] 刘霞，饶艳. 高校图书馆科学数据管理与服务初探——武汉大学图书馆案例分析[J]. 图书情报工作，2013，57(6)：33-38.

[67] 范并思. 公共图书馆阅读推广的发展趋势[J]. 图书馆杂志，2015(4)：11-15.

[68] 范并思. 阅读推广与图书馆学：基础理论问题分析[J]. 中国图书馆学报，2014，40(5)：4-13.

[69] 谢蓉，刘炜，赵珊珊. 试论图书馆阅读推广理论的构建[J]. 中

国图书馆学报，2015，41(5)：87-98.
[70]王波. 阅读推广、图书馆阅读推广的定义——兼论如何认识和学习图书馆时尚阅读推广案例[J]. 图书馆论坛，2015(10)：1-7.
[71]赵俊玲，郭腊梅，杨绍志. 阅读推广：理念·方法·案例[M]. 北京：国家图书馆出版社，2013.
[72]胡敏. 美国“大阅读计划”及对我国图书馆开展阅读推广的启示[J]. 图书馆，2013(4)：80-82.
[73]葛茜. 美国国民阅读推广活动及对我国的启示[J]. 情报杂志，2015(6)：196-199.
[74]周樱格. 日本图书馆阅读推广动向研究：案例分析与启迪[J]. 新世纪图书馆，2013(5)：23-26.
[75]樊伟，郑军，杨华，等. 俄罗斯社会阅读推广策略探析及启示[J]. 四川图书馆学报，2015(3)：95-97.
[76]裴永刚. 印度阅读推广状况、评析及启示[J]. 图书馆工作与研究，2014(7)：4-7.
[77]李芙蓉，李常庆. 美日公共图书馆动漫阅读推广活动探析[J]. 中国图书馆学报，2014，40(6)：33-42.
[78]吴高，韦楠华. 我国高校图书馆阅读推广所存在的问题与对策研究[J]. 图书情报工作，2013，57(3)：47-51.
[79]刘彩娥. 国内高校图书馆阅读推广活动的几个误区[J]. 图书馆，2014(3)：111-112，123.
[80]刘雅琼，张海舰，刘彦丽. 创意为先，实效为王——北京大学图书馆阅读推广活动的案例研究[J]. 大学图书馆学报，2015，33(3)：77-81.
[81]杨莉，郭晶. 高校图书馆阅读推广活动的设计与实践[J]. 图书与情报，2014(5)：34-38.
[82]俞俭，陈岩. 首届全国高校图书馆阅读推广案例大赛举办[EB/OL]. [2015-12-11]. http://news.xinhuanet.com/local/2015-10/16/c_1116851694.htm.
[83]杨敏文. 我国省级以上公共图书馆阅读推广活动调查与分析

[J]. 图书馆工作与研究, 2014(5): 87-90.
[84]林瑞凰. 基层公共图书馆阅读推广的困境与“突围”——以晋江市图书馆“悦”读节为例[J]. 图书馆建设, 2014(5): 53-56.
[85]张丽. 公共图书馆与儿童阅读推广: 发展路径与推进方向[J]. 国家图书馆学刊, 2015(5): 105-109.
[86]储荷婷, 张茵. 图书馆信息学[M]. 北京: 中国人民大学出版社, 2007: 145.
[87]范并思. 图书馆服务中儿童权利原则研究[J]. 中国图书馆学报, 2012, 38(6): 38-46.
[88]黄如花, 邱春艳. 美国公共图书馆未成年人服务的特点[J]. 中国图书馆学报, 2013, 39(4): 48-58.
[89]霍瑞娟, 吴悦. 美国公共图书馆的儿童优先服务实践[J]. 图书馆工作与研究, 2013(3): 113-116.
[90]赖彤, 王平. 美国公共图书馆儿童服务实践——基于网络内容的分析[J]. 国家图书馆学刊, 2015(1): 64-69.
[91]王琳. 婴幼儿阅读推广策略研究——基于英国“阅读起跑线计划”案例[J]. 图书馆建设, 2013(3): 38-42, 48.
[92]徐捷. 关于少儿图书馆0~6岁婴幼儿阅读推广工作的思考[J]. 图书馆建设, 2011(3): 90-91, 95.
[93]蒋逸颖, 周淑云. 我国大陆地区省级以上公共图书馆少儿服务的调查研究[J]. 现代情报, 2015, 35(4): 102-107.
[94]Poyao Chao, Chiaching. Young children's storybook searching with a visualized search interface[J]. The Electronic Library, 2015, 33(4): 610-624.
[95]John Vincent. An overlooked resource? Public libraries' work with older people—an introduction[J]. Working with Older People, 2014, 18(4): 214-222.
[96]Emy Nelson Decker. Baby boomers and the United States public library system[J]. Library Hi Tech, 2010, 28(4): 605-616.
[97]Mary F Cavanagh, Wendy Robbins. Baby boomers, their elders and the public library[J]. Library Review, 2012, 61(8/9): 622-640.

[98]肖雪，周静. 美国公共图书馆老年服务现状及对我国的启示[J]. 图书情报工作，2013，57(4)：60-68.

[99]肖雪，周静. 老龄化背景下我国公共图书馆老年服务状况的调查与分析——基于内容分析法的实证研究[J]. 图书情报知识，2013，57(3)：16-27.

[100]Meiyu Wang. Public library blogs andelders' self-learning：a content analysis[J]. The Electronic Library，2013，31(4)：521-534.

[101]阮晓岚，阮晓东. 公共图书馆利用微信平台开展老年读者阅读服务探讨[J]. 图书馆工作与研究，2015(10)：87-90.

[102]Heather Hill. Disability and accessibility in the library and information science literature：a content analysis[J]. Library & Information Science Research，2013，35(2)：137-142

[103]陈婧，臧可. 日本图书馆残障读者服务——以东京都立中央馆及26个市公立图书馆为例[J]. 国家图书馆学刊，2015(6)：90-100.

[104]张靖，李晗，林宋珠，等. 加拿大多伦多公共图书馆残障用户服务研究[J]. 中国图书馆学报，2013，39(6)：86-100.

[105]王素芳. 从物理环境无障碍到信息服务无障碍：我国公共图书馆为残疾群体服务现状调研及问题、对策分析[J]. 图书馆建设，2010(11)：19-27，31.

[106]张靖，苏靖雯，吴燕芳，等. 广东省公共图书馆残障用户服务调查[J]. 图书馆建设，2013(12)：36-40.

[107]Stefanus Andreas Kleynhans，Ina Fourie. Ensuring accessibility of electronic information resources for visually impaired people：the need to clarify concepts such as visually impaired[J]. Library Hi Tech，2014，32(2)：368-379.

[108]Shailendra Kumar，Gareema Sanaman. Web challenges faced by blind and vision impaired users in libraries of Delhi：an Indian scenario[J]. The Electronic Library，2015，33(2)：242-257.

[109]Zhang Wei，Song Lirong，Li Chunming. An analysis of thedevel-

opment of China Digital Library for Visual Impairment website [J]. The Electronic Library, 2012, 30(6): 756-763.

[110]陈艳伟. 基于视障人士网络信息需求的视障图书馆建设研究[J]. 图书与情报, 2012(6): 33-36.

[111]Maria Björklund. Dyslexic students: success factors for support in a learning environment[J]. Journal of Academic Librarianship, 2011, 37(5): 423-429.

[112]Anna Hampson Lundh, Genevieve Marie Johnson. The use of digital talking books by people with print disabilities: a literature review[J]. Library Hi Tech, 2015, 33(1): 54-64.

[113]束漫, 宋双秀. 公共图书馆"读写困难症"儿童服务的推广问题研究[J]. 图书馆杂志, 2015(10): 13-19, 84.

[114]招建平, 方筱盈, 苏丽平. 广州图书馆读写困难症儿童服务研究[J]. 国家图书馆学刊, 2015(6): 66-70.

[115]郑文君, 赖丽玮, 宗何婵瑞. 东莞图书馆少儿分馆读写困难症儿童服务案例研究[J]. 国家图书馆学刊, 2015(6): 59-65.

[116]许大文, 程玉芳, 苏丽平. 嘉兴市图书馆读写困难症儿童服务研究[J]. 国家图书馆学刊, 2015(6): 54-58.

[117]Ragnar Audunson, Sophie Essmat, Svanhild Aabø. Public libraries: A meeting place for immigrant women[J]. Library & Information Science Research, 2011, 33(3): 220-227.

[118]束漫. 多元理念与美国公共图书馆多元文化服务——美国公共图书馆馆员访谈解析[J]. 图书情报工作, 2012, 56(5): 84-88.

[119]Andreas Varheim. Gracious space: library programming strategies towards immigrants as tools in the creation of social capital[J]. Library & Information Science Research, 2011, 33(1): 12-18.

[120]Ragnar Audunson, Sophie Essmat, Svanhild Aabø. Public libraries: A meeting place for immigrant women[J]. Library & Information Science Research, 2011, 33(3): 220-227.

[121]潘拥军. 图书馆多元文化服务探析[J]. 图书馆工作与研究, 2014(11): 17-20.

[122]Yusuke Ishimura, Joan C Bartlett. Are librarians equipped to teach international students? a survey of current practices and recommendations for training[J]. The Journal of Academic Librarianship, 2014, 40(3/4): 313-321.

[123]Charles N Nzivo, Chuanfu Chen. International students' perception of library services and information resources in Chinese academic libraries[J]. Journal of Academic Librarianship, 2013, 39(2): 129-137.

[124]范并思. 公共图书馆阅读推广的发展趋势[J]. 图书馆杂志, 2015(4): 11-15.

[125]Younghee Noh. A study on next-generation digital library using context-awareness technology[J]. Library Hi Tech, 2013, 31(2): 236-253.

[126]梁欣, 过仕明. 移动图书馆服务模式探索[J]. 图书情报工作, 2013, 57(9): 58-64.

【作者简介】

吴钢，男，河南临颍人，1983年4月出生，武汉大学信息管理学院讲师，主要研究领域为信息政策与法规、信息服务，主持国家社会科学基金青年项目、教育部人文社会科学研究青年项目、中国博士后科学基金特别资助项目等国家级/省部级项目多项。发表学术论文40余篇(含独著与合著)，出版专著1部，参与撰写著作3部。

近五年来国外图书馆营销研究进展

司　莉[1]　潘秋玉[2]　封　洁[2]
（1. 武汉大学信息资源研究中心；2. 武汉大学信息管理学院）

[**摘　要**]通过查阅相关期刊论文数据库，以及相关组织与会议网站，对2010年以来的国外图书馆营销研究成果进行总结和分析，将其归纳为6个专题，分别是：图书馆营销现状调查及分析、有关图书馆营销的国际组织动向及奖项、关于图书馆营销模型的研究、关于图书馆营销战略的研究、关于图书馆营销策略的研究以及关于新媒体工具在营销中应用的研究。

[**关键词**]图书馆营销　营销策略

Research Progress of Foreign Library Marketing in Recent Five Years

Si Li[1]　Pan Qiuyu[2]　Feng Jie[2]
(1. Center for the Studies of Information Resources, Wuhan University;
2. School of Information Management, Wuhan University)

[**Abstract**] Correlational foreign research achievements on library marketing since 2010 were summarized and analyzed by a thorough search related literature on various databases as well as organization and conference websites. Six topics were discussed in this paper, including investigation and analysis of the current situation of library marketing, relevant international organizations and awards, library marketing models, library marketing strategies, library marketing tactics and the application of new media tools in library marketing.

[**Keywords**] library marketing library marketing tactics

随着信息产业的迅猛发展，传统图书馆的服务理念和运行机制受到强烈冲击，图书馆界不断探索与证明着自身在信息时代的生存价值。自科特勒于 1969 年提出非营利组织营销的概念之后，国外图书馆也开始引入营销理念，以达到提升图书馆影响力从而吸引更多用户的目的。近些年来，国外图书馆界逐渐认识到图书馆营销的重要作用，对图书馆营销的理解也更加深入，在实践和理论层面均已取得长足进步。通过查阅相关期刊论文数据库，以及相关组织与会议网站，对 2010 年以来的国外图书馆营销研究成果进行总结和分析，将其归纳为 6 个专题，分别是：图书馆营销的调查及现状、有关图书馆营销的国际组织动向及奖项、关于图书馆营销模型的研究、关于图书馆营销战略的研究、关于图书馆营销策略的研究以及关于新媒体工具在营销中应用的研究。

1 图书馆营销的调查及现状

近五年来，国外学者为全面了解图书馆营销现状，开展多方面的调查与研究，包括不同角色对营销态度的调查、对图书馆营销现状及所面临挑战的调查、对某项具体营销策略开展情况的调查以及对图书馆招聘中营销能力要求的调查等。

1.1 对图书馆营销的态度及认知的研究

图书馆领导和馆员作为图书馆营销的决策者和实施者，对营销能否顺利开展有着非常重要的作用，他们对于图书馆营销的态度及认知十分重要。Estall 和 Stephens 对三所英国大学图书馆的 54 名馆员进行问卷调查，并对其中 4 名管理人员进行了深度访谈，探究馆员对于图书馆营销的态度及其影响因素。结果表明，馆员对图书馆营销普遍持积极态度，并认为图书馆营销对于当前环境下的图书馆非常重要。研究发现，馆员的个人性格、经历及受教育程度会影响他们对图书馆营销的态度，同时，馆员对图书馆营销定义不是很明了，导致其对该术语的误解。清晰地表述图书馆营销这一术语对于图书馆实现其目标与价值是非常重要的[1]。Jahromi 和 Erfanmanesh 为了解在伊朗政府资助的大学图书馆中实施图书馆营销策略的可行性，对图书馆管理者的态度进行了调查。结果显示，图书馆管理者对于图书馆营销概念的熟悉程度一般，而对营销计划组成部分的了解程度较高。4Ps 营销组合中的各组成部分则是图书馆管理者关注的焦点，作者认为图书馆管理者对于图书馆营销知识的了解程度较高，但还有很大的提升空间[2]。

Ayanda 和 Taiwo 对尼日利亚伊洛林大学的 485 名图书馆用户进行调查，了解他们关于信息科技对图书馆营销影响的看法，绝大多数用户认为提升图书馆的信息技术有助力图书馆营销策略的实施，改善图书馆的信息技术基础设施可以使用户能够通过网络获取信息并实现与其他大学图书馆相关联。大多数用户认为信息技术可以提升图书馆营销策略的实施效果，是图书馆与用户沟通的良好渠道[3]。

1.2 对图书馆营销现状及挑战的调查

为更好地满足用户需求，开展有针对性的图书馆营销活动，不少研究者对营销现状进行调查，发现所面临的问题及挑战并提出改进建议。Alipour-Hafezi 等从 4P 营销模型的视角调查了伊朗伊斯法罕 29 所高校图书馆的营销现状，使用李克特量表对产品、价格、渠道、宣传这四个维度的相关服务进行评价，仅产品维度的服务平均得分为 3.23，其他三个维度的得分均在 3 分以下，这表明营销原则在这些图书馆中的应用情况并不乐观。因此，作者认为这些高校图书馆应该从 4P 营销模型角度制定营销策略[4]。

Ukwoma 使用问卷调查法调查尼日利亚各高校图书馆的营销现状，调查对象为挑选出的 200 名图书馆馆员，包括专业人员和非专业人员。调查结果显示，大多数图书馆都开展了图书馆营销活动，主要目标是为向读者展示馆藏资源，维护图书馆与读者之间的关系，并且提升图书馆的形象。而这些图书馆所面临的主要营销问题包括：资金不足、缺少经过营销技能培训的馆员、基础设施建设不足、互联网实施缺乏等[5]。

James-Gilboe 总结了 ProQuest 开展的关于馆藏营销现状的调查，该调查覆盖了北美 63 所高校图书馆，结果显示，86%的读者并不了解图书馆的馆藏范围，94%的读者认为图书馆的馆藏资源没有得到充分利用。超过 60%的学生认为 Google 是获取信息最便捷的平台，与此同时，仅有不到 20%的学生认为图书馆数据库是最便利的信息获取平台。在涉及信息质量及学术信息获取方面，调查结果较为乐观，有 80%左右的读者认为从图书馆获取的信息是可靠且质量较高的，当读者为科研和作业查找资源时，接近 100%的学生会选择从图书馆来获取资源[6]。

Nwezeh 对尼日利亚两所大学图书馆与学生读者之间的关系进行调查，通过分析 150 份有效问卷，发现 40%的学生不知道自己学科的文献在图书馆中的具体保存位置，有更高比例的学生不了解图书馆员所能提供的服务，表明这两所高校图书馆中的营销和宣传工作还需要较大程度的提升[7]。

Alansari 调查了海湾合作委员会国家的高校图书馆公共关系营销现状，结果显示，尽管所有图书馆都认为图书馆公共关系非常重要，但 72.2%的图书馆没有设立公共关系部门，仅有少量的图书馆员从事公共关系工作，并且 50%的图书馆没有全职的公共关系馆员。此外，图书馆与用户交流的主要渠道为图书馆网站、邮箱、展览、公告栏和指导手册[8]。

Soroya 和 Amteen 在文献综述的基础上，总结了图书馆和图书馆员所面临的新挑战。具体包括：图书馆营销需要满足客户、资金提供者、所属机构、政府等多方实体的需求以实现其营销目标；由于信息产品具有可复制性、可增加性、交互性、无形性等特点，图书馆营销与产品营销存在一定差别；网络设施的普及使读者拥有了可以直接获取知识的途径，因而图书馆如何调整角色，使读者认可图书馆可以提供超出其满意度的信息需求则更具挑战性；用户对更高质量需求的意识更强，需要为其提供增值服务。此外，除互联网之外，信息经纪人、信息供应商及读者本身都是图书馆信息专家的竞争者[9]。

1.3 关于具体营销策略的研究

为提高图书馆服务利用率，扩大图书馆的影响力，图书馆制定并实施了不同的营销策略，并通过多种调查研究方法来了解本馆营销策略的实施成效，从中总结经验与不足，从而进一步提升本馆的营销水平。研究者们通过调查发现当前业界所采用的具体营销策略主要有：用户教育营销策略、服务模式转变策略、移动营销策略和关系营销策略等。

Umeozor 分别对 68 位图书馆员与 1600 个学生采用李克特量表进行问卷调查，以了解 4 所尼日利亚大学图书馆用户教育营销策略对于学生利用图书馆的影响。结果显示，馆员评价与读者评价具有一致性，均对图书馆情况介绍的营销策略的评价最高，之后依次为图书馆指导课程、信息检索训练、服务台的个人信息指导策略。分析结果也表明，用户教育营销策略显著提高了学生使用图书馆资源与服务的频率[10]。

Polger 对 50 名包括医师、护士、专业护理人员、临床教师、部门管理者等图书馆用户进行有关医院图书馆营销服务模式转变成效的调查，即由传统的服务模式转变为主动服务模式，馆员主动向诊所提供服务，馆员是医疗团队的成员，参与临床查房工作，在医生及工作人员办公室为他们提供服务，约 90% 的调查者认为这种服务对其工作有积极影响。该项目实施后，图书馆指导类课程的参与度提高，读者的信息请求总量增加，馆际互借和文献传递服务数量也明显增长。同时，读者表示，该营销服务模式的转变帮助他们节约了时间，使读者愿意更加频繁地利用图书馆的服务[11]。

Dowd 选取了美国新泽西州 10 所不同类型的图书馆作为试点，以了解移动营销策略在图书馆中的实施成效。移动营销策略是利用移动设施和网络使图书馆与用户进行沟通和交互的一系列实践，工具包括语音信箱、短信、移动搜索、移动广告、社交网络、Apps 等，以短信作为试点项目的工具。试验结果为，有 4 所图书馆表示仍希望继续使用移动营销策略，但其余 6 所图书馆表示参与到该项目中的读者太少。尽管移动营销为图书馆和读者提供了一个交流沟通的平台，但图书馆应该努力创造一个具有吸引力的理由使读者参与进来，这要求图书馆不仅要有合适的营销策略，并且要用心倾听读者需求[12]。

David 和 Sagun 通过比较菲律宾雅典耀大学图书馆关系营销策略实施前后的图书馆使用率，检验该策略的实施成效。雅典耀大学图书馆实施关系营销策略，将其用户群划分为教职工用户、研究生用户和本科生用户三部分，并针对三种用户的不同特点制定相应的营销策略。结果表明，运用这些策略使图书馆资源和服务的利用率得到显著提升[13]。

1.4 对图书馆营销人员能力要求的调查

图书馆招聘中对求职者的图书馆营销能力的要求体现了对图书馆营销的重要程度。Okamoto 和 Polger 采用内容分析法，选取 149 条与图书馆营销岗位相关的招聘广告进行统计分析。发现在招聘广告中最频繁出现的 5 项职责要求依次是策划基本宣传活动、营销活动策划、开发网页内容、设计图书馆出版物、制定营销和沟通计划。在学历与经验要求方面，96.2%的岗位要求 ALA 认证的图书馆学硕士学位或同等效力学位，其他能力要求包括：沟通技能(73.6%)、人际交往能力(52.8%)、培训技能(45.3%)、IT 能力(43.2%)[14]。

Timothy 从 ALA Joblist 上获取信息，调查了当前公共图书馆及高校图书馆招聘中对营销相关能力及相关经验的要求。调查结果显示，37%的岗位要求包括与营销相关的内容，同时，其中仅有 11%的岗位也要求有营销方面经验或接受过营销方面的培训[15]。

2 有关图书馆营销的国际组织动向及奖项

2.1 国际图书馆协会联合会(IFLA)与图书馆营销奖

国际图书馆协会联合会(International Federation of Library

Associations and Institutions，简称 IFLA）成立于 1927 年。IFLA 于 1997 年设立专门的管理与营销部门（Management and Marketing Section），其宗旨是诠释图书馆营销、为教学提供指南、为专业人员的发展以使营销图书馆理念在全球范围内得到更广泛的接受作出努力，由该部门每年组织评选"IFLA 国际图书馆营销奖"[16]。从 2002 年起，IFLA 管理与营销部门就开始筹划 IFLA 国际图书馆营销奖，并与 3M 公司达成合作协议，从 2003 年起第一次颁发，至今已颁发了 12 届 IFLA 国际图书馆营销奖，表 1 列出了 2010—2014 年获得该奖项的图书馆及其获奖案例[17]。

表 1 **2010—2014 年 IFLA 国际图书馆营销奖获得者及案例简介**

年份	名次	获奖项目名称/营销口号	获奖者	案例简介
2010	1	知识相伴，提升自我	印度商学院学习资源中心（印度）	创建"全球信息情报"为教职工和学生提供参考咨询和信息推送服务
	2	故事视频：孩子们和图书在一起	吉尔博登区公共图书馆（美国）	让孩子们自己制作视频来提升孩子们对阅读及图书馆的兴趣
	3	图书馆的魔法：卑尔根大学图书馆的展示	卑尔根大学图书馆（挪威）	通过视频展示该图书馆的资源和部门，重新激发起学生们的兴趣及对图书馆的重视
2011	1	试用者"起飞和降落"	德国国家医药图书馆（德国）	整合传统和创新方法来对数据库进行营销
	2	埃德蒙顿公共图书馆品牌重建——从研究到实施到结果	埃德蒙顿公共图书馆（加拿大）	自 2009 年起开始实施的项目，显著改变了图书馆系统的形象，塑造新品牌
	3	迷失在书堆之中	佐治亚理工学院图书馆（美国）	创建世界第一个也是仅有的摇滚电台来宣传图书馆

续表

年份	名次	获奖项目名称/营销口号	获奖者	案例简介
2012	1	视频“爱上图书馆”	清华大学图书馆（中国）	通过5集低成本的视频短片来帮助在校学生尤其是新生更好地利用图书馆服务，提升图书馆品牌形象
	2	图书馆创意徽章	滑铁卢大学图书馆（加拿大）	通过设计13个体现6个馆舍样子的创意徽章，并将该设计用在书签、海报、小册子等处，提升图书馆品牌形象
	3	全村阅读活动	卡斯顿尼乡村图书馆（俄罗斯）	通过读书节以及一年的项目、比赛、活动来提升全村558名群众的阅读兴趣
2013	1	会说话的教科书	塔尔图大学图书馆（爱沙尼亚）	为盲人及视力不好的学生提供服务，帮助他们阅读文献、参加考试及进行图书借还
	2	馆藏与联结	萨斯喀彻温省公共图书馆（加拿大）	6个月的品牌重建活动，以馆藏为基础，加深图书馆与社区的联系
	3	阅读是个有用的习惯	哈卡斯共和国儿童图书馆（俄罗斯）	让学生来准备视频，播报图书馆的新闻，使7～17岁的学生养成阅读的好习惯

续表

年份	名次	获奖项目名称/营销口号	获奖者	案例简介
2014	1	有轨电车中的图书馆	吉日马恒图书馆(捷克)	与公共交通公司合作，在电车上宣传图书馆
	2	准备……行动!	里贾纳卡佩勒区域卫生科学图书馆(加拿大)	制作3个90秒的段视频，展示图书馆的检索服务、移动服务以及邮件推送服务
	3	让科学研究更智能	斯泰伦博斯大学图书馆和信息服务中心(南非)	举办图书馆科研周，对科研工作者进行科研能力培训；使他们着眼于科研过程来缓解研究压力
	3	提升新加坡人的信息素养意识	新加坡国家图书馆(新加坡)	在全国范围内通过教育海报、贴标、屏保、书签、户外广告、数字媒体等引导人们使用S. U. R. E网站，提升人们的信息素养

2.2 专门图书馆协会的努力

专门图书馆协会(Special Library Association，简称SLA)是一个为信息领域专家和其战略伙伴提供的全球性非盈利组织，目前有7000家成员馆，来自75个国家。通过学习、宣传和组织网络活动提升成员的能力，加强其成员在组织与社区内信息领导者的地位，同时通过增加信息服务和信息产品的价值满足用户需求，为提升图书馆服务质量提供创新性方法[18]。SLA的领导与管理部门(Leadership & Management)设有专门的营销部门，该营销部门举办关于图书馆营销的论坛，为营销理论及营销服务实践提供交流平台，以促进图书馆营销水平的提升[19]。

2.3 美国图书馆协会的推动

美国图书馆协会(American Library Association，简称 ALA)成立于 1876 年，是世界上建立最早也是最大的图书馆协会，总部设在芝加哥。其宗旨是为提升图书馆信息服务，发展图书馆事业，以促进学习并保障所有人的信息获取。美国领导与管理协会(Library Leadership and Management Association，简称 LLAMA)是 ALA 的一个分支部门，LLAMA 设有公共关系与营销部门(Public Relations and Marketing Section，简称 PRMS)。该部门以提升各类型图书馆的服务、图书馆营销及公共关系水平为目标，提供营销理论与实践和公共关系的学习框架及促进因素。其主要工作为：①引起公众对公共图书馆、高校图书馆和特殊类型图书馆的公共关系与营销实践的关注；②负责 LLAMA 与 ALA 其他分支部门之间的联系服务；③每年评选并颁布 John Cotton Dana 图书馆公共关系奖，认可和鼓励图书馆公共关系及营销的优秀实践[20]。为应对当今图书馆所面临的挑战，体现 21 世纪图书馆及图书馆员的价值，ALA 创立了“@ your library®”活动，该活动面向全美国各类型图书馆，提供了组织一系列图书馆活动的基础，在 ALA 的网站上可以获取到相关活动的策划理念、示例材料以及建议等信息。

此外，ALA 和美国研究图书馆协会(Association of College & Research Libraries，ACRL)共同发起了“Marketing @ your library”活动，该活动是“@ your library®”活动的组成部分之一。ALA 和 ACRL 为各图书馆提供了包括工具包、研讨会和学习指南在内的各种营销资源，来介绍优秀的营销经验和想法及其他有用的营销信息，并且这些培训材料、宣传资料以及案例研究都可以在 ACRL 的网站上面免费获取，如 ACRL 在其官网上提供的宣传工具包“个人说服的力量”，以 PDF 形式为一线的图书馆员提供了说服的基本内容、技巧应用、推荐步骤以及具体实例。ALA 还设立了“我爱我的图书馆员奖”，每年由用户评选出 10 名杰出的图书馆员，每人奖励 5000 美元，用来鼓励那些使学校或社区用户生活提升的图书馆员。

2.4 英国图书情报专业人员协会及营销奖

英国图书情报专业人员协会(Chartered Institute of Library and Information Professionals, 简称 CLIP)是信息领域的重要团体之一, 旨在支持引导图书馆、信息及知识领域工作者, 促进信息获取、知识传播、知识素养的提升。CLIP 于 1983 年建立宣传与公共关系部门(Publicity and Public Relation Group, 简称 PPRG), 目标是提升其成员图书馆的营销水平, 分享关于营销的新技术、理论及最佳实践案例[21]。PPRG 每年从英国各类型图书馆中评选图书馆杰出营销奖获得者, 表 2 列出了 2012—2015 年 PPRG 图书馆杰出营销奖的金银铜奖获得者及案例简介[22]。

表 2　**2012—2015 年 PPRG 图书馆杰出营销奖**

年份	获奖项目名称/营销口号	获奖者	案例简介
2012	对话中的探险(金奖)	桑德兰大学图书馆	通过多种社交媒体工具培养与客户的关系, 改变服务文化
	图书馆和学习服务会议(银奖)	北安普顿大学	通过组织第一届图书馆与学习服务会议, 提升关于图书馆与学习服务的科学研究活动意识
	阅读外卖(铜奖)	诺福克图书馆	将推荐书单做成彩色的外卖菜单样式, 吸引读者阅读或借书
2013	改变用户态度(金奖)	拉夫堡大学图书馆	改变用户对于图书馆建筑的态度和认知
	电影与阅读(金奖)	诺福克郡议会图书馆	通过电影吸引用户阅读
	最多人在不同地点写一个故事(铜奖)	艾姆布鲁克学校图书馆	通过不同的媒体工具, 创下了 3127 人在 69 个不同地方写故事的吉尼斯纪录

续表

年份	获奖项目名称/营销口号	获奖者	案例简介
2014	突然出现的图书馆(金奖)	纽卡斯尔大学图书馆	为学生和教职工创建一个新的图书馆场地，满足用户需求
	与学生的交谈(铜奖)	开放大学图书馆	通过社交媒体来宣传图书馆资源与服务，吸引读者使用
	中央图书馆的重生(铜奖)	曼彻斯特中央图书馆	通过交流活动向读者用户展示图书馆的设施与功能，渠道包括户外宣传、网络宣传、数字频道
2015	一群海豚(金奖)	阿伯丁市图书馆	通过展览由学生做的小型海豚雕塑、设置与海豚相关的线索，吸引读者家庭参观图书馆，了解图书馆的资源与服务
	我的阅读活动(银奖)	哈德斯菲尔德图书馆	通过社交媒体和基于叙述的营销方式，帮助学生建立阅读书单
	利兹图书馆节(铜奖)	利兹大学图书馆	举办图书馆节，以有趣且新颖的方式展示图书馆的服务与活动

3　关于图书馆营销模型的研究

国外学者及图书馆员从图书馆具体的营销工作中总结出图书馆营销的各种概念模型，主要有以下方面。

3.1　关于图书馆营销系统模型的研究

图书馆营销系统模型是将图书馆营销看做一个系统，系统各组成部分相互联系、相互影响，该系统收集关于用户和用户使用馆藏资源的数据，并帮助馆员对这些数据进行分析，从中挖掘出有利于图书馆管理及各项服务质量提升的信息。Minami 认为图书馆营销系统是一个多主体系统，不仅将图书馆本身视为一个主体，并且将图书馆系统中所有参与者也看做一个主体，包括用户、馆员、图书、书架、服务等。这些主体之间相互联系相互影响，构成一个社会网络。由于该模型将图书馆各参与者视为一个彼此之间相互联系的整体，因而该系统是十分灵活的，有利于图书馆服务的延伸和扩展[23]。

3.2 关于图书馆营销服务模型的研究

为吸引用户利用图书馆的资源与服务，国外图书馆界学者与馆员提出了不同的服务模型来对图书馆的资源和服务进行营销，以提升资源与服务的利用率。Germano 提出叙事性的营销模型，认为在当前经济不景气时期，这种围绕特定用户群体的营销模式将有利于各类型图书馆以最小的精力和资源消耗获取最大的回报。该模型主要包括价值定位(value proposition)和服务讲述(service story)两部分。价值定位是指通过用户调查和头脑风暴，在精准了解用户需求的基础上，为用户提供图书馆价值定位；服务讲述是该模型通过详细描述向用户展示图书馆未来的营销工作，目标是使用户经历熟悉、信任、精通这三个阶段[24]。

Westbrook 等通过介绍休斯敦图书馆的“印象咖啡屋”项目，提出图书馆内部团体之间的合作模型，以提升图书馆数字馆藏的利用率。该项目是以一种简单的导航界面来引导用户使用资源。为推广该项目，休斯敦图书馆使参考咨询馆员与数字馆藏馆员相合作共同推广该项目，不仅提高了参考咨询服务的使用率，同时也使“印象咖啡屋”项目的利用率持续提高[25]。

Hossainthe 运用高端访谈、小组访谈以及问卷等多种调查方法，提出以用户为中心的营销模型，目标是通过满足用户需求来实现整个图书馆服务文化，其关注的中心点是用户目标，而不仅仅是任务与工作流程目标。该模型包括用户需求认知、服务提供(包括信息产品、信息服务、信息环境、信息提供者)、质量评估(用户的需求认知、信息服务质量、信息提供者的评价、用户服务评价、提供环境的评价)、问题处理(获取用户反馈、抱怨与问题的解决)、输出结果(用户满意度、用户忠诚度、用户保留情况、邀请新用户情况)五个部分，各部分之间相互影响[26]。

3.3 关于图书馆营销资金支持模型的研究

Andersen 提出公共图书馆资金支持模型，该模型描述了图书馆与用户之间形成两个循环，资金支持循环是其中之一。图书馆通过满足用户需求与各用户群体相联系，而公共管理部门通过资金支持给予公共图书馆反馈。作者提出，在资金支持模型中，图书馆需要明确哪些公共管理部门负责管理公共图书馆，并可以给予公共图书馆资金支持，也需要思考如何让用户的积极反馈为公共部门所了解，从而获取最大的资金支持。此外，作者还提出，不同的图书馆需要结合自己所处的微观环境来设计不同的图书馆营销方案，才能实现图书馆营销的成功，获取最大的资金支持[27]。

3.4 关于图书馆营销评估模型的研究

LibQUAL+可作为图书馆营销的评估模型，有研究者对LibQUAL+使用情况进行调查，也有研究者对该模型的适用范围和影响因素进行评估。McCaffrey 通过访谈伊朗 7 所高校的图书馆馆长及管理者，调查了 7 所高校对 LibQUAL+模型的使用情况，其中 3 所高校经常应用 LibQUAL+模型，而两所高校表示该模型仅在一定情况下有用，还有两所高校认为该模型不太符合图书馆需求，但大多数被调查者都表示对该模型基本满意。此外，作者还提出 LibQUAL+模型可以帮助伊朗图书馆将图书馆实体环境因素归入整体战略规划中，并帮助图书馆将用户视为图书馆发展的核心[28]。Rehman 等通过问卷调查来验证乌尔都语版本的 LibQUAL+在巴基斯坦是否适用，经过探索性因素分析(EFA)和验证性因素分析(CFA)，作者认为该版本在巴基斯坦图书馆适用是可靠并且有效的[29]。

4 关于图书馆营销战略的研究

营销战略是一个涉及详细规划的管理过程，它要求我们分析用户的需求以及满足这些需求的方法，以实现用户与组织的互惠互利[30]。为了更好地实现图书馆的目标，图书馆需要学习商业组织，制定一套系统的、持续的、全面的图书馆营销战略规划，并将其纳入到整个图书馆战略体系之中。

4.1 关于图书馆战略规划的研究

国外图书馆十分重视图书馆战略规划的制定并会定期修订，如英国国家图书馆制定了《2020 年愿景》《10 年愿景》《近 12 个月的研究与咨询计划》《2011—2015 年战略计划》等[31]，美国国会图书馆还设立了专门的战略计划办公室，一般每三年更新一次，目前最新的是《2011—2016 年战略计划》[32]。早在 2003 年，ACRL 和 Reynolds 就提出了制订战略营销规划的 4 个步骤：①用户和市场研究，即要了解用户需求及用户视角；②图书馆战略计划，包括图书馆的愿景、使命及营销组合策略；③图书馆营销具体工作实施；④提供产品和服务并在互动中作出调整[33]。Cole 也总结了营销规划的四步骤：①研究市场；②SWOT 分析；③制订图书馆营销 SMART 目标(SMART 指营销目标的属性，由以下五个单词的首字母缩写构成：specific（具体化的）、measurable（可测量的）、achievable(能够实现的)、realistic(现实的)与 timed(有时限的))；④头脑风暴法运用，如影响图书馆的前三个或四个因素是什么？图书馆的竞争者有哪些？如何赢得用户？推广哪些服务？接下来十二个月的目标是什么？等等[34]。Germano 和 Stretch-Stephenson 指出一个有价值的战略规划应包括六个步骤：①图书馆环境分析；②建立图书馆愿景；③定义图书馆的使命；④确定图书馆的价值观和文化；⑤确定营销策略和目标；⑥实施与评估[35]。

由此可见，一个完整的营销战略规划往往都包含用户研究、环境分析、愿景与目标、具体计划、战略评估等要素。最常用的环境分析方法是SWOT(即Strengths、Weaknesses、Opportunities、Threats)和PEST(Political、Economic、Social、Technological)两种方法的结合，其中，SWOT用于分析图书馆的内部环境，PEST用来分析图书馆的外部环境。图书馆制定的目标应当是可评估、可实现、有时间计划的，Robinsons认为图书馆制订战略时，可借鉴彼得德鲁克(Peter Drucker)营销学理论提出的五个问题：即“我们的业务是什么?”“我们的用户是谁?”“我们对用户的价值是什么?”“我们未来的业务是什么样的?”以及“我们未来的业务应该是什么样?”[36]。Germano和Stretch-Stephenson发现战略计划失败的最大原因之一即是不恰当的目标[37]，因此图书馆的目标应当符合用户期望，否则，即使实现了预先设定的目标，长期来看也收效甚微；制订战略规划目标首先要确认现状(即可为用户提供什么)，确认将来某个时间里想做什么成为什么，决定优势与条件以及如何实现计划，制订具体的目标。Ashcroft提出图书馆应当建立一个具体包含“什么”“谁”“何时”“怎样”的行动计划，以解决如“为了达到目标应采取什么计划?”“谁来负责该计划?”“何时开始及何时完成计划?”“怎样完成该计划?”等具体问题，此外，他还认为在战略规划与实施过程中应不断地进行评估，并以巧克力的产品生命周期为例，指出图书馆也应不断发展或改进服务，以避免到达生命周期的衰落阶段[38]。

4.2 关于目标市场营销战略的研究

目标市场营销战略，又称STP(segmenting、targeting、positioning)营销战略，是现代市场营销战略的核心。该战略分为三个步骤：①市场细分，即将整个市场按不同的用户群划分为不同的细分市场；②确定目标市场，即在细分市场中选择一个或数个作为目标市场进入；③市场定位，即要在目标市场用户群中塑造的印象[39]。

STP营销战略对图书馆的意义在于吸引更多潜在用户、提高现实用户的忠诚度、提升图书馆服务和资源的利用率等。研究者们主要对于市场细分(用户细分)进行了探讨。Smith将高校图书馆的用户划分为学生、教师与管理人员，根据其需求设计适合的产品与服务[40]。Ifijeh 认为高校图书馆的用户可细分为 4 类：教师、大学生与研究生、非教职员工以及大学之外的其他用户，每一种用户群体需求与行为明显不同，需要采用合适且有效的营销策略[41]。Fourie 指出信息服务和数据库生产者往往重点关注研究生、研究者、大学教授，而忽略了本科生和新任教师两个用户群，需要吸引他们对于产品及服务的兴趣并激发其忠诚度，他主张将高校图书馆用户细分为本科生和研究生、研究人员、负责营销的馆员、新生或新任教师 4 个市场[42]；Fourie 和 Ball 也提出高校图书馆的用户可细分为馆员、教师与学生用户，对不同的用户群采用不同的方法营销信息产品及服务[43]；市场细分是营销战略成功的关键，Kathy 以教学医院信息中心的用户细分为例，认为将用户区分为教师、学生、管理者与职员，仅是冰山一角，应当进行深度细分，可根据长期还是新聘教师、终身还是访问及短期交流、外科还是小儿科医师或是护士、年龄、全职还是专职、终身教职还是非终身等进一步细分，为每个细分市场提供针对性的服务，这样才能赢得更多的用户[44]。

4.3 关于顾客满意营销战略的研究

顾客满意战略（customer satisfaction，CS）的基本指导思想是企业的一切经营活动都要从顾客的需求出发，从顾客的角度而非企业的角度来分析考虑进而满足顾客的需求。CS 战略就是站在顾客的立场上考虑问题，把顾客满意放在首位[45]。顾客以“满意或不满意”来评判组织活动，组织以顾客满意度对活动进行评估和调整。成功的图书馆营销不在于进馆人次和流通数据的多少，而在于用户对图书馆工作较高的满意度。用户满意度测量不仅可以评估图书馆服务的质量，而且使图书馆更了解用户需求偏好，从而为参考咨询、用户培训、网站设置等具体实践的成功实施打下了基础[46]。CS 战略是图书馆的理性选择，图书馆应当采取措施不断提高自身的知名度和美誉度，在竞争日趋激烈的网络环境下赢得更多忠诚用户[47]。

图书馆界对 CS 战略的研究主要集中在用户满意度的测量上。

Hakala 和 Nygrén 指出图书馆倾听用户声音的方式之一即是用户满意度调查，并介绍了图书馆常用的测量工具 LibQUAL[48]；Lundrigan，Manuel 和 Yan 采用问卷和焦点小组法在加拿大瑞尔森大学对图书馆发现系统 Summon 进行满意度调查，显示其有较高的满意度[49]；Manzuch 和 Maceviciute 运用 SCONUL 满意度问卷(包括 16 个问题，涉及 5 个部分内容，即用户基本资料、图书馆活动、主要服务与设施的满意度、主要服务与设施的重要性、总体满意水平)调查立陶宛 5 所县级公共图书馆的用户满意度，结果显示虽然这些图书馆的用户满意度较高，但图书馆服务并没有被目标用户充分使用[50]；Sheikh 则利用修正版 SERVQUAL 调查了巴基斯坦信息技术学院 CIIT 图书馆的用户满意度，发现用户对 CIIT 图书馆各种服务的满意度较高，并认为应使用 LibQUAL 做更深入、系统的研究[51]；Hunter 和 Perret 利用 LibQUAL 及 2007 年的 ACRL 图书馆趋势与统计数据库，分析了 73 所大学图书馆的用户满意度与图书馆使用率、图书馆经费之间的关联，调查发现规模大且经费充裕的图书馆用户对于信息资源的期望较高，但满意度不高，且图书馆使用率与用户满意度之间并没有明显的相关关系[52]。通过用户满意度调查，可为图书馆提升服务品质、开展针对性服务营销提供依据与支持。

4.4 关于品牌营销战略的研究

品牌战略就是把品牌作为组织的核心竞争力。品牌是企业为了满足市场需求、适应市场竞争而将企业或商品的名字、符号、属性、品质、个性、价值、历史、文化等信息融汇于一体，以区别于其他企业或商品的信息组合[53]。纽约区皇后图书馆于 2005 年依据其战略定位重新设计了品牌形象，把“皇后区公共图书馆”的馆名改为“皇后图书馆”，推出新的服务口号“丰富您的生活”，并采纳了新的馆标，新馆标由一本现代意义的图书、“皇后图书馆”字样及服务口号组合而成，使用暖色调黄色、橘色和红色，传达图书馆热情、友好和迎接用户的内涵，这一改变受到用户欢迎[54]。此外，也有学者对图书馆引导标语、馆标等进行研究。Starr 则进一步指出图书馆不仅应当创建品牌，更应培养用户的品牌至爱[55]。品牌至爱是消费者对满意品牌产生的情感上的依恋。Batra，Ahuvia 与 Bagozzi 认为品牌至爱是指一种自然的舒适感，一种与品牌建立情感关联、深度整合了品牌与顾客的核心价值，一种愿望与互动的提升及品牌的长期使用[56]。品牌至爱由以下特征组成：高品质、强烈的价值观和存在的意义、内在回报、自我认同、积极影响、热切希望与自然舒适、情感关联与预期心碎、愿意投资、频繁想起与使用、长久使用。品牌是组织的无形资产，图书馆界已经意识到应当向图书馆的用户宣传其品牌以证明其价值，利用品牌战略可以帮助创造一个用户友好的图书馆环境，保持现有用户的忠诚度并进一步发展用户市场。

5　关于图书馆营销策略的研究

国外对于营销策略的研究主要集中于以下几种：关于营销组合策略的研究、关于口碑营销策略的研究、关于关系营销策略的研究、关于内部营销策略的研究、关于虚拟营销策略的研究。

5.1　关于营销组合策略的研究

营销组合是企业根据用户需求和企业目标确定的可控营销因素的最佳组合，最基本的营销组合是 4Ps，即产品（product）、价格（price）、渠道（place）、促销（promotion）。Ashrafi-rizi 和 Kazempour 认为产品策略是指与产品发展和用户满意度相关的各种营销活动，需要考虑用户群、信息产品与服务的对象、对不同用户群来讲哪种产品与服务更好；价格策略是指根据花费以及诸如流通渠道、折扣、竞争价格、顾客支付能力等调整产品价格的各类营销活动；促销策略是通过广告、营业推广、口头交流、公共关系等方式宣传产品的特色，能够使产品面向用户且有解决方案，需要解决促销对象、传达的主题、促销方式、设计促销方案的要点以及图书馆员在促销活动中的作用；渠道策略是商品从生产者手中到达顾客手中的各种通路，是用户获取图书馆资源与服务的方式，不仅指图书馆的物理场所，还包括图书馆服务可利用的各种渠道[57]。这四个因素是相互关联、相互依存的整体，若单独实施则会削弱其力量[58]。Hafezi 等在对伊朗伊斯法罕地区 29 所大学图书馆进行问卷调查时，将问卷设计为服务种类、产品与服务的使用率、满足用户需求的路径、促销服务的方式以及获得经费的方式 5 部分共 44 个问题，划分为产品、通路、促销与价格四个维度，其调查结果显示这些图书馆营销现状并不能令人满意，并提出相应的改进建议[59]。

在服务营销领域，7Ps 营销组合已被广泛接受，即在 4Ps 基础上加上人员（people）、过程（process）、有形展示（physical evidence）。对于作为一种服务机构的图书馆来讲，将 4Ps 发展为 7Ps 具有非常重要的意义。Ratzek 认为人员（people）包括一切与图书馆利益有关的人员，如馆员、资助机构、供应商、记者、用户等，需要明确这些不同群体的需求进行营销[60]。Bamigbola 认为营销组合中的人员（people）主要是图书馆馆员，馆员每天与用户互动，其表现与倾向代表着图书馆的形象，在信息服务活动中发挥着至关重要的作用；过程（process）即程序、机制和工作流程，要在恰当的时间将恰当的信息提供给恰当的用户，不浪费用户时间，就应当有适当的过程；有形展示（physical evidence）是指馆员传递给用户资源与服务的环境，图书馆建筑应是多功能且有吸引力的，其布局对所有用户都是友好的且有吸引力的[61]。

随着用户导向理念的发展，4Ps 营销组合不断被注入与扩展新的内容，强调将用户满意放在首位，实施以用户为中心的营销沟通策略。如 Chellappandi 和 Kumaravel 提出 P^4AC 营销组合策略，认为在图书馆和信息服务的背景下，该策略可以提高用户对图书馆的利用率，其中 P^4 指产品（product）、过程（processes/procedures）、个性化（personalisation）、预测模型（predictive modelling），A 即环境（ambience），C 指用户（clientele）[62]。Makori 认为高校图书馆在设计营销组合策略与制定营销计划时，必须考虑和了解不同用户群的不同特点与需求，进而提供面向用户需求的产品与服务[63]。

5.2 关于口碑营销策略的研究

口碑营销是一种强有力的营销方式，大量调查显示，高达

90%的人们视口碑传播为最好的获得产品意见的渠道，口碑传播依赖于人们在自己的圈子中对于某件事情真实看法的分享，由于它通常发生于亲戚、朋友、同学、同事等关系比较密切的群体之间，因此相比宣传、广告等营销方式，可信度更高[64]，这也是开展口碑营销的一个最佳理由。Pankl 指出为小企业服务是公共图书馆的一项重要职能，多数图书馆在没有知名度和可信度的情形下，主要依赖于口碑营销向小企业营销其商业资源，海报和广告宣传的效果微乎其微[65]；Biggs 和 Calvert 对两所新西兰公共图书馆的营销组合进行调查，研究发现大多数员工将口碑营销作为最重要的营销策略，管理者鼓励少儿图书馆用户将图书馆的新闻传递给非用户，用“带来一个朋友”的方式进行促销[66]。

除可信度高外，口碑传播还具有廉价、易用且有效的优点。Aggerbeck 描述其所在的法律图书馆注重口碑营销，将热心用户发展成为图书馆的支持者，成为图书馆产品与服务的宣传力量，学生、教师、律师、法官等服务对象均成为了图书馆最好的营销员，图书馆可以分享他们的经验，鼓励其他用户使用图书馆的服务[67]。口碑营销是一种有效的营销方式，但需要注意的是，只有在用户对图书馆的资源和服务质量感到满意时，才会起到正面的作用。

5.3 关于关系营销策略的研究

关系营销，是指企业与其顾客、分销商、经销商、供应商等相关组织或个人建立、保持并加强关系，通过互利交换及共同履行诺言，使有关各方实现各自的目的[68]。与传统营销相比，关系营销强调满足用户需求，旨在通过不断与用户交互保持长期稳定的关系。用户越来越信任图书馆，与图书馆的关系也愈加稳固。Finley 认为图书馆营销的最终结果便是用户与图书馆建立起长期依存的关系，并指出嵌入式馆员应把自己当作图书馆营销力量的一部分，运用人员推销的方法诸如上门推销、顾客推介、交叉销售等，将适合用户需要的信息、产品和服务与用户相连接，与用户建立起长期的关系[69]；David 和 Sagun 将马尼拉雅典耀大学图书馆的用户细分为教师、研究生与本科生三类，并对其分别实施关系营销策略，同时利用问卷法和日志法收集数据，通过对项目实施前后满意度、实施前后数据库访问量进行对比，发现关系营销可以显著提高用户对图书馆资源和设施的意识与使用率[70]；而 Urquhart 在总结向青少年营销的十个秘诀时，首先指出的就是图书馆要与青少年用户建立良好的关系[71]。

在关系营销实践中，运用顾客关系管理（customer relationship management，CRM）对于提高顾客满意度具有重要作用。Jamali，Moshabaki 和 Aramoon 等使用问卷调查与因子分析的方法对顾客关系管理的评价进行研究，选取 381 位伊朗亚兹德大学电子图书馆服务用户进行问卷调查，归纳 CRM 因子为用户需求、沟通与信息 3 大类别，分析了用户期望与 CRM 因子分析结果的差距，并认为可通过 CRM 系统的评价与改进提高用户的满意度水平[72]；另外，Masuchika 强调任何一个企业在践行 CRM 理念时，对发展忠实客户再怎么强调都不过分，并在此基础上提出了大学图书馆培育顾客忠诚度的 5 条建议[73]。

5.4 关于内部营销策略的研究

内部营销是指企业将员工作为人顾客，通过有效的沟通与激励手段吸引、留住高质量员工，使其为顾客提供满意服务的管理哲学和营销活动[74]。有效的内部营销是企业成功进行外部营销的重要前提。内部营销既是一种把员工看做用户的营销方法，也是一种具体的管理方式。Bamigbola 用图书馆营销三角形模型描绘用户、员工与组织三者的关系，三角形的顶点是图书馆管理，由内部营销和外部营销共同支撑，外部营销旨在了解用户期望并作出服务承诺，内部营销旨在使员工有能力向用户提供所承诺的服务，底边为互动营销，强调的是图书馆与用户之间的互动[75]。Singson 也指出，图书馆需要认识到，一切都与营销有关，应当采用广泛、综合的视角看待营销活动，并提出包括内部营销、整合营销、关系营销、社会责任营销四个维度的整体营销观[76]。Keller 描述了纽约区皇后图书馆成功利用馆员营销图书馆新品牌的全过程，在制定营销规划细分用户市场时，要将馆员放在非常重要的位置上[77]。

5.5 关于虚拟营销策略的研究

网络环境与电子商务的飞速发展，虚拟世界的形成以及用户需求与交流方式的变化，使得虚拟营销方式——企业通过在线方式提升消费者虚拟体验并产生虚拟消费的营销方式，成为企业高度重视的全新营销战场。通过设置虚拟情境进行交互体验，可以提升消费者的参与度、融入度与体验度，提升品牌认知与品牌体验，进而建立起品牌好感、偏好甚至忠诚[78]。图书馆可通过虚拟营销增加用户体验的愉悦度，提升用户参与的热情和积极性，从而更高效、更顺利地实现营销目标。有学者对利用三维体验网站“第二人生”(Second Life)的虚拟营销进行研究。Elliott 和 Probets 的研究表明图书馆员在 Second Life 的经历促进了其职业发展，一致认为馆员要支持 Second Life，为虚拟世界做好准备[79]。Gantt 与 Woodland 分析了 75 所在 Second Life 上的图书馆，其中有的设置场景，形成一种更大空间的理念，有些将实体图书馆与虚拟社区相连接，还有些则仅为存在虚拟空间的社区服务，有的图书馆通过富有想像力的建筑或不常见的馆藏增强了人们对于虚拟图书馆的理解[80]。

6 关于新媒体工具在营销中应用的研究

随着新媒体工具的普遍应用，国外图书馆日益注重借助新媒体工具提升营销的广度与深度。Facebook 作为目前国外最流行的社交网络已逐渐在图书馆营销中得到应用。图书馆使用 Facebook 的目的在于加强用户交互、建立良好关系、传播馆内消息、收集用户意见、提供咨询服务、突破时空限制等。Hussain 在调查 188 个图书馆协会的网站使用 Web2.0 工具现状时发现，采用 Facebook 的占 16.6%，采用 Twitter 的占 10.4%，两者是图书馆最常使用的新媒体工具[81]。Phillips 通过对伊利诺伊州 17 所高校图书馆的 Facebook 页面内容做定性分析，结果显示，Facebook 为高校图书馆培养与用户的关系提供了一个良好的动态环境，图书馆在 Facebook 上的形象对用户而言更加亲切，易于和用户建立起融洽的关系，而这种关系有利于图书馆服务的传递，起到图书馆营销的作用[82]。此外，一些学者总结、制定了使用新媒体工具的注意事项以更好地实现图书馆的营销目的，如Hardin，Klug等从发布内容、日常管理、使用图片等方面详细说明了如何更好地利用Facebook等社交媒体工具[83]。

Twitter是诞生于2006年的微博客应用，在国外也是一种广受欢迎的社交工具。Twitter允许用户在140个字符内分享自己最近的动态和想法，用户可以关注其他人，也可以被其他人关注，并可以通过Twitter客户端、邮件、短信、RSS订阅接收关注人发布的Twitter消息。

Fields指出，Twitter不仅可以用于传播图书馆消息，还可以作为一种营销工具，开展咨询工作，宣传图书馆的在线资源、研究小间等服务[84]；Rodzvilla通过自身在图书馆的工作实践证明了Twitter是一个推广新书目录进而营销图书馆资源的有力工具[85]。

YouTube是世界上最大的视频网站，允许人们免费上传、搜索、观看或分享他们的原创视频。早在20世纪80年代，就有学者对利用视频提供图书馆指导进行研究，近几年来，YouTube以其生动丰富的表现内容和迅速广泛的传播范围，在图书馆营销方面的应用也越来越普及。除了用于信息素养培训以及图书馆导览外，图书馆营销人员也在不断创新YouTube视频内容，如加利福尼亚州立大学图书馆为了向教师推广资源和服务，用热情和少许资金制作了充满知识性和娱乐性的“一分钟视频”，通过对观看人数和在线问卷等的评估，发现这种营销方式取得了良好成效[86]；德州女子大学图书馆针对用户提问制作关于馆员的短视频，例如“图书馆员是什么样子的?”“你最爱的一本书是什么?”等[87]，或者针对用户常见的问题制作用户培训视频，既提高了用户的信息素养，也提升了用户对图书馆的满意度；德克萨斯理工大学图书馆营销部为每位图书馆员制作一个大约两分钟的短视频，视频中的馆员分享自己在工作之外的爱好，如足球、游泳、弹钢琴等，让用户在个人层面更加了解馆员，使用户觉得馆员们平易近人，从而更愿意使用图书馆的各项服务[88]。此外，Colburn和Haines对图书馆营销的视频进行了分析，为图书馆界同行制作视频提供了一些参考[89]。

QR 码是二维码的一种，QR 是"Quick Response"的缩写，包含了追求高速读取能力的研发概念。QR 码 1994 年由日本 Denso-Wave 公司发明，以其大容量存储、方便读取、动态性、简单易用等突出优势在商业追踪、娱乐消遣、电子票务、商品标签、产品营销等各个方面得到广泛应用[90]。在图书馆营销研究中，Hicks 和 Sinkinson 分析了 QR 码在科罗拉多大学图书馆的实际应用，总结出 QR 码作为营销工具的优点，即灵活性、个性化、传递内容多样化、与用户建立关系等[91]；Lo，Coleman 和 Theiss 总结了大学新生对 QR 码的偏好，发现用户对 QR 码的态度比较积极，并由此推论出 QR 码可用于高校图书馆的多种服务，其中也包括图书馆营销[92]；Pulliam 和 Landry 通过实例说明了 QR 码在图书馆营销中的应用，认为 QR 码可以使图书馆的资源和服务更加容易被发现，而且能够在新技术应用方面与用户保持同步[93]；Kane 和 Schneidewind 运用谷歌分析软件(Google Analytics)跟踪记录加州大学欧文分校 QR 码的利用情况，结果发现这种低调的营销方式吸引了大量用户的扫描，且营销资源 QR 码的被扫描数远远大于馆藏资源 QR 码的被扫描数，因此应当考虑将 QR 码纳入到营销战略计划中[94]。

参考文献

[1] Estall C, Stephens D. A study of the variables influencing academic library staff's attitudes toward marketing[J]. New Review of Academic Librarianship, 2011, 17(2): 185-208.

[2] Jahromi R B, Erfanmanesh M A. Marketing the libraries in Iran: an ideal opportunity in 21st century[J]. International Journal of Information Science and Management (IJISM), 2012, 9(2): 93-104.

[3] Aremu M A, Saka H T. The impact of information technology on library management: a marketing perspective[J]. Advances in Management, 2006, 5(1): 141-150.

[4]Alipour-Hafezi M, Ashrafi-Rizi H, Kazempour Z, et al. Using 4P marketing model in academic libraries: an Experience[J]. International Journal of Information Science and Management (IJISM), 2013, 11(2): 45-58.

[5]Ukwoma S C. Strategies for marketing library services by library and information science (LIS) professionals in Nigeria[J]. Information Technologist, 2014, 11(1): 121-131.

[6]James-Gilboe L. Raising the library profile to fight budget challenges [J]. The Serials Librarian, 2010, 59(3-4): 360-369.

[7]Nwezeh C M T. Public relations in Nigerian University Libraries: the case of Hezekiah Oluwasanmi library, Obafemi Awolowo University [J]. The Electronic Library, 2010, 28(1): 100-107.

[8]Alansari H A. Public relations in academic libraries in Gulf Cooperation Council (GCC) states[J]. Library Management, 2013, 34(1/2): 68-82.

[9]Soroya S H, Ameen K. LIS marketing approach in libraries: a selected literature review[J]. Pakistan Library & Information Science Journal, 2013, 44(4): 4-18.

[10]Umeozor S. Human resources, user education marketing strategy, and students' use of library services in some nigerian federal universities[J]. Library Philosophy & Practice, 2013: 1-13.

[11]Polger M A. Information takeout and delivery: a case study exploring different library service delivery models[J]. Journal of Hospital Librarianship, 2010, 10(1): 3-22.

[12]Dowd N. Is mobile marketing right for your organization? [J]. The Reference Librarian, 2010, 52(1-2): 166-177.

[13]David L T, Kim A. Sagun K. Increasing awareness and use of the library's resources and facilities through relationship marketing strategies[J]. Library Management, 2012, 33(4/5): 292-296.

[14]Okamoto K, Polger M A. Off to market we go: a content analysis of marketing and promotion skills in academic librarian job ads[J].

Library Leadership & Management, 2012, 26(2): 1-20.

[15]McClelland T. What exactly do you do here? Marketing-related jobs in public and academic libraries[J]. Journal of library administration, 2014, 54(5): 347-367.

[16]IFLA. Management and marketing section[EB/OL]. [2015-7-4]. www. ifla. org/en/management-and-marketing.

[17]秦晓婕. IFLA 图书馆国际营销奖及其背后的营销理念[J]. 图书情报工作, 2014(6): 142-146.

[18] SLA. Vision, mission, and core values statements [EB/OL]. [2015-7-4]. https://www. sla. org/about-sla/vision-mission-core-value/.

[19]SLA. Sections[EB/OL]. [2015-7-4]. http://lmd.sla.org/? page_id=549.

[20] ALA. LLAMA public relations and marketing section[EB/OL]. [2015-7-4]. http://www.ala.org/llama/sections/prms.

[21]CLIP. Publicity and public relations group[EB/OL]. [2015-7-4]. http: www. cilip. org. uk/get-involved/special-interest-groups/publicity/Pages/default.aspx.

[22]CLIP. Award winners and past events [EB/OL]. [2015-7-4]. http://www. cilip. org. uk/publicity-and-public-relations-group/cilip-pprg-past-events-and-award-winners.

[23]Minami T. A book-agent system for library marketing[J]. Lecture Notes in Computer Science, 2010(6421): 274-283.

[24] Germano M A. Narrative-based library marketing: selling your library's value during tough economic times[J]. Bottom Line Managing Library Finances, 2010, 23(1): 5-17.

[25] Westbrook R Niccole, Prilop Valerie, German Elizabeth. Nerd thrill your users: collaborating with liaisons to create an appealing gateway to digital collections [J]. Reference Services Review, 1973, 40(3): 469-479.

[26]Muhammad Jaber Hossain. Designing user-focused marketing cul-

ture in academic libraries: a conceptual outline[J]. Journal of Library Administration, 2013, 53(2): 122-146.

[27] Andersen D L. Marketing public libraries: knowing where the money comes from and who pays the bills[J]. Journal of the Library Administration & Management Section, 2014, 10(2): 7-20.

[28] Mccaffrey C. LibQUAL in Ireland: Performance assessment and service improvement in Irish university libraries[J]. Journal of Academic Librarianship, 2013, 39(4): 347-350.

[29] Rehman S U. Reliability and validity of a modified LibQUAL+® survey in Pakistan: an Urdu language experience[J]. Malaysian Journal of Library & Information Science, 2014, 9(2): 83-102.

[30] Kavulya J M. Marketing of library services: a case study of selected university libraries in Kenya[J]. Library Management, 2004, 25(3): 118-126.

[31] About us[EB/OL]. [2015-6-23]. http://www.bl.uk/aboutus/stratpolprog/strategy1115/.

[32] About the Library[EB/OL]. [2015-6-23]. http://www.loc.gov/about/.

[33] Strategic marketing for academic and research libraries: participant manual. [EB/OL]. [2015-6-23]. http://www.ala.org/ala/mgrps/divs/acrl/issues/marketing/ParticipantManual.pdf.

[34] Cole K, Graves T, Cipkowski P. Marketing the library in a digital world[J]. The Serials Librarian, 2010, 58(1-4): 182-187.

[35] Germano M A, Stretchstephenson S M. Strategic value planning for libraries[J]. Bottom Line Managing Library Finances, 2012, 25(2): 71-88.

[36] Robinson C K. Peter Drucker on marketing: application and implications for libraries[J]. Bottom Line Managing Library Finances, 2012, 25(1): 4-12.

[37] Germano M A, Stretchstephenson S M. Strategic value planning for libraries[J]. Bottom Line Managing Library Finances, 2012, 25

(2): 71-88.
[38]Ashcroft L. Marketing strategies for visibility[J]. Journal of Librarianship & Information Science, 2010, 42(2): 89-96.
[39]吴泗宗. 市场营销学(第4版)[M]. 北京: 清华大学出版社, 2012: 155.
[40]Smitha D A. Strategic marketing of library resources and services [J]. College & Undergraduate Libraries, 2011, 18(4): 333-349.
[41]Ifijeh G I. Nigerian university libraries: current situation, needed improvements, and how marketing might help[J]. Library Student Journal, 2011(6): 11.
[42]Fourie I, Fourie H. Targeting users in information provision more than researchers, students and professionals[J]. Library Hi Tech, 2014, 32(1): 164-172.
[43]Fourie I, Ball L. Promotional strategies for information products and services: aligning with the serious and entertainment facets of information consumers' lives[J]. Library Hi Tech, 2012, 30(4): 683-692(10).
[44]Kathy D. The key to marketing success[J]. Information Outlook, 2010, 14(8): 6-9.
[45]吴泗宗. 市场营销学(第4版)[M]. 北京: 清华大学出版社, 2012: 171-172.
[46]Sheikh A. Quality of CIIT library services and users' satisfaction: a survey of students, faculty and staff members[J]. Libri, 2014, 64(1): 49-60.
[47]Kiran K, Diljit S. Modeling web-based library service quality[J]. Library & Information Science Research, 2012, 34(3): 184-196.
[48]Hakala U, Nygrén U. Customer satisfaction and the strategic role of university libraries[J]. International Journal of Consumer Studies, 2010, 34(2): 204-211.

[49] Lundrigan C, Manuel K, Yan M. "Pretty Rad": explorations in user satisfaction with a discovery layer at Ryerson university[J]. College & Research Libraries, 2015, 76(1): 43-62.

[50] Manzuch Z, Maceviciute E. Library user studies for strategic planning[J]. Information Research, 2014, 19(4): 71-84.

[51] Sheikh A. Quality of CIIT library services and users' satisfaction: a survey of students, faculty and staff members[J]. Libri, 2014, 64(1): 49-60.

[52] Hunter B, Perret R. Can money buy happiness? a statistical analysis of predictors for user satisfaction[J]. The Journal of Academic Librarianship, 2011, 37(5): 402-408.

[53] 黎建新. 品牌管理[M]. 北京: 机械工业出版社, 2012: 6.

[54] Keller J. Targeted marketing utilizing and engaging library staff[J]. Public Library, 2011, 50(1): 30-33.

[55] Starr S. Creating brand love for libraries: can we be a kind of paradise. [J]. Journal of the Medical LibraryAssociation, 2013, 101(3): 168-170.

[56] Batra R, Ahuvia A, Bagozzi R P. Brand love[J]. Journal of Marketing, 2012, 76(2): 1-16.

[57] Ashrafi-Rizi H, Kazempour Z. Marketing information goods and services in medical libraries and information centers. [J]. Journal of Education and Health Promotion, 2012, 1(1): 9.

[58] Ratzek W. The mutations of marketing and libraries[J]. Ifla Journal, 2011, 37(2): 139-151.

[59] Hafezi M A, Rizi H A, Kazempour Z, et al. Using 4P marketing model in academic libraries: an experience[J]. International Journal of Information Science & Management, 2013, 11(2): 45-58.

[60] Ratzek W. The mutations of marketing and libraries[J]. Ifla Journal, 2011, 37(2): 139-151.

[61] Bamigbola A A. Application of marketing strategies and mix to dig-

ital information services (DIS): nigerian university libraries perspectives[J]. Library Philosophy & Practice(e-journal). 2013, 1(1).

[62] P^4 AC-A refined marketing mix ratio for academic libraries[EB/OL]. [2015-6-23]. http://paarl.wikispaces.com/file/view/FINAL%20Full%20Paper_Chellappandi.pdf/398635210/FINAL%20Full%20Paper_Chellappandi.pdf.

[63] Makori E O. Making university libraries in Kenya the destination for the user population[J]. Library Review, 2010, 59(7): 548-557.

[64] 梁官雪. 网络口碑营销学：极速传播的技巧[M]. 北京：中国华侨出版社，2013：13.

[65] Pankl R R. Marketing the public library's business resources to small businesses[J]. Journal of Business & Finance Librarianship, 2010, 15(2): 94-103.

[66] Biggs H F, Calvert P. Marketing to teens: a study of two New Zealand public libraries[J]. Library Management, 2013, 34(8-9): 705-719.

[67] Aggerbeck V R. Marketing through the ordinary and the extraordinary[J]. Aall Spectrum, 2012(7): 9-11.

[68] 徐盛华，章征文. 市场营销学(第2版)[M]. 北京：清华大学出版社，2013：277.

[69] Wayne E F. Using personal selling techniques in embedded librarianship[J]. Journal of Business & Finance Librarianship, 2013, 18(4): 279-292.

[70] David L T, Sagun K K A. Increasing awareness and use of the library's resources and facilities through relationship marketing strategies[J]. Library Management, 2012, 33(4-5): 292-296.

[71] Urquhart C. Top ten tips for marketing to teens[J]. Young Adult Library Services, 2013(12): 20-23.

[72]Jamali R, Moshabaki A, Aramoon H, et al. Customer relationship management in electronic environment[J]. The Electronic Library, 2013, 33(1): 119-130.

[73]Glenn M. The reference desk, points-of-sale, and the building of loyalty: applications of customer relationship management techniques to library marketing[J]. Reference Librarian, 2013, 54(4): 320-331.

[74]梁文玲. 市场营销学[M]. 北京: 清华大学出版社, 2013: 36-37.

[75]Bamigbola A A. Application of marketing strategies and mix to digital information services (DIS): Nigerian university libraries perspectives[J]. Library Philosophy & Practice, 2013, 1(1).

[76]Singson M. Societal marketing approach to public libraries services in North East India[J]. Journal of Library & Information Science, 2013, 2(2): 293-299.

[77]Keller J. Targeted marketing utilizing and engaging library staff[J]. Public Library, 2011, 50(1): 30-33.

[78]贾昌荣. 一点就通的营销技巧[M]. 北京: 中国城市出版社, 2013: 34.

[79]Elliott N, Probets S. Is there a second life for librarians? [J]. The Electronic Library, 2011, 29(3): 354-366.

[80]Gantt J T, Woodland J R. Libraries in second life: linking collections, clients, and communities in a virtual world[J]. Journal of Web Librarianship, 2013, 7(2): 123-141.

[81]Hussain A. Adoption of Web 2.0 in library associations in the presence of social media[J]. Program Electronic Library and Information Systems, 2015, 49(2): 151-169.

[82]Phillips N K. Academic library use of Facebook: building relationships with students[J]. Journal of Academic Librarianship, 2011, 37(6): 512-522.

[83] Hardin G, Klug B, et al. Pioneering new directions: creating a social media[J]. Texas Library Journal, 2012, 88(2): 83-86.

[84] Fields E. A unique Twitter use for reference services[J]. Library Hi Tech News, 2010, 27(6-7): 14-15.

[85] Rodzvilla J. New title tweets: using Twitter and Microsoft Excel to broadcast new title lists[J]. Computers in Libraries, 2010(30): 26-30.

[86] Martin C M. One-minute video: marketing your library to faculty[J]. Reference Services Review, 2012(40): 589-600.

[87] Hardin G, Klug B, et al. Pioneering new directions: creating a social media[J]. Texas Library Journal, 2012, 88(2): 83-86.

[88] Henry C L, Vardeman K K, Syma C K. Reaching out: connecting students to their personal librarian[J]. Reference Services Review, 2012, 40(3): 396-407.

[89] Colburn S, Haines L. Measuring libraries' use of YouTube as a promotional tool: an exploratory study and proposed best practices[J]. Journal of Web Librarianship, 2012, 6(1): 5-31.

[90] Answer to your questions about the QR code[EB/OL]. [2015-7-3]. http://www.qrcode.com/en/.

[91] Hicks A, Sinkinson C. Situated questions and answers: responding to library users with QR Codes[J]. Reference & User Services Quarterly, 2011, 51(1): 60-69.

[92] Lo L, Coleman J, Theiss D. Putting QR codes to the test[J]. New Library World, 2013, 114(11-12): 459-477.

[93] Pulliam B, Landry C. Tag, you're it! using QR codes to promote library services[J]. Reference Librarian, 2011, 52(1): 68-74.

[94] Kane D, Schneidewind J. QR codes as finding aides: linking electronic and print library resources[J]. Public Services Quarterly, 2011, 7(3): 111-124.

【作者简介】

司莉，武汉大学教授（路珈特聘教授），博士生导师。现任武汉大学信息管理学院图书馆学系主任，信息资源研究中心研究员。全国信息与文献标准化技术委员会识别与描述分技术委员会委员，《中国大百科全书》第三版图书馆学卷信息组织分支主编，《中国图书馆分类法》编委，中国科学技术情报学会知识组织专业委员会副主任，中国图书馆学教育委员会副主任；中国图书馆学会学术委员会信息组织专业委员会副主任，国际知识组织协会（International Society of Knowledge Organization，ISKO）会员。已出版与参编著作10余部，发表论文140余篇，其中SCI、SSCI索引论文6篇，EI索引论文6篇。主要著作有：《信息组织原理与方法》《信息组织实验教程》《KOS在网络信息组织中的应用与发展》等。

潘秋玉，女，武汉大学信息管理学院硕士研究生。研究方向为图书馆营销与服务。

封洁，女，武汉大学信息管理学院硕士研究生。研究方向为知识组织与管理。

基于热点探测的知识产权研究进展

冉从敬　肖　兰
（武汉大学信息管理学院）

［摘　要］知识经济时代，知识产权在综合国力竞争中占据重要地位。自2011年以来，国内外对知识产权的研究文献发表量趋于平稳。为了寻求新的突破，必须从知识产权学术的整体出发，观察知识产权学术热点演化过程，探究知识产权的学术发展规律。本文采用定量与定性相结合的研究方法，利用 CiteSpaceⅢ软件呈现知识产权学术热点演化过程。根据 CNKI 数据，分析 2006—2015 年间知识产权总领域及其分支领域每5年及各年度的学术研究热点，有利于把握知识产权及其各分支学术发展和研究主题演变，也为更加科学地预测未来几年内的大致研究方向提供参考。

［关键词］知识产权　学术热点　CiteSpaceⅢ　知识图谱　可视化分析

Research Progress of Intellectual Property Based on Hot Spot Detection

Ran Congjing　Xiao Lan
(School of Information Management, Wuhan University)

[**Abstract**] In era of knowledge economy, intellectual property plays an important role in the competition of comprehensive national strength. Since 2011, the amount of publications of intellectual property has tended to be stabilized. To seek new breakthroughs, we should observe the evolution history of hotspots of intellectual property and explore the law of development of intellectual property based on an overall perspective. This paper applies a research method with both quantitative analysis and qualitative analysis, and uses CiteSpace Ⅲ software to present the evolution process of academic hotspots in the field of intellectual property. According to the data of CNKI from 2006 to 2015, this paper analyzes the academic hotspots in the total field and its branches both in every five years and every year. It is helpful to grasp the development history of research themes and to roughly predict the directions of research in the next few years.

[**Keywords**] intellectual property the academic hotspots CiteSpace Ⅲ knowledge mapping visualization analysis

1 引　言

知识经济时代，知识产权作为保护人类智力劳动成果的专有权利，在综合国力竞争中发挥着越来越重要的作用。自2008年国务院颁布《国家知识产权战略纲要》以来，知识产权工作上升到国家战略层面进行推进，要建设知识产权强国的意识愈加明确。按照《深入实施国家知识产权战略行动计划(2014—2020年)》部署，国家知识产权局已制定《2015年国家知识产权战略实施推进计划》，主要内容是：强化知识产权保护，鼓励创新创造；促进知识产权创造运用，支撑产业转型升级；加强知识产权管理和服务，促进创新成果转移转化；拓展知识产权交流合作，推动国际竞争力提升；加大支持力度，提高知识产权战略实施保障水平[1]。由此可见，知识产权学术热点的研究对推动我国知识产权发展具有一定参考意义。

常见的数据检索路径是设置关键词，本文以关键词为研究对象，利用关键词检索得到的结果必然影响到频次分析的准确性和客观性。CNKI为每篇文献标注了分类号，利用这个特点，采取分类号的检索方式可以使关键词的分析免受影响。因此本文利用中国知网，检索分类号为D923.4(知识产权，包括下位类D923.41著作权法、D923.42专利法、D923.43商标法和D923.49其他)的全部文献，对限定期刊、国内会议、特色期刊、国际会议、博士、硕士、学术辑刊7个数据库进行跨库检索，得到记录数为39929条，以2015年4月22日检索到的结果为准；同样的方法，检索分类号D923.41著作权法，得到12466条，检索分类号D923.42专利法和D923.43商标法，下载结果分别为6634条和8058条。检索所得文献的发表时间为1991—2015年之间，因篇幅限制，这里仅分析2006—2015年近10年的知识产权学术热点，对应数据量分别为28966条(D923.4)、10070条(D923.41)、5365条(D923.42)和6328条(D923.43)。

2 知识产权热点分析

2.1 知识产权关键词频次、突增分析

在CiteSpaceⅢ中将CNKI所下载的数据转换格式，分别限定时间段为2006—2010、2011—2015，选择关键词节点制作图谱，查看频次、突增情况。

2006—2010年间知识产权关键词出现频次情况如图1所示，从关键词分布可以明显看出知识产权、著作权关键词出现频次相对于商标、专利领域更多，知识产权总领域“利益平衡”较为突出，著作权分支领域“数字图书馆”“信息网络传播权”较为突出。就频次而言，“知识产权”一词出现频次最多，为1381次，“著作权”也超过1000，为1155次，超过200次的关键词有33个。从整体来看，出现频次较之2001—2005年明显增加。2003年郑成思教授起诉书生公司“书生之家数字图书馆”侵犯著作权，2004年发生的“谷歌侵权案”，2007年召开“数字图书馆与著作权法律应用热点问题研讨会”，从一系列纠纷案件和研讨会议能够看出，数字图书馆的知识产权问题已经引起普遍重视，其中也包括信息网络传播权。就

中心性而言，这些高频关键词的中心性值都不高，最高的关键词是“在先权利”，仅有 0.06，没有超过 0.2，其次是“民事纠纷案件”和“商标使用”，中心性值均为 0.04。2001 年版商标法就有规定，申请商标注册不得损害他人现有的在先权利，也不得以不正当手段抢先注册他人已经使用并有一定影响的商标。抢注行为造成的商标权与其他知识产权权利冲突，按照不同法院适用不同法律，有可能结果也是不同的。对于在先权利的研究，还难以达到理论界研究与司法界应用的统一与融合。

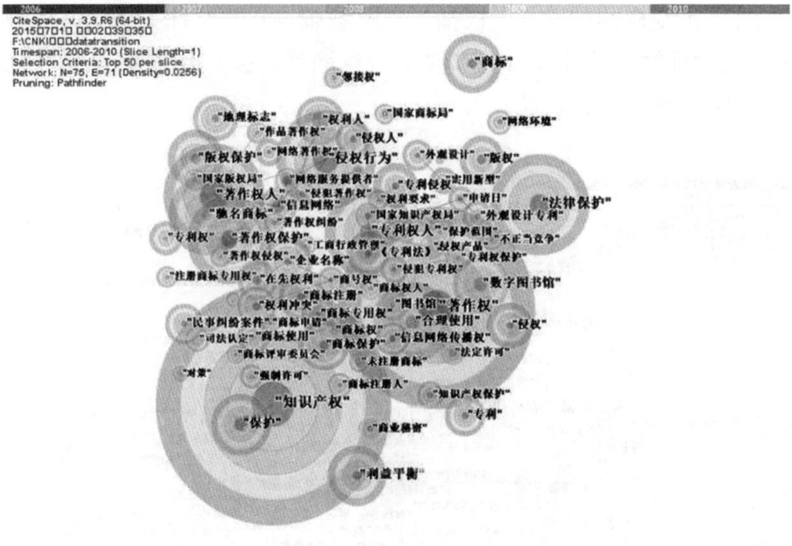

图 1　2006—2010 年知识产权关键词知识图谱

2006—2010 年间知识产权总领域没有明显的突增关键词，这里就不做分析。

2011—2015 年间知识产权领域关键词分布情况如图 2 所示，关键词分布小而疏散，“知识产权”和“著作权”关键词出现频次与其他关键词相比有较大差距。“知识产权”出现频次高达 1297 次，“著作权”也超过 1000，为 1273 次。大于或等于 200 次的关键词共 30 个。该数据仅截至检索日期 2015 年 4 月 22 日，因此，出现频次还有很大上升的空间。在这 5 年间中心性值较高的关键词是“不正当竞争”“侵权行为”“商标专用权”“一审判决”等，其中“不正当竞争”中心性值最高，为 0.40，在 2014 年出现 54 次。不正当竞争行为是市场经济发展中难以彻底扼杀的现象，受经济利益的诱惑，不良商家借用“傍名牌”“搭便车”手段获取利益，如“三国杀”与“三国斩”案例，即以混淆名牌的手段破坏了桌游市场的竞争秩序。此外，2011—2015 年的典型侵权纠纷案件越来越多，如“IPAD”商标权属纠纷案、“狗不理”老字号商标纠纷、王老吉与加多宝“红罐”案、“3D 打印”专利侵权、诺基亚诉华勤通讯专利侵权纠纷案、“快播”侵权盗版案、“今日头条”侵犯版权、土豆网“舌尖上的中国”侵犯信息网络传播权纠纷案等，在社会上均引起了较大反响。

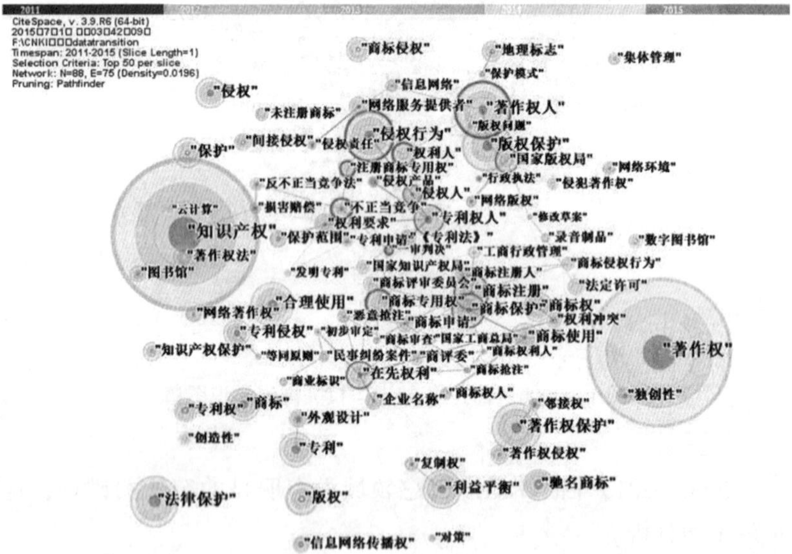

图 2　2011—2015 年知识产权关键词知识图谱

2011—2015 年间知识产权总领域没有明显的突增情况，这里不做分析。

2.2 2006—2015 年每 5 年热点

利用 CNKI 数据，限定时间范围在 1991—2015 年间，设置 Slice 值为 5，其他采用默认数据。图谱自动生成后，点击 timezone 视图，如图 3 所示，该图展示了知识产权学科总领域在 1991—2015 年间每 5 年的热点演变，本文仅针对 2006—2015 年期间进行分析。

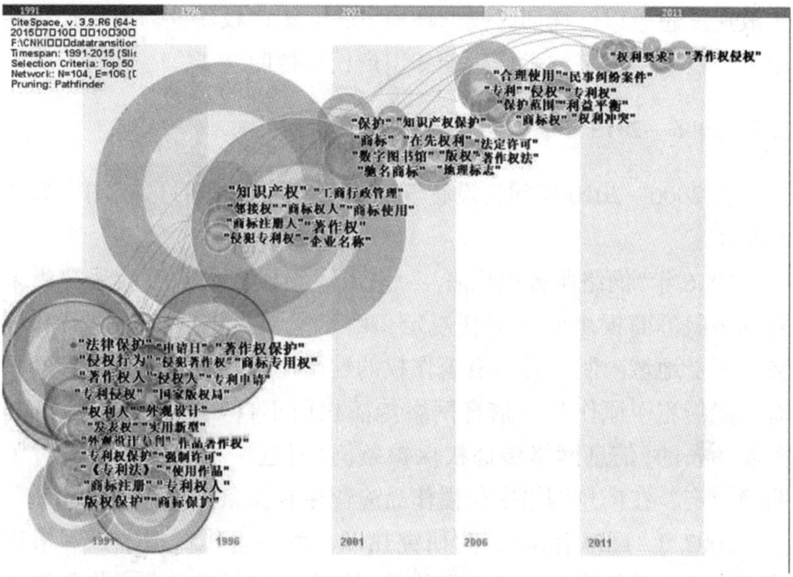

图 3 1991—2015 年知识产权关键词时区图谱(Slice=5)

2006—2010 年研究热点为“网络著作权”。由于网络技术、数字技术的发展，文献获取方式已经由纸质化趋向于电子化、网络化、虚拟化、数字化，图书馆也可能成为实施侵权行为的主体，提供网络服务也可能造成间接侵权。这一时期有关网络著作权的“民事纠纷案件”频发，在庞大的信息网络中，知识产权保护和侵权行为认定越加复杂，“权利冲突”更加激烈，针对传统的著作权问题的立法已不能完全适用于不断变化发展的实际情况，著作权法的保护范围应有所扩大，重新分配和平衡权利人与社会公众之间的利益是修改著作权法的重要目标。

2011—2015 年的关键词节点为“不正当竞争”。反不正当竞争法自 1993 年实行以来经过 20 年发展，2013 年十二届全国人大常委会将修改反不正当竞争法列入立法规划。这一时期企业间的知识产权竞争愈演愈烈，尤其是新型社交网络的形成放大了商业竞争影响，如腾讯与 360、奇虎纠纷、网络广告不正当竞争、搜索引擎服务商关键词推广服务的责任、虚假宣传等，在网络信息实时传播、扩散速度超越以往任何时候的环境下，知识产权研究需要更加重视由网络技术、数字技术衍生的知识产权法律问题。

2.3 2006—2015 年各年度热点

在 2006—2010 年间，设置 Slice 值为 1，选择时区视图，如图 4 所示。

2006 年“网络服务提供者”一词出现频次较大，目前法律尚未对网络服务商提出明确责任规定，由于网络提供虚拟化作品和服务，不受地域限制，其享有著作权的性质还未得到广泛普及，网民有可能侵犯了原作品的信息网络传播权而不自知。2006 年 5 月国务院颁布的《信息网络传播权保护条例》对这一权利的保护进行了明确规定，在信息网络中传播作品应遵循有关条例。

2007 年“网络著作权”为研究热点。网络著作权指的是网络环境下作者对其创作的作品享有的专有权利，包括文学艺术作品和科学技术作品等。相对于传统社会条件，网络著作权保护难度更大，任何作品都可能因技术手段而使专有权利受到侵犯。网络内容提供者和网络服务提供者都与网络著作权紧密相关，其侵权行为的界定也更加复杂。而我国有关网络方面的著作权立法还未完善，难以适用于实际情况，可操作性不强。

2008 年研究热点为“反垄断法”。随着跨国企业的发展，发达国家凭借技术优势占据垄断地位，对国内市场进行价格压制，获取巨大的营业利润，知识产权滥用的问题越发严重，先后发生一系列国内外知识产权侵权纠纷。我国在反垄断方面的法律主要是《反不

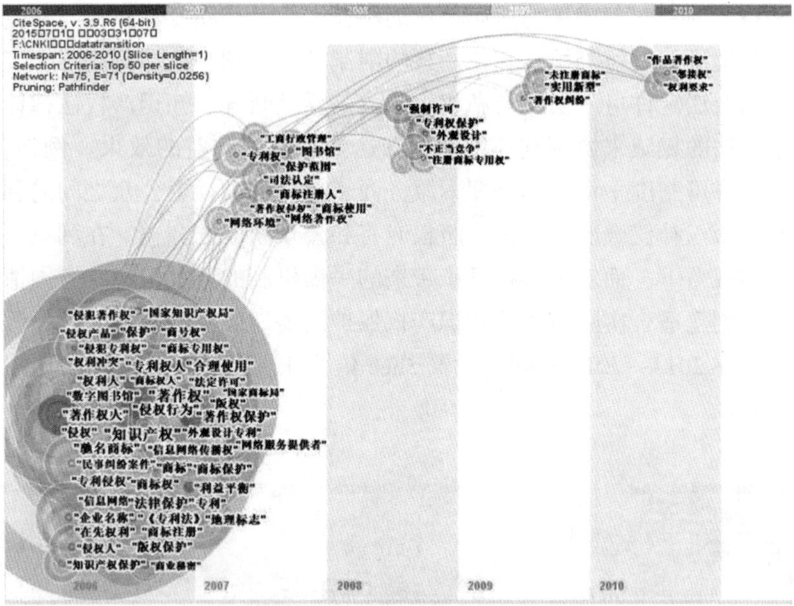

图 4　2006—2010 年知识产权关键词时区图谱(Slice=1)

正当竞争法》，该法为限制垄断和维护市场秩序发挥了一定作用。从长远来看，反垄断的根本解决之道在于提高自身的知识产权水平，加强自主创新能力，完善反垄断法律体系，必要时应用强制许可制度。

2009 年以“民事纠纷案件”为关键词的文献量比其他年份的都大，涉及内容主要是商标，如驰名商标认定、近似商标判定、企业名称与商标冲突、网络域名与商标争议、驰名商标的淡化与反淡化保护等。某些企业为了获取利益，通过不正当地模仿或假冒商标，甚至注册其他商标未申请的商品类别，以便借用他人商标的知名度和商标美誉度，达到自己的经济效益目标。针对商标的民事纠纷案件，大多是已具有一定实力和规模的企业，使用的商标具有良好的社会效益，如腾讯 QQ 与奇瑞 QQ、“杜康”酒业商标案、粤浙两个“好太太”等。

2010 年研究热点为“利益平衡”，涉及信息共享与版权保护的利益平衡、职务成果与所属单位的利益平衡、药品专利权人与社会公共健康的利益平衡、知识产权的限制与反限制、法律保护与合理使用及法定许可、公权与私权、独占与反垄断等。知识产权法律体系以法的权威来协调利益冲突，即达到了平衡利益的效果。例如，默示许可制度平衡了网络搜索服务商、权利人和社会公众之间的利益，版权补偿金制度平衡了版权专有和公众获取的利益。在利益平衡的视角下，面对因科技进步带来的平衡机制的紊乱，应结合国情灵活创建适合实际需求的知识产权保护制度。

在 2011—2015 年间，设置 Slice 值为 1，选择时区视图，如图 5 所示。

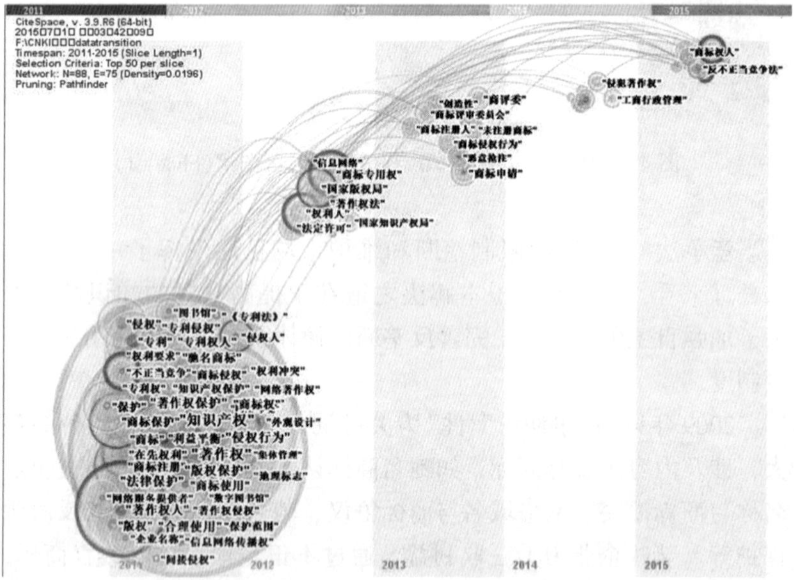

图 5　2011—2015 年知识产权关键词时区图谱(Slice=1)

2011 年研究热点为“集体管理”。著作权集体管理组织起源于 1777 年法国戏剧作者和作曲者协会(SACD)，随后欧洲各国纷纷建立起自己的著作权管理组织，吸引了众多权利人加入，并且以集体管理的方式较好地解决了新技术发展带来的著作权问题。我国集体管理的制度还很年轻，1992年的中国音乐著作权协会是我国第一个著作权集体管理组织，随后建立了中国文字著作权协会、中国音像集体管理协会、中国摄影著作权协会等。我国著作权集体管理制度还不成熟，覆盖面较小，相关立法还很匮乏，地位还未得到广泛认同，对集体管理的探讨还停留在制度体系、管理模式上。

2012年“修改草案”为高频关键词，我国分别颁布了《著作权法》《商标法》第三次修改草案，而《专利法》第四次修改草案征求意见工作也已展开。现有法律制度难以解决所有的知识产权纠纷，随着社会发展和变化，法律规范定期或不定期的修改势在必行。通过修改法律，明确权利归属和侵权判定，调整权利冲突和市场混乱，与国际公约衔接，同时符合本国实际所需。第三次《著作权法》修改的争议焦点为录音制品的法定许可、网络服务商的侵权责任以及集体管理组织的延伸管理权[2]。《商标法》修改变化体现在增加单一颜色商标和声音商标、修改立体商标的审查标准等[3]。《专利法》第四次修改涉及专利权无效、赋予专利管理部门调查取证等新的职能以及惩罚性赔偿[4]。

2013年“加多宝”成为知识产权之争的代名词，加多宝与王老吉从商标到包装再到广告语，数次开战，双方的“红罐之争”既体现了包装装潢权与商标权的矛盾，也体现了商标许可使用制度与后发商誉分配利益的冲突，在双方系列案件中属于核心诉讼，进入最高人民法院审理程序。王老吉与加多宝之争从2010年开始，至2015年6月“红罐案”进入二审，是知识产权领域近几年最有代表性的典型案例之一。

2014年“云计算”研究成为热点，云计算的概念最早是由Google提出，从2006年至今出现了上百种概念解释。现通用的定义出自美国国家标准与技术研究院(NIST)，认为云计算是一种按使用量付费的，提供便捷、可用、按需的网络访问模式，资源共享池包括网络、服务器、存储、应用软件和服务[5]。它与大数据密不可分，通过对海量数据的挖掘，依托分布式运算和虚拟化技术在实际生活中广泛应用，尤其是互联网络。云计算改变了人们获取资源的方式，云计算技术的运用也带来了某些知识产权问题和安全隐患。无论是著作权、商标还是专利，应对云计算环境的知识产权保护问题的研究文献在2014年达到最多。

2015年“反不正当竞争法”为研究热点。《反不正当竞争法》自1993年制定实施以来，已有20余年的发展历程，期间修订《反不正当竞争法》的呼声不断，并成为2015年国家工商总局的工作重点。在此次修订中，不仅使其与反垄断法有明显区别，还增强了条文的可操作性。随着互联网产业的发展，各类不正当竞争行为和问题日益严重。对该法的修订，体现了我国对规范市场、适应国家经济转型的重视。

3 著作权研究热点分析

3.1 著作权关键词频次、突增分析

在CiteSpaceⅢ中将CNKI所下载的数据转换格式，分别限定时间段为2006—2010、2011—2015，选择关键词节点制作图谱，查看频次、突增情况。

2006—2010年间著作权领域关键词静态聚类视图如图6所示，图中共形成81个节点，194条连线。这5年内，“著作权”的出现频次再创新高，达816次，位于第二的“著作权人”也达到378次，出现频次大于200次的关键词共6个，其中“数字图书馆”是较为突出的关键词。出现频次大于或等于100的关键词共21个，大于或等于50的关键词共65个，总体频次都有明显增长。“数字图书馆”引起重视的原因之一是随着业务的开展、数据库的建设，涉及大量受著作权法保护的作品，实际生活中也出现知名的案例，如谷歌版权门事件、郑成思诉书生之家数字图书馆案等，数字图书馆的著作权问题研究已成为著作权领域的一个独立方向。就中心性而言，大于或等于0.20的关键词共7个，其中“著作权保护”中心性值最高，达0.26，其次为“著作权人”和“合理使用”，达0.25，此外，“网络服务提供者”中心性值为0.20，是这5年中比较典型的

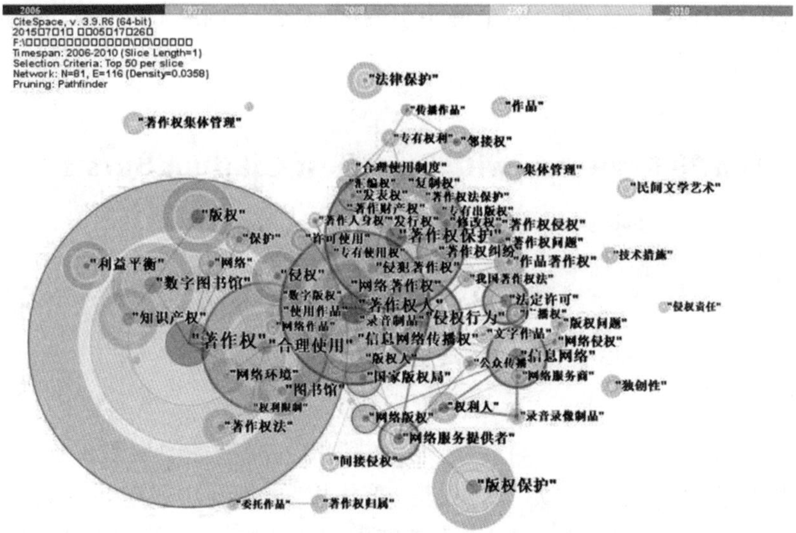

图 6　2006—2010 年著作权关键词知识图谱

关键词。在著作权人和社会公众权利冲突越发激烈的情况下，讨论著作权合理使用的研究也渐渐占了一部分比例，右击查看其出现历史，有 326 条记录与“合理使用”相关，2010 年就达到 101 条记录。2006 年颁布《信息网络传播权保护条例》，该条例区分了著作权人、图书馆、网络服务商、读者各自的权益，网络服务提供者可依据该条例查看应当履行的法定义务。《最高人民法院关于审理涉及计算机网络著作权纠纷案件适用法律若干问题的解释》也进行第二次修正，该解释中第三条就明确了网络服务提供者通过网络参与他人侵犯著作权行为，或者通过网络教唆、帮助他人实施侵犯著作权行为的，可追究其与其他行为人或直接实施侵权行为人的共同侵权责任。

2006—2010 年间著作权领域关键词的突增情况如图 7 所示，突增明显的仅“著作权问题”一词，突增年代区间为 2006—2007 年。这 5 年主要探讨的著作权问题有数字图书馆建设中的著作权问题、音乐电视的著作权问题、数字音乐及电子书的版权问题、教材资源的版权问题、资源共享网站的著作权问题、博客等作品网络发布的著作权问题、由“一个馒头引发的血案”看网络演绎作品的著作权问题等。

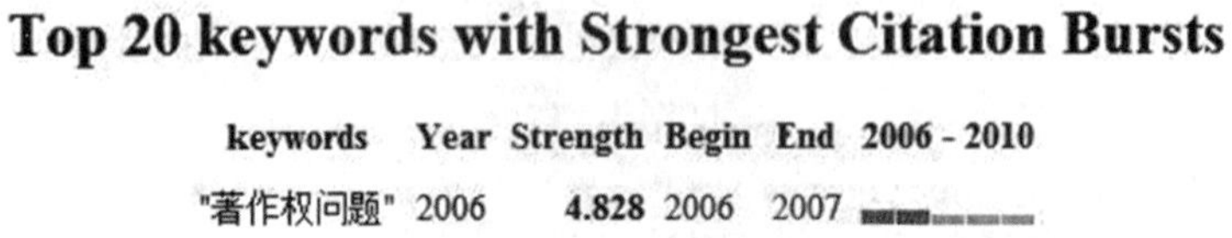

图 7　2006—2010 年著作权关键词突增图谱

2011—2015 年间著作权领域关键词静态聚类视图如图 8 所示，共形成 81 个节点，173 条连线。“著作权”出现频次最高，为 1189 次，位于第二的“著作权人”出现频次为 428 次，与“著作权”有较大差距。出现频次大于 100 的关键词共 34 个，大于或等于 50 的关键词有 68 个。2011—2015 年间比较突出的关键词是“合理使用”“利益平衡”。查看“合理使用”出现历史，共出现在 364 条文献记录中，讨论网络环境下著作权合理使用制度、微博作品转发的合理使用问题、著作权法修改后合理使用立法技术问题、图书馆的合理使用问题等。著作权法是基于利益平衡的本质特征上进行权利冲突的协调，利益平衡就体现在权利的限制和保护当中，经由修改的条款展现权利天平的两端。就中心性而言，中心性值最高的关键词为“著作权人”，达 0.41，是 2011—2015 年间中心性值唯一大于 0.20 的关键词，“国家版权局”“网络服务提供者”“云计算”等中心性值大于或等于 0.09。关于“国家版权局”，2013 年国务院机构设置有了新的变化，将新闻出版总署、广电总局整合组建国家新闻出版广电总局，加挂国家版权局牌子。同年国家版权局发布《使用文字作品支付报酬办法（修订征求意见稿）》。关于“网络服务提供者”，《中华人民共和国侵权责任法》第 36 条，规定了互联网有关侵权责任，网络用户、网络服务提供者利用网络侵害他人民事权益的，应当承担侵权责任。关于“云计算”，在 2014 年时市场需求已形成一定规模，相应开发技术也基本成熟，在这样的背景下，出现多种多样的软件产品，如移动终端在线商店的应用软件等，基于互联网的云计算应用，大大改变了我们的生活和业务发展模式。

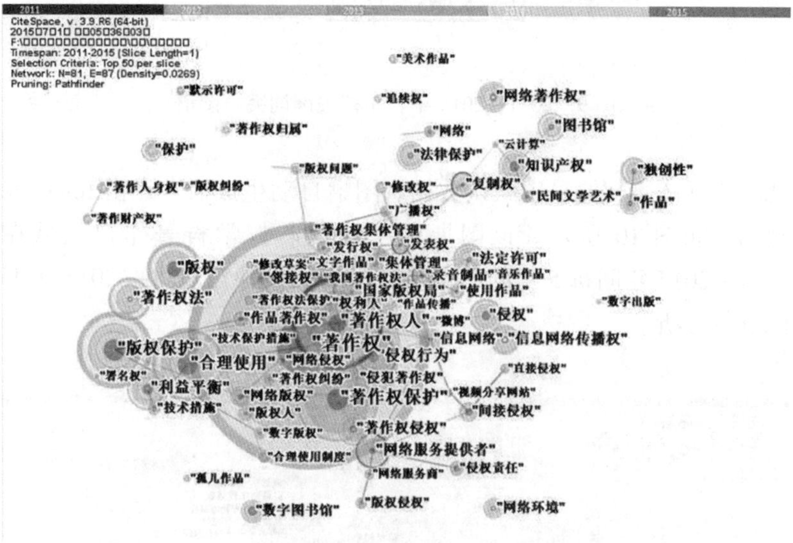

图 8　2011—2015 年著作权关键词知识图谱

2011—2015 年间著作权领域关键词突增情况如图 9 所示，突增明显的仅有“追续权”一词，突增年代区间为 2013—2015 年。追续权是指美术作品的作者及其继承人从其作品的公开拍卖或经由一个商人出卖其作品的价金中提取一定比例的金额的权利，旨在救济和补偿作者在上述情况中承受的不公平待遇[6]。追续权制度是为了保障权利人享受公平对待而制定的，并受到《保护文学艺术作品伯尔尼公约》的认可，能够在后续作品价值提升时弥补其中的差距。基于利益平衡的原则，我国著作权法第三次修改中引入了追续权制度，是著作权领域一个里程碑式的突破。

3.2　2006—2015 年每五年热点

利用 CNKI 数据，限定时间范围在 1991—2015 年间，设置

Top 20 keywords with Strongest Citation Bursts

keywords	Year	Strength	Begin	End	2011 - 2015
"追续权"	2011	5.7683	2013	2015	

图 9　2011—2015 年著作权关键词突增图谱

Slice 值为 5，其他采用默认数据。图谱自动生成后，点击 timezone 视图，如图 10 所示。该图展示了知识产权学科著作权领域在 1991—2015 年间每 5 年的热点演变，本文仅针对 2006—2015 年期间进行分析。

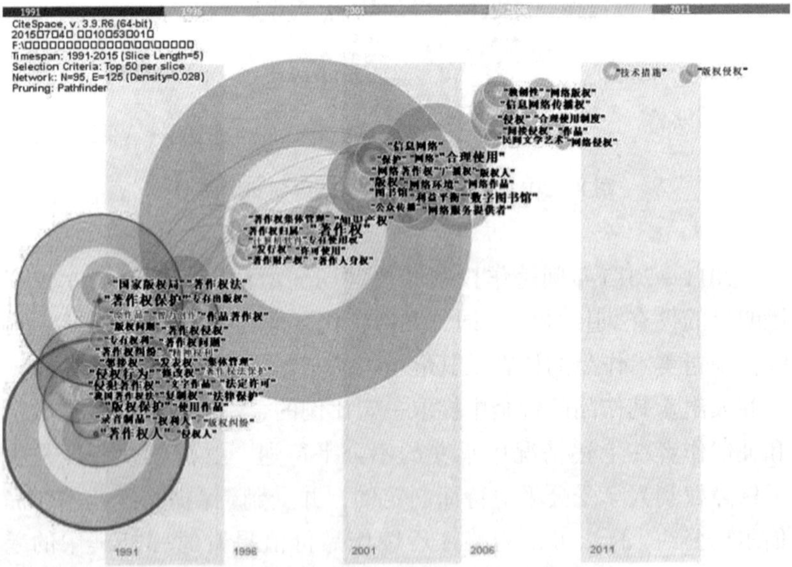

图 10　1991—2015 年著作权关键词时区图谱（Slice = 5）

2006—2010 年“信息网络传播权”为研究热点。《信息网络传播权保护条例》于 2006 年 7 月正式开始实施，2007 年《世界知识产权组织版权条约》和《世界知识产权组织表演和录音制品条约》在我国正式生效。这意味着，互联网环境下著作权制度在不断规范化，搜索引擎、P2P、数字图书馆、数字作品、网络作品及其他资源等新兴流行事物能够从法律中找到保护和限制的对应条例。“谷歌侵权门”对互联网和唱片两个行业都带来深远影响，2009 年谷歌数字图书馆未经许可扫描收录 570 位中国作家的 17922 种作品，引起了国内轰动。在现代社会中，互联网是侵权事件多发之地，互联网与技术的结合在提供便利性的同时也造成了一定程度上的混乱，这也是《著作权法》启动第三次修订的重要原因。

2011—2015 年“技术措施”为研究热点。为了实施《世界知识产权组织版权条约》有关保护技术措施的规定，我国也保护了旨在防止侵犯著作权的“接触控制措施”和“版权保护措施”，其中“接触控制措施”备受争议。在网络环境下，应用技术措施保护著作权既是履行国际条约义务，也是我国著作权法逐渐健全完善的一个表现。而过度使用技术措施保护著作权的行为也带来了相应的危害，一方面导致规避技术措施的软件及程序的出现和频繁使用，另一方面无限制的技术措施保护侵犯了使用者的隐私权、自主权、言论自由等，无法共享的作品就无法保证个人的合理使用，难以激发后续创作，从长远来看，技术措施也需要一定条件和范围的规制。

3.3 2006—2015 年各年度热点

在 2006—2010 年间，设置 Slice 值为 1，选择时区视图，如图 11 所示。

2006 年“信息网络传播权”为研究热点。2006 年“十一五”规划纲要再度提出“三网融合”，推进互联互通和资源共享，这一目标的实现是建立在数字技术、宽带技术、软件技术、IP 技术等的基础上。由此可见国家和社会对信息网络方面的重视。学术界对信息网络的研究主要集中在信息网络传播权上。《信息网络传播权保护条例》于 2006 年 7 月正式开始实施，该条例的颁布旨在遏制网络侵权盗版问题，规范网络秩序，重新整合资源配置，促进互联网产业发展。学界从该条例解读出与图书馆、网络服务提供者、网络版权

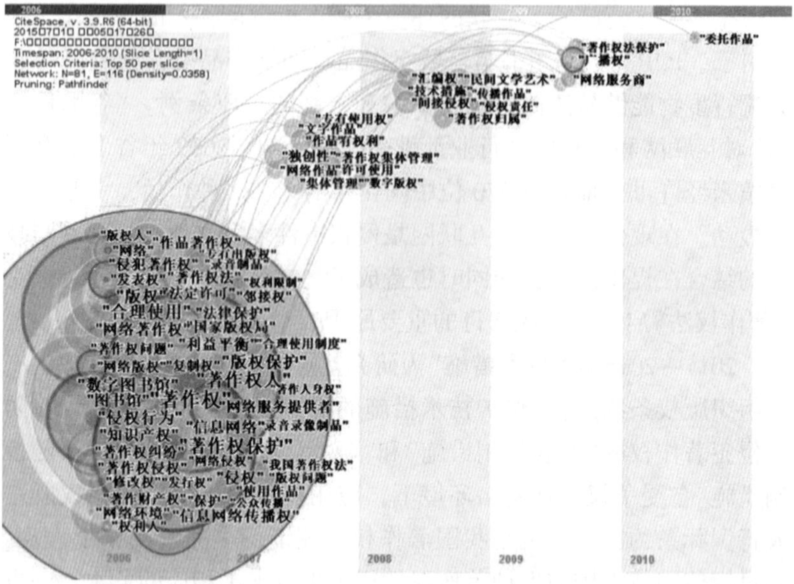

图 11　2006—2010 年著作权关键词时区图谱(Slice = 1)

等的关系。

2007 年"数字版权"为研究热点。数字版权指将各类出版物和信息资料运用数字化技术制作、发行、出版、传播的权利。随着著作权意识的深化和普及，社会上不断掀起有关数字作品的著作权纠纷。在维护数字版权的过程中，我国完善了与法律相配套的行政、社会和技术保护，如行政上颁布《互联网著作权行政保护办法》，技术上的数字水印、数字签名等。

2008 年"间接侵权"为研究热点，间接侵权是指行为人虽没有发生直接侵权行为，但客观上为别人直接侵权行为的发生提供了必要条件。这一热点的形成与网络技术的发展有关。在网络环境下，P2P 技术为共享音频、视频、数据等文件提供了支撑条件，许多用户在网站平台上上传或下载文件，从而侵犯了著作权人的利益。而提供这个平台和空间的网络服务提供者的侵权责任难以判定，间接侵权判定成立的基础是在证明了网络服务提供者存在明知侵权而不阻止的行为事实之上。

2009年“广播权”为研究热点。广播权仅指通过无线或有线、扩音器或其他传送工具向公众公开广播或传播作品。随着流媒体技术的出现和应用，网络广播实现了为公众提供声音、图像实时传输的突破。这一新兴的播放形式并不能适用传统著作权法规定的广播权的内容，也不能完全适用信息网络传播权的规定。因此，学术界对相关立法问题进行了探讨。2006年我国决定加入“国际互联网公约”时，针对国内广播组织对录音制品的使用惯例和现有著作权法律法规的实际情况，提出对《世界知识产权组织表演和录音制品条约》(WPPT)第(1)款做出保留，保留的内容为“对于将为商业目的发行的录音制品直接或间接地用于广播或用于对公众的任何传播，表演者和录音制品制作者应享有获得一次性合理报酬的权利”[7]。这一保留行为与多个国家保持一致。另由于我国承办2008年北京奥运会，涉及赛事的实时广播和网络广播研究文献也相应出现。

2010年“委托作品”为研究热点，指的是委托人向作者支付报酬，作者按委托人意志和要求而创作的特定作品。关于委托作品的著作权归属问题，双方没有明确约定的，归受托人所有，受托人也只能在一定的范围内享有和行使著作权，而委托人享有使用权。随着社会分工细化，智力投入者和财力投入者分离，例如广告界常以征集活动确定广告语，并以奖励形式获得作品的使用权，此类应征作品都属于委托作品。而类似广告征集、软件程序设计、美术作品等也涉及外包形式，这一类作品的著作权问题成为新的研究热点。

在2011—2015年间，设置Slice值为1，选择时区视图，如图12所示。

2011年“技术措施”为研究热点。技术措施是著作权人为了保护自己的作品利益，防止被恶意复制和不正当利用而采取的技术手段，相应地也产生了规避技术措施的工具和软件。技术措施受法律保护，《世界知识产权组织版权条约》和《世界知识产权组织表演和录音制品条约》都要求对技术措施加以保护。技术措施的应用，能保护著作权人的利益，但一定程度上也损害了社会公众合理使用，对强制许可和法定许可形成障碍。

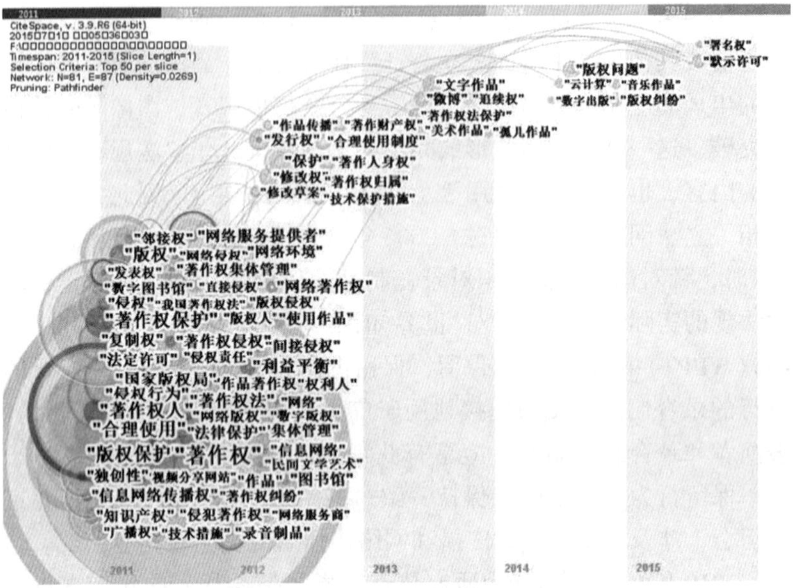

图 12　2011—2015 年著作权关键词时区图谱(Slice=1)

2012 年"修改草案"为研究热点。著作权法第三次修改草案于 2012 年颁布，修改的主要争议点在于录音制品的法定许可、网络服务商的侵权责任以及集体管理组织的延伸管理权。网络环境下著作权侵权形式、途径及表现更加多元化，应对科技发展下的著作权保护现状，通过主动修改著作权法来进行权利调整是有其积极意义的。比如将广播权修改为播放权，重新定义了信息网络传播权，增加了使用孤儿作品的规定等。这次修改草案的推出，无疑大大提高了著作权人权利保护的力度，使著作权立法更加适应我国的实际情况。

2013 年"微博"成为研究热点。新浪微博从 2009 年发布使用，仅数年时间就已发展了众多用户，虽然每条内容字数不超过 140 个，但平均每天发布的微博数量却很惊人。作为一个社交平台，微博同时集聚了普通人和公众人物、法人和自然人，由于关注和转发的强大功能，微博发挥着越来越大的作用。其中，具有独创性的微博是受著作权法保护的，若不标明出处就对微博内容进行转发和转载都是对原作者权利的侵犯。

2014 年“云计算”为研究热点。云计算自 2006 年由 Google 首次提出，已被应用于云物联、云安全、云存储、云服务等多个领域，2014 年工信部软件司司长陈伟在中国国际云计算技术和应用展览会上透露云计算技术体系已形成草案。学界着眼于云计算时代的大背景下，分析临时复制行为的著作权属性、科技期刊版权授予及法律制度、作品载体变化、网站侵权、数字图书馆资源共享、计算机软件等著作权问题。云计算环境改变了人们获取资源的方式，而通过扩大合理使用的范围，协调著作权人与社会公众的利益，已成为必然趋势。

2015 年“默示许可”为研究热点，对于默示许可的概念，还没有统一的论述，其基本含义是在特定情形中，著作权人虽没有明示许可他人使用其作品，但可以从著作权人的行为或其他方式推测著作权人许可他人使用该作品，这种许可为默示许可，是受到网络环境影响，应对新兴的使用作品方式而引入的制度。默示许可在搜索引擎和网络共享空间得到广泛应用，权利人可以有解除默示许可的自由，也有获得报酬的权利。

4 专利权研究热点分析

4.1 专利权关键词频次、突增分析

在 CiteSpaceⅢ中将 CNKI 所下载的数据转换格式，分别限定时间段为 2006—2010、2011—2015，选择关键词节点制作图谱，查看频次、突增情况。

2006—2010 年间专利领域关键词静态聚类视图如图 13 所示，共形成 81 个节点，210 条连线。出现频次最多的为“专利权人”，达 379 次；其次为“专利侵权”，出现频次明显减少，为 193 次；再次为“《专利法》”，为 171 次。这 5 年，出现频次大于 100 的关键词共 13 个，大于或等于 50 的共 33 个。就中心性而言，中心性

图 13　2006—2010 年专利关键词知识图谱

值最高的为“审查指南”，达 0.27，其次为“patent”，达 0.23，大于或等于 0.20 的关键词共 4 个，其余两个为“《专利法》”和“专利方法”。2006 年版专利《审查指南》及《施行修订后审查指南的过渡办法》在审查程序上有了新的变化，如对分案专利申请的时间进行了限定，理论上来说，在 2006 年 7 月 1 日起施行的《审查指南》之前提交的申请不适用新修订的相关规定，以免造成不公平的授予结果。“patent”即专利，查看其出现历史，大多来源于《中国专利与商标》期刊。“《专利法》”一词在 2009 年剧增，与专利法的第三次修订有关，这次修订大大强化了对专利权的保护，主要对专利行政制法、诉前临时措施、损害赔偿等条例进行了修改。方法专利包括制造加工方法、作业方法、使用方法，针对方法申请的专利依赖于一定的产品。而“专利方法”则是在产品生产过程中应用到上述方法和技术。对方法提出新的改进技术方案，也是发明专利保护的内容之一，未经权利人许可不得使用专利方法以及使用、许诺销售、销售、进口依照该专利方法直接获得的产品。

2006—2010 年专利领域关键词突增情况如图 14 所示，突增明显的关键词有“trips”“绝对新颖性”，突增年代分别为 2006—2008 年、2008—2010 年。“trips”协定是世界贸易组织《与贸易有关的知识产权协定》的简称，对世界范围内统一药品专利保护的最低标准有重要作用，提供“专利权的例外”“专利权的用尽”来实现利益平衡的调节，允许 WTO 成员在一定情况下使用强制许可制度。自禽流感事件结束后，国内外对药品专利都进行了广泛探讨，涉及公共健康的药品专利，也涉及各国经济发展差异。《公共健康宣言》《多哈宣言》《关于实施 TRIPS 协定与公共健康多哈宣言第六段的决议》为药品问题提供了很好的解决出路。“绝对新颖性”，又称为世界新颖性，是指提出专利申请的发明创造必须在申请日或优先权日之前在世界各国范围内均未被公开发表过或均未被公知公用。我国采用混合型新颖性标准，结合了绝对新颖性和相对新颖性进行专利审查。第三次专利法的修改拓宽了对新颖性的定义标准，新颖性建立在现有技术之上，而现有技术的范围一分为二，出版物方式公开的现有技术范围是全世界的，出售、使用和公众知情的现有技术限于国内。

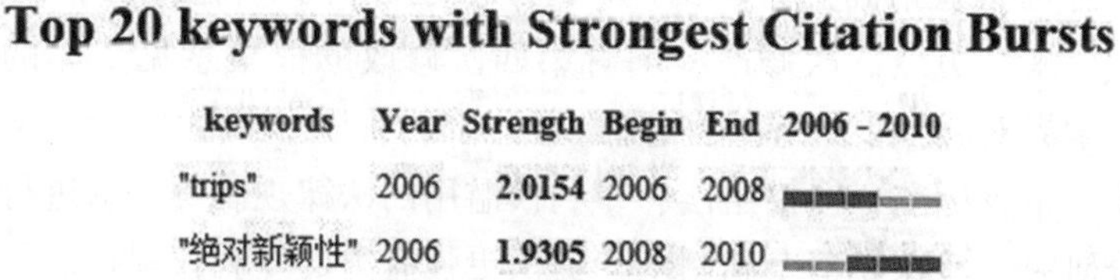

图 14　2006—2010 年专利关键词突增图谱

2011—2015 年间专利领域关键词静态聚类视图如图 15 所示，共形成 100 个节点，244 条连线。出现频次最多的为“专利”，达 243 次；其次为“专利权人”，出现频次为 234 次；再次为“专利侵权”，出现频次为 230 次。出现频次大于 100 的关键词共 8 个，大

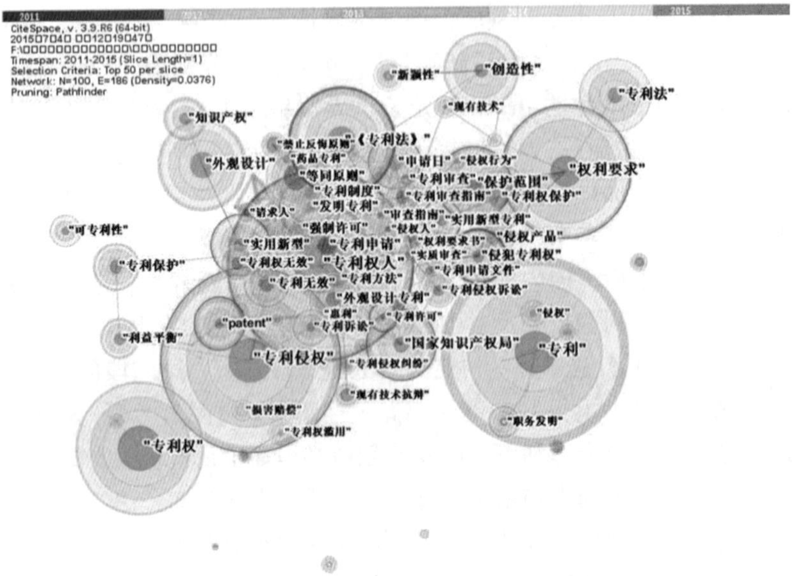

图 15　2011—2015 年专利关键词知识图谱

于或等于 50 的共 30 个。就中心性而言，大于 0.20 的关键词共 3 个，依次为“《专利法》”“专利权人”“侵犯专利权”，其中，“《专利法》”中心性值最高，为 0.31。《中华人民共和国专利法》自 1984 年通过以来，历经三次修改，随着第四次修改的征集意见工作的展开，学界对《专利法》有关强制许可、临时保护、抵触申请、义利平衡、审查标准、侵权赔偿、专利权滥用的法律规制等条款进行了充分研究，旨在完善专利制度，提供更强有力的专利权保护。

2011—2015 年间专利领域关键词突增情况不明显，这里暂不分析。

4.2　2006—2015 年每 5 年热点

利用 CNKI 数据，限定时间范围在 1991—2015 年间，设置 Slice 值为 5，其他采用默认数据。图谱自动生成后，点击 timezone 视图，如图 16 所示。该图展示了知识产权学科专利权领域在

1991—2015 年间每 5 年的热点演变，本文仅针对 2006—2015 年期间进行分析。

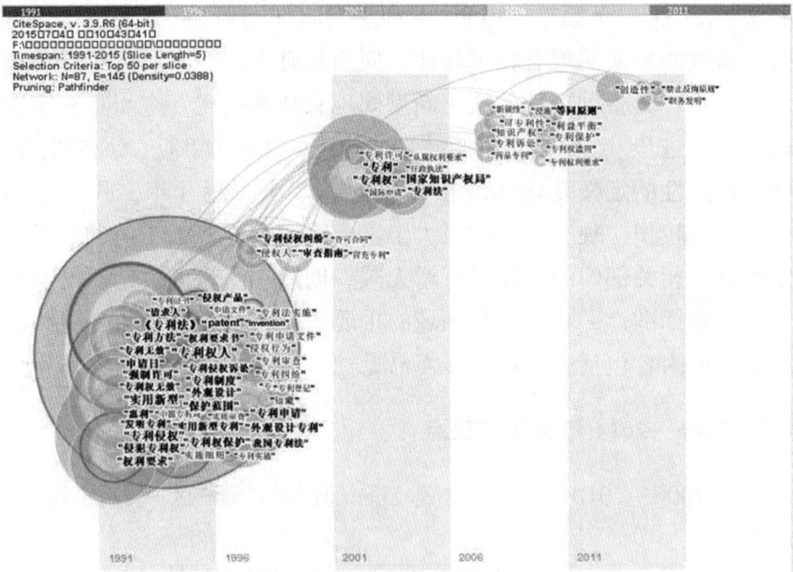

图 16　1991—2015 年专利关键词时区图谱(Slice = 5)

2006—2010 年“等同原则”为研究热点，它是指某一方侵权产品或方法并没有正好落入某专利的权利要求的字面范围内，但却等同于权利要求所包含的发明时，等同原则允许法庭判决该方法侵犯他人专利[8]。我国第一次正式规定等同原则是 2001 年最高人民法院颁布的《关于审理专利纠纷案件适用法律问题的若干规定》，等同原则是从专利的整体出发，排除文字字面限制保护权利人的一种方式。除前述规定外并没有明确的适用标准，在实践中缺乏操作性。2006 年知识产权局提议重新修订 2000 年版《专利法》，旨在修改专利授权条件、等同原则、全面覆盖原则、禁止反悔原则、职务发明、强制许可等涉及等同原则的部分。实际生活中较有代表性的案例有谢文武诉青岛海尔通信公司专利侵权纠纷案。该案中，谢文武主张适用等同原则判定海尔彩智星 Z3100 手机的智能防盗方法侵权，但因其明确表示过“非法用户不能正常使用并显形拨号的技术方案”不在其权利要求保护范围内，因此以禁止反悔原则败诉。

2011—2015 年“创造性”为研究热点。根据 2010 年修订的《专利法》第二十二条第三款以及《专利法实施细则》第三十条规定，具备创造性的发明同现有技术相比，应当具有突出的实质性特点和显著的进步；具备创造性的实用新型同现有技术相比，应当具有实质性特点和进步。与 1985 年版、1992 年版、2000 年版《专利法》相比，创造性的定义变化体现在“现有技术”上。近几年，我国专利总量增长较快，现有技术的极大丰富，给专利审核工作也带来了一定难度，相关部门的工作量有增无减。创造性作为审核是否授予专利的重要标准，一直是专利领域的重要研究内容，学界与创造性有关的研究内容包括三步法、显而易见性、现有技术、审查标准等。

4.3 2006—2014 年各年度热点

在 2006—2010 年间，设置 Slice 值为 1，时区视图如图 17 所示。

2006 年“审查指南”为研究热点。新修订的《审查指南》自 2006 年 7 月 1 日正式生效。该指南在 2001 年版基础上增添了《审查指南修改公报》的相应内容。2006 年版《审查指南》规定针对同样的发明创造只能授予一项专利，发明专利与实用新型专利不能同时授予。除了权利保护类型的修改，也对说明书、权利要求书、译文错误、审查依据、单一性等内容作出了修订规定[9]。

2007 年“可专利性”为研究热点，是指一项发明创造获得专利权应当具备的实质性条件，即发明创造本身所具有的本质特征。专利权法保护符合“可专利性”条件的只有发明、实用新型和外观设计，动植物新品种、基因等不在该范围之内。信息时代下增添了许多新事物，学者对符合可专利性标准的主体进行了广泛探讨，比如面对即将开幕的 2008 年奥运会，有学者研究了体育动作的可专利性问题。学界普遍认为判断这些新事物能否授予专利权应以是否有用专利法保护的必要来衡量，是否赋予新兴事物以权利保护，也应该以能否促进技术发展、鼓励创新为依据。

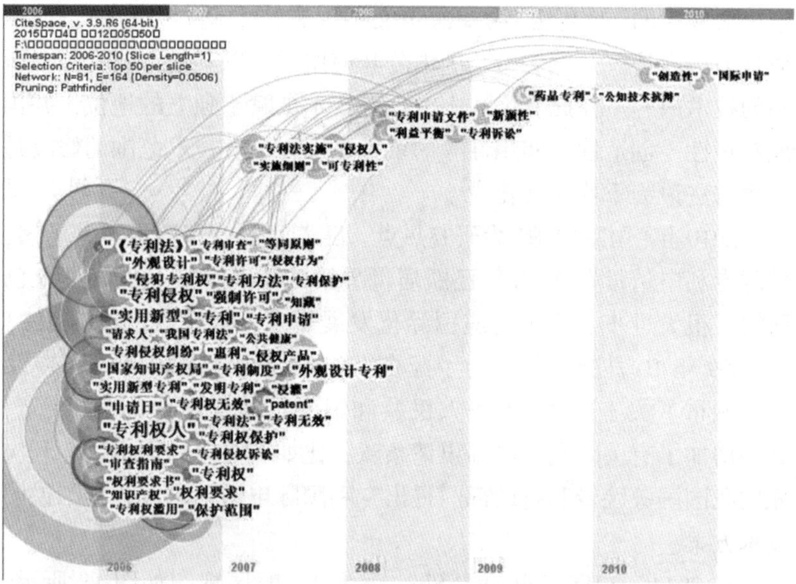

图 17　2006—2010 年专利关键词时区图谱(Slice=1)

2008 年"新颖性"为研究热点。1984 年、1992 年、2000 年专利法对新颖性的定义为在申请日以前没有同样的发明或者实用新型在国内外出版物上公开发表过、在国内公开使用过或者以其他方式为公众所知，也没有同样的发明或者实用新型由他人向专利局提出过申请并且记载在申请日以后公布的专利申请文件中。而第三次修订的专利法定义新颖性为"是指该发明或者实用新型不属于现有技术，也没有任何单位或个人就同样的发明或着实用新型在申请日以前向国务院专利行政部门提交申请，并记载在申请日以后公布的专利申请文件或者公告的专利文件中"。这个概念加入了"现有技术"，对新颖性增加了限定要求，较之原来的概念，提高了授予专利的难度。新颖性是专利的必要条件，申请的专利与已有的相比必须具有创新性。

2009 年"公知技术抗辩"为研究热点。公知技术抗辩也称现有技术抗辩、已有技术抗辩，指的是在专利侵权诉讼中被告的产品或方法涉及专利权保护，但以公知技术为理由抗辩，免除侵权责任。第三次修改的《专利法》第一次定义了现有技术概念，指的是在申请日前国内外公开发表过、国内公开使用过及以其他方式为公众所知的技术内容。在此次修法中，现有技术被赋予独立的地位，并构成新颖性、创造性、实用性等的审查基础，现有技术范围的修改是此次修法最为重要的变化[10]。

2010年“国际申请”为研究热点。随着我国专利数量越来越多，国际专利申请量在2010年已跃居世界第四位，在专利的发展上已取得了很大进步。为了适应国际化发展需求，新修订的《专利法》于2009年10月起实施，为了配合新《专利法》，2010年国务院又随后颁布了关于修改《中华人民共和国专利法实施细则》的决定，其中增加了有关专利的国际申请条款，比如若需向外国申请专利应先向我国国务院专利行政部门提出专利国际申请请求，并详细说明技术方案。

在2011—2015年间设置Slice值为1，时区视图如图18所示。其中，2015年没有出现比较特殊的关键词，这里暂不分析。

2011年“专利权滥用”为研究热点，是指专利权人利用优越地位主观故意以不正当方式限制他人和损害公共利益的行为，违反了法律规定。随着经济全球化进一步发展，跨国公司掌握着许多高新技术，为达成自身无止境的垄断利益，滥用专利权的案例较多。我国为应对此情况，在立法上也做出积极改变，如2009年发布《涉及专利的国家标准修订管理规定(暂行)》(征求意见稿)，2010年又发布了《国家标准涉及专利的处置规则(征求意见稿)》，从专利标准化入手防止专利权滥用；同时，《专利法》的修订也明确禁止专利权滥用，以专利权滥用抗辩制度、专利权合理使用制度、强制许可制度维持利益平衡。

2012年“药品专利”为研究热点，“药品专利”也称“药物专利”，是就药物产品申请的专利，可以针对药物本身、制作方法、用途进行申请，申请的质量体现在公开充分和创造性两方面。2009年甲型H1N1流感病毒在全球范围内大肆蔓延，直到2010年8月世界卫生组织宣布该病毒流行期结束。诸如此类流行性疾病引发的

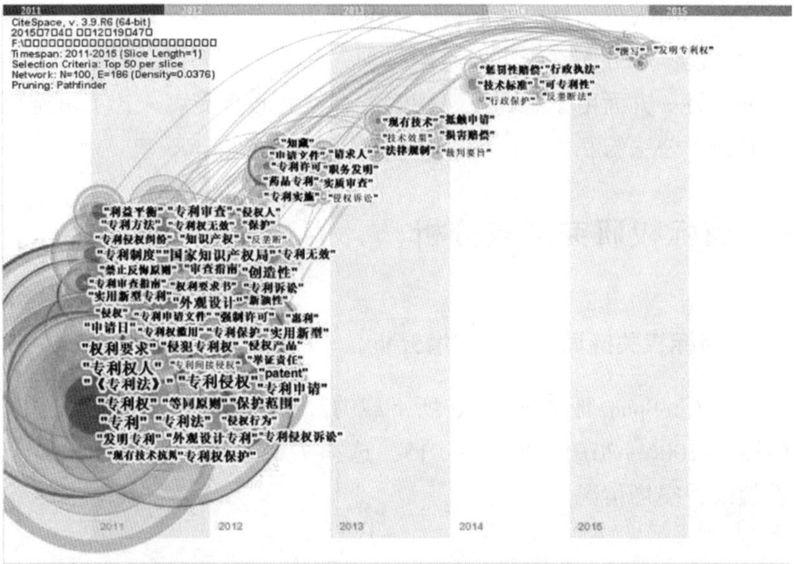

图 18　2011—2015 年专利关键词时区图谱(Slice＝1)

公共健康危机，使得医药专利在特殊时期尤为重要，如果专利权人独占，则威胁到人类的基本生存权和健康权。因此，引入药品专利强制许可制度，解决权利人和社会公众的利益冲突，实属必要。

2013 年“抵触申请”为研究热点，是指损害新颖性的专利申请。一项专利不能重复授予，在判断专利申请的新颖性时，需要审查是否存在由他人在该申请日前向专利局提出并且在申请日(含申请日)以后公布的同样的发明、实用新型专利申请，简称这种损害新颖性的专利申请为抵触申请。在新专利法实施后，出现了对抵触申请的新规定，学者在与旧法进行对比后得出抵触申请与禁止重复授权原则的异同之处，以便更好地指导实际生活、处理纠纷。

2014 年“惩罚性赔偿”为研究热点，是指由法庭作出较为严厉的惩罚，赔偿数额超过实际损害数额，一般用于补偿受害人的精神损失，目的是为了防止侵权人再犯和警示其他人员。2012 年《中华人民共和国专利法修改草案(征求意见稿)》公布，修改草案中提出对故意侵犯专利权的行为增加惩罚性赔偿的条款，最高数额可提高至三倍。引入惩罚性赔偿制度，引起了学界支持和反对两种鲜明观点的热议，一方面它既可以维护权利人利益，加大打击侵权行为的力度，另一方面由于惩罚性赔偿制度补偿和救济受害人，不可避免地混合了公法与私法[11]。

5 商标权研究热点分析

5.1 商标权关键词频次、突增分析

在 CiteSpaceⅢ中将 CNKI 所下载的数据转换格式，分别限定时间段为 2006—2010、2011—2015，选择关键词节点制作图谱，查看频次、突增情况。

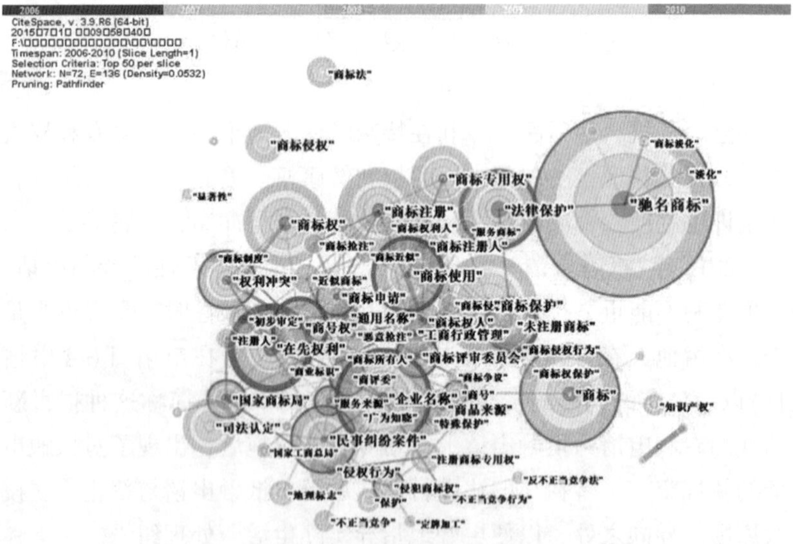

图 19　2006—2010 年商标关键词知识图谱

2006—2010 年间商标领域关键词静态聚类视图如图 19 所示，共形成 72 个节点，180 条连线。这 5 年关键词出现频次普遍增加，

“驰名商标”出现频次最多，为 439 次，“商标”与“商标保护”仅次于“驰名商标”，为 243 次，相差较大。“驰名商标”在图中也显示为最大的光圈，打破了“商标注册”“商标专用权”出现频次位于前三的惯性。比较突出的还有“民事纠纷案件”一词，出现频次达 167 次。关于“驰名商标”的研究，主要是针对其异化及规制，驰名商标的滥用及误读现象泛滥，企业在广告宣传中肆意使用驰名商标，消费者也容易受其引导，就商标领域整体发展而言需要一定手段的干预，以保证消费者和企业双向的利益。关于“民事纠纷案件”，商标侵权纠纷中很大一部分是与驰名商标有关，如诺基亚起诉深圳某公司“旧手机换新壳”侵犯了诺基亚注册商标专用权，一些不法商家通过不正当手段故意混淆商标等；此外，还有诸如百度关键词竞价排名商标侵权案等由于网络发展引发的商标纠纷侵权案件，这 5 年间对驰名商标的宏观制度建设和微观判定标准等进行了充分研究。就中心性而言，“在先权利”中心性值最高，为 0.45，其次为“未注册商标”，为 0.33，中心性值大于或等于 0.20 的关键词共 7 个。“王致和案”就是典型的复制了中国在先注册的驰名商标并在德国申请注册的案例，由于法律规定不同，我国驰名商标并不能自然而然获得国外法律的跨类保护，经历一番周折以《德国反不正当竞争法》作为撤销请求权和不作为请求权的基础，撤销被告在第 29 类和 30 类商品的注册商标。未注册商标因为其自身特有的灵活性仍然持久存在，虽然法律也提供一定的保护，但保护力度较弱，且仅限于驰名未注册商标和有一定知名度的未注册商标，很容易发生侵权与被侵权案件。未注册商标的固有存在和有限的法律保护，构成一对难以消弭的矛盾，一直以来都是商标领域重要的研究内容之一。

2006—2010 年商标领域关键词突增情况如图 20 所示，突增明显的关键词仅“初步审定”一词，突增年代区间为 2006—2007 年。主要是指商标申请人在向商标行政管理机关提交申请后的工作流程之一，注册申请为首要程序，其次为审查、审定并公告、注册并公告，这四个程序是商标注册的必经程序。2001 年《商标法》规定，“对初步审定的商标，自公告之日起三个月内，任何人均可以提出异议。公告期满无异议的，予以核准注册，发给商标注册证，并予公告。”面临《商标法》第三次修改，学界对商标注册的审查制度进行更细致的探讨，如全面审查与绝对理由审查的取舍问题。2010年国家工商行政管理总局商标局发布《含“中国”及首字为“国”字商标的审查审理标准》，也是商标注册审查制度取得进展的例证。

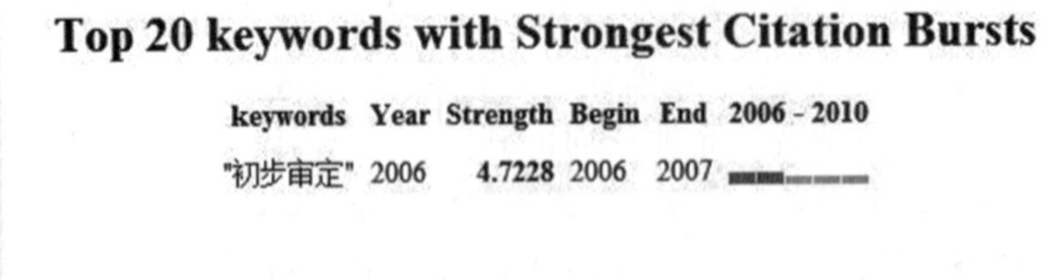

图 20　2006—2010 年商标关键词突增图谱

2011—2015 年间商标领域关键词静态聚类视图如图 21 所示，共形成 78 个节点，199 条连线。“商标保护”是出现频次最多的关键词，达 280 次；其次为“商标注册”，达 275 次；“商标使用”位于第三，为 253 次。“驰名商标”“在先权利”出现频次也比较多。就中心性而言，这 5 年的关键词中心性值普遍较低，最高的“在先权利”，中心性值为 0.18，未超过 0.20，其次为“恶意抢注”“商标申请”“企业名称”等。查看“商标保护”出现历史，在 2013 年出现频次猛增至 103 次，受新修订的《商标法》影响，一系列探讨商标法修改条例及其法律保护问题的文献集中出现，其中也涉及了驰名商标、在先权利、恶意抢注等内容。近几年，随着互联网技术、云计算的发展，电子商务、移动终端应用逐渐兴起，国内外贸易进一步发展，国际商标和国内商标的矛盾与冲突也逐渐显现，企业维护商标权的意识觉醒，这一时期的商标纠纷案件也引起了广泛关注，如苹果与深圳唯冠、卡斯特、王老吉、滴滴打车等，有关学者对未注册商标的在先使用问题也进行了更深入的研究。

2011—2015 年间商标领域关键词突增情况如图 22 所示，突增明显的关键词仅“认定标准”一词，突增年代为 2011—2012 年间。这里的“认定标准”涉及驰名商标的认定标准、商标近似的认定标准、商标侵权的认定标准、商标使用的认定、商标显著性的认定、

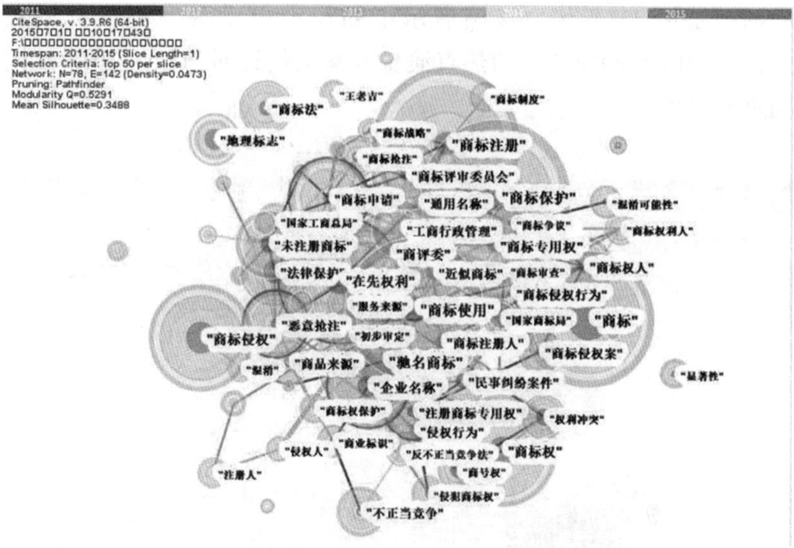

图 21　2011—2015 年商标关键词知识图谱

商标通用名称的认定等。其中以研究驰名商标的认定为最多，探讨驰名商标的认定因素如显著程度、使用情况、为公众知晓的程度和商标的价值。我国目前的立法中还缺乏对重要术语的细化解释，也没有对证据材料等认定依据进行详细规定。

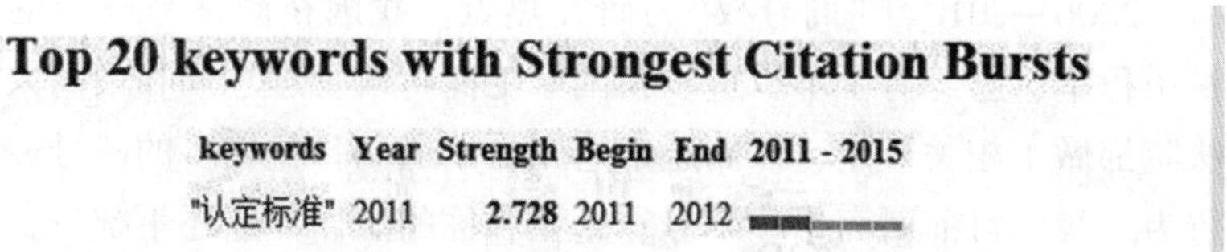

图 22　2011—2015 年商标关键词突增图谱

5.2　2006—2015 年每 5 年热点

利用 CNKI 数据，限定时间范围在 1991—2015 年间，设置

Slice 值为 5，其他采用默认数据。图谱自动生成后，点击 timezone 视图，如图 23 所示。该图展示了知识产权学科商标权领域在 1991—2015 年间每 5 年的热点演变，本文仅针对 2006—2015 年期间进行分析。

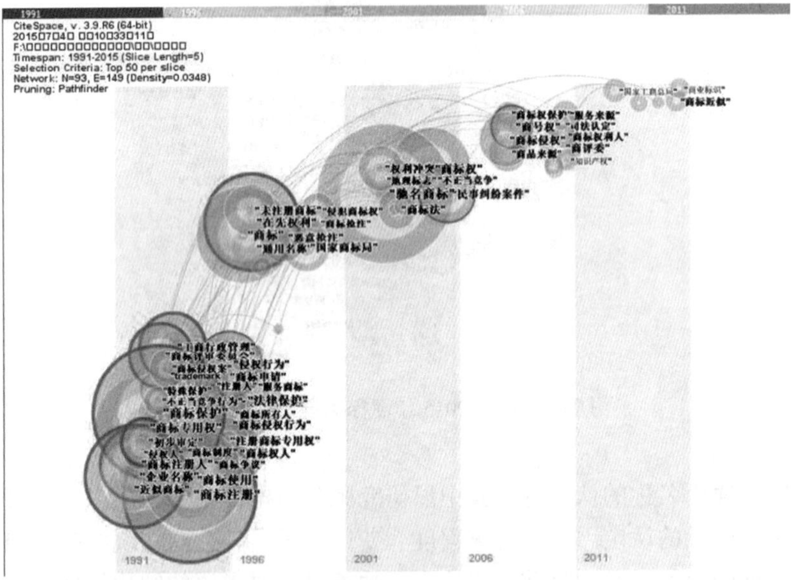

图 23　1991—2015 年商标关键词时区图谱(Slice=5)

2006—2010 年"商号权"为研究热点。我国在商标与商号的保护历程中，已经有了不少进步，国家工商行政管理总局和最高人民法院都做了相关规定，然而还未达到足以遏制日益增多的商号侵权行为。我国目前对商号、字号、企业名称的法律界定还不统一，也没有一部完整的有关商号的法律文件，只能参照《企业名称登记管理规定》《"中华老字号"认定规范(试行)》，但其对商号管理和侵权责任也不够明确。这一时间段内主要研究商号权的法律保护、商标权的权利冲突和解决对策。

2011—2015 年"商标近似"为研究热点。TRIPS 协议中对商标的定义是基于商标的区别功能，即防止混淆，而在同种或类似商品上使用与他人近似的商标即构成侵权，商标近似是一种商标侵权行为。商标近似与混淆可能性联系紧密，混淆是近似的判定基础，近似是导致混淆的因素之一。近年来，由于经济的飞速发展，企业有意或无意地利用与驰名商标近似或相同的商标谋取不正当利益，商标侵权纠纷案件如欧莱雅、雅培、法国鳄鱼等皆为商标相似的典型案例。2013 年《商标法》修订的一大重点是在原本“商标相同或近似+商品相同或类似”的商标侵权判断标准的基础上引入了混淆可能性，厘清了相似性与混淆可能性的关系，符合国际公约和司法发展的主流趋势。

5.3 2006—2014 年各年度热点

在 2006—2010 年间，设置 Slice 值为 1，选择时区视图，如图 24 所示。

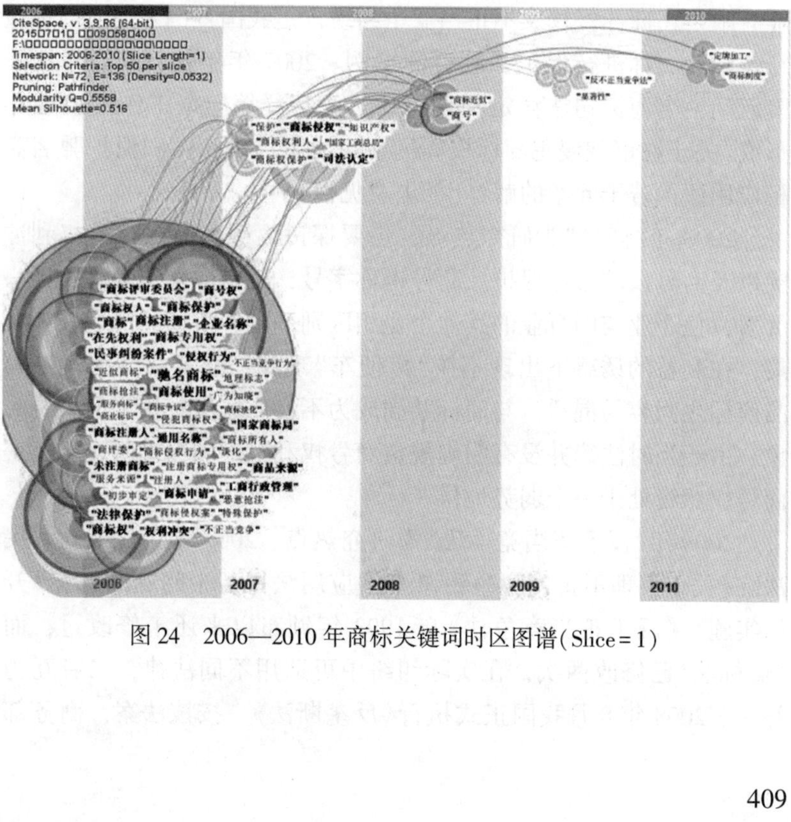

图 24 2006—2010 年商标关键词时区图谱(Slice = 1)

2006年“商标淡化”为研究热点。商标淡化是指未经权利人许可，将与驰名商标相同或相似的文字、图形及其组合在其他不相同或不相似的商品或服务上使用，从而减少、削弱该驰名商标的识别性和显著性，损害、玷污其商誉的行为。[12]新修订的商标法给予驰名商标跨类保护，但没有将知名商标和其他企业标识纳入反淡化的保护范围。最经典的案例要属法国拉克斯特衬衫股份有限公司(简称“法国鳄鱼”)要求以在先商标权利保护商标外观、构成和整体设计，撤销新加坡鳄鱼商标注册。法国鳄鱼对鳄鱼图形商标的保护意识非常强，分别在多个国家和地区注册，进入中国后也坚决维护商标权利和产品信誉，在这一方面，我国企业还有差距，仍需加强反淡化保护的意识。

2007年“司法认定”为研究热点。2006年最高人民法院下发《关于建立驰名商标司法认定备案制度的通知》，旨在满足审批工作需要，统一认定标准。2006年，蒙牛酸酸乳与河南白雪公主乳业有限公司商标侵权及不正当竞争纠纷，是我国首例未注册商标被认定驰名商标进行保护并胜诉的案例。2007年年初，最高人民法院启动驰名商标司法认定和保护的司法解释稿起草工作，2008年形成《关于在审理侵犯商标权等民事纠纷案件中认定和保护驰名商标应用法律若干问题的解释(征求意见稿)》。

2008年“商号”为研究热点，主要探讨商号和商标权的权利冲突以及商号权的法律保护。商号也称字号，是构成企业名称的核心要素，使企业与同行业的其他企业相区别。随着市场经济进一步发展，在利益的诱惑下出现不少“搭便车”现象，商号权又因其与商品商标之间容易混淆，与商标共同成为不良商家侵犯权利的主要对象。由于当时法律并没有明确规定商号权利范围和保护问题，使得商号权始终处于一个弱势地位。

2009年“反不正当竞争法”为研究热点。2007年2月最高人民法院《关于审理不正当竞争民事案件应用法律若干问题的解释》开始实施。《反不正当竞争法》自1993年颁布以来还未修改过，而《商标法》已修改两次，在实际纠纷中可适用不同法律，二者互为补充。2008年8月我国正式执行《反垄断法》。按该法案，商务部否决了可口可乐并购汇源果汁集团的协议。2009 年互联网反不正当竞争第一案“开心网起诉千橡”，是网络领域打假维权的典型案例。

2010 年“定牌加工”为研究热点。定牌加工是指企业具有一定的生产能力接受境外委托方提供的商标，为其加工或装配产品后贴上指定商标并返还委托方的合作方式。定牌加工方式是受生产的社会化分工影响而出现。知名品牌采用代生产的方式能够节约成本、节省开发时间，而代生产企业因为资金不足和开拓市场能力有限，接受境外委托能够维持企业生存。这样一种供需现状导致社会上定牌加工现象越来越普遍。2009 年上海申达音响电子有限公司与玖丽得电子有限公司侵权纠纷案件是典型的涉外定牌加工侵犯商标专用权纠纷，终审判决认定玖丽得公司定牌加工并出口使用申达公司注册商标的行为不构成商标侵权。这一案件引发了业内对定牌加工中商标侵权认定的思考，如是否引入混淆可能性的原则，对商标侵权行为的构成要件也进行了讨论。

在 2011—2015 年间，设置 Slice 值为 1，选择时区视图，如图 25 所示。其中 2015 年没有出现比较特殊的关键词，这里暂不分析。

2011 年“混淆可能性”为研究热点。随着我国社会经济的发展，越来越多的商标使用方式出现，造成商标侵权的情形愈加复杂和多样。1987 年修订的《兰汉姆法》定义混淆可能性的概念为，任何人在商业活动中，使用任何文字、名称、标记或图案或上述要素的综合于有关的商品或服务或商品容器之上，由此可能导致混淆，或导致误解或欺骗，使人误认为其与他人有附属、关联、联营关系，或者是使人误认为其商品或服务或商业活动源于他人或由他人赞助或许可，应当承担民事责任。我国现行商标法还未指出商标侵权的这一实质要件，立法上还需要对认定混淆可能性与商标近似、商品类似判断标准的前后使用顺序问题[13]进行完善。

2012 年“王老吉”为研究热点。王老吉与加多宝事件最初是由商业贿赂开始，在利益驱动下加多宝香港鸿道集团董事长陈鸿道通过贿赂广药集团副董事长李益民续签了一份使用权费用不符合行业

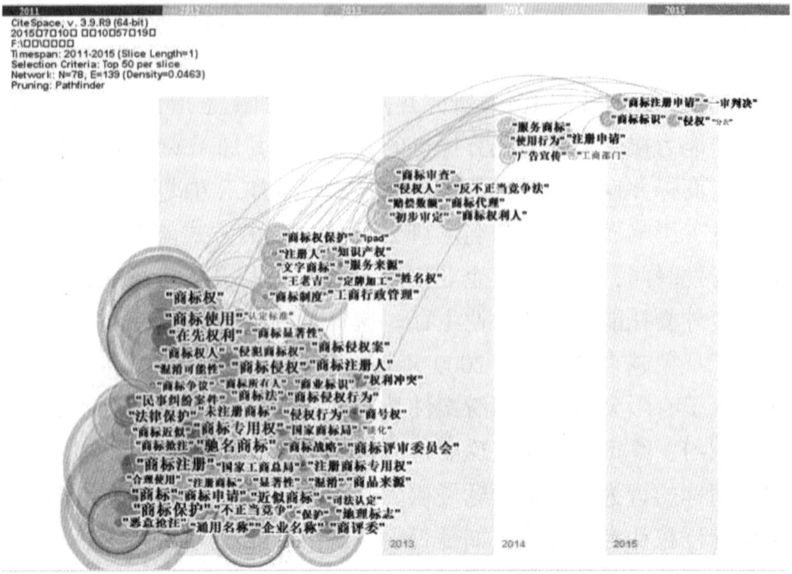

图 25　2011—2015 年商标关键词时区图谱(Slice=5)

通行标准的协议，将红罐王老吉的生产经营权协议延长到 2020 年，经审理加多宝被判停止使用王老吉商标。而后王老吉与加多宝就凉茶配方、红色罐装外观设计专利进行多次诉讼，由“王老吉”商标的法律纠纷引发了学界对商标与商誉关系的思考，为商标注册人与使用人分离而产生利益冲突的情况提供解决路径。

2013 年“反不正当竞争法”再次成为研究热点。2013 年正值《反不正当竞争法》实施 20 年，在商业环境瞬息万变和市场竞争愈发激烈的背景下，侵犯商业秘密、商业诋毁等现象频繁出现，社会各界普遍呼吁重新修订《反不正当竞争法》，以严厉打击新环境下扰乱市场秩序、垄断市场的行为。典型案例有南京途牛公司和途牛天下公司纠纷案、深圳唯冠 iPad 商标与苹果纠纷案。

2014 年“服务商标”为研究热点。服务商标又称服务标记、劳务标志，于 1993 年《商标法》第一次修改时确认为商标法保护的新增客体，是指提供服务的经营者使用的与他人提供的服务相区别的标志。服务商标一经注册，即享有对该服务商标的独占专有使用权。随着我国经济发展模式转型，由第一、二产业向第三产业服务业转变，据国家工商总局统计，累计至2014年，我国商标有效注册量达839万件，仅2014年注册申请量为228.5万件，可以想见其中服务商标的数量也不容小觑。判定服务商标侵权的难点在于举证和计算非法经营额。服务商标与商品商标容易混淆，尤其是当提供服务的方式、结果与产品类似时，需要更加细致的判定标准。

参考文献

[1]国家知识产权局.《2015年国家知识产权战略实施推进计划》[EB/OL].http://www.nipso.cn/onews.asp?id=25510,2015-05-10.

[2]左玉茹. 争议声中的著作权法修改[J]. 电子知识产权,2012(4):1.

[3]中国商标法修改动向[J]. 中国专利与商标,2012(4):103-104.

[4]专利法第四次修改[J]. 电子知识产权,2012(10):18-19.

[5]中国云计算. 云计算的概念和内涵[EB/OL].2015-07-02.http://www.chinacloud.cn/show.aspx?id=14668&cid=17.

[6]百度百科. 追续权[EB/OL]. 2015-07-12.http://baike.baidu.com/link?url=z4DAQgYpvPYhBcS9xp_r97uBP_SPHAYZC57UVz6H34NXyfaAtLh-ZCMexJpM9Pc4kACSWr8NyNlnK4fuZFHiqK.

[7]肖燕. 2007年网络知识产权立法最新进展与图书馆的对策[J]. 图书馆建设,2008(1):19-22.

[8]百度百科. 等同原则[EB/OL].2015-07-07.http://baike.baidu.com/link?url=b68XCBsZDSg3iv75kc1uht63AqMgdQao5fB_RaAp-jApA7XPIPfZR1ns0lJQVEnWmGA9E_jFjGIn862jyXZqqFq.

[9]韩小非. 对审查指南第三部分修订的浅析[J]. 中国发明与专利,2006(10):33-34.

[10]唐春. 论《专利法》第三次修改对专利实质条件体系的完善[J].

电子知识产权,2009(3):30-33.
[11]盘佳. 论惩罚性赔偿在专利侵权领域的适用——兼评《中华人民共和国专利法修改草案(征求意见稿)》第 65 条[J]. 重庆大学学报(社会科学版),2014,20(2):115-122.
[12]百度百科. 商标淡化[EB/OL]. 2015-07-08.http://baike.baidu.com/link?url=_Y8WvGUKr6xJXANNk_B4icYLPRHUDBudaLt2rnxLoZMwK1XzYdUrH99ZUuf957RAEc0bNRDCe2fMwM00SXio5q.
[13]孟静. 事实与经验——商标混淆可能性的要素分析[J]. 宁夏大学学报(人文社会科学版),2011,33(2):143-146.

【作者简介】

冉从敬，男，1978 年生，武汉大学信息管理学院教授，博士生导师，武汉大学信息资源研究中心副主任。主持国家自科、国家社科、教育部人文社科、博士后科学基金特别资助、博士后科学基金面上一等资助、省科技支撑等重要项目 10 余项；参与国家科技支撑计划、国家社科重大项目、南方电网委托项目等重要项目 30 余项；发表论文 70 余篇，撰写专著4部，合著1部，参编著作8部。

肖兰，女，1992 年生，武汉大学信息管理学院硕士研究生。

近五年图书馆管理研究进展

周力虹　段欣余　屠晓梅
（武汉大学信息管理学院）

［摘　要］本文对国内三大期刊全文数据库中图书馆管理学领域2012—2016年发表的核心期刊论文进行检索和分析，发现我国图书馆管理学理论研究发展迅速、热点鲜明、渐成体系。当前的研究热点主要集中在图书馆管理体制、图书馆财务管理、图书馆业务管理、图书馆管理信息系统、图书馆协作管理、专业图书馆管理和图书馆质量管理与评价七个方面。文章梳理和归纳了各研究热点当前的研究进展，以期推动我国图书馆管理学领域理论体系的进一步完善和发展。

［关键词］管理体制　财务管理　业务管理　管理信息系统　协作管理　专业图书馆

Research and Theoretical Development of the Library Management Field in the Recent Five Years

Zhou Lihong　Duan Xinyu　Tu Xiaomei
(School of Information Management, Wuhan University)

[**Abstract**] Based on the retrieval of research articles in the library management field, which were published between 2012-2016 in Chinese core journals and indexed in the three major full-text databases, this article points out that the Chinese library management field has been developing rapidly with clear research focuses and structure. Moreover, this article points to seven main and emerging research focuses: library management structure, library financial management, library service management, library management information systems, library corporation management, special library management, and library quality management and assessment. Based on the review of the seven research focuses, it is expected that this article can provide a theoretical basis to the development of the research field.

[**Keywords**] management structure financial management operation management management information systems corporation management special library

1 引　言

图书馆管理是指引导人力资源、财力资源、物资资源和信息资源进入动态的图书馆活动中以达到图书馆的目标，也使其服务对象——读者获得满意，并且使服务的提供商——馆员亦获得一种高度的士气和成就感的活动[1]。近年来，图书馆管理学研究受到了学界与业界持续和广泛地关注，产出了众多研究成果。

本文对2012至2016年间CSSCI期刊上发表的图书馆管理学领域论文进行检索和聚类分析，以期追踪和归纳近五年图书馆管理学领域的研究前沿及热点。根据文献分析，本文共发现七大图书馆管理学研究热点，分别为：图书馆管理体制、图书馆财务管理、图书馆业务管理、图书馆管理信息系统、图书馆协作管理、专业图书馆管理和图书馆质量管理与评价。本文根据这七大热点展开叙述和讨论。

2 图书馆管理体制

狭义而论，图书馆管理体制就是图书馆的组织管理方式和组织结构[2]。然而从广义角度上而言，所有对图书馆管理具有约束、协调、整合和促进作用的要素的集合即为图书馆管理体制。因此，图书馆管理体制不仅应包含图书馆的组织结构，更应囊括对图书馆管理具有关键影响作用的行政、政策及法律等方面的内容。本节细致地分析和归纳了2012—2016年间发表在CSSCI刊物上的相关文献，通过聚类分析识别出图书馆行政管理、图书馆组织结构、图书馆政策及图书馆法律法规等热门研究问题。本节围绕这些热门研究问题展开综述和讨论，力求准确反映出我国图书馆管理体制的研究现状以及现阶段存在的问题。

2.1 图书馆行政管理

通过分析当前相关研究成果发现，图书馆行政管理研究主要集中于多方参与治理的管理结构设计。多方参与治理蕴含两层含义，一是治理主体的多元化，二是治理过程采用民主决策原则。图书馆行政管理的理论与图书馆治理四大原则相符，即“政府主导原则，社会参与原则，治理主体多元多层原则，民主决策原则”。[3]近年来，在国家深化体制改革的要求下，图书馆作为公共文化事业单位，为进一步加强其社会服务价值，其行政管理结构改革也在逐步推进。

自十八届三中全会之后，有关图书馆法人治理、建立理事会制度的研究引起了各方面的高度关注，多地也开展了试点改革。法人治理结构源于商业企业，是“由利益相关方共同参与治理的组织架构和运行机制”[3]。其核心包括实行理事会制度的决策层和实行行政首长负责制度的管理层，以及运营和管理的“章程化和制度化”。早期公共图书馆以注册公司的形式登记，其经费的主要来源是社会捐赠和会员会费。现如今图书馆十分重视捐赠者或会员在图书馆治理中的权利和作用，因此在此环境下采用法人治理结构显得十分重要。

以伦敦图书馆为例，作为典型的法人治理图书馆，依据“章程是图书馆实施法人治理的根本原则”，[4]制定了《皇家章程条例》，规定采用会员制方式。理事会代表由会员大会选举产生，负责修订图书馆政策、授权成立专门委员会、决定理事候选人、选举产生理事长和财务委员、修订会员会费收费标准、组织召开会员大会、采纳会员建议等工作内容。理事会还委任图书馆馆长为行政负责人，承担理事会具体运营工作。

王天泥等人认为，目前我国公共图书馆法人治理的实践与设计虽借鉴并结合了国内外业界的成功经验与实践，同时也取得了阶段性效果，如理顺政治关系、拓宽决策视野、优化资源配置、完善监督机制等，但从社会组织治理转型的视角分析，尚有一些不足之处明显存在，例如：法人地位尚未完全落实、配套衔接制度有待完善、专业委员会尚未设立、社会理事参与动力不足等[5]。李国新指出，目前我国公共图书馆自行试点过程中暴露出诸多问题，包括理事会职能定位不清，现行管理体制与理事会制度存在矛盾，理事会决策支撑体系和馆长负责制的运行机制建设不完善，政府代表不一定能切实履行理事职责，“外部理事”占优损害内部利益、破坏协商共治精神等[6]。

法人治理在我国尚是新生事物，现阶段研究仍存在诸多不足，但也得到了一些阶段性研究成果供日后发展参考。如菊秋芳面向西部民族地区提出了法人治理结构与图书馆总分馆模式相结合的本土化策略，即在“中央政府+省市(自治区)政府+县政府”联合建设为主体的紧密型总分馆模式下，在中心馆垂直业务管理体制的基础上，实行理事会治理与馆长负责制相结合的管理执行层模式[7]。

治理主体多元化和民主决策虽能用法人治理结构保证实施，但我国在主体参与治理上存有理论与实际脱节的问题。在我国，“参与治理”被定义为“在政府主导下，相关利益主体通过参与或协同等方式共同维护公共图书馆治理秩序的过程”[7]。政府主导原则体现出我国社会现处于“政府推动型”的状态，社会组织的独立性和自主性有一定缺失，其自主治理的能力受到制约。尤其是目前公共图书馆仍以传统的政府行政管理为主，缺乏参与式组织文化建设和相关制度保障。因而，虽然理论上能够推行参与式治理模式，但由于现有行政体系制约而“难以独立担当中国公共图书馆治理转型的历史重任”[8]。以读者为例，尹达指出，让读者参与图书馆管理，因读者流动性大导致责任制虚化，或读者意见不被采纳，或读者对图书馆业务不了解等问题，实际效果并不理想[9]。

总体而言，图书馆的行政管理研究集中在法人治理结构建设上，强调建立和完善理事会制度，以“多方协调、参与治理”逐步取代传统一元化管理模式。但是，就当前发展情况而言，图书馆法人治理结构改革的道路曲折而漫长。

2.2 图书馆组织结构

目前有关图书馆组织结构的研究文献数量不多，尚没有形成理论体系，且在研究方法与研究内容上还有不足：一方面，在研究方法上较多采用案例分析和实证研究的方法；另一方面，在研究内容上有待拓宽，较少从组织管理理论的角度来研究影响图书馆组织结构设计的内部因素[10]，且对组织结构设计和评价指标体系建设的关注不多[11]。然而，现有的文献体系中也涌现出一些具有理论和实践价值的研究成果，主要集中在机构设置、权力建构以及组织结构评价等几个方面。

从图书馆工作实际分工的需求出发，通过机构设置来实现组织结构的转变和优化是当前图书馆组织结构研究的主要方法之一。由于图书馆机构设置的转变趋势呈现出职能部门集成化、部门变革信息化、工作方式的用户中心化、技术部门的数字化以及项目工作组的普遍化等特点，建立扁平化的矩阵组织结构成为图书馆未来发展的主流。目前，国内各高校图书馆基本上都以“三部一室”或“四部一室”的扁平化组织结构为目标推进机构改革。为形成矩阵式结构，采用跨部门的工作小组，集合有专长的馆员来完成特定的目标和任务[10]。贾东琴等人对国内外高校图书馆组织结构的调查分析发现图书馆部门设置受政治环境差异、学术交流类部门设置差异、人力资源部门设置差异、为适应新环境的业务部门调整差异、规划发展等部门的设置差异等影响，可依据这些机构设置差异结合我国现实情况实行图书馆组织结构变革[12]。

此外，目前对于图书馆权力结构和分布的研究主要集中在高校图书馆，分析其学术权力与行政权力之间的博弈关系。现研究已经达成共识：只有学术权力与行政权力和谐共存，才能有效地推动高校图书馆的有效管理和服务进步。高校图书馆的结构、本质和功能决定了学术权力应该成为大学权力结构的主体。因此，在权力配置中，要回归“学术本位”，着力培育学术权力。此外，高校图书馆的学术性服务机构性质决定了图书馆组织应该是一个松散的耦合系统，而非传统的金字塔式的等级行政系统。[13]

现有的文献体系中对图书馆组织结构评价的研究也主要是以高校图书馆为研究对象。高校图书馆组织结构评价是以图书馆发展环境变化和战略目标为基础，从组织结构的基本变量出发，运用特定的方法，按照一定标准对图书馆现有组织结构或改革方案的合理性、有效性以及组织结构的运行状况进行评价，从而为认识图书馆组织结构现状、明确组织结构调整或变革方向提供客观依据。高校图书馆通过开展组织结构评价，能够帮助图书馆管理者全面深入认识组织结构的现状和变化趋势，有助于从根本上解决组织结构运行中存在的问题，进而促进高校图书馆的可持续发展。

2.3 图书馆管理政策及法律法规

据检索的文献来看，相关研究大致可分为图书馆政策体系、图书馆服务政策、图书馆馆藏政策、互联网环境下的图书馆版权政策等几大方向。

党的十七大以来，从各地方政府颁布公共图书馆管理条例，到有关公共图书馆免费开放制度的实施，以及对公共图书馆的设立、资源建设、服务等领域的标准化和规范化的制定，均为我国图书馆事业的发展提供了有力的政策保障。但实际上，现有的图书馆政策基本上是从单一角度出发，并且由于制定主体不同，缺乏统一的指导和管理，各政策内容之间无法相互协调，甚至出现相互矛盾。同时，政策的覆盖面也略有不足，在某些领域或问题上，还存有政策空白。因此，目前亟待探讨图书馆政策的制定和现有政策之间的相互联系，构建整体性强的图书馆政策体系[14]。

图书馆服务政策是实现图书馆使命和价值的根本保障，是图书馆与用户之间工作规范化的直接体现。通过文献调研可以看出，服务政策主要涉及以下内容：高校图书馆借阅政策、公共图书馆免费开放政策、隐私政策、图书馆用户违规处置政策等。无论是高校图书馆还是公共图书馆，都要求以用户服务为工作中心，为图书馆实际工作提供指导意义。

馆藏发展政策起源于20世纪50年代，当时又称作采选政策，其目的主要是应对出版物审查制度的检查，保护知识的自由。后来的发展中，馆藏发展政策则是践行馆藏建设的根本依据，是合理安排各种资源，以符合读者需求、提供更好服务的指南[15]。

在图书馆服务过程中，图书馆版权政策能够在涉及版权的问题上提供参照和决策指导，也可作为区分权责的依据；图书馆版权政策是图书馆尊重版权的宣示，也是图书馆工作者和用户规避版权风险的指南性规章[16]。此外，图书馆馆藏资源的版权政策对于解决图书馆在数字环境下的新问题具有重要意义。

近年来我国图书馆事业取得了飞速发展，但是在图书馆法律法规的建设方面却远远落后于图书馆事业整体的发展。法律法规的不完善，尤其是缺乏领导性法律的颁布，使得众多的法规政策难以形成完整的体系。

3 图书馆财务管理

"财务管理"是指在整体目标的指导下，对资产购置(投资)、资本融通(筹资)、现金流量(营运资金)及利润分配进行管理[17]。图书馆作为非营利性事业单位，主要依靠政府财政拨款或学校经费得以运营，其内部财务管理与一般企业有所区别。随着图书、期刊和数据库等价格的不断上涨，再加上人力成本上升和服务项目增多带来的额外开支，图书馆常常遭遇经费紧张的困窘局面。在此背景下，如何有效地增加经费来源，合理而有序地分配使用经费，成为所有图书馆为了生存必须思考的问题。因此，财务管理成为图书馆管理实践的一个重要工作内容。文献调研的结果显示，目前学界对图书馆财务管理的研究主要集中在经费来源、成本管理和资产管理等三个方面。

3.1 图书馆经费来源

政府财政经费是图书馆生存和发展的基本保障，也是图书馆提供高质量信息服务的前提。因此，如何保障并增加图书馆的经费来源成为了很多学者关注的问题。安艳梅提出要从专项拨款、法律保障、公共图书馆联盟、社会力量及监管与评估等五个方面为免费开放的公共图书馆建立多元化的经费保障机制[18]；魏建琳对 CNKI 与百度搜索的结果进行分析后也发现，从业者对图书馆经费保障提出的对策主要在依靠政府、争取社会捐赠或适度创收、提供更多优质服务和引进经费监管和评估机制等四个方面[19]；刘璇等则认为我国可以考虑借鉴美国公共图书馆经费保障制度的思路，采取国家立法专项拨款的方式对县级公共图书馆发展进行资金援助，并由此带动省市级政府的配套拨款[20]。

虽然图书馆经费大部分来自政府的财政支持，但政府对不同类型图书馆的财政保障政策也有所不同。

公共图书馆是对社会公众免费开放的信息服务机构，政府拨款是其主要经费来源。但是，不同等级的政府机构经费供给不均衡，且地域差距过大，导致县级公共图书馆经费短缺的问题异常突出，已成为制约中国公共图书馆事业发展的瓶颈。刘璇[20]、冯佳[21]和吴兵[22]等均指出我国应借鉴美国设立公共图书馆经费保障相关法律条款的办法为全国公共图书馆的发展提供政策保障，并由此规范省市级政府对各辖区公共图书馆的配套拨款。

高校图书馆是为高校教学和科研服务的学科性机构，可获得财政专项经费支持。尹峰以长沙学院为例，指出申报中央专项资金项目对加快高校数字图书馆建设具有重要意义[23]。缪小燕等使用问卷调查对北京市属高校图书馆历年财政专项经费情况进行统计分析后发现，获得财政专项经费的高校图书馆数量逐年增加、总额逐年增长，且图书馆每年经费的很大部分来自市财政专项经费，但各馆年度专项经费额度差距很大[24]。然而，王小琼提出财政专项文献采购经费在使用时仍存在一定问题，比如财政专项经费支付完成时间、专项审查时间与图书馆专项实施的完成时间不一致，绩效评估困难，绩效问责方法不科学等[25]。因此，高校图书馆在争取政府专项经费时需要科学合理的计划和安排，使其符合自身建设和发展需求，避免不合理的馆藏结构，促成图书馆可持续发展。

民办高职院校图书馆也属于高校图书馆的范畴，但其经费主要来源于创办者的原始投资和学生缴纳的学费，政府财政支持仅占其总经费较小的比例。民办院校图书馆为使本馆馆藏达到高校图书馆建设标准，常临时增加经费仓促购买文献信息资源，造成资源质量不高和重复购置。同时，民办院校图书馆由于缺乏充足的经费用于招聘具备专业素质的馆员，使其服务难以满足读者的需求。因此，国家应出台相应的优惠政策并具体规定其经费使用和分配比例，来帮助民办院校图书馆走出经费不足的困境[26]。

随着我国经济的不断进步，图书馆事业与慈善事业也步入快速发展的轨道。图书馆亦开始寻求社会力量的支持。社会支持主要包括企业捐助、社会捐赠、个人捐赠以及志愿者服务等四方面。张海江指出，图书馆在新形势下已变被动为主动，利用企业和个人慈善资本建立分馆正成为基层图书馆发展的新模式[27]。各种类型图书馆均应积极寻求社会力量支持，并借助图书馆慈善基金会为自己争取更多的经费收入。

3.2 图书馆成本管理

经费的有效利用也是图书馆财务管理的重要研究内容。数字资源和纸质资源是图书馆服务的基础，也是经费的主要投入项目。黄燕华对 2008—2012 年 155 所高校图书馆数字和纸质资源购置费用数据进行统计分析后发现，普通高校、211 高校和 985 高校等三类高校图书馆对数字资源的投入比重均呈递增趋势。相反，纸质资源的投入比重则逐年递减[28]。除此之外，近三年内(2013—2016 年)并未有学者对图书馆的经费支出情况展开细致的研究。

图书馆成本管理的对象是图书馆运营所需的所有资金耗费，其目的是使用更少的经费提供更高水准的图书馆服务。图书馆成本管理就是用量化的方法来确定和衡量图书馆成本的各个构成要素。尽管从不同角度出发划分图书馆成本会有所不同，但总的来说均离不开四个方面：资源与服务建设、人员工资、图书馆管理和时间空间成本。孔志军介绍了国外图书馆成本管理的研究现状，认为其具体内容主要包括成本计算、成本计划、成本控制和成本决策四个部分[29]。目前看来，虽然我国图书馆学界对成本管理的研究不如国外系统和深入，但已经认识到成本管理的重要性。

了解成本构成是图书馆成本管理的前提。朱光磊等提出，图书馆运行成本由年度建设性成本、年度消耗性成本、固定资产变动成本、人力资源成本和时间成本等五个部分组成，并提出了高校图书馆运行成本计算模型[30]。此外，吴波指出数字图书馆的成本主要是由资产相关成本(包括建筑空间费用、实体设备购置和更新费用、非实体设施开发和购置成本、固定资产折旧、固定资产维修和低值易耗品)、资源相关成本(包括资源的购置费用、资源的升级更新费用、资源的知识产权费用和资源建设涉及的各种损失费用)、组织管理成本(包括咨询费、审计费、税金、日常办公费用、业务招待费、广告宣传费用、调研费和物业管理费)、人力资源成本(包括劳务报酬、人员基本工资及福利、员工培训和进修、培训读者、劳动保险费、待业保险费和人员的机会成本)及网络成本(包括网络接入费用、网络通信费用、局域网管理费用和网络延迟的时间成本)等五个部分组成，并构建了由生产—分发—获取—吸收—元数据操作—存取—存储—保存等八个阶段构成的生命周期成本模型[31]。

国外高校图书馆为实现成本透明和有效管理，借助会计学中的作业成本法和原本为企业研发所用的成本核算系统来计算实际成本花费，以及工作流程与成本动因的关系。然而，这套作业成本管理体系能否应用于我国图书馆的成本管理以及如何具体实现，这些问题已经引起了我国学者的关注。

孔志军认为，虽然作业成本法比传统核算方法更符合未来图书馆战略规划、成本控制、预算和决策支持的需求，但由于作业成本法费时费力，现有会计体制也不支持作业成本数据的收集，当前在我国图书馆并没有大规模生长的土壤。不过，仍应对作业成本法的应用和实践给予足够的重视，使部分有条件的图书馆先行实践[32]。

杨朝晖对作业成本法以及基于其改进而来的估时作业成本法进行了比较分析，指出作业成本法在核算作业分类明确、重复性强的业务时表现良好，而估时作业成本法则适用于设备成本高、作业分类确定较困难的环境。他认为，在我国高校图书馆数字化建设的背景下，估时作业成本法更加适用。通过估算成本对象相关作业所消耗的时间和单位时间费用成本，可以更加简便而精确地对图书馆成本进行核算[33]。

随着经济环境的不断变化，资源和人工成本的不断上涨，以及读者日益增长的信息需求均要求图书馆实施有效的成本管理。我国图书馆应借鉴国外图书馆关于成本管理的研究成果，提高成本意识，改善成本管理办法和效果。

3.3 图书馆资产管理

图书馆资产是图书馆正常运行和开展服务的物质基础，因此有效的图书馆各类资产管理是图书馆财务管理的重要组成部分之一。根据其性质，图书馆资产主要可以分为固定资产和流动资产两大类，固定资产主要包括房屋建筑物、仪器设备、办公阅览家具以及图书等；流动资产则主要包括各类耗材、办公用品等[34]。值得注意的是，图书作为特殊的固定资产，其折旧计提方式和报废处理办法与其他固定资产大不相同，管理起来较有难度。刘宏曾以中国地质图书馆为例，探讨了图书资产的日常管理活动，并针对图书资产管理目前存在的问题提出了一些建议[35]。此外，另一个特别之处在于期刊全文数据库等网络信息资源虽然也属于图书馆的资产，但图书馆拥有的仅仅是其使用权而并非所有权，如何对这类特殊资产进行管理还有待学者进一步研究。

鉴于图书馆的公益性质，其资产具有非营利性和无偿占用性的特点。图书馆资产的使用目的是实现读者利益的最大化，而非资产收益最大化[36]。这正是图书馆资产管理区别于企业资产管理之处。但二者也具有共同的特性，既是资产密集型系统，同时也是分布式集成系统。徐文哲鉴于二者的共性，运用企业资产管理的理念构建了图书馆资产管理模型 AED-SOA 架构，以期为形成有效的图书馆资产管理体系提供理论基础[37]。

目前，学界对图书馆无形资产管理的研究尚不多见。胡海鹰曾对图书馆无形资产的类型和管理特点进行研究，指出图书馆的无形资产主要分为知识产权类无形资产、特种权利类无形资产、人力组织类无形资产以及信誉文化类无形资产等四类，认为图书馆应分别采取对应的管理策略。他提出对无形资产进行管理有助于保障图书馆的持续发展，提升有形资产的利用率，因此应引起图书馆管理人员和工作人员的重视[38]。

总体而论，目前图书馆资产管理的理论和实践仍然存在诸多问题：首先，图书馆对资产管理的重要性认识不足。长期以来，图书馆资产属于国有资产的范畴，国有资产管理均是财务管理中较为薄弱、容易忽视之处，管理意识普遍不强。其次，缺乏完善的资产管理制度，财务部门、资产管理部门和资产使用部门等各自职责不清，采购和处置资产时没有具体的制度可供遵循。最后，管理手段不规范，尚未形成有效的监督和考核机制用于约束工作人员的行为，资产清查不及时，也缺乏对资产的定期维修和保养。

4 图书馆业务管理

业务工作是图书馆运行的核心。因此，业务管理是图书馆管理不可或缺的重要组成部分。目前，我国大多数图书馆的管理模式是建立在以职能分工制为基础上的金字塔形、层级制、垂直式的组织结构形式，从上至下、一级领导一级，形成一条垂直、单向的指挥直线[39]。这种固定的业务流程和管理模式细致而庞杂，若对整体业务流程进行研究未免过于笼统，因此学者通常仅选取业务流程管理中的某一具体环节或角度开展研究。近几年来，该领域的关注点主要集中在工作标准化、数据统计、用户管理和流程优化等四个方面。

4.1 工作标准化

垂直式的图书馆组织结构需要标准化的工作模式才能实现最大化的工作效率。图书馆工作标准化是指通过制定、实施与修订一系列的工作标准对图书馆业务工作的技术方法及设备等实行规范管理。邱均平等回顾历年高校图书馆标准化的有关研究和实践后发现，该领域的研究主要从两个方面展开：一方面通过比较和分析国外高校图书馆的相关标准，找出可供我国借鉴之处；另一方面从高校图书馆的实际工作出发，构建相应的标准和评价指标，具体涉及图书馆资源建设标准、服务标准、管理标准和技术标准等四个方面[40]。通过文献调研发现，与公共图书馆相比，高校图书馆的标准化工作得到了更多的关注。此外，服务标准化作为21世纪新兴的标准化领域之一，已成为近三年来图书馆工作标准化的研究重点。

实际上，国内图书馆学界对标准化的研究尚处于起步阶段，业界实践亦不广泛。目前针对该领域的努力主要体现在以下两方面：

其一，建议构建国家层面的标准体系。邵燕调查了美国、澳大利亚、英国和日本等国公共图书馆的标准建设情况[41]；吴惠茹比较分析了大陆和台湾地区中小学图书馆标准化建设的内容及特点[42]，二人均建议我国应在国家层面尽快建立合理、完善的标准体系，并结合实际情况积极贯彻执行。

其二，尝试制定统一、完整的工作标准体系。彭一中等认为，制定图书馆服务标准的过程中，应遵循统一性、“一切为了读者”、全员参与、过程控制、原则性与灵活性相结合及参考国际标准等基本原则[43]。只有遵循这些原则，才能确保图书馆工作标准化的质量和效果[44]。

4.2 服务数据统计

为了深入了解用户需求，改进服务内容与模式，图书馆必须借助数据统计来收集和分析用户反馈和服务满意度。目前，数据统计已经从普通的手工统计发展为人机互补的模式。大量的数据统计模型和统计平台的出现使图书馆数据统计的压力有所缓解，效率也逐渐提升，例如天津市高校数字图书馆联盟便借助该市高校联合图书馆自动化管理系统 Unicorn 对馆际互借量进行定期定量的统计[45]。

然而，目前图书馆在数据统计方面仍存在一些问题，主要表现在以下两个方面：

其一，对出版商的数据统计平台依赖程度较大。多年来，图书馆一直以出版商的本地日志记录为基础来直接或间接地分析用户的各项信息，从而掌握用户需求。这种依赖使得图书馆自身的数据统计平台发展缓慢。这种被动的信息索取行为导致图书馆对用户的信息和需求掌握不彻底、不及时，最终结果将是资源提供与服务的不尽如人意。

其二，统计数据的标准化程度不高。图书馆的数据来源一部分是依靠本馆的统计所得，而其余很大一部分是来自外部信息源，即出版商数据统计平台或虚拟资源的数据统计软件，因此常常具有不同的标准和格式。王丹丹指出，由于各出版商和供应商都依据自己的标准提供数据，对于图书馆员而言，实现不同来源数据的关联与分析会非常困难[46]。

针对以上两个问题，图书馆可以通过积极开发特色数据统计软件[47]自己获取用户数据和制定行业数据统计规范[48]获得标准化数据两个方面入手加以解决。

4.3 用户管理

数据统计的目的是为了了解用户需求、进行有效的用户管理，从而提高图书馆服务质量。有效的数据统计与分析可以使图书馆准确掌握用户对信息服务的评价和反馈。反之，积极的用户管理也便于优化数据统计流程，使其更加规范、准确和便利。当前有关图书馆用户管理的研究主要集中在以下四个方面：

第一，运用移动互联网技术实现有效用户管理。例如，熊军洁等从促进城乡一体化发展的角度建议开发以挖掘用户信息需求特征为目的的数字图书馆用户管理模块系统，同时建立基于 Library2. 0

理念的服务体系[49]。张长恒等探讨了利用微信公众平台构建移动图书馆服务并在系统后台模块实现用户管理功能的技术方法[50]。

第二，运用实证研究方法建立用户管理模型。例如，王菲借鉴商业管理学领域的客户生命周期管理模型，以上海交通大学2008级本科生为用户群体展开分析，得出本科生用户生命周期的四个阶段[51]。

第三，对当前图书馆用户服务及管理中存在的问题展开调研。例如，于曦分析了CALIS、CASHL和NSTL在用户服务及用户管理方面的问题和缺陷，并提出构建基于Wiki的文献传递工作流集成平台[52]。

第四，设计并构建用户管理系统。例如：王洁慧提出并详细讨论了高校图书馆核心用户管理系统的结构和功能[53]；熊文龙等提出构建基于科学数据管理的图书馆数据服务体系，其中的核心组成部分便是用户管理系统[54]。

4.4 业务流程优化

在我国图书馆广泛采用的垂直式业务管理模式中，管理的功能通过自上而下逐级传递来实现，这种组织结构一旦形成便不易改变。但是，该组织结构容易导致图书馆整体职能过于分化，不利于跨部门交流与协作。各部门各自为政、各行其是，缺乏对图书馆整体功能实现的统筹规划，也导致难以充分了解用户的信息需求[55]。因此，很多学者提出要对图书馆的业务流程进行优化和再造。

随着信息时代的到来，数字资源逐渐成为各类图书馆的主体资源。图书馆的垂直式管理模式符合传统的印本资源环境，却难以满足数字环境下更为复杂的管理要求[56]。因此，有必要对图书馆现行的业务流程进行优化以适应数字资源急剧增多带来的图书馆管理变革。同时，大数据时代的来临也要求图书馆重新审视传统的业务流程，改变传统的基于“文献采购为起点，读者借阅为终点”的图书馆工作流程，应当建立以读者为起点，大数据分析决策为核心，最后读者服务为终点的图书馆工作新流程[57]。

当前业务流程优化方面的研究主要分为两类：一类是对图书馆

内日常业务进行流程管理研究；另一类是将图书馆工作与新兴信息技术相结合，探索新技术环境下图书馆流程优化的新思路。其中，第一类研究既包含针对图书馆整体业务流程的研究，如李玉花等以图书馆业务流程为出发点，从知识创新服务和普通用户服务两个层面提出读者需求的业务流程模式[58]；也包含从图书馆业务的某一具体环节出发分析该环节的业务流程是否为最优，如俞秋娟[59]和袁辉[60]等分别研究了图书馆文献征集环节和书评系统的业务流程优化。

图书馆业务管理是一项细致而庞杂的工作，也是一个不断改进、不断完善又长期发展的过程，需要不断去研究、实践和完善。业务管理的内容也不仅限于以上所述的四个方面，随着学界和业界对该领域的逐渐重视，将会出现更多的研究热点。

5 图书馆管理信息系统

随着图书馆工作逐步向智能化发展，图书馆管理信息系统(以下简称 LMIS)也逐渐得到了广泛运用。充分利用图书馆资源、提高工作效率并更好地为用户服务是实施 LMIS 的根本目的，而且 LMIS 与图书馆工作的契合度越高，系统的实施和运行效果就越好。因此，要从图书馆的实际工作与服务需求出发，切实了解 LMIS 的功能需求。

樊伟红提出 LMIS 应符合图书馆部门工作的需求及职能，并提出 LMIS 应包含如下主要功能模块：系统管理、采访管理、典藏管理、编目管理、阅览室管理、期刊管理、流通管理、读者管理及文献检索[61]。类似地，郭亚丽也根据图书馆部门结构对相应的 LMIS 系统进行了功能分析[62]。

然而，侯铎远提醒到，LMIS 对传统图书馆管理理念的冲击，可能引起管理层的变动和人员的调整，具体体现在以下这些方面：①对图书馆工作人员的从业要求提高；②促使图书馆进行机构精简；③要求工作人员继续学习新知识；④拓宽了图书馆业务服务范围；⑤转变和扩充图书馆传统服务方式[63]。

经过对相关文献的检索和分析，发现LMIS主要可以分为如下几类：综合管理信息系统、馆藏管理系统、移动平台管理系统、用户服务管理系统等。

5.1 综合管理信息系统

经过对LMIS相关文献调研后发现，学者们论述的LMIS一般特指图书馆综合管理信息系统，它可以实现图书馆日常管理中的常规技术功能。宋亭指出，LMIS综合运用新兴信息技术，通过信息的存储、组织、共享和检索等功能，实现图书馆的综合管理[64]。黄超华认为LMIS可真正实现图书馆"以人为本"的服务理念，能够实现包括知识获取功能、知识的组织功能、知识的转化功能、知识管理功能、知识应用功能以及知识的学习与自学功能[65]。

现阶段，许多学者认为应加强将无线射频识别技术(RFID)应用于LMIS。高珊表示将RFID应用于图书馆管理中是图书馆的发展趋势，有利于图书馆尽快实现现代化建设[66]。RFID是一种非接触式的射频自动识别技术，它通过射频信号自动识别目标对象并获取相关数据，有助于读者身份识别与馆藏管理。利用RFID技术建设图书馆智能管理系统并部署相应的RFID硬件设备，可用来识别、追踪和保护图书馆的所有资料。此外，运用RFID系统还能实现图书自动借还、顺架、查找和馆藏盘点等功能，提高图书馆资料处理效率，实现实体馆藏智能管理[67]。目前，不少图书馆已经将RFID技术应用于馆藏的自助借还服务，仅有少数图书馆运用此技术于阅览室盘点等其他基础业务[68]。

然而，现有的LMIS也存在一些问题，鄂鹤年提出了四个主要问题：第一，如今LMIS还无法真正实现对所有馆藏资源的一站式检索；第二，LMIS具有"孤岛"效应，与其他应用系统缺少关联性和互操作性；第三，非集成式馆藏建设，现有系统以纸质馆藏资源的操作为主，资源的数字化转变给系统提出了新的要求，兼顾"非集成式"多种资源使系统操作过程趋于冗杂，导致了人工操作的重复性过大；第四，MARC(机器可读目录)——霸王法则，因固定的MARC元数据模型和基于纸质的工作流程，现有信息系统阻碍了图书馆和图书馆员充分发挥其潜能，迫使馆员们围绕标准出版物继续从事重复性工作[69]。李锦兰也表示，随着现代化技术的高速发展，当前的LMIS已很难适应工作需求，现已到了转型时期。这种转型可以有两种途径：一是根据图书馆发展的需求重新设计并实施新的LMIS；二是对原有系统进行升级[70]。不少学者更加推荐第一种途径，因为基于原系统进行升级往往具有一定难度和局限性。

5.2 数字资源管理系统

数字资源管理系统是对图书馆内各类型数字资源进行统一管理的信息系统，是实现数字资源共建共享的重要手段。一般而言，数字资源管理系统主要包括数字图书馆与智慧图书馆系统。此外，由于馆藏文献类型各异，一般自动化集成系统很难涵盖所有文献资源的加工、管理和服务需求[71]，因此各类辅助系统的建设也很重要。辅助系统一般包括数字资源存储系统、资源采购系统、学位论文管理系统等。

数字图书馆与智慧图书馆一般被认为是实现有组织的信息馆藏及相关服务的信息系统，可以将信息以数字化形式保存，并通过网络进行有效的访问[72]。对于智慧图书馆与数字图书馆的不同之处，王岚表示数字图书馆涉及信息资源的加工、存储、检索、传递和使用等全过程，而智慧图书馆是数字图书馆在物联网环境下的提升与转型，具有当前数字图书馆不可比拟的优势，它将成为未来图书馆的新模式[73]。从读者资源利用的角度来看，数字图书馆更侧重读者对图书馆管理系统的利用，即读者的检索、预约、续借等，图书馆反馈服务有限，而智慧图书馆则能实现读者与系统及时、便捷的交互。赵文彬认为，智慧图书馆运用云技术，通过智能手段，将人与书、人与人、书与书之间复杂的联系得以实现，给予用户智能化的服务[74]。

数字资源管理辅助系统包括数字资源存储系统、电子资源采购系统和学位论文管理系统等。数字资源存储系统可以有效地将图书馆馆藏信息资源进行分类汇总，通过分散处理方便用户对信息资源的检索、分析，并借助图书馆信息平台实现馆藏数据的管理[75]。

电子资源采购系统也有其特定功效，李硕指出电子文献资源类型的多样化、采购方式及采购年限的差异化加大了高校图书馆电子文献资源采购管理工作的难度，因此图书馆需要一套基于网络化应用的、可内部共享的、便于使用与维护的电子文献资源采购管理系统，以实现对电子文献生命周期全过程的高效管理[76]。另外，在学位论文管理系统方面，金雪梅指出，许多图书馆已经引入或自己开发学位论文管理系统，这些系统具备提交、审核、编目、发布、浏览、检索和统计等功能，能够满足电子版学位论文的组织与管理需要[77]。

5.3 实际馆藏管理系统

实际馆藏管理系统一般是指图书管理信息系统与其辅助子系统的集合，如捐赠信息系统、期刊管理系统等。图书管理信息系统除了能为图书管理员、系统管理员和读者提供必要的图书信息外，还要具备一定的管理功能，一般能够满足图书馆的编目、采购、检索、流通和统计等业务需求，这类系统的建立既能够很大程度地减轻管理人员的工作量，又能够提高管理人员的业务水平，同时也能够减少图书馆的人工成本[78]。馆藏管理系统的辅助子系统则可以实现特殊馆藏资源的管理。如捐赠信息系统可实现对捐赠资源的统计、汇总及跟踪，并使捐赠者及时了解资源去向及利用率，提高捐赠热情[79]。而期刊管理系统则是实现期刊信息的导入、登到、查询、导出等功能，使图书馆期刊管理工作更为高效[80]。

5.4 用户服务管理系统

据统计，如今大部分 LMIS 设计都着眼于业务流程，这种固有的面向流程的系统设计阻碍了图书馆业务在用户需求方面的发展[81]。用户服务管理系统则着眼于用户，具体类型包括：客户关系管理系统、读者违章辅助管理系统、教参管理系统和学习管理系统等。

客户关系管理系统是图书馆在读者工作领域的积极实践。张淼认为客户关系管理系统解决了工作中的四个主要问题：第一，在加强馆藏资源的利用与开发的同时，系统保存馆员提供服务的记录并加以分析，有助于借阅和参考咨询等服务的开展、记录、评价与改善；第二，提高对读者的分析效率和管理效率；第三，增强读者与读者、读者与馆员、读者与图书馆之间的互动；第四，加强科学管理，提高读者的满意度和忠诚度[82]。

除了运用客户关系管理系统以加强用户黏性，读者行为也需要良好的规范与引导，因此产生了读者违章辅助管理系统。庄玫调查了清华大学图书馆违规辅助管理系统，发现其具体功能包括违规信息输入、违规处理、违规解除、权限管理和违规信息查询统计等几个部分[83]。

教参管理系统目前可实现的主要功能有如下几个方面：一、教参系统和教务系统的衔接，能够实现课程信息查询和教参查询；二、在线交互功能及网络社区服务；三、系统还可以提供数字化教学资源的在线、离线及各类终端服务[84]。而学习管理系统是支持用户数字化学习、教学的系统，除了能够提供线下面授培训的管理，还能够为读者提供在线学习平台[85]。

5.5 移动平台管理信息系统

随着各类移动端增值服务的兴起和广泛普及，基于手机终端的新型 LMIS 也在图书馆服务中占据了一席之地。这类服务包括短信、微信以及图书馆手机 APP 平台服务等。

胡丽娜指出短信服务系统就是通过发送手机短信实现无线信息收发及查询，能够使用户快速方便地通过收发手机短信完成图书查询业务[86]。此外，夏文忠认为微信公众号的免费开放为解决图书馆馆藏资源的查询、利用提供了新的解决方式和手段。微信平台可以整合图书馆资源，通过微信公众号的推拉模式把多媒体资源信息从图书馆系统中提取，通过微信公众号再推送到读者微信号上，从而实现信息资源的移动媒体应用，提高馆藏资源的利用率[87]。图书馆 APP 服务相对前两种更为直接、灵活。覃燕梅提出我国图书馆 APP 服务主要包括信息查询、信息公告、在线阅读、预约续借等功能，服务内容还有很大拓展空间，如以读者需求为导向的个性化服务[88]。

6 图书馆协作管理

协作管理是指不同主体相互协作，共同对某一组织活动或项目进行管理。其结构较之单一主体更为开放灵活，能够弥补单一主体管理中的缺陷[89]。图书馆的协作管理一般是指各图书馆之间，或图书馆与其他机构之间的相互协作，从而实现高效管理、多方共赢。

图书馆的协作管理一般以图书馆联盟为其主要表现形式，并以图书馆之间合作或与其他机构合作的形式作为补充。目前，图书馆联盟有高校图书馆联盟、公共图书馆联盟、跨系统/区域图书馆联盟等三种类型。近五年来，学界对图书馆联盟展开了深入而广泛的研究，产量丰富、视角多样，切入点各有不同。

6.1 图书馆联盟概况

在图书馆联盟的相关研究中，不少学者对多年来该领域的研究成果进行了回顾，也有部分学者介绍了国外图书馆联盟的成功经验。祁兴兰使用定量分析方法回顾了我国近十年来图书馆联盟的发展历程，指出区域性高校图书馆联盟是我国当前主要的图书馆联盟形式。她亦提出，目前图书馆联盟建设存在命名不规范、缺乏统一管理及地域差异显著等问题。对此，她认为各级政府应在均衡各类图书馆联盟发展、建立利益均衡与协调机制的同时鼓励建设区域性高校图书馆联盟，并将其纳入公共文化服务体系[90]。

杜杏叶等基于文献分析、问卷调查和电话采访发现了我国图书馆联盟管理与运行过程中存在的问题。他们指出，目前大多数图书馆联盟建设未能达到预期目标，其中缺失有效的管理和运行机制是影响图书馆联盟建设成效的最重要因素[91]。

王惠英[92]和翟伟[93]等采用文献计量法，分别从研究主题、关键词、研究层次、基金支持等方面分析了图书馆联盟领域的研究现状。研究发现，谋求政府支持、建立有效的管理机制和沟通渠道是未来图书馆联盟发展的重要工作内容。此外，还要在联盟内部挖掘服务内容、拓宽合作范围、丰富合作模式，加强联盟内部文化建设、促进交流互通。

严凤玲[94]、孔凡莲[95]和高波等[96]分析了美国、加拿大和澳大利亚等发达国家图书馆联盟发展现状，认为我国图书馆联盟在战略规划时可借鉴他国成功经验，增强意识、建立有效的监督和绩效评价体系，并加强合作。陈哲从图书馆联盟的管理体制、组织制度、经费来源、共享内容、共享形式和成果等方面对国内外图书馆联盟的信息资源共享模式进行比较。他指出，在我国由于不同类型的图书馆分别隶属不同的管理部门，条块分割现象导致在资源共享上缺乏统一和集中，从而严重影响了我国图书馆联盟信息资源共享的进程[97]。

此外，国外图书馆联盟的读者决策联合采购(PDA)项目相较我国而言也更具优势。吕娜娜[98]和张丹[99]等通过分析国外经验提出了四点启示：①注重与电子商务平台合作，利用快递服务满足读者即时性需求；②长期拥有并及时获取资源从而实现共建共享；③建立统一管理机制、联合采购文献资源；④控制预设文档范围、降低资源重复率。

最后，有关协同问题的研究主要关注协同模式、协同机制和协同效应等三个方面。不少学者选择不同变量与影响因素进行模型分析。唐虹以协同理论为依托，选择七个要素建立了协同管理模型，包括协同功能模块、协同范式模块和协同支持模块等三个部分，并提出协同图书馆联盟能够在服务、管理与协作三个层面为图书馆工作带来积极效应[100]。王纪坤基于图书馆联盟发展的动力要素提出了图书馆联盟四维协同机制，即知识协同机制、关系协同机制、技术创新协同机制及利益协同机制，这四种机制互动耦合、相互作用，发挥出联盟内部动力要素的作用，从而实现现有资源价值[101]。黄明珊认为协同效应是指在总体发展框架的指引下将图书馆联盟内部不同的资源和功能进行整合，以达到联盟总体绩效提升的目的，即带来“一加一大于二”的绩效提升，且图书馆联盟协同效应的高低程度将直接影响到联盟的质量[102]。

6.2 高校图书馆联盟

目前，我国已有不少高校图书馆联盟的成功案例。这些高校图书馆联盟通常由省级行政区划内的高校加入成立，如浙江省高校数字图书馆联盟[103]、天津市高校图书馆联盟[104]等。尚未建成联盟的地区也不乏学者关注，郑贵榕[105]和靳国艳[106]两位学者分别分析了在闽台地区和黑龙江地区建立高校图书馆联盟的意义，并提出了构建联盟的具体策略。可以预见，高校图书馆联盟将是未来几年学界研究和业界实践的重点。

建设高校图书馆联盟最大的目的是促进高校图书馆间信息资源的共建共享，在减少资源浪费的同时提升图书馆的服务质量。因此，如何促进高校图书馆联盟中信息资源的共建共享一直是学者关注的问题。梁欣认为移动图书馆联盟是高校图书馆信息资源共享的趋势，然而建设移动图书馆联盟需要高校图书馆重新定位自身角色并与其他合作方积极配合才有望实现。同时，还需选择良好的利益均衡机制和运行机制，建立良好的沟通渠道，科学开展资源共享[107][108]。

高校图书馆联盟的运行机制与合作机制也吸引了不少学者的目光。图书馆联盟的运作机制是指联盟系统工作中使各成员馆间相互作用、合理制约，引导整个系统良性循环、健康发展的所有规则和程序的总和。运作机制的合理性和有效性决定着联盟组织的管理功效，进而影响图书馆联盟的绩效与成败。不同的联盟组织形式有不同的联盟运作模式。金声以广东省高职院校图书馆共享联盟为例，提出了松散型高校图书馆联盟运作机制的构建措施[109]。詹庆东则提出了建设大学城图书馆联盟顶层设计的构想，他认为大学城图书馆联盟建设最关键的内容是平台建设[110]。社交网络的出现为图书馆推广服务提供了有效工具，同时也为图书馆联盟的运行机制和合作机制带来了新的思路。宋丽华以微博为例，提出了基于媒体工具的高校图书馆联盟合作机制[111]。

高校图书馆联盟在建设和发展的过程中也存有一定问题。喻璋[112]、范晨晓等[113]学者认为，我国高校图书馆联盟存在发展不均衡、缺乏良好的管理制度和协调机制、技术水平较弱以及资源重复建设等严重问题。因此，高校图书馆联盟需要构建统一的文献检索与传递平台，创新管理机制，提升技术支撑能力，加强合作与宣传推广。洪彤等也指出我国外语院校图书馆联盟在建设过程中存在着基础薄弱、经费匮乏、缺乏规范化和统一化管理以及加盟馆规模小等问题。她们认为我国外语院校图书馆联盟可借鉴日本高校图书馆联盟(JUSTICE)的模式，争取国家及政府的最大财力支持并加以合理利用[114]。

6.3　公共图书馆联盟

与高校图书馆联盟相比，近几年来对公共图书馆联盟的研究较少。国外的公共图书馆事业明显领先于国内，因此一些学者对国外公共图书馆联盟建设较为关注。武克涵等对美国威斯康星州公共图书馆联盟(WPLC)的建设和发展现状进行了介绍和分析，指出其多样化的财政政策、公开化的信息平台、强有力的责任机构和反馈与评估机制均可为我国公共图书馆联盟的发展带来启示[115]。谷俊娟也认为，WPLC 在电子书借阅方面特色鲜明，联盟内 385 所公共图书馆均可通过联盟进行电子书借阅，电子书购买资金筹措也全部通过联盟进行，这种创新的电子书服务模式顺应了时代发展，值得我国借鉴：一方面有利于实现低成本的资源共建共享，节约资金；另一方面有利于提高图书馆在电子书链条上的话语权，共同面对和解决来自书商和图书馆员工作中的压力[116]。

公共图书馆联盟作为公共社会经济与文化服务的重要组成部分，对社会的发展具有重要作用。但是，由于公共图书馆联盟在技术、人才、资金等方面存在不足，公共图书馆联盟仍需与其他公共文化服务机构合作[117]，提升公共图书馆联盟的服务质量。邱远棋以四川省为例，说明县级或乡镇图书馆所获得的经费投入比例远远少于高校图书馆。因此，在国家投入经费有限的情况下，县镇图书馆需要借助外力——比如联合高校图书馆来谋求发展，实现资源互补，提高高校和县镇公共图书馆的利用率，从而促进图书馆事业的发展[118]。

6.4 跨系统/区域图书馆联盟

高校图书馆、公共图书馆及科研图书馆等多种类型图书馆之间的相互合作和共建共享促进了跨系统图书馆联盟的成立。一般来说，跨系统图书馆联盟通常是某一个区域内不同类型图书馆间的联盟，而区域图书馆联盟则是以地区为限吸收成员，一般不会对成员馆的类型(高校馆或公共馆)作出限制。很多文献也并未将两个概念作出区分。因此，本文将跨系统图书馆联盟和区域图书馆联盟归属于同一类别之下。

我国学者通常采用网络调查法或问卷调查法探究跨系统图书馆联盟的服务建设情况等。调查通常涉及图书馆联盟的服务内容、方式、读者满意度和反馈情况等，通过数据分析可以揭示服务中存在的问题并提出解决措施[119]。

同时，我国学者对跨系统图书馆联盟的发展模式也进行了研究。吴正荆等以吉林省图书馆联盟为例，指出了当前联盟的主要问题在于领导层权限不足、经费保障机制不健全及无法调动成员馆积极性等，并针对以上问题提出了区域图书馆联盟未来发展的三级管理模式[120]。宋乐平用博弈论的方法得出，影响中小城市异质性图书馆联盟资源共建共享的主要因素在于联盟成员馆之间的收益平衡问题，呼吁大小馆各自承担责任、实现价值，探索新的发展模式[121]。

此外，目前跨系统(区域)图书馆联盟评价研究主要集中在运作绩效、服务质量、投资决策及指标设定等联盟事务本身，很少考虑其社会影响和社会风险等社会性问题。张利敏等指出跨系统图书馆联盟是发挥图书馆社会功能的公共项目，有必要对其进行社会评价，即结合时代背景，从社会学、人类学等角度，系统研究区域图书馆联盟的建设产生了何种社会影响和社会效益[122]。

6.5 图书馆协作管理的其他形式

图书馆联盟可以为图书馆提供无价的、会话式和参与性的基础结构，成为图书馆协作管理理论的主要研究方向[123]。然而，除了图书馆联盟，图书馆之间或图书馆与其他机构间无固定组织形式的合作也是图书馆协作管理的一种体现。

图书馆合作主要包括高校图书馆合作、公共图书馆合作、跨系统图书馆合作/区域图书馆合作和图书馆上下游合作等四种形式。高校图书馆有多种合作方式，李国俊等就高校图书馆的科研论文合作进行了研究，认为国内高校图书馆合作具有地域性和学院性，其中“211”高校图书馆地位较高[124]。蒲勃认为，公共图书馆之间合作时应把全国图书馆参考咨询联盟作为品牌，以完善省级公共图书馆的数字参考咨询服务体系[125]。史拓的研究表明，公共图书馆与高校图书馆开展跨系统合作有利于改善高校图书馆资源不足的问题，弥补高校图书馆资源数量少的缺陷[126]。杨青观察我国西北地区图书馆合作情况后指出，可以根据少数民族聚居的地方特性，开展具有特色的地方化合作数字参考咨询服务，构建特色数据库[127]。图书馆上下游的合作主要是与书商之间的合作，随着图书馆工作的自动化和编目工作的标准化，很多图书馆希望与书商合作，采用“联合采购、集中编目”的形式，互相提供技术支持，从而缓解资金短缺问题[128]。

总体而言，近几年来有关图书馆协作管理的研究并不均衡，大部分集中于图书馆联盟，且侧重在高校图书馆联盟，对技术层面的研究不够深入。但毋庸置疑的是，图书馆联盟尚有巨大的发展空间，也必将受到更多的关注。今后，图书馆联盟可从以下两方面作出努力：在联盟构建上，建立有效的管理机制和合理的利益均衡机制，形成良好的联盟文化氛围，选择科学的组织模式，挑选信任的合作伙伴，保持成员馆间沟通流畅，获取多渠道的资金支持；在联盟服务上，要利用好联盟机制，发挥各成员馆自身优势，从现有的信息资源共享共建、文献传递等传统合作项目向参考咨询、共同技术开发等知识型服务方向发展。

7 专业图书馆管理

专业图书馆也称为专门图书馆，专业图书馆往往具有如下特点：第一，图书馆藏书专业化；第二，针对特殊读者群体提供专门化服务，如科研工作者、监狱服刑人员、特定行业职员等；第三，图书馆工作人员接受过某特定学科的专业训练，能够为特殊读者群体提供更为专业化的服务，而服务内容也一般为“特殊领域”知识，如科学、医学、政治、宗教等。由于具有服务对象的单一性和特殊性，专业图书馆对特定行业的信息服务质量、学术研究进展、人才培养方式乃至行业发展都起着至关重要的作用。专业图书馆的建设有利于汇集资源、提升服务和获取服务。

专业图书馆的实际管理水平极大程度地决定了其服务水平，我国诸多学者针对专业图书馆管理的各个方面展开了广泛且深入的研究。通过整理和分析 2012—2016 年间 CSSCI 刊物收录的相关文献可以发现，科学专业图书馆是现阶段专业图书馆领域的研究主流。李宏荣表示，我国学者和相关工作人员习惯将专业图书馆定位为科研系统的图书馆，也称“科学专业图书馆”或“科研图书馆”。[129]一般而言，科学专业图书馆包括面向特定学科的专业图书馆，如美国国立医学图书馆、中国国家农业图书馆、社会科学院图书馆等进行特定学科科研活动的图书馆；也包括中国科学院文献情报中心等从事自然科学、边缘交叉科学和高技术等综合领域情报研究与知识服务的图书馆。

本节主要以科学专业图书馆为重点展开讨论，同时辅以特殊类型图书馆的研究进展，包括：特定机构图书馆、监狱图书馆、宗教图书馆、名人图书馆、动漫图书馆等。

7.1　专业图书馆资源建设

一般而言，专业图书馆的资源建设主要包括三方面内容，即馆藏资源建设、数字资源建设和资源的共建共享。

馆藏资源建设是专业图书馆资源建设中的重要内容，不仅包括馆藏资源的数量，也涉及资源质量及资源结构。具体来说其资源内容主要包括图书和期刊两方面。相较于其他类型图书馆，专业图书馆更加注重特色馆藏的发展。以科学专业图书馆为例，它们更加重视学科化与专业化书籍的收藏。蒋晨对各社科院图书馆的特色资源进行了调查，发现安徽省社科院图书馆、北京市社科院图书馆、福建省社科院文献信息中心等众多科学专业图书馆都进行了各自的特色馆藏建设，涵盖古籍、民国线装书、地方文献等多类文献。蒋晨认为科学专业图书馆的特色资源具有稀有性、学术性和地域性等显著特点[130]。与科学专业图书馆类似，特定机构图书馆、宗教图书馆、名人图书馆、动漫图书馆等同样十分注重对行业相关文献的馆藏建设。其中较为特殊的是，现阶段监狱图书馆的馆藏尚未体现出明显特殊性，但部分监狱图书馆却存在入藏资源审查制度。Center R 指出，许多美国人认为监狱应该是惩罚性的，犯人应该被限制阅读材料[131]。然而，以监狱图书馆为平台不断推进阅读疗法将使得监狱特色馆藏建设得到更加深入的研究。此外，在各类馆藏资源中，期刊资源具有时效性、地域性、专业性等特殊性质，因此与特定专业图书馆相应的期刊资源应该得到重视。尚文玲等人指出期刊资源在专业图书馆特色馆藏建设中应占据重要地位，建议专业图书馆采购特色期刊以丰富馆藏，提高馆藏专业性。[132]

随着网络信息的发展，用户的数字资源需求日趋增加，数字资源建设也逐渐成为专业图书馆工作的重要组成部分。数字资源建设主要包括数字出版物采访、数据库建设、网络信息资源建设、网络信息资源开放存取和数字资源整合五个方面。其中，专业图书馆特色数据库建设是将其与普通图书馆区别开来的一项重要特征。然而，由于受到经费不足、馆员素质不高等问题的局限，专业图书馆的特色数据库建设发展较为缓慢。虽然有些科学专业图书馆已逐步建立起特色数据库(例如农业科学图书馆初步建立了棉花品种遗传改良特色数据库)，但相当数量的科学专业图书馆依然对该项工作重视程度不够，其他类型专业图书馆特色数据库建设方面也鲜有文献记载。综上，特色数据库建设仍然是专业图书馆管理工作中一项重要的任务。

21 世纪以来，图书馆有限的收藏能力已不能应对各类资源急剧增长的现状，加之用户信息需求的逐步泛化和复杂化，资源共建共享已成为当代图书馆发展的重要趋势。只有有效实现资源共建共享，才能更大程度上促进资源建设工作的进步，从而推动整个专业图书馆的发展。然而，笔者通过文献检索发现，目前各类专业图书馆的资源共建共享工作仍较为欠缺。部分学者呼吁要加强相关工作和建设，其中中国科学院国家科学图书馆馆长张晓林教授高度强调要实现开放获取，支持开放出版[133]，刘细文等学者也提出要逐步实现科学数字资源的共建共享[134]。

7.2 专业图书馆服务类型

专业图书馆的服务方式与服务对象均与普通图书馆存在较大区别。专业图书馆主要有两项服务任务：一是基于本学科的科研方向与任务，搜集、整理、保管和提供国内外科技文献，为学科研究与技术发展提供专门化的学科信息服务；二是针对不同的服务对象提供不同的服务。以科学专业图书馆为例，其主要任务是为需求人群提供各类分析报告和有科学价值的信息资料。类似地，其他的特定机构图书馆、监狱图书馆、宗教图书馆、名人图书馆、动漫图书馆等也分别为这些行业内特定的受众提供特色服务。这些特色服务往往利用某一类专业知识，并采取不同的方法与手段服务于特殊人群。

(1)科学专业图书馆。

科学专业图书馆是科技文献的收藏所，也是国内外科技信息与知识的汇集地[135]，这种性质决定了科学专业图书馆的服务类型主要是学科化信息服务。下文以中国科学院国家科学图书馆(国科图)和社会科学院(社科院)两种科学专业图书馆为例阐释科学专业图书馆的信息服务。

国科图是中国科学院在科技文献情报方面的国家级支撑机构，在支撑科学研究、服务科技创新中发挥了重要作用[136]。杨雨霖在《国家科学图书馆学科化知识服务的特点》一文中分析了国科图学科化知识服务具有的四个特点：多重化协同服务、体系化情报服务、多角度嵌入式服务和泛在化服务[137]。在具体实践中，国科图开展了“融入式”普遍服务、“嵌入式”知识服务和“协同式”转型发展，这都为图书馆创新服务发展提供了最佳实践案例。在信息服务的服务对象方面，国科图的服务对象可从科学家延伸到企业家，这主要体现在其提供的产业技术分析服务。产业技术分析是国科图武汉分馆采用的一种新型服务模式，这种模式已成为国科图面向区域和行业发展的新的服务战略选择[138]。

社科院作为哲学社会科学研究的学术机构和综合研究中心，正在经历从“以图书馆为中心”到“以用户为中心”的转变。对此，众多研究人员都为社科院提出了新的服务模式以实现平稳过渡转变。比如任宁宁阐述了基于社科院系统创建泛在图书馆的思路和策略[139]，以期通过构建社科院系统的泛在图书馆来提高社科院的服务质量和效率。而吴育良、潘志良、韩松林则提出了基于智库理念的社科院图书馆信息服务[140]。

中科院的张闪闪认为，科学专业图书馆具有馆藏资料专业性强、服务模式精深化、服务对象多元化、服务对象专一化等优势。但相对于普通图书馆，其馆藏资源类型单一、利用率不高、资金不充足且图书馆用户数量逐渐减少[141]。针对上述问题，改善信息服务水平，利用专业化优势提供学科化信息服务将是有效的解决方式。

(2)特定机构图书馆。

特定机构图书馆包含服务于政府机关、企业、医院等机构的图书馆，它们的职能一般是为特定机构提供信息支持，如向领导提供决策辅助支持，向员工提供工作、技术支持，也可为公众提供所需信息。

IFLA 在其发布的《政府部门图书馆指南》中确定了政府图书馆的定义，即由政府建立并提供全部支持，服务于政府部门但不限于政府部门的图书馆，它向政策制定者、政府工作人员，某些情况下也向公众提供信息，目的是搜集并为政府决策者、政府工作人员乃至广大公众提供他们所需要的信息[142]。向政府部门提供服务是政府图书馆区别于其他由政府创建的图书馆的显著特色。

企业图书馆是由企业投资兴办的图书文献收藏及其管理部门，为企业各部门岗位科研人员提供经营所需的图书资料，同时满足职工的业余阅读要求。由于大多数企业在图书馆资源、技术和管理上存在不足，企业与专业化图书馆建立战略合作运营关系成为企业图书馆的发展趋势[143]。医院图书馆担负有辅助医疗从业者在病人诊断质量的各个环节中有效充分地创造、存储、检索、共享和运用知识及信息的职责[144]。医院图书馆采取的学科化服务是建立在学科馆员制度下的特色化信息服务，是医院图书馆根据馆员专业知识背景和工作能力，整合医院相关学科特色馆藏资源以及网络信息资源，为医院对口医务科室提供个性化信息服务的模式[145]。

(3)监狱图书馆。

谭益阳认为，监狱图书馆是专门为配合监狱的教育改造而设立的一种文化教育设施，是对服刑人员教育改造的有效场所[146]。监狱图书馆的价值体现在其为服刑人员的教育改造、消遣娱乐、心理矫治、了解社会发展等多方面发挥的效用。我国监狱图书馆建设及其服务研究起步较晚，关于监狱图书馆的研究文献总数偏少，但近年来该领域的研究逐步增加，受重视程度不断提高。

(4)宗教图书馆。

卓尕措认为，建立现代寺院图书馆，可以使典籍的存储环境得到极大的改善，更能起到弘扬优秀传统文化、推动研究发展、完善寺院典藏目录以及教育民众的作用[147]。宗教图书馆的资金来源一般为馆方自负、国家资金支持和社会资金支持相结合，而馆藏包括其自购图书、社会赠书、社会名流寄存、自行编纂等。宗教图书馆的服务对象一般为宗教研究人员和宗教信仰者，如世界佛学苑图书馆的服务对象为本馆研究员、特约研究员、研究预习班学院人员、馆内工作人员以及佛教居士，他们或致力于佛学研究，或崇尚佛教信仰。在我国，开展宗教图书馆服务主要在于振兴佛教事业[148]。

(5) 名人图书馆。

从广义上讲，伟人或名人图书馆是由伟人或名人名字命名的图书馆，它具备图书馆的基本功能和特征；从狭义上讲，伟人或名人图书馆是由伟人或名人名字命名，利用一切有利条件建立的，以搜集和整理伟人或名人的生平、思想、作品和不同时期对其研究的著作，以及有价值的实物性档案等为重点的图书馆[149]。如张元济图书馆，其前身为海盐县图书馆，后为纪念近代海盐县籍文化名人张元济先生而更名。张元济图书馆除了具有一般县级公共图书馆的职能外，还具有两大特色：一是专设了张元济纪念馆，用于搜集、整理、陈列、保存张元济先生的著作、手稿和生平事迹资料；二是设立了商务印书馆版本阅览室，用于搜集、整理、保存和陈列商务印书馆近百年来的出版物[150]。总的来说，伟人或名人图书馆功能可定位为四个方面：第一，名人图书馆应努力成为国内最完整、最系统、最全面的伟人或名人文献资料中心；第二，进行文化艺术、学术研究交流的功能；第三，作为缅怀伟人或名人成就的场所；第四，社会教育功能。

(6) 动漫图书馆。

我国起步较早的动漫图书馆主要有东莞漫画图书馆和南京漫画图书馆。东莞漫画图书馆为东莞图书馆分馆，该馆以“动漫文献信息中心、动漫创意活动场所、动漫产业服务基地、动漫发展研究平台”为发展目标。该馆提供书籍阅览、动画欣赏、在线涂鸦、作品展示、动画形象舞台表演等一系列服务，且针对不同年龄层的漫画读者分设区域，还建立了特色网站[151]。南京动漫图书馆设在金陵科技学院江宁校区图书馆内，馆内分设图书馆阅览室、动画视听区、动画多媒体区、动漫作品展览区、动漫图书珍藏室、动漫影视沙龙，优秀动漫企业资源库以及主题咖啡吧等功能区，集娱乐、休闲、阅览、研究、教学为一体。如今，动漫图书馆大多存在资源建设不够系统化、专业化[152]的问题，这使其服务质量受到了一定影响。

7.3 专业图书馆馆员素质

郭红宇认为，图书馆馆员素质包括思想素质、业务素质和现代科技素质[153]。长久以来的实践证明，图书馆馆员素质是制约图书馆信息资源建设水平和服务水平的重要因素之一。对于专业图书馆来说，馆员素质除了图书馆对馆员的思想素质、业务素质和现代科技素质提出的一般性要求，还包括由专业图书馆自身性质所决定的特殊素质。

与公共图书馆相比，专业图书馆有着不同的信息资源、服务对象及服务目标，这决定了馆员需要某些特定的素质才能更好地完成馆藏建设和服务工作。如科学专业图书馆的服务目标一般是满足科研人员的信息需求，因此科学专业图书馆馆员的素质应具有专业化、学科化的特点。吕新华认为，学科馆员对于专业知识的学习和积累至关重要，学科馆员有别于传统图书馆员的地方在于他们除了提供针对所有用户的普惠式文献信息服务支撑以外，还需要紧密结合相关学科团队的科学研究，对图书馆文献资源与信息服务进行有效组织，提供更深层次的知识服务[154]。为提升研究所图书馆员的专业知识水平，中科院国家科学图书馆针对不同研究所图书馆的发展状况，为学科馆员制定了特殊培训计划来促进图书馆员知识服务能力的提升[155]。而政府图书馆、医院图书馆、名人图书馆、动漫图书馆等特殊类型图书馆，由于它们所处机构和行业的特殊性，对馆员素质也有特殊要求。比如，《政府部门图书馆指南》归纳了政府部门图书馆员的工作要求：第一，整合图书馆的工作需要与政府机构的重要目标，确保图书馆服务与政府制定重大决策的机构保持相关；第二，政府图书馆需努力成为最可信、最可靠的信息渠道之一，因此其馆员既要关注信息的准确性、及时性，也要关注信息来源是否带有特定的政治偏见；第三，图书馆员要在事件发生时同步获取信息，以便政治家在需要时能够利用图书馆对事件作出及时和恰当的回应；第四，图书馆员有直接接触公众的机会，因此其形象要与政府机关要求保持一致，遵守行为规范[153]。对于医院图书馆来说，医院学科馆员的主要职责包括：辅助收集和整理对口学科专业图书馆的信息资源、期刊馆藏信息以及相关网络信息资源，定期推送给采访工作人员以及学科读者；协助临床科研人员工作，为其提供课题定期检查、数据筛选、资料整合等信息服务；定期面向医务人员开展培训课程，如数据库使用培训、统计分析软件和文献管理软件使用培训，以提高医务工作者自身信息素质[156]。而作为伟人或名人图书馆的工作人员，还要能够传承本馆伟人或名人精神。在动漫图书馆中，动漫类资源的特点是时效性强、趣味性浓、绘制技法及计算机制作手法更新快。为了使广大读者及时掌握动漫产业演变的动态，了解动漫产业发展的趋势，图书馆需挑选热爱动漫、综合素质高、熟练掌握计算机操作技术的图书馆工作人员进行培养，经过此类培训的图书馆员不但能为读者提供传统的借阅服务，还可以面向读者提供更深层次的知识服务。

综上所示，不同类型的专业图书馆对各自馆员的素质都提出了不同类型的要求，其特殊性也十分显著，专业图书馆特色馆员素质的培养是专业图书馆人力资源管理中的重要考虑因素。

8　图书馆质量管理与评价

准确评价图书馆工作质量并在此基础上改善图书馆管理的效率与成果，将极大地促进图书馆服务质量的提升。鉴于其重要的研究意义与实践意义，近年来业界和学界都十分重视图书馆质量管理的相关实践与研究。

通常来说，图书馆质量管理是指对图书馆服务质量的管理，而图书馆质量管理与图书馆质量评价往往相辅相成，二者紧密联系却又各自独立。图书馆服务质量评价是质量管理的重要手段，而有效的质量管理又能够促进质量评价的规范化发展。

8.1　图书馆质量评价

吴金仲等指出，经费投入是最初评价图书馆的主要标准，直至20世纪90年代，图书馆开放时间、资源利用和服务内容等才逐渐被采用作为评价指标。而评价方法也经历了从SERVQUAL到LibQUAL+R再到精简版LibQUAL+R Lite的演进发展。这些评价方法的出现和应用反映了图书馆界对“从用户角度定量评价图书馆服务质量”的认同和重视。[157]通过文献分析发现，目前构建质量评价模型的方法主要有以下四种：

第一，基于LibQUAL+模型。LibQUAL+着眼于用户，从用户期望值、实际感受值和可容忍值三个角度入手评价图书馆服务。设计科学合理的用户调查问卷是从事基于LibQUAL+模型研究的基础。在此类研究中，馆员的业务能力及服务态度是问卷设计所需考虑的最重要指标。周月莲等依据用户的问卷调查结果对图书馆改善服务质量提出了四项建议：拓展馆藏资源，以人为本、主动服务，创造和谐馆舍氛围和实行个性化服务[158]。刘昆雄等根据 LibQUAL+模型找到了导致用户对图书馆服务质量评价不佳的原因：馆员服务能力较低、用户对馆员过度依赖及现行图书馆质量评价体系较为笼统[159]。孙明等运用三角模糊数法建立模型，按重要程度对图书馆服务质量评价指标进行了量化处理，从而分析读者对于服务质量的需求变化[160]。

第二，结合关键事件技术与主成分分析法。关键事件技术(critical incidents technique，简称 CIT)是指通过定性访谈搜集用户感知经历，对情境化的数据进行分析，从而提炼出有价值的关键因子并提出针对性改善措施。王萍等认为，将关键事件技术应用于图书馆服务质量评价中，具有针对性、灵活性和整体性等优势。然而，其局限在于存在用户主观性偏差和关键因子影响力不明确。因此，可用主成分分析法辅助研究，从图书馆专业人员的角度以定量方式对关键因子加权处理，从而保证评价结果的客观性和准确性。[161]

第三，借助质量功能展开法(quality function deployment，简称 QFD)。QFD 是一种用户驱动的质量评价方法，即采用系统化/规范化的方法调查和分析用户需求，再由技术人员将其转换成质量特性，使所设计的产品和服务能真正地满足用户需求。QFD 被认为是评价服务质量的有效方法[162]，并且可灵活地与其他模型或数据分析方法相结合来构建图书馆质量评价体系。比如，唐晓玲等以 QFD 为基础对用户需求进行调查和分析，转换成质量特性后再利用 Kano 模型修正用户需求的重要性，最后通过用户需求和质量特性等搭建质量屋，从而综合得出数字图书馆的服务质量。[163]

第四，运用灰色关联分析法。灰色关联分析(Gray Relational Analysis，简称 GRA)是一种数据分析方法，是邓聚龙教授灰色系统理论的一个重要分支。它以各因素的样本数据为依据，利用灰关联度来描述因素间的强弱、大小和次序关系。与传统的函数相关性分析和回归分析相比，灰关联分析对数据要求较低(允许数据为非典型分布)、计算量小、分辨率高、可以同时评价多个对象，且能够向被评价对象提供有效的反馈信息。灰色关联分析法很好地解决了评价图书馆服务质量时信息不完全和非确知的问题，具有较强的实用性。郑彬等在评价广东海洋大学图书馆的服务质量时便采用了上述方法。他认为该方法计算简单、定量化程度高，能够实现良好的图书馆服务质量评价[164]。

除此之外，还有一些其他的构建图书馆质量评价模型的方法：或基于差异显著性检验[165]、或基于重要-满意象限法[166]、或基于 Insync Surveys 的视角[167]。但可以看出，LibQUAL+模型由于其稳定可靠的评价架构及高效灵活的调查方式，受到了更多学者的青睐。也有部分学者并不关注图书馆整体服务质量的评价，而是着眼于图书馆服务的某一环节，比如流通服务[168]、电子服务[169]或移动信息服务[170]等。他们也会针对这些具体服务环节构建相应的质量评价体系，但更多的是对质量评价体系实施的可行性和重要性进行理论验证。

总体来看，高校图书馆由于其用户信息素养较强、能够对图书馆质量作出较为准确全面的评价而受到了学界的更多关注。相比之下，公共图书馆用户成分更为复杂、知识水平也参差不齐，获得客观质量评价有较大阻力。不过，近几年来专为公共图书馆构建的质量评价模型也逐渐增多，这必将有助于公共图书馆服务质量的进一步提升。

8.2 图书馆质量管理

ISO9000 族标准是国际标准化组织在 1987 年制定并颁布的有关质量管理和质量保证的系列标准。通过 ISO9000 质量管理体系认证是图书馆提高质量管理水平的快速有效途径之一，因此也得到诸多学者关注。胡芳等介绍了杭州图书馆的质量管理体系认证工作，同时提出要想在国内图书馆建立全面完善的质量管理体系，首先必须改变馆员观念。她还建议将 ISO 体系标准作为图书馆绩效考核工具，以此全方位考察图书馆的效益[171]。唐琼[172]和沈苏林[173]也希望从 ISO9000 质量管理体系入手，构建符合我国高等院校图书馆和高职院校图书馆实际需求的质量管理体系。唐琼还总结了我国台湾高校导入与实施 ISO9000 的特点，即“注重把握读者满意度、以事实为决策依据、注重持续改进和以质量管理体系文件为依托实施全面质量管理”，从而为大陆高校提供参考。

图书馆质量管理涉及整个图书馆的方方面面，可依据管理的过程和范围进一步细分。宏观来看，目前学者关注的角度主要包括以下三个方面：

第一，图书馆内部过程的质量管理。沈涛等认为，从ClimateQUALTM出发，管理制度化是营造公平公正氛围的基础，有效领导是提升图书馆服务绩效的重点，良好人际关系是优化组织气候的关键。落实到行动上，即一方面要培养馆员对图书馆的归属感，另一方面需要管理者大胆赋权、鼓励馆员创新[174]。此外，刘素清等从馆内标准化管理出发，提出了基于工业工程思想的创新管理方式。他们认为，图书馆作为一类非生产性组织，目前在管理上面临的问题多数与成本和效率有关，因此急需工程思想的介入，从而降低成本、提高效率，同时提升服务质量[175]。

第二，图书馆与读者交互的质量管理。唐奇提出将“六西格玛管理”引入高校图书馆服务的管理实践中去，用于寻找并确定造成图书馆服务满意度低的原因，再形成具有针对性的改进方案，在实施阶段也要对改进方案不断控制和调整[176]。赵文升等提出在传统借阅环境下，可将市场营销的理念融入到图书馆的服务与工作中，找到化解用户需求无限性与图书馆服务有限性之间矛盾冲突的契合点。他们建议图书馆确立以用户需求为导向的理念，并将关注的焦点转移到“用户需求资源”上，从而通过深度挖掘找准用户需求并最大限度地满足，以使图书馆服务质量得到提升[177]。

第三，图书馆工作环节的质量管理。图书馆的工作流程繁杂而细致，任何一个环节的质量控制不严均会给后续工作带来不利影响。以采购环节为例，图书馆采购策略并非一成不变，而应随着读者需求的动态变化而不断调整。刘虹提出运用以“过程”为基础的质量管理改进模式，以优化采购策略为突破口，进一步提升高校图书馆的信息化管理，使图书馆的文献资源处于良性动态的循环之中[178]。外包环节的质量管理问题也引起了学者的关注。吴佩娟对期刊论文数据库外包过程中的质量控制进行了研究，认为其实施关键点在于外包商的选择、对外包商的现场监控和外包商业绩档案的记录[179]。另外，李祝启指出在外包环境下对编目数据进行质量管理需要从图书馆管理层、外包商管理层、图书馆编目员和外包编目员等四个方面入手[180]。

8.3 国内图书馆质量管理现状

近几年来，我国学者在图书馆质量评价与管理领域的相关研究虽内容广泛但理论却不完善。在今后的研究及图书馆工作实践中，有以下方面值得注意：

首先，重视用户的需求与体验。服务质量是一种主观质量，由用户感知并判定，很少有客观的度量标准，同时也较易受到用户自身素质与能力的影响。因此，对于我国图书馆学界而言，结合实际国情，为受众不同的图书馆建立各自的质量评价体系具有重要的现实意义[181]。

其次，综合使用多种评价工具，形成全面的图书馆评估体系。如今图书馆质量评价工具较多，不同学者基于不同的研究视角提出了不同的评价方法[182]。例如，Libqual+TM 与 Climate-QUALTM 均为图书馆服务质量评价工具，但二者评价角度不同：前者更重视用户需求，后者更重视员工积极性。两种评价思想均具有现实意义，但只有将二者协同运用，综合考虑馆员积极性与用户满意度，才有助于作出更加全面有效的评价。综合使用多种评价工具，从不同角度为图书馆质量控制提供决策支持，才能真正提高图书馆的服务质量和水平[183]。

最后，用实践推动图书馆质量管理理论的进步。图书馆质量管理离不开实践和理论的支撑[179]。针对现阶段图书馆管理理论与工作实践的脱离，业界和学界都在积极建立开发新的质量评价方法。比如，因果分析图法是从问题的结果出发查找其产生的原因；全面质量管理方法是以质量为中心，以全员参与为基础，综合考虑组织成员利益与客户满意度[184]；S-Set 模型则以 Staff(员工)，Service(服务)和 Satisfaction(满意)为核心要素建立具有实践指导意义的图书馆质量管理实施模型[185]。但无论何种图书馆质量管理模型，都应以图书馆质量分析为核心，从其实践出发，不断进步、发展与完善[186]。

随着读者对图书馆服务质量要求的日益提高，质量评价与管理必将愈来愈受业界的重视，也会为学界研究提供更多的思路。在今后的研究工作中，学者更应关注质量评价与质量管理的紧密结合，使质量评价不再局限于量化模型，而是能为质量管理实践提供积极的反馈与帮助。

9 结　　语

随着国家"推动社会主义文化大发展大繁荣"决策的不断深化，我国图书馆迎来了高速发展，图书馆管理学研究也得到了学界和业界的广泛关注。通过文献检索和分析可以发现，我国图书馆管理学理论研究发展迅速，已经结合我国的社会环境和发展现状提出了层次鲜明、实用性强的理论体系，不仅对我国图书馆事业发展提供了理论支撑，也能够为国际同行开展相关研究和实践工作提供借鉴。

然而，通过系统的文献分析也发现如下两点不足：第一，研究较多以实践出发，根据具体实践问题展开研究和论述，却与管理学理论结合不紧。其实，图书馆管理学可以被视为图书馆学和管理学相交叉的研究领域，是在图书馆环境和工作中不断运用和实践组织管理学的理论和模型，可以用于验证、拓展和加深现有的理论模型。第二，多数研究以主观论述为主，有时缺乏科学的研究设计和方法使用。事实上，国际上非常鼓励基于个体工作实践和经验的总结，但是需要运用科学的方法进行验证。

本文通过检索和分析 2012 至 2016 年间 CSSCI 期刊中刊登的图书馆管理学领域论文，归纳和论述了近五年图书馆管理学领域的研究前沿及热点，希望能为今后的研究提供参考和理论基础。

参考文献

[1]付立宏，袁琳. 图书馆管理学[M]. 武汉：武汉大学出版社，

2010.
[2]杨秀英，刘炳琪. 对变革我国图书馆管理体制的几点看法[J]. 情报科学，2001(8)：826-828.
[3]李国新. 公共图书馆法人治理：结构、现状、问题、前瞻[J]. 图书与情报，2014(2)：1-6，9.
[4]金武刚，钱家骏，肖梅林. 伦敦图书馆的法人治理结构[J]. 图书与情报，2014(2)：10-13.
[5]王天泥. 法人治理：公共图书馆治理转型的制度设计——基于行政型到社会型的社会组织治理转型视角[J]. 图书与情报，2015(2)：51-56.
[6]李国新. 公共图书馆法人治理：结构、现状、问题、前瞻[J]. 图书与情报，2014(2)：1-6，9.
[7]菊秋芳. 基于法人治理结构的西部民族地区县域公共图书馆服务体系构建[J]. 图书馆理论与实践，2014(10)：86-90.
[8]段小虎，秦巧春. 治理哲学视角下的参与治理——公共图书馆治理模式研究论文之一[J]. 图书馆杂志，2012(5)：2-6.
[9]尹达. 图书馆管理中的悖论现象剖析[J]. 图书馆论坛，2012(3)：28-32，93.
[10]赵珊珊，王彦. 上海高校图书馆组织结构的调查研究[J]. 图书情报知识，2014(5)：58-64.
[11]贾东琴，董伟. 高校图书馆组织结构评价初探[J]. 图书馆，2013(3)：34-38.
[12]贾东琴. 国内外高校图书馆组织结构现状分析[J]. 图书馆建设，2015(3)：37-42.
[13]李春海. 大学图书馆治理视域下的权力建构[J]. 图书情报知识，2013(02)：35-39.
[14]肖希明. 面向公共文化服务的图书馆政策体系构建[J]. 图书馆，2012(6)：1.
[15]齐东峰. 密执根图书馆馆藏发展政策及其启示[J]. 图书馆杂志，2012(7)：74.
[16]孙洁. 两岸三地部分高校图书馆版权政策比较研究[J]. 大学图

书馆学报，2012(4)：42.
[17]李爱香. 企业财务管理[M]. 北京：机械工业出版社，2011.
[18]安艳梅. 公共图书馆免费开放经费的多元化保障机制研究[J]. 图书馆理论与实践，2013(3)：10-12.
[19]魏建琳. 公共图书馆免费开放经费保障问题的再剖析——公共图书馆免费开放的困惑与思考之二[J]. 图书馆建设，2014(1)：15-20.
[20]刘璇. 美国公共图书馆经费保障制度研究[J]. 中国图书馆学报，2012(6)：47-57.
[21]刘璇，冯佳. 美国图书馆法经费保障之借鉴[J]. 图书馆建设，2014(3)：5-8.
[22]吴兵. 国外公共图书馆法经费条款研究[J]. 新世纪图书馆，2012(4)：80-84.
[23]尹峰. 充分利用中央财政专项资金推进图书馆建设与发展——以长沙学院为例[J]. 高校图书馆工作，2014(3)：43-45.
[24]缪小燕，熊丽，何钧，等. 北京市属高校图书馆历年财政专项经费情况统计分析[J]. 图书馆理论与实践，2013(8)：23-26.
[25]王小琼. 高校图书馆财政专项文献采购经费使用存在的问题[J]. 图书馆论坛，2013(5)：135-138.
[26]李健. "后评估时代"民办高职院校图书馆经费问题的探讨[J]. 高校图书馆工作，2014(4)：44-46.
[27]张海江. 基层图书馆发展新模式——利用企业、个人慈善资本建立图书分馆[J]. 图书馆学研究，2014(8)：28-30.
[28]黄燕华. 近5年我国高校图书馆资源建设经费投入差异性研究[J]. 图书馆建设，2014(6)：31-35.
[29]孔志军. 国外图书馆成本管理研究现状及启示[J]. 图书馆论坛，2012(3)：41-45.
[30]朱光磊，杨志刚. 高校图书馆运行成本构成及计算模型研究[J]. 图书馆理论与实践，2013(10)：1-4.
[31]吴波. 数字图书馆的生命周期成本模型[J]. 情报科学，2012(9)：1401-1406.

[32]孔志军. 国外图书馆成本管理研究现状及启示[J]. 图书馆论坛, 2012(3): 41-45.
[33]杨朝晖. 估时作业成本法在高校图书馆成本管理中的应用研究[J]. 图书馆, 2014(2): 127-128.
[34]李达人. 图书馆资产管理探讨——以湖北省图书馆为例[J]. 图书情报工作, 2014(S2): 14-18.
[35]刘宏. 专业图书馆图书资产的日常管理——以中国地质图书馆管理办法为例[J]. 图书情报工作, 2012(S1): 183-185, 199.
[36]李卫双, 刘娟萍. 高校图书馆资产管理刍议[J]. 高校图书馆工作, 2013(2): 64-65.
[37]徐文哲, 郑建明. 资产事件驱动型 SOA 数字图书馆资产管理架构[J]. 图书馆学研究, 2014(20): 36-43.
[38]胡海鹰. 图书馆无形资产的类型及管理特点研究[J]. 图书馆工作与研究, 2013(10): 48-51.
[39]曾朝霞. 高校图书馆矩阵式业务管理模式探析[J]. 图书馆, 2011(6): 120-121.
[40]邱均平, 李小涛. 高校图书馆标准化研究的回顾与展望[J]. 图书情报工作, 2015(2): 131-135, 74.
[41]邵燕, 姜晓曦. 国外公共图书馆标准化工作对我国基层图书馆标准制定的启示[J]. 图书情报工作, 2012(21): 22-26.
[42]吴惠茹. 大陆与台湾地区中小学图书馆建设标准比较分析与思考[J]. 图书情报工作, 2015(20): 54-59.
[43]彭一中, 凌美秀. 高校图书馆服务标准化探讨[J]. 图书馆, 2013(1): 105-106, 109.
[44]尚艳秋. 图书馆服务质量评价与服务标准化研究[J]. 图书馆, 2015(5): 70-74.
[45]于曦. 基于 Unicorn 报表模块的天津市高校图书馆馆际互借量统计[J]. 图书馆工作与研究, 2012(1): 48-50.
[46]王丹丹. 数字图书馆用户使用数据统计的现状与趋势研究[J]. 图书馆建设, 2012(11): 66-69.
[47]徐璟, 陈嘉懿. 图书馆数据统计和分析的优化解决方案研究

[J]. 图书馆杂志, 2014(6): 54-60.
[48]叶继元. 学术期刊利用数据之规范化探讨[J]. 图书与情报, 2014(1): 1-7.
[49]熊军洁. 基于城乡一体化发展的数字图书馆建设研究[J]. 图书馆工作与研究, 2013(2): 26-28.
[50]张长恒, 黄芳. 利用微信公众平台构建高校图书馆 APP 的技术实现[J]. 图书情报工作, 2015(4): 37-43.
[51]王菲. 基于生命周期模型的高校图书馆用户管理研究[J]. 大学图书馆学报, 2013(2): 79-83.
[52]于曦. 基于 Wiki 的文献传递工作流集成平台的构建[J]. 图书馆建设, 2012(3): 88-91.
[53]王洁慧. 高校图书馆核心用户管理系统研究[J]. 图书馆理论与实践, 2013(11): 20-22.
[54]熊文龙, 李瑞婻. 基于科学数据管理的图书馆数据服务研究[J]. 图书情报工作, 2014(22): 48-53.
[55]曾朝霞. 高校图书馆矩阵式业务管理模式探析[J]. 图书馆, 2011(6): 120-121.
[56]刘素清. 电子资源管理催生图书馆新架构[J]. 大学图书馆学报, 2014(2): 18-23.
[57]陈艳. 基于大数据的图书馆业务流程再造研究[J]. 新世纪图书馆, 2014(6): 28-31.
[58]李玉花, 刘冬梅. 高校图书馆业务流程模式探讨[J]. 图书馆工作与研究, 2012(4): 96-97.
[59]俞秋娟. 图书馆文献征集流程优化研究[J]. 图书馆建设, 2012(8): 8-10.
[60]袁辉, 杨新涯, 秦鑫. 基于流程优化的图书馆书评系统应用研究与实践[J]. 图书馆建设, 2013(4): 76-79.
[61]樊伟红. 图书馆管理信息系统设计[J]. 中国科技信息, 2015(2): 118-120.
[62]郭亚丽. 中小型图书馆管理信息系统的设计与实现[J]. 电脑开发与应用, 2012, 25(7): 29-31.

[63]侯铎远. 图书馆管理信息系统的建立及发展[J]. 科技视界, 2015(5): 121, 187.
[64]宋亭. 图书馆管理信息系统的功能扩展管理分析[J]. 中国管理信息化, 2014, 17(13): 103-104.
[65]黄超华. 浅谈高校图书馆管理系统的应用[J]. 信息技术与信息化, 2014(12): 22-23.
[66]高珊. 我国图书馆管理系统功能分析[J]. 中小企业管理与科技旬刊, 2015(7): 62-63.
[67]姜春义. 论图书馆智能信息系统与智能管理系统[J]. 农业图书情报学刊, 2012, 24(3): 47-50.
[68]乔磊. 国家图书馆智慧型 RFID 文献管理系统扩展应用[J]. 情报探索, 2013(9): 77-80.
[69]鄂鹤年. 图书馆管理系统的现状和未来[J]. 大学图书馆学报, 2013(4): 69-73.
[70]李锦兰. 高校图书馆自动化管理系统的使用情况调查分析[J]. 图书馆学研究, 2012(3): 37-41.
[71]金雪梅, 刘维华. 试论图书馆学位论文管理系统的功能需求[J]. 图书馆工作与研究, 2013(7): 46-49.
[72]程丽萍. 分析通用数字图书馆管理系统设计和实现[J]. 科技创新导报, 2012(32): 220.
[73]王岚. 智慧图书馆与数字图书馆发展模式比较研究[J]. 大学图书情报学刊, 2014, 32(6): 67-70.
[74]赵文彬. 智慧图书馆管理系统的应用探究[J]. 网络与信息工程, 2015(3): 98-100.
[75]金春福. 关于高校图书馆建设数字资源存储系统的若干思考[J]. 才智, 2014(29): 144.
[76]李硕. 电子文献资源采购管理系统的设计与实现[J]. 信息工作研究, 2015, 25(3): 116-118.
[77]金雪梅. 试论图书馆学位论文管理系统的功能需求[J]. 图书馆工作与研究, 2013: 46-49.
[78]张健. 试论图书馆图书管理信息系统的设计[J]. 科技创新导

报，2014(16)：184.

[79]张宏伟. 高校图书馆图书捐赠信息系统的研究与实现[J]. 黑龙江科技信息，2014(17)：135.

[80]宋蔓蔓. 图书馆期刊管理系统的设计与实现——以河北金融学院图书馆为例[J]. 中国市场，2015(26)：137-138.

[81]张晖. 客户关系管理在数字图书馆中的应用[J]. 情报探索，2014(9)：7-10.

[82]张淼. 图书馆客户关系管理系统分析与 UML 建模[J]. 现代情报，2012，32(11)：92-96.

[83]庄玫. 清华大学图书馆读者违规辅助管理系统的设计与实现[J]. 现代图书情报技术，2013(7/8)：132-136.

[84]秦萍. 高校图书馆数字化教参管理系统调研[J]. 现代情报，2013，33(7)：142-146.

[85]陈淑英. 高校图书馆嵌入学习管理系统设计与运行策略研究[J]. 情报科学，2015，33(7)：113-118.

[86]胡丽娜. 高校图书馆短信服务信息系统的设计与分析——以黑龙江工业学院为例[J]. 黑龙江生态工程职业学院学报，2013，26(6)：30-31.

[87]夏文忠. 微信公众平台在图书馆信息系统中的应用[J]. 吉林广播电视大学学报，2015(8)：10-11，51.

[88]覃燕梅. 高校移动图书馆 APP 功能优化及拓展研究[J]. 图书与情报，2015(6)：122-125.

[89]陈婧. 政府信息资源协作管理生命周期模型实证研究[J]. 情报科学，2014(2)：134-150.

[90]祁兴兰. 新世纪十年我国图书馆联盟建设的现状及区域性特点[J]. 高校图书馆工作，2012(4)：35-40.

[91]杜杏叶，等. 我国图书馆联盟管理与运行机制现状调查研究[J]. 图书情报工作，2014(5)：37-45.

[92]王惠英. 我国图书馆联盟研究进展与未来展望[J]. 图书情报工作，2013(8)：140-145，106.

[93]翟伟，周伟. 近 10 年我国图书馆联盟发展现状与对策[J]. 图

书馆建设，2012(6)：91-94.

[94]严凤玲，高波. 美国图书馆联盟战略规划调查与分析[J]. 图书情报工作，2014(3)：27-33.

[95]孔凡莲，高波. 加拿大图书馆联盟战略规划实践及启示[J]. 图书馆建设，2014(10)：62-69.

[96]高波，邝婉玲. 澳大利亚大学图书馆联盟战略规划的内容、特点及启示[J]. 大学图书馆学报，2014(6)：10-17.

[97]陈哲. 国内外图书馆联盟信息资源共享模式比较研究[J]. 现代情报，2012(1)：60-62.

[98]吕娜娜. 图书馆联盟的读者决策联合采购——以加拿大安大略省图书馆联盟为例[J]. 图书情报工作，2014(12)：90-94.

[99]张丹，鄢朝晖. 国外图书馆联盟中的读者决策采购及对我国的启示[J]. 图书馆建设，2014(10)：20-23.

[100]唐虹. 图书馆联盟协同管理模式研究[J]. 图书馆学研究，2012(16)：79-83.

[101]王纪坤. 图书馆联盟持续成长的协同机制[J]. 图书馆，2014(5)：39-41.

[102]黄明珊. 图书馆联盟协同效应的层次结构研究——基于资源—能力观的视角[J]. 图书馆论坛，2014(4)：18-22.

[103]冯小桓. 浙江省高校数字图书馆联盟中特色数据库建设的调查分析[J]. 图书馆学研究，2013(4)：81-84.

[104]高洁，陈晨. 天津市高校图书馆联盟在线信息素质合作教育模式构建[J]. 图书馆工作与研究，2013(2)：68-71.

[105]郑贵榕. 闽台高校图书馆联盟构建策略研究[J]. 图书馆学研究，2013(8)：82-85.

[106]靳国艳. 黑龙江省高校图书馆联盟建设研究[J]. 现代情报，2012(9)：131-133.

[107]梁欣. 移动图书馆联盟：高校图书馆信息资源共享未来的发展趋势[J]. 情报资料工作，2012(2)：65-69.

[108]谌立新. 我国体育院校图书馆联盟资源建设与共享策略研究[J]. 图书馆工作与研究，2013(9)：54-57.

[109]金声. 松散型高校图书馆联盟运作机制的构建与实践——以广东省高职院校图书馆共享联盟为例[J]. 图书馆工作与研究, 2012(8): 54-57.
[110]詹庆东. 大学城图书馆联盟顶层设计[J]. 图书情报工作, 2013(12): 56-59.
[111]宋丽华. 基于媒体工具的高校图书馆联盟合作机制研究——以微博为核心[J]. 现代情报, 2013(3): 135-138.
[112]喻璋. 江西高校图书馆联盟实践与发展问题研究[J]. 图书馆学研究, 2012(2): 85-89.
[113]范晨晓. 基于高校数字图书馆联盟的移动图书馆建设 SWOT 分析[J]. 现代情报, 2012(9): 12-19.
[114]洪彤, 王茜. 日本 JUSTICE 对我国外语院校图书馆联盟建设的启示[J]. 图书馆工作与研究, 2012(9): 65-68.
[115]武克涵, 邓菊英. 美国威斯康星州公共图书馆联盟建设探析[J]. 图书馆建设, 2015(5): 37-40.
[116]谷俊娟. 美国公共图书馆电子书借阅服务模式的启示与思考——以威斯康星州公共图书馆联盟为例[J]. 图书馆工作与研究, 2012(200): 34-37.
[117]许子媛. 图书馆联盟与公共文化服务体系服务共建研究[J]. 图书馆, 2013(4): 31-33.
[118]邱远棋, 覃梦河, 李明伍. 四川省高校图书馆与县镇公共图书馆联盟博弈探析[J]. 图书情报工作, 2014, 28(1): 25-26.
[119]袁红军. 国内省级区域图书馆联盟信息服务调查与分析[J]. 图书馆学研究, 2014(2): 78-82, 64.
[120]吴正荆, 孙成江. 区域图书馆联盟可持续发展研究——以吉林省图书馆联盟为例[J]. 情报资料工作, 2012(3): 97-100.
[121]宋乐平. 中小城市异质性图书馆联盟资源共建共享的博弈分析[J]. 图书馆, 2012(2): 51-53.
[122]张利敏, 孙成江. 区域图书馆联盟社会评价简析[J]. 图书馆学研究, 2013(7): 95-97.
[123]吴雷, 郭春燕, 周艳. 合作与共享: 图书馆联盟发展的现状与

未来——2012年图书馆区域合作与资源共享国际学术研讨会学术报告综述[J]. 情报资料工作, 2013(3): 73-76.
[124]李国俊, 肖明, 陈嘉勇, 等. 基于网络科学的国内高校图书馆合作网络研究[J]. 情报杂志, 2013(4): 121-126, 133.
[125]蒲勃. 省级公共图书馆合作式数字参考咨询服务调查分析[J]. 现代情报, 2013(2): 86-89.
[126]史拓. 美国公共图书馆与中小学图书馆合作促进机制研究[J]. 图书馆工作与研究, 2012(3): 108-111.
[127]杨青. 西北地区图书馆合作数字参考咨询服务初探[J]. 四川图书馆学报, 2013(1): 36-40.
[128]韦衣昶, 何小玲. 改革开放30年来国内书商与高校图书馆合作关系的发展[J]. 图书情报工作, 2012(1): 136-140.
[129]李宏荣. 专业图书馆发展策略研究[J]. 图书馆论坛, 2009, 29(6): 110-113, 226.
[130]蒋晨. 国内社科院图书馆特色资源调查分析[J]. 图书馆杂志, 2014(5): 54-59.
[131]刘甲库. 美国、挪威、日本监狱图书馆比较研究与借鉴[J]. 图书情报工作, 2013, 57(19): 81-86.
[132]尚文玲, 蒋丁苾, 段青, 张媛媛, 姜岩, 李薇. 浅析专业图书馆中文期刊采购中的问题及应对策略——以中国中医科学院图书馆为例[J]. 现代情报, 2012(10): 111-113.
[133]张晓林. 关于进一步推动我国开放获取政策与机制的若干思考——中国科学院国家科学图书馆馆长张晓林教授采访录[J]. 中国科技期刊研究, 2013, 24(1): 150-153.
[134]刘细文, 吴鸣, 张冬荣, 迟培娟. 中国科学院研究所文献情报机构的知识服务探索与实践[J]. 图书情报工作, 2012, 56(5): 5-9.
[135]刘娅, 王艳. 科学图书馆开展决策支持信息服务探讨[J]. 实践研究, 2006(6): 712-714, 741.
[136]中国科学院国家科学图书馆. 资源与服务指南[EB/OL]. [2015-7-3]. http://www.las.ac.cn/zhinan/qy.html.

[137]杨雨霖. 国家科学图书馆学科化服务的特点[J]. 新世纪图书馆, 2012(8): 43-45.
[138]江洪, 钟永恒, 於维樱. 产业技术分析服务: 专业图书馆新的探索与实践[J]. 图书情报工作, 2013, 57(7): 40-44.
[139]任宁宁. 泛在图书馆与社科院图书馆的服务创新[J]. 情报资料工作, 2012(4): 78-81, 105.
[140]吴育良, 潘志良, 韩松林. 基于智库理念的图书馆信息服务研究——以社科院图书馆为例[J]. 情报资料工作, 2014(3): 70-73.
[141]张闪闪. 数字环境下科学专业图书馆的SWOT分析与发展策略[J]. 图书馆理论与实践, 2015(6): 87-89, 109.
[142]郭俊平. IFLA《政府部门图书馆指南》的解读与分析[J]. 情报资料工作, 2014(5): 110-112.
[143]庞晓婧. 依托高校图书馆的企业图书馆运行模式探讨[J]. 图书馆工作与研究, 2012, 1(11): 95-98.
[144]王璞, 邓婉昕, 刘芳, 周力虹. 国外医院图书馆知识服务发展初探[J]. 图书馆理论与实践, 2016(1): 6-11.
[145]吴临军. 再造医学图书馆业务流程　服务医院学科建设[J]. 中华医学科研管理杂志, 2006, 19(30): 165-166.
[146]谭益阳. 我国监狱图书馆研究综述[J]. 图书馆建设, 2014(6): 12-16.
[147]卓尕措. 藏区佛教寺院图书馆建设之我见[J]. 图书馆工作与研究, 2012(9): 81-83.
[148]李英. 佛学图书馆藏书结构与特色探析——以世界佛学苑图书馆为例[J]. 四川图书馆学报, 2015(1): 83-85.
[149]王春雪. 伟人或名人图书馆的功能定位与发展模式探析[J]. 四川图书馆学报, 2013(6): 9-11.
[150]杨姜英. 张元济图书馆[J]. 图书馆建设, 2012(6): 2.
[151]唐亦玲. 动漫图书馆发展问题之我见[J]. 新世纪图书馆, 2013(6): 77-79.
[152]黄如花. "国外图书馆的动漫资源建设与服务"专题引言[J].

图书与情报，2015(2)：1-1.
[153]郭红宇. 浅谈图书馆员素质培养[J]. 图书情报工作，2011(1)：300-301.
[154]吕新华. 从服务渐进角度论学科馆员能力的梯次提升——以国家科学图书馆学科化信息服务为例[J]. 图书馆学研究，2013(2)：85-87.
[155]郭俊平. IFLA《政府部门图书馆指南》的解读与分析[J]. 情报资料工作，2014(5)：110-112.
[156]朱蓉. 医院图书馆学科化服务[J]. 中华医学图书情报杂志，2011，20(2)：17-19.
[157]吴金仲，沈光宝，温汉荣. 图书馆服务质量评价方法的发展与研究进展——从 SERVQUAL 到 LibQUAL+Lite[J]. 图书馆建设，2013(5)：51-54.
[158]周月莲，等. 基于 LibQUAL+TM 的高校图书馆服务质量评价研究——以河北工业大学图书馆为例[J]. 图书馆工作与研究，2014(2)：109-112.
[159]刘昆雄，等. 高校图书馆用户与馆员的心理契约绩效评估——基于 LibQUAL 评价模式的实证研究[J]. 图书馆，2013(2)：47-49.
[160]孙明，等. 基于三角模糊数的高校图书馆服务质量评价指标权重值研究[J]. 图书情报工作，2012(9)：89-93.
[161]王萍，等. 关键事件技术与主成分分析法在高校图书馆服务质量评价中的应用[J]. 情报理论与实践，2012(12)：79-85.
[162]刁羽. 高校图书馆服务质量评价体系的优化研究——基于 Kano 模型与服务质量差距模型的视角[J]. 图书馆学研究，2013(8)：22-27.
[163]唐晓玲，何燕. 基于 QFD 和 Kano 模型的数字图书馆质量评估研究[J]. 情报理论与实践，2013(6)：89-92.
[164]郑彬，赵振宇，廖标长. 基于灰关联分析法的图书馆服务质量评价——以广东海洋大学图书馆为例[J]. 情报科学，2012(9)：1345-1347，1395.

[165]胡秀梅，贾哲. 基于差异显著性检验的图书馆服务质量评估方法探析[J]. 图书情报工作，2012(1)：78-81.
[166]郭云鹏，徐宝祥. 基于重要-满意象限法的高校图书馆服务质量评价[J]. 情报科学，2014(12)：93-97，104.
[167]施国洪，徐宁. 公共图书馆服务质量评价模型构建与应用研究——基于 InsyncSurveys 的视角[J]. 情报杂志，2014(3)：182-186.
[168]田丽娜，聂玉敏. 高校图书馆流通服务质量评价指标体系研究[J]. 图书情报工作，2012(S2)：218-220，214.
[169]齐向华. 图书馆电子服务质量评价研究[J]. 情报理论与实践，2013(7)：58-62.
[170]沈思，王晓文，崔旭. 基于计划行为理论的高校图书馆移动信息服务质量评价[J]. 现代情报，2016(2)：70-73，85.
[171]胡芳，粟慧. 杭州图书馆 ISO9000 质量管理体系认证实践及启示[J]. 图书馆学研究，2012(24)：32-34，37.
[172]唐琼，陈晓雯. 我国台湾高校图书馆 ISO9000 应用状况分析[J]. 图书馆论坛，2015(2)：95-101.
[173]沈苏林，陈春英. 基于 ISO9000 原则下高职院校图书馆质量管理体系架构研究[J]. 图书馆工作与研究，2014(11)：55-59.
[174]沈涛. 从 ClimateQUAL™评价指标谈图书馆组织气候培养[J]. 图书馆，2013(6)：88-89.
[175]刘素清，廖三三. 用户视角下的电子资源利用障碍及对策[J]. 图书情报工作，2013(21)：48-51，10.
[176]唐奇. 浅谈六西格玛在高校图书馆管理中的应用[J]. 图书馆工作与研究，2014(5)：107-109.
[177]赵文升，江友霞，常思浩. 市场营销理念下图书馆以读者需求为导向的阅读服务研究[J]. 图书馆学研究，2013(23)：54-59.
[178]刘虹. 网络环境下图书馆纸质文献的采购策略优化[J]. 图书情报工作，2014(2)：43-45.
[179]吴佩娟. 期刊论文数据库外包过程中的质量控制[J]. 图书馆

杂志，2013(6)：40-43，57.
[180]李祝启，陆和建. ISO 模式下公共图书馆中文图书编目质量控制研究——以安徽省图书馆 ISO9001 质量管理体系为例[J]. 图书馆杂志，2015(3)：35-38.
[181]柯平，朱明，闫娜. 国外图书馆管理研究述评[J]. 中国图书馆学报，2013(5)：83-97.
[182]吴冬曼，郭依群. LibQUAL+~的演进与我国本地化研究与实践[J]. 图书情报工作，2012(15)：42-48.
[183]吴海茹. 加州大学基于 D-M Score 的 LibQUAL+数据分析研究[J]. 图书馆学研究，2015(10)：83-87.
[184]郭晓瑞. 图书馆资源建设过程中全面质量管理体系的应用研究[J]. 图书馆论坛，2012(2)：65-69.
[185]刘莉. 图书馆实施质量管理 S-Set 模型的构建[J]. 图书馆学研究，2012(15)：22-26.
[186]朱明，胥伟岚. 2003—2012 年国外图书馆管理系统研究述评[J]. 图书情报工作，2013(9)：129-134.

【作者简介】

周力虹，男，汉族，1983 年生，英国谢菲尔德大学图书情报学博士，现任武汉大学信息管理学院图书馆学系副教授，硕士生导师，院长助理，楚天学子，珞珈青年学者。主要研究方向为：图书馆管理与服务、知识管理、医疗信息学、信息系统和项目管理。在高水平期刊和会议上发表论文 50 余篇，世界信息系统协会(AIS)、Emerald Literati Network、欧洲信息管理协会(IADIS)成员，多次被 SCI/SSCI 期刊和国际知名学术会议邀请为同行评议专家。

段欣余，女，汉族，1993年生，武汉大学信息管理学院图书情报专业硕士，主要研究方向为图书馆管理、数据管理。参与创作成果包括“基于新浪微博平台的北京市高校图书馆移动服务研究”等。

屠晓梅，女，汉族，1990年生，武汉大学信息管理学院图书情报专业硕士，主要研究方向为知识管理和图书馆管理。

科学知识图谱研究进展

杨思洛
(武汉大学信息管理学院)

[摘　要]目前科学知识图谱成为图书情报学科重要的研究领域。通过系统文献调研，综述了科学知识图谱研究进展，具体包括：从知识单元关系角度归纳知识图谱构建的6种方法(基于共引、文献耦合、共词、合作、互引及多种关系结合等)；全面阐述了8个步骤组成的知识图谱绘制流程(数据检索、数据预处理、构建知识单元、数据分析、可视化与解读等)；总结了知识图谱的绘制软件，并详细比较9种专门知识图谱工具；提出知识图谱应用研究的总体框架，从3个方面总体把握知识图谱应用研究现状；最后从理论体系的构建、绘制方法的完善、应用的深入3个方面展望了知识图谱研究的发展趋势。

[关键词]科学知识图谱　知识可视化　综述

Current Situation of Mapping Knowledge Domain

Yang Siluo
(School of Information Management, Wuhan University)

[**Abstract**] Mapping Knowledge Domainare the current research hot spots in the field of Library and information science. Through the systematic literature research, the research progress of scientific knowledge map is reviewed: six methods of constructing knowledge map andeight steps of the knowledge map drawing process are fully described; the drawing software of scientific knowledge is summarized, nine kinds of specialized knowledge map tools are compared. I put forward the general framework of applied research of knowledge map, and grasp the current situation of applied research of knowledge map from three aspects. Finally, I look forward to the development trend of knowledge map research from the three aspects of the construction of theoretical system, the perfection of drawing method and the application.

[**Keywords**] mapping knowledge domain knowledge visualization reviews

1 前 言

知识图谱是以科学知识为对象，显示学科的发展进程与结构关系的一种图形，具有"图"和"谱"的双重性质与特征；作为对科学知识及其关系可视化所得出的结果，它具有较为直观、定量、简单与客观等诸多优点，被广泛应用并取得较可靠的结论；目前成为图书情报学、管理学、科学学等领域的研究热点。知识图谱具有的重要作用包括：①通过知识图谱较形象、定量、客观、真实地显示一个学科的结构、热点、演化与趋势，是学科基础研究的新视角。②在科学知识的动态变化系统内，可视化知识进程与知识之间的联系，展示科学的进化与认知结构，完成知识发现和知识挖掘的5W[1]。③对图书情报学科具有更重要的意义，目前图书情报研究"知识化"现象明显，知识图谱大有用武之地；不仅可以可视化学科知识结构，也有助于信息检索、分类与知识服务等。④知识图谱可描述、解释、预测和评价科学知识。通过学者发表的科学文献和其中知识单元的可视化，使得文献知识通过空间布局形象地展示，来揭示科学知识交流。

知识图谱的起源最早可追溯到文献计量学和科学计量学的诞生时期，例如普赖斯用简单的曲线可视化科学知识指数增长规律。到20世纪50年代，加菲尔德创制《科学引文索引》，并以编年体形式手工绘制引文网络图谱；随后“文献耦合”“科学引文网络”“同被引”“共词”“引文可视化”等相继提出，科学知识可视化成为专门研究领域。从20世纪末开始，随着计算机网络技术的迅猛发展，特别是信息可视化技术的突破，复杂网络系统研究和社会网络分析方法的引入；科学技术研究受到各国普遍重视，知识的数量、种类和结构呈快速变化；受到基因图谱、信息可视化、GIS和超文本可视化发展的影响而正式提出知识图谱；以前对学科知识的把握犹如“盲人摸象”，且大象是不断变化形状的，知识图谱实现了较为客观、大规模、可重复、自动化地快速展示知识及其结构。

知识是一个内涵非常丰富的概念，它无所不在地广泛存在于社会各个领域。由于是引入的概念，国内对知识图谱定义也有多种，即使有人用“科学知识图谱”来概括，科学知识也是一个比较大的范畴。我们认为知识图谱广义上包括：生物的基因图谱、教育教学中的认知地图、探索太空的天体图、描绘地形的GIS图、模拟人脑的神经网络图、各种金属图谱等。因为这些都是对(科学)知识的可视化展示。而狭义的知识图谱主要限定在Science mapping、Bibliometric mapping、Literature mapping、Mapping Knowledge Domain等内容[2]，主要是通过对文献知识单元及其相互关系分析来可视化科学知识的结构、关系与演化过程。本文则是对狭义知识图谱的分析。

2 科学知识图谱方法研究

知识图谱是对知识单元及其关系的可视化展示，所以知识单元关系的构建方法是其关键内容。

2.1 基于共引的知识图谱分析

对共引的关注由来已久，但是作为分析学科结构的方法则兴起于White的研究。1981年White和Griffith提出以作者共引关系作为分析学科(领域)结构的途径，并且以情报学为例，通过对作者共引来可视化学科结构进行了系统研究；他们认为作者共引分析为学科结构分析提供了新方法和视角[3]。1990 年，McCain 提出了作者共引分析的六个步骤：选择共引作者、检索共引频次、构造共引矩阵、转化为相关系数矩阵、多元分析和结果解释[4]。1994 年，Persson 采用作者共引分析情报学，认为施引文献构成了研究前沿，而将被引的文献称作研究前沿的知识基础，并且两者间具有一致性[5]。1998 年，White 和 Griffith 又使用作者共引分析方法，可视化展示了情报学的学科结构，并且以 8 年为一个时间段展示了情报学的两大分支领域及作者的分布情况等内容。[6]

此后，作者共引分析成为可视化学科结构的热点。使用和 White 同样的数据源和方法，Zhao 和 Strotmann 分析了情报学科在互联网兴起的十年(1996—2005 年)中的结构，提出了一种识别学科结构可视化结果的新的因子分析方法[7]。Zhao 和 Strotmann 也对比了所有作者与第一作者共引分析，以情报科学为例，选择 Scopus 作为数据源，发现第一作者共引分析利于分析一些独著的理论研究者，而所有作者共引分析可绘制出学科最新的图谱，在识别合作作者群时有优势[8]。Schneider 等人比较分析了作者共引分析的不同方法：两种不同的分析单位，即仅仅统计第一作者和统计所有作者；两种不同的矩阵生成方法，即传统的多变量方法和 Drexel 方法。他们还发现：包括所有作者的同被引分析在图谱中聚集效果更好；两种矩阵生成方法产生的图有一些相似，但是 Drexel 方法所产生的结果明显有较低的应力值，更易于集中成组。[9]

Klavans 和 Boyack 则通过文献共引分析比较了情报学的全域与局部知识图谱：局部图通过代表性的情报学期刊所有论文为数据源，全域图则是绘制全部科学图谱，然后在此背景下定位特定的学科领域。他们认为全域图比局部图能更精确地区分学科结构，全域图在聚类方面具有更高的文本一致性[10]。Jeong 等人提出基于内容的共引分析，根据作者引文的内容(上下文语境)来测度作者共引联系，具体提取情报科学期刊论文全文中施引的语句，计算相似度。实证表明该方法可得到与传统的作者共引分析相似的情报学科结构图，而且比传统方法能提供更多的学科内部结构细节内容[11]。此外，也有学者对基于位置的共引分析学科结构的尝试，具体关注两被引对象在施引论文中的位置，来决定其联系程度，例如在同一位置，或者同一句、同一段中的引用情况[12]。

2.2 基于文献耦合的知识图谱分析

文献耦合分析由 Kessler 于 20 世纪 60 年代提出，最初用于科技文献的分类、获取和检索，后来扩展到学科结构的识别和可视化[13]。基于之前的系列发现和理论考察，Jarneving 提出文献耦合可以结合聚类手段形成一种知识图谱的新方法，可以与流行的共引分析互为补充[14]。Ma 分析了文献耦合和作者耦合的关系，以及三种作者耦合强度的计算方法。对比实证发现，作者耦合分析能够较好地挖掘学科的"前沿知识结构"，它与作者同被引结合可以更科学、全面地发现学科的知识结构[15]。Huang 等人结合文献耦合和共引方法分析了 OLED 领域研究前沿的进化，并对比两种方法的异同及方法的有效性[16]。

Zhao 和 Strotmann 等人通过文献耦合分析，多次描绘情报学的学科结构。2008 年，Zhao 和 Strotmann 使用作者文献耦合分析了情报学结构，具体把 10 年样本数据(1996—2005 年)分为两个时间段进行比较分析。与作者共引分析相比，作者文献耦合能展示一个研究领域的当前状态[17]。2014 年，他们又使用作者文献耦合和作者共引展示情报学科结构最近的十年(2006—2010 年)[18]发展情况。宋艳辉和武夷山以 Scientometrics 为例，分两个时间段研究 20 年间科学计量学的知识结构与演进状况，并以此来研究作者文献耦合分析法与作者关键词耦合分析法在揭示学科领域知识结构方面的异同[19]。

2.3 基于共词的知识图谱分析

词语是表现知识内容和语义最重要的单元之一，词语可直接来自文献的关键词，也可从论文摘要、标题和全文中抽取。从共词角度分析学科结构具有直接性、客观性等优点，同时也存在一词多义、一义多词等问题。Besselaar 和 Heimeriks 提出使用标题单词作为研究主题内容的指标，参考文献被用来赋予单词含义的关联语境，研究主题由单词——参考文献之间的结合联系程度来呈现。他们认为该方法有独特的优点，并且对情报科学进行了实证分析[20]。Yang 等人可视化医学信息学研究领域的主题结构的变化、主题演变过程及其主题内部关系的改变。使用三种不同的共词方法，认为聚类树图显示了学科结构，战略坐标揭示了特定主题的重要性，社会网络图表示学科内部的联系，三种方法可结合起来使用[21]。Ravikumar 等人利用文本挖掘和共词分析探索了科学计量学(2005—2010 年)的学科结构，具体从论文标题、关键词和摘要中人工抽取词汇[22]。

Milojevĉ 等人通过对论文标题的共词分析来可视化图书情报学科结构，发现图书情报学科的三大分支：与传统图书馆相关的内容、与情报相关的分支、相对独立的文献计量学和科学计量学内容。信息查询行为正逐步分离独立，图书情报学科在不断变化特别是受互联网的影响较大[23]。Wang 等人提出一种基于语义的共词分析法，认为该方法利用主题图来描述专家知识，以该主题图为指导进行共词分析，能有效克服共词分析中存在的问题[24]。Zong 等人使用共词分析法，可视化展示了中国图书情报学博士学位论文的研究内容结构，包括研究领域的内外结构及主题间的联系，从 6 个学位论文数据库和 10 个博上授权单位中综合获取[25]。链接分析是网络计量学的关键内容，但是链接数据的获取仅仅通过商业搜索引擎这一途径，这点急需改进。Vaughan 和 You 提出一种网络计量新概念，认为网页中词语的共现也是机构关系的一种重要测度，词可以从一般搜索引擎和博客搜索引擎中得到。具体从 Google 和 Google Blog 中收集数据，使用多维尺度法可视化展示，并与共链接结果对比表明词共现分析是与共链一样有用的方法[26]。

2.4 基于合作的知识图谱分析

基于合作的知识图谱分析是通过社会网络分析等方法可视化展示合作网络，也主要从合著的角度来分析学科合作情况，对合著网络进行可视化展示能直观、方便地分析合作行为和方式。已有学者分析合作网络集中在网络拓扑结构和网络统计机理等方面。Yan 和

Ding 应用网络中心性来测度合作网络微观特征和影响力。具体构建了进化型的合作网络，并使用接近中心性、中介中心性、度中心性和 PageRank 四种中心性测度指标，发现这些指标与引文量存在显著相关性[27]。Hou 和 Kretschmer 在学者层面可视化分析了科学计量学的合作网络结构，综合使用社会网络分析、共现分析、聚类分析和频次分析等方法。发现科学计量学研究者的微观合作网络，整个网络中较大的合作领域及不同的合作子网络，合作网络中的合作重点与中心等[28]。Liu 等人使用二进制无向网络模型(binary undirectional network model)代表合作网络，分析了著名国际会议中数字图书馆研究的合作情况。他们也提出了基于权重的有向网络模型表示合作网络，使用 AuthorRank 识别作者在合作网络中的影响力。通过专家验证，显示 AuthorRank 算法在度、接近性和中介中心性等指标测度方面的优势[29]。

Glänzel 和 Schubert 基于学者和国家层面分析，发现 20 世纪后期在合作数量上和结构上所发生的重大变化，这些变化很大程度上归因于全球化趋势和欧洲的政治体系重构[30]。Kretschmer 提出一种新的可视化合作网络方法，并且认为也可用于一般网络分析，具体研究了合作网络中学者的产出与地理距离之间的关系。发现随着合著网络图中边的密度增加，大多数学者通过网络连接在一起，即存在若干个由顶点和边构成的组，而在某些学科中最大的一个组顶点数占总数的比例可高达 80%到 90%。她还发现作者生产力和文献合著网络的最短距离的相关性，与低产量作者相比，高产作者与数据库中所有作者之间的平均距离较短[31]。Kretschmera 等人也提出基于社会格式塔(social gestalts)理论的三维可视化模型，并对男性和女性合著网络进行了可视化对比分析[32]。

2.5 基于互引的知识图谱分析

互引(直引)分析的研究也曾引起过研究人员的注意[33]，但是由于数据可获得性等原因而被忽视[34]，直到最近才被大家所逐渐重视。其主要研究互引所形成的学者引证引同，基于互引的知识转移和传播情况，集中在期刊互引来进行知识交流、主题分类以及期刊评价的相关内容[35][36]。Zhang 等人研究了互引网络中，特定期刊的作用和发现科学期刊中知识流动的结构模式。不仅测度特定期刊在交流网络中的地位，也揭示了知识背景、语言障碍和缺乏国际性是阻碍期刊发挥作用的重要因素，还识别出一些高度跨学科性的期刊[37]。Neeley 提出一种科学文献中测度跨学科联系的方法。具体从使用度和重要性两方面选择核心期刊进行互引分析，通过对管理学和社会科学文献进行测试。结果表明，与社会科学文献依赖管理学文献和两学科相互依赖相比，管理学文献更依赖社会科学文献[38]。

Shibata 通过选择三个典型领域的样本数据，对比了利用同被引分析、文献耦合分析和互引分析所获得的网络图在识别新兴研究前沿方面的性能。结果发现在时间维度上，互引分析能够最快地探测到新兴的、较显著的研究前沿，文献耦合分析次之，而同被引分析则探测的最慢。互引分析的聚类系数最高，在探测研究前沿方面，互引分析引起误差的可能性最小，不过，互引分析不太方便用于大规模文献集合[39]。Wang 等人将科学计量学领域内的核心作者作为实证对象，可视化展示了作者互引关系，并通过因子分析可视化学科的结构[40]。Yang 等人可视化分析了国内外情报学领域中高产、高被引和核心作者三大作者群体的互引网络，并通过核心作者的互引可视化展示了中外情报学科结构[41]。Leydesdorff 等人对比分析了 Scopus 和 Web of Science 中相同期刊间的引证关系，具体对 10524 种期刊引证网络通过层叠图的形式可视化展示[42]。

2.6 基于多种关系结合的知识图谱分析

为识别和解释共引聚类的结构和变化，Chen 等人提出多维共引分析方法，该方法集成了网络可视化、光谱聚类、自动聚类标签、文本摘要等多种技术。以情报学为例，从 3 个方面可视化情报学结构：对比式作者共引分析、进化式作者共引和文献共引分析[43]。Boyack 和 Klavans 发现可视化聚类效果方面，基于文献互引要好于基于文献共引，基于文献耦合的方法最差，但是如果把三种方法综合起来，效果要好于任何一种单一的方法[44]。Jarneving比较了同被引和文献耦合分析在描绘研究前沿的效果，发现两组文献簇分别有1/3左右的文献与另一组重合，对这两个文献簇中的文档分别进行了词语匹配，发现两种方法通过不同的途径描绘出了研究前沿[45][46]。也有一些学者结合引文分析和共词分析可视化学科结构。Besselaar等人认为"词语-参考文献"共现的方法，结合了文档的两种相关的属性，能够更容易地确定研究专业的精细结构[47]。Lut和Wolfram绘制图书情报学科结构图谱，具体使用向量空间模型的静态和动态作者共词方法、LDA(latent dirichlet allocation)算法的作者共主题方法，并与传统方法(结合多维尺度分析和层次聚类的作者共引分析)对比，实证发现两种共词方法产生相似的图谱，而基于主题的方法产生更独特的图谱[48]。

Yan和Ding分析了可视化学科结构的6种学术关系网络(机构文献耦合、互引网络、共引网络、主题网络、合作网络、共词网络)，具体从机构层面展开，使用余弦相似度测量6种网络。发现主题网络和合作网络有最低的相似度，互引和共引网络、耦合和共引网络、共词和主题网络分别有较高的相似度，在研究学科结构时，最好能混合或综合多种方法以达到较好的效果[49]。Qiu等人构建了作者合作、作者共引、作者文献耦合、作者关键词耦合及作者期刊耦合5种网络，通过这些网络可视化展示图书情报学科结构，利用层次聚类和网络关联分析比较不同共现网络揭示科学研究结构的能力[50]。

此外，也有学者尝试通过其他关系构建知识单元网络并进行可视化。例如Zheng和Liu使用VOSviewer软件可视化展示了90个重要的国际学术奖项，具体使用"共授奖"建立关系网络[51]。Liu等人使用形式概念分析（formal concept analysis）方法可视化图书情报学科结构，具体通过代表性关键词和作者来描述学科的9个主题[52]。也有一些学者借鉴传统文献知识单元关系，尝试构建网络知识单元关系并进行可视化，例如基于共链接、URL共现、共推荐、共评论、共好友等关系的知识图谱研究[53]。

3 科学知识图谱流程研究

早在 1997 年，White 等人将文献计量可视化的步骤归纳为 5 点[54]；针对新环境下的知识可视化，Börner 等人将其分为 6 部分：提取数据、定义分析单元、选择方法、计算相似度、布局知识单元和解释分析结果[55]。Cobo 等人则将其分为 7 个部分：数据检索、处理、网络提取、标准化、作图、分析和可视化[56]。我们认为知识图谱绘制过程可由 8 个部分组成，具体内容见图 1[57]。

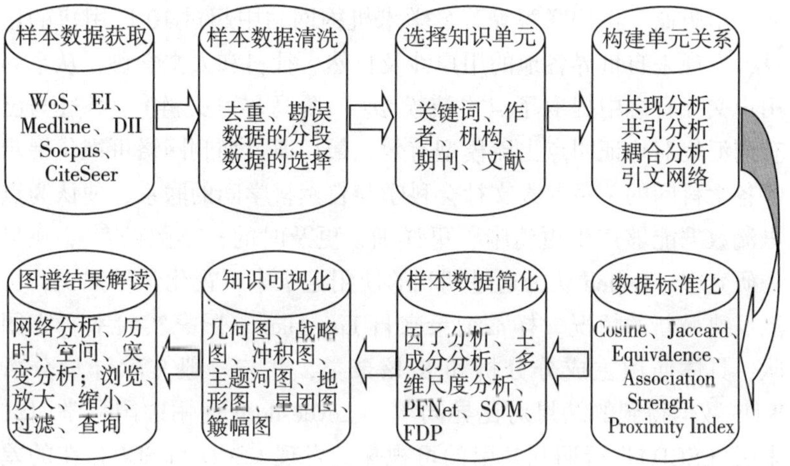

图 1　知识图谱绘制的一般流程

3.1 数据检索

样本数据的检索与获取是绘制知识图谱的前提和基础。大型文献数据库的建立并提供网络访问，可以较大批量下载数据，为样本获取提供方便。最常用的数据库有 WoS、Scopus、Science Direct 等；专利数据则有美国专利商标局的 USPTO 和 Derwent Innovations Index；也出现了 Google Scholar、arXiv、CiteSeerX 等许多新的专业或综合性网络数据库。已有许多研究对各类数据库的功能、收录范围、覆盖广度、质量对比分析，结果表明数据库各有特色，特别是一些新兴的网络数据库具有新的功能，例如，网络引文数据库CiteSeer，利用有网络全文的优势，实现了基于语境的引文分析功能[58][59]。利用全文数据库和传统引文数据库进行共引分析，可视化学科结构也具有较大的差异[60]。需要根据研究的对象和目的来选择或综合应用数据。此外，从数据库中获取合适的样本文献也成为关键问题，Huang 以大数据领域为例，提出 4 种途径结合的方法：核心词查询、扩充词汇查询、专门期刊搜索、参考文献分析[61]。

目前越来越多的科学知识是通过网络交流和获取。Bollen 等人使用出版商、机构联盟等著名学术机构网站中超过 10 亿用户的记录，发现来自世界各地的用户涉及自然、社科和人文学科，从系列用户交互日志中提取了点击流模型(一阶马尔可夫链)。经过与已有词汇集对比证明点击流模型有效，最后通过期刊网络可视化展示了各学科间的关系、人文社会科学与自然科学间的联系，他认为点击流数据能够产生更清晰、更详细、更及时的科学图谱[62]。在另一研究中，Bollen 认为通过期刊的使用记录来可视化学科知识，更能反映最新的情况。样本记录来自 Los Alamos 国家实验室研究团队，具体使用主成分分析和 K 核聚类，并与一般文献计量分析 WOS 数据得到的结果对比异同[63]。Leydesdorff 使用中国科学引文索引(CSCD)进行期刊共引的可视化，发现 CSCD 与 SCI 存在的差异，例如包括大量的大学学报，期刊也更具有跨学科性质[64]。

Park 通过网络计量方法研究了韩国 e-Science 研究的内容变化、学科范围与研究机构。具体使用 LexiURL 提取“yahoo. com”网站中的数据，获得 810 个站点的 1055 个网页，然后可视化网页间的链接及网页中的术语[65]。在拉美，交互式科学中心与博物馆是科学交流的关键机构，Gouveia 对 18 个这样的机构网站间关系进行了可视化展示。具体使用 AltaVista 收集数据，聚类和多维尺度分析网站间的共链情况，并分析其中几个网站内的所有链接，发现语言障碍和人们对机构的认知是影响共链的重要因素[66]。Harries 等人认为与引文类似，学术网站间的链接能用来可视化学科结构及学科间的联系。具体对数学、物理和社会科学的系列网站对比分析，发现链接与引文的类型、不同学科的链接特征、站内链接与站外链接的差异[67]。Bornmann 和 Haunschild 提出使用 Mendeley 中的读者统计数据构建学术期刊间的关系网络，以此关系作为底图，可通过 VOSViewer 软件画出层叠图来显示期刊的影响力，而且此底图可以与特定期刊、机构和主题数据相结合。[68]

3.2 数据预处理

知识可视化的质量、合理性和可靠性很大程度上依赖于所用数据的精确性和全面性，不准确或不全面的数据往往造成不精确甚至错误的结果。即使是目前最权威、公认质量很高的 WoS，也存在数据著录格式(如人名和地名)的不统一和遗漏的问题。从数据库检索出原始数据需要经过系列预处理才能进行分析，例如改正字符错误、统一或增补国家和机构名等。另外，为进行历时分析或分时段的对比分析需要对数据进行分段处理，而如果样本数据过大，也需要进行有代表性的抽取，例如选择高被引论文、机构或发文最多的作者等。

作者是知识创新和管理的主体，但对作者的识别与去重一直是重要问题，涉及作者、机构和国家等知识单元计量与可视化的准确度(尤其是微观层次的分析)，特别是随着网络环境下作者数量剧增、中国等发展中国家作者的大量出现，这一问题更加复杂。目前存在的方法有人工识别、模糊匹配、多阶段匹配，结合心理学的认知地图和网络分析中的 ASF(approximate structural equivalence)，Tang 提出一种基于知识相似度(例如计算所发表论文参考文献的相似程度)的识别作者唯一身份的新算法。通过实证表明该方法算法更简单，而且识别的精确度更好[69]。2003 年 5 月 9—11 日在美国加利福尼亚 Irvine 大学举办了主题为“知识域可视化”的会议，特别强调知识可视化的基础是高质量的样本数据，对不同格式和不同质量数据的清洗和预处理是必不可少的过程，对样本数据最好能免费自由地公共获取。[70]

3.3 构建知识单元

知识单元是知识处理的基本单位。在知识可视化过程中，常见的知识单元有关键词、题名、作者、机构、刊名、分类号、学科等，目前也扩展到摘要、参考文献和全文之中。另外也有将两种或以上的单元结合进行可视化分析(例如共词与共引结合)，来达到更好的效果[71]。不同的知识单元具有不同的作用，例如期刊图谱可以获取学科的全貌，也能对各学科的定位及其关系可视化，还能进行特定学科的微观分析。而文献这一层面是使用最广的知识单元，被用于知识评价、知识检索、学科结构、竞争情报等多方面[72]。“作者”知识单元最典型的应用包括：通过作者共引分析来推断学科知识结构与流派、利用合作网络可视化学者与地域间的合作交流情况。利用“关键词”知识单元构建语义网，这些词可来自论文的各个部分(标题、摘要、关键词或全文)，这些词组成的图谱可明晰特定领域的研究内容、未来的研究趋势等。

除简单个体统计外，对知识单元关系可视化研究需要定义测算指标，目前一致认同的是1997年White的描述[73]。他把知识单元关系分为两种：一种是文献(单元)间的直接联系，用前缀“inter”表示，例如期刊间的“inter-citation”表示所统计期刊间的引用频次关系；另一种是知识单元在一个文献(单元)内的共现，用前缀“co”表示，例如“co-word”表示两个关键词在同一文献中出现。第一种一般通过关系网络来展示，第二种则使用较多，例如共词、共引、共分类号、共标引词等。另外，Zitt等人将知识单元关系分为基于引证关系的和基于词语义的(citation-based and word-based)两种截然不同的方式。通过实证分析，以块状矩阵图对比展示了其异同，认为两种方式不能替代或糅合在一起，而只能相互补充作用[74]。知识单元关系分析中，Small可视化引文分析的语境，具体分析学术论文中施引部分中，相临文本的语义(对被引文献的态度和喜好)，分为全局和局部两个层次对比分析出现的词语语义特点，在其样本中发现“不确定”和“效用”分别是学科间和学科内的最重要引用语境[75]。Small也将共引中的语境分析运用于学科间知识交流的可视化，他认为通过分析引文上下文的关键术语可以了解作者引用时的动机和想法，跨学科引证主要体现施引者“类比”和“表达不确定性”两种语义[76]。

Glenisson 等人通过对全文分析与文献计量的相互借用及结合的系列研究，认为文献计量可视化适合结构方面的分析，全文挖掘能提供额外的信息，扩展、改进、描述和解释文献计量形成的结构图[77]。Van Eck 认为术语图(比论文关键词更广)是通过展示术语间的联系来可视化特定学科领域的结构，术语需要人工选择或领域专家判断，存在的缺点是主观性强、费时费力，他提出一种术语的自动识别新方法，以运筹学为例，所产生的术语图通过该领域专家分析表明方法非常理想[78]。Ahlgren 对比分析了文献耦合和论文文摘抽词这两种知识图谱关系构建方法。具体使用《信息检索》期刊上的 43 篇论文为样本，由业内专家对其人工分类，通过 Cosine 对原始数据标准化。无论是耦合强度和文摘词干频次的排序，还是由两种方法形成的聚类结果，这两种方法的相似度都很低，两种方法形成的聚类结果与专家得出的分类结果相似度也不高[79]。在后续的研究中，Ahlgren 使用同样的样本和方法，对 5 种知识单元间的关系(其中两种基于文本术语、一种基于引证关系的文献耦合、两种文本和耦合相结合)，用 9 种方法进行了实证分析，具体应用 Rand 指数对比了这些方法形成的分类与人工分类的相似性，相似算法使用一阶和二阶两种。结果表明通过这些自动的可视化分类可达到较高的准确度，基于二阶算法，一种基于文本和基于混合方法的效果最好[80]。Jarneving 对比了在研究前沿可视化中，文献共引和耦合两种方法。以 JCR 中环境科学高被引的 50 种期刊的 73379 篇论文为例，对比了使用两种方法形成的聚类与内容[81]。Börner 对比讨论了用不同方法，综合、及时地洞察学科知识，并提议使用语义网作为已有知识关系分析的可行替代和补充，详细例证对比了三种用来描述和了解学科知识的方法：问卷调查、文献库中的引文数据和个人书目记录。[82]

3.4 数据分析

为便于可视化简单的频次计算的单元数据，往往需要标准化与简化。标准化常常通过数据间的相似度测量，主要有两大类：一是集合论方法（set-theoretic measures），包括 Cosine、Pearson、Spearman、Ochiai 指数和 Jaccard 指数；二是概率论方法（probabilistic measure），主要有合力指数（association strength）和概率亲和力指数（probabilistic affinity）。Van[83]从理论和实证研究都得出第二类方法更适合于共现的知识单元分析。为发现知识间的关系，更好地展示各单元，需要样本数据的进一步处理，即简化分析：①因子分析，将关系紧密的变量归为一类，以较少的几个共同因子来反映原始资料的大部分信息，达到对知识分类与聚类的目的，其中有主成分分析。②多维尺度分析，通过低维空间（通常是二维）来展示多维空间中的知识间联系，降维达到简化便于辨析的目的。③自组织映射图（SOM），模拟人的神经中枢网络，采用无导师学习的分类方法，把任意输入信息变换到二维离散网格上，并尽可能地保持原知识的拓扑有序结构。④寻径网络图谱（PFNET），模拟人的记忆模型和联想式思维方式，建立知识单元间最有效连接的路径，经过较复杂的模型运算删除网络中大部分连接，只保留最重要的，目的是将复杂大型的网络进行最大程度的简化。此外，还有聚类分析（cluster）、潜在语义分析（latent semantic）、Force Directed Placement（FDP）、三角法（triangulation）、最小生成树法和特征向量法（eigenvector）等。

基于知识单元可视化与聚类的原理和假设前提不同，Waltman 等人提出知识可视化和聚类结合的统一方法，特别适合于同一对象不同层次的可视化，认为 VOS 可视化技术和基于权重与参数变量的模块化聚类方法，都源自相同的基本原则[84]。Van Eck 对比了传统的多维尺度分析（MDS）和新兴的 VOS（visualization of similarities）方法，在理论算法上分析了两者的数学关系。通过作者、期刊和关键词三方面图谱实证对比，VOS 比 MDS 产生的图谱更加真实与形象（特别是较大规模的样本）[85]。

Pathfinder 算法常常用来对大规模、复杂的知识单元关系网络简化，但是传统的 Pathfinder 算法复杂，Binary Pathfinder 算法的改进也不太明显。Quirin 基于经典的 Floyd-Warshall 最短路径图形算法，提出 Fast Pathfinder 算法，实证表明结构简单且计算时间减少[86]。Cointet 和 Chavalarias 提出非对称范式临近算法(asymmetrical paradigmatic proximity)从大规模底层微观数据中提取知识结构和范式，该算法的优点是既不用处理全文，也不用在动态构建学科范式的多层结构时对术语进行特别处理[87]。具体从几百万文献中提取“复杂系统科学”的概念术语，他们详细阐述了三层知识图谱的绘制，从微观、中观和宏观 3 个层面展示领域知识的进化情况[88]。Leydesdorff 提出双连接(bi-connected)图形分析算法来可视化知识结构网络，具体使用了 JCR 中的期刊共引数据对所有期刊可视化与分类[89]。Polanco 在传统 SOM 基础上，提出 Multi-maps，通过图谱扩展，使用多个图从特定角度展示数据。他分析了图谱的产生机制、聚类及聚类的命名，还有各图之间的联系，并且以转基因植物专利为例实证分析[90]。共词分析的基本假设是，不同的学者研究同一问题(领域)，使用相同的词语来描述其研究内容，因此不同的研究领域或学科可通过不同的词语或共词模式来识别。但是在自然语言中广泛存在一词多义和一义多词的情况，传统的因子分析和聚类分析对知识可视化存在问题。Kwakkel 提出了混合因子分析模型(mixtures of factor analyzers，MFA)，通过实证表明该方法效果更优[91]。

测度各知识单元间的联系是文献计量的核心任务之一，Gmur 用 6 种不同的算法(包括原始矩阵、Pearson、因子分析和另外三种标准化)进行可视化，对比分析了网络聚类数量、大小、密度和差异[92]。Klavans 对不同知识可视化算法设计了整套定量评价框架，包括四大标准：精确度、覆盖面、可测度规模和稳健性，具体测评 10 种算法在期刊共引图谱的情况。结果表明在小样本量时，对原始数据测度时 Pearson 算法是最精确的，但是综合考量(包括大样本量和降维处理中)，Cosine 和改进的 Cosine 算法效果更好[93]。Moya-Anegon 对比分析了 SOM、MDS 和 Ward 聚类 3 种方法，以作者共引和期刊共引两种角度进行分析得出 6 个图谱，认为 3 种方法是从不同的角度分析同一事物，三者互补。SOM 试图呈现局部修正后的投影视图，而 MDS 尝试保持所有点间的距离；SOM 的框式可视化图更符合人的视觉器官，用户(特别是非专家)观察起来更加舒适和直观；MDS 适合于变量集聚类结构的展示[94]。Mccain 对比分析了在知识图谱中的文献计量与知识抽取两种方法。具体以软件工程为例，一方面运用作者共引和 PFNet 算法分析 60 位高被引作者；另一方面，运用知识抽取的卡片分类法，通过 46 个软件工程专家主观得出领域的知识图谱。经过对比，他认为两方法可互补优势，起到交叉验证的作用[95]。

3.5 可视化与解读

知识图谱需要将处理后的知识在人机界面中有效、精确地展示。早在 1996 年，Ben Shneiderman 以“整理现状、引导未来”为目标，从 4 个方面规范了信息可视化框架[96]。在此基础上，Börner 等[97]认为知识可视化是将非空间数据转换为图的过程，便于人的认知与理解，可明晰知识模式与趋势，并发现隐藏的结构。绘制图谱需要精深的专业知识与多方面技术。Börner 对知识可视化提出具体要求：具有理解大量数据样本的能力，无论文规模的大小限制；减少可视化过程时间；对复杂数据集具有良好的理解展示能力；揭示未引起注意的关系与知识；数据集能同时从多个角度展示；结果成为有效的知识决策源。知识单元及其关系可以通过不同模拟来可视化展示，例如，几何图、战略图、冲积图、主题河图、地形图、星团图、簸幅图等。如主题河图(theme river)可视化中，用河流做隐喻来描述文献主题随时间的变化，主题的变化随着外部事件的时间线索而显示出来，主题河由术语的频次支流组成，支流的宽度依据术语在不同时间段上出现频次的不同而发生变化[98]。

在知识图谱的解读过程中，常常需要对图谱进行相应操作，包括浏览、放大、缩小、过滤、查询、关联和按需移动等。解读主要从以下几方面着手：①历时分析，从时间角度对系列知识单元的模式、趋势、季节性和异常分析，认识现象的本质；往往通过不同时间段的对比，发现领域(知识)在不同时期的变化情况。②突变检测，通过检测短时间内知识单元的急剧变化，主要用来分析知识的前沿趋势，能发现知识演变的转折点和焦点。空间分析的数据来源于文献所著录的机构信息，主要分析知识的空间分布，明晰知识的地理位置关系。③网络分析，一般借鉴社会网络分析理论，对知识节点及其关系进行测定，相关指标有中心性分析(点度中心性、中间中心性、接近中心性)、凝聚子群分析(派系、n-派系、n-宗派、k-丛)、核心-边缘结构分析。Khan 认为运用基于数学图论的社会网络分析，可以可视化科学知识的精髓，并提出“核心网络”的概念，它是通过在理论结构、模型和概念间构建网络，来可视化科学知识[99]。

对于知识的地理位置分布，可使用通用软件，例如网络工具 Google Earth 和 Google Maps、地理信息系统软件 ArcGis、空间计量软件 Geoda、社会网络分析软件 Pajek 等，在 Citespace 软件中可直接输出这些软件所需的数据格式。Leydesdorff 研究各种格式转换的小程序，并评价使用这些软件，认为在城市这一层次的全局视图中，WOS 和 Scopus 等数据可直接使用，但是在组织或机构这一层面数据就存在些问题。这些软件各有优缺点，具体选择依据所研究的目的：Pajek 在可视化时有强大的分析功能，而 Google Maps 及相关产品具有丰富的网络功能[100]。Buter 认为知识图谱在科技管理与科技政策制定领域没有得到广泛应用，主要是因为用户不能及时地理解从而使用它们。他认为可以把定性的“概念图”与文献计量图结合起来并开发了相应工具。他一方面是研究定性的“概念图”对文献计量图的认知和使用的影响；另一方面研究“概念图”中的最优格式、“概念图”和文献计量图中术语间的关系[101]。Klavans 认为在评价跨学科和多学科研究影响时，全局性的大图更有优势。通过与 Small 和 Griffith 等人已有的 8 个全局图谱对比评价，认为使用 VxOrd 软件和 Cosine 算法更适合大图绘制，具体使用的定量评价指标包括局部精确度、区域精确度、学科差异和聚类一致性[102]。

4 科学知识图谱工具研究

知识图谱的绘制工具可分为两大类：①通用软件，如 SPSS 是通用的社会统计软件，知识图谱研究常常用到其中的多维尺度分析、因子分析和聚类分析；Pajek 是一个基于 Windows 的用于将大型网络可视化的社会网络分析软件，Ucinet 和 Pajek 为目前最流行的社会网络分析软件，常用来分析与展示知识间的关系，其中 Ucinet 集成了包括 Netdraw 在内的多个可视化软件；此外还有词频分析软件 Wordsmith Tools 和 GIS 相关软件。②专门软件，专门用于知识图谱绘制的软件，也有许多类型，有些是针对某些特定领域，有些是个人未公开的。参考 Cobo 的研究，目前主要的 9 种专门绘制软件如表 1[103]。

表 1　　常用的知识图谱绘制软件对比

软件名称	是否免费	预处理	网络构建	标准与简化	图谱解读
Bibexcel	是	数据和网络简化	DBCA，ACAA，CCAA，ICAA，ACA，DCA，JCA，CWA 等	Cosine，Jaccard，Vladutz，Cook	社会网络
Citespace	是	分时间段，数据、网络简化	DBCA，ACAA，CCAA，ICAA，ACA，DCA，JCA，CWA 等	Cosine，Dice，Jaccard	突变检测，地理空间，社会网络，历时分析
CoPalRed	否	去重、分时间段，数据简化	CWA	Equivalence 指数	社会网络，历时分析
IN-SPIRE	否	数据简化	CWA	Conditional probability	突变检测，社会网络，历时分析
Leydesdorff 系列软件	是		ABCA，JBCA，ACAA，CCAA，ICAA，ACA，CWA	Cosine	
Network Workbench Tool	是	去重，分时间段，数据、网络简化	DBCA，ACAA，DCA，CWA，DL	用户定义	突变检测，社会网络，历时分析

续表

软件名称	是否免费	预处理	网络构建	标准与简化	图谱解读
Science of Science Tool	是	去重，分时间段，数据、网络简化	ABCA，DBCA，JBCA，ACAA，ACA，DCA，JCA，CWA，DL 等	用户定义	突变检测，地理空间，社会网络，历时分析
VanagePoint	否	去重，分时间段，数据简化	ACAA，CCAA，ICAA，ACA，DCA，JCA，CWA 等	Pearson，Cosine，Max Proportional	突变检测，地理空间，社会网络，历时分析
VOSViewer	是			Association Strength	社会网络

注：ABCA，作者耦合；DBCA，文献耦合；JBCA，期刊耦合；ACAA，作者合作；CCAA，国家合作；ICAA，机构合作；ACA，作者共引；DCA，文献共引；JCA，期刊共引；CWA，共词分析；DL，直接引证网。

此外，Garfield 开发的 HistCite 软件包，能够方便地利用 WoS 数据，通过特定领域的文献相互引用情况，分析判定其中的关联以及把握学科的进展，产生编年图谱，特别突出高被引文献并且按年代排列，该软件也能对原始数据中的错误及参数进行探测与编辑，还能对相关术语排序与分析[104]。Dang 等人开发了专门针对纳米技术领域的可视化软件——Nano Mapper，它基于网络，在数据库适应性、可视化与分析功能、算法等方面，具有许多重要特色与优点[105]。Thomson Data Analyzer 是 Thomson 科技集团基于 VantagePoint 技术开发的文献知识分析工具；Systa 也是一个文献可视化专门软件。Grauwin 等人开发了开源的知识可视化软件 Biblio Toolbox，以法国里昂一个研究机构为例，构建不同角度的科学机构图谱[106]。

不同的可视化软件具有不同的特点且使用不同的算法去聚类和可视化结果。因此，把握不同软件的特点，根据研究目的对其进行合理的组配使用能够达到较为理想的研究效果[107]。具体可分为三种组合方式：①基于流程的组合方式。知识图谱绘制需要通过不同的步骤来完成。因此，最常见的软件组合模式便是依据可视化分析的流程，逐步使用相应的软件。例如，数据预处理、网络类型选择以及数据标准化（如TDA、Bibexcel、SATI、CoPalRed、VantagePoint和SciMAT等）——聚类和可视化（SPSS、Ucinet、Netdraw、Pajek、VOSviewer、Citespace和Science of Science等）——图表优化（Gephi、Photoshop和Inkscape等）。②基于文件格式的组合方式。不同的软件工具支持不同格式的文件，同时不同软件又支持特定相同格式的文件，这就给软件之间的组合使用提供了有效途径，这也是知识图谱绘制的流程能够顺利运行的内在因素。③基于软件模块的组合方式。不同软件有自己独特的功能，比如Gephi和VOSviewer能够生成漂亮的视图、Pajek能够处理大量数据且提供网络统计指标，Science of Science能够进行几乎所有类型的科学知识可视化分析。因此，为了博采众长、高效率地进行知识图谱绘制，可根据需要，在不同软件之间进行特定模块的直接调用[108]。

5 科学知识图谱应用研究

知识图谱的应用是其理论、技术与方法研究的目的与归宿，其总体框架如图2[109]。①在不同时期和不同学者，信息可视化与知识可视化具有不同侧重点。知识可视化展示主要是为改进人们之间的知识转移与创造，信息可视化是使用计算机交互式展示摘要数据扩大认知，主要用于信息检索[110]。我们认为可以从“知识”和“信息”之间的关系来界定，总体上可认为两者是一种包含关系。而知识可视化也是含义很广的概念，大量出现于知识管理、知识挖掘等领域。知识图谱是其中的重要内容。②知识具有累积性，人类的重大进展都是在前人基础上的继续与延伸。文献是记录有知识的一切载体，发表研究成果或知识信息是各领域特别是科学研究中不可或缺的环节。所以文献对知识及知识交流具有重要的表征作用。知识图谱一般通过文献中所含知识单元的可视化来形象展示。其中知识

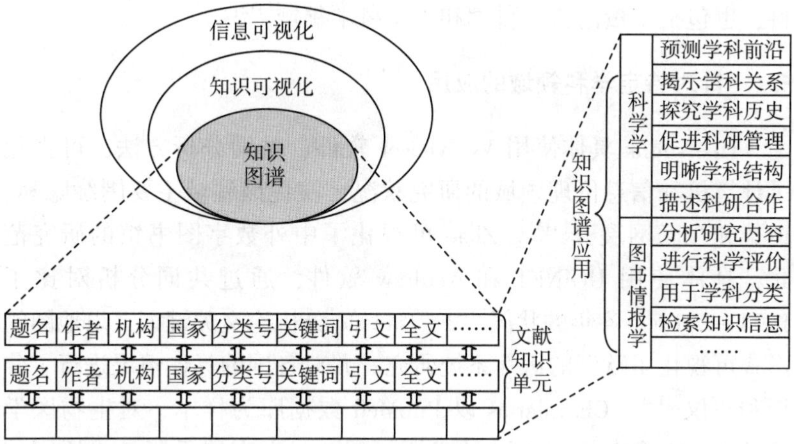

图 2 知识图谱应用研究的总体框架

单元间的关系网络是重要方面，主要包括三种：其一是直接关系，作者与作者、单位与单位、关键词与关键词、期刊与期刊等；其二是间接关系，例如通过关键词共现分析作者间的可能联系；其三是多种知识单元混合关系，例如作者、引文和关键词。不同知识单元的展示具有不同应用，全文可用来分析知识领域和评价绩效等多个领域；共词可揭示特定领域的认知结构；作者单元可了解领域的知识结构；期刊单元可分析学科宏观结构或学科间区别。③一方面知识单元的可视化，可应用于知识生命周期的整个流程中；另一方面，知识存在于各学科、社会各领域，知识图谱应用广泛。但是对其专门研究的主要是科学学和图书情报领域，具体应用不限于图 2 所示的 10 个方面，而且各应用间有交叉。Hook 认为知识图谱有 4 个目的(发现、理解、交流、教育)，6 个方面的应用(特定领域微观展示、学科宏观可视化、协助教育者课程教学、协调保存文献知识、便于利用数字图书馆、展示知识传播)。Dang 等人则认为知识图谱有几大应用：展示领域知识整体结构、可视化分析检索结果；对学科知识的整体把握；可视化知识领域的进化情况；把握快速变化的知识领域进展[111]。杨思洛等人根据文献统计得出，知识图谱主要应用于管理学、经济学、图书情报学、科学学、教育学等学科，也包括少量的自然科学和人文科学领域[112]。

5.1 针对特定学科领域的应用

Heersmink 具体使用 VOSviewer 软件、共词分析方法，可视化了计算机和信息伦理领域的研究状况，发现该领域主要围绕隐私、道德和互联网展开[113]。Zhao 可视化了中外数字图书馆的研究范式，具体使用 UCINET 和 Netdraw 软件，通过共词分析对比了 1994—2010 年各年的状况[114]。Garrido 分析论文关键词，以地图的形式可视化了欧洲的医疗系统研究，并对各国的具体情况进行了分析和建议[115]。Chavalarias 以 PubMed 数据库为样本，对生物医学领域的 235 个有关“偏差”的术语可视化，动态展示了各术语间的联系[116]。Sillanpää 对国际上冲突研究文献可视化，通过对 40 种高质量期刊中 1300 篇论文的分析，指出冲突研究可分为四大主流领域，并认为知识图谱提供了新的内容与视角[117]。纳米科学与技术被认为是综合性的交叉科学，Porter 使用 VantagePoint 和 Pajek 软件可视化纳米研究的学科分布、被纳米研究引证的学科间关系图谱[118]。Zheng 对国际上 JCV(John cunningham virus)研究可视化，进行了主题共现和论文被引聚类可视化(聚类成五部分)，发现病毒研究主要集中于对其分离和检测，以及其与维甲酸和肿瘤的联系，采用 JCV 抗原建立转基因动物模型将是新的研究点[119]。Van Eck 可视化计算智能领域现状与发展历程，以 5 年为时间段对领域发展比较分析，认为计算智能领域主要研究四大问题：控制、分类、回归和优化问题；在其分支领域中，神经网络和模糊系统交叉，进化计算领域则相对独立[120]。Baldwins 可视化痴呆与伦理领域，具体使用关键词共现，图谱利用“星空图”绘制，把该领域分为四大类：专业护理、生活问题、决策和治疗[121]。Janssens 可视化图书情报学科的知识结构，具体使用 5 种代表性期刊的近 1000 篇论文，对全文文本抽取进行聚类，构建由 6 类内容组成的图书情报学科图谱[122]。目前已有学科(领域)可视化研究将书目计量和文本内容相结合，在后续研究中，Janssens 运用 Fisher 的反卡方算法整合全文和引证信息，进行聚类来对情报科学可视化。他从定性和定量两个方面评价了该方法的优点，并且把结果与其他方法对比，具体使用5种代表性期刊的近1000篇论文，通过结合基于距离和稳定性算法，由最具代表性的文献中提取术语展示结构组成：信息检索、文献计量、社会方面，新兴的专利分析和网络计量[123]。Zins系统研究情报学科结构，具体使用德尔菲法对16个国家的57位学者进行调查，分析总结出28种分类表，最后得出由10大类组成的情报学内容图表[124]。

5.2 对整体科学结构可视化研究

Klavans总结了对整个科学及其分支学科关系进行展示的图谱(可分为：等级线性、中心(星形)和环形三种基本形式)；通过检验、描述和分析这些由不同学者、不同时间段、不同样本的图，抽象提炼出一致的科学全景图。全景图为环形，由能代表大多数图的边组成：以数学作为起点，按顺时针依次为物理学、物理化学、工程、化学、地球科学、生物、生物化学、传染病学、医学、健康服务、脑研究、心理学、人文、社会科学和计算机科学。如果把权重最低的边去除，则会形成从数学到社会科学的等级(线性)图。另外由黎曼几何形成的一维图也被讨论[125]。基于科学文献来研究学科及分支学科结构，Leydesdorff使用JCR和ISI学科分类体系，形成了期刊间的由引用与被引形成的非对称矩阵。他认为整个学科体系可由通过因子分析聚类的14个学科组成的关系图展示，尽管ISI的分类不太准确，导致期刊引证研究存在问题，但是整体上，通过因子分析科学宏观结构还是可信的[126]。Boyack对WOS所有期刊引证关系通过VxOrd构建科学的全景图，首先对8种知识单元关系算法所形成的图谱，从算法的可扩展性和聚类的可读性两方面评价，可视化效果最好的两种算法来构建科学的局部和全局图谱。对共引和互引图谱对比分析，互引图谱适合刻画学科之间的关系，其中生物化学是最具跨学科性的学科[127]。Yan和Yu通过基于路径的引证网络分析，可视化了27个学科演化情况和学科间的关系[128]。

5.3 其他方面的可视化应用

Waaijer 等人使用 VOSviewer 对 *Nature* 和 *Science* 的社论(editorial)可视化，通过聚类和提出关键术语，发现了社论的特色及两种期刊的异同，*Nature*、*Science* 分别着重关注“内部科技政策问题”和“科学家所处的政策环境影响”[129]。目前有观点认为科学研究正变得越来越具有跨学科性，通过知识可视化方法，Porter 对 1975—2005 年的 6 个领域实证分析，表明被引学科、篇均参考文献、篇均作者数量都快速增长，而跨学科性(学科多样性指数测度)却增长不明显(大约 5%)，且主要来自临近学科[130]。Noyons 认为知识图谱有潜力成为科学政策研究的重要工具，可视化分析了 3 个荷兰研究机构，具体包括 3 个方面：合作情况(通过作者合作网展示，代表了过去或现存的合作)、研究交流情况(通过三个机构间的相互引证图，代表潜在可能合作)、研究相似度(通过共词网络，代表可能合作的着手点)[131]。为通过知识图谱识别潜在的科学合作，Boyack 假设学者属于同一个基于论文层次的小学术团体，则是潜在的合作者。其使用 WOS 的百多万篇论文，经过文献耦合可视化聚类成 117435 个团体，并基于微观(作者)层面对美国桑迪亚国家实验室分析，认为可扩展到其他机构间的合作识别：一是识别两机构的学者间具体的潜在合作；二是潜在合作对象按重要程度列表，可用于科研管理战略决策[132]。Taylor 等人使用 1450—1900 年间世界上 1000 位著名科学家的履历数据，用来可视化世界城市中科学实践的地域变化情况，绘制四大知识图谱：16 世纪主要集中在意大利的帕多瓦、意大利的中部和北部；17 世纪扩展、穿越阿尔卑斯山，成为多中心的网络；18 世纪变化、解体成为以巴黎为中心的松散网络；19 世纪发生重大变化，形成以柏林为中心并以德语大学为主导[133]。

6 科学知识图谱研究发展趋势

知识图谱研究近年来取得了快速发展，影响也越来越大，但是存在的问题也不能忽视，表现在发展时间短、后劲不足，理论研究少、简单应用多，研究集中、影响面不够。其原因主要有理论方面重视不够、分析方法缺乏规范、数据样本收集不易、知识图谱工具不足、实际应用存在门槛、结果信度和效度不高、图谱展示和解读较随意等。未来知识图谱的研究应该着重：加强知识图谱理论研究、完善文献数据库功能、开发中文知识图谱软件、改进研究方法和手段、加大宣传推广力度[134]。

(1)理论体系的构建。

知识图谱的研究主要源于三大领域：一是计算机科学领域的数据、信息、知识与知识域可视化研究；二是图书情报领域的引文分析可视化、知识地图和知识网络等研究；三是复杂网络系统和社会网络分析的研究。目前三者的研究方向和内容正在走向融合。由于知识图谱提出的时间不长，大多当做工具或方法来看待，相关理论大部分是从多科学的简单借鉴，并没有完整的理论体系，真正的理论内核没有形成，只有少量的探索性理论研究。例如 Small 分析知识图谱与学科范式的关系，具体回顾了他的系列研究及库恩对其的评论。认为尽管库恩对文献计量作用的观点与目前情报学家所宣称的对范式的重新诠释有很大不同，但是如果能被证实，这些重新诠释是必要的。他也提出新的网络工具能为实时监控学科进化提供新方法，通过知识可视化，认为常规科学和变革的科学都是持续发展而不是急剧变化的[135]。

(2)绘制方法的完善。

①相关样本数据的获取更加容易，一方面，新的网络数据库增多，可供选择余地更多，出现专门用于知识可视化的数据库；另一方面，数据库的功能增加，可方便快捷、免费地获取数据。②知识单元间的测度更加精确与合理，例如通过计算机语义理解，解决作者的鉴别、一词多义和一义多词等词形与词性问题。③方法的融合与改进，在已有知识单元构建关系基础上进一步完善相关算法。加强与知识挖掘方法和大数据技术的融合，特别是基于语义的相关算法的改进。此外，在简单频次计算基础上，引入加权和基于位置的相关性算法。例如在共引分析中，可根据两被引文献(或作者等)

在同一文献中的附近程度给予不同的权值(如同一句话中、同一段话中、同一部分中),还可根据施引文献的期刊或作者的重要性赋值。④知识图谱绘制软件工具的增多。一方面,软件工具能输入的数据格式越来越多,且能够直接从数据库中导入数据;另一方面,可视化效果更好、图谱更加真实与准确,能根据需要从多角度对知识形象展示且能够容纳其他可视化插件、输出标准结果数据。

(3)应用的深入。目前知识可视化处于初级阶段,知识图谱的解读和应用具有一定随机性,很大程度上依赖定性的描述与判断;知识图谱的绘制具有一定的技术门槛,非专家(non-experts)使用困难,这是在其他学科和社会实践领域产生重大影响的制约因素。虽然有些研究对知识图谱绘制的不同数据、方法与工具进行对比分析,但针对特定研究目标,并没有形成一套明确的研究规范,而且已有研究结果也有矛盾之处,未来需要建立一些公认规范的数据样本集供对比研究。知识图谱作用没有完全发挥,其结论也仅起辅助验证作用,应用方面需要深入加强,同时在广度方面发展,除应用于学科(领域)结构可视化,更应在科技管理和科学决策、企业创新与竞争情报方面发挥重要作用。另外,知识图谱应用与知识挖掘和人工智能发展密切相关,也很大程度上取决于对人脑的进一步了解,透过表面现象,真正发现学科知识的趋势与规律,并可视化的直观展现,还有很长的路要走。

参考文献

[1] Börner, Chen C, Boyack K. Visualizing knowledge domains[J]. Annual review of Information Science and Technology, 2003, 37(1): 179-255.

[2] Cobo M J, López-Herrera A G, Herrera-Viedma E. Science mapping software tools: review, analysis, and cooperative study among tools[J]. Journal of the American Society for Information Science and Technology, 2011, 62(7): 1382-1402.

[3] White H D, Griffith B C. Author co-citation: a literature measure of

intellectual structure[J]. Journal of the American Society for Information Science, 1981, 32(3): 163-171.

[4] McCain K W. Mapping authors in intellectual space: a technical overview[J]. Journal of the American Society for Information Science, 1990, 41(6): 433-443.

[5] Persson O. The intellectual base and research fronts of JASIS 1986-1990[J]. Journal of the American Society for Information Science, 1994, 45(1): 31-38.

[6] White H D, McCain K W. Visualizing a discipline: an author co-citation analysis of information science 1972-1995 [J]. Journal of the American Society for Information Science, 1998, 49(4): 327-355.

[7] Zhao D, Strotmann A. Information science during the first decade of the web: an enriched author co-citation analysis[J]. Journal of the American Society for Information Science and Technology, 2008, 59(6): 916-937.

[8] Zhao D, Strotmann A. Comparing all-author and first-author co-citation analyses of Information Science[J]. Journal of Informetrics, 2008, 2(3): 229-239.

[9] Schneider JW, Larsen B, Ingwersen P. A comparative study of first and all-author co-citation counting, and two different matrix generation approaches applied for author co-citation analyses[J]. Scientometrics, 2009, 80(1): 103-130.

[10] Klavans R, Boyack K W. Using global mapping to create more accurate document-level maps of research fields[J]. Journal of the American Society for Information Science and Technology, 2011, 62(1): 1-18.

[11] Jeong Y K, Song M, Ding Y. Content-based author co-citation analysis[J]. Journal of Informetrics, 2014, 8(1): 197-211.

[12] 刘盛博，张春博，丁堃，等. 基于引用内容与位置的共被引分析改进研究[J]. 情报学报，2013，32(12)：1248-1256.

[13] Kessler M M. Comparison of the results of bibliographic coupling

and analytic subject indexing [J]. American Documentation, 1965, 16 (3): 223-233.

[14] Jarneving B. Bibliographic coupling and its application to research-front and other core documents[J]. Journal of Informetrics, 2007, 1(4): 287-307.

[15] Ma R. Author bibliographic coupling analysis: a test based on a Chinese academic database[J]. Journal of Informetrics, 2012, 6 (4): 532-542.

[16] Huang M, Chang C P. A comparative study on detecting research fronts in the organic light-emitting diode (OLED) field using bibliographic coupling and co-citation[J]. Scientometrics, 2015, 102 (3): 2041-2057.

[17] Zhao D, Strotmann A. Evolution of research activities and intellectual influences in information science 1996-2005: introducing author bibliographic coupling analysis[J]. Journal of the American Society for Information Science and Technology, 2008, 59(13): 2070-2086.

[18] Zhao D, Strotmann A. The Knowledge Base and Research Front of Information Science 2006-2010: an Author Cocitation and Bibliographic Coupling Analysis[J]. Journal of the American Society for Information Science and Technology, 2014, 65(5): 995-1006.

[19] 宋艳辉, 武夷山. 作者文献耦合分析与作者关键词耦合分析比较研究: Scientometrics 实证分析[J]. 中国图书馆学报, 2014 (1): 25-38.

[20] Besselaar P, Heimeriks G. Mapping research topics using word-reference co-occurrences: a method and an exploratory case study [J]. Scientometrics, 2006, 68(3): 377-393.

[21] Yang Y, Wu MZ, Cui L. Integration of three visualization methods based on co-word analysis[J]. Scientometrics, 2012, 90(2): 659-673.

[22] Ravikumar, S, Agrahari A, Singh S N. Mapping the intellectual

structure ofscientometrics: a co-word analysis of the journal Scientometrics (2005-2010) [J]. Scientometrics, 2015, 102(1), 929-955.

[23] Milojevic' S., Sugimoto C R, Yan E, Ding Y. The cognitive structure of library and information science: analysis of article title words[J]. Journal of the American Society for Information Science and Technology, 2011, 62(10): 1933-1953.

[24] Wang Z, Li G, Li C. Research on the semantic-based co-word analysis[J]. Scientometrics, 2012, 90(3): 855-875.

[25] Zong Q J, Shen H Z, Yuan Q J. Doctoral dissertations of library and information science in China: a co-word analysis[J]. Scientometrics, 2013, 94(2): 781-799.

[26] Vaughan L, You J. Word co-occurrences on Webpages as a measure of the relatedness of organizations: a new Webometrics concept [J]. Journal of Informetrics, 2010, 4(4): 483-491.

[27] Yan E, Ding Y. Applying centrality measures to impact analysis: a coauthorship network analysis[J]. Journal of the American Society for Information Science and Technology, 2009, 60(10): 2107-2118.

[28] Hou H, Kretschmer H, Liu Z. The structure of scientific collaboration networks in Scientometrics [J]. Scientometrics, 2008, 75(2): 189-202.

[29] Liu X, Bollen J, Nelson M L, Van de Sompel H. Co-authorship networks in the digital library research community[J]. Information Processing and Management, 2005, 41(6): 1462-1480.

[30] Glanzel W, Schubert A. Analysing scientific networks through co-authorship. Moed H F, Glanzel W, Schmoch U, (Eds.) [J], Handbook of quantitative science and technology research: the use of publication and patent statistics in studies of S&T systems, 2004: 257-276.

[31] Kretschmer H. Author productivity and geodesic distance in bibliographic co-authorship networks and visibility on the Web [J]. Sci-

entometrics, 2004, 60(3): 409-420.

[32] Kretschmer H, Ozel B, Kretschmer T. Who is collaborating with whom? Part II. Application of the methods to male and to female networks[J]. Journal of Informetrics, 2015, 9(2): 373-384.

[33] Shibata N, Kajikawa Y, Takeda Y, Matsushima K. Detecting emerging research fronts based on topological measures in citation networks of scientific publications [J]. Technovation, 2008, 28 (11): 758-775.

[34] Boyack K W, Klavans R. Co-citation analysis, bibliographic coupling, and direct citation: which citation approach represents the research front most accurately? [J]. Journal of the American Society for Information Science and Technology, 2010, 61 (12): 2389-2404.

[35] 孙海生，张曙光. 情报学核心作者互引网络分析[J]. 情报杂志，2011，30(3): 78-83.

[36] 张勤，马费成. 国内知识管理领域知识交流结构研究——基于核心作者互引网络的分析[J]. 情报学报，2012，31(9): 925-933.

[37] Zhang L, Glänzel W, Liang L. Tracing the role of individual journals in a cross-citation network based on different indicators [J]. Scientometrics, 2009, 81(3): 821-838.

[38] Neeley J D. The management and social science literatures: an interdisciplinary cross-citation analysis[J]. Journal of the American Society for Information Science, 2007, 32(3): 217-223.

[39] Shibata N, Kajikawa Y, Takeda Y, et al. Comparative study on methods of detecting research fronts using different types of citation [J]. Journal of the American Society for Information Science and Technology, 2009, 60(3): 571-580.

[40] Wang F, Qiu J, Yu H. Research on the cross-citation relationship of core authors in scientometrics [J]. Scientometrics, 2012, 91 (3): 1011-1033.

[41] Yang S, Wang F. Visualizing information science: author direct citation analysis in China and around the world[J]. Journal of Informetrics, 2015, 9(1): 208-225.

[42] Leydesdorff L, Moya-Anegón FD, Nooy WD. Aggregated journal-journal citation relations in scopus and web of science matched and compared in terms of networks, maps, and interactive overlays[J]. Journal of the Association for Information Science and Technology, 2014, 67(9): 2194-2211.

[43] Chen C, Ibekwe-SanJuan F, Hou J. The structure and dynamics of cocitation clusters: a multiple-perspective cocitation analysis [J]. Journal of the American Society for Information Science and Technology, 2010(61): 1386-1409.

[44] Boyack KW, Klavans R. Co-Citation analysis, bibliographic coupling, and direct citation: which citation approach represents the research front most accurately? [J]. Journal of the American Society for Information Science and Technology, 2010, 61 (12): 2389-2404.

[45] Jarneving B. A comparison of two bibliometric methods for mapping of the research front [J]. Scientometrics, 2005, 65(2): 245-250.

[46] 王立学，冷伏海. 简论研究前沿及其文献计量识别方法[J]. 情报理论与实践，2010(3): 54-58.

[47] Besselaar P, Heimeriks G. Mapping research topics using word-reference co-occurrences: a method and an exploratory case study [J]. Scientometrics, 2006, 68(3): 377-393.

[48] Lu K, Wolfram D. Measuring author research relatedness: a comparison of word-based, topic-based, and author cocitation approaches[J]. Journal of the American Society for Information Science and Technology, 2012, 63(10): 1973-1986.

[49] Yan E, Ding Y. Scholarly network similarities: how bibliographic coupling networks, citation networks, cocitation networks, topical

networks, coauthorship networks, and coword networks relate to each other [J]. Journal of the American Society for Information Science and Technology, 2012, 63(7): 1313-1326.

[50] Qiu J P, Dong K, Yu H Q. Comparative study on structure and correlation among author co-occurrence networks in bibliometrics [J]. Scientometrics, 2014, 101(2): 1345-1360.

[51] Zheng J, Liu N. Mapping of important international academic awards[J]. Scientometrics, 2015, 104(3): 763-791.

[52] Liu P, Wu Q, Mu X, et al. Detecting the intellectual structure of library and information science based on formal concept analysis [J]. Scientometrics, 2015, 104(3): 737-762.

[53] 岳增慧，方曙. 基于 SNA 的高校图书馆共链网络研究[J]. 情报资料工作，2012(6)：61-65.

[54] White H D, McCain K W. Visualization of literatures[J]. Annual Review of Information Science and Technology, 1997(32): 99-168.

[55] Börner K, Chen C, Boyack K. Visualizing knowledge domains [J]. Annual Review of Information Science and Technology, 2003 (37): 179-255.

[56] Cobo M J, López-Herrera A G, Herrera-Viedma E. Science mapping software tools: review, analysis, and cooperative study among tools[J]. Journal of the American Society for Information Science and Technology, 2011, 62(7): 1382-1402.

[57] 杨思洛，韩瑞珍. 国外知识图谱绘制的方法与工具分析[J]. 图书情报知识，2012(6)：101-109.

[58] Gavel Y, Iselid L. Web of Science and Scopus: a journal title overlap study[J]. Online Information Review, 2008, 32(1): 8-21.

[59] Roth D L. The emergence of competitors to the Science Citation Index and Web of Science [J]. Current Science, 2005, 89 (9), 1531-1536.

[60] Zhao D, Strotmann A. In-text author citation analysis: feasibility,

benefits, and limitations[J]. Journal of the Association for Information Science and Technology, 2014, 65(11): 2348-2358.

[61]Huang Y, Schuehle J, Porter A L, et al. A systematic method to create search strategies for emerging technologies based on the Web of Science: illustrated for 'Big Data'[J]. Scientometrics, 2015.

[62]Bollen J. Clickstream data yields high-resolution maps of science [J]. PLoS ONE, 2009, 4(3): e4803.

[63]Bollen J, Sompel H. Mapping the structure of science through usage[J]. Scientometrics, 2006, 69(2): 227-258.

[64]Leydesdorff L, Bihui J. Mapping the Chinese Science Citation Database in terms of aggregated journal-journal citation relations[J]. Journal of the American Society for Information Science, 2005, 56 (14): 1469-1479.

[65]Park H W. Mapping the e-science landscape in South Korea using the webometrics method[J]. Journal of Computer-Mediated Communication, 2010, 15(2): 211-229.

[66]Gouveia F C, Kurtenbach E. Mapping the web relations of science centres and museums from Latin America[J]. Scientometrics, 2009, 79(3): 491-505.

[67]Harries G. Hyperlinks as a data source for science mapping[J]. Journal of Information Science, 2004, 30(5): 436-447.

[68]Bornmann L, Haunschild R. Overlay maps based on Mendeley data: the use of altmetrics for readership networks[J]. Journal of the Association for Information Science and Technology, 2015.

[69]Tang L, Walsh J P. Bibliometric fingerprints: name disambiguation based on approximate structure equivalence of cognitive maps[J]. Scientometrics, 2010(84): 763-784.

[70]Shiffrin R M, Borner K. Mapping knowledge domains[J]. PNAS, 2004, 101(1): 5183-5185.

[71]Janssens F, Glanzel W, De Moor B. A hybrid mapping of information science[J]. Scientometrics, 2008, 75(3): 607-631.

[72] Börner K, Chen C, Boyack K. Visualizing knowledge domains [J]. Annual Review of Information Science and Technology, 2003, 37(1): 179-255.

[73] White H D, McCain K W. Visualizing a discipline: an author co-citation analysis of information science, 1972-1995[J]. Journal of the American Society for Information Science, 1998, 49 (4): 327-356.

[74] Zitt M, Lelu A, Bassecoulard E. Hybrid citation-word representations in science mapping: portolan charts of research fields? [J]. Journal of the American Society for Information Science, 2011, 62 (1): 19-39.

[75] Small H. Interpreting maps of science using citation context sentiments: a preliminary investigation[J]. Scientometrics, 2001, 87 (2): 373-388.

[76] Small H. Maps of science as interdisciplinary discourse: co-citation contexts and the role of analogy[J]. Scientometrics, 2010, 83 (3): 835-849.

[77] Glenisson P. Combining full text and bibliometric information in mapping scientific disciplines[J]. Information Processing and Management, 2005, 41(6): 1548-1572.

[78] Van Eck N J, Waltman L, Noyons E, Buter R. Automatic term identification for bibliometric mapping[J]. Scientometrics, 2010, 82(3): 581-596.

[79] Ahlgren P, Jarneving B. Bibliographic coupling, common abstract stems and clustering: a comparison of two document-document similarity approaches in the context of science mapping[J]. Scientometrics, 2008, 76(2): 273-290.

[80] Ahlgren P, Colliander C. Document-document similarity approaches and science mapping: experimental comparison of five approaches[J]. Journal of Informetrics, 2009 (3): 49-63.

[81] Jarneving B. A comparison of two bibliometric methods for mapping

of the research front[J]. Scientometrics, 2005, 65 (2): 245-263.

[82]Borner K. Making sense of mankind's scholarly knowledge and expertise[J]. Environment and Planning B: Planning and Design, 2007(34): 808-825.

[83]Van Eck N J, Waltman L. How to normalize cooccurrence data? an analysis of some well-known similarity measures[J]. Journal of the American Society for Information Science and Technology, 2009, 60(8): 1635-1651.

[84]Waltman L, Van Eck N J, Noyons E C M. A unified approach to mapping and clustering of bibliometric networks[J]. Journal of Informetrics, 2010, 4(4): 629-635.

[85]Van Eck N J, Waltman L, Dekker R, Van Den Berg J. A comparison of two techniques for bibliometric mapping: multidimensional scaling and VOS[J]. Journal of the American Society for Information Science and Technology, 2010, 61(12): 2405-2416.

[86]Quirin A. A new variant of the Pathfinder algorithm to generate large visual science maps in cubic time[J]. Information Processing and Management, 2008(44): 1611-1623.

[87]Chavalarias D, Cointet J P. Bottom-up scientific field detection for dynamical and hierarchical science mapping, methodology and case study[J]. Scientometrics, 2008, 75 (1): 37-50.

[88]Cointet J P, Chavalarias D. Multi-level Science mapping with asymmetrical paradigmatic proximity[J]. Networks and Heterogeneous Media, 2008, 3(2): 267-276.

[89]Leydesdorff L. Clusters and maps of science journals based on biconnected graphs in Journal Citation Reports[J]. Journal of Documentation, 2004, 60(4): 371-427.

[90]Polanco X, François C, Lamirel J. Using artificial neural networks for mapping of science and technology: a multi-self-organizing-maps approach[J]. Scientometrics, 2001(51): 267-292.

[91]Kwakkel J H, Cunningham C W. Managing polysemy and synony-

my in science mapping using the mixtures of factor analyzers model [J]. Journal of the American Society for Information Science and Technology, 2009, 60(10): 2064-2078.

[92] Gmur M. An analysis and the search for invisible colleges: a methodological evaluation[J]. Scientometrics, 2003, 57(1): 27-57.

[93] Klavans R, Boyack K W. Identifying a better measure of relatedness for mapping science[J]. Journal of the American Society for Information Science and Technology, 2006, 57(2): 251-263.

[94] Moya-Anegon F, Herrero-Solana V, Jimenez-Contreras E. A connectionist and multivariate approach to science maps: the SOM, clustering and MDS applied to library and information science research[J]. Journal of Information Science, 2006, 32(1): 63-77.

[95] Mccain K W. The use of bibliometric and knowledge elicitation techniques to map a knowledge domain: Software Engineering in the 1990s[J]. Scientometrics, 2005, 65 (1): 131-144.

[96] Shneiderman B. The eyes have it: a task by data type taxonomy for information visualizations[J]. Paper presented at the Symposium on Visual Languages, Boulder, CO: Proceedings of IEEE, 1996, 336-343.

[97] Borner K, Chen C, Boyack K. Visualizing knowledge domains [J]. Annual Review of Information Science and Technology, 2003 (37): 179-255.

[98] Havre S, Hetzler E, Whitney P, Nowell L. ThemeRiver: visualizing thematic changes in large document collections [J]. IEEE Transactions on Visualization and Computer Graphics In Visualization and Computer Graphics, IEEE Transactions on, 2002, 8 (1): 9-20.

[99] Khan G F, Moon J, Park H W. Network of the core: mapping and visualizing the core of scientific domains[J]. Scientometrics, 2011 (89): 759-779.

[100] Leydesdorff L, Persson O. Mapping the geography of science: dis-

tribution patterns and networks of relations among cities and institutes[J]. Journal of the American Society for Information Science and Technology, 2010, 61(8): 1622-1634.

[101]Buter R K. Combining concept maps and bibliometric maps: first explorations[J]. Scientometrics, 2006, 66(2): 377-387.

[102]Klavans R, Boyack K W. Quantitative evaluation of large maps of science[J]. Scientometrics, 2006, 68(3): 475-499.

[103]Cobo M J, López-Herrera A G, Herrera-Viedma E. Science mapping software tools: review, analysis, and cooperative study among tools[J]. Journal of the American Society for Information Science and Technology, 2011, 62(7): 1382-1402.

[104]Garfield E. Historiographic mapping of knowledge domains literature[J]. Journal of Information Science, 2004, 30 (2): 119-145.

[105]Zhang Y, Dang Y, Hu P. Knowledge mapping for rapidly evolving domains: a design science approach[J]. Decision Support Systems, 2011, 50(2): 415-427.

[106]Grauwin S, Jensen P. Mapping scientific institutions[J]. Scientometrics, 2011(89): 943-954.

[107]Waltman L, Van Eck N J, Noyons E C M. A unified approach to mapping and clustering of bibliometric networks[J]. Journal of Informetrics, 2010, 4(4): 629-635.

[108]陈必坤. 学科知识可视化分析研究[D]. 武汉: 武汉大学, 2013.

[109]杨思洛, 韩瑞珍. 国外知识图谱的应用研究现状分析[J]. 情报资料工作, 2013(6): 15-20.

[110]Burkhard R A. Towards a framework and a model for knowledge visualization: synergies between information and knowledge visualization[J]. LNCS, 2005(3426): 29-42.

[111]Zhang Y, Dang Y, Hu P. Knowledge mapping for rapidly evolving domains: a design science approach[J]. Decision Support

Systems，2011，50(2)：415-427.

[112]杨思洛，韩瑞珍.知识图谱研究现状及趋势的可视化分析[J].情报资料工作，2012(4)：22-28.

[113]Heersmink R. Bibliometric mapping of computer and information ethics[J]. Ethics and Information Technology，2011(13)：241-249.

[114]Zhao L，Zhang Q. Mapping knowledge domains of Chinese digital library research output，1994-2010[J]. Scientometrics，2011，89(1)：51-87.

[115]Garrido M，Hansen J，Busse R. Mapping research on health systems in Europe：a bibliometric assessment[J]. Journal of health services research policy，2011，16(2)：27-37.

[116]Chavalarias D，Loannidis P A J. Science mapping analysis characterizes 235 biases in biomedical research[J]. Journal of Clinical Epidemiology，2010，63(11)：1205-1215.

[117]Sillanpaa A，Koivula T. Mapping conflict research：a bibliometric study of contemporary scientific discourses[J]. International Studies Perspectives，2010(11)：148-171.

[118]Porter A L，Youtie J. Where does nanotechnology belong in the map of science？[J]. Nature Nanotechnology，2009(4)：534-536.

[119]Zheng H. Mapping the history and current situation of research on John Cunningham virus — a bibliometric analysis[J]. BMC Infectious Diseases，2009(9)：28.

[120]Van Eck N J，Waltman L. Bibliometric mapping of the computational intelligence field[J]. International Journal of Uncertainty，Fuzziness and Knowledge-Based Systems，2007，15(5)：625-645.

[121]Baldwin C. Ethics and dementia：mapping the literature by bibliometric analysis[J]. International journal of geriatric psychiatry，2003(18)：41-54.

[122]Janssens F, Leta J, Glanzel W. Towards mapping library and information science[J]. Information Processing and Management, 2006(42): 1614-1642.

[123]Janssens F, Glanzel W, De Moor B. A hybrid mapping of information science[J]. Scientometrics, 2008, 75(3): 607-631.

[124] Zins C. Classification schemes of information science: twenty-eight scholars map the field[J]. Journal of the American Society for Information Science and Technology, 2007, 58(5): 645-672.

[125]Klavans R, Boyack K W. Toward a consensus map of science[J]. Journal of the American Society for Information Science and Technology, 2009, 60(3): 455-476.

[126]Leydesdorff L, Rafols I. A global map of science based on the ISI subject categories[J]. Journal of the American Society for Information Science and Technology, 2009, 60(2): 348-362.

[127] Boyack K W, Klavans R, Borner K. Mapping the backbone of science[J]. Scientometrics, 2005, 64, (3): 351-374.

[128] Yan E, Yu Q. Using path-based approaches to examine the dynamic structure of discipline-level citation networks: 1997-2011 [J]. Journal of the Association for Information Science and Technology, 2015, 67(8): 1943-1955.

[129]Waaijer C J F, Van Bochove C A, Van Eck N J. Journal editorials give indication of driving science issues[J]. Nature, 2010, 463(7278): 157-157.

[130]Porter A L, Rafols I. Is science becoming more interdisciplinary? measuring and mapping six research fields over time[J]. Scientometrics, 2009, 81(3): 719-745.

[131]Noyons E C M, Calero -Medina C. Applying bibliometric mapping in a high level science policy context[J]. Scientometrics, 2009, 79 (2): 261-275.

[132]Boyack K W. Using detailed maps of science to identify potential collaborations[J]. Scientometrics, 79(1): 27-44.

[133] Taylor P J, Hoyler M, Evans D M. A geohistorical study of 'The Rise of Modern Science': mapping scientific practice through urban networks, 1500-1900[J]. Minerva, 2008, 46(4): 391-410.

[134] 杨思洛, 等. 中外图书情报学科知识图谱比较研究[M]. 北京: 科学出版社, 2015.

[135] Small H. Paradigms, citations, and maps of science: a personal history[J]. Journal of the American Society for Information Science and Technology, 2003, 54(5): 394-399.

【作者简介】

杨思洛，男，副教授，博士，硕士生导师。2011年毕业于武汉大学信息管理学院信息资源管理专业，获管理学博士学位。近年来先后荣获"全国优秀博士学位论文""省社科优秀成果三等奖(独著)""省科技情报科学技术奖一等奖(独著)"等各种学术奖励10多项。主持国家社科"中外图书情报学科知识图谱比较研究"等各级别课题10多项。在*Journal of informetrics*、《中国图书馆学报》等国内外期刊上发表论文90多篇，被人大复印资料全文转载10余篇；出版专著2部。研究方向：网络信息资源管理，尤其关注文献计量与科学评价，数字图书馆与图书馆信息化建设等方面。

我国图书馆虚拟现实应用及研究进展

陆颖隽

（武汉大学信息管理学院）

［摘　要］在对国内三大期刊全文数据库、学位论文数据库、有关出版物以及相关网络文献进行广泛调研的基础上，从图书馆的虚拟馆舍漫步、信息资源的三维建设、图书馆服务等多方面，对图书馆虚拟现实应用实践和理论研究都做出了有益的探索和尝试，本文将在对国内相关文献调研的基础上，对国内图书馆虚拟现实的应用与研究进行系统的评述，并对未来图书馆虚拟现实应用与研究进行展望。

［关键词］虚拟现实　虚拟馆舍漫步　三维信息资源　图书馆服务　应用研究

The Research Development of Virtual Reality and Its Implementation in Chinese Libraries

Lu Yingjun

（School of Information Management, Wuhan University）

［**Abstract**］Based on the analysis of publications retrieved from the three major full-text academic databases, the dissertation database, relevant research monograph and book as well as online resources, this article discusses and explores the development and practical implementation of virtual reality. This article includes three main perspectives: virtual library tour, 3-dimensional development of information resources, and library services. Furthermore, this article provides a perspective on the practical and theoretical development of virtual reality in future.

[**Keywords**] virtual reality virtual library tour 3-dimensional information resources library services empirical research

1989年，美国VPA(Virtual Programming Language)公司的创始者之一Jaron Lanier首先提出了"Virtual Reality"(虚拟现实)这个术语，从此全世界开始关注和研究虚拟现实。经过近三十年的发展，特别是随着Facebook公司创始人兼首席执行官马克·扎克伯格(Mark Zuckerberg)以20亿美元收购虚拟现实企业Oculus，点燃了虚拟现实研发的热情。众多世界著名企业如英特尔、微软、谷歌等积极投入，国内阿里、乐视、暴风科技、康得新等40余家上市公司也进军虚拟现实，虚拟现实成为当前信息技术及应用发展的新方向，国内许多媒体也将2016年称为虚拟现实元年。可以预计，从2016年开始，我国将逐步进入虚拟现实的持续高速发展时期。2016年4月14日国家工业与信息化部电子技术标准化研究院发布了《虚拟现实产业发展白皮书5.0》，在关注当前我国虚拟现实产业发展现状的同时，指出了所面临的瓶颈与问题，呼吁加快制定产业发展路线图，建立和完善相关标准体系。

我国图书馆作为信息服务的重要组成，是较早开展虚拟现实应用与研究的领域，在图书馆的虚拟馆舍漫步、信息资源的三维建设、图书馆服务等多方面的应用实践和理论研究都做出了有益的探索和尝试，本文在对国内相关文献调研的基础上，对国内图书馆虚拟现实的应用与研究现状进行系统的评述，为今后的发展提供参考和借鉴，并对未来图书馆虚拟现实的应用与研究进行展望。

1 图书馆虚拟场景漫游的应用与构建研究

虚拟现实(virtual reality)是综合性的高新信息技术，它具有交互性、沉浸性、想象性、感知性、可视化等特点，以逼真可视的效果、自然丰富的感知、形象生动的功能，被广泛地应用于虚拟空间的再现，VR技术应用于数字图书馆的虚拟空间，能够利用VR技术的三维建模特点通过计算机生成逼真的"图书馆"馆舍，让数字图书馆用户漫游其中，可以自由与虚拟空间交互并获得在"图书馆"中身临其境的体验[1]。

1.1 图书馆虚拟场景漫游的应用

在Internet互联网环境下，与传统图书馆相比，数字图书馆的分布式、网络化特征极大地方便了用户，但是数字图书馆缺乏可视化、交互性，在与读者互动、感应方面远不如传统图书馆，这在一定程度上影响到数字图书馆的服务。数字图书馆与传统图书馆最明显的不同，就是没有传统图书馆的"馆舍"。于是一些图书馆尝试将虚拟现实的人机交互、生成虚拟空间的显著特性引入到图书馆。利用虚拟现实创建虚拟三维空间——虚拟的图书馆馆舍，让图书馆用户通过图书馆网站漫步其中，在漫游虚拟馆舍的同时与这个三维虚拟环境互动，从而增添与数字图书馆的亲近感。一个功能完善的数字图书馆虚拟漫游系统，能让用户不仅可以通过这个平台在虚拟馆舍中漫步，感受图书馆的布局和结构，还可以获得直观的、交互式参考咨询服务，了解数字图书馆的运行机制，从而充分体现数字图书馆超越传统图书馆的优势。这也恰到好处地弥补了数字图书馆和图书馆网站在描述图书馆馆舍时，缺乏真实性、形象性的不足。目前国内图书馆的网站大多采用二维图像或平面图的方式显示图书馆周边环境、地理位置和馆内布局及结构，这些图片彼此分隔，既存在片面性，又缺乏连续性[2]。广东省立中山图书馆网站上的"楼层引导"栏目采用的就是平面图的方式，生动性与交互感大打折扣。图书馆网上虚拟漫游系统，可以将可视化图书馆系统嵌入到相关图书馆网站内，让用户直观感觉到图书馆的结构和服务方式。这不仅能够从视觉上影响用户，而且还能够激发用户的求知欲，同时还可以避免图书馆实际环境许多不利因素的约束，如馆舍周边环境的嘈杂、读者间的相互干扰等。

2008年9月10日，中国国家图书馆与知名软件开发商群硕软件共同研发的“国家图书馆虚拟现实系统”项目，正式投入使用。该项目首次将非接触式虚拟现实技术应用于图书馆，其技术水平在世界图书馆领域也是领先的。

国家图书馆的虚拟现实系统包括：“国家数字图书馆虚拟漫游”“虚拟现实读者站”及“国家数字图书馆网上漫游”三个部分。在国家图书馆北区二层查询与展示大厅，设有专门的虚拟现实体验区。运用数字化手段把国家图书馆二期馆区的物理建筑结构和阅览室分布情况等，通过计算机系统实现环境模拟，使到馆读者可以利用特定设备实现虚拟环境的体验，虚拟地“参观”、了解国家图书馆新馆的建筑和业务布局。在这个虚拟现实系统中，读者还能通过动作与虚拟环境发生交互，如变换视觉、自由漫游等。该体验区，观众只需站在一个长7m、高3m的巨大屏幕前面，在距离屏幕约5m的地方伸出手掌，虚拟现实系统瞬间识别后，该读者可依手势左转、右转、平移、前进、后退到达图书馆任何楼层，观看到不同楼层的真实景象，仿若置身于真实的现实场馆之中，与实际行走并无二异。不同的是，可超越现实纵观全局，亦可随意设计挑选路线，给人印象最深的是新颖的手势识别操作以及与众不同的直观、自然的体验。对于那些无法亲临国家图书馆的读者，可登录中国国家图书馆·中国国家数字图书馆网站，在“新馆漫步”栏目，安装插件后即可自行选择参观楼层，以通过计算机的鼠标和键盘，控制行进的方向，模拟抬头与低头、左转与右转等动作，通过浏览器实现对国家图书馆馆舍的虚拟漫游[3]。网上漫游的用户不仅可以自由乘坐上下移动的电梯，还可以看到栩栩如生的图书、期刊，身临其境的感觉油然而生。

国家图书馆的“国家数字图书馆虚拟漫游”和“国家数字图书馆网上漫游”部分利用VR技术与多媒体技术、传感技术、网络技术等进行有机结合，应用了非接触式虚拟现实技术，不但能使体验者充分“沉浸”在虚拟的虚拟空间模型中，而且能更实时地、多样地、真实地和虚拟环境进行交互，从而令体验者获得更直观、更自然的感官享受。

此外，国内许多大学，如北京航空航天大学、浙江大学、哈尔滨工业大学、清华大学、西安交通大学、北方工业大学、西北工业大学、上海交通大学、国防科技大学、安徽大学、武汉大学、华东船舶工业学院等也开展了 VR 技术的研究，开发了基于虚拟现实的虚拟校园以及虚拟图书馆漫游系统。如清华大学图书馆就推出了全新 3D 全景的栏目，将清华大学图书馆的图书馆外景、逸夫馆二层、老馆一角和人文社科馆的虚拟场景通过互联网展示给用户。清华大学图书馆的 3D 全景不仅能够使用户“真实”地体验图书馆馆舍，还专门设置了音乐控制按钮，让用户在虚拟漫游的同时，可以自由选择是否需要音乐伴音的烘托，充分体现了图书馆以人为本的服务宗旨，非常的人性化。上海交通大学图书馆的虚拟漫游将图书馆简介、图书馆馆内的导航图与虚拟场景结合起来一起显示，虚实相融，更具特点[4]。武汉大学图书馆在原有三维校园中的樱顶老图书馆门前、老图书馆俯瞰以及老图书馆一楼阅览大厅位置的 360°全景基础上，2014 年又推出了基于虚拟现实技术的虚拟 3D 漫游。

国内一些省市级公共图书馆也开展了虚拟馆舍漫游的应用，如湖北省图书馆的“图书(书名)位置查询及虚拟现实系统”，用户可以通过安装插件，利用 Internet 互联网“逼真”地在“馆内”漫步。此外温州市图书馆也在网站上推出了“温图漫游”，用户通过 Internet 互联网可以进入温州市图书馆的 1~7 楼进行 360°全景式参观。

360°全景(又称 360°全息成像)，是把环拍 360°所得的一组照片通过 3D 技术、VR 技术和图形技术运用于模拟全息成像系统，通过无缝拼接成的一张环境全景。在 360°全景中，用户可以利用鼠标和方向键，随意上下、左右、前后拖动进行观看，环境全景内部可设置热区，点击热区可以实现场景间的来回切换。除此之外还可以插入语音解说、图片及文字说明。360°环境全景与一般二维图片相比，两者都可以展示和记录，但是一般二维图片的视角范围有限，缺乏立体感，而 360°全景不但有 360°的视角，更可以带来三维立体的感觉，通过光学系统、显示系统与 3D 软件的巧妙融合，让观察者能够沉浸其中，给人以强烈的 3D 视觉效果。更重要的是，360°全景的拍摄和制作相对来说都比较简单方便，技术要求不高，而且数据量很小，适合各种系统，可以在各种终端设备上观看。360°全景具有很高的跨平台性，是一种性价比极高的虚拟现实解决方案，非常适用于资金相对匮乏的图书馆领域应用，温州市图书馆在这方面已经做出了有意的探索和尝试[5]。

1.2 图书馆虚拟场景的建构研究

总的来说，国内有关图书馆虚拟现实应用及研究的文献并不算多，截至 2016 年 5 月 31 日，利用中国知网、万方数据知识服务平台、维普期刊资源整合服务平台，使用“虚拟现实”AND“图书馆”限定检索范围，通过去重获得相关研究文献 223 篇，在这些研究文献中真正论述探讨虚拟现实和图书馆方面的研究文献仅有 67 篇。而其中大部分文献都是关于虚拟场景的构建和可视化设计方面的。

张冬有和臧淑英在分析两种虚拟现实仿真系统开发软件 MultiGen Creator 和 Vega 的特点的基础上，以图书馆外观为对象，提出了利用 MultiGen Creator 建立三维图书馆模型，利用 Vega 将模型导入进行参数的设置并生成 ADF 程序文件，再在 VC++中使用 Vega 提供的 C 语言 API 函数进行二次开发的方案。通过实例研究，证明该方案开发虚拟现实应用程序可行，且快速、灵活、高效，具有较大的开发空间[6]。

郄海风利用虚拟仿真建模技术软件 3DS MAX，提出了在普通台式计算机上设计应用虚拟现实图书馆的可行性方案，目的是使虚拟现实技术服务在普通中小型图书馆和高等院校图书馆得到广泛的应用[7]。

马林山和赵庆峰选择 3DS MAX、AutoCAD 和 Virtools 这三种格式互相支持、方便实现导入导出、能快速完成三维虚拟空间构建的工具。首先，在 AutoCAD 中导出模型为 dwg 格式的平面图；然后，将 CAD 文件导入 3DS MAX，生成三维空间模型，利用 3DS MAX 的文件输出命令，将场景导出保存为 nmo 格式；最后，利用 Virtools 的即时渲染技术、交互模块和 VSL 语言组织的脚本，进行优化、交互、整合，实现图书馆漫游[8]。

伍华玲等人以济南大学虚拟图书馆为例，开发设计了济南大学虚拟图书馆漫游系统。其系统设计主要解决了两个技术难点：一是利用 VRML 的 Billboard 节点和 Photoshop 处理的背景透明图像结合的方法，较好地实现了虚拟三维的建模问题；二是利用 Photoshop 制作出汉字的背景透明图，然后作为纹理贴于较薄方体上，较好解决了部分浏览器不支持汉字造型的汉字显示问题[9]。

赵金龙等人经过比较和尝试，选定 SketchUp 与 Virtools 作为虚拟场景设计开发的工具，利用 Google 旗下的 3D 建模软件 SketchUp，直接进行建筑设计和室内设计，所设计的 3D 模型可以十分方便地导出给其他渲染软件，使用 Virtools（包含 Virtools Server）进行渲染、优化，完成虚拟交互，并以首都师范大学图书馆为例进行了实践设计[10]。

张颖利用 SketchUp 软件对闽江学院大学城图书馆建筑物进行了三维建模，通过生成图书馆各楼层剖面图以及图书馆各主要功能区的虚拟展示，生动、立体、形象地展示了图书馆，提供了逼真、有良好体验感的展示效果。以事例和设计过程证明，利用 SketchUp 构建虚拟图书馆场馆，模型立体视觉效果好，体验感强，维护方便，平台展示设备低，具有较高的实际应用价值和广泛的开发应用前景[11]。

林争春和胡艳以福建农林大学图书馆为研究背景，分析在构建虚拟书架过程中的场景优化。设计过程先在 3DX MAX 平台上建模，然后使用虚拟现实建模语言 VRML 进行二次建模，整个过程简单、直观，占用空间小，有利于场景优化。在调试过程中，通过检测试验，发现采用重用机制和原型机制后，文件代码量明显减小，文件加载时间大大缩短，体现了这两种技术在场景优化过程中的长处和优势，达到了通过场景优化来提高虚拟化书架系统运行速度的目的，有效地解决了虚拟书架场景的实时渲染速度问题，并可为其他复杂数字图书馆虚拟场景的优化提供一定的参考[12]。

“三网融合”的推进和物联网的建设，为数字图书馆和虚拟现实的发展提供了网络基础设施，“三网融合”可以为数字图书馆海量信息的传送和共享提供高效快速的网络支撑，也为虚拟现实的应用提供了更好的条件和基础。陆家源认为漫游式虚拟图书馆是 VR 技术在数字图书馆中的应用，突破了传统数字图书馆的应用和服务方式，在技术层面、交互操作层面、视觉感觉层面上都获得了质的飞跃，实现了实体图书馆三维景观的数字化和虚拟化，能够在虚拟图书馆环境中漫游、互动，并在自主的漫游、互动中获得对图书文献的实时阅览和利用。现阶段能在“三网合一”环境下让互联网用户、电视用户、移动电话用户的读者都可以轻松享受数字图书馆提供的电子报纸、电子书籍、电子刊物、数字化音像以及其他数字化文献资料的服务。把 VR 技术引入数字图书馆建设，对促进数字图书馆向可视化、智能化、漫游化方面发展具有划时代的意义[13]。

三维展示有强烈的立体感、沉浸感，现代化的三维全景图书馆可以通过虚拟浏览技术向外界展示它的风貌，以独具特色的馆藏吸引读者。虚拟图书馆不仅仅是现实世界实体图书馆的简单复制，也是实体图书馆社会价值的补充和扩展。可以方便读者全面、直观地了解图书馆，增强对图书馆的认识。虚拟场景可以更详细、更具体，充满光线变化且多角度展示图书馆的图书资源、外形、空间、室内设计、绿化以及硬件设施，激发读者使用图书馆公共设施的欲望[14]。

虚拟现实在场景三维虚拟漫游方面的应用潜力巨大，模型的逼真程度高、大场景漫游速度好是其主要特点。王文剑等人以山西大学校园场景为研究对象，对三维复原和漫游的实现过程及关键技术开展研究分析，三维重现了山西大学文科楼、理科楼、图书馆、学生宿舍等主要建筑，实现了山西大学校园的虚拟漫游、立体展示等功能。在此基础上，探讨了在满足漫游真实感的同时对大型场景建筑物的建模方法以及优化技巧[15]。

一般平面化的数字图书馆其可视化、交互性等方面不如实体图书馆，在一定程度上影响了数字图书馆的服务，而加入虚拟现实技术可以实现立体化的交互图书馆，弥补平面化数字图书馆的不足[16]。

3D 虚拟图书馆作为一种全新阅读服务形式，以强大的情境性、知识性、趣味性、体验性、创建性、交互性功能，为读者提供跨地域、跨时空、身临其境般寓教于乐的情境化服务。任东升认为，实体少儿图书馆存在着服务理念落后、资源利用率不高、服务覆盖面不广等诸多局限，可以通过3D虚拟少儿图书馆的创建，满足少年儿童成长审美的需求，游戏化服务激发少儿读者的兴趣，多样化的角色扮演有助于培养少年儿童健全的人格。自由想象和个性创造以及情景化阅读、便捷化借阅导航更能彰显少儿图书馆的特点[17]。

许爱军和李锋采用VRML为基础开发语言，利用3D Studio Max作为建模工具，使用Sgi公司的可视化编辑工具CosmoWorld将模型互联，通过用VRML脚本编辑软件Vrmlpad进行代码优化、添加交互脚本，使用Cortona VRML浏览器进行虚拟效果预览。从虚拟图书馆总体设计、虚拟图书馆三维场景构建、虚拟图书馆的快速调度、虚拟图书馆的发布与性能分析等方面对虚拟图书馆的构建与优化进行了探讨[18]。

近十年来，我们欣喜地看到，有一批有关图书馆虚拟场景的建构与研究的博硕士学位论文问世。2013年，陆颖隽的博士论文《虚拟现实技术在数字图书馆的应用研究》，是国内也是世界上第一篇有关图书馆虚拟现实应用研究的博士学位论文。其文章的第三部分，叙述了VR技术在虚拟空间的广泛应用，尤其是国内外数字图书馆的实践和应用；从虚拟现实建模语言VRML的工作原理、特点、场景的编辑与浏览入手，进行了基于VRML的图书馆虚拟空间设计与实现。认为“建立虚拟环境是数字图书馆可视化功能在智能化条件下的自然延伸，也是信息可视化领域合乎逻辑的扩展”。虚拟现实技术可以用于创建数字图书馆虚拟空间，360°全景的高性价比适应于数字图书馆建设，VRML生成的数字图书馆虚拟空间特点突出。在探讨研究VR技术在数字图书馆虚拟空间应用的时候，特别指出不仅要看到VR技术在数字图书馆虚拟空间应用的适用范围和美好前景，还应该分析研究VR技术在数字图书馆应用中存在的问题，如三维建模文件容量较大、网络的传送易造成用户的视觉停留、网络信息安全以及浏览器不兼容等[19]。

2006年，王铁铮在其硕士学位论文中，分析了几何绘制和图像组合两种构建虚拟场景方法的特点和优势，研究了这两类方法各自的技术难点：利用几何模型的全景图生成技术，解决了基于图像方法生成全景图的无缝拼接难题，确保了全景图的真实感；采用图像漫游中的节点和路径设定技术，利用每个视点都可以旋转 360°且具有 16 个方向的路径的方法，解决了全方位漫游中全光函数采样过程需要大量存储空间的问题，确保了漫游的实时性；通过序列图像的视点间平滑过渡技术，改进了视点间过渡的视觉失真问题，确保了漫游的真实感。并以哈尔滨工程大学图书馆为原型，在普通微机上实现兼顾真实感和实时性的图书馆虚拟漫游[20]。

刘莹选择 3D MAX 和 VRMI 相结合的方法进行可视化虚拟图书馆的建模，并对整个模型进行整合优化。通过编程交互和基于感知器的非编程交互，实现了基于 VRML 和 JavaScript 对场景中对象行为的控制，从而实现了可视化虚拟图书馆系统的各种交互。该系统以曲阜师范大学日照校区图书馆为虚拟原型，构建了一个虚拟可视并同时具有一定实时功能的虚拟图书馆，主要包括虚拟漫游、三维图书的可视化以及新生借书模拟等功能[21]。

徐之路以华东师范大学教育科学学院孟宪承教育图书馆为例，从交互角度出发，基于 Virtools 的虚拟图书馆系统的整体架构、功能模块和漫游功能，设计和开发了基于 Virtools 的虚拟现实图书馆。重点研究了该虚拟现实图书馆与 SQL 数据库的连接、图书馆图书借阅、图书三维展示、分布式用户对话以及视频资源点播等功能，提出了使用动态载入的方法以实现模型档案的管理，并对实现这些功能的关键技术和解决方案进行了详细的阐述和探讨[22]。

刘岩从数字图书馆建立网上漫游系统的可行性、系统分析与整体设计、数字图书馆网上漫游系统实现等方面，主要研究了利用 VRML 开发数字图书馆网上漫游系统，进行实体图书馆建模，与数字图书馆资源进行有效的整合，使读者通过这个系统享受到更多的虚拟交互性服务。指出将虚拟现实技术引进数字图书馆的建设中，可以为图书馆的数字化服务提供新的服务方式[23]。

2012 年杨曦在硕士学位论文中，使用 3DS MAX 建模工具构建了虚拟图书馆模型，从而实现了虚拟图书馆虚拟场景的搭建，探讨了自动漫游和手动漫游两种不同的虚拟场景漫游方法，方便不同的用户根据自身需要进行选择，并且为虚拟漫游设置了碰撞检测过程，给用户带来更加逼真的漫游体验。所构建的可视化图书馆系统，能够实现用户自由的在虚拟图书馆进行漫游。此外，通过对人手的骨骼特点、运动特点、关节自由度等具有代表性的特征进行分析，明确了虚拟手的层次结构，建立了虚拟手的静态模型，实现了虚拟手模型各个手指之间的关联，完成了对虚拟手的动态控制。在此基础上研究分析了数据手套与虚拟手的映射关系，明确建立了虚拟手与数据手套的一一对应关系。利用 VC 平台接收数据手套传感器上的信息并将其转变为虚拟现实平台上可用的信息，并通过 EONX 插件将这些信息传递到 EON Reality(虚拟现实开发软件)开发环境中，实现了对虚拟手的控制，完成了 EON 与 VC 之间的通信。实现了数据手套与虚拟环境中的物体的互动，最终完成了能够进行虚拟漫游、虚拟抓取等行为的高交互性虚拟图书馆系统。用户使用数据手套与虚拟物体进行交互，增强用户体验的逼真度[24]。这也是至今为止国内首次利用虚拟现实相关设备和硬件实现与虚拟图书馆交互的研究文献。

李靖通过对图书馆的实地考察后，根据实际情况对系统的需求和目标进行分析，提出了系统的整体构架。在整体构架下利用 VRML 语言进行了虚拟图书馆的可视化三维建模，建立了整个图书馆的 3D 模型，设计完成了系统的可视化和实时交互模块。实现了虚拟图书馆的实时交互，用户可以选择角色漫游(动画漫游)和相机漫游(操作鼠标、键盘或者其他交互设备控制漫游位置和方向)两种交互方式，并对信息可视化技术在数字图书馆中系统的应用前景和发展趋势进行了展望[25]。

2　图书馆信息资源三维建设的实践与研究

2009 年，黄宗忠先生指出：信息资源建设仍是未来图书馆学的重要研究内容。为了推动图书馆信息资源建设更上一层楼，未来图书馆学必须解决信息资源建设面临的各种问题，因为信息资源建设是任何时期、任何类型图书馆所面临的一项基本任务[26]。无论是传统图书馆，还是数字图书馆，信息资源的建设都是其物质基础和工作根本。

2.1 图书馆信息资源三维建设的实践

总的来说，国内图书馆进行三维信息资源建设的单位相对比较少，还不够普及。2008 年，中国国家图书馆在图书馆三维信息资源建设方面进行了有益尝试，“国家图书馆虚拟现实系统”项目中的“虚拟现实读者站”与目前许多图书馆采用的触摸屏式阅读翻书不同，到馆读者可以利用“虚拟现实读者站”的硬件设备。在琳琅满目的书目中，根据读者手指的指向或抓取的手势，读者所选择的书籍便会应“势”而出；读者如果做出翻书的动作，设备将显示向左或向右进行书页翻动；阅读完毕，则只需向前伸出手掌，书籍便会回归书列复位。“虚拟现实读者站”收录了包括文津图书奖历届获奖图书、民国文献、地方志、古代典籍四大类近 200 本书，读者在这里可以感受到二维数字信息无法体验到的直观、生动、形象的感知，与现实生活中的图书阅读十分相似。

CADAL(China Academic Digital Associative Library，大学数字图书馆国际合作计划)[27]在图书馆三维信息资源建设中也做出了重要的探索和实践。CADAL 利用数字图书的易分割性使得数字图书比借阅实体图书更加灵活方便。数字图书的试读、借阅、转借都可以以目录的章节段落为单位来进行，而不是实体图书的各页。图书的元数据信息以及图书目录可同时揭示，这也是实体图书无法实现的。CADAL 个人数字图书馆是每位读者在 CADAL 门户上的个人空间，汇聚了与读者相关的各类信息，包括用户和他好友的借阅评注信息、用户个人书架以及用户收到的其他消息等内容。CADAL 最具特点之处，是 Cadal 阅读器的阅读功能。Cadal 阅读器有单页显示阅读模式和双页显示阅读模式，单页显示中又有高清单页显示方式，对于古籍还有古文显示和现代文显示两种方式，多种显示方式可以方便读者任意选择，彰显了图书馆的人性化服务。读者还可以利用阅读器上的“放大”“缩小”按钮进行图书的放大和缩小，可以显示目录或添加到自己的书架，还可以用鼠标点击图书的边角或者利用键盘的“上”“下”“左”“右”方位键进行翻页，也可以使用阅读器上的“首页”“末页”“上一页”“下一页”按钮进行跳转，还可以在文本框中输入页码直接跳转翻页。此外，还可以对阅读图书进行评注、全文检索和用户推荐。CADAL 的阅读功能不仅具有传统图书馆纸质图书的外观以及翻阅等效果，也拥有显示目录、全文检索、用户评注推荐等数字信息的特殊功效，可以说 CADAL 的阅读功能集成了传统图书和数字图书的双重优势，真正使传统纸质图书的价值得以在数字环境中得到进一步拓展和体现。

中国书法作品的欣赏与创作是 CADAL 利用虚拟现实技术实现特色应用的又一尝试。在书法作品数据库的基础上为用户创造了虚拟的书法创作情境，让用户可以在网页中体验通过鼠标进行书写，并为用户提供了多种风格选择。用户只需点击页面上的“新风格生成”，网页便会将用户的字迹渲染为特定的书法风格。

CADAL 的中国文学编年史在线资料库是基于数据库技术、语义网技术、多媒体技术、地理信息技术、海量存储技术及虚拟现实技术构建的中国文学史信息系统[28]。资料库以中国文学史为蓝本整合了文学、历史、地理为主体的多维度信息，并在网页中以时间轴、地图、标签云等可视化的方式呈现，为用户提供文学史阅读、作品与资源检索服务，用户亦可选择时间、地点和人物进行浏览。其中文学史阅读模块为读者提供了两个版本的《中国文学史》，可在首页点击进入网页阅读器开始阅读。阅读器同样应用了 VR 技术，但设计和功能上都稍有区别，更加适应文学史的阅读需求。首先，书籍默认为双页模式，如同实体图书翻开放在桌面上。读者在阅读过程中同样可以用鼠标单击页边翻页，体验到拟真的翻书效果。其次，由于其扩展功能较少，界面也较为简洁，仅在下方功能栏显示翻页、跳页、书籍目录与辅助标签几项。其中“辅助标签”可抽取每个页面中的专有名词，分为人物、地点、书籍、事件、官职五类，读者双击标签便能在文中以不同颜色高亮显示标注，便于查阅。这也是文学史阅读所特有的便利功能。

除此之外，一些大学图书馆和公共图书馆也开展了图书馆三维信息资源建设的实践。例如上海交通大学图书馆为师生打造的“新技术体验区”，引进最新的软硬件技术、3D 技术、体感互动技术以及电子阅读设备、多媒体设备等，与 VR 技术有关的如 Kinect、Wii 等肢体捕捉设备，让读者在图书馆非安静区域利用体感设备进行娱乐、学习；在多维视频体验区，以多媒体视频体验为主的 3D 或 4D 设备，提供超大屏幕的视频设备，让读者体验身临其境的多维空间[29]。

武汉大学图书馆、陕西师范大学图书馆等高校图书馆也引进了 VR 阅读设备，以触屏方式呈现报刊图书等文献的三维翻阅效果。武汉大学的阅读设备为读者提供了图书、报刊、学术论文等数字资源，到馆读者可在阅读设备上浏览书目或搜索文献，点击屏幕选择后，文献即呈双页翻开显示在屏幕上，读者还可通过点触页面进行页面缩放，此时读者还可以在书页上像阅读实体书一样滑动手指翻页，或点击页面两侧的翻页按键阅读，页面会呈现出立体翻页效果，但还不能由读者自由控制书页的位置。

公共图书馆方面，天津市图书馆、湖北省图书馆也已初步将虚拟现实的一些设备引入图书馆，方便读者对一些数字信息资源进行三维阅读。

从国内图书馆信息资源三维建设的实践看，目前仅中国国家图书馆和 CADAL 项目比较成熟，其他图书馆还非常鲜见或刚刚起步，还比较粗浅。而利用虚拟现实中的相关技术，如 VRML 实现信息资源的三维建模，应该说技术难度并不太大，非计算机专业的图书馆员经过短时间的培训就应该能够掌握。对于传统纸质文献的三维信息资源建设，还有许多工作要做，任重而道远。例如，中国国家数字图书馆珍贵的甲骨拓片，目前仅能实现二维图像的若干角度的转换，还不能实现三维自由的旋转。

2.2 图书馆信息资源三维建设的研究

三维信息资源建设，不仅可以实现传统的纸质文献资源数字化，使其能够被计算机处理，便于网络传输，而且还可以还原纸质文献的原始风貌，立体形象地再现纸质文献的物理形态。给人以直观真实、栩栩如生、身临其境的感觉，增强了对信息资源的沉浸体验感。当前数字图书馆的信息资源服务，都是以二维平面图像的形式提供给用户，用户缺乏对信息资源原始状态的理解和体验，不够生动、形象，更不能实现人与信息资源的灵活交互。

陆颖隽在博士学位论文的第四部分，指出图书馆三维信息资源具有目前二维数字信息资源无法立体显示的多种特征，三维信息资源的建设不仅可以实现信息资源的可视化，而且可以解决人类与信息资源之间的交互问题。信息可视化不仅用图像来显示多维的非空间数据，使用户加深对数据含义的理解，而且还可以用形象直观的图像来指引检索过程，加快检索速度。并认为虚拟现实技术提升了数字图书馆的信息资源的维度，丰富了数字图书馆的信息资源的内涵，三维信息资源兼有传统纸质媒介和二维数字资源两者的优势，既便于进行信息检索，又能保持信息资源内容和形式的原始性，为计算机环境下图书馆版本与古文献的考究提供了一种全新的研究视角。在这方面，中国国家图书馆和 CADAL 做出了有益的探索与实践，取得了令人瞩目的成绩，给用户焕然一新的感觉，但目前还不能再现古籍线装书的书函开启等动作[30]。

书法重现是对书法图像进行处理，获取书写过程中的笔顺信息和相关特征，进行书写动态过程的重现。它在虚拟现实、文字识别、远程教育方面具有广泛的应用前景和经济价值，并对传播和弘扬中国民族文化有着重要作用。吴英飞提出了一个动态重现书法书写过程的技术框架，在该框架的基础上，对书法图像的轮廓提取、笔顺提取、毛笔模型构建等方面作了一定的分析和探讨，提出了一些新的方法，并在这些研究的基础上，开发了一套书法图像重现系统，作为一个创新系统应用于中美百万册数字图书馆项目中[31]。

中国国家图书馆的薛尧予和萧琛从建立数字化模型库的优势分析入手，探讨了以虚拟现实等数字技术为基础，结合图书馆的古籍文献保护构建三维数字模型库的方法，该模型库的建构能推动学术研究，有利于文献遗产的数字化保护，有利于建设图书馆数字化和知识化服务平台，对图书馆的资源建设与知识服务有积极的促进作用。认为随着虚拟现实技术的发展以及相关设备的研发，古籍文献三维模型的建立会更快捷和精准，古籍文献三维数字模型库将得到更广阔的应用[32]。

赵继海指出，今天，我们既生活在一个实体的物质世界，也生活在一个虚拟的网络世界。VR 和 AR 技术的应用使得实体世界与虚拟世界的边界变得模糊。虚拟现实与增强现实(AR)技术有助于提升图书馆实体资源的价值[33]。

王文韬等人认为虚拟现实图书馆顾名思义就是虚拟与现实的结合，是虚拟图书馆与传统图书馆各取所长的结合体，是建立在虚拟现实技术基础之上，通过三维建模构建出来的和真实图书馆环境一致的数字化 3D 场馆。在集成图书信息检索和虚拟阅读等功能后，可以形成一套完备的图书馆仿真系统，通过利用 OpenGL、Quest3D、Unity3D、Unreal Development Kit 等工具，借助相关虚拟现实建模工具，按照等比例尺寸，实现图书馆的实物虚化，立体展示馆藏资源[34]。

3 基于虚拟现实的图书馆服务的实践与研究

图书馆的根本目的就是为了服务于社会，因此读者服务是图书馆学研究的永恒主题，在任何时候都要注意解决图书馆服务中的有关问题，不断提升服务的效率、效益与水平，并随着时代与图书馆服务实践的发展，读者服务的研究内容也应常谈常新[35]。虚拟现实技术可以广泛地应用于数字图书馆的信息检索和参考咨询等诸多方面，可在数字图书馆服务的可视化与交互性方面创新服务方式，提升服务水平和质量。

3.1 基于虚拟现实的图书馆服务的实践

目前国内部分图书馆已将虚拟现实应用于图书馆服务的实践，并做了有益的创新与探索，清华大学图书馆具有自主学习功能的虚拟参考咨询机器人“小图”[36]是这方面的杰出代表。清华大学图书馆的机器人“小图”属聊天机器人类型，聊天机器人由来已久，但用于图书馆服务这在世界上尚属首例。设计“小图”的初衷是在图书馆馆员下班期间，读者和网友可以通过 Internet 互联网与小图网上交流，提供在线咨询，解决在图书馆遇到的问题。例如清华大学图书馆“小图”连线咨询，无需申请注册、不用添加好友，只要打开网站，通过自动弹出的聊天对话框，在线用户就可以对机器人——清华大学图书馆的“小图”进行提问和咨询。机器人“小图”设计得逗趣、可爱，回答时而诙谐幽默、时而语出惊人，卖萌雷语逗乐不少使用者。这种参考咨询方式新颖、有趣，而且便利、快捷，吸引了不少的用户参与，寻求获得参考咨询服务。由于聊天机器人“小图”具有自动学习功能，可以将语料库中未设置的语料、词汇自动记忆保存，这也是 2012 年 3 月“小图”“被学坏”的主要原因[37]。

除此之外，早在 1999 年 12 月，上海复旦大学图书馆“可视化多媒体多环境导读与查询系统”就通过了教育部的鉴定，该系统将数据库、WWW 和可视化技术三者融为一体，由多媒体触摸屏导读和可视化公共查询两部分构成。该导读与查询系统既可在触摸屏上使用，也可在 Internet 互联网上通过浏览器使用。该系统不仅实现了信息查询的可视化，还将房间、书架、图书进行了三维显示[38]，方便读者与图书馆环境、图书进行直接感知，加强了读者与环境、图书的交互。

中国国家图书馆利用无线射频识别技术(RFID)，以及通过 OPAC(联机公共目录查询系统)向读者提示的阅览区图书的当前架位信息，可实现读者自助借还图书。智能架位服务能够在读者查询到目标图书后为读者呈现生动、立体的导航图和路径，使读者清楚方便地了解到图书的所在位置，智能导航、精准定位、图像精美详细，帮助读者快速精准地找到目标图书。

中国科学院国家科学图书馆利用开源可视化组件 BirdEye，进行二次开发，研发出信息可视化检索系统，并嵌入到中国科学院国家科学图书馆的可视化跨库检索系统中。该系统将信息可视化检索应用到数字图书馆中，从检索过程、检索结果以及结果之间关系的角度实现主题可视化、来源数据库分布可视化、时间分布可视化和作者合著关系可视化，使用户从视觉上实现和计算机的交互[39]。

北京大学的书目检索系统除了可以浏览图书封面外，单击图书封面后即可进一步查询“相似图书”“获取此书”“网络书店”“推荐购买”“图书评论”等信息，其中图书评论信息更便于用户之间的沟通、交流，有利于知识的传播。此外，还专门设计了“书架上邻近的馆藏”，方便读者查找与检索图书相邻的其他图书。

清华大学图书馆不仅可以通过馆藏目录进行检索，还能够通过“架位详图”了解该图书在图书馆的具体书架位置。

武汉大学信息管理学院开发的SIMIIRS(School of Information Management-Image Index and Retrieval System)是教育部人文社会科学重点研究基地重大项目“信息可视化与知识检索”中图像检索与可视化的原型系统[40]，SIMIIRS系统主要具有MPEG-7高层语义检索以及底层特征可视化的功能，能够实现图像检索。采用基于MPEG-7图像描述语义特征方案[41]，通过数据库方法和XML文档方式进行存储[42]。SIMIIRS支持基于范例和基于关键字以及多关键字的高级检索。InfoVisModel(信息资源可视化模型原型系统)是国家自然科学基金项目“我国数字化信息资源管理的可视化模型研究”的研究成果之一，该系统在信息可视化参考模型的基础上，引入信息组织和信息检索的思想，重点在于信息检索的可视化[43]。实现了文本信息可视化[44]、音频信息可视化以及图像信息可视化。

上海交通大学图书馆非常重视高新科技的创新与应用，新学年开学之际，在“新生专栏”专门为新生提供图书馆虚拟参观服务，让新生熟悉图书馆环境。上海交通大学图书馆首创的“智慧泛在课堂”，自2011年10月起面向院系师生推广电子教参的移动阅读服务，提供移动学习终端的借阅、电子教参客户端的个性化定制等服务。用户在基于超星pad的电子教参客户端中登录或使用电子设备下载安装相应的图书阅读器与个性化客户端，即可浏览、访问个人选课对应的教参信息。客户端的电子教参界面以立体书架形式显示图书，阅读界面设计得自然逼真，支持用户自由选择多种个性化显示方式，如将翻页模式选择“仿真书卷”，即可通过VR技术获得实体书翻阅体验。同时页面内也具有添加备注、编辑超链接、画线、手写批注等编辑功能，用户还可在阅读时进行查看目录、添加书签等操作[45]。

首都师范大学图书馆运用虚拟现实技术构建了虚拟图书馆，除了能够进行馆舍漫游，还展示馆藏布局，研发出虚拟图书架位导引系统，引导虚拟人物借阅图书，提供互动交流、在线期刊阅读等，提高了读者图书馆信息服务体验和质量。

3.2 基于虚拟现实的图书馆服务的研究

从文献调研来看，国内有关图书馆虚拟现实服务的研究文献虽然数量上少于图书馆虚拟场景的建构研究，但近年来也呈上升趋势。

石晓东认为，虚拟现实技术在图书馆服务方面的应用，可开发设置“虚拟图书馆馆员”“馆藏导引”以及“馆舍漫步”提供虚拟参考咨询服务；可利用虚拟现实的可视化三维效果将许多人们无法直接观察到的知识信息再现，帮助用户更好地获取知识，进行虚拟学习；可以在图书馆员业务学习以及读者培训中进行虚拟环境下的远程“培训”，提高学习和培训的效果[46]。

目前常见的新生入馆教育形式包括讲座、宣传教育、实地教育和资料教育等。陈景明在分析了这些传统高校图书馆新生入馆教育的弊端后，认为通过虚拟现实在计算机内构建图书馆真实外观的三维虚拟图书馆，能够系统逼真地模拟图书馆各部门与学生之间的互动和交流。新生在入馆前就可以通过网络或者安装相应的客户端提前接受入馆培训，而且新生可以利用虚拟化身份进行虚拟借还图书、信息咨询、上网选课、数字资源利用等一系列活动。三维虚拟图书馆通过系统的设定，除了提供逼真的三维场景和人物扮演外，还有与现实相对应的虚拟场景对话，虚拟化身在进入三维虚拟图书馆后，会被分派一些特定的任务，如寻找自动借还书仪器等。通过一连串与新生入馆教育紧密相关的任务“执行”，学生将会在这种“游戏”和娱乐当中不知不觉地完成新生入馆教育，同时了解图书馆的各个组成部门以及相应的职能[47]。

王晨晨在论述虚拟现实技术在图书馆读者服务方面的应用时指出，在加强信息资源建设的基础上，应用虚拟现实技术有利于发展读者、实现三维文献检索、促进用户教育与培训，能显著地提高读者服务工作质量。着重分析了现阶段VR技术在图书馆应用中遇到的一些问题，如VR技术设备商业化程度不高、视景生成技术自身还不够成熟、应用VR技术的图书馆较少等，建议图书馆应积极关注虚拟现实技术、多种视景生成技术交互使用、加大宣传力度推广虚拟现实技术[48]。

李袁从分析国家图书馆虚拟现实系统的应用出发，探讨了虚拟现实技术在数字图书馆领域的导读方面，包括读者入馆教育、馆藏文献介绍、新书通报、推荐书目、文献评介等进行的创新服务。在信息资源的整合以及远程服务中应用虚拟现实，可以实现图书馆功能的拓展，提升图书馆的整体服务质量[49]。

任金波重点论述了VR技术在图书馆建筑设计、读者培训、信息资源建设、资源整合、在线参考咨询、个性化定制等方面的应用[50]。

文献信息的检索是图书馆服务的主要内容之一，林于凯在全面讨论虚拟现实技术在高校图书馆的主要应用之后，专门实例解析了虚拟现实技术在文献检索的具体应用。目前文献检索大多采用Web IETM(Interactive Electronic Technical Manual，IETM，交互式电子技术手册)的方式，该方式常用的全文检索、关键词检索、树形分支检索、对话框向导等检索方式要求检索人员必须非常熟悉检索的工作原理和系统结构，妨碍了IETM系统的推广应用。而基于桌面虚拟现实的文献检索以虚拟设备为基础，用“所见即所需”的方式对技术资料进行快速检索，而且可以非常方便地发布在网络上，与现有Web IETM系统相容。这种虚拟现实的文献检索方式的工作模式可分为两类：一是由用户控制的主动式检索模式，二是由系统导引的向导式检索模式。主动检索模式下，用户通过三维点击、拖曳等方式，可以拆卸虚拟设备，并选中所关注的功能模块、电路板或元器件。每个部件对应唯一的标识符，然后系统会依据标识符自动从IETM数据库中检索相关资料和数据，以动态资料菜单的形式显示给用户。向导式文献检索模式下，用户的一切操作都在系统的导引下实施。这种虚拟现实文献检索技术的突出优势是文献检索快速方便，大大降低了对用户专业知识的要求。相对于平面图形和文本的二维表现形式，虚拟现实技术在设备的结构和空间信息的表现方面具有明显优势。与树形分支检索和对话框向导检索方式相比，这种可视化文献检索方式更为形象直观，应用到高校图书馆能大幅提升检索效率和检索精确度[51]。

在分析了国内高校图书馆参考咨询服务现状的基础上，黄艳华指出：虚拟现实技术在高校图书馆参考咨询中，可以在虚拟世界里体会真实场景、实现24小时全天候服务、同步浏览、主被动角色互换、强化导读、发展读者群等方面予以应用[52]。

信息基础设施的建设与发展为虚拟现实在图书馆服务方面的应用提供了技术支撑，4G网络又为其提供了网络高速信息传送的条件。雷光英在分析3D虚拟现实技术特点与图书馆应用现状后，指出3D虚拟现实技术在图书馆中的应用主要受到三点限制：①硬件要求较高，3D虚拟数字资源难以推广应用；②网络资源受限，3D虚拟数字资源难以吸引读者；③网络资费较高，用户难以承受。而4G网络的出现为3D虚拟现实技术应用带来机遇，可以在移动定位服务、特色数字资源建设服务以及图书资源立体展示服务方面为图书馆提供创新服务[53]。

薛涵和朱娜娜通过调查，了解到目前虚拟现实在国内图书馆主要应用于场景建设，数字资源建设，参考咨询以及读者教育、培训与交流等方面，认为可以在导引服务、信息检索可视化、智能导航、资源整合等诸多方面进行服务创新[54]。

赵继海在论及若干前沿信息技术的发展及其对图书馆的影响中，特别谈到虚拟现实与增强现实(AR)技术有助于提升图书馆实体资源的价值。可以利用VR和AR技术开展特藏展览、进行图书定位与理架、进行古籍再现与研究、提供图书馆指引服务、提升虚拟图书的阅读体验、提供信息推送服务等[55]。

黎伟业结合体育院校图书馆的特点，认为虚拟现实可以在运动场馆管理、群众体育、体育新闻传播等体育领域得以应用；展望了虚拟现实在体育院校图书馆的导引服务、图书馆信息资源优化、参考咨询服务优化、虚拟现实课堂以及虚拟现实个人图书馆方面的应用[56]。

陆颖隽在博士学位论文的第五部分专门论述了虚拟现实技术在图书馆信息检索以及参考咨询的应用。认为 VR 技术在数字图书馆信息检索和参考咨询的应用主要集中在可视化与交互性方面。

陆颖隽指出信息检索的可视化，尤其是三维信息检索的可视化具有无可比拟的优势。目前阶段，数字图书馆信息检索的可视化主要表现在两个方面：检索过程的可视化和检索结果的可视化，最突出是彰显在检索结果的可视化。一方面，可以对非空间数据以图形或图像的方式更加直观且形象地展示出来，便于用户对数据信息进行分析和理解，并且能够将深藏在信息之中，无法直接观察到的关联、规律、知识直接显现；另一方面，还能够为用户进行信息检索提供更加直观的引导，简化检索操作步骤，提高检索效率[57]。由于检索结果可视化显示，个性突出，视觉冲击力强，因而能较好地把握读者的阅读和视觉舒适度，传递特定信息，使读者从图像上获取的信息比文字信息更加清新生动，从而对图书有更清晰的识别和识记，符合读者的视觉习惯，增强了图书的可识别性。同时，书目信息依照读者输入检索词的相关度来聚合显示，为用户对信息的进一步挖掘提供了决策，成为用户信息挖掘、信息处理和知识管理的可视化工具，帮助用户发现书目信息所揭示的概念、学科以及领域之间的内在联系[58]。与此同时，他还认为任何事物都是一分为二的，一方面我们看到 VR 技术应用于数字图书馆可视化的信息检索，可以说是优势明显、前景灿烂；另一方面我们也要看到存在的问题。例如，三维可视化的优势是在处理大规模数据时，能以图形图像的方式展示数据中隐含的规则和知识，但随着数据规模的扩大，对可视化软硬件的要求也会提高。而并行计算、高新能计算机技术在信息可视化中的应用不像在科学可视化中应用得那么普遍[59]。

4 结　语

通过对我国图书馆虚拟现实的应用及研究进展进行系统的梳

理，我们可以看到，从总体上说，随着以物联网、云计算、大数据等高新技术的突飞猛进以及国内“三网”融合的建设，尤其是众多世界著名公司投入虚拟现实的研究和相关设备的研发，近年来，国内有关图书馆虚拟现实的应用及研究成果和文献发表数量呈上升趋势。

观察国内图书馆虚拟现实的应用及研究，一方面，我们惊喜地看到，国内已出现了以中国国家图书馆“国家图书馆虚拟现实系统”、浙江大学“大学数字图书馆国际合作计划(CADAL)”、清华大学图书馆参考咨询机器人“小图”等为代表的，具有世界水准的成功应用案例，有关图书馆虚拟现实的研究也取得了一些进展。另一方面，我们也要清醒地发现，国内开展虚拟现实实践和应用的图书馆并不多，仅为少数。研究文献数量还不多，真正论述和研究国内图书馆虚拟现实的文献还不到70篇。

具体来看，国内图书馆开展虚拟现实的实践和应用，大多是虚拟场景的再现或漫游，将虚拟现实应用于图书馆信息资源建设以及图书馆服务的还非常少，开展虚拟场景再现或漫游的高校图书馆较多，而公共图书馆相对较少；研究文献也是类似，研究虚拟图书馆场景构建和研究的比较多，研究虚拟现实进行信息资源建设与服务创新的比较少。相关的5篇硕士学位论文都是涉及虚拟图书馆漫游或可视交互系统的，还没有专门论述基于虚拟现实技术的图书馆信息资源建设与服务创新的学位论文(有一篇关于书法重现及其在数字化图书馆中的应用的硕士论文，由于主要论述的是书法重现，笔者认为还不能算严格意义上的图书馆虚拟现实研究)。许多研究文献大多是泛泛而论，并没有突出虚拟现实与图书馆结合的特点，从深度和广度上突破前人。

众所周知，虚拟场景的再现或漫游只是虚拟现实在图书馆的基本或基础应用，是相对粗浅简单的应用。信息资源建设是图书馆的“物质”基础，图书馆的信息服务是图书馆的精髓，因此，我们希望更多的研究者更加关注基于虚拟现实技术的图书馆信息资源建设与服务创新的研究。

参考文献

[1]陆颖隽. 虚拟现实技术在数字图书馆的应用研究[D]. 武汉：武汉大学，2013：72.

[2]陆颖隽. 虚拟现实技术在数字图书馆的应用研究[D]. 武汉：武汉大学，2013：76-77.

[3]李雪. 虚拟现实技术在国家图书馆的应用[J]. 科技情报开发与经济，2009，19(30)：27-28.

[4]陆颖隽. 虚拟现实技术在数字图书馆的应用研究[D]. 武汉：武汉大学，2013：81.

[5]陆颖隽. 虚拟现实技术在数字图书馆的应用研究[D]. 武汉：武汉大学，2013：81.

[6]张冬有，臧淑英. 基于 MultiGen Creator/Vega 的虚拟图书馆设计研究[J]. 测绘与空间地理信息，2006，29(4)：8-10.

[7]郄海风. 虚拟现实图书馆可行性方案研究——基于中小型以及高校图书馆[J]. 内蒙古科技与经济，2010(9)：157-159.

[8]马林山，赵庆峰. 虚拟图书馆漫游导航系统的设计与实现[J]. 图书馆学研究，2010 (13)：54-57.

[9]伍华玲，魏德民，东野广生. 济南大学虚拟图书馆漫游系统的设计与实现[J]. 图书馆学刊，2010(3)：103-106.

[10]赵金龙，胡小丽，王硕，穆大卫. 利用 Web3D 技术建设数字图书馆平台的研究[J]. 大学图书馆学报，2011(1)：51-53.

[11]张颖. 虚拟图书馆在 SketchUp 中的设计与实现——以闽江学院大学城图书馆为例[J]. 海峡科学，2011(11)：39-41.

[12]林争春，胡艳. 数字图书馆的虚拟场景优化技术研究[J]. 情报探索，2012(7)：98-100.

[13]陆家源. "三网合一"环境下具有划时代意义的漫游式 VR 虚拟图书馆[A]. 见：2011 图书情报工作研究会第 24 次图书馆学情报学学术研讨会论文集[C]. 图书情报工作，2011：411-415.

[14]严新玲. 运用三维全景技术构筑新型图书馆[J]. 图书馆工作与研究, 2013(11): 51-53.
[15]王文剑, 史颖, 任镤. 基于虚拟现实技术的大型场景视景仿真[J]. 山西大学学报(自然科学版), 2014, 37(1): 64-69.
[16]黄燕. 虚拟仿真技术在图书馆的应用模式研究[J]. 大学图书情报学刊, 2015(3): 54-56.
[17]任东升. 3D虚拟少儿图书馆创建与服务构想[J]. 图书馆学研究, 2016(6): 94-97, 57.
[18]许爱军, 李锋. VRML虚拟图书馆的构建与优化浏览[J]. 计算机系统应用, 2016(4): 252-257.
[19]陆颖隽. 虚拟现实技术在数字图书馆的应用研究[D]. 武汉: 武汉大学, 2013: 72-102.
[20]王铁铮. 虚拟图书馆漫游系统的研究与实现[D]. 哈尔滨: 哈尔滨工程大学, 2006.
[21]刘莹. 基于VRML的可视化图书馆系统的设计与实现[D]. 曲阜: 曲阜师范大学, 2009.
[22]徐之路. 基于Virtools的虚拟图书馆的设计与开发[D]. 上海: 华东师范大学, 2011.
[23]刘岩. 基于VRML的数字图书馆网上漫游系统设计[D]. 长春: 东北师范大学, 2011.
[24]杨曦. 基于EON的虚拟图书馆交互性系统的设计和实现[D]. 西安: 西安建筑科技大学, 2012.
[25]李靖. 基于可视化技术的数字图书信息系统的设计与实现[D]. 成都: 电子科技大学, 2015.
[26]黄宗忠. 图书馆学的过去、现在与未来[J]. 图书情报工作, 2009, 53(23): 5-11.
[27]大学数字图书馆国际合作计划[EB/OL]. [2016-07-15]. http://www.cadal.zju.edu.cn/Index.action.
[28]叶振超. CADAL中国文学编年史系统的设计与实现[D]. 杭州: 浙江大学, 2011.
[29]孙翌, 黄敏, 李丽. 基于新技术应用的图书馆创新服务空间的

规划与实践[J]. 高校图书馆工作, 2014(1): 3-6.
[30]陆颖隽. 虚拟现实技术在数字图书馆的应用研究[D]. 武汉: 武汉大学, 2013: 103-126.
[31]吴英飞. 书法重现及其在数字化图书馆中的应用[D]. 杭州: 浙江大学, 2008.
[32]薛尧予, 萧琛. 古籍文献三维数字模型库系统的研究与设计[J]. 数字技术与应用, 2014(5): 71-72.
[33]赵继海. 若干前沿信息技术的发展及其对图书馆的影响[J]. 图书馆研究与工作, 2015(1): 2-6.
[34]王文韬, 谢阳群, 李力. 虚拟现实技术在图书馆中的应用前景分析[J]. 图书馆, 2016(5): 10-14, 20.
[35]黄宗忠. 图书馆学的过去、现在与未来[J]. 图书情报工作, 2009, 53(23): 5-11.
[36]清华大学图书馆: 机器人小图在线服务中 [EB/OL]. [2016-07-15]. http://166.111.120.164:8081/programd/.
[37]清华图书馆机器人"小图"被网友"教坏"暂停服务[EB/OL]. [2016-07-15]. http://www.changjiangtimes.com/2012/02/372012.html.
[38]张龙, 张锦, 周傲英, 胡运发. 图书馆可视化多媒体触摸屏导读与查询系统开发[J]. 计算机工程与应用, 2001, 37(22): 152-154.
[39]钱力, 张智雄, 邹益民, 黄永文. 信息可视化检索在数字图书馆中的应用实践[J]. 现代图书情报技术, 2010(4): 74-78.
[40]周宁, 张李义. 信息资源可视化模型方法[M]. 北京: 科学出版社, 2008.
[41]张李义, 李歆. 基于 MPEG-7 的图像内容描述方案研究[J]. 情报学报, 2004(3): 313-320.
[42]周宁, 杨传志, 吴佳鑫. 图像索引与检索的 XML 方法[J]. 现代图书情报技术, 2005(9): 32-35.
[43]周宁, 何坚. InfoVisModel 可视化原型系统的实现[J]. 现代图书情报技术, 2010(7/8): 3-8.

[44]周宁，张会平，金大卫. 文本信息可视化模型研究[J]. 情报学报，2007(1)：155-160.

[45]上海交通大学电子教学参考资源服务手册[EB/OL]. [2015-05-25]. http://www.lib.sjtu.edu.cn:8080/study/courseware/lecture/2012-09-03-dzjc-student.pdf.

[46]石晓东. 浅谈VR在数字图书馆的应用[J]. 图书馆工作与研究，2009(12)：28-29.

[47]陈景明. 浅谈三维虚拟图书馆系统在新生入馆教育中的应用[J]. 浙江高校图书情报工作，2011(5)：16-20，34.

[48]王晨晨. 虚拟现实技术及其在图书馆的应用[J]. 图书馆学研究，2011(20)：34-37，33.

[49]李袁. 虚拟现实技术在数字图书馆中的应用[J]. 科技情报开发与经济，2009，19(36)：3-5.

[50]任金波. 虚拟现实技术在图书馆的应用[J]. 科技创新与应用，2012(34)：53-54.

[51]林于凯. 虚拟现实技术在高校图书馆文献检索中的应用[J]. 价值工程，2012(9)：173-175.

[52]黄艳华. 虚拟现实技术在高校图书馆参考咨询中的应用——以华南农业大学图书馆为例[J]. 图书馆学刊，2013(4)：82-84.

[53]雷光英. 基于4G网络与3D虚拟现实技术的图书馆创新服务探讨[J]. 农业图书情报学刊，2014(12)：167-169.

[54]薛涵，朱娜娜. 虚拟现实技术在图书馆服务创新中的应用[J]. 图书馆学刊，2015(6)：111-115.

[55]赵继海. 若干前沿信息技术的发展及其对图书馆的影响[J]. 图书馆研究与工作，2015(1)：2-6.

[56]黎伟业. 虚拟现实技术在体育院校图书馆的应用展望[J]. 运动，2015(4)：104-105，25.

[57]李巧蓉. 浅论图书馆信息检索可视化技术[J]. 兰台世界，2013(2)：81-82.

[58]周群. 高校图书馆可视化OPAC系统的设计与实践[J]. 图书馆学刊，2011(3)：115-118.

[59]陆颖隽. 虚拟现实技术在数字图书馆的应用研究[D]. 武汉：武汉大学，2013：138-147.

【作者简介】

陆颖隽，男，1963年生，副教授，日本国立弘前大学理学硕士，武汉大学管理学博士。主要研究方向：数字图书馆及其技术、信息资源数据库、虚拟现实技术等。主讲“信息资源数据库”“网页设计与网站建设”“数字图书馆原理与技术”“虚拟现实技术及其应用”等课程。主持或参与国家自科基金项目、国家社科基金项目、教育部人文社会科学重点研究基地重大项目、武汉市创新基金项目等多项。主持参与“亚洲纺织联盟”“楚贸e”等网站设计与开发。曾获国家科技成果完成者证书(1998)，武汉市发明二等奖(第四发明人)(1999)，武汉市科技进步二等奖(第四)(1999)。发表各类论文50余篇。

数据分析与可视化研究进展

洪　亮　周莉娜　宋天宇　蔡明师
（武汉大学信息管理学院）

［摘　要］随着资源数字化进程的不断推进，图书馆产生了大量的数据。从这些数据中挖掘出有价值的知识信息，图书馆可以为读者提供更好的服务。同时，移动互联网的发展，使得社会网络成为新的信息中心和文献中心。所以，图书馆引入社交网络，是改善现有服务，拓展新服务的必要举措。此外，伴随着大数据分析越来越普遍，很多开源的可视化工具为图书馆的数据分析和可视化提供了可利用的技术方法。因此，文章分别从以下三个方面综述数据分析和可视化研究进展：一是基于人、资源、服务的图书馆数据分析与可视化；二是社交网络分析与可视化，包括社会网络的概念特点、社会网络分析方法和社会网络可视化；三是介绍了 Excel、Google Charts APIs、R 语言、Processing、Gephi、Echarts 等一系列可视化工具，对这些可视化工具的基本情况、适用领域、具体应用进行了调研。最后，基于以上研究，笔者提出了研究展望，即构建智能化的图书馆数据分析与可视化系统，深化社会网络基础理论研究，扩展社会网络在图书馆的服务应用，加强可视化工具对数据的处理分析能力。

［关键词］数据分析　可视化　图书馆　社会网络　可视化工具

Research Progress of Data Analysis and Visualization

Hong Liang Zhou Lina Song Tianyu Cai Mingshi
(School of Information Management, Wuhan University)

[**Abstract**] With the development of digital process of resources, libraries have produced a lot of data. The library can provide better service for readers by mining valuable knowledge and information from these data. Meanwhile, with the development of mobile Internet, social networks have become new information and literature centers. Therefore, it's necessary for library to use social networks to improve existing services and even expand new services. In addition, as big data analysis becomes more and more common, many open source visualization tools provide technical solutions for the library's data analysis and visualization. This paper reviews the progress of data analysis and visualization from the following three aspects, respectively. The first is library data analysis and visualization based on people, resources and services; the second is social network analysis and visualization, including the concepts and characteristics of social networks, social network analysis and social network visualization; the third is introduction of a series of visualization tools, such as Excel, Google charts APIs, R language, Processing, Gephi, and reviewing these visualization tools about basic theories, application fields and specific applications. Finally, based on the above study, we propose a research prospect, that is, to build an intelligent library data analysis and visualization system, deepen the basic theory of social network and expand social network application on library services, strengthen the ability of visualization tools for data processing analysis.

[**Keywords**] data analysis data visualization library social network visualization tool

1 前　　言

图书馆的信息化产生并积累了大量数据，如馆藏资源数据、用户管理数据、社会网络交互数据等。尤其在互联网环境下，图书馆大数据资源的组成日趋复杂多样。因此，图书馆需要利用数据分析和可视化的方法，从这些数据中发掘出有价值的知识信息，提高图书馆的知识服务能力。

大数据的特征与优势促使用户的信息化需求发生变化，用户迫切需要图书馆提供智能化、个性化的新型知识服务，这对图书馆提出了新的挑战。首先，新的信息环境对图书馆员提出了新的要求，图书馆员的角色需要从单一的学科馆员或参考馆员转向数据科学家和智慧馆员，这是适应用户信息需求的必要举措；其次，馆藏资源的多样化和复杂化为图书馆用户更加有效地利用馆藏资源带来一系列的挑战，图书馆资源的呈现方式和获取方式需要做出新的转变；再次，在大数据服务环境下，图书馆需要提供更高质量、更智能化的服务。因此，基于从人、资源和服务 3 个方面的转型，图书馆需要利用大数据分析和可视化的技术，拓展延伸信息服务的领域，来满足用户新的知识服务需求。

移动互联网的发展，使得社会网络成为新的信息中心和文献中心。区别于图书馆传承性、系统性、全面性的文献保存资料库，社会网络是由用户产生或传播的碎片化的知识信息中心。另外，与传统的图书馆的知识流通速度相比，社交网络以其广泛的用户受众群体使得知识信息能够快速传播。而且，图书馆借鉴社交网络的互联网信息的检索技术能够改善传统信息检索方式，为用户提供针对大数据资源的信息检索和获取方式。因此，图书馆引入社交网络，是改善现有服务、拓展新服务的必要举措。

数据分析为可视化提供可利用的数据源，可视化技术或工具则将数据分析的结果以视觉化的效果呈现出来，使结果便于用户认知和普遍接受。目前，大数据分析越来越普遍，很多开源的可视化工具为图书馆的数据分析和可视化提供了可利用的技术方法。

因此，我们主要从3个方面综述近5年数据分析与可视化的研究进展：第一，图书馆数据分析与可视化，主要从立足于构成图书馆体系的人、资源、服务进行研究；第二，社会网络分析与可视化，包括社会网络分析方法和社会网络可视化的研究；第三，可视化工具的介绍，包括 Google Charts APIs、R 语言等一系列可视化工具。最后，针对目前的研究成果，我们提出了未来这三方面的相关研究展望和新的研究思路。

2 图书馆数据分析与可视化

2.1 图书馆员的角色转变

大数据时代，数据作为一种战略性的资源广受关注。数据资源的开发和利用成为常态，已然形成了数据产业。很多传统领域也开始重视数据分析对行业发展的作用，由此形成了数据科学这门新兴学科，并出现了“数据科学家”这一新的职业群体。同时，图书馆也在逐步探索大数据背景下智慧图书馆的建设路径，培养图书馆领域的数据科学家，实现由传统业务下的图书馆员向智慧图书馆环境下的智慧馆员的迈进。

2.1.1 从图书馆员到数据科学家

目前，研究普遍认为数据科学是“研究数据的科学”“以数据为中心的科学”“关于数据的科学”等。复旦大学朱扬勇教授[1]在《大数据时代的数据科学家培养》中指出，数据科学是研究数据界的科学或关于数据的科学，主要由两部分组成：一是研究数据本身的现象和规律；二是研究数据表示的现实含义，即通过研究数据来研究现实，其目的在于揭示自然界与人类行为的现象和规律。数据科学的出现和发展产生了数据科学家这一新的职业群体。“数据科学家（Data Scientist）”一词是2009年由 Natahn Yau 提出来的。关于数据科学家还没有统一的定义，目前比较认可的是：“数据科学家是指运用统计分析、机器学习、分布式处理等技术，从大量数据中提取出对使用者有意义的信息，以易懂的形式传达给使用者和决策者，并创造出新的数据运用于服务的人才”。

在此条件下，图书馆利用数据科学家以促进图书馆在大数据时代转变管理和服务方式。国外学者 Auckland、Corral 等[2][3]在相关研究结论中指出目前绝大多数图书馆员并不具备数据科学家必备的素质结构，需要加以改进。图书馆的数据科学家需要掌握并运用数据科学的关键技术和方法，为图书馆领域的信息挖掘、知识发现、价值创造、决策等发挥重要作用。

2.1.2 从图书馆员到智慧馆员

大数据为智慧图书馆建设提供了前所未有的机遇。智慧图书馆是一种通过提供融理性智慧、价值智慧和实践智慧为一体的公共智慧服务，从而打造更具魅力的公共文化环境和更大的信息共享空间[4]的新模式。

分析应用大数据是获得智慧的关键。英国图书馆与信息学专家约翰逊[5]认为，任何“智慧图书馆”都需要“智慧的图书馆员”，“智慧图书馆员”的基本特征是：资质达到一定水准、致力于终身学习、社会及种族多元化、灵活性、创造力、见多识广、思想开放和参与公共生活等。在大数据环境下，智慧图书馆员要具备：信息分析、数据挖掘、网络安全维护、新知识快速吸收、人际交往、创新等多个跨学科领域的能力[6]。

图书馆的发展引发图书馆员的角色变化，使其向数据科学家和智慧馆员的方向转变，但两者的侧重点有所不同。数据科学家更侧重数据分析与挖掘，而智慧馆员首先是图书馆员，也可以是参考馆员、学科馆员等，既拥有图情知识又懂现代信息技术，以用户为根本，深入挖掘用户的潜在知识，为用户提供主动的、优质高效的、智能的、无障碍的服务[7]。

2.2 图书馆馆藏资源分析与可视化

馆藏资源尤其是馆藏数字资源的海量增加，为图书馆用户更加有效地利用馆藏资源带来一系列的挑战，而信息可视化技术的快速发展，为馆藏实体资源的表示和呈现方式提供了良好的解决方案[8]，同时，对大量复杂的馆藏数字资源的分析处理与可视化表示，可以为图书馆的资源服务提供决策支持。

2.2.1 馆藏实体资源可视化

馆藏实体资源可视化主要关注馆藏实体在图书馆物理空间的分布导航等技术。通过空间模拟的可视化，形象地展示馆藏资源的分布区位，帮助读者迅速便捷地在图书馆获取资源。

馆藏实体资源可视化主要分为两个方面：一是对馆藏资源自身的属性信息即馆藏对象的可视化展示，较早出现的研究是1999年Rauber等人的SOM-Lib项目[9]；二是对馆藏资源所具有结构特征的地理信息即图书馆空间的虚拟展示，通过三维空间展示来说明馆藏在图书馆中的分布，为读者提供向导服务。其中，基于GIS和RFID技术的图书馆可视化信息系统是馆藏资源可视化展示的重要应用。

在国外，Buckland和Coyle等人[10]研究了基于GIS的可视化，Buchel等人[11]在此基础上进行拓展，使其包含非地理空间属性，以支持用户进行初级和概要可视化任务，并基于Google Maps开发了基于地图的原型系统[12]。在国内，杜慧敏等[13]最早研究了基于GIS技术和方法构建的图书馆可视化信息系统，该系统通过对文献空间图形信息和文献属性信息的组织融合，借助人机交互界面实现图书馆文献信息资源的空间可视化查询、导航和统计分析等可视化信息服务。周文芳[14]提出对RFID技术和GIS两种技术进行融合来开展图书馆信息服务，采用RFID技术自动提取图书馆馆藏资源的基本属性数据信息，采用GIS技术则对前者获取的基本属性信息进行可视化呈现与管理。程雪颖等[15]指出基于RFID构建立体可视化的书目导航系统，并基于Google Maps API、RFID以及JAVAMVC架构三种技术设计了网络书架导航系统。

2.2.2 馆藏数字资源分析与可视化

馆藏数字资源逐渐成为馆藏资源的主体部分，以数字图书馆的服务形式呈现。数字资源的快速增长导致馆藏资源呈现分散性、异构性、无序性的特点。图书馆利用数据分析与可视化技术对无序分散的数字资源进行处理和表示，让用户获取有序的、便于认知和可交互的高价值资源，改善用户的使用体验，提高知识服务能力。

关于馆藏数字资源分析与可视化的研究分类方式有多种。Zaphiris 等人[16]将馆藏资源分析与可视化研究分为三大类，即信息检索、信息导航分析和信息浏览的分析与可视化。Shiri[17]将其分为四大类，即馆藏资源表示可视化、查询构建和修改可视化、检索结果可视化和关联性可视化。国内学者邱均平提出馆藏数字资源分析与可视化的四大趋势，即馆藏资源语义关联可视化、馆藏资源深度聚合可视化、开发专业可视化语言和支持新型数据可视化。借鉴 Shiri 的划分思路，根据用户使用数字资源的过程，我们将馆藏数字资源分析与可视化划分为馆藏数字资源的可视化、检索过程可视化和检索结果分析与可视化。

(1)资源可视化。

馆藏数字资源的可视化是基于资源间的语义关系，把语义化深度聚合后的馆藏资源、用户浏览信息等转换成一定的可视化图形，并显示在一个二维或三维的可视化空间。Brad 等人[18]介绍了数字图书馆界面中二维和三维信息可视化技术支持多源和信息馆藏的展示与导航，用户可以以任意方式操作、搜索和查看。

资源可视化实质是通过分析数字资源的组成结构，将其进行信息组织，并以有序化、关联化的形式呈现出来，供用户高效便捷地浏览，包括资源发布的可视化和资源浏览的可视化。资源发布的可视化是充分挖掘分析并聚合后的所有实体馆藏资源和虚拟馆藏资源的呈现方式，充分展示了所发布数据之间的语义关系，从知识管理的角度去揭示数据、信息和知识的内在联系，并提供所发布数据的元数据，让用户能快速发现和了解馆藏资源；资源浏览的可视化则强调利用各数据之间的语义关系，从一个知识点顺利浏览到另一知识点，增强可视化的交互性，提高浏览效率与浏览质量[19]。

(2)检索过程可视化。

检索过程可视化是将可视化技术应用于馆藏数字资源的检索过程环境中，基于检索要素间的语义关系，把语义化深度聚合的馆藏资源、用户需求、用户提问、各类信息检索模型和检索过程转换成一定的可视化图形，并显示在一个二维或三维的可视化空间[20]。

资源检索可视化主要实现两大功能：一是实现资源检索需求的可视化，在动态的、不断调整的检索过程中，帮助用户充分挖掘、表达信息检索需求，通过语义扩展、概念映射等来调整检索策略；二是实现资源检索过程的可视化，将整个检索过程尽可能地呈现在用户面前，让用户可以图形化地指定查询方式，省去复杂的检索命令和逻辑符号，以点击按钮、操作图形的方式由系统进行语义匹配，生成准确、完整的检索表达式，使检索行为更人性化、直观化，提高用户检索效率。

目前，也有一些检索过程可视化系统的研究成果。例如，美国文献服务专业公司 EBSCO 推出的 EBSCOhost2.0 可视化检索(Visual Search)是一种语义化深度聚合馆藏资源的检索可视化，可实现检索需求的可视化和检索过程的可视化(也包括结果呈现的可视化)。Burt 等人[21]对聚类搜索引擎进行研究，表明聚类特征可以成为信息搜寻用户工具箱中的额外工具，同时表明聚类方法与传统搜索引擎相结合的检索最为有效。

(3)检索结果分析与可视化。

检索结果分析与可视化是馆藏数字资源可视化的最后环节，利用图形、图像等可视化形式将检索结果呈现给用户，可以使用户直接观察到检索对象中包含的知识；同时，检索结果可以从多个角度来揭示检索结果中隐藏的规律和联系，信息资源的价值得到充分挖掘，提高了检索效率和知识利用效率。

检索结果分析与可视化主要包括两个方面：一是检索结果布局构成的可视化，通过图形、图像等形式，根据检索结果之间的语义关系和用户的视觉理解习惯，语义关系越接近的信息对象视觉距离越近，将语义化深度聚合后的馆藏资源中的各个信息对象布局在给定的可视区域[22]，并按照分类体系结构或主题词表体系结构，投影到可视化主题地图上，用户通过语义等级关系，点击相应图标，就可以对馆藏资源的类型、来源、实际位置等有一定直观了解，更方便用户获取、阅读馆藏信息。二是检索结果分析利用的可视化，是指进一步提供工具帮用户探索文本文献之间的复杂关系[23]。利用一定的图形、图像，对检索到的语义化深度聚合后的馆藏资源进行统计汇总与分析、文本挖掘、引文分析等，拓宽用户的信息获取渠道。

2.3 图书馆管理服务的数据分析与可视化

目前，图书馆积累了大量业务数据，包括馆藏文献资源数据、图书馆业务管理数据、图书馆用户管理数据、图书馆服务管理数据、社交网络交互数据、移动互联数据及各种传感器数据等。因此，对这些复杂数据进行分析，挖掘其价值，可以帮助图书馆建立和完善新的知识服务体系[24]。

2.3.1 公共图书馆管理与服务的分析与可视化

近年来，国外公共图书馆在大数据分析工作上进行了较多探索，主要关注于阅读推广和公众服务。例如，美国俄亥俄州经营电子书、有声读物的经销商 OverDrive 公司长期与众多各类型的图书馆合作，该公司于 2012 年起，将公司从图书馆中收集的大量数据包括图书馆网站访问数据、电子书和数字有声读物的流通数据以及读者的图书需求分析数据等提供给出版商和其他有合作关系的图书馆，以供开放存取。除此之外，OverDrive 公司也通过“Buy It Now”网上商店等渠道为图书馆提供其所不具备的书目记录，也为读者开辟了发现新图书的途径[25]。而我国公共图书馆的大数据分析和可视化应用工作还处于起步阶段，以上海图书馆为例外，2013 年，该图书馆就通过大数据分析形成了每位读者的电子阅读账单，同时还形成当年的读者阅读报告。武汉图书馆在 2014 年的世界读书日活动中也推出了“我的书单”：一季度阅读情况报告，还有很多公共图书馆都在陆续推出相关服务。但从整体上而言，我国国内公共图书馆在大数据分析工作上还有待发展[26]。

2.3.2 高校图书馆管理与服务的分析与可视化

高校图书馆管理与服务的分析与可视化主要包括学科服务和知识地图的分析与可视化两个方面。

(1)学科服务。

学科服务是高校图书馆重要的服务业务之一。利用数据分析和可视化技术可以进行学科主题动态跟踪、学科热点和学科前沿分析、创新研究等。各学科知识领域相互之间有着某种联系，通过可视化技术与文献同引、文献共词结合，生成具有各种属性的可视化图谱，表达学科、专业、文献、作者之间的关系，揭示学科知识领域的结构、直观反映学科知识发展态势，实现知识领域的可视化，帮助用户获得理想的知识效果[27]。

(2)知识地图。

知识地图作为一种知识组织方式是高校图书馆实现可视化知识服务的手段。基于知识地图的高校图书馆可视化知识服务是重要的研究热点之一。知识地图作为知识资源的指南和导航技术，可以将知识资源及其之间的相互关联可视化。此外，知识地图在高校图书馆知识服务中的应用还包括在高校图书馆用户自助式服务(信息检索和知识推介)中的应用、在传统和数字参考咨询服务中的应用、在个性化服务系统中的应用等[28]。利用知识地图可以构建个性化信息推荐系统结构模型，该模型的可视化功能利用 WIDAS 工具实现，将抽象信息资源可视化，并沿着资源分布网络快速找到合理有效的资源匹配，从而更有效地进行推送信息服务[29]。

2.3.3 图书馆可视化 OPAC 系统

OPAC 系统作为图书馆集成系统面向用户的窗口，连接信息用户与图书馆的信息资源，是图书馆进行资源管理和进行信息服务的重要渠道[30]。开发图书馆 OPAC 可视化系统是利用可视化技术对馆藏资源的结构和分布、内容及其内在关联进行数据挖掘和分析，并进行可视化揭示，实现可视化用户交互的功能，以提高图书馆面向用户的信息服务和知识服务水平[31]。

可视化 OPAC 系统是在图书馆现有的集成管理系统和数据发布平台上构建，与图书馆的 OPAC 检索系统相互兼容，在检索风格上保持一致，只是将书目检索结果以类似书架形式的可视化图像组合来代替文字条目呈现给读者。周群在《高校图书馆可视化 OPAC 系统的设计与实践》[32]中指出，应用图书馆集成管理系统和信息资源建设与管理系统，通过解决书目图像元数据的构建、命名，书目图像数据库的设计与数据导入以及可视化书目的显示等问题，构建出可视化 OPAC 系统。其他方面的研究有基于 AquaBrowser Library

(具有信息可视化功能的OPAC系统)在图书馆OPAC中的应用研究[33][34]、具有本体特征的新型OPAC系统模型和系统架构的研究[35]、应用PivotViewer这种全新的数据可视化模式在图书馆OPAC显示中带来的可视化人机交互效果的研究[36]等。

3　社会网络分析与可视化

3.1　社会网络分析

3.1.1　概述

社会网络(social network)是指社会行动者(social actor)及其间关系的集合，即一个社会网络是多个点(社会行动者)和各点之间的连线(行动者之间的关系)的集合[37]。具象的表示形式主要有图论[38]和矩阵等。

社会网络分析(social network analysis)是对社会关系结构及其属性加以分析的一套规范和方法。它主要分析的是不同社会单位(个体、群体或社会)所构成的关系的结构及其属性[39]。社会网络分析注重各种成员、组织等社会化实体的关系模式，在认为互动的单位之间所存在的关系极为重要的基础上形成了一种特色化的社会科学研究视角。

社会网络所具有的最重要的特性是小世界效应(small-world)和无标度特性(scale-free)。小世界效应说明了网络中的节点平均距离远小于网络的规模；无标度特性指社会网络中少数节点具备较大的影响力，而多数节点都只具有较小的影响力。

除了小世界和无标度特性之外，韩毅[40]指出社会网络与一般信息网络相比具有社会特性、多维度特性、内容和结构的关联特性。许进[41]提出大多数网络依靠自身的连通性，具有高度的网络弹性。与高弹性相伴而行的还有高鲁棒性，这是由于社会网络的直径不会随着点或边的数目改变而发生变化[42]。还有文献[43]着重强调了社会网络的聚类效应，得出网络中所有节点的聚类系数的平均值就是整个网络的聚类系数。

3.1.2 社会网络静态分析

社会网络静态分析主要从网络的拓扑结构入手，关注节点的影响力和关系紧密的节点之间的社区状况，主要包括拓扑分析、社区发现和关键节点挖掘等内容。

(1)社区发现。

社区发现的基础是建立在以下基本共识上：社区内部之间节点的连接边数应该远远大于社区里面的点与外面的点的连接边数，其本质都是对于最大化内部连接和最小化外部连接的追求，是一个聚类问题。

社区发现具体算法的分类方式，主要有重叠与非重叠算法[44]、基于网络结构的和基于内容分析的算法、基于优化的和基于启发的算法[45]几种。其中最经典的是谱平分法、FN(Fast-Newman)算法、GN(Girvan-Newman)算法和 CPM(Clique Percdation Method)算法，如表 1 所示。

表 1 **几种经典社区发现算法**

算法	复杂度	准确率	适用范围
谱平分法	低	高	具有明显层次的社区
FN 算法	低	低	复杂社区
GN 算法	高	高	中小型网络
CPM 算法	低	低	需要先验经验

近年来还有不少优化算法出现。针对不少算法忽略间接关系紧密的节点之间相似性的问题，魏爱英[46]提出了一种新的社区发现算法 AINS，使社区划分效果更佳；张宏志[47]提出基于“完美网络”理论与边聚类密度相结合的社区划分衡量指标(FF-FT)，克服了原模块度无法对差异较大的网络社区进行划分的困难；马艳艳[48]以用户的学习行为作为分析标准，将具有相似学习行为的用户划分到一个群体中，并应用差异性指数社区发现算法实现社区发现过程。

而在具体应用方面，尹相杰重点分析了遗传算法在社区发现中的应用，提出了能够充分应用网络拓扑结构的初始化方法 k-path 方法；王娜[49]等在协同训练框架下融合用户特征信息并进行仿真，模拟异质多模社会网络社区发现。

(2)关键节点挖掘。

如何选择社会网络中具有影响力的个体被称为“关键节点问题”，可以与图论相结合，使用图论与复杂网络建模工具，对社会网络的特征和关键节点进行分析[50]。关键节点挖掘在定位犯罪团伙头目、针对性地隔离病源等方面有很多实际应用价值[51]。

①依据节点邻近的挖掘方法。这类方法根据节点的直接邻居数目或节点的位置来判定节点的重要程度。近年来基于半局部信息的节点排序方法[52]成为新的研究热点，徐晓东[53]基于网络局部、半局部信息，提出了一种新的基于 D-S 证据理论和集聚系数的关键节点挖掘算法文献。

②基于路径的排序方法。这类方法认为网络中存在一些度很小但是对于信息流的传递却具有极大的控制作用的节点，同样是网络的关键节点。Martin 等人[54]对特征向量中心性进行改进，提出其邻居的分值求和时，不再考虑节点的影响。

③基于特征向量的排序方法。这类方法认为节点的重要性不仅依赖于邻居的数量，同时还受到邻居的质量影响，如 PageRank 算法、HITs 算法等。仇丽青等[55]将社会网络中的节点模拟成 Web 中的页面，提出基于 Pagerank 的社会网络关键节点发现算法；Jiang 等[56]认为除了可以用于确定一个节点上多个相互关联的属性外，HITs 算法还可以处理更复杂的排序问题。

④基于节点移除和收缩的排序方法。其理论依据是网络的结构会处于动态变化之中，节点的重要性往往体现在该节点被移除之后对网络的破坏性上。主要有节点删除的最短距离法、节点删除的生成树法等。为了研究网络的抗毁性，Dangalchev[57]提出了用残余接近中心性指标来衡量节点的移除对网络带来的影响。

在新算法方面，为了找到社会网络中 top-K 个关键节点，王学光[58]提出了一种基于合作博弈理论的方法；韩忠明[59]根据结构洞理论与关键节点排序的相关研究，构建了一个能够综合评价面向结构洞节点的关键节点排序方法。

在针对社交网络应用的研究中，张晓霞[60]在综合考虑节点在网络中的活跃度和其对信息流控制作用的基础上，挖掘出影响事件信息传播的关键节点，标识出具有消极情绪的关键节点。

3.1.3 社会网络动态分析

社会网络动态分析主要关注网络中节点影响力和节点之间关系紧密程度的变化，特别是网络的动态变化所可能产生的影响，主要包括社区演化、信息传播、链接预测等内容。

(1)社区演化。

网络中的社区演化问题可以描述为：给定网络 G 在时间序列 $\{1\sim T\}$ 随时间变化生成的网络序列 $\{G_t\}_{t=1\sim T}$，G_t 是网络在时刻 t 形成的网络结构，C_t 是时刻 t 网络的社区结构。社区演化行为一般被描述为出现 (birth)、增长 (growth)、合并 (merging)、分解 (splitting)、收缩(contraction)和消亡(death)[61]，如图 1 所示。通过追踪社区的演化行为，能够为引文网络提供链接追踪，从而清晰地理解图情领域的网络结构。

①基于独立社区发现的演化分析。将社区演化拆分为静态社区发现和社区演化两个问题，对相邻两时刻的网络分别进行静态社区发现并挖掘出社区结构，从而将相似社区加入到社区的演化队列中。有相关研究[62]在社区演化的结果上进一步分析了不同演化路径的特点，分析不同类型的演化模型并给出相应的实际意义。

②基于网络融合的演化分析。指将相邻两个时刻的网络融合先进行社区发现，再处理社区结构。于乐提出将动态网络序列 $\{G_t\}$ 中将相邻时刻的两个网络 G_t 和 G_{t+1} 合并成新网络 $G_{t,t+1}$，对融合后的新网络进行静态社区发现，从而得到融合后网络的社区结构 $C_{t,t+1}$。

③基于演化聚类平滑性的演化分析。平滑性相关研究的提出基于对社区演化时间序列的分析，即社区演化与网络结构中上一时刻和当时时刻都有紧密的联系，这类方法着重分析了社区结构整体随时间的变化，没有详细地分析具体社区演化的原因。白宇清等[63]综合考虑网络中个体的多维属性，提出一种高效的社区发现算法以

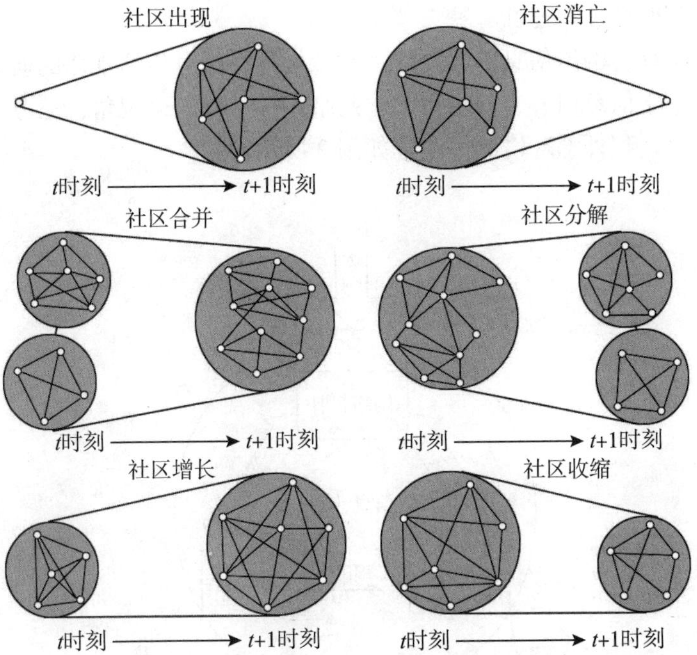

图 1　社区的六种演化行为

发现动态网络中的社区结构。

④基于节点行为的演化分析。从具体节点入手，基于节点行为的社区演化分析根据节点的行为对网络或社区结构的影响，从而确定社区结构随时间的变化。陆有为[64]利用节点行为进行演化分析时提出社交指数的概念，用来衡量一个节点在一段时间内与不同社区的交互次数。

关于社区演化相关具体应用领域的研究集中于公共事件和社交网络，王景丽等[65]基于公共品博弈，从微观角度提出了多社区动态网络演化模型；刘群等[66]针对移动 P2P 社交网络，提出了一种时效性随时间和传播路径衰减的关键节点发现方法。

(2)信息传播。

网络的一个重要功能就是信息传播。研究表明，与传统媒介中的信息传播相比，社会网络中的信息传播呈现出大规模性、多模态性、实时性、快速性等特点[67]。

①社会网络信息传播规律。对社会网络信息传播规律的研究主要集中于信息内容、网络用户、网络拓扑结构三个视角，三方相互作用且受到外部环境的影响，如图 2 所示。

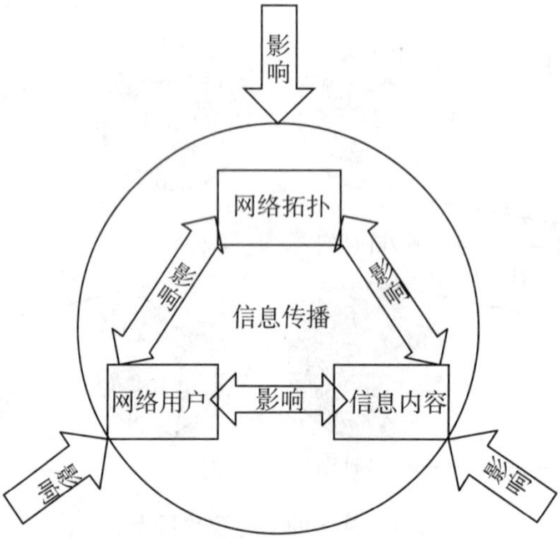

图 2　信息传播规律研究的三大视角

网络拓扑结构。Galuba 等学者[68]指出 Twitter 中的传播拓扑的特点是浅而广，拓扑中节点距源节点的最大跳数满足幂律分布；Zaman[69]等人在考虑转发时间、局部网络拓扑等因素基础上，用贝叶斯方法来预测单条 Tweet 的最终传播范围。

信息内容。Shamma 等人[70]提出的 Peaky Topics 模型在每个时间片内对代表话题进行频度归一化计算，然后按照度量标准确定流行话题；Romero 等人[71]发现不同类型的 Hashtag，其传播在吸引性和持久性方面显著不同；Naveed 等人[72]通过研究发现消极倾向的新闻，其传播速度较其他类新闻要迅速。

网络用户。胡昌平[73]提出将用户身份进行虚拟化，从而大大消除了用户在现实生活中的不平等，赋予了用户平等的信息获取和发布权力；Wu S[74]等人将 Twitter 上的用户依据其属性不同划分为名人、博主、媒体和其他正式组织，结果发现不同类型的用户关注的信息内容也有差异。

②社会网络信息传播模型。模型的构建使得对信息传播规律的研究从定性到定量，能够更好地把握社会网络环境下信息的运行传播态势。

谢新洲教授[75]将网络信息传播的基本要素概括为：传播者、接受者、信息、媒介、噪音等。在此基础上，胡吉明[76]分别研究了基于用户关系的传播和基于社会化媒体的传播，并构建了社会网络环境下基于用户关系的信息传播模型，如图 3 所示。

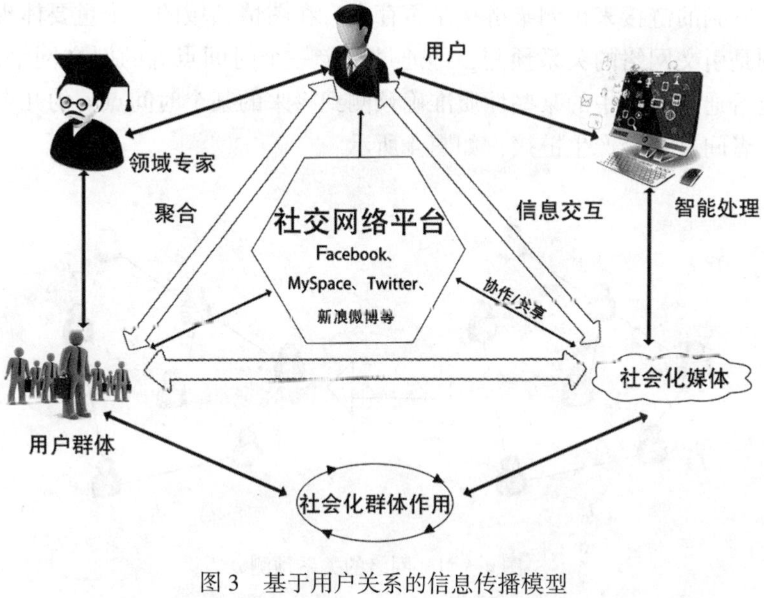

图 3　基于用户关系的信息传播模型

信息领域的传播模型来源于流行病传播方式的 SIR 模型。对应到信息的传播过程，I 表示节点已获得信息，S 表示节点易获到信息，R 表示节点不再扩散信息。Abdullah 与 Wu X[77]基于 SIR 模型对 Twitter 上的信息传播动力学进行了深入研究，Zhao L 等[78]结合传播个体的相关特征，在 SIR 模型的基础上对在线社会网络谣言的传播进行了仿真。

近年来受关注较多的是独立级联模型(independent cascade)和线性阈值模型(linear threshold)。前者认为每一条社交网络的边都有一定的传播概率，消息从源节点开始沿着这些边依次向外扩散；后者则定义了好友之间的影响值，认为当用户与参与传播的好友节点的边影响力之和超过用户的阈值时，用户就会参与到传播中来。还有很多新的模型构建，如细粒度的在线社会网络信息传播模型[79]、UACI(Uninformed-Attended-Convinced-Immune)模型[80]等。

(3)链接预测。

除了对网络中已有关系的研究，近年来对未来可能发生的联系的预测越来越受关注。链接预测(link prediction)通过节点属性和已观察到的链接来预测某链接是否存在。在图情领域的一个重要体现则是引文网络的关系预测，即通过给定一个时间点 t_0 的引文网络，能否通过网络中的某些性质准确预测到将来的某个时间点 t_1 的几个作者间是否会产生链接，如图 4 所示。

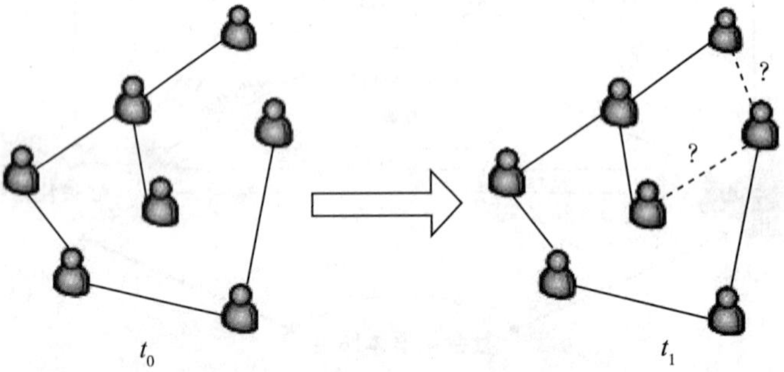

图 4　引文网络的关系预测

①基于相似性的链接预测。为网络中的每对节点假设一个度量值，根据度量值将所有没被发现的链接进行排序。其中最重要的是基于邻近节点的相似度度量和基于集成路径的相似性度量。赵婵媛[81]对基于路径的 Katz 指数与 LHN-Ⅱ指数进行了对比分析，对 Hitting Time 和 Rooted PageRank 两种随机游走和共同邻居指数进行

了详细的分析。

②基于节点导向力的链接预测。由于相同路径长度的路径上的节点可能是不一样的，因此在基于路径的相似度度量方面还需要区分不同路径的权重问题，殷涵[82]等提出了基于节点导向力的链接预测，在此概念的基础上出现了 CNGF、KatzGF 等算法。

③基于概率模型的链接预测。概率关系模型继承和综合了关系模型和概率模型的有关技术和先进思想，主要有贝叶斯网络关系模型、马尔科夫网络关系模型和关系依赖网络模型。魏超[83]指出该方法不仅考虑网络的结构信息，同时也兼顾每个节点的属性信息。该算法较为复杂，在实际应用中有一定难度。

近年来许多研究对相关算法进行优化并进行了实际应用的分析：对基于相似性的链接预测算法进行改进，提出基于相似性的多路径游走链接预测算法；通过 AUC(Area Under the Roc Curve)度量方法度量了基于事务信息的链接强度预测和引入时序特征的链接预测算法；提出了基于节点多属性的链接预测算法，并采用 ROC(Receiver Operating Characteristic Curve)曲线进行了算法验证。

3.2 社会网络可视化

社会网络可视化的主要任务是将社会网络中的个体与个体之间的关系情况清楚全面地展现在用户的面前，提供简单易懂的显示和操作界面，使用户更容易挖掘社会网络中的信息和规律[84]。

3.2.1 可视化布局算法

Ben Shneiderman[85]按照网络节点的布局方法将网络可视化技术分为 9 大类：力导引布局、地图布局、圆形布局、聚类布局、时间布局、空间布局、层布局、手工布局、随机布局。本文根据研究热点对如下几种重要的布局算法进行介绍。

(1)力导向布局(Force-directed Layout)。

力导向布局算法又称为弹性布局，首先由 Eades 提出[86]，它因模拟力学系统而具有很好的布局效果，如图 5 所示。该算法输入社会网络节点集合后，输出社会网络网状图。

由于具有能充分展现网络整体结构及其自同构特征等优点，力导引布局成为使用范围最广的布局方法，对其也有许多成熟的变体算法，如 KK(Kamada Kawai)算法[87]、FR（Fruchterman-Reingold）算法[88]和 DH(Davidson-Harel)算法[89]。Hua J 等[90]提出快速收敛力导引算法，该算法在力导引布局前先计算所有顶点的几何位置，可以减少收敛时间并使边交叉显著减少；李绪等[91]在经典力导向算法的基础上将边的权重加入到力学模型中，提出一种能够有效反映节点之间强弱关系的布局算法——带权值的力导向布局算法；吴鹏等[92]提出子群分析布局 SAL(Subgroup Analysis Layout)，该算法通过角色分析和关键属性分析，根据子群分析结果对力导引布局算法加以 2D 和 3D 可视化。

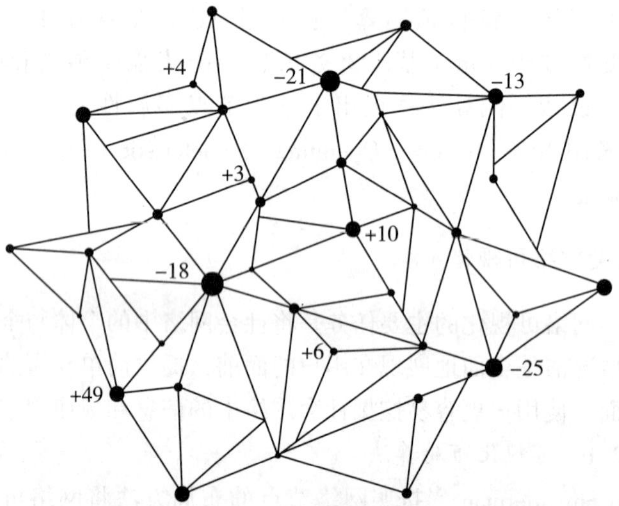

图 5　力导向布局示意图

(2)地图布局(Geographical Map Layout)。

这类布局算法对数据和图的布局有一定的限定性，它要求有地图作为背景，再根据数据中的信息，将节点定位到地图中的地理坐标，然后根据节点之间的数据关系绘制出边，从而将抽象信息展现出来，如图 6 所示。其优点是符合人类视觉思维，可直观展现节点的地理分布，且能准确定位节点；缺点在于节点位置过于固定，节点交叠、边交叉问题严重[93]。

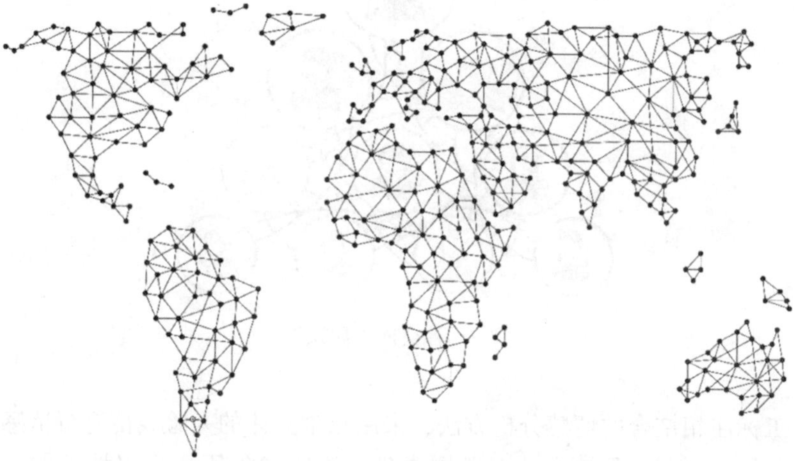

图 6　基于地图的可视化算法布局

(3)层次布局(Substrate-based Layout)。

层次布局首先根据节点的分类属性将屏幕划分为几个区域，然后在其对应区域中布局节点。层布局算法有效利用网络中的节点属性信息，并通过分层将这一网络信息展现，扩充了信息的展现力度。只有分层属性和网络自身结构特征非常明显才能绘制出比较好的可视化图形。如图 7 是一幅社会网络的层次图。

3.2.2　社会网络可视化应用

(1)情感分析。

情感分析也称作观点挖掘、意见挖掘，目标是从用户发布的内容中自动抽取针对某一话题、事件、产品或服务的大众观点和情感，以便支持组织或者个人的决策。陈康等[94]认为情感分析的主要步骤为：①找出相关文档；②找出相关的部分；③找出全部感情；④量化分析每个感情；⑤聚集所有感情形成一个概述判断。

在公共情感分析中，许彦如[95]用情感螺旋来反映参与者总体数量与情感的时变趋势；刘翠娟等[96]提出一种基于依存句法和人

图 7　社会网络层次图

工标注相结合的情感分析方法，采用三维立体的人脸表情进行情感分析，如图 8 是该方法对不同事件、不同省份用户高兴情感的可视化。

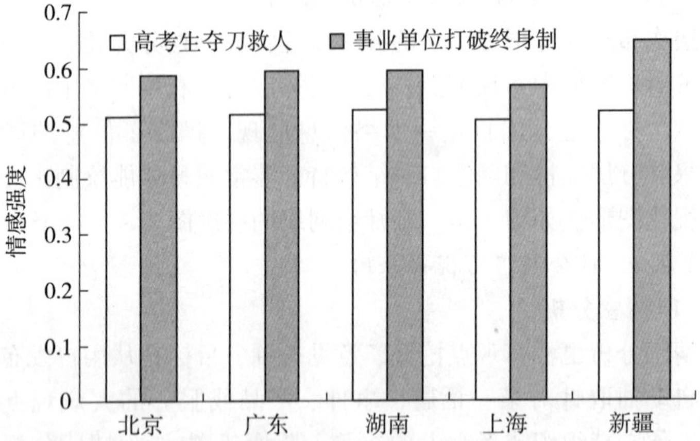

图 8　五个省市高兴情感的对比

在利用用户情感分析进行产品营销中，Liu B 和 Hu M 等人[97]讨论了从评论中挖掘产品特性的方法，从而得到用户对于产品或者产品某个特性的整体倾向性。如图 9 所示用可视化方法来显示用户对不同数码相机的情感，列代表相机属性，水平线表示中立态度，纵柱则反映了用户的褒贬情况。

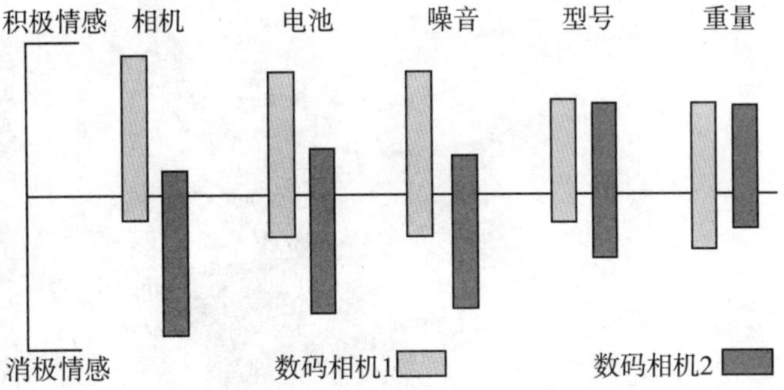

图 9　两款数码相机评论挖掘可视化成果

微博情感可视化是一个新的热点。Zhang Chenghai 等[98]提出一个电子云模型(ECM)来分析微博的情感，将情感映射到电子的稳定性，通过核密度和边界绑定表述情感的空间变化，如图 10 所示。

(2)社会化推荐。

社会化推荐(social recommendation) 从广义上理解，是指在各种社会化媒体(social media)上通过社会化的群体行为对信息内容进行推荐或分享[99]。在可视化技术不断发展的状态下，更符合用户认知、更贴近用户直观感受的可视化社会推荐成为了一种必然趋势。

在社会网络检索结果的图像显示方面，一些最新的研究[100]针对大规模社交网络应用中检索结果过于庞大复杂的问题，将个性化推荐与可视化相结合，提出关键信息显示算法以及融合图像标注语义与图像视觉特征的个性化图像推荐模型等，优化检索界面。

在图书情报领域的应用中，郝红红[101]在关联规则推荐技术的基础上结合可视化技术，提出基于菱形图的关联规则可视化模型(Diamond-base Association Rule Visualization Model，DARVM)，将信息容纳于空间位置；秦健[102]将数据可视化挖掘应用于图书馆

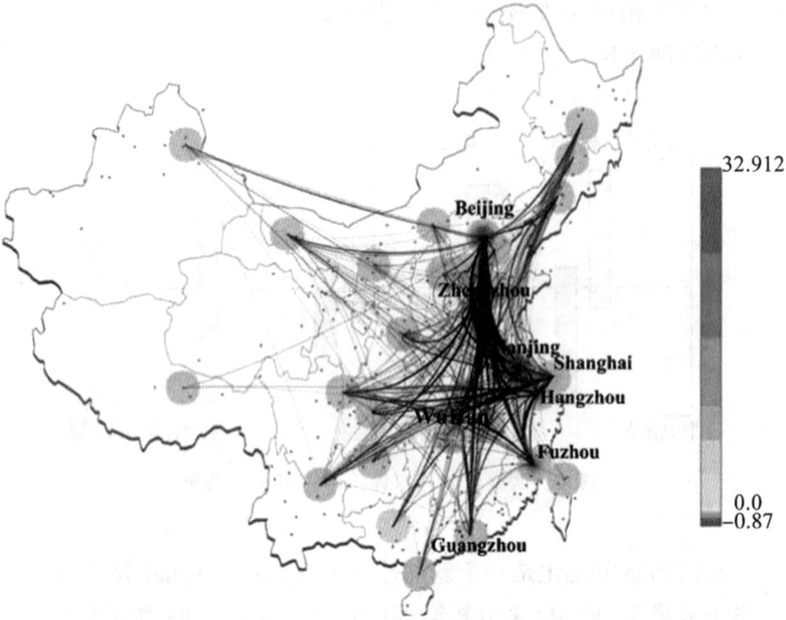

图 10　ECM 分析主题事件中不同城市用户情感的可视化对比

学，设计了一个高校图书馆推荐系统原型，实现了个性化推荐、相关图书推荐以及图书排行榜等功能；周珊珊等[103]提出一种基于社会网络分析法的数字图书馆学术信息检索结果可视化呈现方法；夏秋菊等[104]利用科学计量和可视化方法，对科研社交网络进行调研、关键词分析、统计、聚类、可视化展示。

4 可视化工具

随着数据的增长，以及数据所包含的信息内容的扩充，传统的数据解读方式已经无法充分地展现数据所包含的信息，数据可视化技术随之出现。

4.1 可视化工具介绍

本文对现有的可视化工具进行了总结，重点介绍了 Excel、Google Charts APIs、R 语言、Processing、Gephi 和 Echarts，对其他脚本语言类工具也有所提及。

4.1.1 Excel

(1)工具介绍。

Excel[105]是一款强大的数据可视化工具，提供了大量的可视化图形范例，如柱形图、折线图、饼状图、散点图等基本图形或者这些图形的变体。此外，Excel 还提供了各种函数，并支持用户自定义函数来方便对数据进行处理。

除了 Excel 自身提供的可视化功能外，我们还能使用 VBA (Visual Basic Application)、Shared Addin、VSTO(Visual Studio Tools For Office)、Office APP 和其他 XLL 或者 OpenXML SDK 工具来进行更深入的可视化开发，这些工具的特点如表 2 所示：

表 2　**Excel 扩展工具比较表**

工具名称	介绍	特点	局限性	常用工具
VBA	Visual Basic 的宏语言，可以执行各种自动化的数据操作	易用性好，兼容性强	缺少常用的数据类型；安全性不足，效率不高	自定义的扩展程序等
Shared Addin	基于 Visual Basic 或其他工具引用 Office 的动态链接库文件(DLL)开发出的外接工具	兼顾了安全性和效率	对使用者要求较高	Geodesix
VSTO	.NET 平台语言开发的增强扩展工具	使用.NET 平台语言，安全高效	依赖.NET 平台，兼容性不足	Oracle BI
Office APP	新推出的基于 Web 的扩展程序	安全性高，扩展性好	对大型数据的处理效率较低	Data Burst

Excel 被广泛应用于自然科学和社会科学领域的研究，支持的数据来源较多，比较适合处理小规模的数据集，当数据量较大且可视化的要求较高时不适合使用 Excel。

(2)工具应用。

图 11 是利用 Excel 的三维地图功能，基于各省社交软件签到数据制作的热力地图，左上角的条形图反映了各省签到人数，地图上圆形颜色越深表示该地区签到人数越多。

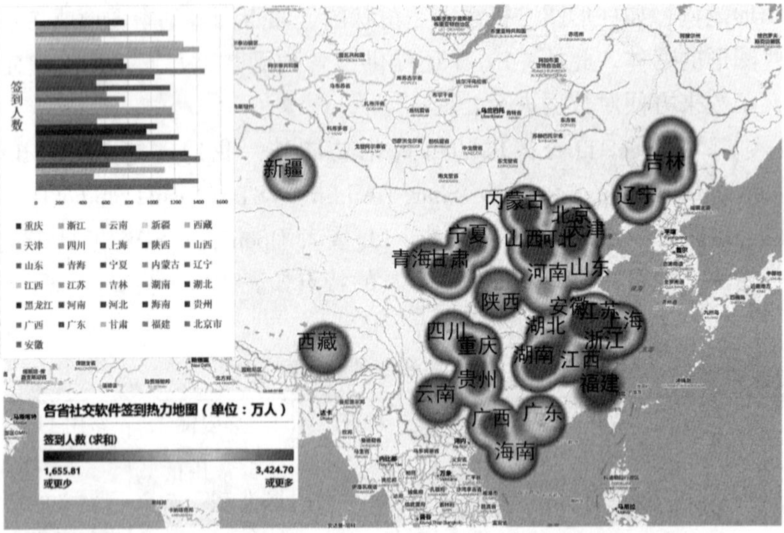

图 11 使用 Excel 制作的签到热力地图

4.1.2 Google Charts APIs

(1)工具介绍。

Google Charts[106] 是 Google 公司推出的一款面向 Web 的数据图形可视化服务，用户既可以通过其开放的 API（Application Programming Interface，应用程序编程接口），将数据发送到 Google Charts 的服务器，来获取返回的图片，也可以直接在网页浏览器上利用 Web 技术呈现出可视化图形。

Google Charts 为用户提供了丰富的图表实例，支持常见的数据图，允许用户自定义图表，并且提供了一系列的用于美化图表的选项。除了此前开始支持的静态图片外，Google Charts 的强大之处在于在浏览器中绘制动态可交互的图表。

由于 Google Charts 生成的图表是建立在 HTML5/SVG(Scalable Vector Graphics，可缩放矢量图形)和 JavaScript 技术的基础上的，因此能够跨平台展示。Google Charts 提供本地化的 JavaScript 库，对数据的处理能力较强，同时也方便用户高效地进行可视化操作。

(2)工具应用。

Google Charts 主要用于在网页上展示数据，根据 Wappalyzer[107](在线网站技术分析工具)提供的数据，目前全球大约有 77849 个网页使用了 Google Charts 服务(数据截至 2016 年 8 月 7 日)，图 12 展示了 Google Charts 从 2015 年 9 月到 2016 年 7 月的使用量的增长情况。

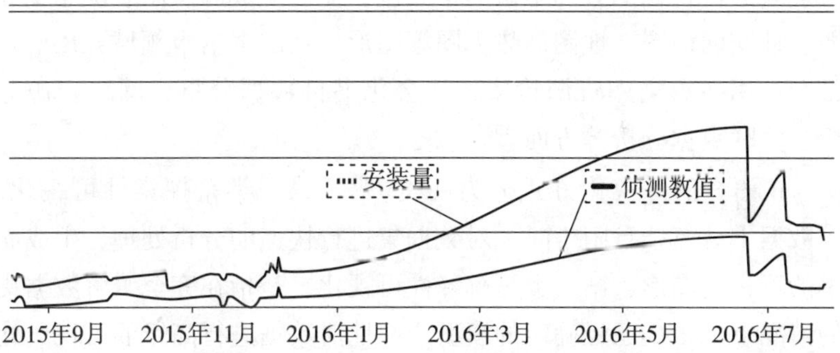

图 12　Google Charts 使用量增长曲线图

Google Charts 的可视化结构如图 13 所示。

4.1.3　R 语言

(1)工具介绍。

R 语言[108](The R Programming Language)是一个免费开源的数据统计分析与绘图的工具，应用前景广阔，目前已经被应用在统计分析、金融分析、数据挖掘、电子商务、地理科学、人工智能、生物科学和数据可视化等热门领域。在数据可视化方面，R 语言凭借

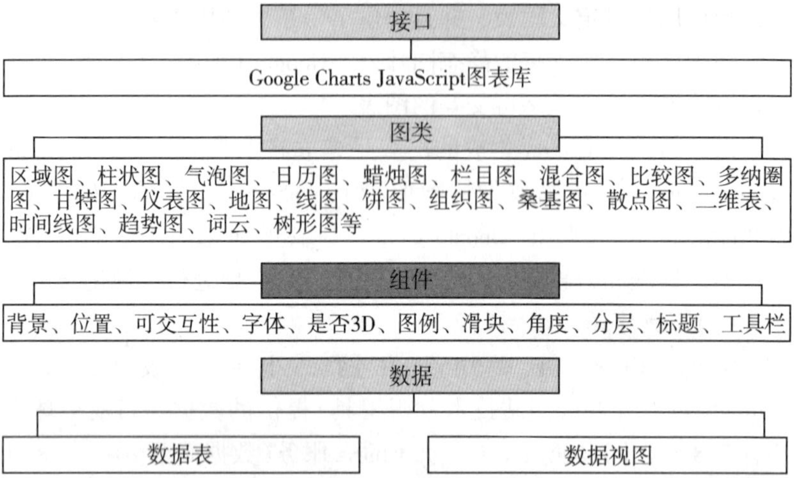

图 13　Google Charts 整体结构

着强大的可视化函数和丰富的扩展包，能够生成静态图、动态交互图、社交网络图、地图、热力图等图形。在图书情报领域，R 语言已经被用在数据库资源检索、社会化书目数据分析、网络资源分析、关联数据分析等方面[109]。

R 语言的可视化方式分为两类[110]：第一类是探索性可视化，当数据十分复杂且陌生时，对数据集进行快速的分析处理，生成简单的可视化图形；第二类是解释性可视化，是指在完全了解数据集的情况下，根据已经确定的模型全面地对数据进行高级的可视化处理。探索性可视化侧重于展示原始数据本身，产生的图形更直观，有利于了解数据的基本特征、发现数据潜在的模式，同时也可以为建立模型提供指导。

R 语言对文档内容的处理和可视化能力较弱[111]。由于其内存管理与并行处理能力欠缺，在处理大量数据时效率较低。此外，虽然开源社区提供了很多的第三方插件包，但是其可靠性并不高。

(2)工具应用。

R 语言包支持绘制多种可视化图形，根据用户的不同需求，R 语言主要提供以下几种类型的图形，用户可以在此基础上制作更为复杂的图形，如图 14 所示。

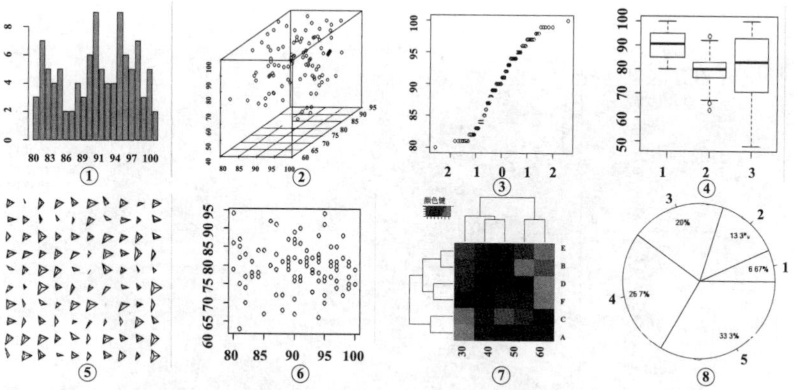

1.直方图；2.三维散点图；3.Q-Q图；4.蜡烛图；5.相图；6.二维散点图；7.热力图；8.饼图。

图 14　R 语言部分图形

4.1.4　Processing

(1)工具介绍。

Processing 是一个基于 Java 语言发展的开源可视化工具，支持跨平台使用，包括桌面 Processing 开发环境和基于 Web 的 Processing. js[112]，可以产生 Applet 和 Java 应用程序来进行数据可视化操作。

Processing 语言的扩展性很好，开源社区也提供了大量的第三方开源的扩展 API 来增强其能力，因此它能够根据不同的可视化需求生成不同形式的图形。Processing 在数据统计分析方面能力较弱，但利用 Processing 设计的图形十分绚丽，因此被应用于建筑设计、虚拟与现实交互、艺术设计和数据可视化等领域。

(2)工具应用。

cf. city flow 项目[113]使用 Processing 工具在 2016 年对纽约等城市的自行车流动性进行了可视化研究，比较了不同城市结构下自行车的空间流动特性。

图 15 展示了纽约市的公共自行车在 2015 年 6 月 3 日 07：58 时的运行轨迹，包括自行车的位置、运动方向，右上方是基于公共

自行车一段时间内的运动轨迹制作的主要线路图，右下方是对自行车运动轨迹的映射。

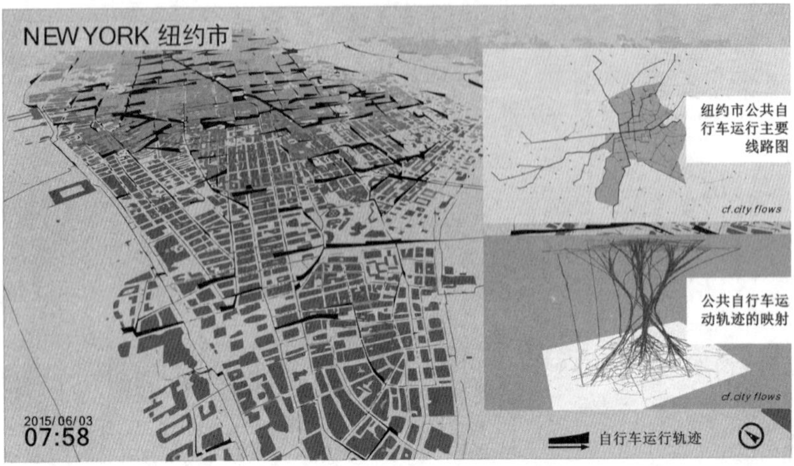

图 15　cf. city flow 项目可视化图形实例

4.1.5　Gephi

(1)工具介绍。

Gephi[114]是一款建立在 Java 虚拟机上的开源的网络分析软件。Gephi 操作简单，功能强大并且插件丰富，支持对不同类型的数据进行可视化分析。

Gephi 主要有多层次布局和力导引布局两种布局方式[115]，采用多任务架构框架，在网络探索性数据分析方面有较强的互动性和较高的效率。在网络爬虫的帮助下，Gephi 可以实时获取网络上的信息，并对其进行动态的网络分析和数据可视化。

Gephi 主要用于探索性数据分析、数据空间化、社会网络分析、生物网络分析等领域，支持数据过滤、聚类、导出。在图书情报领域，Gephi 可以用来构建知识图谱、分析研究热点、进行文献资源可视化分析等[116]。

(2)工具应用。

Gephi 应用广泛，但是在应用 Gephi 分析数据之前，通常需要配合其他程序语言对数据进行预处理[117]。在 Gephi 中，只有两种数据形式：点(Node)和边(Edge)。

表 3　**Gephi 示例数据表**

A 点数据(Node)	A 边数据(Edge)
1；5；6	18；14；Directed；1；10；1.0
2；3；2	19；12；Directed；2；12；1.0
3；7；1	17；12；Directed；3；15；1.0
(Id；Label；Modularity Class)	(Source；Target；Type；Id；Label；Weight)
…	

Gephi 在生成图形后，支持对图形的外观、布局和上下文进行调整，如对节点进行排序、分割或分组和过滤等，如图 16 所示。

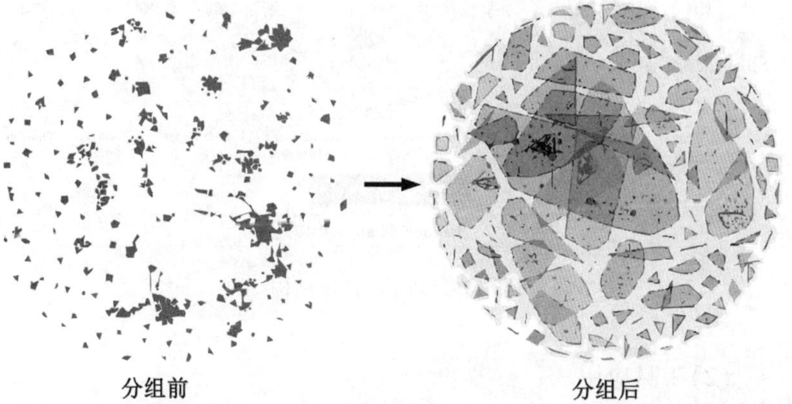

图 16　使用 Gephi 对结点分组

此外，Gephi 还支持中心性分析、聚类及筛选分析、社会网络分析等更为复杂的数据操作。

4.1.6　Echarts

(1)工具介绍。

Echarts(Enterprise Charts)是百度推出的面向 Web 的纯 JavaScript 的基础商业级数据图表库，基于 ZRender 类库建立坐标后，能够在网页端直接生成简洁、可交互的图表。Echarts 提供大量的图形实例，包括折线图、柱状图、散点图、饼图、K 线图、雷达图、地图、和弦图以及力导引布局图等，同时支持任意维度的图表混合[118]。

如图 17，Echarts 主要由接口、图类、组件和基础库四个部分组成。

Echarts 对于使用者的图形算法与计算机编程能力要求较低，能够快速简单地生成图表，因此常被用于制作周期较短的数据新闻。同时，Echarts 支持直接使用网页浏览器进行大规模数据可视化渲染。

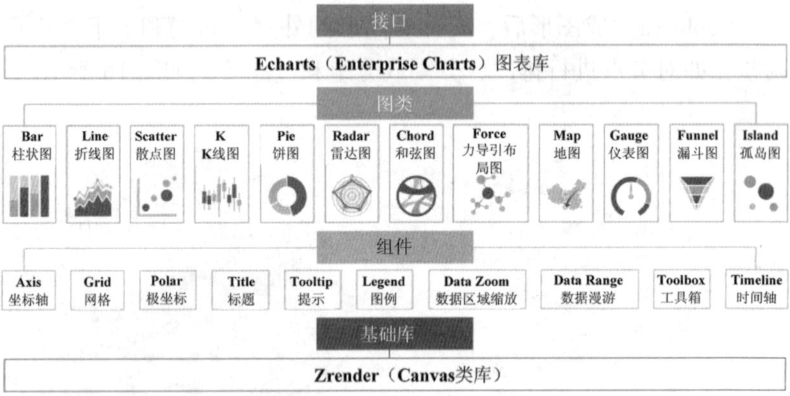

图 17　Echarts 整体结构

(2)工具应用。

图 18 是使用 Echarts 制作的我国部分城市某月空气质量散点图，其中纵坐标为空气质量指数(AQI)，横坐标为日期，圆形的颜色表示二氧化碳的浓度，圆形的大小表示空气中 PM2.5 的浓度。

图中显示：表示北京市的圆形较大、颜色较深且 AQI 指数较高，这表明该月北京的空气质量整体较差，而表示广州市的圆形较小、颜色较浅且 AQI 指数较低，因此广州的空气质量整体较好。

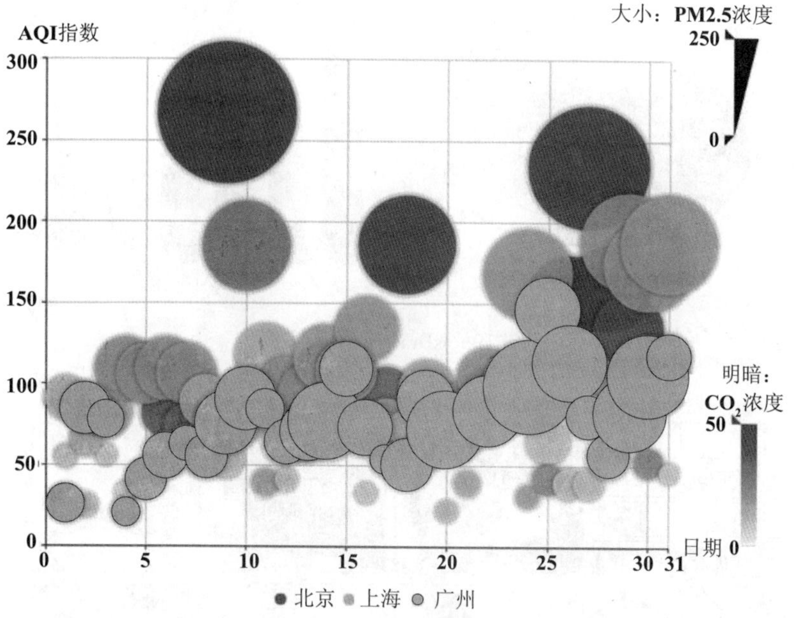

图 18　我国部分城市某月空气质量散点图

4.1.7　其他可视化工具

(1) jsDraw2DX。

jsDraw2D 是一个开源的基于 SVG 与 VML 的 JavaScript 库，利用 jsDraw2D 可以绘制基本形状、填充形状，以及贝塞尔曲线。jsDraw2D 类似于 GDI+(Graphics Device Interface，图形设备接口)的 API 用法，可以轻松做到 flash 的统计图的效果，常被用于在网页中展示 2D 的数据图形[119]。图 19 是利用 jsDraw2D 制作的实例，这些图形支持动态交互操作。

(2) D3(Data Driven Document)。

D3 是最流行的 JavaScript 可视化库之一，支持 SVG 渲染，并且没有对 DOM(Document Object Model，文档对象模型)进行过多的封装，D3 的可访问性与表现的多样性较好。图 20 是利用 D3 制作的可视化图形实例[120]。

D3 支持绑定任意数据到 DOM，同时提供大量的可视化图形范

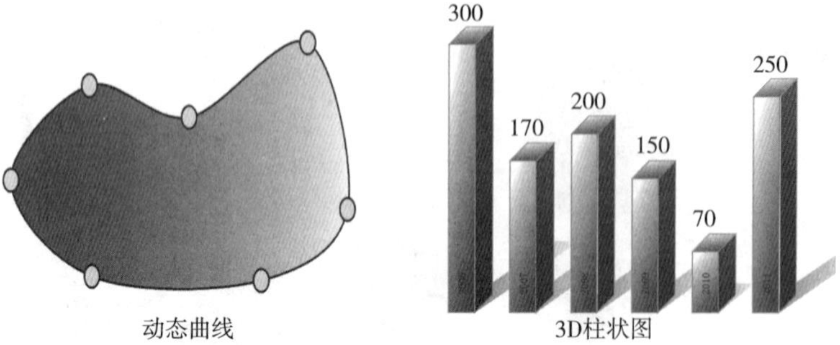

图 19　jsDraw2D 绘图实例

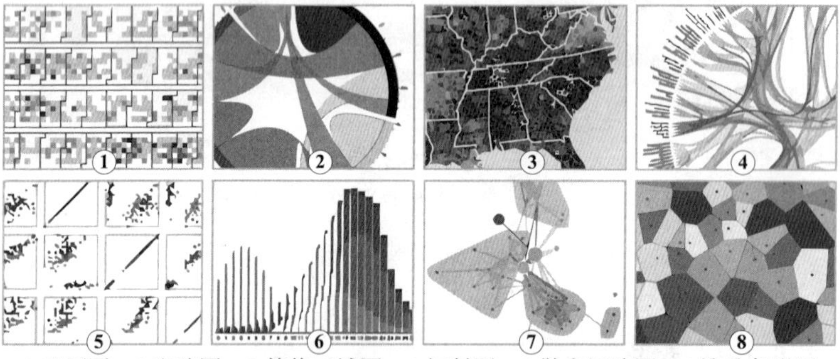

1.日历图；2.和弦图；3.等值区域图；4.辐射图；5.散点矩阵图；6.堆叠条形图
7.力导引聚类图；8.泰森多边形图

图 20　利用 D3 制作的多样化的可视化图形[109]

例，因此被广泛应用于基于 Web 的可视化。在图书情报领域，D3 已经被用在知识组织、舆情分析、研究热点分析、文献资源可视化等方面[121]。

D3 和 Processing 都是被广泛使用的可视化工具，表 4 对二者进行了比较。

表 4　**D3 和 Processing 比较**

比较项目	D3	Processing
图形化原理	SVG，矢量	HTML Canvas，像素

续表

比较项目	D3	Processing
开放性	建立在标准 HTML 上，可以与 CSS、其他的 JavaScript 工具一起使用	相对封闭，没有 HTML 流行
语言风格	C/C++语言风格，使用函数和 for 循环等	去除了大部分控制语句

(3)Pizza Pie Charts。

Pizza Pie Charts 是一款基于 Adobe Snap SVG 框架的响应式饼图插件[129]，集成了 HTML 标记和 CSS(Cascading Style Sheets，层叠样式表)，同时支持 JavaScript 对象，扩展性很好，能够生成多种饼图，主要被用于网页展示数据。

(4)RAW。

RAW 是一个开放源码的 Web 在线应用程序，基于 D3. js 构建，提供高度灵活的数据可视化，并且支持将数据导出为 PNG、JSON、SVG 等格式。

(5)Rickshaw。

Rickshaw 是一个基于 D3. js 的开源 JavaScript 库，支持以区域图、折线图、柱状图、散点图等形式绘制交互性的时间序列[122]。

(6)Sigma. js。

Sigma. js 是一个 JavaScript 库，使用 HTML Canvas 元素，能够生成类似与 Gephi 的网络图，常被应用于社会网络分析等领域[123]。

(7)Arbor. js。

Arbor. js 是一个开源的画动态连接图的 JavaScript 库，支持使用 Canvas、SVG 和 HTML 来绘制图形，常被用于展示网络结构。如图 21 所示。

(8) Highchart. js。

Highchart. js 是一个 JavaScript 库，支持曲线图、区域图、3D 图、柱状图、饼图、散列图、漏斗图、音箱图和混合图等 18 种图表。图 22 是利用其制作的图形实例。

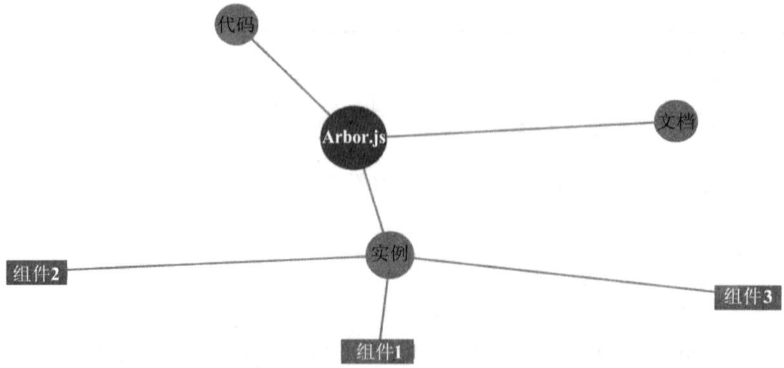

图 21　Arbor. js 图形实例

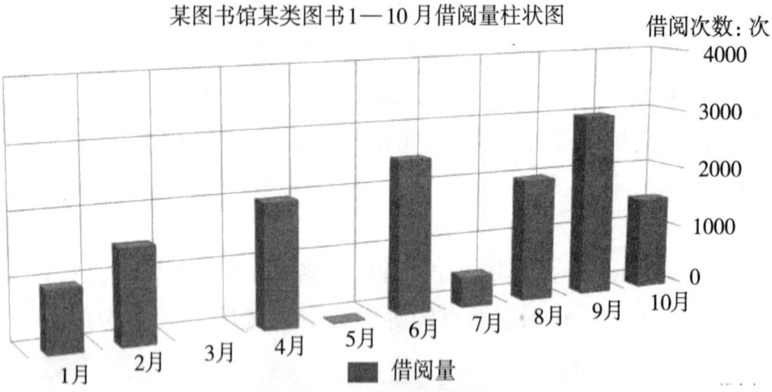

图 22　某图书馆图书借阅量柱状图

表 5 对常见的工具进行了比较。

表 5　**其他类型常用可视化工具比较表**

类型	名称	实现方式	表现形式	交互方式	主要适用领域
PHP 类	Gantti[124]	纯 HTML5-CSS3	甘特图	无	网页展示数据
JQuery 插件	Flot[125]	Canvas 绘制图形	简单二维图表	控件、选择	网页展示数据

续表

类型	名称	实现方式	表现形式	交互方式	主要适用领域
桌面工具	Tableau Public[126]	利用桌面应用生成图形或生成基于Web的图形	网络图、二维图表、词云等	搜索、控件、选择、翻转、上卷下钻等	商业智能
WEB应用程序	Many Eyes	网页在线可视化	词云、层次数据图、网络图、堆叠图等	拖拽、选择、缩放等	个人数据可视化
.NET组件	Dundas Chart[127]	利用桌面应用生成图形	各种类型图表	拖拽、搜索、选择、动画	商业智能
JavaScript库	Paper. js	Canvas、Scriptographer环境	矢量图形、贝塞尔曲线	选择、动画	网页动画、艺术
	Highchart. js	SVG	多样化的图形	选择、动画	网页展示数据
	Any Chart[128]	Canvas	各种二维图表	选择、动画	网页展示数据
	Smoothie Charts[129]	Canvas	流数据曲线图	无	流媒体数据
	Arbor. js	Canvas、SVG、HTML、CSS	网络图	拖拽、展开、动画	社会网络分析
	Sigma. js	Canvas	网络图	缩放、移动	社会网络分析
	RAW	SVG	多样化的图形	选择、动画、控件	数据新闻、社会网络分析
	Fusion Charts Suit XT	SVG、Canvas、HTML、CSS	多样化的图形	控件、选择	商业智能
	D3. js	DOM、SVG	多样化的图形	选择、控件	数据新闻、社会网络分析

5 研究展望

5.1 构建智能化的图书馆数据分析与可视化系统

图书馆是社会信息服务中心，目前图书馆在数据分析和可视化应用领域存在很大的发展空间。为了提高图书馆服务的质量与效率，图书馆应探索设计一个集人、资源与馆服务于一体的数据分析与可视化应用系统。

首先，在人的层面，除了培养适应于大数据分析的图书馆人才，实现从传统的图书馆员向智慧图书馆员的转变与提高之外，还应将人工智能技术引入图书馆系统中，提高馆员工作效率、帮助馆员进行数据分析，提供智能服务。其次，在图书馆资源方面，该系统可由图书馆大数据资源库、大数据库分析与可视化表现层等部分组成，能够从已采集的数据资源中提炼出有用的信息，构建科学、高效的大数据可视化分析系统，实现数据的价值。再次，在服务方面，该系统应当提高现有服务质量，并依靠数据挖掘分析的技术不断探索新的服务方式。例如，结合物联网技术(如 RFID，无线射频识别技术)所提供的数据，对读者进行精细化的分析，包括从借阅规律的分析到图书馆使用规律的分析，从读者的行为分析到读者的心态分析，从而提高图书馆的服务质量，为读者创造更高的服务价值。

5.2 深化社会网络基础理论研究，扩展其在图书馆服务中的应用

在社会网络分析方面，其概念性的基础研究已经从社会学和数学拓展至其他学科领域，而如何根据不同的应用领域对网络进行分类，以及如何将行动者间关系的方向和权重在具体算法和模型中进行精准体现等问题是当前的研究重点。在重视海量动态性数据的背景下，社会网络分析从静态走向动态的趋势越来越明显。关键节点挖掘、社区演化、社区发现和信息传播是当前最重要的几个研究方

向。而对社区发现算法的优化、对于同质和异质社区的对比研究、对关键节点在军事反恐和疾病传播等方面的具体应用、对信息传播各个环节中噪音等外部干扰的分析等都是较为热门的研究问题。

而另一方面，自我中心和整体网络分析方面的研究更侧重于基础概念，节点的几种中心度度量、凝聚子群分析、对等性分析以及核心边缘结构分析都是具体应用型研究的理论基础，而对这些理论基础进行深化和完善并提出改进的算法及模型再进行具体应用是一种较为普遍的研究思路。

未来更多的研究将集中于在线社交网络、新型社交媒体、科研学术网络、机器学习等方面，更倾向于从注重用户或受众的视角来看待问题。在线社交网络的快速发展使得复杂社会网络的研究更具有实际价值，科研网络、引文网络等细分网络使得社会网络分析与知识管理、领域本体等有了更多结合的可能性。

可视化技术有利于社会网络分析，由于社会网络的发展，对目前的可视化基础布局算法的改进在未来还将有不少的发展空间，面向用户发现、情感分析以及社会化推荐等方面的可视化模型也将逐渐完善。总的来说，社会网络的可视化研究将从二维走向三维、从单一走向混合，这将有利于人们更为直观和高效地洞悉数据背后的信息。

5.3 加强可视化工具对数据的处理分析能力

可视化工具是数据分析的必备工具，通过对已有的工具的比较分析，我们发现大多数工具有其特定的适用范围，在进行数据可视化时应当根据数据的特点与研究的问题选用合适的工具。目前数据可视化工具的发展存在以下趋势：

(1)提高可视化工具对大数据的分析能力。

首先，大数据来源于异构环境，数据的完整性、一致性与准确性难以保证，数据质量的不稳定性将会直接影响可视化工具分析结果的科学性和准确性，由于数据量巨大，可视化工具对底层数据处理分析的效率也是需要重点考虑的，未来应当通过改进可视化算法和提高硬件能力来解决这一问题。此外，大数据内容十分复杂，可视化工具应当能够自动分析数据的特点，选择合适的可视化布局方式并正确解读其中所包含的知识。

(2)发展智能化的可视化工具。

数据挖掘与可视化工具的结合更加紧密，数据清理、归纳等技术和知识发现的大部分内容都被应用到可视化工具当中。研究人员不需要了解可视化背后的原理，只需要在可视化工具的帮助分析下就能对陌生的数据集进行多样化的分析，生成不同类型的可视化图形，方便研究人员发现数据所包含的知识。未来的可视化工具的智能化体现在智能地理解用户的需求，也体现在对数据的内在关联与知识的处理与分析上。

(3)解决基于 Web 的可视化工具存在的数据安全问题。

目前存在很多基于云平台的数据可视化工具，这些工具不受平台的制约，采用云计算技术，对于大型数据的处理能力要远远高于单机版可视化工具。但是此类工具需要用户上传完整的数据集，数据无论在传输还是存储过程中都面临着数据安全问题。数据是可视化的基础，在使用基于 Web 的可视化工具时如何保障用户的数据安全是亟需解决的问题。

参考文献

[1]朱扬勇，熊赟. 大数据时代的数据科学家培养[J]. 大数据，2016(3).

[2]Auckland M. Reskilling for research：an investigation into the role and skills of subject and liasion librarians required to effectively support the evolving information needs of researchers[M]. London：Research Libraries UK，2012：58-59.

[3]Corral S. Roles and responsibilities：Libraries，librarians and data[A]. Graham Pryor aging Research Data[M]. London：Facet Publishing，2012：212-218.

[4]张新娜. 大数据时代智慧图书馆建设路径分析[J]. 图书馆研究，2014，44(1)：9-13.

[5]约翰逊，陈旭炎. 智慧城市、智慧图书馆与智慧图书馆员[J]. 图书馆杂志，2013(1)：4-7.

[6]邱圣晖，谭伟贞，曾智华. 智慧图书馆环境下智慧馆员的培养[J]. 兰台世界，2016(12).

[7]侯明艳. 智慧图书馆环境下高校馆员的角色转变[J]. 现代情报，2015，35(5)：165-167.

[8]邱均平. 专题：馆藏资源可视化研究[J]. 情报资料工作，2014，35(1)：5-5.

[9]RauberA，Merkl D. SOMLib：adigital library systembased on neural networks[C]. Proceedings of the Fourth ACM Conference on Digital Libraries. ACM，1999：240-241.

[10]Coyle A. Interior library GIS[J]. Library Hi Tech，2011，29(3)：529-549.

[11]Buchel O，Sedig K. Extending map-based visualizations to support visual tasks：the role of ontological properties[J]. Knowledge Organization，2011，38(3)：204-229.

[12]邱均平，余厚强，吕红，等. 国外馆藏资源可视化研究综述[J]. 情报资料工作，2014(1)：12-19.

[13]杜慧敏，刘昌荣. 空间信息支持下的图书馆可视化信息系统的建立[J]. 情报杂志，2004(8)：77-78.

[14]周文芳. 图书馆数字化管理——GIS 和 RFID 的融合[J]. 情报科学，2010，28(7)：1016-1019.

[15]程雪颖，孙魁明. 基于 Google Maps API 和 RFID 技术的图书馆书架导航系统[J]. 国家图书馆学刊，2012(1)：33-37.

[16]Zaphiris P. Exploring the use of information visualization for digital libraries[J]. New Review of Information Networking，2004，10(1)：51-69.

[17]Shiri A. Metadata-enhanced visual interfaces to digital libraries[J]. Journal of Information Science，2008，34(6)：763-775.

[18]Brad E. Practical applications of 2D and 3D information visualization for Information organizations[J]. Library Technology Reports,

2005，41(1)：55-64.
[19]Brad E. Practical applications of 2D and 3D information visualization for Information organizations[J]. Library Technology Reports, 2005，41(1)：55-64.
[20]张玉峰，曾奕棠. 语义环境下馆藏资源深度聚合结果可视化框架研究[J]. 图书情报知识，2014(5)：65-71.
[21]Burt M，LiewC L. Searching with clustering：an investigation into the effects on users' search experience and satisfaction[J]. Online Information Review，2012，36(2)：278-298.
[22]贺德方，曾建勋. 基于语义的馆藏资源深度聚合研究[J]. 中国图书馆学报，2012(7)：79-87.
[23]王宁. 大数据时代公共图书馆的服务定位与资源建设策略[J]. 图书馆学刊，2015(10)：9-11.
[24]容春琳. 公共图书馆应用大数据的策略研究[J]. 图书馆建设，2013(7)：91-95.
[25]程莲娟. 美国推进大数据的应用实践及其有益借鉴——基于图书馆视角的分析[J]. 情报资料工作，2013(5).
[26]杨雁. 公共图书馆应用大数据的理性思考[J]. 图书馆学刊，2014(7)：5-8.
[27]周静怡，孙坦. 信息可视化在数字图书馆中应用浅析[J]. 现代图书情报技术，2005(1)：5-8.
[28]庞璐. 知识地图在高校图书馆知识服务中的应用研究[D]. 长春：东北师范大学，2012.
[29]刘钟美. 知识地图在图书馆个性化信息推荐服务中的应用研究[J]. 图书情报工作，2006，50（10）：97-99，103.
[30]吕红，邱均平，李小涛，等. 国内馆藏资源可视化研究进展分析[J]. 情报资料工作，2014(1)：20-26.
[31]金岩，于静. 基于 OPAC 的资源整合研究[J]. 图书馆杂志，2009(2)：27-30.
[32]周群. 高校图书馆可视化 OPAC 系统的设计与实践[J]. 图书馆学刊，2011，33(3)：115-118.

[33]曹艳，李菲. 信息可视化与 AquaBrowser Library[J]. 图书馆论坛，2008，28(3)：68-71，57.

[34]黄田青，曹艳，陈清文. 信息可视化在图书馆 OPAC 中的应用——以 AquaBrowser Library 为例[J]. 情报资料工作，2008(2)：64-68.

[35]张蔚，王玉平，陈亮. 具有本体特征的新型 OPAC 系统研究[J]. 情报探索，2011(9)：26-29.

[36]齐晓晨，孙臻. PivotViewer 在图书馆 OPAC 交互中的应用[J]. 现代图书情报技术，2012 (10)：93-96.

[37]刘军. 社会网络分析导论[M]. 北京：社会科学文献出版社，2004.

[38]Wasserman S. Social network analysis：methods and applications[M]. Cambridge：Cambridge University Press，1994.

[39]林聚任. 社会网络分析：理论、方法与应用[M]. 北京：北京师范大学出版社，2009.

[40]韩毅. 社会网络分析与挖掘的若干关键问题研究[D]. 长沙：国防科学技术大学，2011.

[41]许进，等. 社交网络结构特性分析及建模研究进展[J]. 中国科学院院刊，2015(30)：216-228.

[42]刘瑶. 社会网络特征分析与社区结构挖掘[D]. 成都：电子科技大学，2013.

[43]尹相杰. 社会网络中的社区发现与节点评估算法研究[D]. 长春：吉林大学，2014.

[44]于乐. 社会网络中社区发现及网络演化分析[D]. 北京：北京邮电大学，2014.

[45]武泽旭. 社交网络海量数据的分析与可视化[D]. 北京：北京邮电大学，2014.

[46]魏爱英. 社会网络中的社区发现算法研究[D]. 秦皇岛：燕山大学，2014.

[47]张宏志. 社会网络中社区发现算法研究[D]. 湘潭：湘潭大学，2013.

[48]马艳艳. 社会化网络中的社区发现与应用[D]. 西安：西安电子科技大学，2013.

[49]王娜，李霞，徐红英. 社会网络分析之社区发现研究[J]. 深圳大学学报理工版，2014(1)：35-42.

[50]赵智. 社交网络特征计算与关键节点识别的实验研究[D]. 长春：吉林大学，2015.

[51]He Han，Li Deyi，Gan Wenyan，et al. Mining vital nodes in comlplex networks[J]. Computer Science，2007，34(12)：1-5.

[52]Chen D B，Lü L，Shang M S，et al. Identifying influential nodes in complex networks[J]. Physica A Statistical Mechanics & Its Applications，2012(391)：1777-1787.

[53]徐晓东. 社会网络中关键节点的发现算法研究[D]. 济南：山东师范大学，2015.

[54]Martin T，Zhang X，Newman M E J. Localization and centrality in networks[J]. 2014，Ar Xiv：14015093.

[55]仇丽青，陈卓艳. 基于 Pagerank 的社会网络关键节点发现算法[J]. 软件导刊，2014(8)：48-50.

[56]Jiang L L，Medo M，Wakeling J R，et al. Building reputation systems for better ranking[J]. 2010，Ar Xiv：10012186.

[57]Dangalchev C. Residual closeness in networks[J]. Physica A Statistical Mechanics & Its Applications，2006(365)：556-564.

[58]王学光. 基于合作博弈论的社会网络关键节点发现研究[J]. 计算机科学，2013(4)：155-159.

[59]韩忠明，等. 面向结构洞的复杂网络关键节点排序[J]. 物理学报，2015(5)：1-9.

[60]张晓霞，等. 结合情感分析的突发事件舆情网络关键节点挖掘[J]. 新疆大学学报，2015(8)：336-341.

[61]Palla G，Barabasi A，Vicsek T. Quantifying social group evolution[J]. Nature，2007，446(7136)：664-667.

[62]Takaffoli M，Sangi F，Fagnan J，Zalane O R. Community evolution mining in dynamic social networks[J]. Procedia-Social and Behav-

ioral Sciences, 2011(22): 229-240.
[63]白宇清，李海健，蔡青松. 移动 P2P 社会网络中关键节点发现方法[J]. 计算机科学与探索, 2016(10): 350-362.
[64]陆有为. 社会网络演化中的影响力分析[D]. 南京：南京邮电大学, 2015.
[65]王景丽，许立波，庞超逸. 复杂网络中的在线社交网络演化模型[J]. 智能系统学报, 2015(12): 949-953.
[66]刘群，易佳. 基于演化博弈的社交网络模型演化研究[J]. 物理学报, 2013(23): 238902.
[67]周东浩，韩文报. DiffRank：一种新型社会网络信息传播检测算法[J]. 计算机学报, 2014(4).
[68]Galuba W, Aberer K, Chakraborty D, et al. Outtweeing the twitterers-predicting information cascades in microblogs[C]. // Proceedings of the 3rd Conference on Online Social Networks, 2010: 3.
[69]Zaman T, Fox E B, Bradlow E T. A bayesian approach for predicting the popularity of tweets [J]. ArXiv preprint ArXiv: 1304.6777, 2013.
[70]Shamma D A, Kennedy L, Churchill E F. Peaks and persistence: modeling the shape of microblog conversations[C]. // Proceedings of the 2011 ACM Conference on Computer Supported Cooperative Work, New York: ACM, 2011: 335-358.
[71]Romero D M, Meeder B, Kleinberg J. Differences in the mechanics of information diffusion across topics: idioms, political hashtags, and complex contagion on twitter[C]. // Proceedings of the 20th International Conference on World Wide Web, 2011: 695-704.
[72]Naveed N, Gottron T, Kunegis J, Alhadi A H. Bad news travel fast: a content-based analysis of interestingness on twitter[C]. // Proceedings of the 3rd International Web Science Conference. ACM, 2011: 8.
[73]胡昌平，胡吉明. 网络服务环境下用户关系演化规律研究[J].

中国图书馆学报，2011(2)：4-10.
[74]Wu S, Hofman J M, Mason W A, Watts D J. Who says what to whom on twitter[C]. // Proceedings of the 20th international conference on World wide web. ACM, 2011: 705-714.
[75]谢新洲. 网络传播理论与实践[M]. 北京：北京大学出版社，2004：100.
[76]胡吉明. 社会网络环境下的信息传播机制[J]. 情报科学，2015，1(33)：15-18.
[77]Abdullah S, Wu X. An epidemic model for news spreading on twitter[C]. // Tools with Artificial Intelligence(ICTAI), 2011 23rd IEEE International Conference on. IEEE, 2011: 163-169.
[78]Zhao L, Cui H, Qiu X, Wang J. SIR rumor spreading model in the new media age[J]. Physica A Statistical Mechanics & Its Applications, 2013, 392(4): 995-1003.
[79]周东浩，韩文报，王勇军. 基于节点和信息特征的社会网络信息传播模型[J]. 计算机研究与发展，2015，52(1)：156-166.
[80]郑爱国. 基于复杂感染机制的在线社会网络信息传播模型研究[D]. 大连：大连理工大学，2015.
[81]赵婵媛. 一种社会网络链接预测算法研究[D]. 哈尔滨：哈尔滨工程大学，2012.
[82]殷涵. 社会网络的链接预测[D]. 长春：吉林大学，2012.
[83]魏超. 社交网络中的链接预测研究[D]. 武汉：华中科技大学，2012.
[84]郑荣辉. 社会网络关系可视化分析系统的设计与实现[D]. 成都：电子科技大学，2014.
[85]Hneiderman B, Aris A. Network visualization by semantic substrates[J]. IEEE Transactions on Visualization and Computer Graphics, 2006, 12(5): 733-740.
[86]Eades P. A heuristic for graph drawing[J]. Congressus Numerantium, 1984(42): 149-160.
[87]Kamada T, Kawai S. An algorithm for drawing general undirected

graphs[J]. Information Processing Letters, 1989, 31(1): 7-15.
[88] Fruchterman T, Reingold E M. Graph drawing by force-directed placement[J]. Software-Practice and Experience, 1991, 21(11): 1129-1164.
[89] Davidson R, Harel D. Drawing graphs nicely using simulated annealing[J]. ACM Trans on Graphics, 1996, 15(4): 301-331.
[90] Hua J, Huang M L, Huang W D, et al. Force-directed graph visualization with pre-positioning: improving convergence time and quality of layout[C]. // 2012 16th International Conference on Information Visualization(IV). Los Alamitos: IEEE, 2012: 124-129.
[91] 李绪，曹磊，付磊. 社交网络数据个性化推荐的可视化方法[J]. 计算机工程, 2014, 40(3): 46-50.
[92] 吴鹏，李思昆. 适于社会网络结构分析与可视化的布局算法[J]. 软件学报, 2011, 22(10): 2467-2475.
[93] 孙扬，蒋远翔，赵翔，等. 网络可视化研究综述[J]. 计算机科学, 2010, 37 (2): 12-18.
[94] 陈康，朱应坚，向勇. 面向社交网络的用户数据挖掘技术研究[J]. 电信科学, 2013(Z1): 94-101.
[95] 许彦如. 考虑偏好的网络数据可视化分析[D]. 上海：华东师范大学, 2012.
[96] 刘翠娟，等. 基于微博文本数据分析的社会群体情感可视计算方法研究[J]. 北京大学学报, 2016, 52(1): 178-186.
[97] Hu M, Liu B. Mining and summarizing customer reviews[C]. // Proceedings of the tenth ACM SIGKDD International Conference on Knowledge Discovery and Data Mining. ACM, 2004: 168-177.
[98] Zhang Chenghai, Liu Yuhua, Wang Changbo. Time-space varying visua analysis of micro-blog sentiment[C]. // The 6th International Symposium on Visual Information Communication and Interaction. New York: ACM, 2013: 64-71.
[99] Guy I, Carmel D. Social recommender systems[C]. Proceedings of the 20th International Conference Companion on World WideWeb,

2011.
[100]卫颖奇，彭进业，张汉宁. 个性化图像推荐及可视化研究[J]. 计算机工程，2011，37(2)：221-226.
[101]郝红红. 基于关联规则可视化技术的个性图书推荐系统研究[D]. 秦皇岛：燕山大学，2012.
[102]秦健. 基于信息可视化与数据挖掘的高校图书馆推荐系统的设计与实现[D]. 北京：北京交通大学，2014.
[103]周珊珊，毕强，高俊峰. 基于社会网络分析的信息检索可视化呈现方法研究[J]. 应用实践，2013(11)：81-85.
[104]夏秋菊，等. 面向学术领域的新型社交平台：科研社交网络[J]. 情报杂志，2014，33(9)：167-172.
[105]Office，Microsoft Office Excel -电子表格软件[EB/OL]. [2016-07-20]. https://products.office.com/zh-cn/excel.
[106]Using Google Charts[EB/OL]. [2016-07-20]. https://developers.google.com/chart/interactive/docs/.
[107]Websites using Google Charts[EB/OL]. [2016-07-20]. https://wappalyzer.com/applications/google-charts.
[108]CRAN Task Views[EB/OL]. [2016-07-20]. https://cran.r-project.org/web/views.
[109]王敏，李海存，许培扬. 国外专利文本挖掘可视化工具研究[J]. 图书情报工作，2009(24)：86-90.
[110]Graphic Displays & Dynamic Graphics & Graphic Devices & Visualization[EB/OL]. [2016-07-20]. https://cran.r-project.org/web/views/Graphics.html.
[111]What is R? [EB/OL]. [2016-07-20]. http://blog.fens.me/r-ideal.
[112]A short introduction to the processing software and projects from the community [EB/OL]. [2016-07-20]. https://processing.org/overview/.
[113]Cf. city flows - Comparative visualization of urban bike mobility - Urban Complexity Lab[EB/OL]. [2016-07-20]. https://uclab.

fh-potsdam.de/cf/.
[114] Gephi- The Open Graph Viz Platform[EB/OL]. [2016-07-20]. https://gephi.org/.
[115] Gephi- Introduction to Network Analysis and Visualization[EB/OL]. [2016-07-20]. http://www.martingrandjean.ch/gephi-introduction/.
[116] About Gephi[EB/OL]. [2016-07-20]. https://gephi.org/about/.
[117] 李国栋. 基于 GEPHI 的共词可视化分析：以文献计量学作者合作关系为例[J]. 硅谷, 2014(7): 104-105, 80.
[118] Echarts 特性[EB/OL]. [2016-07-20]. http://echarts.baidu.com/echarts2/doc/feature.html.
[119] Documentation of jsDraw2DX Javascript 2D Graphics Library (for Alpha Version)[EB/OL]. [2016-07-20]. http://jsdraw2dx.jsfiction.com/documentation.htm.
[120] Documentation of jsDraw2DX Javascript 2D Graphics Library (for Alpha Version)[EB/OL]. [2016-07-20]. http://jsdraw2dx.jsfiction.com/documentation.htm.
[121] Bostock M, Ogievetsky V, Heer J. D-3: Data-Driven Documents [J]. Ieee Transactions on Visualization And Computer Graphics, 2011, 17(12): 2301-2309.
[122] Rickshaw: a JavaScript toolkit for creating interactive time-series graphs[EB/OL]. [2016-07-20]. http://code.shutterstock.com/rickshaw/.
[123] 刘冰, 赵永瑞, 李欣欣. 几种信息可视化工具的比较[J]. 黑龙江科技信息, 2013(9): 114.
[124] GitHub - bastianallgeier/gantti: a simple PHP Gantt Class[EB/OL]. [2016-07-20]. https://github.com/bastianallgeier/gantti.
[125] Attractive JavaScript plotting for jQuery[EB/OL]. [2016-07-20]. http://www.flotcharts.org/.
[126] Resources | Tableau Public[EB/OL]. [2016-07-20]. https://

public.tableau.com/s/resources? qt-overview_resources = 1#qt-overview_resources.

[127] GiCentre utilities — giCentre[EB/OL]. [2016-07-20]. http://www.gicentre.net/utils.

[128] Quick Start - AnyChart JavaScript Chart Documentation ver. 7.11.0[EB/OL]. [2016-07-20]. http://docs.anychart.com/.

[129] Ten Minute Tutorial[EB/OL]. [2016-07-20]. http://smoothiecharts.org/tutorial.html.

【作者简介】

洪亮，武汉大学信息管理学院副教授，研究方向为图数据库，知识图谱，社会网络。在 TKDE、TKDD、SIGSPATIAL 等国际期刊和会议上发表论文 30 余篇，并获得多项国内外专利授权，撰写中英文专著多部。2016 年获得湖北省自然科学优秀学术论文二等奖，2017 年入选武汉大学珞珈青年学者。先后主持或承担国家重点研发计划子课题、国家自然科学基金重点项目、国家自然科学基金青年基金、教育部博士点基金、湖北省自然科学基金等各类国家级、省部级和企业科研项目。现为中国计算机学会(CCF)高级会员，ACM、IEEE 会员。

周莉娜，武汉大学信息管理学院硕士生，研究方向为知识图谱。

宋天宇，武汉大学信息管理学院本科生，研究方向为社会网络分析。

蔡明师，武汉大学信息管理学院本科生，研究方向为数据管理。

中国古籍整理与保护研究进展（2005—2015）

李明杰　李瑞龙　许小燕
（武汉大学信息管理学院）

［摘　要］古籍作为中国传统文化与历史知识的载体，具有重要的文化价值、学术价值和艺术价值，古籍的充分利用和长久保存是古籍整理与保护的直接目的。文章分为古籍整理与保护两大部分。前者在概述2005年以来古籍整理研究成果的基础上，以文本的复原性整理、语义的解释性整理、内容的组织性整理的架构对普通古籍整理研究取得的进展进行了详细论述，同时对少数民族及中医药古籍整理研究取得的进展、古籍整理出版及其规划予以充分介绍。后者按照古籍的原生性保护、再生性保护、非物质文化遗产保护的层级结构，对近十年来古籍保护研究，尤其是古籍修复和古籍数字化领域取得的成果进行了重点分析。最后对现有研究存在的问题进行了总结，并对未来研究的发展趋势进行了展望。

［关键词］古籍整理　古籍保护　民族古籍　中医药古籍　古籍修复　古籍数字化

Progress of Research on the Collation and Preservation of Chinese Ancient Books (2005—2015)

Li Mingjie　Li Ruilong　Xu Xiaoyan
（School of Information Management, Wuhan University）

［**Abstract**］ As important carriers of traditional Chinese culture and history, ancient books contain significant cultural, academic and artistic value. To make full use of those treasurable documents and keep them longer, many researches on the collation and preservation of ancient books has been carried out. This paper is divided into two parts: collation of ancient books, and preservation of ancient books. Based on the briefly review of researches on the collation of ancient books since 2005, the front part elaborately discusses the progress of research on the collation of common ancient books according to the logical structure consisting of restoring the text of ancient books, annotating ancient authors' original ideas, cataloging and compiling ancient books. At the same time, research progress of the collation of ethnic ancient books and traditional medical ancient books, ancient books publishing planning are revealed. The latter one summarizes the research progress of the preservation of ancient books in three levels: primeval preservation, regeneration preservation and intangible cultural heritage preservation. The reparation of damaged ancient books and digitization of ancient books are analyzed to show the focus of these researches. Finally, this paper points out the shortcomings of existing researches and the future development trend of the collation and preservation of Chinese ancient books.

[**Keywords**] collation of ancient books　preservation of ancient books　ethnic ancient books　traditional medical ancient books　ancient books reparation　digitization of ancient books

2005 年，国务院办公厅发布《关于加强文化遗产保护的通知》，指出要将古籍作为我国物质文化遗产中的可移动文物实施保护。2007 年，国务院办公厅根据这一文件和《国家“十一五”时期文化发展规划纲要》的精神，制定并发布了《关于进一步加强古籍保护工作的意见》，提出在“十一五”期间大力实施“中华古籍保护计划”。计划的主要内容是进行全国古籍普查，建立珍贵古籍名录，改善古籍存藏环境，培养古籍修复人才，以及加强古籍整理、出版与研究利用。近年来，关于古籍整理与保护的各项工作陆续开展，截至2014年6月，已有28个省、市以及2家中央直属机关单位600余家古籍收藏单位完成古籍普查登记工作，全国共完成普查数据量130余万条；四批国家珍贵古籍名录和全国古籍重点保护单位陆续公布，11375部珍贵古籍入选《国家珍贵古籍名录》，166家单位入选全国古籍重点保护单位；国家级古籍修复技艺传习中心、古籍保护与修复方向合作办学、国家级古籍保护人才培训基地成为古籍保护人才培养的三种试验模式；《中华再造善本》(及《续编》)工程、《中华医藏影印丛书》、《中国珍贵典籍史话丛书》、《国家珍贵古籍名录》古籍题跋等大型整理项目顺利实施。而与此同时，古籍整理与保护在理论研究与技术应用方面也取得了不少新的成果，涉及文献学多分支学科方法的古籍整理逐渐呈现出不同以往的范式特征，古籍保护也面临着阶段性任务完成后的下一步前进方向的确定问题。因此，及时地把握古籍整理与保护的研究进展，有利于审视未来古籍整理与保护的发展方向，为适应学科发展、技术革新和古籍资源开发利用的现实需要提供有益的借鉴。

1 2005—2015年古籍整理与保护研究成果概述

为全面了解近10年来国内古籍整理与保护的研究现状，本文对相关的图书专著、期刊论文、学位论文、会议论文、基金项目等进行了检索和调研。由于古籍整理与保护涉及的领域太广，全面统计的难度很大，因此笔者针对不同的对象采用了差异化检索策略，如图书专著以国家数字图书馆的“文津”检索系统为数据源；期刊论文和学位论文以CNKI的《中国期刊全文数据库》《中国优秀硕士学位论文全文数据库》《中国博士学位论文全文数据库》为数据源；基金项目以国家社会科学基金项目数据库[1]和国家自然科学基金项目数据库[2]为数据源；学术会议则以会议通知、会议论文集和“中国学术会议在线”等为数据源。全文内容主要分两大部分：一是古籍整理研究进展，该部分在相关数据统计分析的基础上，以传统文献学划分的三类古籍整理、少数民族古籍整理、中医药古籍整理、古籍出版为重点；二是古籍保护研究进展，该部分则以原生性保护的古籍修复及再生性保护的古籍数字化为重点。

1.1 古籍整理与保护类专著、论文的发表情况

对于古籍整理与保护类专著的统计，笔者选用文献收录相对齐全的中国国家数字图书馆“文津”检索系统的“高级检索”模式，“指定文献类型”为“图书”，“题名”=“古籍”，“出版年份”为2005—2015年，检索到数据740条，并逐条核实每条数据，将与古籍整理和保护无关、重复著录的数据排除，按卷册分散著录的数据合并，共得到数据239条(与以“版本”“校勘”等为检索词检得的数据重复者已去除)。笔者发现，这些专著按主题类别主要集中在古籍整理总论、古籍编目、古籍典藏、古籍整理史、古籍整理工具书、古籍整理会议论文集、少数民族古籍整理、中医药古籍整理、古籍保护等方面。重复以上检索条件，以“题名”=“版本”，检得数据301条，经排除之后得有效数据58条；以“题名”=“校勘”，检得数据110条，经排除之后得有效数据35条；以“题名”=“辨伪”，检得数据59条，经排除之后得有效数据10条；以“题名”=“辑佚”，检得数据39条，经排除之后得有效数据25条；以“题名”=“训诂”，检得数据100条，经排除之后得有效数据73条；以“题名”=“今注”①，检得数据110条，经排除之后得有效数据58条。以上数据累加，近10年来出版的有关古籍整理与保护的专著为498种，其研究主题及数量分布如表1所示。由此可知，古籍整理类的图书专著以古籍注释和编目类成果最多，其次是版本研究和古籍整理总论类。值得注意的是，少数民族古籍整理的研究成果在专著中也占据了较大比例，而古籍保护类成果相对偏少。

---

① 古籍注释在古代有很多别称，如注、解、传、说、训、诂、笺注、集注、集解、音义、义疏、正义、直解等。此处只用今人用得相对较多的“训诂”“今注”进行检索，故存在一定的漏检情况。

表 1 **2005—2015 年古籍整理与保护类专著研究主题及数量分布**

类别	古籍整理总论	古籍整理与保护会议论文集	古籍版本	古籍校勘	古籍辨伪	古籍辑佚	古籍注释
数量	50	6	58	35	10	25	131
类别	少数民族古籍整理	中医药及养生古籍整理	古籍整理工具书	古籍整理史	古籍编目	古籍典藏	古籍保护
数量	51	25	4	4	80	8	11

对学术论文的统计，笔者以中国知网(CNKI)“中国学术文献网络出版总库”中的“期刊”“特色期刊”“硕士”“博士”和“学术辑刊”数据库为信息源，以“‘主题’=‘古籍整理’或含‘古籍保护’”为检索式，起止时间设为 2015 年 1 月 1 日至 2015 年 6 月 30 日，跨库检得论文数据 3174 条。然后将其中的各种启事、启示、征稿、稿约、通知、意见、讣告、卷首语等去除，共得数据 3061 条，其数量按年份分布如表 2 所示。由此可知，2007 年是古籍整理与保护类学术论文增长迅速的年份，之后一直保持了较平稳的增长态势，这显然与 2007 年国务院办公厅发布《关于进一步加强古籍保护工作的意见》、推行“中华古籍保护计划”的文化政策有很大的关系。

表 2 **2005—2015 年古籍整理与保护类学术论文数量分布**

年份	2005	2006	2007	2008	2009	2010
数量	160	183	237	293	327	338
年份	2011	2012	2013	2014	2015	总计
数量	331	344	329	374	145	3061

* 2015 年只有半年的论文数据。

1.2 古籍整理与保护类国家社科基金项目的立项情况

古籍整理的外延十分广泛，涉及的学科众多，因此相关研究成果大量分散在哲学、宗教学、文学、艺术学、语言学、历史学、图书馆学、计算机学、民族学、地理学等多个学科领域中。在国家社科基金项目数据库中，限定检索时间为 2005—2015 年(检索时间 2015 年 6 月 18 日，尚无 2015 年项目信息)，以古籍整理与保护相关的不同关键词(如古籍整理、古籍保护、古籍修复、版本、校勘、辨伪、辑佚、编目、编纂等)，经过去重和剔除不相关的结果，共得到研究项目 385 个。笔者从项目的学科分布、立项单位及地区分布、立项时间、研究主题四个方面对国家社科基金资助的古籍整理与保护项目进行了统计分析。

(1)项目学科分布。由表 3 可知，近年来国家社科基金资助古籍整理项目在学科分布上存在两个层级：第一层级为“文学”“图书情报学”“历史学”“语言学”领域，对应项目数量分别是 96、81、69 和 65，总立项比例达 81%；而“民族问题研究”“宗教学”“哲学”与“法学”等学科领域属于第二层级，它们的立项数之和不到总立项数的 1/5。这种分布特点说明，主持古籍整理研究项目的专家学者，大多来自于文史哲和图书情报学领域，而从事古籍训诂、音韵研究的语言学家也对古籍整理作出了突出贡献，民族古籍整理已成为古籍整理的重要内容。

表 3　**2005—2015 年国家社科基金古籍整理与保护类项目学科分布**

学科	文学	图书情报学	历史学	语言学	民族问题研究	宗教学	哲学	法学
数量	96	81	69	65	27	23	19	5
占比	25%	21%	18%	17%	7%	6%	5%	1%

(2)项目立项单位及地区分布。由表 4 可知，2005—2015 年古籍整理与保护相关项目的主要立项单位中，西北民族大学表现最为突出。它依托下属的民族语言文化学院、历史文化学院和海外民族文献研究所，主要从事敦煌古藏文文献和蒙古文文献的整理研究，共有 19 个项目立项。其次是中国社会科学院、兰州大学、内蒙古师范大学和西南民族大学，分列第 2 位到第 5 位，研究的课题也大

幅度倾向民族古籍整理。随后是国内的多所综合性大学，它们下属的文学院、历史学院、语言学院和古籍整理研究所是开展古籍整理项目的主要力量。由表5可知，甘肃、上海、浙江、江苏和四川是古籍整理项目立项比较集中的地区，项目数量具有明显的优势。结合两表可知，民族类高校和民族地区高校在民族古籍整理研究方面贡献突出。

表4　**2005—2015年国家社科基金古籍整理与保护类项目主要立项单位**

序号	机构名称	数量	序号	机构名称	数量
1	西北民族大学	19	10	北京大学	6
2	中国社会科学院	11	11	北京师范大学	6
3	兰州大学	9	12	华东师范大学	6
4	内蒙古师范大学	8	13	华中师范大学	6
5	西南民族大学	8	14	宁夏大学	6
6	中山大学	7	15	上海师范大学	6
7	安徽大学	7	16	浙江大学	6
8	武汉大学	7	17	浙江师范大学	6
9	西藏大学	7	18	郑州大学	6

表5　**2005—2015年国家社科基金古籍整理与保护类项目主要分布地区**

序号	所在地区	项目数量	百分比(%)	序号	所在地区	项目数量	百分比(%)
1	甘肃	43	11.17	8	内蒙古	14	3.64
2	上海	23	5.97	9	河南	14	3.64
3	浙江	22	5.71	10	北京	14	3.64
4	江苏	20	5.19	11	宁夏	12	3.12
5	四川	19	4.94	12	陕西	11	2.86
6	云南	15	3.90	13	贵州	11	2.86
7	广东	15	3.90	14	湖北	10	2.60

(3)项目立项时间。从图 1 可以看出，国家社科基金每年都会有古籍整理与保护方面的研究项目，且立项数量在不断攀升，2005 年共有 8 项，2014 年上升到 80 项。这说明在古籍整理与保护领域，政府的资助力度在持续增强，学者的研究热情也保持高涨。

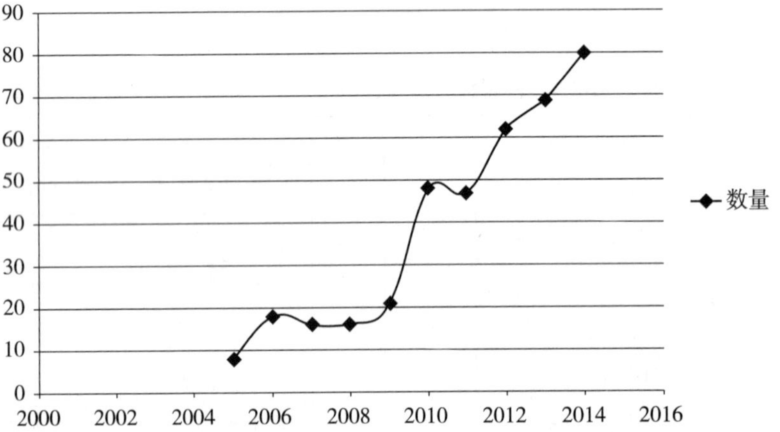

图 1　2005—2015 年国家社科基金古籍整理与保护类项目立项时间分布

(4)项目课题研究领域。将 385 个项目的课题名称进行主题词分解，再按照词频进行排序，通过统计、分类，得到了 2005—2015 年国家社科基金项目数据库中古籍整理与保护类项目主要研究领域的分布情况。如表 6 所示，从课题数量来看，民族古籍整理、传统古籍的文献学整理、出土文献整理、宗教古籍整理、敦煌文献整理、海外散失古籍的研究整理和传统医药古籍整理是国家社科基金资助的主要领域。在 385 个研究项目中，有许多项目或多或少地同时涉及上述几个主题，比如重点项目“日本藏中国出土西夏文献的研究整理出版”、青年项目“以敦煌为中心西北出土汉至宋涉医文献研究”等。

1.3　古籍整理与保护类学术会议的情况

对于近 10 年来古籍整理与保护相关的学术会议，笔者分别以

表6　**2005—2015年国家社科基金古籍整理与保护类项目主要研究领域**

主题	民族古籍	传统古籍的文献学整理(版本、校勘、辨伪、辑佚、编目、编纂等)	出土文献	宗教古籍	敦煌文献	域外古籍	医药古籍
数量	78	45	44	33	31	26	16
百分比(%)	20.26	11.69	11.43	8.57	8.05	6.75	4.16

"'主题'='古籍整理'或含'古籍保护'"为检索式，检索了CNKI的"中国重要会议论文全文数据库"，通过检索的论文结果查看其会议来源，并将会议主题明显与古籍整理和古籍保护无关的去除。同时，通过教育部科技发展中心创办的"中国学术会议在线"网站进行学术会议的回溯性检索。最后将两者检得的会议数据合并去重，得到如下结果(见表7)。

表7　**2005—2015年古籍整理与保护类学术会议**

会议级别	会议名称	届数
国际会议	中文古籍整理与版本目录学国际学术研讨会	3
	中国少数民族古籍文献国际学术研讨会	3
	百年敦煌文献整理研究国际学术讨论会	1
	先秦两汉古籍国际学术研讨会	1
	传统中国研究国际学术讨论会	3
	中国古籍数字化国际学术研讨会	4
国内会议	全国图书馆古籍工作会议	10
	全国高校古籍保护工作研讨会	5
	中国训诂学研究会学术年会	10
	中国历史文献研究会年会	10
	全国目录学学术研讨会议	2
	汉唐历史文献与史学研究学术研讨会	1
	中华中医药学会中医医史文献学术研讨会	9

据表7统计，近10年举办的与古籍整理和保护相关的会议有62次，其中国内会议47次，国际会议15次，涉及的议题也比较全面，既有普通古籍的整理，也有少数民族古籍、中医药古籍和敦煌文献的整理；既涉及传统的历史文献学、版本目录学和训诂学，也涉及现代化的古籍数字化。

2　普通古籍整理研究进展

此所谓普通古籍，是针对少数民族古籍、中医药古籍和特种文献而言，并非指其价值普通。由于学界对“古籍整理”概念的认识并不完全一致，为方便行文，本文借用笔者在《数字环境下古籍整理范式的传承与拓新》[3]一文中对纸质环境下古籍整理范式的四种划分，分别从“古籍文本的复原性整理”“古籍语义的解释性整理”“古籍内容的组织性整理”三个方面对普通古籍整理的研究进展展开叙述，而原范式之一的“古籍实体的保存性整理”，即古籍的典藏与保护，将在下文的“古籍保护研究进展”中展开综述。

2.1　古籍文本的复原性整理

它以复原古籍文本原貌为目的，表现为：运用版本学的方法，通过版本鉴定和版本源流的考订发现善本，解决文本整体的可靠性问题；通过辨伪方法排除伪书，解决文本的真实性问题；运用校勘方法，校正古籍的篇章次第及文字错误，解决文本的准确性问题；运用辑佚方法，补齐古籍残缺的内容，解决文本的完整性问题。通过以上的系统整理，获得一个尽可能接近古籍原貌的文本。此类古籍整理，以孔子提出的“述而不作，信而好古”为基本原则。

2.1.1　关于古籍版本的研究

(1)古籍版本学基础理论。版本学本身是一门实践性很强的学科，但也有基础理论部分，其核心就是对学科本质的认识，也包括对基本概念、内容体系、研究方法的探讨等。对于古籍版本学的学科本质，李致忠在阐述版本学的历史渊源、学科任务和研究方法的基础上，对古籍版本学作了科学的定位。他认为，中国古籍版本学是以古代图书为研究对象，以确定版本为研究核心，以考证为主要方法，利用校勘学，借助目录学来完成全面揭示图书的任务，并忠实地为中国古代社会各学科研究服务的辅助性科学[4]。对于版本学的内容体系，时永乐等将之划分为八个方面：版本学基本理论、版本学史、版本鉴定、版本类型的研究、版本源流的研究、版本目录学的研究、版本的断代研究和版本的地域研究[5]。这个体系虽然看起来较为全面，但在版本鉴定与版本目录学之间、版本的断代研究与版本类型之间存在一定的内容交叉。而曹之将版本学内容体系归为五个方面：古籍版本学基础理论、古籍版本学史、古籍制作方式的演变源流、单种图书(含丛书)的版本源流、古籍版本鉴定规律[6]。相对来说，这个体系较全面准确地揭示了古籍版本学的研究内容，已为学界所广泛接受。张海波参照毛春翔的《古书版本常谈》、李致忠的《古书版本鉴定》、胡道静的《简明古籍辞典》、程千帆的《校雠广义》、曹之的《中国古籍版本学》等，比较辨析了版本学中较有争议的概念，如“版本学”“版本类型”“善本”“珍本”“象鼻”等[7]。

随着古籍数字化的深入，版本学也产生了一些新的问题，如“数字古籍”的“版本”问题。刘冰等指出，数字古籍是指传统古籍文献在经过一系列的数字化处理之后形成的可识读、可浏览、可检索的数字文本或电子文本，同样存在“版本”问题。考察数字古籍的版本，首先要考察古籍数字化的不同模式和相同模式之间的异同问题。单一的图像型数字古籍，其版本问题和传统纸质古籍别无二致，而对于多类型的数字古籍，其版本问题就需要综合考察[8]。袁佳红分析了电子图书版本产生的原因和研究电子图书版本问题的必要性，总结了电子图书版本研究的四个特点，并试图构建电子图书版本研究内容和理论体系[9]。这些都是对古籍版本学基础理论研究的拓展。

(2)古籍版本鉴定方法和规律。近10年来有两部关于古籍版本鉴定的专著值得一提：一是李致忠的《古书版本鉴定》。该书是在1997年文物出版社初版的基础上修订的，分史证、版本、鉴定三编，分别讲述了中国书籍的产生、初兴与发展历史，书籍的装帧艺术、版本类型与版本称谓，一般刻本书的鉴定、活字印本书的鉴定、抄写本书的鉴定方法等[10]。二是陈正宏的《古籍印本鉴定概说》。该书分为四编，包括通行印本的鉴定、特殊印本的鉴定、印本鉴定专题、印本鉴定的辅助工具，另附有“古籍印本常用术语汇释”和“民国图书印本鉴藏小识”两个附录，较全面地包容了古籍印本的各种基础知识和鉴定技能[11]。

在论文方面，曹之、霍艳芳叙述了古籍版式的由来和发展，分析了历代版式的特点，并总结了利用版式鉴定古籍版本的方法[12]。俞佳迪、祖宁根据曹之先生在《中国古籍版本学》中对《唐求诗集》刻书出处的猜想，以宋版书中的“临安府陈宅书籍铺刻本”为例，运用现代版式测度的方法，比较《唐求诗集》《抱朴子内篇》与六册书棚本的各项版本参数，验证了《唐求诗集》为临安府陈宅书籍铺刻本[13]。这种定量测度分析法在古籍版本鉴定中的应用称得上是一种革新。

通过古籍外在形式特征来鉴定古籍是惯用的方法，因此这方面的论文比较多，如时永乐等的《古代牌记的起源与价值》、施薇的《古籍藏书印浅析》、冯方的《例谈明清帝讳字与古籍版本的鉴定》、韩春平的《谈避讳字与古籍版本鉴定》、苟廷颐的《解读古籍里的印章》等都是此类。对于版本鉴定途径的内容与形式之争，艾俊川举了一个用雕版的方法影刻石印本的极端例子，指出对于翻刻的版本而言，通过内容考订的方法并不比用眼力观察实物的方法更有效，因此不能绝对地说内容考订法就更高明。直接观察与文字考证应相辅相成，而不是相互排斥，且前者是后者的基础[14]。这一提法相较于版本学著述之前的表述较有新意。

清末民国图书的版本鉴定一直是个难题，一是因为年代跨界，避讳、纪年及形制等不被遵循，二是因为翻印本缺少刊印时间和出版机构等版本信息。为此，郑晓霞提出鉴定清末民国图书的版本应注重查阅各家著录、阅读原文和借鉴其他文献的记载[15]。少数民族古籍的版本鉴定也引起了重视，如李雄飞专门介绍了满文古籍的版本鉴定方法[16]。针对古籍数字化的新课题，杨清虎提出了数字文献的版本鉴定问题，可以通过文档标题、大小、版式以及底本对照、简繁编码互换对照、缺字处理方式对文本型数字古籍的版本进行鉴定[17]。当然，对历史上有价值的版本鉴定方法进行总结也是很有必要的，如李永明总结了清末著名藏书家陆心源的版本鉴定方法：将形式特征与文字内容结合起来鉴定版本；利用目录、题跋、文集等资料鉴定版本；通过各种书版的源流和关系鉴定版本；从多个层面对古籍版本的优劣和价值作出评断[18]。

(3)版本源流的考订。它包括两个方面内容：一是考订各种古籍版本类型的演变源流(即广义版本源流)，这方面的论著相对较少，如张宗品从构建“写本学”的目标出发，对“写本”与“钞(抄)本”的概念及其使用范围进行了界定，并对“写本时段”和“写本学”的相关研究作了回顾[19]。郑晓霞对不大为人重视的版本类型——油印本的研究作了梳理。她在回顾油印本在中国的发展历程之后，介绍了油印本的版式特征和价值，并着重分析了油印本的收藏和文献征引情况[20]。陈正宏以两种琉球本《二十四孝》(抄本)和《童子摭谈》(刻本)为例证，参以实物与文献证据，探讨了琉球本和福建本在版本上的亲缘关系，进而提出在东亚汉籍版本学的框架下，按历史原本样态，将原发性的中国本，综合继承中国本而又有各自创造的日本本、朝鲜本，以及主要受中国或中日两国特定区域版本影响形成的越南本、琉球本，分为三种有层次的版本类型[21]。作者还建议在第三类汉籍的版本学研究中，引入以突破国家范围的近地缘交流为特征的“小交流圈”的概念。

二是考订单书版本谱系的演变源流(即狭义版本源流)，这方面的成果相对较多，且多集中在名人名著上。专著方面，有李顺保的《〈伤寒论〉版本大全》(学苑出版社 2006 年版)、郑庆山的《〈红楼梦〉的版本及其校勘》(北京图书馆出版社 2006 年版)、陈耀东的《〈寒山诗集〉版本研究》(世界知识出版社 2007 年版)、蔡锦芳的《杜诗版本及作品研究》(上海大学出版社 2007 年版)、林冠夫的《〈红楼梦〉版本论》(文化艺术出版社 2007 年版)、曹立波的《〈红楼梦〉版本与文本》(中华书局 2007 年版)、刘卫林的《宋刊〈刘禹锡文集〉版本研究》(花木兰文化出版社 2008 年版)、田国福的《历代〈诗经〉版本丛刊》(齐鲁书社 2008 年版)、王三庆的《〈红楼梦〉版本研究》(花木兰文化出版社2009年版)、高正的《〈荀子〉版本源流考》(中华书局2010年版)、刘世德的《〈三国志演义〉作者与版本考论》(中华书局2010年版)、(日)中川谕的《〈三国志演义〉版本研究》(上海古籍出版社2010年版)、曹立波的《一百二十回本〈红楼梦〉版本研究和数字化论文集》(首都师范大学出版社2011年版)、吴玛霞的《柳宗元著作版本图考》(广西人民出版社2012年版)、白光的《〈坛经〉版本谱系及其思想流变研究》(宗教文化出版社2013年版)等。也有考订一类古籍版本源流的，如欧阳健的《古代小说版本简论》(山西人民出版社2005年版)、崔建英的《明别集版本志》(中华书局2006年版)等。论文方面数量就更多了，比较有代表性的如王爱亭的《崑山徐氏所刻〈通志堂经解〉版本学研究》、程苏东的《杨炯〈盈川集〉版本源流考》、赵睿才的《〈宋本杜工部集〉版本源流考辨》、王永波的《〈升庵文集〉版本源流考》等，兹不一一列举。

(4)版本学史的研究。近10年来古籍版本学史方面的成果非常丰富，可谓迎来了一个研究高潮。首先是关于版本学的起源及断代版本学史研究。曹之在《中国古籍版本学》专辟一章“古籍版本学史略”，提出衡量古籍版本学产生、发展和成熟的标准有四条：一是同书异本的数量；二是对同书异本的研究；三是善本观；四是版本学专著与版本学目录等研究成果。他以此为标准对先秦两汉、晋代、南北朝时期、隋唐五代、宋代、元代、明代、清代的版本学成就进行了总结，并得出古籍版本学产生于先秦两汉，成熟于宋代的结论[22]。作为第一部断代版本学史研究专著，李明杰的《宋代版本学研究》以详实的史料全面揭示了宋代版本学取得的成就，指出宋代是中国古籍版本学的确立时期[23]。江曦的《清代版本学史稿》将清代版本学划分为三个时期：清初到乾隆前期为版本学发展的第一个时期，乾隆中期到道光时期是清代版本学发展的第二个时期，咸、同、光、宣四朝是清代版本学发展的第三个时期，并对每个时期具有代表性的版本学家和版本学著作进行了深入研究，总结了清代版本学思想与方法[24]。台湾东吴大学薛雅文博士以莫友芝所著《持静斋藏书记要》《宋元旧本书经眼录》《郘亭知见传本书目》为研究对象，对莫氏书目著录的内容特色和版本学思想进行了有益的探讨[25]。但总的来看，还是缺少通代的版本学史研究著作。此外，值得一提的还有李宝的《宋代的题跋与版本学研究》、张次第的《略论明代版本学成就》、孙计康的《明代版本学发展探究》、徐晶晶等的《略论清代版本目录发展轨迹》、杜少霞的《民国时期古籍版本学研究》、杨钢的《试论民国时期古籍版本学的成绩》、刘佳的《20世纪版本学史研究》、郝润华等的《二十世纪九十年代以来版本学研究综述》等论文，依次对宋代至现当代的版本学史进行了研究。

其次是对版本学家学术思想的研究和总结。此类研究多以清代版本学家为对象，这也从侧面反映了清代版本学在版本学史上的重要地位。例如，孙计康以《四库全书总目》著录的词籍提要为例，通过对词籍提要的校勘范围、校勘特色、校勘方法和校勘态度，分析和总结了四库馆臣的版本校勘思想和善本观[26]。丁延峰对清末四大藏书楼之一的海源阁杨氏的版本鉴定及版本源流考订方法、善本观等作了较全面的梳理，以证明杨绍和的版本研究行为不仅仅停留在保藏层面，而是上升到了学术研究的高度[27]。杨洪升则对清末民初的版本学家缪荃孙在鉴别版本、评断版本优劣和对前代版本源流的总结性研究方面取得的成就进行了全面阐述，并评价了缪氏在版本学史上承前启后的历史地位[28]。这方面的论文还有张晓丽的《鲍廷博在古籍版本学方面的贡献浅析》、范伟的《黄丕烈与版本目录学》、王记录等的《钱大昕的版本学思想及其考证实践》、江瑞芹的《叶德辉〈书林清话〉版本学思想研究》等，但多是前人已论及的选题，新意不大。相反，对现当代著名版本学家的研究格外引人瞩目，如宋文燕的《赵万里的版本目录学成就》、吴建伟的《顾廷龙先生版本学思想述略》、吴有祥的《陈垣先生的版本学》、黄伟的《刘文典与古籍版本学》、陈振文的《论郑振铎在版本学方面的贡献》、杜泽逊的《王绍曾先生与目录版本学研究》、李永明的《黄永年古籍版本学思想述略》等一批论文，续写了版本学史研究的空白。

2.1.2　关于古籍辨伪的研究

(1)辨伪理论与方法。王娜以梁启超的辨伪理论为基础，从类型、危害、原因及辨伪方法等方面对传统伪书与现代伪书的异同作了系列比较[29]。赵争认为，对古书疑伪的省思与辨伪一起，辩证地完成了对古书的第一次反思。在疑伪风气的刺激下，古书体例研究作为回应古书疑伪的核心问题被提出，进而将对古书的反思带向更广阔、更深邃的思考层面。除来自"古史辨"内部的省思外，已有学者较早注意到了古书体例与古书辨伪的关系问题，孙德谦、刘咸炘、余嘉锡等学者即为其代表[30]。罗琴在总结前代学人关于辨伪理论及方法的基础上，以古籍整理实践中的九个典型实例具体说明辨伪的方法：考证作者的生平事迹，审核作品的思想内容，检验作品的语言风格，查阅历代的相关书目，寻找各种有用的旁证等，以期尽可能恢复古籍原貌[31]。王林艳则对中国古代文献辨伪的方法体系进行了总体述评。她认为，中国古代文献学家在长期的文献辨伪实践中逐步形成了从文献作者、文本内容以及文献流传三个方面入手考辨文献真伪的方法体系。从文献作者角度辨伪，主要查考书籍与撰作者的行迹、思想、学术水平、生卒年代等方面的矛盾，进而发现问题，作出判断；从文献文本辨伪，主要从文本中的文体、风格、语词、史实、称谓、制度、地理沿革等内容来考察是否与事实相符，继之判断文献真伪；从文献流传角度辨伪，主要考察文献在社会上流传时是否见之于目录记载、是否被其他文献征引及是否有佚文流传等，依靠文献流传时存留下的印痕来辨其真伪[32]。王国强认为，中国文献辨伪方法建设近百年来虽取得了不小的成绩，但在逻辑的严谨性、体系的完整性以及对辨伪客体的适用性等方面还存在一些缺陷。具体来讲，疑古派辨伪方法虽相对丰富、周密，但一些方法缺乏严密的逻辑，文字表述绝对化，尤其是不合古书体例，难以施之于先秦秦汉图书；而出土文献派的辨伪方法太少，且可操作性不强。为此，他提出了中国文献辨伪方法建设的基本方向：遵循不同时期文献体例特点、坚持孤证不立原则、不以局部否定整体、重新审视传统文献辨伪方法、借鉴西方文献辨伪方法成果。在此基础上建构一个合理的中国文献辨伪方法体系，这个体系包括适合于一般文献的一般方法，也包括适合于特定时期、特定类型甚至特定文体文献的特殊方法[33]。

(2)辨伪实践及成果。这大致可以分为三类：一是对某位作者或某类作者作品的辨伪，如胡建升通过对《苏轼诗集》和《全宋诗·苏轼诗集》中的苏轼佚诗《秋日寄友人》进行考辨，认为此诗不是苏轼的佚诗，而是北宋初期张咏所作[34]。萧楚敏依据俞绍初辑校的《建安七子集》，在综述前代学者研究成果的基础上，对建安七子的诗作进行了辨伪，认为阮瑀《琴歌》和《诗渊》中王粲的两首逸诗可以确定非其所作，其余五首均缺乏足够的证据，仍然存疑[35]。此类论文还有陈博的《老子及其著述辨伪》、段海蓉的《萨都剌诗歌辨伪管窥》等。

二是对某类文献的辨伪，如张福昌对《红楼梦》现存的程甲本、程乙本、甲辰本、庚辰本、戚序本、列藏本、梦稿本等版本(抄本)异文进行了详细的比较分析，列举了800条异文实例和数万字异文进行剖析，论据翔实，解析缜密，旨在探求《红楼梦》的真实文笔[36]。杨镰对历来作为善本著录的10余部元人别集逐一进行辨伪，并对其作伪规律进行了探讨[37]。李凌杰结合古农书辨伪演化轨迹，在前人的基础上，对《四库全书总目提要》记载古农书的立论、事实的真伪进行了考辨[38]。方继孝结合自己的收藏经验和亲身经历，从作者的用笔风格、信札的来源等谈了书札辨伪的方法[39]。

三是对某种文献的辨伪，此类成果甚多，如谢冬荣的《〈穆堂诗文钞〉辨伪》[40]、张京华的《〈说郛〉本陆龟蒙〈零陵总记〉辨伪》、司马朝军等的《〈经义考〉辨伪一例》、李伟敏的《徐乾学〈明史列传〉辨伪》、李具双的《〈本事方续集〉辨伪》、温庆新的《〈枣窗闲笔〉辨伪论》等，兹不一一举例。

(3)辨伪学史研究。它分为以下三个方面：第一，通代辨伪学史研究。杨绪敏的《中国辨伪学史》是第一部全面系统地论述中国辨伪学发展历史的学术专著。它将中国辨伪学划分为四个时期：疑古思想的萌芽及辨伪学初起时期——先秦汉魏南北朝，辨伪学的发展时期——唐宋，辨伪学的成熟时期——明清近代，辨伪学的再发展时期——现当代，并从宏观上论述了每一时期辨伪工作的特点和主要辨伪学家取得的成绩[41]。

第二，断代辨伪学史研究。佟大群的《清代文献辨伪学研究》是断代辨伪学研究的一部力作。该书首先探讨了有关辨伪学、文献辨伪学的一系列理论问题，然后在高度概括清以前文献辨伪学发展的历史及其成就、清代文献辨伪学发展环境等问题的基础上，将清代文献辨伪的发展历史分为清初、清中期和清后期三个阶段，将宏观和微观、纵向和横向、个案和专题等研究方法相结合，系统考察了清人文献辨伪研究的历史及成就[42]。王国强在阐述汉代文献作伪原因及辨伪历史的基础上，重点分析了汉代文献辨伪的方法，认为汉人至少发明了 7 种文献辨伪方法，即从文辞、事实、思想体系、书目著录、事理、引用文献、典章制度等方法考证文献的名称、著者、时代的真伪，确立了文献辨伪的基本法则[43]。王伟从明代辨伪学兴起的原因和辨伪学者及其成就两个方面探讨明代辨伪学的发展状况[44]。王克霞等认为，明人辨伪有理论的重大发展，其成就突出地表现在：系统总结辨伪学理论与方法、揭示了辨伪学的规律、使辨伪学走向成熟。明代学者在伪书考辨的实践上也有诸多成果，所考之书遍及经史子集四部文献。既有通考群书真伪、综合性地辨识古籍的著作，如宋濂的《诸子辨》和胡应麟的《四部正讹》；也有专注一书一辨的著作，如梅鷟的《尚书考异》[45]。

第三，历代辨伪学家辨伪思想、方法的总结与反思。《阎若璩〈尚书古文疏证〉的辨伪方法》[46]和《梁启超的古书辨伪学》[47]这两部专著，分别对清初和清末的两位辨伪大家的辨伪思想和方法进行了系统深入的辨析和总结。其他成果多为期刊论文，研究对象涉及从汉代到近现代的一大批著名学者，如王充、刘知几、韩愈、柳宗元、高似孙、郑樵、胡应麟、阎若璩、崔述、戴震、毛奇龄、钱大昕、章学诚、康有为、梁启超、刘咸炘、顾颉刚、胡适、吕思勉、王重民、张舜徽等。除了正面经验的总结，也有对前代辨伪思想和方法的批判之作，如李少波分析了清初专于辨伪且成绩突出的姚际恒和阎若璩的辨伪思想和实践，并以此为基础，指出清初古籍辨伪存在以下缺陷：其一，以虚律实；其二，抱残守缺，机械理解；其三，先入为主；其四，观念先行，而非基于史实考据；其五，论证不足，主观臆断[48]。杨善群则针对清代前期阎若璩《尚书古文疏证》所运用的辨伪方法及所列举的 128 条论据进行辩驳，认为绝大部分证据都似是而非，不能成立。中国历史上的疑古辨伪思潮，发展到后来愈演愈烈。有的学者以疑古辨伪作为自己的癖好，因而产生了许多不实事求是的做法，阎若璩的《尚书古文疏证》可谓是一个典型代表[49]。

2.1.3 关于古籍校勘的研究

(1)校勘理论与方法。近 10 年出版的概论性校勘学著作，多为对校勘学基本理论和方法的阐述，如王绍曾的《目录版本校勘学论集》(上海古籍出版社 2005 年版)、张涌泉的《校勘学概论》(江苏教育出版社 2007 年版)、郑慧生的《校勘杂志》(河南大学出版社 2007 年版)、林艾园的《应用校勘学》(华东师范大学出版社 2008 年版)、曾贻芬的《古籍校勘说略》(巴蜀书社 2011 年版)、管锡华的《校勘学教程》(北京大学出版社 2013 年版)等。而苏杰编译的《西方校勘学论著选》(上海人民出版社 2009 年版)则是学习和了解西方校勘学理论与方法的一本很好的入门书。现代校勘学理论大多建立在对古代校勘思想及实践的认识上，如王记录对中国古代校勘思想进行了归纳，就校勘目的而言，可分为三个层面：首先，是求文献原本之真，恢复古籍原貌；其次，是勘正古籍中的错误，不诬古人，有益后人；再者，是通过校勘以稽古右文，经世致用。就校勘原则而论，坚持实事求是的原则，主张用多闻阙疑的态度审慎对待古籍，绝不轻改妄改。就校勘家修养而言，广博专精、勤勉细心、勇于反思是主体修养的内在条件；广搜异本、博采通人、务从其善是主体修养的外在条件[50]。钟东则对传统校勘精神进行了科学解读。他认为，校勘之事，其不自言科学，而自有科学精神在焉。这种精神用最为简括的方式来表述，就是：严谨务实、考信求真、明辨博观、纠误证讹、力避无征、存疑补阙，其核心任务就是求真与证讹。所谓求真，即求原本之真；所谓证讹，即证传本之讹。这两点既是校勘的目标追求，也是其科学精神所在[51]。冯敏对校雠、校勘与校对这三个基本概念的异同进行了辨析[52]。

也有学者将关注的目光投向西方校勘学，如郭育艳以《西方校勘学论著选》为例，探析了西方校勘学的原则、方法及流派。西方校勘学的原则和方法，是在文本的校勘整理，特别是在古典文本、《圣经》文本、莎士比亚文本以及近现代作家文本的校勘整理过程中发展并完善起来的。校勘者倚重的工具一是本子(文本)，二是脑子(理性)，对这两者的运用在不同的历史阶段形成了“折中法”“谱系法”和“底本法”等校勘的原则和方法，并形成了新目录学派、新批评派和文本发生学派[53]。张亚楠则对中西方校勘学进行了比较，认为两者既有相同之处(如都重视考察版本；都重视总结古典文本的行文特色，从文献内部进行校勘；也都重视理校(推测)的重要性)，但也存在较大的差异，比如对异文的认识及处理方式不同，对底本的认识及选择也不尽相同[54]。

对古籍校勘方法的总结多停留在传统方法上，涉及版本、目录、音韵、字学、方言、古代文化常识等，如余春柯的《谈古籍校勘中版本的优劣与择取》、胡滨等的《目录学在中医药古籍校勘中的作用》、马智忠等的《浅谈音韵学在校勘中的应用》、曾良的《俗字与古籍校勘七题》、杨玉萃等的《方言整理对文献校勘的重要性研究》、王发国的《从避讳学角度校勘钟嵘〈诗品〉》、吕传益的《用天文方法校勘史料举隅》等。同样也有学者对西方校勘方法进行了引介，如苏杰介绍了谱系法在西方的产生及发展历史。他认为，产生于19世纪中期的谱系法是西方校勘学的第一次“科学化”，而随着自然科学和计算机技术在20世纪80年代的进一步发展，西方校勘学再次走向“科学化”，主要表现为运用生物学上的种系发生学方法来考察文本传播的进化关系，这种“更科学化”的校勘方法值得我们学习和借鉴[55]。

现代信息技术应用于自动校勘是未来校勘学研究的一大趋势。常娥等提出了古籍的自动校勘系统的设计理念，并从自动校勘的对象和方法、算法设计、系统总体设计等方面论述了自动校勘系统的实现途径[56]。她还在博士学位论文中以农业古籍为研究对象，在模式匹配和中文文本自动校对的基础上，设计了基于窗口匹配技术的古籍自动校勘算法[57]。周学文等提出了按照语料库统计理论对《元朝秘史》进行自动校勘的方法，认为该方法可节省人工校验时间，对于处理复杂文本具有优越性[58]。

(2)校勘实践及成果。此类著作和论文比较多，大致可以分为三类：一是对某种书的校勘成果，如专著有郑庆山的《〈红楼梦〉的版本及其校勘续篇》(北京图书馆出版社2006年版)、魏峨的《〈樊川诗集〉校勘与注评》(陕西人民教育出版社2011年版)、上官涛的《〈溪堂集〉〈竹友集〉校勘》(中山大学出版社2011年版)、詹宗祐的《点校本两唐书校勘汇释》(中华书局2012年版)、刘树胜的《〈楚辞灯〉校勘》(河北大学出版社2012年版)、汪文台的《〈淮南子〉校勘记》(文听阁图书有限公司2012年版)、夏汉宁的《〈欧苏书简〉校勘》(中山大学出版社2014年版)等，论文如黄仁瑄的《慧琳〈一切经音义〉校勘十例》、谢政伟的《方中德〈古事比〉校勘札记》、谈莉的《〈诗经〉十五国风校勘札记》、吴昱昊的《〈史记〉〈汉书〉校勘札记》等。

二是对某类文献的总体校勘，如专著有李志贤的《秦汉碑刻校勘图鉴》(文物出版社2007年版)、曾良的《敦煌佛经字词与校勘研究》(厦门大学出版社2010年版)、黄南津的《东南亚古国资料校勘及研究》(中国社会科学出版社2011年版)、王湘华的《晚清民国词籍校勘研究》(岳麓书社2012年版)等，论文如李蕊的《元曲校勘札记》、高友谦的《银雀山汉墓竹简校勘七则》、赵鑫晔的《敦煌愿文校勘总论》等。

三是对某书校勘的补遗或纠谬，如专著有范祥雍的《〈广韵〉三家校勘记补释》(上海古籍出版社2011年版)，论文如刘渝龙的《点校本〈明史〉校勘记补遗纠误》、王虎的《〈北齐书〉校勘献疑》、张徽的《〈宋书〉校勘举疑》、阎宁的《〈元史·祭祀志〉校勘记纠误及献疑》、张新武的《〈荀子集解〉校勘失误举例》、高明峰的《〈江藩集〉校勘质疑》、王湘华的《〈全宋词〉校勘拾遗举隅》等，校勘对象以正史居多，其他经、子、集部文献也有涉及。另外，也有探讨同一文献不同校勘成果之间关系的研究成果，如王坤[59]、赵阳[60]分别以《礼记正义》和《春秋左传正义》为例，对比分析了阮元的《十三经注疏附校勘记》和日本《七经孟子考文补遗》中并出的校勘记，以此考察了后者对前者的影响。

(3)校勘学史研究。首先是断代校勘学史研究。王国强对汉代校勘学进行了研究，认为汉代用校勘法系统地整理文献使得校勘成为文献整理过程中的关键环节，奠定了古代校勘学的基础。汉代政府和私人文献校勘绵延不绝，尤其是刘向校理秘书、东汉建立校书制度以及郑玄的校注群经，不仅厘定了文献正本，而且创制了一系列校勘方法和术语，成就突出，影响深远[61]。张晓霞研究了两汉图书校勘制度及其成果[62]。苏勇强对五代时期南唐的校勘人才进行了详细的梳理[63]。宋代馆阁校勘制度也是学者们关注的焦点，杨玲、李婷、周宝荣、路保安、张弘等对宋代馆阁的创立、校勘人员的组成、校勘方法及态度、校勘流程及体例规范等进行了研究。李爱国对元代中央政府机构、地方儒学和书院、民间藏书家及名儒的校勘图书情况进行了概述，认为在文献类型方面，医药典籍和宗教文献是元代图书校勘的特色[64]。杨世铁研究了清代校勘学兴盛的语文学原因，认为校勘学在清代获得了空前的发展，除了政治、经济、文化方面的因素之外，语文学(包括文字、音韵、训诂)的快速发展也是一个重要方面[65]。杨翔宇则分析了民国校勘学理论与方法的嬗变过程，认为民国校勘学是现代学科意义上校勘学理论的滥觞时期。在这一理论嬗变过程中，梁启超的校勘学方法奠基了现代校勘学的理论基础；陈垣提出的“校勘四法”标志着现代校勘学的正式创立；胡适的《校勘学方法论》集理论、方法、历史于一身，对校勘学理论进行了系统总结，使它更加具有自己的理论体系；张舜徽的理论创新则使校勘学发展到一个新的阶段[66]。邓怡周把民国时期校勘学取得的成就归纳为校勘学理论体系的创立、涌现出一批对校勘学研究具有突出贡献的学者及论著、拓展了文献校勘范围等，认为现代校勘学创立于民国时期，其标志是陈垣的《校勘学释例》[67]。

其次是对校勘学家的研究。历代校勘学家如郑玄、颜之推、欧阳修、朱熹、周必大、王若虚、戴震、顾广圻、黄丕烈、段玉裁、王念孙、阮元、惠栋、卢文弨、周永年、俞樾、孙星衍、吴汝纶、叶德辉、莫友芝、王国维、梁启超、张元济、鲁迅、陈垣、胡适、郑振铎等，一直以来都是校勘学史研究的重点，有一大批相关研究论文发表。如张志云探讨了顾广圻“不校校之”的校勘学思想和方法的理论阐释、形成过程与影响[68]。徐玲英认为清代校勘中“通其大例”和“以声类通转为之铃键”的校勘方法始于戴震，通过对戴震校勘成就的梳理，指出戴震对于清代校勘学的形成有引领之功[69]。温美姬对王念孙和俞樾校勘及注释《荀子》的实践进行了比较，指出王氏重实证，论证较为客观，而俞氏重义理，论证较为主观[70]。王湘华对王国维辨讹误、校倒文、补阙漏、校词律、辑遗佚的词籍校勘方法进行了研究[71]。刘怡君则通过对陈垣和格雷格的比较研究，分析了中国文献校勘方法与西方文献校勘方法之间的差异与各自的优缺点[72]。

最后是对校勘学名著的研究。像东汉郑玄的《毛诗笺》、北齐颜之推的《颜氏家训·书证篇》、元人岳浚的《九经三传沿革例》、清代王念孙的《读书杂志》、阮元的《十三经注疏校勘记》、今人陈垣的《校勘学释例》这类校勘学名著，也是人们研究的重点。如李世萍认为郑玄的《毛诗笺》兼综并采，融会今古文，对《毛诗》的训释和校改不拘一格，能灵活运用多种校勘方法，订正了其中的许多误字，取得了较高的校勘成就[73]。刘广普结合陈垣对校勘方法的总结，认为颜之推的《颜氏家训·书证篇》已经运用了对校法、本校法、他校法、理校法、综合法，并以实例说明之，为后世提供了多方面的方法论启示[74]。葛鹏总结了《九经三传沿革例》的校勘原则和方法，认为其对于当前的古籍整理仍有借鉴意义[75]。彭晓艳以《逸周书杂志》为例，将王念孙《读书杂志》的校勘特色总结为校勘和训诂相结合，即通过校勘来阐释文义，通过训诂来校订讹误[76]。刘锦辉等认为阮元《孟子注疏校勘记》是清代《孟子》校勘的典范之作，校勘成就突出体现在其校正讹误、校订脱衍、标章指、辨伪疏等方面，不仅在校勘学史上影响深远，也是研究清代孟学不可或缺的文献[77]。

2.1.4 关于古籍辑佚的研究

(1)古籍辑佚理论与方法。从现有成果来看，古籍辑佚理论的研究还显得比较薄弱。自曹书杰的《中国古籍辑佚学论稿》(东北师范大学出版社1998年版)出版至今，再无总论性辑佚学著作问世。论文情况也是如此，自徐德明发表《辑佚学应成为一门独立的学科》(《古籍整理研究学刊》1986年第2期)以来，只有寥寥数篇关于古籍辑佚理论的论文发表，如曹书杰的《辑佚与辑佚学》(《古籍整理研究学刊》1990年第2期)、张升的《辑佚与辑佚学简论》(《文献》1995年第1期)、曹书杰的《辑佚学的性质对象任务内容和意义》(《古籍整理研究学刊》1999年第4期)等。近十年来，代表性的论文有陈尚君的《古籍辑佚学在数码时代的发展机缘》[78]。该文特别提出了“古籍数码化”与辑佚学的发展方向问题，指出“古籍数码化”为现代学者从事古籍辑佚提供了新的难得的机遇，但同时也要求学者遵循现代学术规范，不应仅满足基本语料的积累，还应该在新的高度探究学术课题，具有一定的前瞻性。此外，邬天启利用信息全息理论来解释古籍辑佚活动，视角新颖。他认为，辑佚学是凭借对留存下来的书籍信息的整理和汇总来恢复亡佚的书籍和文化的，社会文化中的全息现象体现在书籍与书籍、书籍与社会、书籍与时代的相互对应、表征和映射中。基于信息的一些特性，全息现象的特性同样是辑佚学能够成立的基础。但无论是在自然界还是在社会文化中，全息不全的现象普遍存在，辑佚学中的很多例子都验证了社会文化中的全息不全的性质[79]。

对于古籍辑佚方法的反思，代表性的论文有郝敬的《“牛郎织女”非殷芸〈小说〉佚文考——兼论古小说辑佚之误区与研究方法》[80]。该文认为，根据类书辑佚诚然是行之有效的方法，但具体到特殊的文本、特殊的个案，则不能大而化之。考虑到古人对于小说观念的接受与发展程度，在使用类书进行辑佚时须格外谨慎，不可以字概貌、妄下断语。古小说的辑佚不能局限于小说文本和创作背景，还可以从观念接受、作品接受的层面加以考察，例如从历代史注、集注、诗注中的引书去考察小说在文学史中的发展程度与接受程度，就可以得出或佐证一些之前不曾触及的观点。

(2)古籍辑佚实践及成果。此类研究成果甚多，大致可分为三类：一是某类文献的辑佚，如专著有王褒的《关中佚志辑注》(三秦出版社2006年版)、梁峻的《范行准辑佚中医古文献丛书》(中州古籍出版社2007年版)、段振美的《殷墟甲骨辑佚》(文物出版社2008年版)、钱南扬的《宋元戏文辑佚》(中华书局2009年版)、李勇先的《辑佚类地理文献集成》(上海交通大学出版社2009年版)、杨一凡的《唐式辑佚》(社会科学文献出版社2009年版。笔者按：式，古代法令的一种)、古风的《经学辑佚文献汇编》(国家图书馆出版社2010年版)、王良成的《杭滩佚曲辑考》(浙江文艺出版社2013年版)等；论文如徐正英的《先秦文论佚文考辑》、魏宏利的《南北朝佚文辑考》、杨东甫的《散曲辑佚》、刘英波的《明代散曲家补正及曲作辑佚》、昝红宇的《现存清代子弟书稀见文本辑佚》即是此类。

二是单种文献的辑佚，如专著有毕仲衎的《〈中书备对〉辑佚校注》(河南大学出版社2007年版)、郭寿龄等的《〈养一斋集〉外诗文辑佚》(中国文史出版社2008年版)、史广超的《〈永乐大典〉辑佚述稿》(中州古籍出版社2009年版)、张升的《〈永乐大典〉流传与辑佚研究》(北京师范大学出版社2010年版)、杨孚的《〈异物志〉辑佚校注》(广东人民出版社2010年版)等。对全录性的总集进行补遗是此类辑佚的一大特色，如易小平的《〈全汉文〉本文与存目辑佚》、张福清的《〈全唐诗补编〉之〈全唐诗续拾〉所辑佚句辨》、胡可先的《〈全宋诗〉辑佚120首》、李成晴的《〈全宋诗〉未著录诗作辑佚》和《〈全宋文〉未著录作者佚文六篇》、罗海燕的《〈全辽金文〉辑佚11篇》《〈全元文〉佚文十四篇及其价值》和《〈全元文〉佚文五则考释》、邹虎的《〈全元文〉辑佚六篇》、郑礼炬的《〈全明词〉陆容词辑佚二首》等。此外就是对单种文献辑佚的论文，如李秀华的《〈淮南子〉高诱注佚文辑考》、刘安志的《〈修文殿御览〉佚文辑校》，因数量众多，例不赘举。

三是某位作者作品的辑佚，如专著有龚重谟的《汤显祖研究与辑佚》(海南出版社2009年版)、郑炜明的《蕙风散佚词辑考》(香港大学饶宗颐学术馆2009年版)、郑炜明的《况周颐佚诗辑考》(香港大学饶宗颐学术馆2009年版)等。论文如唐宸的《明状元唐皋诗文辑佚》、梁春胜的《曹植佚文辑考》、吴兆民的《唐代文学家吴少微佚文的发现及其价值》、胡建升的《杨万里佚文考》、潘殊闲的《叶梦得作品辑佚》、杨大忠的《晁公武佚文三则》、何天杰的《汤显祖佚文一则》、王彦明的《钱谦益佚文考释》等。

（3）古籍辑佚学史研究。辑佚现象客观存在的历史悠久，但其被社会认识并加以论说，现知最早者为南宋的郑樵。种方认为，郑樵在辑佚理论上的重要贡献主要有二：其一是通过征引关系辑佚，其二是通过总集与丛书进行辑佚，但同时存在只求大致内容，不求文字与体例的问题。因此对于郑樵在辑佚方面的成就，绝不可高估[81]。元明之际的辑佚学研究只有一篇论文发表，郑春颖以涵芬楼一百卷本为底本，从《说郛》辑佚书目考、《说郛》辑佚的特点、《说郛》辑佚之不足三方面评价了陶宗仪《说郛》的辑佚学成就与不足[82]。

近十年来辑佚学史研究主要集中在清代，总论性的代表作有两部同名专著，即喻春龙的《清代辑佚研究》（上海古籍出版社 2010 年版）和郭国庆的《清代辑佚研究》（民族出版社 2011 年版）。喻著为清史项目之一，通过钩稽、梳理相关史料，考证出清代有辑佚成果者 456 人，辑本种类广涉四部文献几近万卷，在对清代辑佚者及辑本进行汇考，对《清史稿艺文志拾遗》的纠谬补阙，对四库馆臣以及戴震、周永年等名家辑佚的评述等方面颇有创见。郭著从分析清人辑佚体例入手，考证出清人辑佚的准备、佚文的来源、基本的体例等八大凡例，以及以存为佚、重出误收、编排杂乱等六大误例。总论清代辑佚学的代表性论文有李慧慧的《清代辑佚成就述论》、喻春龙的《清代辑佚学形成的三大标志》和《清代辑佚的三大缺憾》、郭国庆《清代辑佚凡例考》、杨祖逵等《清代辑佚思想探源》等。清代辑佚学研究也成为高校相关专业硕士学位论文的重要选题，相关论文如吉林大学张健的《清人的唐代文献辑佚研究》、吉林大学罗琦的《黄奭辑佚韵书研究》，山东大学李倩倩的《清代谶纬辑佚和研究之考论》、浙江大学潘敏的《清代小学辑佚研究》、黑龙江大学王丽的《试论清代〈尔雅〉古注辑佚》、南京师范大学谢敬松的《〈玉函山房辑佚书·经编诗类〉研究》等。这批成果在对以往研究进行阶段性总结的同时，也将自身研究向专深领域推进了一步。其他期刊论文还有袁敏的《清人辑佚魏晋子书成果述评》、高长青的《论清代乾隆时期的辑佚书活动》等。

清代辑佚学的专论性成果主要分为两部分：一是对清代辑佚学

家的研究。代表性的专著有李士彪的《辑佚大家——严可均传》(浙江人民出版社 2008 年版)，该书对严可均一生行事及著述作了认真、详实的梳理，其中第五章详叙了《全上古三代秦汉三国六朝文》的编纂过程。代表性的论文有李剑锋的《张岱和陶诗辑佚与研究》、焦桂美的《论孙星衍的辑佚学思想、方法及成就》、徐道彬等的《戴震辑佚成就述论》、喻春龙的《黄奭所处的时代及其辑佚活动》、郭国庆的《辑佚与清代图书编纂》、臧其猛的《梁启超在辑佚学理论方面的成就》和《王仁俊的辑佚学成就》、张学军的《清代辑佚第一家——马国翰》等。

二是对某书辑佚过程或辑佚思想的研究。代表性的有史超的博士学位论文《〈永乐大典〉辑佚研究》[83]。该文章根据《永乐大典》存缺之情形和辑佚特点，将《永乐大典》的辑佚分为“四库馆前”“四库馆”“全唐文馆”“全唐文馆后”四个时期，并重点研究了前三个时期，力图展现《永乐大典》辑佚之全貌，总结其辑佚成就。同时采用还原分析法剖析具体的辑本，对其辑佚的得失进行了探讨。其他论文还有章宏伟的《马国翰与〈玉函山房辑佚书〉》、赵景雪的《清代〈孝经〉文献辑佚研究》等。

民国及现当代辑佚学史研究也有不少论文发表，如臧其猛就民国学者关于典籍散佚的原因、辑佚的定义和范围界定、辑佚的起源、辑佚的取材、辑佚书优劣的评价、辑佚应注意的事项、辑佚的价值等问题的阐述进行了分析，认为民国时期辑佚理论得以系统化、条理化，为辑佚学成为独立的学术门科奠定了基础[84]。他还分别对鲁迅[85]、张舜徽[86]、赵万里[87]的辑佚特点、思想和成就进行了总结。从以上所举来看，宋元明的辑佚学史研究明显比较薄弱。

此外，也有从专类文献的辑佚来研究辑佚学史的，如赵章超等对两宋以降的历代学者对六朝及唐五代时期文言小说佚文的整理过程进行了述评，指出前人在版本的选择、辑佚成果的运用和误辑等方面存在不足，在求备、求真、对佚文的校勘注释和对与辑佚相关的文献考索等方面都还需要进一步推进[88]。此类论文还有郑琪的《中国农业古籍辑佚考略》、张蕾的《现代南戏辑佚述评》等。

2.2 古籍语义的解释性整理

古籍语义的解释性整理以表达作者的真实思想为目的，表现为：运用传统的注释方法(包括传、注、解、集传、集注、集解、训诂、笺注、疏义、章句、音义、直解等)，辅之以准确的断句和标点，再用现代通行的语言对局部内容进行解释，或对全文进行通释，以帮助读者准确理解文意，而不至于因为语言文字、地理名称、行政区划、典章制度的发展变迁而曲解作者原意。它要求遵从两条基本原则：一是符合语言文字自身发展的规律；二是符合作者所处的社会历史背景。

2.2.1 关于古籍句读的研究

(1)句读历史与方法研究。徐瑞泰认为，从商周青铜器上的随意分行，到唐五代《书仪》较为规范的“离句空白”，从宋、金、元、明的“圈点”到替代康、乾“句读”分工，再到五四新文化运动“新式标点符号”的统一规范，汉语“句读”标点经历了一个从相对随意到相对规范的演变过程，形成了“随意-规范-随意-规范”的螺旋式演变过程[89]。阚景忠分析了历代古籍不标点断句的文化原因，它与书面语产生之初的特点有关，与汉语的对称性、声律、虚词等有关，与早期古籍的成书过程与流传方式有关，还与古人的训诂和保守思想等有关[90]。刘信芳等通过援引实例，对战国时期楚简、秦简中的早期标点符号的形式、类别和使用方法进行了研究[91]。李正宇对敦煌遗书中的21种标点符号的100多种形式进行了系统研究和归纳，其中西凉至北宋时期的标点符号有两个特点：一是一号多符，二是一符多用。它表明我国古代在创作和使用标点符号以弥补文字表达所不能及的缺陷上，无疑居于世界前列[92]。刘永华则引用元人程端礼《程氏家塾读书分年日程》中的《续补句读例》和《批点韩文凡例》，介绍了中国古籍的句读标识方法，包括标识句读的工具“点子”和颜料“丹铅”，同时还有各种标识的对象和细则，是一整套完整精密的操作规范[93]。王晓彬的博士学位论文《古籍标点研究——基于对〈三国志〉及其〈集解〉的相关考察》“下编”分为三章：第一章对古籍标点过程中关于逗号、问号等标点符号存在的问题作了细致分析；第二章论述了古籍标点在事理逻辑判断及古代历史文化知识的接受这两方面对于具体的古书阅读活动产生的影响；第三章对古籍标点学的概念，古籍标点学的研究目的、内容、方法和意义等作了阐述，并讨论了该学科与训诂学、校勘学的区别[94]，具有一定的理论价值。

(2)句读辨正勘误研究。对前代古籍的点校本可能存在的问题提出商榷意见，或指出其中的标点断句错误，是句读研究的重要内容，而一些著名古籍出版社出版的名著，更容易成为勘误的对象。有一批学位论文以此为选题，如吴昱昊的硕士学位论文《〈史记〉中华书局点校本标点正讹》、刘厅的硕士学位论文《〈史记〉中华书局点校本标点志疑》都属此类研究成果。另外还有大量期刊论文发表，如姚远对中华书局点校本《汉书·郊祀志》及《后汉书·礼仪志》《祭祀志》16处疑似有问题之处进行商榷[95]。陈洁对中华书局点校本《明史》出现的某些标点错误进行了辨正[96]。万丽华指出中华书局1980年影印版《十三经注疏》中《三仪》注疏的句读存在当读而失读、不当读而误读、当属下读而误属上、当属上读而误属下等四类问题[97]。除经史之外，子、集两部文献标点正误的论文也很多，如李辉在前人的基础上，联系上下文文意及孟子思想，对《孟子》句读存在异读的情况进行了辨析，补充了12条异读之例[98]。钱毅对《全宋诗》韵字标点讹误进行了考察，发现该书有多处偶句韵字后未用句号、奇句韵字后未用逗号，尤以前者情况居多[99]。

(3)句读自动标注研究。黄建年等选取《二十五史》食货部分以及《齐民要术》等4部古农书为训练集，以《氾胜之书》等6部古农书为测试集，采用模式识别技术，构建模式识别库，在实施模式优化和转换后，导入到相关模式识别处理程序。测试结果显示，断句、标点的平均准确率分别达到48%和35%[100]。张合等在古籍句子切分和句读自动标注中引入了条件随机场模型，提出了一种基于层叠CRF模型的古文断句与句读标记算法，开发出了可供训练、解码和测评的标注工具包。实验结果表明，CRF模型的使用将低层模型的句子切分信息视为特征引入了句读标记，增加了标记过程中的特征参数，同时这一方法可为不同阶段的目标开发出不同的标记集合，对句子语言的描述性能有所提升[101]。王川等认为，利用自然语言理解技术进行古汉语断句及句读标注的主要挑战是数据稀疏问题，为此他们设计了一种六字位标记集，并提出了一种基于层叠式条件随机场模型的古文断句与句读标记方法。基于六字位标集，低层模型用观察序列确定句子边界，高层模型同时使用观察序列和低层的句子边界信息进行句读标记。运用该方法分别在5M混合古文语料上进行了封闭测试和开放测试，封闭测试断句与句读标注的F值分别达到96.48%和91.35%，开放测试断句与句读标注的F值分别达到71.42%和67.67%[102]。

2.2.2 关于古籍注释的研究

(1)古籍注释理论与方法。古籍注释可以注音、辨字、释义，也可以说明语法、阐发章句义理；而排除古籍中的语言障碍，即词义注释，是其中的核心工作，也是古籍注释的第一要义。孟繁之等从注释的目的、对注释者的要求谈了自己的看法，并通过具体的案例说明注释应“述而不作”，而不是“微言大义”，同时要根据对象的不同顾及注释的针对性和有效性，在注释文字的把握上，要体现“要、约、明、畅”四字要诀[103]。在古籍校点、注释中都存在因不曾留意汉语历史问题而形成的误释或者误点的例子，冯春田通过对一些误释或者误点例子的分析，说明还可以从汉语史研究角度来对这类问题进行观察，强调了汉语史研究与古籍整理及相关研究的密切关系[104]。古籍注释中存在大量歧解，即在典籍流传过程中形成的影响对原文词、句、段、章原意理解的歧义的注释。刘畅认为，这些歧解的形成与汉语的歧义现象有着密切的关系。汉语因词义的概括性与系统性、词的组合关系及古汉语以汉字为载体而生成的歧义对古籍注释歧解的形成产生了重要的影响[105]。他还以《论语》为例，阐释了语境的作用及其与古籍注释的关系，总结了古籍注释中的语境规则[106]。杜敏对典籍注释的特性进行了分析，认为典籍注释是注者运用书面语进行的单向性一度转换传意或二度转换传意的行为。此行为包括作者、注释者、注本读者3个基本构成单位，由典籍作者、典籍文本、注者、注释文本、注本读者、语言文字、传意的环境7个要素构成。典籍注释具有传意的异时性、沟通性、复杂性、传意转换性、所传信息多样性、语种单一性、行为主动性等特点。[107]

训诂学是以解决古书语义的理解问题为基本任务的，在训诂学的发展过程中，注释术语发挥着重要的作用。而传统的注释术语是自成体系的，由于语言的时代性特征，现当代的训诂实践不能完全的照搬传统的注释术语，需要建立新的注释术语体系。王功龙等选择王力先生主编的《古代汉语》作为例证，对现代注释术语进行了归类，指出了现代注释术语使用中存在的一些问题[108]，对建立现代注释术语体系颇有裨益。在训诂学领域，学者们开始积极探讨训诂学与社会、其他学科的关系及自身理论建设问题，这是寻求训诂学知识体系与理论架构革新的表现。如杨冰郁和郭芹纳在《关于"训诂学"未来走向的一题三问》中针对训诂学这门传统学科日渐衰退的现状提出了3个问题：其一，训诂学离当下有多远；其二，训诂学离其他学科有多远；其三，训诂学离理论有多远。作者提出应该以全球的眼光来思考问题，并建立具备自身学术特色的训诂学理论体系[109]。董志翘从研究对象、研究目的、研究内容和研究方法四个层面对训诂学和汉语史两个学科的关系进行了详尽的研究，指出两者的有机结合可实现双赢[110]。丁喜霞则从语料的搜集与处理、词语溯源、语言演变细节的描述三方面说明了训诂学对于词汇史研究的重要意义[111]。杜敏将中国训诂学同西方解释学进行了比较，认为二者的差异在于解释学相对而言更善于更新，其可作为训诂学现代化的一个发展方向[112]。阚景忠将历史上的训诂实践同历史文化的发展进行了联系，探讨了先秦训诂和儒学的关系，认为先秦学者对儒家思想的阐释丰富了训诂实践，而儒家经典的训诂在弘扬儒家思想方面作用突出。此外，阚景忠还指导了4篇关于训诂的硕士论文，分别探讨了两汉训诂与儒学的关系、两宋训诂与理学之间的关系、魏晋南北朝训诂与"三教"的关系，以及隋唐训诂与儒学的关系。这些研究充分展现了现代训诂学研究者积极寻求新环境下的训诂学学科变革与扩展的研究倾向和开放态度。

关于训诂方法，王彦昆对先秦至清季历代的词义训诂方法进行了总结，将这些方法归纳为9种：故训觅义、据形索义、因声求义、对文推义、异文知义、复语明义、方言证义、文中寻义和集例见义。在此基础上，作者将这9种方法探求词义的途径划归为三类：凭借词形探求词义、凭借词的口头形式探求词义、凭借语境探求词义[113]。杨琳在《训诂方法新探》一书中，根据推求词义时已知线索的状态，将训诂方法分为静态训诂和动态训诂两大门类，共12种具体方法，这是对“形训”“声训”“义训”三分模式的继承与发展[114]。

(2)古籍注释实践及成果。古籍注释活动主要有两种类型：一是对已有注释成果的勘误。如方有国的专著《古代诗文今注辨正》[115]将作者在古汉语教学过程中所见古诗(含词曲)、古文(含骈文、传奇、小说)和《医古文》的注释不当之处撰成辨正文章，凡180篇，观点颇有见地。论文方面，韩小荆从五个方面归纳了慧琳《一切经音义》注释疏误的主要类型[116]。吴在天对晚唐诗人韩偓诗注释之误读误解进行了辨误阐释，将其原因归为不明事典、不明语典、误解语词之义、不明比喻之义、误解题面作背景主旨等方面[117]。杨伯峻先生的《春秋左传注》是一部集大成的训诂之作，刘金荣就阅读这部书所遇到的3处注释疑问提出了商榷意见[118]。刘洪强对中国艺术研究院红楼梦研究所校注的《红楼梦》中的13条注释提出了异议，指出这些注释存在典故、出处解释不合理的地方[119]。类似的还有黄增寿的《〈齐民要术〉注释考辨三则》、钟振振的《〈清诗选〉钱谦益〈落叶〉等四首注释辨正》、洪帅的《〈醒世姻缘传〉方言词考释及注释商榷》等论文。

二是对古籍文献的自主注释。这类成果多以专著的形式出现，如钱大群的《唐律疏义新注》对国内最早、保存最为完整的律典文献《唐律疏义》进行了重新注释，其中对律文条标采用独自标注、在“引述”中从现代法学角度加以分析的做法为读者提供了便利[120]。以传统经史子集为今注对象的著作还有石刚的《〈六祖坛经〉今注》(首都经济贸易大学出版社2007年版)、江希张的《道德经白话解说今注》(朝华出版社2007年版)、李梦生的《〈左传〉今注》(凤凰出版社2008年版)、夏松凉等的《〈史记〉今注》(南京大学出版社2010年版)、褚世昌的《〈唐诗三百首〉今注》(黑龙江人民出版社 2011 年版)、汤炳正的《〈楚辞〉今注》(上海古籍出版社 2012 年版)、马庆洲的《〈淮南子〉今注》(凤凰出版社 2013 年版)、王凤显的《〈周易〉今注》(甘肃民族出版社 2013 年版)等。

(3)古籍注释历史经验的总结。对历代古籍注释的成果和成绩进行比较、辨析，也是古籍注释研究的重要内容。它包括以下三方面的内容：

第一，对历代注释成就的总论性研究。通代的研究如周信炎的《训诂学史话》将训诂学的发展分为 7 个阶段：训诂学的萌芽——先秦、训诂的兴盛和训诂学的形成——两汉、训诂学的保守——魏晋南北朝、训诂学的转折——宋、训诂学的萧条——元明、训诂学的鼎盛——清，以及训诂学的突破——民国，并对每个阶段(尤其是清代)代表性的注家及其成果进行了研究和总结[121]。断代的训诂史研究专著有钟明彦的《清代训诂理论之发展及其在现代之转型》[122]。论文方面，王国强对汉代文献注释模式进行了研究，即以董仲舒为代表的“六经注我”和郑玄为代表的“我注六经”模式。前者采用名号论和辞指论方法，建构起阐发微言大义而重义理、偏重主观臆断而轻训诂的特点。后者采用随文释义、运用训释术语、揭示句意和传疑等方法，揭示经典文本蕴涵的“元意”，整合各家各派的“不齐”，实现文本的统一。但两者都是以为现实政治服务为目的，影响中国思想界和学术界垂两千余年[123]。另外，汉代注释体式的发展已经比较完备，一是体现在基本的注释体式多已具备，如传、故、说、训、解、章句、记、义、序、注、笺、疏、音等，或继承，或创制。二是体现在传注合用体的发明，已具备基本的样态，如故训传体、训诂体、音义体[124]。

第二，对某位注家的注释思想与方法的研究。如方向东的《孙诒让训诂研究》以孙氏的《札迻》《周礼正义》《墨子间诂》三书为取材重点，分析总结了孙诒让的文字观、音义观、词义观及其在训诂实践中的应用，对他的训诂方法与训诂成就作了客观评价[125]。王其和的《俞樾训诂研究》以晚清训诂学家俞樾的代表著作《群经平议》《诸子平议》和《古书疑义举例》为主要研究对象，对其在校勘学、训诂学、《古书疑义举例》以及在雅学方面取得的成就与不足进行了较为深入系统的研究，着重总结其成就，探讨其方法、寻求其不足，为校勘学、训诂学及中国古代语言学史、训诂学史的研究提供了富有价值的资料[126]。刘精盛的《王念孙之训诂学研究》将王念孙的训诂学成就与特点归纳为三个方面：其一是初步具有历史语言观，他提出的"就古音以求古义"在训诂学史上具有里程碑式的意义，使得其声训与前人的声训有了质的不同；其二是提倡系统研究词义，使训诂学由解经发展到初步具有解释学意味的阶段，促进了新训诂学的产生；其三是知道"义存乎声"，对语言本质有了更深入的认识，从而使训诂方法由形训为主发展到以声训为主[127]。这方面代表性的论文有陈建裕的《郑玄在中国注释学上的贡献》、吴漫的《论王应麟〈困学纪闻〉的注释特点》、卞仁海的《李善的征引式注释》等。

第三，对某部注释作品注释方法和特点的研究。有一大批研究生学位论文多为此类选题，如李孝仓博士论文《杜预〈春秋经传集解〉注释研究》从校勘文字之释、语词之释、章句之释、语法修辞之释、义理之释五个方面全面总结了西晋杜预《春秋经传集解》的内容、方法和特征[128]。丁俊苗的博士论文《〈玉溪生诗笺注〉注释研究》以冯浩的注释为研究对象，从四个方面展开研究：一是注释了哪些内容，即选择哪些内容作为注释点，哪些又是注释的重难点；二是具体如何注释，即采用了什么样的方式、从哪些方面对选定的注释点进行注释；三是为什么这样注释，即冯浩的注释目的和注释思想是什么；四是注释得怎么样，即评价冯浩注释的优劣得失[129]。其他硕士论文有吴长谦的《浅析〈史记正义〉之地理类注释》、吴秋本的《苏轼词注释初探》、张蓉的《〈李长吉歌诗汇解〉注释研究》、卢庆全的《冯集梧〈樊川诗集注〉注释研究》、王月明的《〈唐诗合解笺注〉注释研究》、李丽的《〈王右丞集笺注〉中诗歌注释研究》、周婉婷的《〈温飞卿诗集笺注〉注释研究》、丁娅兰的《〈昌黎先生诗集注〉注释研究》、孙玲玲的《〈王子安集注〉注释研究》、高华娟的《〈毛诗正义〉注释研究》等。

第四，对某部文献的历代注释作品的比较研究。如胡振龙的专著《李白诗古注本研究》[130]对宋代至清代的杨齐贤、萧士赟、胡震亨、王琦四家李白诗注本的注释特征和内容进行描写，评析了各自的成就与失误。王娅维的博士论文《王弼、朱熹〈周易〉注释比较研究》[131]选取诠释学这一新的研究视角，以王弼《周易注》和朱熹《周易本义》的注释为具体研究对象，从文本语言层面注释的考察、注释的义例阐释和注释特点的归纳等方面对两者进行了全面的比较研究。黄方方《颜师古、李善于〈汉书〉〈文选〉相同作品注释对比研究》[132]从标注读音、训释词义、分析句意、阐述语法、揭示修辞、注解典故、阐释题旨和校勘文本八个方面对颜、李两注的注释内容进行比较，并从注释术语的形式和功能两方面对颜注李注中注音、释义、辨字和校勘四种术语的使用情况进行讨论，比较其异同。

(4)古籍注释的自动化。对于古籍的自动注释，有学者认为，首先，要建成一个庞大的冷僻字词和典故数据库。当电脑扫描古籍文本时，只要发现有与数据库中的字词相同或相似的情况，即可调用该字词的相关解释，并写到程序设定的位置。其次，是检索时能适用模糊查询法，遇到自然语言的提问方式，应能自动判断是否给予注释及该调用哪条数据予以解答[133]。常娥等也认为，通过采集古籍中的名物制度及其注释内容来构建古籍语词注释知识库，是自动注释得以完成的关键。注释内容可从三个来源获得：一是《中国历史大辞典》《中国历史地名大辞典》《故训汇纂》等专业工具书；二是各种校释本(如《十三经注疏》)中的语词及注释内容；三是由专家补充相关词汇注释资料。可考虑利用动态生成文本链接锚点(书签)技术为古籍文本添加语词注释。自动注释原理如下：先以 xml 方式存储古籍文本内容，再以这些文本内容去与语词注释知识库中的语词进行匹配。匹配算法采用逆向最大匹配原则，一旦匹配成功就将该语词标记成超链锚点。用户点击这些锚点词后，系统就激活锚点词检索程序，将被点击的锚点词作为检索词对古籍注释知识库进行检索，并将检得的注释内容显示出来[134]。马创新等针对注疏文献的行文方式具有半结构化的特征，研究了经典古籍与其注疏文献的句子对齐方法和注释语句的自动分析方法。他们使用基于字面特征的句子相似度计算方法和动态规划算法实现了句子对齐，然后对常用的不同类别的训诂术语进行了抽象化概括形成正则表达式，通过对文献进行循环处理，实现语句的自动分析。在此基础上，为了满足语言研究者进行综合比较的需求，他们开发出了经典古籍与其注疏文献对齐语料库的检索平台[135]。

2.2.3　关于古籍翻译的研究

(1)古籍翻译理论与方法。这方面的成果多集中在少数民族古籍的翻译和古籍英译方面。民族古籍学在我国还是一门新兴学科，纵观当前我国少数民族古籍翻译研究，大部分集中于探讨如何提升民族古籍翻译者的素质与技能，而忽略了少数民族古籍翻译过程中民族文化遗产继承与传播的意义。为此，徐晓梅从文化遗产继承与传播的角度，以文化田野考察为视角，研究了古籍翻译中民族历史语境和文化语境还原以及翻译过程中民族文化的参与过程[136]。樊敏认为，翻译“神似”的实质是原文的内在精神在译文中的完美体现。在少数民族文学古籍翻译中“神似”的意义有两种表现特别显著，一是形象生动地再现原文的艺术形象，另一种是创造性地再现原文的艺术效果[137]。李英对19世纪末期到20世纪80年代纳西族东巴经籍翻译整理的历史情况进行了较为系统的介绍，并对其间各位学者的译著所采用的体例、格式和方法等进行了分析和归纳[138]。陈兴才等认为，彝文古籍今译应遵循“信、达、雅”的基本原则和最高标准，应注重底本、译本内容的完整性和对原文的忠实性，准确理解和表达原文风格，注重原文的民族特性和时代特点，力求避免错译、乱译、死译等现象发生[139]。对于古籍英译问题，梁榅以韩礼德为代表的系统功能语言学派的投射概念为出发点，结合中国古籍的特点，对翻译中国文化古籍中涉及的投射想象加以分析和处理，为求整体上更贴近原文的译文版本[140]。武卫青指出了现译法的不足，证明直接翻译古籍会失掉其所承载的文化内容，而要更全面地介绍中国古代文化，需要附以除翻译以外的更多方法。义素分析法是一种有效分析词义的方法，可突出词义对立义素之间的区别性特征，易于发现词义之间的差别，因此对于翻译中词义的选择与确定有很大的实用价值。他以解读《论语》的关键词为例，论述了义素分析法在古籍英译中的可行性[141]。

(2)古籍自动翻译。自动翻译技术经过多年的发展，已经形成了基于规则和基于语料库的两大方法体系。前者假设翻译的过程就是对源语言的词法、语法、语义和句法进行分析、判断和取舍，然后重新排列组合生产等价目标语言的过程；后者以大规模语料库的分析为基础，又可分为基于统计和基于实例两种方法，通过双语或多语料进行概率运算，依照各语言要素间的相似度来构造语言模型，从而实现自动翻译。王爽等将基于规则和实例库的方法结合起来，构造了一个古籍自动翻译系统。该系统选用《论语》的50个句子进行测试，一般陈述句翻译的满意度达到了90%，简单疑问句和复杂句的满意度为82%，而反问句的翻译效果不够理想[142]。郭锐等综合考虑句子长度、汉字字形、标点符号三个因素，设计和实现了古今汉语自动句对齐及相似古文句子检索算法，并指出构建大规模古今汉语平行语料库，从大量古今互译实例中检索与输入句子最相似的源句子是基于实例的古今汉语机器翻译必须解决的首要问题[143]。

2.3 古籍内容的组织性整理

古籍内容的组织性整理以检索和利用古籍的内容为目的，亦可称之为古籍的整序，包括古籍分类、古籍编目、古籍索引、古籍编纂等。这类古籍整理以条理部次、凝练内容、精准获取古籍的文献线索及相关内容为特色。

2.3.1 关于古籍分类的研究

(1)传统六分法和四分法研究。对于六分法的起源，邹贺认为，作为中国群书目录鼻祖的《七略》是在《别录》的基础上诞生的，刘歆采用的六分法是为了弘扬《周礼》经义，故比类《周礼》“六典”而六分群书，即治典：六艺略；教典：诸子略；礼典：诗赋略；政典：兵书略；刑典：术数略；事典：方技略。但当时的社会知识不可能完全囊括于六典体系之下，单从内容的角度分析，有些书目的归类就显得不甚得体，可为了迁就六典的形式，因而难免有牵强之举[144]。高举红探讨了我国古籍分类从六分法发展到四分法的根本原因，即社会经济的发展，促进图书事业的兴旺发达，从而使图书分类为适应以上发展而进行自身的不断变革与完善。它直接影响了后世公、私家书目的分类，较好地反映出当时学术发展的水平和图书本身的特点[145]。门庭则将四部分类法的本质特征概括为“尊儒经”“重整体”“讲致用”，到清代乾隆时被视为“古今不易之法”，《四库全书总目》代表了四部分类法的最高成就，成为我国目录学史上的丰碑[146]。王林针对古籍分类存在《四库全书总目》和《中图法》两大体系并存的现状(笔者按：实际上还有刘国均先生编制的《中文普通线装书分类表》)，认为制定一部具有权威性的新型《中国古籍分类法》是很有必要的，它不仅有利于古籍整理的标准化，实现古籍数据的共享，还有助于图书馆数字化建设[147]。还有学者对现有古籍书目中具体类目的设置进行分析，研究其分类的学术意义与不足。如许建平指出四部分类法中子部的内容过于庞杂，而敦煌文献子部的分类更为复杂，通过对现有经典书目分类的参考，作者建议将敦煌子部文献分为诸子、医家、天文算法、术数、类书、艺术、宗教七类[148]。兰甲云等则对古代礼学文献的分类方法进行了总结，建议依据其学术意义将礼学文献按照其所在的古籍类型分为周礼、仪礼、礼记、史部礼类、子部礼学等十类[149]。

(2)民族古籍和传统医药古籍分类法研究。民族古籍和传统医药古籍的分类组织是古籍整理的重要内容之一。吴凤银等以藏族、彝族、蒙古族、纳西族为重点，介绍了我国少数民族古籍分类的简单发展历程[150]。李敏等总结了我国对于民族古籍分类方法体系的三种尝试：一是参照汉文古籍四部法编制民族古籍分类表；二是调整《中国图书分类法》的类目来类分民族古籍；三是在各民族的传统分类方法的基础上编制民族古籍分类表[151]。在此基础上，她认为利用《中国图书馆分类法》对民族古籍进行组织整理是可行的，它的优点在于对于多民族古籍整理工作而言具有通用性和权威性，但这种分类方法的局限在于归类、排架过于分散，影响古籍保存、检索和利用的效率[152]。王波提出可在《中国图书馆分类法》类号后添加辅助区分号来对满文古籍进行分类[153]。王红指出传统的中医古籍分类方法偏重于收藏，对于古籍的检索利用有所不便，而借鉴现代图书分类方法中的中医古籍分类法无法充分揭示中医古籍蕴含的信息[154]。蔡永敏等提出以“中医学与中药学”的学科分类为基础，参考新世纪全国高等中医药院校规划教材的中医学专业学科分类及《中医大辞典》(试用本)的分类方法，可以建立较为合理完善的中医古籍知识分类体系[155]。

2.3.2 关于古籍编目的研究

(1)古籍编目的规范化和现代化。当前的古籍编目工作在分类标引、主题标引、文字使用等方面存在书目数据难以规范的问题。为此，王波等提出在《中国图书馆分类法》的分类号和《中国分类主题词表》的主题词后各加一个辅助区分号，从而能够形成适用于古籍编目的分类号和主题词。这种分类号和主题词操作简单、易于规范、便于检索，适合大范围推广。此外，文字使用的规范化也是编目数据规范的重要内容之一，所以在古籍编目工作中还要准确使用繁简字、异体字、古今字及避讳字[156]。童正伦比较了电子时代书目与中国古代和近代书目的不同，认为中国古代的书目可分为简目和详目，而近现代书目受西方目录的影响基本只有简目，目的只是找书而不是揭示学术源流。电子时代的目录载体脱离了纸张的束缚，应该编制详目以弘扬中国古代传统"辨章学术"的目录学思想。为此，他从题名项、著者项、版本项、载体形态项、提要项的著录等方面对电子目录的形式与内容进行了全方位的设计[157]。杨维利等根据现代版古籍丛书编目过程中遇到的一些现象，从 CNMARC、MARC21 及 CALIS 的角度，探讨了现代版古籍丛书编目工作的若干细节，以期得到机读编目的最佳方式[158]。随着古籍书目数据库建设的兴起，古籍编目与古籍书目数据库质量控制之间的关系逐渐成为学者们关注的热点。李婧以张元济先生《宝礼堂宋本书录》为例，指出著录体例完备的古籍书目可为古籍书目数据库提供有益的启示。除主要项目外，古籍书目数据库还应著录版式、分类、批校题跋、藏书印、刻工、避讳字和图录等[159]。徐清等从古籍的收录范围、分类与主题标引、数据格式、著录标准、技术工具等五个方面对中国古籍书目数据库的研究与建设进行了回顾，指出古籍著录原则与标准、通用的古籍编目软件对书目数据库建设的标准化、规范化具有重要作用[160]。在具体编目实践方面，鲍国强针对古籍编目中对同一版本的不同复本各做记录的现状，在阐述《UNIMARC 指南》和《ISBD(A)》关于“古籍完整本复本著录”原则要求的基础上，对《中国文献编目规则》古籍部分关于古籍完整本和复本特征著录的相关内容的修订作了具体说明[161]。朱美华根据中山大学参照国外西文古籍编目的经验进行西文古籍编目的具体实践，分析了西文古籍编目本地化的可行途径[162]。吴雪梅则对古籍编目的外包进行了有益的探索，针对外包过程中的一系列问题提出了编目人员培训、进行质量控制、随时检查与修正等建议[163]。

(2)古籍编目的实际成果。近10年来，古籍目录的编纂取得了十分可观的成绩，主要有以下六类：

第一，全国性古籍书目。《中国古籍总目》于2009年编纂完成，第一次将中国古籍书目著录为约20万种，全面系统地揭示了中国古籍流传与存藏状况，不仅著录中国大陆的古籍，也著录港澳台地区及日本、韩国、北美、西欧等地图书馆收藏的中国古籍稀见品种。在沿用四部分类法的同时，参酌《中国丛书综录》《中国古籍善本书目》的类目体系增损类目，将汇编丛书单列为“丛书部”，与经史子集并列成五部体系，并吸收了古代文献研究的最新成果。《新中国古籍整理图书总目录》著录了上起1949年10月，下迄2003年12月的古籍整理类图书成果，分为十类，每书一目，著录包括书名、所在丛书名、原撰人、整理者、出版单位和出版时间等内容，是新中国古籍整理成就的一次集中展示。

第二，馆藏古籍目录。如《国家图书馆普通古籍总目》《大连图书馆藏古籍书目》《湖南图书馆古籍线装书目录》《辽宁大学图书馆藏古籍线装书目》《浙江省博物馆藏古籍书目》等。

第三，地方古籍目录。如《陕西古籍总目》《贵州省古籍联合目录》《河东地区现存古籍联合目录》《青州古籍名录》《烟台市珍贵古籍名录图录》《潍坊古籍书目》《十堰市古籍联合书目》《南平市古籍文献联合目录》等。

第四，古籍善本书目和图录。善本书目如《中国珍稀古籍善本书录》《首都图书馆古籍善本书目》《天津图书馆古籍善本书目》《广东省立中山图书馆古籍善本书目》《河南省图书馆古籍善本书目》《河南省市县图书馆古籍善本联合目录》《山西省图书馆古籍善本书目》《山东大学图书馆古籍善本书目》《贵州师范大学图书馆古籍珍善本提要》《保定市图书馆古籍善本书目》《苏州图书馆藏古籍善本提要》《苏州博物馆藏古籍善本》等。善本图录如《天津图书馆古籍善本图录》《江西省图书馆馆藏珍本古籍图录》《吉林省珍贵古籍名录图录》《辽宁省图书馆藏古籍精品图录》《山西大学藏珍贵古籍图录》《云南省社会科学院馆藏古籍珍善本图录》《澳门大学图书馆古籍特藏图录》《武安市图书馆馆藏善本古籍图书综录》等。

第五，域外古籍书目。如《柏克莱加州大学东亚图书馆中文古籍善本书志》《美国斯坦福大学图书馆藏中文古籍善本书志》《加拿大多伦多大学东亚图书馆藏中文古籍善本提要》《西班牙图书馆中国古籍书志》等。

第六，因申报“国家珍贵古籍名录”而编纂出版的名录图录。如《第一批国家珍贵古籍名录图录》《第二批国家珍贵古籍名录图录》《第三批国家珍贵古籍名录图录》《第四批国家珍贵古籍名录图录》《天一阁国家珍贵古籍名录图录》《首都图书馆藏国家珍贵古籍图录》《天津地区馆藏珍贵古籍图录》《广东省第一批珍贵古籍名录图录》《湖北省国家珍贵古籍名录图录》《辽宁省入选国家珍贵古籍名录》《第一批四川省珍贵古籍名录》《苏州市国家珍贵古籍名录图录》《江苏首批国家珍贵古籍名录图录》《江苏第二批国家珍贵古籍名录图录》《江苏第三批国家珍贵古籍名录图录》《第一批广西壮族自治区珍贵古籍名录图录》《第二批广西壮族自治区珍贵古籍名录图录》《第一批山西省珍贵古籍名录图录》《第二批山西省珍贵古籍名录图录》《山东省古籍重点保护单位暨山东省珍贵古籍名录》《北京师范大学图书馆藏古籍珍品鉴赏·定级图录》等。

此外，还有古籍出版目录和存佚目录，如《北京图书馆出版社古籍影印书目》和《宋版古籍佚存书录》等。

(3)CALIS 古籍联机合作编目研究。CALIS 古籍联机合作编目是古籍资源共享的基础性准备。吴永萍总结了古籍文献收藏的分散性、特藏性和地域性的特点，指出 CALIS 古籍联机合作编目的信息资源共享功能包括公共检索、文献传递、馆际互借、集团采购、网络资源导航等，它的实施为文献资源的共建与共享提供了有效的前期准备[164]。杨健介绍了CALIS古籍联机合作编目缘起于CALIS联机合作编目在普通中西文图书编目方面取得的进展、古籍文献的特殊价值，以及传统文化教学科研的重要作用[165]。王燕对CALIS古籍联机编目系统的工作流程和软件平台进行了详细的介绍，并指出其在部分文字录入、MARC拼音字段、编目客户端软件和查重上仍有不足[166]。郑晓霞认为CALIS编目可以推动古籍管理现代化，提高古籍管理人员的技术水平，纠正原有古籍鉴定存在的谬误，并帮助收藏单位掌握馆藏古籍的保存情况[167]。雷顺利将CALIS古籍联合编目著录的特点归纳为四个方面：著录依据的间接性、著录内容的详尽性、复本确定的复杂性、著录数据与实体的分离。与中文普通图书编目客户端软件相比，CALIS古籍联合编目系统编目客户端添设了很多不同的功能，比如增加了书影比对功能，为423字段提供了超链接功能，提供了文字编辑界面和MARC格式界面两种模式以及一些方便实用的工具按钮[168]。

2.3.3 关于古籍索引的研究

(1)古籍索引理论与方法。古籍索引与古籍整理的关系密不可分，一部古籍在新的整理本出来之后，原先编制的索引对应的页码不再有效，导致索引没法再利用，造成了学术工作者时间和精力的巨大浪费。针对这种情况，冯先思提出两种解决办法：一是效仿周祖谟先生《方言校笺》所附《通检》的方法，即将文献内容切分条目，每个条目对应一个编号，索引不仅对应页码，还对应内容的条目编号。这样的话，古籍一旦重新整理，原先的索引仍然可用。二是模仿外文译本在段落旁边标注原文的方式，在古籍整理本中标注底本的页码，这样也可使得以前的旧索引起死回生[169]。1921年蔡廷干编制的《老解老》是对《道德经》的语词索引，也是我国第一部语词索引，运用了当时最新的索引技术——逐字索引法，对后来(包括哈佛燕京学社引得编纂处编纂的《汉学引得丛刊》)索引技术的发展产生了重要影响。王雅戈等结合图例分析了这部索引的结构，指出其创新之处在于：应用语词中词索引技术，引进索引文句结束标识符号，索引排序和词频统计等[170]。陈东辉先后论述了中国台湾和香港地区[171]、日本[172]以及美国、法国、英国、德国等欧美国家[173]在中国古籍索引编制领域取得的成就，比较了它们各自的特点。

(2)古籍索引编制的具体成果。近10年来，古籍索引的编制也取得了丰硕的成果，为人们利用古籍提供了便利的工具。例如，古代人名索引有《〈随园诗话〉中清代人物索引》《清代科举人物家传资料汇编索引》《明代人物别名索引》《九十种清代传记综合索引》《唐五代文作者索引》《金代人物传记资料索引》等；篇目及作者索引有《全敦煌诗索引》《全元文索引》《中国古籍善本书目索引》《地方经籍志汇编书名索引》《清代诗文集汇编总目录·索引》《丛书集成初编总目索引》《先秦汉魏晋南北朝诗篇目及作者索引》《中国古籍总目索引》等；字词句及专有名词索引有《说文解字诂林索引》《十三经逐字索引》《〈诗品〉逐字索引》《〈庄子〉索引》《秦简逐字索引》《朱淑真李清照诗词逐字索引》《〈国语〉索引》等；专书索引，如程远芬为杜泽逊先生编纂的《四库存目标注》编制了"撰校评阅序跋者索引""书名索引""刻工写工及刻钞者名号索引""藏书家及藏书印签索引"；主题索引如《先唐叙事文学故事主题类型索引》；分类索引如《〈文心雕龙〉学分类索引》；年代索引如《英藏法藏敦煌遗书研究按号索引》《元代政治法制史年代索引》等。

由于古籍索引数量巨多，潘树广先生曾于《古籍索引概论》一书中专附《古籍索引要目》，对现代学人搜求古籍意义重大，但所收古籍索引的断限为20世纪80年代早期。2009至2014年，李文涛在《中国索引》以连载的形式发表《〈古籍索引要目〉增补》，对《古籍索引要目》漏收及近30年来新编制的古籍索引进行了全面的增补，方便了今人对古籍索引的利用。

(3)古籍索引编制的电子化与自动化。古籍索引的电子化萌生于计算机与古籍索引编制的结合，它是古籍索引研究的崭新领域。毛建军介绍了中国台湾地区、香港地区及大陆在古籍索引的计算机实践，指出古籍索引编制的电子化在技术上已经实现了全文检索和部分标引的功能，而它的最终发展目标是实现自动化处理和智能分析[174]。韩琴认为古籍索引电子化应当具备三个基本要素：明确的索引编制范围、确定的索引/检索途径、原文出处和文字图像的提供。她认为就检索功能而言，可提供全文检索的古籍数据库已具备古籍索引的特征[175]。黄建年对古籍索引编制软件的发展历史进行了回顾，介绍了 GSXT、IDX、RPSYBJ、CTP 等六种通用古籍索引编制系统，以及方志、类书、文集、笔记等专用古籍索引编制系统[176]。他还利用 VFP 与 Word 进行了多文本古籍索引的编制实验，实验结果显示编写的 VFP 程序在具备 Word 环境时可以正常运行，可实现：支持 Unicode 编码规范，辅助生成待标引词，标准拼音、笔画和四角号码的综合性索引可以正常输出，多古籍文本可以一次处理，减轻用户安装负担[177]。

2.3.4 关于古籍编纂的研究

(1)古籍编纂理论与方法。董恩林从历代文献学家整理文献的实践、前辈学者的研究成果、现行文献学论著的逻辑错误、传统四部学术称谓四个方面论证了“文献编纂学”设立的必要性，并将古代文献编纂形式归纳为四种体式，即汇纂、类编、抄辑和选录[178]。对于文献(包括古籍)编纂的文化价值和现实意义，梁健俊认为，作为一种文化信息的集合，文献编纂实质上是基于文献信息的选择、搜集、加工和整理，通过有效开发和整合，将文献信息资源转化为社会文化体系的一环。文献编纂始终是一种文化认识主体的行为。文献编纂无论是选题还是加工，都是在有选择地通过文献信息的筛选、组织和完善，使人类实践与认识符合一定的社会要求和规范，创造一种新文化。因此，文献编纂本身就体现着文化的创造和选择[179]。李明杰、周亚则从知识组织的视角，对基于编纂(包括编述和抄纂)的中国古代文献组织结构进行了分析，认为中国古代文献编纂的本质就是知识组织，并将这一知识组织结构划分为基于自然及社会名物、基于文献单元、基于知识单元的三个层次，并对每个层次的知识组织方法、知识组织成果及相互关系进行了深入探究，揭示了古代文献编纂与现代图书馆学在学理上的相通性[180]。张英聘通过具体事例分析了口述史资料在方志编纂中应用不足的原因和问题，认为方志编纂应借鉴口述史资料及其成果。重视口述资料的入志，对于拓展志书的资料来源、弥补资料缺憾、深化志书记述内容具有非常重要的意义，这应成为方志机构和编纂者研究的一个重要课题[181]。常娥对农业古籍的自动编纂进行了探索。她认为，农业古籍自动编纂的技术基础包括自动分词技术、自动文摘技术、篇章分割和段落检索技术、文本聚类技术。其总体设计思想是：首先从农业古籍全文库中查找包含编纂主题的章节，然后通过一定的算法在章节中摘录与编纂相关的句群，逐步缩小搜索范围。对于编纂结果的动态聚类显示，则是建立在规范控制词表的基础上的，即首先按照抽词词典对编纂结果进行抽词处理，然后以词为中心将编纂结果聚合到词类目下，通过控制词表中的词对类名进行规范化处理。她还尝试通过构建农史语词知识库，采用超链接技术，为编纂结果自动添加语词注释的方法[182]。

(2)古籍编纂历史经验的总结。它包括以下三个方面内容：一是对单种古籍编纂个案的研究。例如，卓越对晚清学者龙文彬《明会要》的编纂成就进行了探讨，认为龙氏在编纂《明会要》的过程中注意汲取历代会要的编纂经验，总结出两条基本原则，即"随文而录"与"体例简严"。通过设定史料"去取""诠次""征引"的相关义例，来规范会要的编纂工作[183]。兰玲对晚清朱祖谋、吴昌绶、曹元忠等人校刻的《彊村丛书》的编纂体例进行了研究，认为该书以治经史的态度和方法校刻词籍，在选择词籍底本和校本及编纂过程、编目、校跋、校记方式、附词、存词的安排上严谨有序，创立了大型词籍丛刻的编纂体例，表现出全集意识和词史意识，把词籍整理和校勘发展为专门学术，为现代词学的建立和历代全集的整理奠定了丰厚的文献基础和编纂校勘的范式[184]。其他论文还有许婉璞的《〈永乐大典〉——我国古代类书编纂的典范》、程得中的《〈清儒学案〉编纂成就刍议》、刘佳佳的《柯劭忞〈新元史〉编纂成就及史料价值研究》、莫立民的《〈清代闺阁诗人征略〉的文献编纂特色研究》等。

二是对某个时期专类文献的编纂研究。例如，温志拔研究了魏晋南北朝时期的文集编纂及其与文论的关系，指出该时期文集编纂是创作实践与目录学传统双重作用的结果。文集中总集、别集有分，产生先后有自，反映了该时期文论方法的发展、流变，从中也能管见魏晋与南北朝美学追求的不同旨趣[185]。王利伟对宋代类书的编纂进行了考察，将其总体特征归纳为分类细密、用途扩展、综合性和专门性兼备、编者范围扩大、开创专门类书新体裁、跨时代编纂的大型类书别具一格等方面，认为宋代类书编纂的繁荣是文献积累和利用之间矛盾激化的必然结果，也是雕版印刷技术成熟、科举制度变革以及文学创作深入发展的自然结局[186]。桂恺则对中国古代类书的成书概况、编纂背景及起因、编纂人员组成、编纂体例、分类思想等方面进行了研究，总结了中国古代历史上著名类书的编纂沿革过程及其变易创新情况[187]。傅辉考察了明清方志的编纂特征，评价了其在土地利用中的可靠性及其使用价值[188]。翟屯建对民国时期徽州方志编纂的体例进行了考察，认为帝制时期形成的志书体例，从内容到形式已难以适应民国时期的需要，因此对志书的内容和体例进行创新非常有必要。民国时期徽州方志编纂的实践充满了创新与守旧之间的冲突和矛盾。已出版的志书，都是遵循旧志体例；而未完成编纂出版的志书却都充满了创新意识，证明循例容易而创新较难。同类论文还有刘全波的《论魏晋南北朝时期的类书编纂》、李晓光的《敦煌文献编纂成果研究》、吴建伟的《宋代浙江方志编纂特殊述略》、桂始馨的《南宋方志编纂学浅析》、黄爱平的《略论清代诗文集的整理编纂及其价值意义》、王璐的《清代御制文献编纂说略》、郭胜的《乾隆时期历史文献编纂研究》、张安东的《清代方志编纂体例探析——以清代皖志编纂为例》等。

三是对文献编纂家编纂思想的研究。李景文以西汉今古文经学之争为宏观视野，以《别录》《七略》《新序》《说苑》《列女传》为具体视角，探讨了中国古典文献的奠基人——西汉刘向的文献编纂思想的基本脉络与主要原则，指出集萃百家、弘扬儒学、经世致用、以史为鉴是其主要宗旨；“合于六经、阐释义理”“辨章学术、考镜源流”是其主要途径[189]。张立新、郭晖对清人章学诚的文献编纂思想进行了研究，指出了章学诚在方志编纂理论和方法上诸多有价值的观点[190]。比如，章氏提出编志须遵“史家法度”，指明了编志的原则；在撰述范围上，应该既要兼顾古今，更要详近而略远；而门类分别上，不可分类过于琐碎。在方志的义理上，应像《史记》《汉书》一样，谨守《春秋》家法，严名分，别尊卑，以有裨于风教；在方志的体例上，要仿效迁、固的做法，兼顾志书特点，作志、掌故、文征，必要时还可以加入丛谈；在方志的论断上，不可强立篇目，可作为论赞附入传文之后，要求立论严谨，不可随意臧否人物，甚至任加虚誉。章学诚还提出了“文人不可与修志”的观点，虽有失偏颇，但也反映了他对编志作者要求之严格。周亚、李明杰通过对顾炎武生平文献著述的考察，将其文献编纂的总体特色概括为“文须有益于天下”“经世致用”，注重原创性和将会通观融于其中，并着重以《日知录》和《顾亭林诗文集》为对象，从对文献编纂史的认识、文献编纂理论、文献编纂方法三个方面对顾炎武的文献编纂思想进行了系统研究和总结[191]。同类论文还有高新亮的《孟子文献编纂观考略》、李乐的《李昉的类书编纂思想初探》、许凛的《司马光文献编纂学考》、田青刚的《宋敏求与宋代方志编纂》、娄冰的《阮元与图书文献编纂》、李克征的《魏源与文献编纂》、高宏的《胡适文献编纂观考》等。

3　少数民族古籍、中医药古籍整理研究进展

除了上述普通古籍的整理研究之外，当前古籍整理研究中的一个重要方面就是专项古籍整理。这其中既有民族古籍整理、传统医药古籍整理，也有中国三大地域文化——藏学、敦煌学、徽学相关的古籍整理，还有出土文献整理、域外汉籍整理等。这些研究所针对的古籍文献，多有着自己独特的学术文化价值和现实利用价值，是中华古籍整理中特殊的组成部分，其中少数民族古籍整理与传统医药古籍整理是其重要内容。

3.1　少数民族古籍整理研究

针对少数民族古籍整理所开展的研究开始呈现出数量增长、范围拓宽、程度加深的特点，众多学者依托自己的专业知识和文化背景从不同角度对少数民族古籍这一巨大的宝库展开了不同程度的研究。

(1)少数民族古籍及其整理的总论性研究。崔光弼探寻了少数

民族文字及其古籍文献的产生、发展或消亡的历史轨迹，并将每个文种代表性的文献以及收藏、整理和研究情况予以归纳和梳理[192]，并在《中国少数民族文字古籍整理与研究》（辽宁民族出版社 2011 年版）中全面论述了少数民族古籍整理与研究的方法体系。史金波指出少数民族古籍整理研究中的几个重要问题，一是必须对少数民族古籍整理研究更加重视，这既是因为少数民族古籍具有特殊的学术和版本价值，也是因为少数民族古籍保护、整理和研究中存在特殊困难；二是要下大力气普查和搜集少数民族古籍；三是要做好少数民族古籍的定级保护工作；四是要充分发掘少数民族古籍的文化价值[193]。包和平提出要创建"中国少数民族古籍管理学"，并分析了该学科的研究对象和任务，将该学科的研究内容划分为少数民族古籍的普查、搜集与统计，少数民族古籍的分类、著录与目录组织，少数民族古籍的版本及真伪的鉴定，少数民族古籍的保护，少数民族古籍的注译与出版，少数民族古籍检索的原理与方法，少数民族古籍的书目控制与数字化等方面[194]。张公瑾采取史志结合的方法，按照藏缅语族、壮侗语族、蒙古语族、突厥语族、满-通古斯语族、回族和其他语族的次序，对 20 世纪 50 年代至 21 世纪前 10 年的国家民族古籍政策与整理实践进行了综述[195]。其他总论性研究的专著还有何丽的《中国少数民族古籍管理研究》（辽宁民族出版社 2005 年版）、谢沫华的《民族文字古籍》（云南美术出版社 2010 年版）、陈乐基的《民族古籍论丛》（贵州民族出版社 2011 年版）、张公瑾的《民族古籍研究（第一辑）》（中国社会科学出版社 2012 年版）、张公瑾的《民族古籍研究（第二辑）》（中国社会科学出版社 2014 年版）等。

（2）地方少数民族古籍整理的专论性研究。朱崇先全面论述了彝文古籍的地区类型、征集与收藏情况、编目著录与分类法、翻译注释的基本原则，以及彝族历史典籍与文献作品及文论的整理研究，彝文医药典籍与天文历法论著的整理研究，彝文宗教典籍与哲学论著的整理研究，彝文古籍整理现代化与文献资源的保护及开发利用等内容[196]。这方面的著作还有陈乐基的《贵州少数民族古籍研究》（贵州民族出版社 2010 年版）、李涛的《红河彝族文化遗产古籍典藏》(云南人民出版社 2010 年版)、张菽晖的《广东民族古籍研究》(广东人民出版社 2011 年版)、南桂香的《耿马傣族历史古籍典藏》(云南人民出版社 2012 年版)、普学旺的《云南民族古籍与历史文化研究》(云南美术出版社 2013 年版)、张纯德的《彝文古籍与西南边疆历史》(社会科学文献出版社 2013 年版)、郭玉富的《彝族古籍文献述要》(云南科技出版社 2011 年版)、徐丽华的《藏文古籍概览》(民族出版社 2013 年版)等。

(3)少数民族古籍注释与翻译。张公瑾的《中国少数民族古籍集解》(云南教育出版社 2006 年版)以词典条目的形式,解释了中国各少数民族具有代表性的古籍的征貌,包括以下各种释文:用各种民族文字及民族古文字记载的各种文献,其中包括译自他种文字的译本;记载有关我国少数民族资料的古代汉文文献;有代表性的民族文字和汉文碑铭;部分用各种民族文字书写的历史文书;各民族历史流传下来的、具有文学和历史价值的口头资料。王运权的《彝族古籍释名集》(贵州民族出版社 2005 年版)是对毕节地区彝族文献翻译出版的 22 本译著的诠释,按音序排列,为彝族古籍的翻译者和研究者提供了彝文古籍中专有名词的诠释资料。同类的著作还有贺灵的《新疆宗教古籍资料辑注》(新疆人民出版社 2006 年版)、陈光明的《贵州彝文古籍整理翻译研究》(贵州民族出版社 2008 年版)、习焜华的《〈纳西东巴古籍译注全集〉诠释》(云南民族出版社 2010 年版)等。

(4)少数民族古籍书目与丛书的编纂。近 10 年来,少数民族古籍书目的编纂取得了可喜的成绩,编纂了《中国少数民族古籍总目提要》(中国大百科全书出版社 2009—2013 年版)这样全国性的少数民族古籍总书目。该书目是我国第一部全国少数民族古籍解题书目套书,全书约 60 卷,近 100 册,将我国各少数民族落之于笔墨、传之于口头的各种古籍文献一一清点入册。另外,还编纂了大量地区性少数民族古籍书目,如尹绍亭的《中国云南耿马傣文古籍编目》(云南民族出版社 2005 年版)、马银平的《山东省回族古籍辑录》(宁夏人民出版社 2008 年版)、李锦平的《贵州苗族古籍总目提要》(贵州民族出版社 2008 年版)、徐丽华的《北京地区东巴文古籍总目》(民族出版社 2009 年版)、李尊杰的《河南省回族古籍总目提要》(中州古籍出版社 2009 年版)、张应和的《湘西土家族苗族自治州苗族古籍总目提要》(中央民族大学出版社 2009 年版)、尹仑的《中国云南孟连傣文古籍编目》(云南民族出版社 2010 年版)、吕立汉的《丽水畲族古籍总目提要》(民族出版社 2011 年版)、徐丽华的《北京地区彝文古籍总目》(民族出版社 2012 年版)、伍刚硕的《安顺少数民族古籍总目提要》(贵州民族出版社 2013 年版)。丛书编纂也是少数民族古籍整理的一大成果，如福建省少数民族古籍丛书编委会编《福建省少数民族古籍丛书》，先后出版了满族卷、蒙古族卷、畲族卷、回族卷等(海风出版社和民族出版社 2004—2015 年版)。其他的还有普学旺的《云南民族古籍丛书》(云南民族出版社 2005 年版)、马建钊的《中国南方回族古籍资料选编补遗》(民族出版社 2006 年版)、《宁蒗彝族古籍研究丛书》(云南民族出版社 2006 年版)、《河北省少数民族古籍丛书》(河北人民出版社 2006 年版)、答振益的《湖北回族古籍资料辑要》(宁夏人民出版社 2007 年版)、杨丰陌的《清代满语文语法古籍集成丛书》(辽宁民族出版社 2008 年版)、金毓嶂的《北京地区少数民族古籍目录丛书》(辽宁民族出版社 2008 年版)、《广西少数民族古籍丛书》(广西民族出版社 2009 年版)、中国人民大学国学院汉藏佛学研究中心的《多语种佛教古籍整理和研究丛书》(北京大学出版社 2012 年版)等。

(5)民族古籍整理技术研究。对民族古籍整理技术的研究，研究者主要来自自然科学领域。笔者对 2005 年以来自然科学基金资助的研究中与古籍整理和保护技术相关的项目进行了检索，共获得 8 条记录，如表 8 所示。

表 8 **2005—2015 年国家自然科学基金资助古籍整理技术相关项目**

项目名称	项目负责人	单位	经费
蒙古文文献数字化理论与技术研究	鲍玉来	内蒙古大学	25 万元
纳西图形文识别研究	郭海	大连民族学院	14 万元

续表

项目名称	项目负责人	单位	经费
网络下的西夏文及西夏文献处理研究	柳长青	宁夏大学	19 万元
汉字字形形式化描述方法及自动比对工具研究	林民	内蒙古师范大学	29 万元
木刻印刷蒙古文古籍识别与检索技术的研究	高光来	内蒙古大学	25 万元
古维文(察合台文)文献数字化整理技术研究	地力木拉提·吐尔逊	新疆大学	15 万元
女书规范化及识别技术研究	王江晴	中南民族大学	30 万元
基于知识元的中医古籍计算机知识表示体系研究	柳长华	中国中医科学院	30 万元

目前民族古籍整理相关技术研究主要集中在少数民族古籍数字化时文字字形图像的识别上。例如，郭海等结合纳西图形文字的自身特点，引入小波和多尺度小波等手段对其进行切分和边缘检测，使得切分的误差率不超过6%[197][198]。柳长青等通过建立智能西夏文四角号码输入法提高了西夏文的录入速度，并利用计算机图形图像处理技术对《俄藏黑水城西夏文献》进行了图像预处理及切割操作[199][200]。高光来等以蒙古文《甘珠尔经》为对象，对木刻印刷蒙古文古籍识别和检索涉及的切分文字、确定字元集、分析与选择字元特征、设计分类器、识别后降噪、校正错误、选择索引项等关键问题进行了系统研究[201]。严红娟等以女书为载体，对我国濒危少数民族文献中存在的典型问题进行了探讨，通过模式识别对字符进行聚类，利用联机手写和脱机手写的优势，将女书的动态信息和统计特征进行匹配，成功设计出了一种新的脱机手写女书文字识别方案[202]。地力木拉提·吐尔逊等对中亚地区古文献整理，特别是中古维文和现代维吾尔文兼容处理的关键技术——编码转换、转写规则制定和代码化进行了研究[203][204]。鲍玉来等成功解决了蒙古文

文献数字化的理论与技术中的一系列问题，包括标准化建设、技术革新、国际编码蒙古文 Web 竖排和错误校正、手写体和木刻印刷识别等[205]。

3.2 中医药古籍整理研究

2010 年，由国家中医药管理局牵头，山东中医药大学等 9 家行业内中医文献研究机构承担的“中医药古籍保护与利用能力建设项目”开始实施，这是新中国成立以来继 1982—1986 年两批重点中医古籍整理之后，又一次由政府主导的大规模古籍整理工作，主要支持对 400 种中医药古籍进行规范整理，以出版通行本、传世本为目标。目前已取得阶段性成果：一是对未曾整理出版过的 400 余种重要中医药古籍进行了校注整理，涵盖了中医药各门类，跨越唐、宋、金元、明以迄清末，2015 年年内已完成出版；二是形成了《中医古籍整理规范》等行业标准，填补了中医药古籍整理领域缺乏行业标准规范的空白[206]。

新中国成立以来，中医古籍整理出版图书数量为 5287 种，其中影印出版 1507 种，成绩辉煌。但也存在选目重叠、内容不齐、少数民族医药文献欠缺等问题。系统整理我国中医药典籍，编纂《中华医藏》，成为全国古籍保护工作一项重要而紧迫的任务。2012 年 8 月《中华医藏》编纂工作正式启动，作为“中华古籍保护计划”的重要组成部分，《中华医藏》编纂项目是新中国成立以来规模最大、最为系统、收书最全的专科古籍文献原书影印出版项目，将对中医药古籍的保护、传承和利用发挥不可替代的作用[207]。

少数民族医药古籍的整理也是很重要的一项内容，陈海玉选取西南地区作为地域研究范围，对一定民族区域内各民族历史上的医药古籍文献资源的种类、构成及特点进行了总结，为读者呈现了西南少数民族医药古籍文献遗产的面貌。同时，还根据翔实的史料，通过厘清西南各少数民族医药文化脉络，说明西南少数民族医药古籍文献遗产是在各民族的优秀医药文化中不断交流产生、长期荟萃形成的，有着悠久的历史及其丰富的文化内涵，是我国民族医药振兴事业的根基所在[208]。

传统医药古籍的整理保护可按照医药知识体系分为中医古籍整理保护与民族医药古籍保护两种，后者包含藏文医药古籍、蒙古文医药古籍、西夏文医药文献等少数民族传统医药古籍文献。对于传统医药古籍整理的研究存在以下两个研究热点：

(1)对特殊病症的古籍文献梳理归纳研究。对传统医药领域的研究者而言，挖掘医药类古籍文献中的信息知识，最直接的目的是探究病症病名、病因、病机、疗法、方药的发展变化，对该病症的治疗方法和处方用药拥有历史性的认识，从而为疾病的预防治疗提供借鉴与思路，取得对该类病症的更好疗效。这类课题在中医药古籍整理研究中较为普遍。许多研究者以此为课题完成了自己的硕、博学位论文。例如，任甘雨统计分析了中医古籍文献中有关嘈杂的古代方药文献资料，结合中医药理论，厘清了这一病症辨治理论的学术发展规律。在此基础上采用频数分析，总结出了嘈杂方剂的八大药类并给出了治疗嘈杂的推荐方剂[209]。

(2)传统古籍整理方式在医药领域的迁移研究。除了对于单一病症的古籍文献内容的梳理归纳外，一部分研究者开放视野，关注与中医古籍整体相关的古籍整理问题并开展研究。这种研究借鉴了文史哲领域和现代信息领域的古籍整理相关研究的成果，可以视为已有研究成果在中医领域的应用。例如，顾漫立足于中医学历史上的古籍整理活动的介绍分析，阐述了“经学”传统与文献载体变革对中医古籍整理的影响[210]。李会敏利用自己的文献学学科背景，以中医古籍的亡佚情况为对象，对古医文献亡佚的原因和这种亡佚对于中医学学术的损失程度进行了探寻，指出中医学学术与疾病的不断发展，导致学术价值低、使用范围小的著作被自然淘汰，新的医籍包含有旧籍中的精华部分，更为实用，更受重视，得以保存，这种自然的新陈代谢并没有给中医学学术带来重大影响[211]。

4 古籍整理出版及其规划

据统计，自新中国成立至2012年，我国古籍整理出版图书已达到2.5万种，近年来平均每年出版2000多种[212]。因此对

2005—2015 年全国的古籍整理出版情况进行统计并分析难度太大，笔者重点考察了全国古籍整理出版规划领导小组（简称“古籍小组”）所主导的古籍整理出版活动。自 1960 年起，该小组已先后颁布了七个规划，其中最近的三个规划分别是《国家古籍整理出版“十五”（2001—2005 年）重点规划》《国家古籍整理“十一五”（2006—2010 年）重点规划》和《2011—2020 年国家古籍整理出版规划》。制定与实施这些国家级古籍整理出版规划的意义在于凝聚古籍整理研究、古籍保存与古籍出版等多方面的力量，为古籍整理出版工作提供组织、基金、质量、管理保障，推动古籍整理出版的全面协调发展。

另外，自 1983 年起，国家财政每年拨付专项经费用于古籍整理出版工作，年度资助金额从最初的 170 万元增至现在每年 2000 万元。古籍出版资助的评审工作由古籍小组主持，资助重点是已列入国家重点图书出版规划的项目，且必须是公益性的古籍整理项目，市场潜力较好的项目原则上不予补贴。此处对于“古籍”的界定是“1911 年以前在中国抄写或刊行的汉文书刊、文献资料，以及出土的 1911 年以前以汉文文字为载体的文献资料”。因此这些古籍整理出版资助也接受 1911 年以前的汉文档案和出土文献整理出版的申报，而对少数民族文字的古籍整理不予考虑[213]。

4.1 古籍整理出版的主要力量

笔者根据国家新闻出版广电总局历年古籍整理出版项目公示[214]与中华古籍网[215]的相关信息，对 2005—2015 年的国家古籍整理出版专项经费资助项目的数量和所属出版社的数量进行了统计，结果如表 9 所示。

表 9　**2005—2015 年国家古籍整理出版专项经费资助项目统计表**

年份	2005	2006	2007	2008	2009	2010	2011	2012	2013	2014	2015
项目数量	92	105	90	84	132	93	92	95	104	90	96
出版社数量	/	37	42	39	64	42	/	41	41	34	51

由表 9 可知，除 2009 年外，每年的古籍整理出版资助项目数量都在 90 上下浮动，而出版社的数量则维持在 40 家左右。“古籍小组”对于专业古籍出版社和非专业古籍出版社的申报有着不同的数量限制，前者不超过 20 种，后者不超过 5 种。通过统计发现，国内 20 余家专业古籍出版社每年资助出版项目数量约占总资助项目数量的 78%。由此可见，我国的古籍整理出版的主要力量是国内的 20 余家专业古籍出版社，而由国内高等院校出版社和地方人民出版社、美术出版社、科技出版社组成的非专业古籍出版社则是古籍整理出版的重要支持力量。

4.2 古籍整理出版类别

根据《国家古籍整理“十一五”(2006—2010 年)重点规划》[216]《2011—2020 年国家古籍整理出版规划》《关于调整〈2011—2020 年国家古籍整理出版规划〉的通知》(2013 年)[217]和《国家新闻出版广电总局、全国古籍整理出版规划领导小组关于调整〈2011—2020 年国家古籍整理出版规划〉的通知》(2015 年)[218]的相关信息，笔者统计了 2006—2010 年和 2011—2020 年两个中长期规划的古籍整理出版项目类别的分布情况，结果如表 10 所示。

表 10　**2006—2010 年、2011—2020 年国家古籍整理出版规划古籍整理出版项目类别分布**

类别	文学艺术	语言文字	历史	出土文献	哲学宗教	科学技术	综合参考	普及读物	数字化
2006—2010 年	47	6	53	12	14	18	42	4	0
2011—2020 年	142	28	141	60	67	31	63	2	20

《2006—2010 年国家古籍整理出版规划》共收录 196 个项目，其中文学艺术类和历史类分别占比为 23.98% 和 27.04%；2011—2020 年共收录 554 个项目(重点项目 121 个)，文学艺术类和历史

类占比为25.63%和25.45%。这两类项目在两次规划的数量波动幅度在1.60%~1.65%内，两者总占比在50%左右，表明文学艺术类和历史类古籍整理出版项目是中长期规划的重点项目，占据了总项目的半壁江山。在经过调整的2011—2020年规划中，出土文献类和哲学宗教类古籍整理出版项目占比增幅明显，前者是4.71%，后者是4.95%，表明这两类古籍整理出版项目有所调整。而两次规划中最大的变化在于2011—2020年的出版规划中新增了20个古籍数字化出版项目，且其中的15个项目是重点项目，这说明古籍的数字化整理与出版引起了足够的重视。

此外，2015年5月25日，国家新闻出版广电总局和"古籍小组"发布了《关于报送〈2011—2020年国家古籍整理出版规划〉执行情况和增补项目的通知》，通知将增补项目申报的重点规定为五项：①系统整理散失海外、国内未见或稀见珍稀古籍文献的出版项目；②深入整理甲金、简帛、石刻等方面资料的出土文献整理出版项目；③全面整理历代社会政治、经济、文化等内容的古代社会档案出版项目；④积极创新古籍整理出版技术手段和传播方式的古籍数字化出版项目；⑤集中反映中华民族文化历史积淀和精神内涵的高水平普及性古籍整理出版项目[219]。该通知反映了未来古籍整理发展的新趋势，即把域外珍贵汉籍、出土文献、古代社会档案的整理和古籍数字化出版项目作为资助的重点领域。

5　古籍保护研究进展

2009年，笔者发表《构建中华古籍层级保护体系的设想——从古籍价值属性创新古籍保护思路》一文，提出分别从古籍的文物价值、学术价值和艺术价值出发，构建中华古籍层级保护体系：在文物价值层面，对古籍实体实施文物级别的原生性保护；在学术价值层面，对古籍内容实施再生性保护；在艺术价值层面，对古籍版刻工艺、修复技术、鉴赏方法等实施非物质文化遗产保护[220]。以下内容即按这个体系展开。

5.1 古籍的原生性保护

古籍的原生性保护，是指不改变古籍的原始特征和载体形式的保护，主要是对古籍的原本进行妥善保存和修复。

5.1.1 总论性及调查性研究

近年来出版的较具代表性的总论性著作有林明、周旖、张靖等编的《文献保护与修复》和林明的专著《中国古代文献保护研究》。前者作为教材，较全面地分析了文献保护与修复的概念、影响文献长期保存的因素、文献保护的发展历程，提出了现代文献保护的策略和原则，介绍了文献保存环境控制和日常维护的方法、文献修复处理的原则和技术，以及文献载录格式的转换、数字资源长期保存等内容[221]。后者综合运用文献调查法、史料释读和经验总结等研究方法，对古代文献保护与修复实践活动中的具体问题和具体做法进行归纳和分析，从文献生产过程中的保护措施、文献收藏使用过程中的建筑和用具防护、方法和制度保护及损毁文献的修复等几个方面进行研究，全面总结中国古代文献保护的方法和思想，并讨论如何在当代文献保护活动中借鉴和继承前人的智慧[222]。针对少数民族古籍保护的问题，黄建明、邵古主编的《中国少数民族古籍保护与发展报告》以总报告、省情篇和民族篇三部分内容，介绍了我国少数民族古籍保护事业的重要意义、发展历程和主要成就，以及古籍保护工作的经验、存在的问题与对策、发展的有利条件与思路等[223]。还有一些地区性少数民族古籍保护的专著问世，如李国文的《云南少数民族古籍文献调查与研究》(民族出版社 2010 年版)、沈峥的《云南少数民族古籍保护研究》(民族出版社 2012 年版)等。其他专论性的研究主要集中在古籍保藏和古籍修复方面。

5.1.2 古籍保藏研究

学者们关于古籍的保藏防护的研究，主要集中在古代藏书建筑、古籍函套制作防尘与书库灾害(虫、水、火等)防治技术上。例如，奚可桢从建筑学的角度详细阐述了中国古代保护藏书的技术与方法，具体包括建筑选址、建筑材料、建筑样式和建筑装饰四个方面[224]。闫永庆等对明清时期藏书与建筑的发展进行了概述，并着重从规划理念和选材布局两方面介绍了明清时期藏书楼的建筑风格，分析了其中蕴含的文献保护观念[225]。白淑春、白放良通过实践操作，将濒临失传的行长书套、四合套、书盒三种四式函套手工制作工艺，从必备材料、工具及操作规程、工艺规程做了详细介绍，供古籍保护同行制作使用[226]。梁桂英认为，冷冻灭虫法简单有效，另外可以在古籍运出冷冻的时间，利用灵香草类绿色环保的药物对古籍书库进行全面防虫[227]。王玉玲阐述了去酸技术、脆弱纸张丝网加固技术、纳米技术等现代科技在纸张保护应用方面的研究进展，介绍了长效抗霉驱虫灵、长效防霉防蛀香草合剂、天然芳香型防霉驱虫药、低温冷冻杀虫法、辐射灭菌杀虫法、环氧乙烷灭菌法、磷化铝熏蒸杀虫法、除氧充氮封库法等现代防治害虫霉菌的新成果与新技术[228]。

5.1.3　古籍修复研究

古籍修复就是对破损古籍的装订修补，它是历代古籍得以完整流传的重要补充手段。对于普通破损古籍需要做一般性的修补，如换线，换封面、封底，加护页，补破页等；对于善本、珍本则需要精工修理。自 2003 年起，教育部、文化部、国家民委、科技部等部门先后或独立或联合地发布了一系列古籍保护与修复人才的培养政策，古籍修复开始得到全社会的关注。古籍修复研究主要集中在修复技术和修复人才的培养上。

(1)古籍修复技术研究。古籍修复原则是古籍修复工作研究中一个长久的命题。杜伟生对国家图书馆分馆文献修复组自 1949 年起 60 年的修复工作进行了回顾，在逐一介绍《赵城金藏》、敦煌遗书、《永乐大典》、西夏文献的修复过程的基础上，对国家图书馆关于古籍修复的安全性、真实性、最少干预、可逆性、可识别性、适宜性、相似性和规范性等八种原则进行了说明[229]。古籍修复工作除了重视修复者技艺上的继承、修复工艺上的创新，必须努力实现这一行业的科学化、规范化和标准化，才能满足古籍保护发展的需求。杜伟生对“中华古籍特藏保护计划”中工作标准之一的《古籍修复规范与技术要求》进行分析，指出古籍修复行业中的整旧如新原则只适用于衬纸及全部托、裱后需裁切的书籍。纸浆补书机具有效率高、修复质量好的特点，这种机械补书法可以在实践中应用。对于线装书籍，在书叶中衬纸具有消除透视、防护书叶、减弱老化酸化的效果[230]。通过对国内外的古籍保护修复工作标准化建设进行调研，汤印华认为随着“中华古籍特藏保护计划”的启动，加上各种定级标准、普查标准、任职资格和书库要求的问世，各地的古籍保存保护和定级工作有了可喜的成果，但仍存在古籍修复软件技术进展缓慢、先进设备的投入慢于先进技术的发展、古籍修复档案信息系统和修复用纸标准不一等问题[231]。纸张酸化是古籍保护经常面临的问题，因此对纸张酸化的原因、高效的脱酸方法和优良的脱酸剂的研究是必不可少的。通过对文献酸化进行研究，张金玲和方岩雄认为引起文献酸化的原因有：造纸原料本身呈酸性或在氧化、水解时易产生酸性衍生物；在造纸过程中为改善纸张的外观和书写流畅度添加的各种药品会导致纸张酸化；装帧印刷时的墨水、浆糊会对纸张酸化产生影响；有害气体、灰尘、霉菌等会使古籍文献酸化。当纸张的 pH 值低于 5.6 时，纸张会变得相对脆弱，需要对其进行脱酸处理。作者介绍了湿式处理法、干式处理法、气相脱酸法、湿式真空微波脱酸法和超临界流体技术脱酸法等五种脱酸方法并比较了它们各自的优缺点[232]。“天然脱酸剂在档案文件脱酸中的应用”项目课题组通过对天然脱酸剂进行成分分析、调整配方、改进工艺，成功完成了天然脱酸剂的防霉处理，研制出了具有最佳脱酸效果的天然脱酸剂配方并完成了这种脱酸剂的成分分析，实现了纸张加压雾化脱酸。这种天然脱酸剂可对图书馆的古籍进行脱酸处理，对纸质文献的批量长期保存具有良好的应用前景[233]。有学者从档案记录的角度对古籍修复工作的环节进行了研究。古籍修复档案主要是记录古籍修复工作的内容和步骤，为古籍复修和续修工作提供参考，建立古籍修复档案是古籍修复工作和古籍修复管理的重要环节。范月珍对建立古籍修复档案的重要性和修复档案的项目要求展开了研究，认为有必要对古籍原件的客观性说明、处理方法和技术、配纸配料的选择和染色、装帧形式和装具处理与制作一一进行文字记录。在修复过程中还需要随时对修复工作进行书影记录，主要包括破损类型图、修复前后对照图、破损严重部位特写图、外观图和修复过程图。此外，修复材料档案、破损古籍档案、破损古籍撤换材料档案、古籍修复交接档案等都是必要的辅助性档案，可以选择性建立维护[234]。2014年，上海图书馆的童芷珍副研究馆员为复旦大学古籍整理研究所古文献专业编了一部《古籍修复技术》[235]。该书作为研究生教材，对古籍修复所需设备工具与材料、修复材料的加工、修复的各种技法，以及针对线装与毛装、蝴蝶装、包背装、册页装、卷轴装和片式等不同装帧形式古籍的装修技法作了全面的讲授。国家图书馆的研究馆员杜伟生所著的《中国古籍修复与装裱技术图解》[236]则结合1600余幅图片，全面介绍和演示了中国传统古籍修复技术和知识，包括古籍修复基本常识、古籍修复用纸、中国古代书籍装帧形式等古籍修复基础知识；古籍修复技术和字画装裱技术的分解动作；敦煌遗书、字画、金石拓片的装裱与修复；书盒、书套、囊、匣的制作技术等，是一部学习古籍修复技术的很好的入门书。

(2)古籍修复人才培养研究。无论是各大媒体对古籍修复保护形势的宣扬，还是政府机构对古籍修复工作的重视，我们都可以从中了解到古籍修复的严峻形势。而古籍修复人才的极度匮乏使得这一事业难以维系。为此，学者们纷纷从古籍修复教育的目标定位、发展现状、就业形势和教育模式入手，就古籍修复人才培养问题发表自己的见解。葛怀东建议将古籍修复人才定义为技能型紧缺人才，引入职业技能鉴定制度，要求从业人员获取文献修复师这一职业资格证书[237]。胡万德等对2001年至2011年10年间我国古籍修复相关专业人才教育情况进行了统计，发现通过本科、专科、高职、培训班等各种形式的培养教育，已有部分古籍修复专业毕业生加入到修复队伍中，但每年的毕业生在数量上并没有满足古籍修复的需求。其中一个重要原因是用人机制的障碍，图书馆、博物馆在补充人员时，招聘标准不断提高，本科及本科以下的毕业生很难取得事业编制[238]。钟小宇等以图书馆对古籍修复人才的需求和古籍修复人才就业的需求之间的矛盾为基点，对图书馆古籍修复人才的现状进行了考察，发现图书馆的古籍修复人才十分缺乏，修复主力多超过50岁，修复队伍中30岁以下人员几乎没有，人才断层严重。现有修复人员学历水平和职称偏低，对新技术、新设备的接受程度偏低，修复技术停留在手工修复阶段。作者还对古籍修复专业学生的就业情况进行了考察，发现已毕业学生真正从事古籍修复工作的较少，原因有行业无吸引力、无法获得正式编制、学历限制、待遇偏低、能力无法胜任等。对于这些现状和矛盾，作者给出了自己的建议，即寻找对于传统文化和古籍修复工作有兴趣有热情的学生，并建立古籍修复人员的职称评定机制，以提高他们的社会地位和工资待遇[239]。此外，还有学者对古籍修复行业的知识传播途径进行了研究，探讨了师徒相授的教育模式在古籍人才培养中应有的地位。例如，阎琳探讨了在古籍修复中导入知识传播 SECI 模型的可能性。在作者看来，这一模型可用于古籍修复的基础是，古籍修复传统手工技艺中的技巧、诀窍和感悟等大多属于隐性知识的范畴，而以模仿和亲身实践为主要形式的师徒相授的修复技艺传承模式是典型知识传播中的社会化(socialization)过程。其中师傅的传授属于外化(externalization)，而外化后的知识的总结整合就是综合化(combination)，最终这种综合化的知识被徒弟体会和领悟，成为自己的知识，完成了知识的内化(internalization)。由于这种师徒相授的传承模式成功培养的古籍修复人才数量过少，现行的古籍修复行业知识传播的主要方式已经过渡为以培训班为主要形式的班级授课。但这种培训班的知识传播方式造就的古籍修复人才存在着质量上的缺陷，在具体修复操作上难以胜任，究其原因是古籍修复的隐性知识未能转化为受众可以理解的显性知识。基于此，作者认为古籍修复人才培养因其教授内容的复杂性与特殊性应该是精英化的少数人的教育，师徒相授的知识传播模式可以适当的调整改变，而不应该被忽略与取代[240]。

5.2 古籍的再生性保护

古籍的再生性保护是改变了古籍原始特征和载体形式，进而对古籍内容进行保护的一种方式，常见的有古籍影印出版、点校出版、善本再造、制作缩微胶片、数字化等。限于篇幅，本文着重探讨古籍数字化在近10年来取得的进展。

5.2.1 古籍数字化研究成果概述

笔者利用CNKI《中国期刊全文数据库》检索2005年至今"主题"含有"古籍"和"数字化"的文献，共得到相关论文542篇，其中来源为核心期刊和CSSCI索引的共有214篇，其数量分布如图2所示。自2006年起，研究古籍数字化的期刊论文数量开始逐步增多，在2012年达到顶峰，之后研究热度有所回落，但核心期刊论文与CSSCI索引论文数量自2009年起并未有太大波动，一直维持在30篇左右。此外，542篇期刊论文中，有429篇来自图书情报学领域，81篇来自计算机科学领域，32篇来自中医学领域，18篇来自出版科学领域，其他学科均不超过10篇。虽然部分论文存在跨学科的情况，但大体而言，图书情报学和计算机科学领域的研究者是古籍数字化研究的主力。

专业会议方面，自2007年首都师范大学电子文献研究所举办首届中国古籍数字化国际学术研讨会以来，这个会议已经成为古籍数字化出版机构和学术机构的重要交流平台。该会议每两年召开一次，至今已举办过五届。表11提供了历届会议的议题及展示成果情况。

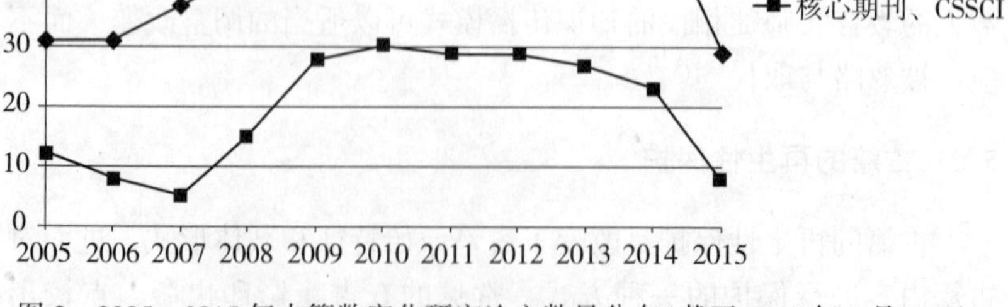

图2 2005—2015年古籍数字化研究论文数量分布（截至2015年7月14日）

表11　中国古籍数字化国际学术研讨会历届会议情况

会议届次	会议议题	会议时间与展示成果
第一届	1. 中文古籍数字化的历史、现状和未来 2. 海内外古籍数字化发展方向及新技术应用 3. 历史地理信息系统应用平台与专题研究 4. 古籍加工整理的电子数据格式及规范 5. 简繁体转换与古籍数据库字形处理 6. 古籍检索平台与知识库建设 7. 古籍文献网络建设与古籍的白话文及多语种翻译	会议时间：2007年8月13日—15日 展示成果：国学宝典(全功能试用版)、彩图版二十六史、文渊阁四库全书、四部丛刊、瀚典全文检索系统
第二届	1. 古籍数字化相关规范与标准研究 2. 古籍数字化平台建设与网络新技术研究 3. 古籍数字化学科建设与人才培养研究 4. 古籍刻本字形与避讳字研究 5. 古籍数字化现状与前景展望 6. 古籍数字化知识产权与数字图书馆建设研究	会议时间：2009年8月18日—20日 展示成果：国学宝典、古籍电子定本工程、古代小说典、中国历代笔记、中国历史地理数字化应用平台
第三届	1. 古籍数字化在文史研究领域的应用 2. 专业古籍数据库的建设 3. 古籍数字化技术问题的解决方法 4. 古籍字库的标准与设计 5. 古籍数字化版本比对 6. 古籍数字化质量分级方法研究 7. 古籍数字化学科建设 8. 古籍数字化的开发战略	会议时间：2011年8月16日—18日 展示成果：中国历代基本典籍库、古籍自动标点技术、古籍自动比对技术、文渊阁四库全书版《二十四史》整理出版工程
第四届	1. 中国古籍数字化资源库的规范与整合 • 专业古籍数据库的建设 • 古籍数字化技术与发展方向 • 古籍数字化政策与法规 2. 古籍数字化在文史研究领域的应用 • 古籍数字化版权界定 • 古籍数字化学科建设 • 古籍数字化与文史研究经验交流	会议时间：2013年8月16日—18日 展示成果：《中华易学全书》整理出版项目

续表

会议届次	会议议题	会议时间与展示成果
第五届	1. 中文古籍文献数字化保护手段 2. 古籍数字化实验室建设 3. 数字文献学学科建设与人才培养 4. 简繁体转换与古籍数据库字形处理 5. 数据库与网络出版 6. 基于自动排版的古籍个性化出版	会议时间：2015 年 9 月 24—25 日 展示成果：首都师范大学电子文献研究所与北京艺术博物馆联合创建的数字文献实验室

资料来源：本表信息来源于历届研讨会会议通知及国学网的相关信息。

对“中国古籍数字化国际学术研讨会”历届会议议题进行深入分析，结合古籍数字化研究发表的论文、专著，笔者发现古籍数字化研究成果主要集中在以下三个方面：

5.2.2 古籍数字化相关标准与规范研究

2007 年国务院办公厅在《关于进一步加强古籍保护工作的意见》中指出：“进一步加强古籍的整理、出版和研究利用。制定古籍数字化标准，规范古籍数字化工作，建立古籍数字资源库”[241]。对古籍数字化建设工作提出标准化与规范化的要求，是基于我国古籍资源数量大、分布散、年代久远亟需保护，而学术界与出版界对于古籍数字化没有统一认识，数字化方法各异，数字化资源的组织、检索、存储、利用方式千差万别，导致数字化古籍资源质量参差不齐、选题重复问题严重、共建共享的目的难以达到的现实提出来的。因此，为古籍数字化建设相关的概念、方法、途径、程序制定统一通行的标准至关重要。贺科伟基于我国古籍数字化的发展现状，对古籍数字化工作开展 30 年来在标准体系建设方面存在的问题进行了评析，指出古籍数字化标准体系建设应该包含版本选择、目录分类、汉字字符集、存储格式、影像处理技术、检索系统、元数据的标准规范的统一[242]。葛怀东援引我国国家标准《标准化工作指南第 1 部分：标准化和相关活动的通用词汇》中的相关概念，对“古籍数字化标准体系”的具体内涵进行了引申与构建。他认为古籍数字化的标准体系应分为技术标准体系、管理标准体系、工作标准体系和基础标准体系。技术标准是核心，包括古籍版本选取标准、古籍加工标准、设备标准、元数据标准、数据库标准、检索标准、软件标准等；管理标准是对数字化业务流程所作的规定，包括项目选题与评估、分类体系、流程管理、设备管理、外包管理等；工作标准则包括职责权利、工作程序、工作细则、考核标准等，主要针对数字化的主体机构及其人员制定；基础标准则是具有通用指导意义的标准，包括术语、符号、汉字字符集等标准。作者并不认为古籍数字化的标准体系只是由一系列具体的相关标准组合而成，事实上上述古籍数字化标准体系构成只是一个指导性的模式，具体的古籍数字化标准体系构建需要考虑开放性、系统性、实用性与拓展性，对标准形式的灵活选取可以在现实条件的约束限制下达到较好的古籍数字化效果[243]。姚俊元则从古籍数字化的概念入手，指出古籍数字化标准制定还需要明确古籍数字化的内涵和基本特征，统一古籍数字化的方法，并提高数字化人才的各项素质[244]。刘聪明从具体实践出发，对古籍数字化图像资源的格式、色彩、压缩方式、分辨率等标准参数的选择给出了建议，并说明了用 DC 元数据著录古籍的优点，给出了通过对图像资源和元数据的检查来提高数字化资源质量的具体方法[245]。

5.2.3 古籍数字化技术研究

随着古籍数字化建设的不断深入，对于古籍数字化技术的研究重点也从早期的汉字字符集、OCR 识别技术、数据库技术、存储技术、检索技术等制约古籍数字化实现的关键技术逐步转向基础关键技术的创新研究及对古籍数字化资源深度开发技术的研究，如知识挖掘、历史地理信息系统(HGIS)、可视化技术等。同时，随着政府对民族古籍和中医药古籍整理与保护的重视，对应的古籍数字化研究项目逐步推进，与之相关的各项数字化技术成为继汉文古籍数字化技术之后的又一个攻克目标。

(1)数字人文技术的应用。数字人文是将现代信息技术应用于传统人文研究与教学的新兴文理交叉研究领域。范佳对数字人文在历史学、文学、语言学、考古学以及舞蹈方面的国际前沿实践进行了说明，指出其中的文本挖掘、GIS 技术、文本可视化和语料库是古籍数字化在深度开发上可以借鉴的数字人文发展契合点[246]。朱锁玲和王明峰将 GIS 技术引入了方志类古籍《方志物产》的开发利用中，通过借用 GIS 技术，成功地对《方志物产》中的物产分布、传播等数据进行了有效管理和空间制图[247]。

(2)古籍文字识别与检索技术。在古籍数字化过程中，将古籍文字完全转化为文本格式以供全文检索存在简繁体转换、字库及字形处理识别等方面的困难，特别是在少数民族文字处理识别方面。柳长青对利用计算机研究西夏文献数字化整理的解决方法和实现技术进行了研究，严格按照原始文献建立了西夏古籍字库，该字库利用 Level Set 算法成功提取了西夏字轮廓[248]。他还提出了一种弹性网格方法及线性判别分析方法来识别西夏字，具体过程是根据西夏字的笔画分布构造非均匀的弹性网格，将其作用于西夏字的方向分量上，然后将像素点的分布概率作为特征，利用线性判别分析方法进行降维处理，通过四重交叉验证，西夏字的识别率可达 87.99%[249]。

(3)古籍智能信息处理技术。2013 年，古籍整理自动化丛书《中国文化典籍计算机整理与开发技术研究系列》由安徽师范大学出版社出版，这套丛书由《古籍计算机自动校勘、自动编纂与自动注释研究》《古籍计算机全文数据库及内容挖掘研究：以〈方志物产·广东〉为例》《古籍计算机信息门户自动构建与应用》《农业历史文献数字化建设研究》《古籍计算机自动索引研究——以民国农业文献自动索引为例》《古籍计算机自动断句标点与自动分词标引研究》六部专著组成，作者是南京农业大学侯汉清教授指导的 7 位博士研究生。该系列著作以古代农业文献为对象，系统地阐述了古籍文献校勘、编纂、注释、断句标点、分词标引、索引等整理手段的自动化实现途径，同时探讨了地方志的知识组织和内容挖掘，以及网络环境下古籍信息资源的门户建设，包括资源采集、资源加工和服务提供三部分内容，展现了现阶段古籍数字化中智能信息处理的可行路径。

5.2.4 古籍数字化出版与版权保护

当前数字化技术发展迅猛，对传统出版行业带来重大影响，追求古籍数字化出版与传统出版相补充的融合发展成为古籍整理出版行业的新主题，古籍数字化出版与版权保护成为古籍数字化整理研究中的新兴课题。

(1)古籍数字化出版模式。数字化环境下，传统古籍出版产业受到了来自外部社会的多重挑战，适应环境变化的数字化出版模式成为古籍出版的未来走向。李明杰等分析了数字化浪潮给国内专业古籍出版社的传统古籍出版模式带来的挑战，指出在竞争压力增大、新兴数字技术蓬勃发展的情况下，这些出版社需要考虑重建古籍出版模式，适应新的出版主体角色，与图书馆和数字技术提供商合作，以内容管理为核心，实现出版流程和出版产品的转变[250]。刘果将古籍传统出版与古籍数字化出版进行了比较，指出古籍数字化出版包括中国古代文献的数字化编辑制作、数字化印刷、数字化发行和数字化阅读消费[251]。王宏对数字化出版中存在的图书出版社、数字技术提供商、图书馆(或学校、科研团体)三方主体“三权鼎立”的博弈现状进行了分析，指出以图书出版社为中心的中心化合作是古籍数字化出版主体的最终归宿[252]。

(2)古籍数字化出版产业赢利分析。范佳等从产业链角度对古籍数字化出版产业开展了研究，认为在古籍数字化出版产业链中需要引入国家控制和管理模式对数字化选题及数字化成本效益进行控制，而创新数字化资源的传播方式和营销方式也是古籍数字化出版产业应当积极尝试的宣传和盈利策略[253]。闵祥鹏提出了一种通过古籍数字化开发“衍生品”增加古籍数字化资源盈利来提高其商业价值的方法，其中古籍数字化“衍生品”是以古籍数字化后产生的文本、图片、视频等为基础再开发产生的新产品[254]。

(3)版权保护。互联网的迅猛发展，使数字化古籍资源可能在没有授权的情况下在网络上无限传播，严重损害整理者和出版者的合法权益。但由于古籍自身的特性和法律的滞后性，导致古籍数字化整理产品的版权亟须保护。何培育等对古籍整理数字作品的版权问题进行了研究，指出完善立法、加强行政监督管理、提升著作权人意识、强化行业自律可以强化对于古籍数字作品的版权保护[255]。秦珂从古籍整理作品的独创性、创作法律关系、剽窃行为、侵权赔偿数额等方面对其版权问题的特殊性进行了阐述，认为开展版权实践和研发版权技术也是较好的版权问题解决途径[256]。张军亮等提出了一种应用古籍数字化二值图像的水印技术保护其版权的方案，这种水印的安全性和不可见性可以较好地满足数字化古籍资源的版权保护需要[257]。

5.3 古籍的非物质文化遗产保护

鉴于传统的古籍保护多关注古籍实体及其内容，而忽略了其所承载的古籍版本文化(如古籍的版刻工艺、装帧艺术、修复技法、鉴赏方法等)具有非物质文化遗产的属性，李明杰从非物质文化遗产的视角，在论证古籍版本具有非物质文化遗产属性的基础上，通过调查和案例分析，从“传承”和“记忆”两大途径提出了古籍版本非物质文化遗产保护的具体措施，以及在实际操作中必须处理好的几大关系，即古籍实体保护与非物质文化遗产保护的关系，古籍版本非物质文化遗产保护与商业开发的关系，古籍版本非物质文化遗产的实际保护工作与“申遗”的关系，国内古籍版本非物质文化遗产保护活动与申报联合国人类非物质文化遗产项目的关系[258]。唐碧君以彝族创世史诗《查姆》为例，探讨了非物质文化遗产保护背景下民族古籍的保护与开发问题，在分析民族古籍的传承特点、传承现状和流失原因的基础上，提出了民族古籍保护和开发利用的措施，包括：注重活态传承，培养传承人；注重对民族古籍的翻译出版以及推广；运用数字化技术研究开发民族古籍；完善民族古籍的相关立法、执法以及监督机制等[259]。王喜梅提出了“口碑古籍”的概念，即随着历史的演进，民族口传史料经过积淀形成的具有文学和历史价值的各种史料，具有民族性、宗教性、地域性和群众性的特点，内容大多反映本民族的风土人情、生活习俗、民族性格，形式上既有神话、史诗、传说、故事，还有歌谣、谚语、谜语等。她认为，口碑古籍的保护是民族非物质文化遗产保护的重要组成部分[260]。同类的论文还有欧利华的《黎族非物质文化古籍价值刍议》[261]等。

6 总结与展望

6.1 已有研究存在的问题

(1)研究程式固定，学术创新不足。古籍作为一种“旧事物”，以它为对象的研究，带有很强的可复制性。随意地扩大或缩小“古籍”的范围，迁移已有的研究范式和方法，都可以形成“崭新”的研究成果。普通古籍的整理与研究，固定的程式是“文献学家与文献学著作的××实践/思想/方法/特点”；民族古籍的整理与研究，固定的程式是“××地区少数民族/×族文献的整理与研究”；医学古籍的整理研究，固定的程式是“××病症的×医文献学研究”；古籍保护则是“××地区/××图书馆古籍普查/保护工作思考/现状分析”。这些研究的现实意义多是为现有古籍整理、古籍保护、单一病症治疗、民族文化保护等实践“提供参考与借鉴”。不可否认，这类对已有实践活动的考察与分析是对历史经验的总结和对当下现实现状的警示，但从长远看来，它对学科的发展助益非常有限。正如李会敏认为，亡佚了的中医古籍并未给中医学术带来重大影响，因为其亡佚原因多为自然的“优胜劣汰”，且医学多重于实践。现阶段古籍整理相关学科的发展，主要依赖于对传统文献学中各种文献整理方式的自然承袭与应用，而在如何扬弃与拓新方面则脚步缓慢。同样，对各民族(地区)的古籍整理与保护工作的历史回顾、现状总结，固然对当前工作存在一定的借鉴意义，但不同民族(地区)之间存在着的地域、历史、文化、社会差异导致古籍发展保护结果不同，相较于这种对现状的文献梳理，对其进行有深度的比较研究和综合研究或许更具挑战意义和实际价值。

(2)研究力量分散，学科融合不足。通过对古籍整理与保护研究成果的调研，笔者发现主要有四个领域的学者投身其中：一是传统文史哲领域，包含文学、历史学、语言学、哲学、宗教学等。这一领域的学者从事的研究方向多承继传统古籍整理而来。二是现代信息领域，包括图书情报学与计算机科学。这些领域的专家开展研究的契机是现有古籍作为文献资源的重要组成部分多保存在各大高校图书馆中，而对古籍资源进行整理与开发是其职责所在，古籍再生性保护中的古籍数字化也是数字图书馆建设的组成部分，需要计算机科学的技术支持。三是民族学领域。少数民族古籍拥有自身独特的民族特色。术业有专攻，民族学领域的学者开展这方面的研究具有天然的优势。四是医药学领域。传统中医药学与少数民族医药学是现有医药学系统的组成部分，对这些医药古籍进行研究，可以促进传统医药学的学科理论建设，提高其实践应用价值。值得注意的是，传统文史哲领域对古籍整理的研究多集中在古籍文本的复原性整理、古籍语义的解释性整理上；图书情报领域则集中在古籍知识内容的组织性整理与古籍数字化上，计算机科学领域在古籍数字化以及古籍知识的数据化整理上多有创新；民族学和医药学领域则发挥了其在民族类和传统医药类古籍整理方面的特色和优势。总体上看，这是各个学科领域的研究特色，但从另一方面看，是各自分散的研究取向导致的学科阻隔，相互交叉与融合不足。

(3)存在研究盲点。罗伯特·伯内特在《信息技术和媒介：媒介和传播研究的盲点》一文中指出：文化变迁的关键在于该文化中的主流传播媒介，对于媒介的研究不应该仅仅停留在媒介本身的技术层面上，而应该从外部环境的多个层面进行探讨[262]。古籍再生性保护中的古籍数字化研究代替了缩微复制、影印出版、光盘复制，古籍数字化出版逐渐挑战传统出版的主流地位，随着媒介形态的变化，文化开始发展、扩展、更新、衰落。学术与技术不断地向前发展，这就导致当古籍数字化成为新的研究热点时，缩微复制——对没有数字化价值的普通古籍而言十分重要的再生性保护手段，逐渐成为研究盲点，只有寥寥几篇文献刊载于专业期刊《数字与缩微影像》。数字化在技术层面的进步与缩微复制相对不便的利用过程，导致了这一重要媒介在研究课题的选择上被严重忽视，甚至成为研究盲点。而新旧技术更替中外部环境的变化与影响、新旧技术更替造成的学术理论与实践应用的发展、新旧技术之间的因承关系等，是完整的学术发展过程都需要一一探讨的问题。

6.2 未来研究趋势展望

古籍整理与保护是学者们认识到古籍的价值之后开始的有意识地探索古籍原貌并维护古籍现状的自主行为。这种行为因为古籍的稀见性和社会文化的变迁导致的读者阅读支撑体系不足[263]，逐渐演变成一种政府鼓励与政府主导的行为，这在古籍保护上尤为明显。因此结合国家的古籍保护计划以及“古籍小组”在对《2011—2020年国家古籍整理出版规划》增补项目重点的规定，同时结合上文对各种研究成果的分析，笔者认为，古籍整理与保护研究将在以下五个方面有较大发展和突破：

(1)传统古籍整理方式的技术革新研究。传统古籍整理方式为适应数字环境的变化，将引入计算机信息处理技术，以实现古籍整理的自动化和信息化。现有研究在古籍自动校勘、版本自动对比、自动注释、自动编制索引、自动分词标记、自动标点等方面已取得一定成果，但这些研究的成效和实用性有待提高，应用范围也需扩展。除了普通的古籍自动整理方式研究外，未来少数民族古籍、传统医药古籍的计算机自动整理也将得到很大发展。

(2)古籍整理与保护的学科建设与人才培养研究。目前，古籍整理还没有专门的学科建制，与古籍整理相关的二级学科主要有“中国古典文献学”“中国历史文献学(含敦煌学和古文字学)”“图书馆学”，常见的教学单位是文学院、历史学院所和信息管理学院。由于它们都习惯站在各自学科的立场和视角看待古籍整理问题，彼此之间缺乏有效的交流和协作，因而在人才培养方面各有偏颇。另外，特种古籍的整理与研究迫切需要专门的人才，比如需要在民族文字、古医药知识方面有所积累。古籍修复作为一项专业性、操作性要求极高的技能，在人才培养方面还停留在“师傅带徒弟”的落后阶段。而我国古籍整理与保护的未来发展在很大程度上取决于教育与人才培养水平，因此加强古籍整理与保护的学科建设和人才培养方面的研究，显得尤为必要。

(3)古籍数字人文研究。数字人文实践主要有基于GIS的历史地理可视化、文本挖掘与TEI标准、语料库语言学、虚拟现实再现与运动分析、图像色彩还原和数字重建、数字图书馆与网络数据库六个方面[264]，其中只有主要用于舞蹈方面的运动分析和虚拟现实再现与古籍整理保护相关性不高。因为古籍整理与保护涉及了历史学、地理学、文学、语言学、数据库等多方面的知识与技术，所以数字人文研究在这一领域大有可为，未来必将成为研究热点。

(4)古籍数字出版研究。当前数字出版发展迅速，出版发行的理念和流程不断革新，知识传播的方式和效能也不断得到改进和提高。在重视传统出版形态的基础上，积极发展多媒介融合环境下的数字出版业，是应对当前出版格局变革的重要途径。古籍出版业亦是如此，古籍数字出版对于促进古籍资源共建共享、提高古籍利用率具有重要意义。在此背景下，古籍数字出版研究必将迎来高潮。

(5)比较研究、综合研究与关联研究。现有研究论文中，对历史上著名文献学家的古籍整理实践、思想、方法的研究十分普遍，这种程式固定、缺乏创新的研究大量重复出现，是学科理论基础薄弱、学科发展停滞不前、科研版图不断缩小的表现，而适当进行比较研究、综合研究和关联研究，可弥补之前的不足。例如，通过对历代文献学家古籍整理思想与方法的发掘与比较，发现他们在古籍整理理念和风格上的差异，并分析造成这种差异的原因及对后世古籍整理的影响；通过对特定时段、地域、学派的文献学家的古籍整理活动的综合研究，归纳他们在古籍整理方式上的共性和特点，并分析这些共性和特点是如何在外部环境与内部因素的共同作用下形成的。另外，古籍整理的不同范式之间，国内古籍整理与国外古籍整理之间，古籍整理的传统方式与现代方式之间，古籍整理与其外部环境之间，古籍整理学与相关学科之间，都有很多此类研究空间可供拓展。通过这种拓展，不仅可以丰富古籍整理史的研究内容，还能夯实古籍整理的理论基础，完善学科体系的建设。

参考文献

[1]全国哲学社会科学规划办公室项目数据库[EB/OL]. [2015-05-20]. http://fz.people.com.cn/skygb/sk/.

[2]国家自然科学基金委员会科学基金共享服务网[EB/OL].[2015-05-20]. http://npd.nsfc.gov.cn/granttype1! index.action.
[3]李明杰. 数字环境下古籍整理范式的传承与创新[J]. 中国图书馆学报，2015(5)：99-110.
[4]李致忠. 中国版本学及其研究方法[J]. 文献，2006(1)：3-10.
[5]时永乐，门凤超. 古籍版本学的研究内容[J]. 图书馆理论与实践，2008(4)：57-59.
[6]曹之. 中国古籍版本学(修订版)[M]. 武汉：武汉大学出版社，2007.
[7]张海波. 版本学争议概念述评[J]. 高校社科动态，2009(6)：23-27.
[8]刘冰，李广龙. 数字古籍"版本"商榷[J]. 河北科技图苑，2012(5)：91-93.
[9]袁佳红. 论电子图书及其版本[J]. 西南农业大学学报(社科版)，2011(8)：75-78.
[10]李致忠. 古书版本鉴定[M]. 北京：北京图书馆出版社，2007.
[11]陈正宏. 古籍印本鉴定概说[M]. 上海：上海辞书出版社，2005.
[12]曹之，霍艳芳. 古籍版式与版本鉴定[J]. 图书情报知识，2009(4)：78-94.
[13]俞佳迪，祖宁. 现代版式分析在古籍版本鉴定中的应用方法[J]. 美术大观，2011(4)：146-147.
[14]艾俊川. 古籍版本鉴定的"两条路线"[N]. 金融时报，2011-11-11(11).
[15]郑晓霞. 浅谈清末民国图书的版本鉴定[J]. 图书馆论坛，2010(2)：175-180.
[16]李雄飞. 满文古籍的版本鉴定[J]. 满语研究，2015(1)：31-35.
[17]杨清虎. 数字文献的版本鉴定[J]. 黑龙江史志，2009(17)：115-116.
[18]李永明. 陆心源古籍版本鉴定方法论略[J]. 兰州学刊，2008

(11)：201-204.
[19]张宗品. 写本考略[J]. 中国典籍与文化，2014(2)：39-47.
[20]郑晓霞. 油印本综述[J]. 图书馆建设，2011(2)：41-43，45.
[21]陈正宏. 琉球本与福建本——以《二十四孝》《童子摭谈》为例[J]. 中国典籍与文化，2012(1)：102-106.
[22]曹之. 中国古籍版本学(第2版)[M]. 武汉：武汉大学出版社，2007.
[23]李明杰. 宋代版本学研究[M]. 济南：齐鲁书社，2006.
[24]江曦. 清代版本学史稿[D]. 济南：山东大学，2011.
[25]薛雅文. 莫友芝之目录版本学研究[M]. 台北：花木兰文化工作坊，2005.
[26]孙计康. 管窥四库群臣的版本校勘学思想[J]. 新世纪图书馆，2010(1)：77-79.
[27]丁延峰. 海源阁杨氏版本学研究述论[J]. 聊城大学学报(社科版)，2008(5)：58-64.
[28]杨洪升. 略论缪荃孙的版本学[J]. 国家图书馆学刊，2009(2)：86-91.
[29]王娜. 浅析传统伪书与现代伪书的异同[J]. 图书馆界，2009(1)：10-12.
[30]赵争. 古书体例研究与古书辨伪[J]. 湖南科技学院学报，2012(1)：8-12.
[31]罗琴. 古籍整理中的辨伪例说[J]. 重庆师范大学学报(哲社版)，2012(4)：103-106.
[32]王林艳. 中国古代文献辨伪的方法体系述评[J]. 淮北师范大学学报，2011(6)：33-37.
[33]王国强. 论中国文献辨伪方法建设的基本方向[J]. 图书馆论坛，2014(10)：93-98.
[34]胡建升. 苏轼佚诗辨伪[J]. 社会科学论坛，2008(3)：98-100.
[35]萧楚敏. 建安七子诗辨伪述略[J]. 语文学刊，2014(10)：16-18.

[36]张福昌. 红楼梦辨伪[M]. 沈阳：沈阳出版社，2007.
[37]杨镰. 元诗文献辨伪[J]. 文献遗产，2009(3)：79-88.
[38]李凌杰. 农业古籍辨伪述略[J]. 安徽农业科学，2010(2)：1065-1066.
[39]方继孝. 书札的作伪及辨伪[J]. 博览群书，2010(9)：104-108.
[40]谢冬荣.《穆堂诗文钞》辨伪[J]. 文献，2007(2)：180-182.
[41]杨绪敏. 中国辨伪学史[M]. 天津：天津人民出版社，2007.
[42]佟大群. 清代文献辨伪学研究[M]. 北京：人民出版社，2012.
[43]王国强. 汉代文献辨伪的成就[J]. 图书馆杂志，2006(8)：64-67，80.
[44]王伟. 明代辨伪学初探[J]. 唐山师范学院学报，2006(6)：78-81.
[45]王克霞，赵良宇. 明代辨伪学的理论创立与实践[J]. 图书馆理论与实践，2007(5)：122-125.
[46]许华峰. 阎若璩《尚书古文疏证》的辨伪方法[M]. 台北：花木兰文化工作坊，2006.
[47]吴铭能. 梁启超的古书辨伪学[M]. 台北：花木兰文化工作坊，2006.
[48]李少波. 清初古籍辨伪学偏差辨析[J]. 青海社会科学，2015(1)：158-162.
[49]杨善群. 辨伪学的歧途——评《尚书古文疏证》[J]. 淮阴师范学院学报(哲社版)，2005(3)：396-401.
[50]王记录. 中国古代文献校勘思想三论[J]. 河北学刊，2011(3).
[51]钟东. 对传统校勘精神的释读[N]. 光明日报，2005-02-01.
[52]冯敏. 校雠、校勘与校对异同浅析[J]. 宁夏师范学院学报(社科版)，2007(5).
[53]郭育艳. 西方校勘学的原则、方法及流派探析[J]. 图书馆杂志，2015(6)：98-102.
[54]张亚楠. 中西方校勘学之比较[J]. 兰台世界，2014(7)：9-

10.
[55]苏杰. 种系发生学方法在西方校勘学中的应用[J]. 古典文献研究，2010(第13辑)：507-524.
[56]常娥，侯汉清，曹玲. 古籍自动校勘的研究和实现[J]. 中文信息学报，2007(2)：83-88.
[57]常娥. 古籍智能处理技术研究[D]. 南京：南京农业大学，2007.
[58]周学文，江荻.《元朝秘史》的计算机自动校勘方法[J]. 语言文字应用，2007(3)：136-142.
[59]王坤.《十三经注疏校勘记》与《七经孟子考文》之《礼记》校勘考释[D]. 杭州：浙江大学，2012.
[60]赵阳.《七经孟子考文补遗》与《十三经注疏校勘记》关于《左传》校释之平议[D]. 杭州：浙江大学，2013.
[61]王国强. 汉代文献之校勘[J]. 图书馆理论与实践，2005(1)：58-60.
[62]张晓霞. 两汉图书校勘制度及其成果[J]. 兰台世界，2013(8)：140-141.
[63]苏勇强. 五代时期南唐校勘人才及其印刷传统[J]. 社会科学，2007(12)：139-148.
[64]李爱国. 元代校勘述略[J]. 湖北社会科学，2010(5)：132-134.
[65]杨世铁. 清代校勘学兴盛的语文学原因[J]. 古籍整理研究学刊，2007(6)：84-86.
[66]杨翔宇. 民国校勘学理论与方法的嬗变[J]. 史学史研究，2015(1)：46-56.
[67]邓怡周. 民国时期的校勘学研究[J]. 编辑之友，2012(9)：114-116.
[68]张志云. 顾千里的校勘学——思想与方法[J]. 古籍整理研究学刊，2005(4)：7-15.
[69]徐玲英. 论戴震对清代校勘学的引领[J]. 湖南大学学报(社科版)，2012(5)：80-85.

[70]温美姬. 王念孙、俞樾校释《荀子》特色差异之研究[J]. 南昌大学学报(人文社科版), 2006(1): 137-141.
[71]王湘华. 王国维与词籍校勘之学[J]. 江西社会科学, 2008(4): 218-222.
[72]刘怡君. 中西文献校勘方法比较研究[D]. 郑州: 郑州大学, 2013.
[73]李世萍. 郑玄《毛诗笺》校勘成就初探[J]. 古籍整理研究学刊, 2007(5): 52-54.
[74]刘广普.《颜氏家训·书证篇》校勘方法简论[J]. 全国新书目, 2012(7): 37-38.
[75]葛鹏. 宋代校勘学名著《九经三传沿革例》[J]. 文学教育, 2014(3): 28.
[76]彭晓艳. 王念孙《读书杂志》: 校勘和训诂的结合[J]. 学习月刊, 2012(4): 49-50.
[77]刘锦辉, 吴秋雅. 阮元《孟子注疏校勘记》之校勘成就[J]. 国学学刊, 2015(1): 30-41.
[78]陈尚君. 古籍辑佚学在数码时代的发展机缘[J]. 古籍整理研究学刊, 2009(6): 56 58.
[79]邬天启. 从辑佚学引发的社会文化的全息性思考[J]. 西安交通大学学报(社科版), 2015(4): 107-110.
[80]郝敬. "牛郎织女"非殷芸《小说》佚文考——兼论古小说辑佚之误区与研究方法[J]. 古籍研究, 2015(1): 5-22.
[81]种方. 辨郑樵的"辑佚学"[J]. 广州城市职业学院学报, 2013(1): 29-33.
[82]郑春颖. 陶宗仪《说郛》的辑佚成就与不足[J]. 长春师范学院学报(人文社科版), 2007(1): 58-65.
[83]史超.《永乐大典》辑佚研究[D]. 上海: 复旦大学, 2006.
[84]臧其猛. 论民国时期辑佚理论的讨论和创立[J]. 淮南师范学院学报(哲社版), 2015(3): 371-376.
[85]臧其猛. 鲁迅辑佚古籍特点[J]. 山东图书馆季刊, 2008(3): 33-35.

[86]臧其猛. 论张舜徽先生的辑佚学思想[J]. 大学图书情报学刊, 2009(2): 82-85.

[87]臧其猛. 论赵万里的辑佚学成就[J]. 徐州师范大学学报(哲社版), 2009(2): 92-96.

[88]赵章超, 况立秋. 六朝及唐五代文言小说辑佚的回顾与前瞻[J]. 西南大学学报(社科版), 2009(3): 153-157.

[89]徐瑞泰. "句读"标点在中国古籍文本中的演变线索[J]. 江苏教育学院学报(社科版), 2008(6): 67-70.

[90]阚景忠. 古文不标点断句的文化阐释[J]. 徐州师范大学学报(哲社版), 2005(2): 67-69.

[91]刘信芳, 王箐. 战国简牍帛书标点符号释例[J]. 文献, 2012(2): 12-25.

[92]李正宇. 敦煌古代的标点符号[J]. 寻根, 2010(3): 82-94.

[93]刘永华. 中国古籍的句读标识法[J]. 邢台职业技术学院学报, 2006(2): 8-9.

[94]王晓彬. 古籍标点研究——基于对《三国志》及其《集解》的相关考察[D]. 北京: 中国社会科学院, 2013.

[95]姚远. 中华书局点校本《汉书·郊祀志》及《后汉书·礼仪志》《祭祀志》标点商兑[J]. 合肥师范学院学报, 2011(1): 99-102.

[96]陈洁.《明史》标点勘误[J]. 古籍整理研究学刊, 2013(2): 51-55.

[97]万丽华.《十三经注疏》中《三礼》注疏句读辨误[J]. 古籍整理研究学刊, 2006(2): 61-65.

[98]李辉.《孟子》句读考异[J]. 古籍整理研究学刊, 2015(1): 38-45.

[99]钱毅.《全宋诗》韵字、标点正误[J]. 中国韵文学科, 2005(3): 106-109.

[100]黄建年, 侯汉清. 农业古籍断句标点模式研究[J]. 中文信息学报, 2008(4): 31-38.

[101]张合等. 一种基于层叠CRF的古文断句与句读标记方法[J].

计算机应用研究，2009(9)：3326-3329.
[102]王川等. 古汉语句子切分与句读标记方法研究[J]. 河南大学学报(自科版)，2009(5)：525-529.
[103]孟繁之，曹泳兰. 古籍注释中的几个问题[J]. 古籍整理研究学刊，2007(1)：19-24.
[104]冯春田. 从汉语史角度看古籍注释、校点例[J]. 山东图书馆学刊，2010(2)：94-98.
[105]刘畅. 浅论汉语歧义对古籍注释歧解形成的影响[J]. 励耘学刊，2006(2)：159-167.
[106]刘畅. 古籍注释中的语境规则[J]. 古籍研究，2007(1)：148-156.
[107]杜敏. 论典籍注释的传意性[J]. 北京大学学报(哲社版)，2005(4)：137-144.
[108]王功龙，刘东. 浅谈现代注释术语体系的建立[J]. 古籍整理研究学刊，2005(3)：21-31.
[109]杨冰郁，郭芹纳. 关于“训诂学”未来走向的一题三问[J]. 求索，2008(1)：175-177.
[110]董志翘. 训诂学与汉语史研究[J]. 语言研究，2005(2)：16-20.
[111]丁喜霞. 训诂与词汇史研究[J]. 古汉语研究，2005(2)：56-59.
[112]杜敏. 训诂学与解释学之比较——兼及训诂学当代发展的途径[J]. 陕西师范大学学报(哲社版)，2003(6)：38-44.
[113]王彦坤. 训诂的方法[J]. 暨南学报(哲社版)，2005(6)：100-106.
[114]杨琳. 训诂方法新探[M]. 北京：商务印书馆，2011.
[115]方有国. 古代诗文今注辨正[M]. 成都：巴蜀书社，2005.
[116]韩小荆. 慧琳《一切经音义》注释疏误类析[J]. 中国典籍与文化，2012(2)：83-86.
[117]吴在天. 韩偓诗注释解读辨误[J]. 杭州电子科技大学学报(社科版)，2014(3)：37-44.

[118]刘金荣.《左传》注释献疑[J]. 古汉语研究，2009(3)：83-87.
[119]刘洪强.《红楼梦》注释指瑕[J]. 红楼梦学刊，2014(5)：332-339.
[120]钱大群. 唐律疏义新注[M]. 南京：南京师范大学出版社，2007.
[121]周信炎. 训诂学史话[M]. 北京：社会科学文献出版社，2011.
[122]钟明彦. 清代训诂理论之发展及其在现代之转型[M]. 台北：花木兰文化出版社，2012.
[123]王国强. 汉代文献注释模式研究[J]. 郑州大学学报(哲社版)，2006(3)：104-108.
[124]王国强. 汉代文献注释的背景和体式[J]. 图书馆理论与实践，2006(5)：103-105.
[125]方向东. 孙诒让训诂研究[M]. 北京：中华书局，2007.
[126]王其和. 俞樾训诂研究[M]. 济南：齐鲁书社，2011.
[127]刘精盛. 王念孙之训诂学研究[M]. 长春：吉林大学出版社，2011.
[128]李孝仓.《杜预春秋经传集解》注释研究[D]. 西安：陕西师范大学，2014.
[129]丁俊苗.《玉溪生诗笺注》注释研究[D]. 西安：陕西师范大学，2009.
[130]胡振龙. 李白诗古注本研究[M]. 西安：陕西人民出版社，2011.
[131]王娅维. 王弼、朱熹《周易》注释比较研究[D]. 西安：陕西师范大学，2012.
[132]黄方方. 颜师古、李善于《汉书》《文选》相同作品注释对比研究[D]. 广州：暨南大学，2012.
[133]林尔正，林丹红. 计算机应用于古籍整理研究概况[J]. 情报探索，2007(6)：28-29.
[134]常娥，等. 古籍智能整理与开发系统构建研究[J]. 情报资料

工作，2009(4)：43-47.
[135]马创新，等. 注疏文献中的注释语句自动分析[J]. 计算机科学，2012(10)：220-223.
[136]徐晓梅. 古籍翻译：少数民族文化遗产的继承与传播[J]. 贵州民族研究，2015(6)：101-104.
[137]樊敏. “神似”与少数民族文学古籍翻译[J]. 民族翻译，2009(3)：67-71.
[138]李英. 纳西族东巴经古籍翻译方法概述[J]. 西南古籍研究，2008(总第7期)：176-182.
[139]陈兴才，杨姣. 略论彝文古籍翻译中的今译问题[J]. 毕节学院学报，2014(10)：13-17.
[140]梁楹. 投射理论下的中国古籍翻译浅析[J]. 吉林省教育学院学报，2015(7)：103-104.
[141]武卫青. 古籍：翻译的软肋——义素分析法解读《论语》关键词翻译[J]. 岱宗学刊，2006(1)：27-28.
[142]王爽，等. 古文翻译系统的设计与实现[J]. 电脑知识与技术，2009(4)：855-857.
[143]郭锐，等. 基于自动句对齐的相似古文句子检索[J]. 中文信息学报，2008(2)：87-91.
[144]邹贺.《七略》六分法探源[J]. 长江论坛，2008(2)：78-82.
[145]高举红. 六分法到四分法与我国古代图籍的发展[J]. 图书情报工作，2006(S1)：247-248.
[146]门庭. 乾隆与四部分类法——四部分类法本质简论[J]. 图书馆工作与研究，2007(6)：66-68.
[147]王林. 图书馆数字化建设中的古籍分类刍议[J]. 内蒙古图书馆工作，2005(1)：47-49.
[148]许建平. 敦煌子部文献的范围及分类[J]. 敦煌研究，2013(3)：181-204.
[149]兰甲云，等. 古代礼学文献的分类及其学术意义[J]. 湖南大学学报(社科版)，2013(5)：27-31.
[150]吴凤银，包爱梅. 民族古籍分类简史[J]. 图书馆学研究，

2005(4)：62-64.
[151]李敏，李焱.《中国少数民族古籍总目提要》类目设置分析[J]. 图书馆工作与研究，2007(5)：29-30.
[152]李敏.《中国图书馆分类法》组织民族古籍的可行性、局限及其改造[J]. 图书馆建设，2009(7)：16-18.
[153]王波. 辽宁省满文古籍的现状及分类探讨[J]. 中央民族大学学报(哲社版)，2012(2)：106-108.
[154]王红. 中医药古籍分类管理的重要意义[J]. 黑龙江史志，2008(7)：60.
[155]蔡永敏，孙大鹏. 中医古籍知识分类体系研究[J]. 中国中医基础医学杂志，2010(8)：650-652.
[156]王波，王艳. 古籍编目规范化若干问题探讨[J]. 图书馆建设，2009(7)：19-20.
[157]童正伦. 电子时代的古籍书目设计[J]. 图书馆，2012(1)：112-115.
[158]杨维利，井深. 基于 MARC 的现代版古籍丛书编目探讨[J]. 科技情报开发与经济，2015(9)：27-29.
[159]李婧. 古籍书目对数据库著录体例的启示[J]. 四川图书馆学报，2012(5)：94-96.
[160]徐清，王唯. 近十年古籍书目数据库建设研究概述[J]. 图书情报知识，2006(5)：37-41.
[161]鲍国强. 古籍编目中的完整本复本问题与著录规则的修订[J]. 国家图书馆学刊，2005(2)：28-30.
[162]朱美华. 西文古籍编目本地化研究[J]. 图书馆建设，2013(11)：40-44.
[163]吴雪梅. 古籍编目外包的探索与实践[J]. 图书情报工作，2011(S1)：88-89.
[164]吴永萍. CALIS 古籍编目——古籍文献资源共享的有效准备[J]. 四川图书馆学报，2010(2)：43-45.
[165]杨健. CALIS 中文古籍联机合作编目的缘起与进展[J]. 图书馆理论与实践，2006(5)：54-56.

[166]王燕. CALIS 汉语文古籍联机编目系统[J]. 大学图书馆学报，2007(6)：48-51.
[167]郑晓霞. CALIS 古籍联机合作编目与高校图书馆古籍管理[J]. 高校图书馆工作，2008(3)：28-30.
[168]雷顺利. CALIS 古籍联机合作编目的特点[J]. 山东图书馆季刊，2008(1)：54-55，61.
[169]冯先思. 古籍索引与古籍整理遐思[J]. 中国索引，2014(4)：23-25.
[170]王雅戈，侯汉清. 我国第一部语词索引《老解老》研究[J]. 中国图书馆学报，2007(2)：81-85.
[171]陈东辉. 台港地区所编古籍索引综述[J]. 辞书研究，2005(3)：212-219.
[172]陈东辉. 试论日本所编的中国古籍索引[J]. 文献，2005(2)：74-91.
[173]陈东辉. 欧美中国古籍索引编制概况[J]. 中国索引，2006(1)：28-30.
[174]毛建军. 古籍索引的电子化实践[J]. 中国索引，2006(4)：37-40.
[175]韩琴. 试论古籍索引与古籍索引电子化[J]. 情报科学，2010(7)：1113-1116.
[176]黄建年. 中国古籍索引编制软件概述[J]. 图书馆学研究，2011(10)：65-68.
[177]黄建年. 基于 VFP+Word 的多文本古籍索引编制实验[J]. 现代图书情报技术，2011(10)：85-89.
[178]董恩林. 论古文献编纂及其主要形式[J]. 史学理论研究，2012(3)：119-128.
[179]梁健俊. 文献编纂的文化价值与现实意义[J]. 山东理工大学学报(社科版)，2007(6)：108-110.
[180]李明杰，周亚. 基于文献编纂的中国古代知识组织结构初探[J]. 图书情报工作，2012(20)：122-126.
[181]张英聘. 口述史与方志编纂[J]. 史学史研究，2014(2)：

117-123.
[182]常娥. 古籍智能处理技术研究——农业古籍自动编纂和自动校勘的研究[D]. 南京：南京农业大学，2007.
[183]卓越. 论龙文彬《明会要》的编纂成就[J]. 史学史研究，2015(3)：26-31.
[184]兰玲.《彊村丛书》编纂体例研究[J]. 南阳师范学院学报(社科版)，2011(2)：44-48.
[185]温志拔. 论魏晋南北朝的文集编纂及其与文论的关系[J]. 龙岩学院学报，2005(4)：62-64.
[186]王利伟. 宋代类书在中国古代类书编纂史上的地位[J]. 辞书研究，2010(5)：142-151.
[187]桂恺. 中国古代类书编纂研究[D]. 武汉：华中师范大学，2011.
[188]傅辉. 明清方志的编纂特征及其在区域土地利用研究中的价值[J]. 中国地方志，2007(4)：20-27.
[189]李景文. 刘向文献编纂思想研究[J]. 史学理论研究，2014(1)：99-108.
[190]张立新，郭晖. 简论章学诚方志编纂理论[J]. 沧桑，2006(6)：150-151.
[191]周亚，李明杰. 清人顾炎武文献编纂思想考略[J]. 出版科学，2013(6)：96-100.
[192]崔光弼. 中国少数民族文字古籍源流[M]. 北京：中央民族大学出版社，2012.
[193]史金波. 中国少数民族文字古籍整理研究中的几个问题[J]. 文献，2010(3)：13-21.
[194]包和平. 中国少数民族古籍管理学概论[M]. 北京：民族出版社，2006.
[195]张公瑾. 中国民族古籍研究 60 年[M]. 北京：中央民族大学出版社，2010.
[196]朱崇先. 彝文古籍整理与研究[M]. 北京：民族出版社，2008.

[197]郭海，赵晶莹. 基于小波分析及改进二次鉴别函数的民族文种识别[J]. 计算机应用，2009(12)：3360-3362.

[198]Guo H，Zhao J. A Chinese minority script recognition method based on wavelet feature and modified KNN[J]. Journal of Software，2010(2).

[199]柳长青. 西夏文古籍字库建立研究[C]// 西夏学(第六辑)——首届西夏学国际论坛专号(下)，2010.

[200]门光福. 一种基于多级分类的西夏文字识别算法[J]. 高师理科学刊，2010(4)：44-47.

[201]魏宏喜，高光来. 基于 Word Spotting 技术的蒙古文古籍图像检索中的特征选择[J]. 计算机应用，2011(11)：3038-3041.

[202]严红娟，等. 一种女书曲线轮廓字形自动生成方法[J]. 计算机应用研究，2012(9)：3558-3560.

[203]地力木拉提·吐尔逊，等. 古维吾尔文(察合台文)文献数字化整理系统中多文种混合处理的实现[C]// 全国第八届计算语言学联合学术会议(JSCL-2005)论文集，2005.

[204]地里木拉提·吐尔逊，等. 古维吾尔文(察合台文)及转写符号的智能输入法研究[J]. 中文信息学报，2007(6)：125-128.

[205]鲍玉来，等. 蒙古文文献数字化理论与技术研究思路[J]. 科技成果管理与研究，2009(1)：83-86.

[206]刘璟. 中医药古籍保护与利用工作会议召开，百种古籍发布[EB/OL]. [2015-08-23]. http://zy.china.com.cn/2015-02/10/content_34785078.htm.

[207]王坤宁.《中华医藏》编纂工作开启[N]. 中国新闻出版报，2012-08-27.

[208]陈海玉. 西南少数民族医药古籍文献的发掘利用研究[M]. 北京：民族出版社，2011.

[209]任甘雨. 嘈杂中医古籍纵向研究[D]. 广州：广州中医药大学，2010.

[210]顾漫. 中医古籍整理与学术传承[D]. 北京：中国中医科学

院，2007.
[211]李会敏. 中医古籍亡佚原因的探究[D]. 保定：河北大学，2010.
[212]袁晞等. 盘点2012中国出版十件大事，知识照亮“中国梦”[EB/OL]. [2015-07-20]. http://media. people. com. cn/n/2012/1225/c40606-20006026-3.html.
[213]全国古籍整理出版规划领导小组. 国家古籍整理出版专项经费资助项目管理办法(试行)[EB/OL]. [2015-07-20]. http://www.gapp.gov.cn/news/1663/194722.shtml.
[214]国家新闻出版广电总局[EB/OL]. [2015-07-20]. http://www.gapp.gov.cn.
[215]古籍网[EB/OL]. [2015-07-20]. http://www.guji.cn.
[216]2011-2020年国家古籍整理出版规划[EB/OL]. [2015-07-20]. http://www. gapp. gov. cn/cms/cms/upload/info/201207/760712/134268454631026057.pdf.
[217]关于调整《2011—2020年国家古籍整理出版规划》的通知[EB/OL]. [2015-07-20]. http://www. gapp. gov. cn/news/1663/153311.shtml.
[218]国家新闻出版广电总局、全国古籍整理出版规划领导小组关于调整《2011—2020年国家古籍整理出版规划》的通知[EB/OL]. [2015-07-20]. http://www. gapp. gov. cn/news/1663/222199.shtml.
[219]关于报送《2011—2020年国家古籍整理出版规划》执行情况和增补项目的通知[EB/OL]. [2015-07-20]. http://www.gapp.gov.cn/news/1663/252594.shtml.
[220]李明杰. 构建中华古籍层级保护体系的设想[J]. 图书馆杂志，2009(3)：14-19.
[221]林明，周旖，张靖，等. 文献保护与修复[M]. 广州：中山大学出版社，2012.
[222]林明. 中国古代文献保护研究[M]. 南宁：广西师范大学出版社，2012.

[223]黄建明，邵古. 中国少数民族古籍保护与发展报告[M]. 北京：民族出版社，2013.
[224]奚可桢. 从建筑学角度探析古籍保护方法[J]. 东南文化，2006(2)：94-96.
[225]闫永庆，梅生启. 明清时期藏书建筑建造中的保护观念透析[J]. 兰台世界，2015(10)：116-117.
[226]白淑春，白放良. 古籍函套的制作工艺介绍[J]. 图书馆理论与实践，2008(4)：76-79.
[227]梁桂英. 冷冻灭书虫与古籍保护的几个问题[J]. 科技情报开发与经济，2005(13)：75-76.
[228]王玉玲. 现代古籍保护技术的进展与应用[J]. 科技情报开发与经济，2008(19)：23-24.
[229]杜伟生. 国家图书馆古籍修复工作 60 年[J]. 图书馆工作与研究，2008(9)：59-63.
[230]杜伟生. 阐释《古籍修复技术规范与质量要求》[J]. 国家图书馆学刊，2006(3)：19-25.
[231]汤印华. 对古籍保护修复工作标准化建设的思考[J]. 科技情报开发与经济，2014(2)：90-92.
[232]张金玲，方岩雄. 浅谈古籍文献修复技术的传承与发展[J]. 兰台世界，2011(18)：60-61.
[233]天然脱酸剂在档案文件脱酸中的应用项目课题组. 天然脱酸剂在档案文件脱酸中的应用[J]. 中国档案，2014(8)：60-61.
[234]范月珍. 建立古籍修复档案的必要性与项目要求[J]. 中国档案，2013(5)：60-61.
[235]童芷珍. 古籍修复技术[M]. 上海：上海古籍出版社，2014.
[236]杜伟生. 中国古籍修复与装裱技术图解[M]. 北京：中华书局，2013.
[237]葛怀东. 新时期古籍修复专业的办学定位与人才培养方案[J]. 新世纪图书馆，2007(6)：69-70.
[238]胡万德，孙鹏. 古籍修复人才培养现状调研报告[J]. 图书馆

论坛，2012(2)：175-178.

[239]钟小宇，钟东. 图书馆古籍修复人才需求与古籍修复人才就业需求[J]. 大学图书馆学报，2011(1)：110-116.

[240]阎琳. 从知识传播的角度谈古籍修复人才培养[J]. 四川图书馆学报，2015(1)：46-49.

[241]国务院办公厅. 关于进一步加强古籍保护工作的意见[N]. 人民日报，2007-03-02(8).

[242]贺科伟. 我国古籍数字化标准体系建设刍议[J]. 科技与出版，2011(8)：76-79.

[243]葛怀东. 论古籍数字化标准体系建设[J]. 图书馆学刊，2013(1)：47-49.

[244]姚俊元. 关于制定古籍数字化标准的思考[J]. 图书馆理论与实践，2010(2)：50-52.

[245]刘聪明. 古籍数字化实践与探讨[J]. 现代情报，2011(1)：52-55.

[246]范佳. "数字人文"内涵与古籍数字化的深度开发[J]. 图书馆学研究，2013(3)：29-32.

[247]朱锁玲，王明峰. GIS 在方志类古籍开发利用中的应用初探[J]. 大学图书馆学报，2013(5)：118-121.

[248]柳长青. 基于 Level Set 方法的西夏字轮廓提取[J]. 中文信息学报，2009(4)：71-76.

[249]门光福，潘晨，柳长青. 基于弹性网格的西夏文字识别[J]. 中文信息学报，2011(5)：109-113.

[250]李明杰，俞优优. 数字化背景下中国古籍出版模式的重构[J]. 出版发行研究，2009(12)：48-52.

[251]刘果. 数字出版视野下古籍出版创新刍论[J]. 编辑之友，2009(8)：54-56.

[252]王宏. 试析我国古籍数字化出版之主体博弈[J]. 出版发行研究，2013(9)：80-82.

[253]范佳，姜海. 古籍数字化出版产业链构建研究[J]. 编辑之友，2013(3)：31-33.

[254]闵祥鹏. 古籍数字化趋势下的衍生品开发[J]. 中国出版, 2013(3): 59-62.

[255]何培育, 刘达. 古籍整理数字作品的版权保护[J]. 出版广角, 2013(6): 32-33.

[256]秦珂. 古籍整理和开发利用中的版权问题及其解决之策[J]. 图书馆论坛, 2013(3): 25-30.

[257]张军亮, 朱学芳. 基于二值图像水印的古籍数字化图像版权保护及其实现[J]. 现代图书情报技术, 2010(9): 79-83.

[258]李明杰. 非物质文化遗产视角下的中国古籍版本文化保护[J]. 图书馆, 2009(3): 4-9.

[259]唐碧君. 非物质文化遗产保护背景下民族古籍的保护与开发——以彝族创世史诗《查姆》为例[J]. 贵州师范学院学报, 2011(8): 7-9.

[260]王喜梅. 青海民族口碑古籍开发与非物质文化遗产保护[J]. 求实, 2014(1): 298-300.

[261]欧利华. 黎族非物质文化古籍价值刍议[J]. 琼州大学学报, 2006(6): 64-65.

[262]Burnett R. Media and information technology: the blind pot of media and communication research? [J]. Nordicom Review, 1997, 18(2): 83-89.

[263]洪涛. 古籍出版不易, 古籍数字化更不易[EB/OL]. [2015-07-20]. http://www.cnepaper.com/zgtssb/html/2015-04/14/content_13_3.htm.

[264]王晓光. "数字人文"的产生、发展与前沿[C]//中国高校哲学社会科学发展论坛. 方法创新与哲学社会科学发展. 武汉: 武汉大学出版社, 2010.

【作者简介】

李明杰, 男, 汉族, 1971 年生, 江西丰城人。管理学博士, 武汉大学信息管理学院教授, 博士生导师, 美国 University of Wis-

consin-Madison 访问学者。主讲“文献学概论”“档案文献编研”“古籍版本学”等课程。主要研究领域：文献整理与保护、中国图书文化史。主持国家社科基金项目 2 项、教育部项目 1 项、省校级项目多项。出版著作 4 部，其中《宋代版本学研究》获第十届华东地区优秀古籍图书二等奖，《中国出版史》被评为教育部普通高等教育精品教材，《中国古代图书著作权研究》获武汉大学人文社会科学研究优秀成果二等奖、湖北省社会科学优秀成果三等奖。在包括 *Journal of Documentation*、《中国图书馆学报》等在内的国内外知名刊物上发表论文近 60 篇。

李瑞龙，男，1992 年生，2016 级硕士研究生。研究方向：图书文化史。

许小燕，女，1990 年生，2013 级硕士研究生。研究方向：文献整理与保护。

文华图专研究进展(2005—2014)*

彭敏惠
(武汉大学信息管理学院)

[摘　要]2005—2014年对文华图专的研究可以划分为整体研究和个体研究两个方面。整体研究方面，主要包括文华图专发展历史总体、不同历史时期、办学不同方面等研究成果。对于个人的研究，一方面对作为文华图专创始人的韦棣华和沈祖荣的研究成果较为集中，另一方面文华图专师生校友中毛坤、钱亚新、周连宽、徐行可、严文郁、喻友信、王文山等人成为关注的热点。成果数量上，对机构的整体研究数量远远小于对文华图专师生校友个人的研究。研究风格上，对史料的处理较之前更为精细化，相关论证更为深入。对文华学子的研究中，原有部分热点人物依然得到关注，同时出现了一批新兴研究点。在当今环境下，对文华图专进一步研究的空间依然十分广阔。

[关键词]文华图专　图书馆学教育　韦棣华　沈祖荣　文华公书林

Progress in Research on Boone Library School(2005—2014)

Peng Minhui
(School of Information Management, Wuhan University)

[**Abstract**] The research of Boone Library School from 2005 to

* 本论文得到国家留学基金资助。

2014 can be divided into two parts: holistic approach and individual study. In the holistic research, it mainly contains the overall development history, different development periods, various parts of its education, etc. For individual research, on one hand, two of the founders of Boone Library School, Miss Mary Elizabeth Wood and Samuel T. Y. Seng are more concentrated on; on the other hand, some teachers, students and alumni of the school such as, Mao Kun, Qian Yaxin, Zhou Liankuan, Xu Xingke, Yan Wenyu, Yu Youxin, Wang Wenshan and so on, have become the highlights of this field. The quantity of the holistic research about the institution is much less than that about the individuals. The historical materials are disposed more elaborately than before and the relevant arguments are more in-depth. Part of the previous research hotspots of the individuals still get attention, while there are a number of emerging research points. In today's condition, there is still a broad space for the further research on Boone Library School.

[**Keywords**] Boone Library School　library science education　Mary Elizabeth Wood　Samuel T. Y. Seng　Boone Library

文华图书馆学专科学校(Boone Library School)，简称“文华图专”，由韦棣华女士(Mary Elizabeth Wood，1861—1931 年)与其弟子沈祖荣(Samuel T. Y. Seng，1884—1977 年)和胡庆生(Thomas Hu，1895—1968 年)于 1920 年所创建，在武昌昙花林文华公书林办学。最初设立时为武昌文华大学(Boone University)的一科，称“文华图书科”，后于 1929 年经国民党教育部立案成为“私立武昌文华图书馆学专科学校”。1938 年因战乱西迁重庆，借用求精中学校址，后因轰炸于 1941 年迁往廖家花园。1947 年学校迁返武昌，1951 年由中央文化部接办，改为公立，称“武昌文华图书馆学专科学校”。1953 年并入武汉大学，设立为图书馆学专修科，逐渐发展成为信息管理学院，至今已有近百年历史。

文华图专是我国第一所图书馆学专门教育机构，在政局多变的民国时期，历经种种厄境，克服重重困难，穿越战火，弦歌不绝，为我国乃至世界图书馆事业发展培养了大量领导人才和技术骨干，以“文华图专”之名享誉海内外。它不仅是我国现代图书馆学教育开始后近30年中唯一持续办学的图书馆学教育机构，还开创了我国档案学教育的先河。“文华精神”代代相传，文华图专在众多图书馆事业史、教育史、学术史和对图书馆学家的研究中多有涉及，专门的研究成果也逐渐增多。近年来对文华图专和师生校友的研究趋热，出现了令人瞩目的态势。本文在此，仅就图书馆学领域的相关研究进展论述一二。

1 文华图专中外研究成果的获取

为了清晰呈现文华图专的研究现状，选取了2005—2014年出版和发表的相关研究成果作为分析对象。通过对大陆、台湾和国外数据库中的文献信息进行收集与筛选①，获得近十年与主题密切相关的研究成果180种，其中专著6种，中文论文172种，外文论文2种。

1.1 中文文献来源与收集

前期研究表明，对文华图专的研究主要可以分为对该机构的整体研究和对相关人员的个体研究。对机构的整体研究主要针对文华图专这一办学机构，或其中某一部分某一方面进行研究。对人员的个体研究则着重于对文华图专师生校友个人或由个人组成的团体，如庚午级等的研究。因此分别针对二者设定检索词，并在尽可能大的范围内进行文献检索，可以认为这是一种行之有效的文献收集方法。

相关中文文献来源包括：中国知网数据库中的学术期刊、博硕士学位论文、会议论文等；万方数据资源系统的学术期刊、学位论

① 数据收集截至2015年6月20日。文献数量统计中不涉及2015年后的数据，内容分析中则对已经发表的重要论文亦有论及。

文、会议论文等子库；维普期刊资源整合服务平台；中国国家数字图书馆文津搜索；CALIS 联合目录公共检索系统；Airti Library 台湾学术文献数据库；台湾博硕士论文知识加值系统；台湾 CETD 中文电子学位论文全文数据库等。

在检索中采取的策略分为以下步骤：在中国知网数据库中，首先使用“文华图”和“韦棣华”①“沈祖荣”等代表性人物姓名为检索词，在“全文”字段检索，得到一批文中出现“文华图专”“文华图书科”或“文华图书馆学专科学校”以及“韦棣华”与“沈祖荣”的文献。接着，根据所得论文内容与人物的相关性，筛选出“钱亚新”“毛坤”等出现频率较高的文华图专师生校友人名分别再次进行检索，得到一批与文华图专师生校友相关的文献。再次，筛选出所得文献标题中文华图专师生人名，连同之前所得检索词共 50 余个。

将以上检索词，在其他各数据库中选择所包含内容最宽泛的字段(如“全文”或“摘要”等)进行检索，并从内容上将出现的相关人名与既定检索词比对，查得新的人名，通过与师生校友名单确认后，并返回到各数据库中进行检索。另外，根据笔者前期研究积累与成果，从其他渠道得到相关研究成果及相关线索，获取部分论文。最后获得各时间段的相关文献 1521 种。

在此需要说明的是，民国时期图书馆界名人，如戴超(志骞)、袁同礼、洪有丰、杜定友、刘国钧和李小缘等六人都是文华图专的特约讲师②，但未将其列入检索范围。其原因有二：一方面他们与文华图专的关系较疏，密切程度远低于兼职教师，其研究成果和文华图专相关度低；另一方面，他们在图书馆业界与学界声名显赫，贡献卓著，对其研究成果数量众多，如果将其纳入统计范围，会降低统计数据的准确性。因此这六位文华图专校友的姓名不列入检索范围。

① 韦棣华女士另一译名为“韦隶华”，也纳入检索范围。
② “私立文华中学校董立案”. 1929. 湖北省档案馆. LS10-2-833.

1.2 中文文献筛选

对已有文献筛选的目标是，保留与文华图专相关度较高的研究成果。由此，对所得文献进行以下处理。

(1)剔除公告和通知。如武汉大学信息管理学院作为文华图专的继承者，在发表院庆公告时对其历史进行简单回顾，不纳入本文研究范围。又如文华图专师生校友在工作岗位上作出了应有的贡献，其单位或弟子因其寿庆或逝世发出公告、通知或唁电，其中略叙其生平，作为史料更为合适，亦不纳入本文研究范围。

(2)剔除文华图专师生校友个人论著。通过以上检索，得到大量著者字段符合检索词的文献，文献主题与文华图专无关者，视为对其个人研究的重要史料，不纳入本文研究范围。

(3)剔除卷首语。卷首语多为发人深省的小品文，虽表达了作者的观点，但其中客观论述较少，易于倾注情感，不纳入本文研究范围。

(4)剔除与图书馆学和档案学无关的内容。文华图专人才济济，除了为图书馆与档案事业培养出一大批领导骨干和技术专家之外，还走出了考古学家冯汉骥、翻译家戴镏龄等，教师中也有金石学家易均室和音乐家夏之秋等。他们所最擅长者，并非图书馆学或档案学，相关研究论文也与文华图专相去甚远。这些师生校友个人的发展，与文华图专的历史航道交叉而过，影响微妙，为保持数据统计的准确性，不纳入本文研究范围。

(5)剔除并未以文华图专为主要研究对象的教育史研究成果。由于文华图专开创了我国图书馆学和档案学教育的先河，故论及二者教育起源的文献会提及文华图专，而并非该文献的研究重心。这些文献相关度过低，不纳入本文研究范围。

(6)回忆录和访谈录的处理。文华图专师生校友或出于院庆献礼，或出于个人理由，撰写了大量回忆录。回忆录中多有对母校生活的回顾和对人对事的描写、叙述与评价，主观性较强。虽经过正式发表，仍视为史料而非研究成果。相关访谈录，因记录了大量被访者个人的言论，同时也加入撰写人的理解，并非客观论述，不作为研究成果。但由于回忆录和访谈录对相关研究具有重要的参考价值，故在下文统计中单独列出。

(7)内容重复的文章处理。同一作者，有标题相同或类似论文发表或转载在公开和内部刊物上，若内容相同或仅略有改动，未提出新观点揭示新论据，则取公开发表者；若同为内部刊物，则取先发表者。

同时为了保证与文华图专具有一定相关度的文献被收入，在文献筛选中对以下各类文献确认纳入本文研究范围：

(1)将文华图专和其继承者进行连续性的研究，对文华图专的研究占到一定篇幅或提出自己观点的。

(2)总论民国时期图书馆学或档案学教育史(尤其是其起源)的文献。

(3)论文集标题与文华图专及师生校友相关者，析出与主题密切相关的单篇论文计数。

(4)书评纳入。虽然众多书评中多有谀辞，但针对原书内容加以评论，涉及对机构和人物的评价，具有一定参考价值，故纳入。

在以上工序后，筛选出2005—2014年与文华图专相关度较高的中文论文共172种，专著6种(包括论文集)。

1.3 英文文献获取

对文华图专进行研究的英文成果数量有限。经过对数据库Elsevier ScienceDirect、ProQuest Research Library、JSTOR、SSCI、Google Scholar等，以“Boone Library”为检索词进行检索，并根据相关引文进一步查找，共收集到21篇论文。其中除了相关的历史资料外，与文华图专直接相关的有1篇，与文华学人相关的有7篇(包括2篇书评)，而在近十年发表的仅1篇书评和1篇会议论文。

1.4 论文分类与统计

本研究获取2005—2014年与文华图专相关的中文论文共172种，其他类型的研究成果数量较少。对各论文主题分布的数量统计表明，对文华图专整体研究和个体研究有着不同发展特点，而在个体研究方面，针对各文华学人的研究数量也表现出不同时期的增长热点。①

1.4.1　整体研究发展较快，数量仍低于个体研究

对文华图专作为教育机构的整体研究成果在近十年来表现出增长的趋势，占到了近35年来相关研究成果的60%。如图1所示。在改革开放后的十数年中，对文华图专的整体研究仅有15篇，而此后的十年略有发展，近十年，这方面研究发展的势头见长，达到64篇。但从数量上来看，仍远远低于对文华学人的研究数量。

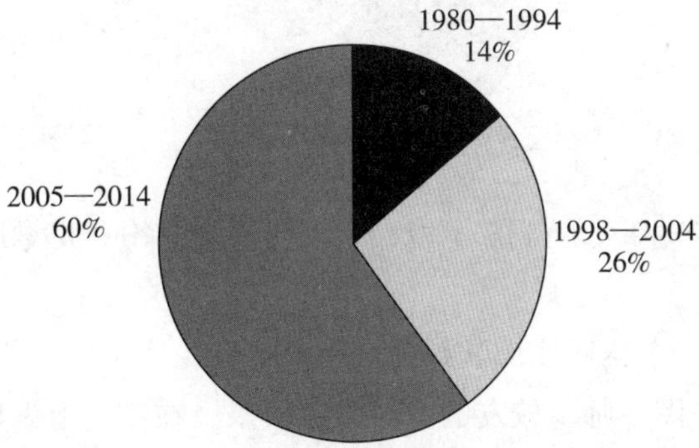

图1　1980—2014年对文华图专的整体研究论文各时间段数量百分比统计

① 由于对文华图专的相关研究被划分为整体和个体研究，因此有一部分论文对二者都论及时，需要根据其内容进行归类的判断。但内容与二者都密切相关时，以论文标题中出现者划分；如果二者均在标题中出现，则同时入两类。在数量统计时，二者均以0.5篇计。同样，如果一篇论文关于两个或以上文华图专师生校友个体的，以人数进行分割。如论及四个人，则每人计数0.25，如论及三个人，则每人计数0.33，以此类推。如果所论及的人物中，并非所有人都与文华图专关联，则将非关联者的份数去掉。如，论及三位图书馆馆长而其两位为文华学人者，以每人0.33分别计入二人名下，另有0.33不入统计。另外，书评入与所评论内容符合的类。以下统计中，用1980年以来的相关数据进行比较。自1980至2004年的数据来源与筛选方法与近十年的相同。

对文华图专师生校友的研究成果数量，自1980年以来增长速度较为稳定略有提高，近十年的论文数量达到108篇，占到历年来总数的40%。虽然其增长速度小于整体研究，但数量达到了整体研究成果的1.7倍。如图2所示。

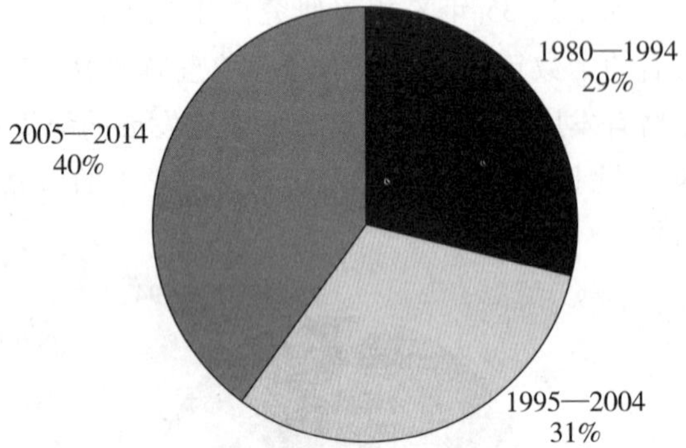

图2 1980—2014年对文华图专师生校友个体的研究论文各时间段数量百分比统计

1.4.2 个体研究成果数量分布不均衡

对文华图专师生校友的个体研究成果，在数量上表现出对各人研究的不均衡，文华学人个体的研究成果集中于少数对象。自1980年以来，数量上位列前十的研究对象是韦棣华、沈祖荣、钱亚新、毛坤、皮高品、徐行可、沈宝环、周连宽、裘开明、严文郁等(如图3所示)。对他们的研究论文占到了总数的75%。

而近十年以来，前十位发生了变化，分别为韦棣华、徐行可、毛坤、钱亚新、沈祖荣、严文郁、周连宽、裘开明、喻友信、黄彝仲(如图4所示)。对他们的研究论文占到了总数的74%。

1.4.3 回忆录和访谈录数量分布呈现差异

与文华图专相关的回忆录和访谈录是研究的重要材料，同时也从一个侧面反映了学界与相关人士对这个研究课题的关注。自1980年以来，对文华学人个人回忆录和访谈录的数量远远超过对文华图专整体的回忆录文章数(如图5所示)，并且对于机构的回

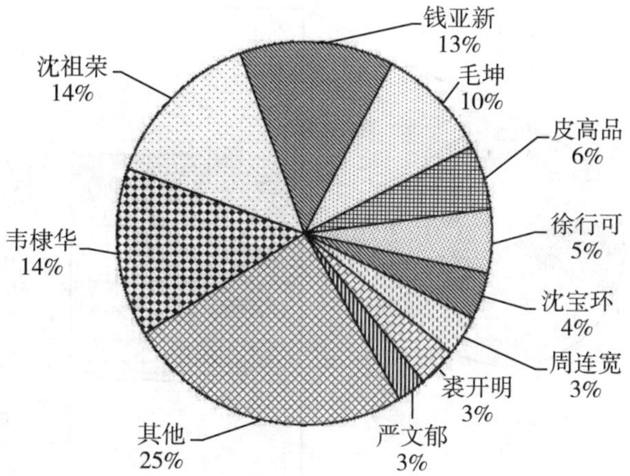

图 3　1980—2014 年对文华图专师生校友各人研究论文百分比

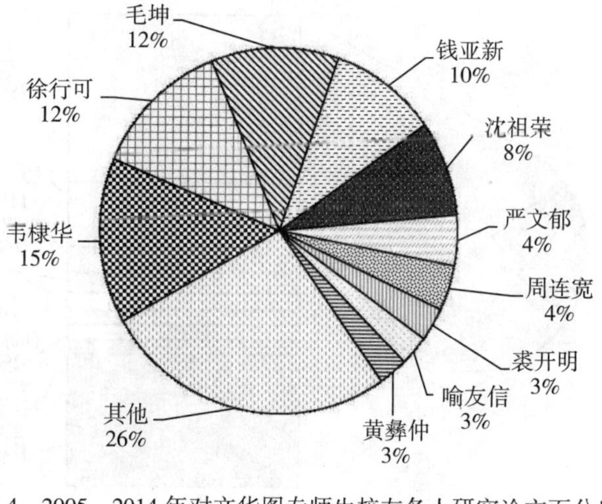

图 4　2005—2014 年对文华图专师生校友各人研究论文百分比

忆录数量在近十年才大量出现(如图 6 所示)。对于文华学人的回忆录与访谈录也出现了对象分布不均衡现象。

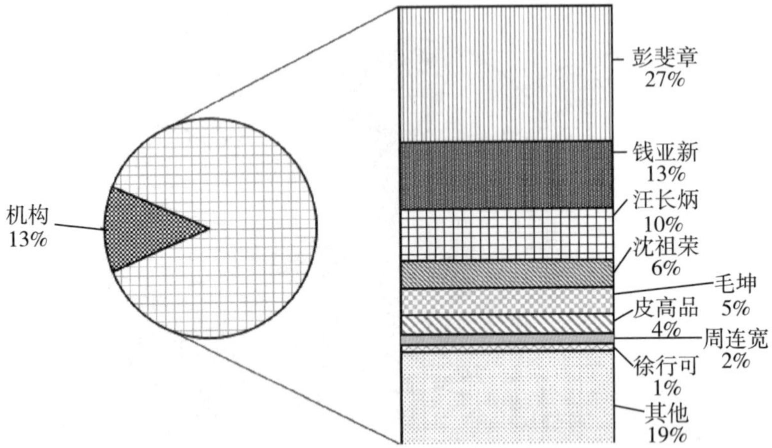

图 5　1980—2014 年与文华图专相关回忆录和访谈录主题分布百分比

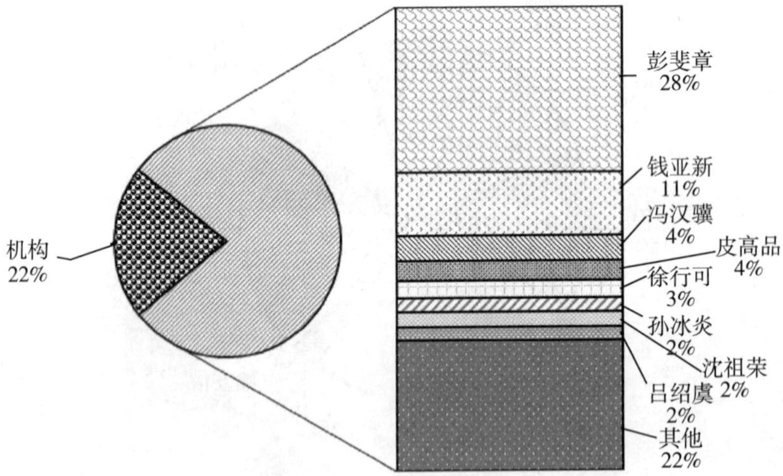

图 6　2005—2014 年与文华图专相关回忆录和访谈录主题分布百分比

2　对文华图专整体的研究

文华图专作为我国第一所图书馆学专门教育机构，自1920年创建以来，至今已有九十余年历史。作为其后身的武汉大学信息管理学院有着院庆的传统，因此自1980年以来，每逢十年都会有相应历史回顾和阶段总结性的论著出现。本文所选取文献的出版时间正为2010年九十周年院庆前后。

2.1　官方出版的研究成果

在这个时间段内，对于文华图专研究影响最大的专著当属武大信管院为九十周年院庆的献礼。继《世代相传的智慧与服务精神——文华图专八十周年纪念文集》[1]之后，武大信管院在九十周年院庆之际出版了《求实奋进 共谱新篇——从文华图专到武汉大学信息管理学院(1920—2010)》和《文华情怀——文华图专九十周年纪念文集》。

前者以文华图专继承者身份，对其历史进行了多层次的梳理，从学院传统、学科专业、师资队伍等方面细述史实，系统总结，令读者可以由此一部书了解到文华图专发展的历史脉络，各方面叙事推进直至2010年。其中附有《从文华图专到信息管理学院沿革》，以大事记的形式保留了文华图专时期的史料线索[2]。

后者与《图书情报知识》自2007年开始所设专栏同名，共集有105篇，除了收录专栏所刊登的50篇回忆或考证性的文章外，还将分散于不同刊物中的各类文章收罗筛选，其中有10篇为专门为该文集所撰。从整体上看，这部文集选取了各个历史时期的代表性作品，分为“文华先驱”“文华学人”“文华岁月”“文华研究”和“文华史考”等五个部分，分别收录对韦棣华女士和沈祖荣先生的回忆录及研究成果、对文华图专其他师生校友的回忆录和研究成果、关于学校学习生活的回忆录、史实梳理和研究考证[3]。就具体内容而言，包罗宏富，兼容并蓄，更从宏观上展示了各个专题之下，不同历史时期的研究重点和主要观点的变迁。相应具体内容将在后文中加以论述。其后附录有按照出版或发表时间先后顺序排列的《文华图专论著索引》，为后续研究提供了极大帮助。这部文集可视为文华图专研究的成果展示，也是相关研究的重要工具书。

另有《武汉大学信息管理学院校友名录(1920 级—2010 级)》公布了文华图专毕业生名单，这也为文华图专师生校友研究提供了有力的参考。

2.2 发展历史总体研究

对文华图专历史脉络的梳理在 2005 年之前的论著中已经基本完成，对文华图专发展历史的总体研究主要在两类论著中展现，一类是针对文华图专本身发展历程进行探讨，一类是将民国时期的图书馆学教育作为主要研究对象的研究成果。由于文华图专为我国图书馆学教育的先行者，且民国时期其他图书馆学教育机构旋起旋落，只有文华图专在长达近三十年的时间里坚持办学，一枝独秀，因此文华图专在很大程度上可以代表民国时期图书馆学教育的最高水平。研究民国时期图书馆学教育史的成果也大多围绕文华图专进行探讨。

这些成果总结了文华图专办学经验而作为当今教育改革之借鉴。彭斐章的《文华回眸》回顾了从文华图书科的创建到武汉大学信息管理学院的办学历程，其内容以文华图专为主，包括“文华图专记忆”“文华图专办学理念”“文华图专的办学模式”等部分，并对其办学经验进行了总结：在实践教学上，注重培养学生的操作能力；重视对学生外语能力的培养等[4]。作者彭斐章是从文华图专到武汉大学信息管理学院承上启下式的见证者和建设者，其文中的论据不仅来自于文献，而且来自于从文华图专耳濡目染得来的精神与风格，以及将文华图专并入武大后的图书馆学专修科逐步建设成为图书情报学院进而发展至当今的信息管理学院的经验与体会。

陈传夫的《〈文华情怀〉序》不仅回顾了文华图专发展的历史，历数师生校友中的杰出代表，还提出“文华图专也属于世界图书馆事业的一部分”，将其置于世界图书馆事业发展史的视野中进行定位[5]。

刘应芳的《民国时期图书馆学教育本土化研究及其现代意义》结合其他图书馆学办学机构和教育者，论述了文华图专教师在教育思想、课程设置、教学内容等方面进行的本土化探索，认为这种探索行之有效，富有理性精神，很好地平衡了现代化与本土化的关系[6]。

《不朽的文华——从文华公书林到文华图书馆学专科学校》一书从考察基督徒、传教士和教会学校的角度，对“文华”(除文华图专和文华公书林之外还包括文华书院、文华大学、华中大学等)进行个案研究[7]，囊括了大量与教会学校有关的史料。该书出版后一年多得到了5篇发表的书评。作者周洪宇长期研究教育史和教育政策问题，且现任湖北省人大常委会副主任，全国人大代表[8]，因此他的成果一方面说明文华图专逐渐为图书馆学界之外的学者所关注，另一方面这部著作的出版也进一步扩大了文华图专的知名度。此外，周洪宇还发表了《近代中国图书馆学知识生产集团的图景——以“文华共同体”为基点的历史考察》，他在论著中使用的“文华共同体”一词和图书馆学界的关系问题尚有待进一步明确[9]。

这些成果中，有着对于文华图专办学历史的理性思考和评判。谢灼华的《特点和影响：20世纪上半叶的文华图书馆学专科学校》在回顾文华图专建立发展历史的基础上，对其教学和科研的特点进行了总结，即中与西、教与学和教与研的结合。在探讨文华图专的学术地位和影响时，一方面肯定了文华图专取得的成绩，另一方面提出两点不足，即理论建树和中西结合仍然不够[10]。王子舟的《中国图书馆学教育九十年回望与反思》将图书馆学教育发展的九十年划分为三个发展阶段，其中1920—1949年为开端和第一个繁荣期，这个阶段包括了文华图专办学的大部分历史。该文认为文华图专的成立“既有中国图书馆学教育正式起步的标志意义，也具有现代图书馆学在中国确立的标志意义”，肯定其办学路径、成果和贡献。同时，也指出这个时期图书馆学教育模式仿照美国，“中国化”不足，过度强化致用性而导致学生的人文素养和科学基础比较薄弱，难以胜任某些专深的知识信息工作[11]。

此外，刘荣的《文华赋》以赋体的形式叙说了从文华图专到武大信管院的发展历程，文字古雅，征引广博，多加类比，娱目怡情[12]。

2.3 对不同历史时期的研究

文华图专的创建和发展，是一段筚路蓝缕、精诚奋斗的历史，在不同历史时期表现出不同特征，相关研究成果主要对文华图书科时期和西迁重庆时期展开了探讨。

2.3.1 文华图书科

对于文华图专的创建研究，大多将文华图专建立初期的文华图书科作为主要研究对象，细细爬梳了这段早期的史实，较为充分地揭示了这段历史时期的发展路向、办学特点和影响。

彭斐章和彭敏惠的《从文华图书科到文华图书馆学专科学校》关注于文华图专从创建到独立建校的发展，选取其历史沿革中的特殊时间点(1920 年奠基、1926 年获得庚款、1927 年坚持办学等)，探讨了文华图专如何在艰难险阻中创造出自身发展的机遇，在此过程中完成校舍、资料、教具等硬件和师资、课程设置、课外活动、招生和毕业资格、毕业生就业、研究平台建立等软件方面的积累，使文华大学一个新生的边缘学科，在近十年间拥有了发展成为一所专科学校的实力，并从对于学校、图书馆学科和我国图书馆事业发展等方面总结了这段历史的深远影响[13]。瞿成雄和查启森的《文华图书科：从文华大学到华中大学——我国第一所图书馆学教育机关创始记》一文，长于史事叙述和资料选取与组织，详尽揭示了大量来自于图书、期刊和档案的史料，并从已有研究成果中摭取所长，相互参引，内容厚重[14]。相比而言，《我国图书馆学专门教育的嚆矢——文华图书科的创建》则立足于“创建”这一时间点，通过对文华图书科创建前后历史的考察，回溯筹备和开学等初创情况，梳理我国图书馆学专门教育开展之初的种种因素和发展方向[15]。

2.3.2 西迁重庆

文华图专另一个备受关注的发展阶段是西迁重庆之后，发表的成果有《走近廖家花园——寻找武昌文华图书馆学专科学校战时校址》《寻觅廖家花园——抗战时期文华图专重庆办学旧址廖家花园考》《文华图专重庆办学实录》等。文华图专于1941年至1946年在廖家花园办学，复原时学校所建校舍房屋全部拆下，将建材运回武昌重建校园，故今天廖家花园所在之地并未有明确地标。作者利用当年文华师生用文字留下的索骥之图，经过历史亲历者的孜孜寻访、热心学者的严格考据、知情校友的深情回忆，基本确定了廖家花园的地理位置[16][17]，也促生了上述两篇寻访校址的文章。《文华图专重庆办学实录》则运用大量史料，勾勒出文华图专在重庆办学时的坎坷经历、教学环境的变迁、师生的物质与精神生活[18]。

2.4 对办学不同方面的研究

文华图专作为一所办学机构，培养了当时中国图书馆事业发展所急需的专门人才，为现代图书馆学在中国的发展作出了自己的贡献，而文华图专冲破重重阻碍，其发展历程中的种种因素也在对其整体产生着影响，以上各方面均有论著出版。

2.4.1 人才培养

关于文华图专人才培养的研究成果主要集中在教学、文华精神和毕业生等方面。由于在国内并无先例，故文华图专的教学内容和方法就其产生而言，学自西方而力求符合本土需要，在国内也具有首创意义，相关研究成果往往对此多有关注。

文华图专的教学是其办学的核心内容，一些学者对其特点和成效进行了研究。如彭敏惠的《从庚午级学生状况看文华图书科的教学》选取文华图专立案后的第一届毕业生，追溯其在校学习、研究、生活和毕业的状况，来说明文华图专课堂内外的教育过程与成效[19]。《文华图专目录学教育与目录学思想现代化》以目录学范畴之内各种课程开设和与其他课程的配合为切入点，从文华图专不同时期的成绩单和课程表出发，分析了相应时期的教学特点。与此同时，针对文华图专师生对目录学研究的不断推进，选取1920年、1928年和1936年几个时间点前后相关论著和观点的分析，探讨了文华图专目录学教育在整个图书馆学教育体系内沟通中西的作用[20]。《文华图专面向职业的人才培养方法探析》则着眼于教学方法，认为文华图专在课堂讲授之外，通过增强动手能力的实习、开拓视野的参观、紧跟时代潮流的群育讨论会和面向民众的社会服务等方法，从课堂内外展开对学生技能和理念的培养，为学生毕业后在本专业就职做了充足的准备[21]。

一些学者力求从对史料的研究中寻求新的视野来探讨文华图专的教学。肖鹏的《当代图书馆学档案学专业人才培育的反思与改革策略——以文华系统的参考咨询教育为切入点》选取贯穿理论与实践的参考咨询教育为样本来观察文华教育体系(以文华图专与其人才培养相关的文华公书林等机构与团体形成的“文华系统”)，并建议以更宽阔和系统化的视野考察相关教育体系[22]。

文华精神也是一个在相关研究中被反复提及的话题。研究者对文华精神的精义往往用文华图专的校训“智慧与服务”来概括。张新鹤和于淑霞的《从文华精神谈我国图书馆精神的培养》就从“智慧与服务”出发，认为图书馆精神由之传承而来，其内容是爱人、爱国、爱图书馆事业[23]。《文华精神 薪火相传》则对文华精神进行了阐发、概括和总结。从文华图专筚路蓝缕、披荆斩棘的发展历程，注重实际、中西结合的办学传统以及文华师生奉献于图书馆事业的行动与抉择，将文华精神定位为“自强不息团结奋斗，兼容并蓄开拓创新，爱岗敬业服务社会”[24]。

文华图专的教育成效得到了业界的认可，文华学子在毕业时往往可以获得良好的就业机会，与之相应他们也在工作岗位上担当起管理和技术方面的重任，成绩卓越。梁建洲的《文华图书馆学专科学校毕业生就业的优越条件》认为文华图专毕业生就业的条件，主要在于所学专业特殊，学得的专业知识丰富，具有优良的服务道德，学校和校友提供了畅通的就业渠道[25]。《文华图专毕业生自抗日战争开始后对四川地区各图书馆做出的贡献》和《抗战前文华图专毕业生在推进江浙沪地区图书馆事业中的作用考略》都例举了校友在各图书馆服务的情况，说明了文华图专毕业生对这两个地区图书馆事业的贡献[26][27]。

2.4.2 学术研究

文华图专在学术研究方面的贡献最受关注的是《文华图书科季刊》(后改名为《文华图书馆学专科学校季刊》，后文统称《文华图专季刊》)。

《评〈文华图书馆学专科学校季刊〉》分析了该刊在不同历史时期的特点，并依据刊物内容，编制了学术年表和工具书的书目索引。该文将所刊文章内容分为："图书馆学和相关学科理论之探讨""国内外图书馆事业研究""图书馆历史的研究""图书馆分类编目研究""图书流通阅览问题研究"和"参考工作研究"等六个方面，展开内容说明和评价。通过作者群分析，认为教师、校友和学生对《文华图专季刊》的支持，正是其得以发展和进步的原动力[28]。另外，《论〈文华图书馆学专科学校季刊〉的学术归旨与服务精神》作为国家图书馆出版社影印《文华图专季刊》的序言，简要介绍了该刊的历史，并强调了该刊切用的视角和服务的精神[29]。

随着相关领域研究的深入，对文华图专学术研究方面的关注面逐渐扩大。"文华图专丛书"逐渐进入研究视野[30]。《论文华图专的学术风格及其深远影响》则基于对《文华图专季刊》和"文华图专丛书"的分析，将文华图专的学术风格总结为学以致用、中西结合、交流沟通和协作创新，并论述了文华图专的学术风格对图书馆学研究向现代转型、推动图书馆学研究的组织化、理论研究坚持实用化的发展方向、图书馆学研究方法的创新和图书馆学研究始终把握职业的特点等方面的深远影响[31]。

对于文华图专学术研究的组织化，有《文华图专研究部的作用与启示》进行了专门论述。文华图专研究部通过对毕业论文的指导和组织学生探讨学术专题来辅助课堂教学，促进了《文华图专季刊》的发展，也为文华图专丛书的出版提供了支持，并专门在《华中日报》上设立了"图书与文献"专栏。文华图专研究部在促进教学与科研结合、组织合作研究和沟通在校师生与校友等方面的作用都可为当今所参考借鉴[32]。

2.4.3　对各发展因素的研究

对文华图专发展历程中重要因素进行探讨的论文在近十年内数量渐增。《所见"文华图专"校史资料中若干异载的辨析》[33]和《我对文华图专校史资料中一些异载的看法》[34]都对文华图专历史中一些受到争议的问题提出了自己的观点。关于文华图书科创办人的问题，前者认为文华图书科创办人应是韦棣华、沈祖荣和胡庆生三人，后者则认为一方面不应埋没沈、胡在创办中的功劳，另一方面也应分清主次，突出韦棣华女士在创办中起的主要作用。关于文华图专独立建校的时间，前者认为正式时间为 1930 年 12 月 1 日，而后者认为这个时间仍有待考证。关于校训“智慧与服务”的制定者，前者认为是沈祖荣秉承韦棣华女士的意愿为文华图专正式制订了校训，而后者则倾向于由韦棣华女士制定校训，由沈祖荣校长完成中文翻译。此外，前者还对以下问题进行了史料考辩，得出自己的结论：关于文华图书科创办的时间为 1920 年 5 月 1 日，文华图书科首任主任是韦棣华而非胡庆生，文华图书科第一届在校学习图书馆学课程的时间是 1920 年 5 月到 1922 年 1 月，文华图书科本科第九届入学时间为 1930 年 9 月，文华图专并入武大的时间为 1953 年 8 月，文华公书林奠基的时间是 1908 年等。

文华图专与华中大学的关系问题，在以往成果中时有提及。《文华图专与华中大学的纠葛与分合——韦棣华“遗嘱”解读》基于大量近来发掘的史料，对文华图专校董会、资金、地产等方面档案进行细致分析梳理，辨析了文华图专和华中大学以及其身后的美国圣公会的态度变化、相互影响和利益关系，从韦棣华女士的遗愿及其后的执行情况说明了文华图专领导人为贯彻图书馆公开平等的精神，在种种利害束缚与往昔关系的牵绊下仍然坚持为学校的生存发展赢得自由的空间。最后问题的解决是文华图专得到了人民政府的扶持，保持了独立办学的地位[35]。

文华图专在民国时期的持续办学历来令学者津津乐道。《私立文华图书馆专科学校生存和发展的原因探析》认为其原因可以归结为：凸显自身特色和以服务社会为己任、拥有多渠道和必要的教育经费支持、创办人专注的办学态度和善于筹资的方略以及百折不挠的敬业精神[36]。《文华图专办学资金来源考》认为资金对其持续办学起到了重要的支持作用。国内外私人捐赠、美国圣公会补助和返回庚子赔款的资助为文华图专创始和初期的发展奠定了基础，国民政府的拨款对文华图专课程的扩展与生源数量的保持起到了重要作用，韦棣华基金会、洛克菲勒基金会等机构和个人的捐赠，在学校发展的某一方面或某一时期发挥过重要作用。文华图专的持续办学正是这些资金合力作用的结果[37]。

2.5 采取其他角度的研究

为中国图书馆事业培养合适的人才是文华图专办学的目标。而在其创建和发展的过程中，文华公书林不但和文华图专拥有共同的创建者韦棣华女士，也是文华图专创建的载体，见证了其重要的发展时期。因此对文华公书林的研究和文华图专的教室、图书馆、仪器设备等硬件相结合，同时这些也是文华精神生发、继承和传扬的重要实体。另一方面，在文华图专的图书馆学教育发展中，为了满足社会需求，有识之士的推动促生了档案管理课程，逐渐衍生档案管理课程体系，开创了我国档案学专门教育的先河。这两方面都有相当的研究成果，因与图书馆学教育相关而有别，故在此单独列出。

2.5.1 专论文华公书林

关于文华公书林的研究成果呈现了与之相关的大量史实。如《文华公书林纪事本末》，关注于文华公书林历史发展的“本”与“末”，详述其创建的背景和因由，又对1938年以后，尤其是文华公书林建筑的留存与拆除情况加以说明[38]。

除了对历史的梳理之外，对文华公书林的某些方面，如服务和建筑等也进行了专门的探讨。《文华公书林与文华图专的巡回文库》则撷取了文华公书林和文华图专传承关系中开办巡回文库的部分。文华公书林以武昌昙花林为基础，服务民众，传播现代图书馆思想；文华图专学生自发成立“学生服务团”，继承传统，服务社会，学研结合。及至学校西迁重庆，在纷乱战火中，学生坚持并扩展了巡回文库的服务[39]。《文华公书林建筑考》针对作为公共图书馆的文华公书林和文华图专赖以创生与发展的这栋建筑进行考证。其外观、构造、功能等无一不为这二者服务，因而体现出开放和实用的理念。文中还详细说明了文华公书林为强化教学功能而进行的改造，并辅以插图[40]。

对文华公书林总体的研究成果数量较少。《文华公书林研究

(1910—1938)》大致梳理了文华公书林的创办和发展历程，对其特点、功能和影响进行了探讨，将其特点总结为：外文文献收藏比重大，图书馆学类藏书负有盛名；经费来源渠道多元化，以教会拨款和私人捐助为主；面向公众开放，建立巡回文库制度；注重图书馆专门人才培养[41]。由于文华公书林办学过程中的具体事务史实和相关数据仍有待发掘，因此相关研究所得结论相当有限。

2.5.2 专论档案学教育

档案学课程和档案管理科是文华图专办学中的有机组成部分。文华图专是我国图书馆学和档案学专门教育的共同起源之地。

《档案教育起源探究》梳理了相关档案资料，探讨了文华图专从开设档案学课程，到设立档案管理科，以及开办档案管理职业训练班的历史，总结了文华图专在档案学教育和研究的成就[42]。《回头看看私立武昌文华图书馆学专科学校档案管理专业教育的贡献》认为文华图专开拓和发展了我国档案管理专业教育，摸索出了一条档案学研究和教学的有效途径，为我国培养了一大批档案管理人才，在档案学术上的成就巨大，影响深远[43]。

《文华图专档案管理课程的创设》[44]《近代中国档案教育综论》[45]和《论"文华图专"对我国档案管理专业教育的贡献》[46]等文，也对将文华图专的课程设置、师资队伍建设、办学层次、学术研究等各个方面的发展情况进行了考证、分析和总结。

3 对相关个体的研究

近十年对文华图专师生校友个体的研究占到了1980年以来相关研究成果总数的62.8%。其内容主要分布在对文华图专创始人的研究和对文华图专其他师生校友的研究两个部分。

3.1 对文华图专创始人的研究

对文华图专创始人，即美国图书馆学者韦棣华女士及其弟子沈祖荣和胡庆生三人，相关研究成果中，以对韦棣华女士和沈祖荣的研究成果为多。

3.1.1 韦棣华

作为文华公书林和文华图专的创始人，韦棣华女士很早进入学者研究视野。曾经出现过因其所属国籍而产生评价定位的论争，随着相关研究的增多和思想的解放，更多史实被揭示和讨论，对韦棣华女士的研究更多侧重于对其历史贡献的探讨。近十年来，相关研究有升温之势。

在2014年10月10日中国图书馆年会上，举办了“韦棣华女士与中美图书馆事业”主题论坛。会场屏幕播放了题为《追寻韦棣华的足迹》的纪录短片，并有来自国外的研究者和相关人士发言，包括《培育图书馆领袖：韦棣华在普拉特学院及西蒙斯大学》(西蒙斯大学图书馆 Jason Arthur Wood)、《愿上帝指引我们每一步：美国圣公会传教士韦棣华及其中国图书馆服务之感召》、《韦棣华(丽琦表亲)之珍贵家庭记忆》(韦棣华女士的曾外侄孙女 Suzanne Wallbank Rowland)等[47]。这个主题论坛可以视为肯定韦棣华女士历史功绩的一种主流表达。

近年来发表的论文，一方面更多关注于韦棣华女士倾注毕生精力发展中国图书馆事业和沟通中西图书馆界，试图通过不同视角的史实重述，辨析其深远影响，发掘其精神力量。如《一位女图书工作者的心灵之旅——记杰出女性韦棣华》试图从作为追求自身价值实现的女性的视角来解读韦棣华女士的人生选择[48]。程焕文为第79届IFLA大会撰文“The New Library Movement in China and the Impact of American Librarianship at the Beginning of the 20th Century”，强调了被誉为“中国现代图书馆运动之皇后”的韦棣华女士沟通中美图书馆界的桥梁作用，同时论及她在新图书馆运动中的首倡之功，以及她与美国图书馆界对中国的图书馆事业的帮助[49]。

另一个重要方面，在对韦棣华女士生平细节的进一步考辨中，史料的发掘已经不再停留于对其来到中国之后的历程，而朝向其早年经历展开。陈希亮的《韦棣华沈祖荣生辰之我见》就已发表的史料进行综合分析，针对韦棣华和沈祖荣生辰等异载进行考辨，得出韦棣华女士的生辰为1861年8月22日的结论，并论及其来华时间为1899年11月9日[50]。汲言斌的《韦棣华生平研究中的几个问题》则除了探讨韦棣华女士的生辰日期、来华时间以及缘由、家庭情况外，主要通过韦棣华女士所撰《庚子赔款和中国的图书馆运动》①的内容，对其在第二次退还庚子赔款过程中的作用和贡献进行探讨[51]。陈碧香的《韦棣华生平考辨》则通过韦棣华的父系族谱《马萨诸塞州康科德镇伍德家族族谱》与母系族谱《美国汉弗莱家族族谱》中的明确记载，证实韦棣华的生辰为 1861 年 8 月 22 日。该文对其家庭背景、求学经历和与图书馆界的关系等进行探讨，对其早年经历考证翔实，提供了大量时间、数量和人名方面的细节[52]。郑锦怀的《韦棣华早年生平史实辨析》则利用相关的美国新闻报道等第一手英文史料，对其早年生平史实进行修正补遗，对她进入图书馆工作的时间，首次来华的原因、时间与路线，在思文学校的活动，以及她与美国圣公会的真实关系等进行了考证。该文还指出韦棣华女士来华后曾与美国的亲朋、教会社团等保持着密切的联系，由此留下了大量的英文史料，包括英文著述、讲演记录、往来书信、手稿，以及与之相关的英文档案、新闻报道等，都是值得挖掘、整理与利用的[53]。

3.1.2 沈祖荣

沈祖荣是韦棣华女士创办文华图专时的得力助手，后来担任文华图专校长二十余年，对中国图书馆学教育和学术研究贡献卓著。对文华图专的研究往往对沈祖荣多有论及，对其专门的研究成果自 20 世纪 80 年代以来时有出现，自 1997 年程焕文的专著《中国图书馆学教育之父——沈祖荣评传》[54]和其后续研究成果发表后，出现的新史料并不多见。2013 年武汉大学出版社出版了《沈祖荣文集》[55]，较之前丁道凡所辑更为忠于原文，所收文章多出十余种，为研究沈祖荣提供了新的材料。

近年对沈祖荣的研究成果主要基于现有史料的比较分析，对不同记载的细节进行推敲和探讨。如查启森的《沈祖荣先生生辰及籍贯与出生地辨析》就摭取不同文献和档案中对沈祖荣的生辰和籍贯的不同记载进行考辨，认为其生辰为 1885 年 9 月 3 日[56]。其后的

① 这部书在国内比较少见。

《韦棣华沈祖荣生辰之我见》则得出沈祖荣的生辰为 1887 年 9 月 12 日的结论[57]。然而，这二者都不同于沈祖荣之外孙女陈维尊所提供的 1883 年 8 月 27 日[58]。

其他对沈祖荣的研究成果侧重于探讨其在图书馆事业发展过程中的作用和贡献。如刘应芳的《沈祖荣图书馆学本土化的理念及实践》指出沈祖荣通过对中国图书馆现实状况的调查，提出图书馆学本土化理论，并在图书分类、编目和图书馆学专业教育等方面付诸实践，在多方面作出了开创性的贡献[59]。吴稌年和高荣的《沈祖荣对新图书馆运动的启蒙与宣传》追溯了 1917 年沈祖荣在各地的一系列演讲，认为他在新图书馆运动中，“是中国近代图书馆事业开风气之第一人”，确立了图书馆是国民大学校的场所之理念[60]。沈祖荣的演讲活动是为学者们所津津乐道的历史事件，而该文对其研究的深入细致实不多见。

此外，对文华图专另一创始人胡庆生的研究成果历来较为少见，相关史料亦有待发掘。

3.2 对文华图专师生校友的研究

对文华图专其他师生校友的研究中，除关注文华图专创始人之外，一部分承续之前学界的探讨对文华学人中的杰出代表展开研究，对象往往是图书馆界的著名人物；另一部分成果则发掘出新的研究点，除了当时的知名人物，也对一些在当代并非声名赫赫而在自己工作岗位上作出杰出贡献的人物进行史事追溯和历史定位的探讨①。

3.2.1 已有研究的延续

对文华学人研究对象较为集中，其中对钱亚新(图书馆学本科第 7 班)、毛坤(图书馆学本科第 7 班)、周连宽(图书馆学本科第 8 班)、裘开明(图书馆学本科第 1 班)等人的研究成果自十年之前即

① 根据统计结果，本文对其划分为，如果近十年的研究成果占到近三十五年研究综述的 70%及以上，则认为是新兴的研究点，否则认为是已有研究的延续。

间有出现，近年来又屡添新篇。

3.2.1.1　毛坤

关于毛坤的研究自1995年以来逐渐升温，2000年出版了《毛坤图书馆学档案学文选》[61]之后，学界对毛坤在图书馆学和档案学思想及教育等方面的成就给予了越来越多的关注。2010年在成都召开了“纪念毛坤先生诞辰110周年暨图书馆学和档案学史学术研讨会”，并出版了《毛坤先生纪念文集》[62]，收录了大量相关研究论文，对毛坤在各个历史时期的成就加以全面总结。

谭红的《物换星移文章在 流芳百世道德新——毛坤先生小传(1899—1960年)》基于毛坤先生诞辰学术研讨会征集所得论文编撰而成，标注参考文献和注释106处，资料丰富，来源可靠，偏重个人经历叙述和精神面貌展现，兼以时人评价和作者点评，内容对毛坤在图书馆学和档案学教育以及在图书馆的工作多有提及[63]。

对毛坤图书馆学思想的研究中，凌冬梅的《从〈毛坤图书馆学档案学文选〉观其求真务实的图书馆学思想》、李彭元的《毛坤先生、刘国钧先生图书馆学学术思想比较研究》和张青的《毛坤的图书馆学思想及其现实意义》等，都认为其思想理论与实践相结合，注重实践；融合中西、贯通古今，提倡“洋为中用”。毛坤以治目录学为平生之业，贡献斐然，影响深远[64][65][66]。《毛坤对目录学的贡献与影响》论及毛坤对目录学体系进行梳理，详细探讨编目方法和规则，推动编目工作的规范化，倡导选择实用的书目类型，注重并编制一些专题书目，他还将目录学理论应用于档案学教学与研究[67]。

关于毛坤的研究较有特色的方面是对其在档案学方面贡献的研究。如姚乐野和王阿陶的《毛坤先生档案学教育思想探微》对其在档案学教育思想的源起、教育目标、培养方式、教材编制、课程安排等方面进行了总结，认为其教学理念包括：开放、借鉴与融合；理论与实践相结合；重视职业道德教育；档案学要向专业教育、高等教育发展；重视学生的就业出路等[68]。此外，就毛坤为文华图专于全国首开的档案管理课程所撰讲义《档案经营法》的研究，如《旧墨重痕留新知——毛坤先生〈档案经营法〉手稿整理记》《毛坤先生的〈档案经营法〉再评价》等，尝试从文本体系和内容的角度，深入解读毛坤的图书馆学和档案学思想，并分析该书在文华图专办学中的影响[69][70]。

3.2.1.2　钱亚新

对钱亚新的研究成果数量可观，相关论文对钱亚新的生平事迹、学术思想和研究成果加以论述，大多引用钱亚新自己留下的大量文字材料，包括各种著作、论文和回忆录等。2007 年《钱亚新文集》[71]和 2013 年《钱亚新别集》[72]相继面世，对钱亚新的论著进行了总结性整理，成为相关研究的有力工具。近年来对钱亚新的研究成果主要分布在关于其索引思想、目录学思想和实践以及论著目录的整理等方面。

索引方面的贡献是钱亚新学术研究的重要成果，也是相关学者关注的重点。严明的《论钱亚新先生的索引思想》从索引理论、索引评论、索引编纂和汉字排检法等方面对其贡献进行了总结。钱亚新系统论述了索引的定义、种类、功用和编撰，强调了索引作为指引工具的重要性，并面向实践，形成了体系化的索引法，总结出汉字排检法的原理和规则[73]。谢欢①的《学术创新源于浓烈的兴趣与执着的追求——钱亚新先生索引思想研究》，一方面追溯了钱亚新受知友王君提问启发、早年的学习兴趣、社会环境的感染、恩师杜定友先生的影响等与其走上索引研究道路的各方面因素；另一方面概括了钱亚新在索引基本理论、索引史研究、索引实践、索引人才与索引教育等方面的思想[74]。

《中国近代索引研究的开山之作——〈引得说〉》一文的发表引起了对钱亚新的《索引和索引法》是否是中国近代第一部索引著作的讨论[75]。平保兴的《〈引得说〉是一本我国近代最早系统研究索引专著说质疑——兼论钱亚新〈索引和索引法〉之特色及其学术思想》考证出该书出版时间早于洪业的《引得说》，并非单纯编译，而是构建了索引法理论体系，形成了索引编纂的思想，是 20 世纪我

① 该作者还发表了两篇访谈录：《家人眼中的图书馆学家——钱亚新先生》和《许培基夫妇记忆中的钱亚新先生》。

国索引理论研究的奠基之作[76]。谢欢的《再谈我国第一部现代索引专著》更进一步，从发表时间和内容上，将该书和所借鉴的《索引法手册》(*Indexing: a handbook of instruction*, George Edward Brown, 1921)和洪业的《引得说》进行了比较研究，说明该书确实可以称得上是我国第一部现代索引专著[77]。

对钱亚新目录学思想方面的研究，主要针对其在目录学家和目录学理论的研究展开。张厚生和杨海平的《钱亚新先生关于目录学家的研究成果与贡献》肯定了钱亚新对目录学家如郑樵、章学诚、“三祁”和黄丕烈等人研究的注重，认为他“对历代目录学家既肯定了成就和贡献，也指出了他们研究成果的局限性，对部分目录学家关于同一问题的认识和理解既厘清了继承关系，又列出各自的独创性，并对相关问题提出自己的观点和思路，指出了今人应该学习、借鉴之处和努力的方向”[78]。朱刚和杨海平的《钱亚新先生在目录学理论研究上的贡献》针对钱亚新对“目录学的真谛”的探索，对《校雠略》中目录学理论的研究和所提出目的论、本体论、关系论、方法论和发展论等“五论”的思想加以论赞[79]。

《钱亚新论著编译系年》(上)(下)是由《钱亚新文集》附录略加修改而成，收录钱亚新自1928年至1990年共62年中的专著10余种，论文180余篇和未刊印的书稿数种及文章140余篇[80]。《〈钱亚新论著编译系年〉订正补遗》对前目中所收录的专著和论文及相关信息加以订正和补遗共22处。“钱亚新一生著译之多，实是图书馆界名家之中少见的一个”[81]，由于钱亚新的学术生涯历经了长期动乱的民国时期，因此许多资料容易流失散佚，对其个人论著编译书目几经整理，仍有待进一步完善。

3.2.1.3 周连宽

对周连宽的研究之前间有出现，对其生平和著述进行过考证和归纳。这个阶段的相关研究成果更具有总结性和更深入的探讨。程焕文的《周连宽先生生平事迹与学术贡献——〈周连宽教授论文集〉前言》历数周连宽的治学和工作，在各个时期的论著及相关评价，肯定了他在档案与图书馆工作岗位和专业教育中的贡献，探讨了其学术成果的价值，同时亦展现其人风貌，高度评价了他的学术精神[82]。姜伯勤的《论周连宽先生图书馆学与西北地理之学的学术遗产——〈周连宽教授论文集〉序》总结了他在目录学和书目工作中的贡献，并着重对“西北地理”之学的卓著成就进行了探讨[83]。就其各方面成就进行论述的还有柳凤敏和李新利的《周连宽与其档案学著作》[84]、沈欣瑜和张衍的《溯先贤旧志 发今人学思——周连宽先生与国立社会教育学院》[85]等。

3.2.1.4　其他成果

对图书馆学界已为人熟知的著名人物的研究成果，如对裘开明(图书馆学本科第1班)的研究成果，有程焕文编撰的《裘开明年谱》[86]，是为相关研究的重要资料，也引起了国际图书馆界的关注[87]。又如对徐家麟(图书馆学本科第5班)的研究成果，有柯愈春的《追求中国图书馆现代化的思想家徐家麟》[88]和曾凡菊《徐家麟对民国图书馆学学术转型的贡献》[89]等。其他，如张晖的《汪长炳与图书馆教育》[90]，刘峻明和桂裕民的《中国图书馆学博士第一人——桂质柏先生》[91]，平保兴的《李钟履学术成就与思想研究》[92]等，或揭示更为丰富的史料，或提供新的视角，对这些文华学人展开了研究。此外，对房兆楹[93](图书馆学本科第8班)、顾家杰[94](图书馆学本科第12班)等人均有专门研究成果发表。

3.2.2　新兴研究点

在对文华图专师生校友的研究中，对之前在学界能见度较低的图书馆学家或图书馆员，一些学者也给予了更多的关注，如徐行可(教师)、严文郁(图书馆学本科第4班)，喻友信(图书馆学讲习班第1班)、王文山(图书馆学本科第2班)，等等。

3.2.2.1　徐行可

湖北著名藏书家徐行可曾在20世纪30年代初期担任文华图专教职，讲授版本学课程，其事迹多见于文华图专校友回忆录中。2009年是徐氏家人向国家捐赠其藏书五十周年。此前，关于徐行可的研究成果在十年之前仅见《大藏书家徐行可事略》[95]，其后出版的《徐行可先生捐赠古籍文物五十周年纪念集》[96]除收录纪念性文章外，还列有《捐赠古籍精品图录》《捐赠古籍珍、善本选目》等，是相关研究的重要参考资料。

相关研究成果除在纪念集中反映外也相继发表于刊物。李玉安的《高风亮节藏家风范 芸编飘香后世景仰——著名藏书家徐恕逝世50周年纪略》、马志立的《不为一家之蓄，俟诸三代之英：武昌徐行可收藏记事》、童恩翼的《徐行可学行述略》和阳海清《自标一帜黄汪外 天下英雄独使君——纪念徐行可先生向湖北省图书馆捐赠古籍50周年》等文叙述了徐行可求学、任职、治学、交游等经历，重点围绕其藏书和利用的过程进行探讨，总结了他“撒尽千金为收书”，藏书多为明清善本、抄本、稿本、批校本，藏书贵在为学者利用等特点，分析了其藏书的价值和在实践中发挥的作用，高度评价了他和家人将珍贵藏书捐赠国家的高风亮节[97][98][99][100]。舒怀的《文献学家、藏书家徐行可先生学术思想管窥》通过研究其著述，认为徐氏“学术风格、途径、方法，远绍乾嘉，以浙东学派重镇章氏(学诚)为主，兼取皖派大师戴氏(东原)一脉，形成了自己的学术路数”[101]。

3.2.2.2 严文郁

近年来大陆出现了对严文郁生平、论著、思想进行总结和从史料出发进行探讨的相关研究成果。此前对其研究成果非常有限，除了《严文郁和罗斯福图书馆》[102]外，相关研究多出于台湾。

杨子竞的《图书馆学家严文郁及其著作》梳理了严文郁在国内外从事图书馆事业的60年职业生涯，并从其论著中提取一些独到的见解并加以阐释和论述，如划分中国近代图书馆史的开端与分期、有辨析地对待外国图书馆及图书馆学、强调做好读者服务的必要性、大学图书馆资质认可和对图书馆前途问题的探讨等[103]。王秀粉的《绍往开来文明有道，诚中弘外郁德无疆——记图书馆学家严文郁教授》探讨了严文郁的贡献：致力于大学图书馆的发展，负责筹备国立罗斯福图书馆，师法欧美图书馆的成功路径；在图书馆学教育方面，于古稀之年重返教育一线，开拓图书馆史和书籍史方面的研究，为图书馆教育建言献策，以图书馆界著名人物的追怀来激励后学等[104]。

邹新明的《二十世纪三四十年代严文郁写给胡适的两封信——史料、纪念与感想》从书信展开考证，通过相关史料的印证，提供了严文郁个人思想、经历，周遭图书馆界乃至整个社会的富有真实感的一面[105]。《如何书史——评〈中国图书馆发展史：自清末至抗战胜利〉》以作者在实际工作中遇到的问题为出发点，通过比较研究认为《中国图书馆发展史：自清末至抗战胜利》一书在史料方面准确可靠，同时在编撰方法上"以史带论"，提供了各类型图书馆发展的群像，"近代中国各类型图书馆产生、发展的历史只有在严文郁的这本书中可以概而览之"，将其定位为"第一本对中国近代图书馆史进行系统全面研究的著作，在学术史上具有开山之作的地位"[106]。郑永田和罗木华的《严文郁〈美国图书馆名人略传〉评介》认为虽然该书在收录范围、体例结构和思想深度方面仍值得探讨，但其出版展现了美国图书馆发展的光辉篇章，在"图书馆消亡论"的低迷中鼓舞了国内图书馆界的士气，开创了一个专门探索美国图书馆历史的新时代[107]。

3.2.2.3　喻友信

对喻友信的研究成果数量不多，但针对其学术研究进行了集中探讨。有郑锦怀的《喻友信早期图书馆生涯考察》，该文对其中英文姓名、字号、籍贯等个人基本信息进行了考证[108]，探讨了他求学于文华图专和工作于上海东吴大学法学院图书馆的两个阶段的成就，肯定了他在图书馆管理与利用研究、国外分类法评介，以及编撰法学论文索引与研究图书馆立法问题等三大领域取得的成果。平保兴的《论喻友信早期对图书馆学术研究的贡献》认为喻友信是一位学贯中西、著译宏富的图书馆学家，是民国时期中外图书馆法理论成果最多的译研者，也是将美国大学图书馆使用法著作译介到中国的第一人[109]。江山的《喻友信对图书馆学术的贡献》归纳总结了喻友信在法学图书馆、法学索引、图书馆法规、图书馆管理以及图书馆学术译介等方面的卓著成就[110]。

3.2.2.4　王文山

王文山作为文华图书科毕业生，在图书馆界享有一定声誉，而在当代较少论及，近十年也出现了相关研究成果。韦庆媛的《记文华图书科第二届毕业生王文山》论述了王文山于1923—1933年间，在南开大学图书馆、美国国会图书馆和国立清华大学图书馆的工作情况和相关著述，以及在中华图书馆协会的组织工作，认为他作为我国最早一批图书馆学专业学者，在近代新图书馆事业兴起之初发挥了作用[111]。曾友和的《王文山：中国现代佛教典籍分类法的奠基人》则针对其编制的《王文山佛教典籍分类法》的内容进行评述，认为他根据杜威十分法，开创了佛教典籍十分法之先河[112]。

3.2.2.5 其他成果

除了上述诸人外，汪应文[113][114]（图书馆学本科第11班）、吕绍虞[115]（图书馆学本科第10班）、李景新[116]（图书馆学本科第11班）、曾宪文[117]（图书馆学本科第8班）、查修[118]（图书馆学本科第1班）、陈鸿飞[119]（图书馆学本科第10班）、黄连琴[120]（图书馆学本科第9班）、李永安[121]（图书馆学本科第11班）、于熙俭[122]（图书馆学本科第7班）等文华图专毕业生都将自身所学运用于图书馆服务工作中，当今学者对其各有论述与评价。

另有对文华图专毕业生在档案方面的工作与研究的论述，主要有关于程长源（图书馆学讲习班第2班）[123]和黄彝仲（档案管理专科班第1班）的研究成果，集中于论述其档案管理思想和相关实践方面。

3.2.3 对相关人士的其他研究

文华图专人才济济，英杰辈出。金石学家易均室、音乐家夏之秋等都曾经担任过文华图专教师之职，考古学家冯汉骥（图书馆学本科第2班）等是文华图专优秀毕业生的代表人物。他们以自己的才能和努力，在图书馆学之外的领域中颇有建树，备受推重，对他们的研究成果数量可观（近十年来，关于易均室7种、夏之秋5种、冯汉骥3种）①。其中对他们与文华图专的关系，往往一笔带过或未曾提及，关于他们曾经在文华图专的教学或求学经历的文字较少。文章中与图书馆学界和业界相关的内容并不多。

此外，部分研究成果以多位文华学子为研究对象。其契合点往

① 此前的统计数据中仅将与文华图专有关者纳入，如关于冯汉骥有：朱立文. 冯汉骥先生与厦门大学图书馆结缘[J]. 上海高校图书情报工作研究，2010(1)：36-37.

往在于其与文华图专的关系，如同为文华图专创始人的韦棣华女士和沈祖荣，或者共同服务于一所图书馆[124]等，相关论文数量十分有限。

4 文华图专研究发展的特点与展望

从以上文华图专研究成果的数量统计和内容分析中，可以总结出相关研究发展的特点如下：

(1)与文华图专相关的研究中，对机构的整体研究数量远远小于对文华图专师生校友个人的研究。近十年来，前者占到二者总数的37.2%，比例较之前有所上升。文华图专历史脉络的梳理已经基本完成，该领域重介绍轻考证的风气在这十年中出现了扭转，在对部分文华图专学生就业、学术成果和文华公书林等方面的探讨中，也出现了一些资料翔实、论证严明的论著。可见对文华图专的整体研究得到了学界更多的重视。

(2)在研究成果数量集中的领域，对史料的处理更为精细化，相关论证更为深入。在以往研究成果的基础上，对史料的精细化研究代替了单纯的堆砌。这些领域包括：文华图专创建和初期的发展；文华图专不同时期的办学特点和成效；文华图专的作用、意义和不同角度的评价问题；对韦棣华、沈祖荣、钱亚新、毛坤等人的研究等。

(3)对文华学子的研究中原有热点人物依然得到关注，同时出现了一批新兴研究点。对于相关领域研究对象的选取，已经突破了“名人”之列，一些在自己工作岗位上恪尽职守，默默奉献的图书馆员也被纳入研究范围。文华图专师生校友中不乏对中外图书馆界贡献卓著者，但更多人同样秉承着“智慧与服务”的校训，将自己的精力与学识倾注于图书馆日常工作之中，不求闻达只求有所贡献于社会。对他们的研究也反映出图书馆史研究价值取向的一种转变。

(4)更多史料的发掘和揭示为相关研究提供了良好的环境。文华图专在我国图书馆学教育史中具有特殊地位，史料在对其进行研究的过程中起到了至关重要的作用。近十年来，更多相关档案得以解密和应用，更多历史知情者将所知所想诉诸笔端撰成回忆录，更多民国时期的刊物和图书经过数字化而提供检索，更多国外的资料经各种渠道进入学者视野并得到应用，这些为文华图专的研究提供了有力的支持。

(5)从传播途径而言，一些重要的研究成果以论文集的形式发表。一些论文在结集出版之外，还在刊物上发表。这些论文可以进入数据库，更容易被检索。在文华图专研究中具有重要意义的《文华情怀》囊括了大量有用信息，其中有专为《文华情怀》所撰的文章，多有力作。可惜的是，这些专文并不能被数据库索引，故初涉入此领域的学者相对较难获取相关信息①。

与此同时，从总体看来，这个领域仍需要更多学者的关注，进一步研究的空间依然十分广阔：

从文华图专的整体研究方面来看，虽然已经出现了一批不同分期的历史研究，但其中一些时期的研究仍然不足，如对文华图专独立建校后、西迁重庆前这一阶段的专门研究数量较少。而文华图专办学的各个方面，如课程设置、教学方法、国际交流等方面相关史料已经逐渐得到揭示和总结，仍值得进一步研究。文华图专师生校友在学术研究方面的贡献尤其值得深入探讨。

对文华学子全景式和群像式的研究成果仍然不足。文华图专的校友在国内外图书馆界十分活跃，他们不仅在中华图书馆协会和各大图书馆中有着突出的表现，也对中西文化的交流起到了促进作用，在这些领域文华学子作为一个整体产生了重要的影响，对于文华学子之间的联系进行研究的论文仅有数篇，相关研究还较为欠缺。在已有的研究成果中，研究对象与时间分布非常不均衡，主要是在纪念活动开展时进行，与机构和团体的呼吁与宣传关系非常密切，而这些研究难以形成一个完整的体系，还有很多空白需要填补。在充分的个体研究基础上，对文华学人整体进行更深入的研究依然有待发展。

① 类似的问题在《世代相传的智慧与服务精神》一书中也曾出现过。

参考文献

[1]马费成，主编. 世代相传的智慧与服务精神：文华图专八十周年纪念文集[M]. 北京：北京图书馆出版社，2001.
[2]武汉大学信息管理学院编. 求实奋进共谱新篇——从文华图专到武汉大学信息管理学院[M]. 武汉：武汉大学出版社，2010.
[3]陈传夫，主编. 文华情怀——文华图专九十周年纪念文集[G]. 武汉：武汉大学出版社，2010.
[4]彭斐章. 文华回眸[M]//肖希明，等，主编. 图书馆学研究进展. 武汉大学出版社，2007：1-14.
[5]陈传夫.《文华情怀》序[J]. 图书情报知识，2010(5)：23-25.
[6]刘应芳. 民国时期图书馆学教育本土化研究及其现代意义[J]. 图书馆建设，2012(2)：14-19.
[7]周洪宇. 不朽的文华——从文华公书林到文华图书馆学专科学校[M]. 武汉：华中师范大学出版社，2013：12.
[8]华中师范大学教育学院. 教职员工 · 教授 · 周洪宇[2015-6-25]. http//edu. ccnu. cdu. cn/NewsDetail. asp? MaxSort = SZDW&MaxUrl = TeacherTeam&teShu = OK&id = 401.
[9]周洪宇. 近代中国图书馆学知识生产集团的图景——以"文华共同体"为基点的历史考察[J]. 国家图书馆学刊，2014(5)：86-91.
[10]谢灼华. 特点和影响：20世纪上半叶的文华图书馆学专科学校[J]. 图书情报知识，2009(1)：125-129.
[11]王子舟. 中国图书馆学教育九十年回望与反思[J]. 中国图书馆学报，2009(6)：70-78.
[12]刘荣. 文华赋[J]. 图书情报知识，2010(1)：108-109，127.
[13]彭斐章，彭敏惠. 从文华图书科到文华图书馆学专科学校[J]//陈传夫，主编. 图书馆学研究进展. 武汉：武汉大学出版社，2010：1-33.
[14]瞿成雄，查启森. 文华图书科：从文华大学到华中大学——我

国第一所图书馆学教育机关创始记[M]//陈传夫. 文华情怀——文华图专九十周年纪念文集. 武汉：武汉大学出版社，2010：842-853.

[15]彭敏惠. 我国图书馆学专门教育的嚆矢——文华图书科的创建[J]. 图书馆，2011：140-143.

[16]毛相骞. 走近廖家花园——寻找武昌文华图书馆学专科学校战时校址[J]. 图书情报知识，2008(5)：108-110.

[17]李彭元. 寻觅廖家花园——抗战时期文华图专重庆办学旧址廖家花园考[J]. 图书情报知识，2008(6)：123-127.

[18]瞿成雄，查启森. 文华图专重庆办学实录[J]. 图书情报知识，2010(5)：18-22.

[19]彭敏惠. 从庚午级学生状况看文华图书科的教学[J]. 图书情报知识，2008(4)：105-109.

[20]彭斐章，彭敏惠. 文华图专目录学教育与目录学思想现代化[J]. 图书馆论坛，2009(6)：9-18.

[21]彭敏惠. 文华图专面向职业的人才培养方法探析[J]. 图书馆，2014(4)：109-112.

[22]肖鹏. 当代图书馆学档案学专业人才培育的反思与改革策略——以文华系统的参考咨询教育为切入点[J]. 图书情报工作，2014(18)：5-18.

[23]张新鹤，于淑霞. 从文华精神谈我国图书馆精神的培养[J]. 图书馆建设，2008(4)：89-92.

[24]彭斐章，彭敏惠. 文华精神 薪火相传[J]. 图书情报知识，2010(3)：116-120.

[25]梁建洲. 文华图书馆学专科学校毕业生就业的优越条件[J]. 图书情报知识，2007(6)：108-110.

[26]廖洛纲. 文华图专毕业生自抗日战争开始后对四川地区各图书馆做出的贡献[J]. 图书情报知识，2007(1)：110-111.

[27]赵友芬，刘昌莹. 抗战前文华图专毕业生在推进江浙沪地区图书馆事业中的作用考略[A]. 陈传夫，主编. 文华情怀——文华图专九十周年纪念文集. 武汉：武汉大学出版社，2010：

1006-1014.
[28]谢灼华. 评《文华图书馆学专科学校季刊》[J]. 图书情报知识, 2007(4): 165-168.
[29]吴永贵. 论《文华图书馆学专科学校季刊》的学术归旨与服务精神[J]. 图书情报知识, 2009(6): 100-105.
[30]彭敏惠. 文华学子和文华图专丛书[C]. 第十届海峡两岸图书资讯学学术研讨会论文集A辑, 2010: 181-187.
[31]彭敏惠. 论文华图专的学术风格及其深远影响[J]. 中国图书馆学报, 2011(1): 109-118.
[32]彭敏惠. 文华图专研究部的作用与启示[J]. 大学图书馆学报, 2014(2): 97-102.
[33]查启森, 赵纪元. 所见"文华图专"校史资料中若干异载的辨析[J]. 图书情报知识, 2008(2): 105-110.
[34]梁建洲. 我对文华图专校史资料中一些异载的看法[J]. 图书情报知识, 2010(1): 110-112.
[35]瞿成雄, 查启森. 文华图专与华中大学的纠葛与分合——韦棣华"遗嘱"解读[A]. 陈传夫, 主编. 文华情怀——文华图专九十周年纪念文集. 武汉: 武汉大学出版社, 2010: 1021-1033.
[36]秦然. 私立文华图书馆专科学校生存和发展的原因探析[J]. 图书馆理论与实践, 2012(7): 89-92.
[37]彭敏惠. 文华图专办学资金来源考[J]. 国家图书馆学刊, 2013(2): 96-105.
[38]查启森, 赵纪元. 文华公书林纪事本末[J]. 图书情报知识, 2008(5): 109-113.
[39]彭敏惠. 文华公书林与文华图专的巡回文库[J]. 图书馆论坛, 2008(4): 115-117.
[40]彭敏惠, 张迪, 黄立. 文华公书林建筑考[J]. 图书情报知识, 2009(5): 123-127.
[41]唐秀. 文华公书林研究(1910—1938)[D]. 武汉: 湖北大学, 2011.
[42]邵金耀. 档案教育起源探究[J]. 档案学通讯, 2006(1): 71-

74.
[43]梁建洲. 回头看看私立武昌文华图书馆学专科学校档案管理专业教育的贡献[J]. 图书情报知识，2007(1)：99-107.
[44]彭敏惠. 文华图专档案管理课程的创设[J]. 文华情怀——文华图专九十周年纪念文集，2010(9)：875-884.
[45]余骏，项建英. 近代中国档案教育综论[J]. 浙江师范大学学报(社会科学版)，2013(6)：98-102.
[46]高雄. 论“文华图专”对我国档案管理专业教育的贡献[J]. 档案管理，2015(2)：25-27.
[47]中山大学图书馆. 韦棣华女士与中美图书馆事业[N]. 新华书目报，2014-10-24(A09).
[48]赵友芬. 一位女图书工作者的心灵之旅——记杰出女性韦棣华[C]. 第三届中美数字时代图书馆情报学教育国际研讨会论文集，2010：1-3.
[49]Huanwen Cheng. The New Library Movement in China and the Impact of American Librarianship at the Beginning of the 20th Century [C/OL]. [2013-7-22]. http://library.ifla.org/id/eprint/227.
[50]陈希亮. 韦棣华沈祖荣生辰之我见[J]. 山东图书馆学刊，2011(2)：16-20.
[51]汲言斌. 韦棣华生平研究中的几个问题[J]. 理论学刊，2013(8)：113-116.
[52]陈碧香. 韦棣华生平考辨[J]. 大学图书馆学报，2013(6)：112-122.
[53]郑锦怀. 韦棣华早年生平史实辨析[J]. 图书馆论坛，2015(2)：107-112.
[54]程焕文. 中国图书馆学教育之父：沈祖荣评传[M]. 台北：台湾学生书局，1997.
[55]沈祖荣. 沈祖荣文集[M]. 武汉：武汉大学出版社，2013.
[56]查启森. 沈祖荣先生生辰及籍贯与出生地辨析[J]. 图书情报知识，2007(4)：111-113，54.
[57]陈希亮. 韦棣华沈祖荣生辰之我见[J]. 山东图书馆学刊，

2011(2)：16-20.
[58]陈维尊．无尽的哀思深深的怀念——回忆外祖父沈祖荣先生[C]．第三届中美数字时代图书馆情报学教育国际研讨会论文集，2010.
[59]刘应芳．沈祖荣图书馆学本土化的理念及实践[J]．图书情报工作，2010，54(19)：145-148.
[60]吴稌年，高荣．沈祖荣对新图书馆运动的启蒙与宣传[J]．图书馆，2015(4)：24-30.
[61]沈宝环．序一[M]//梁建洲，廖洛纲，梁鳣如．毛坤图书馆学档案学文选．成都：四川大学出版社，2000：1-8.
[62]党跃武，姚乐野，主编．毛坤先生纪念文集[M]．成都：四川大学出版社，2010.
[63]谭红．物换星移文章在 流芳百世道德新——毛坤先生小传(1899—1960年)[J]．图书情报知识，2010(1)：113-123.
[64]凌冬梅．从《毛坤图书馆学档案学文选》观其求真务实的图书馆学思想[J]．山东图书馆学刊，2009(6)：119-121.
[65]李彭元．毛坤先生、刘国钧先生图书馆学学术思想比较研究[J]．图书情报知识，2010(2)：123-126.
[66]张青．毛坤的图书馆学思想及其现实意义[J]．四川图书馆学报，2010(4)：10-11.
[67]彭敏惠．毛坤对目录学的贡献与影响[J]．图书馆建设，2014(10)：92-95.
[68]姚乐野，王阿陶．毛坤先生档案学教育思想探微[J]．图书情报知识，2009(5)：117-122.
[69]彭敏惠．旧墨重痕留新知——毛坤先生档案经营法手稿整理记[J]．图书情报知识，2013(4)：29-34.
[70]彭敏惠．毛坤先生的《档案经营法》再评价[J]．档案学研究，2014(6)：89-93.
[71]南京图书馆编．钱亚新文集[M]．南京：南京大学出版社，2007.
[72]钱亚新，著，谢欢，整理．钱亚新别集[M]．南京：南京大学

出版社，2013.
[73]严明. 论钱亚新先生的索引思想[C]. 继承发展 开拓创新——纪念汪长炳、钱亚新先生诞辰100周年暨南京图书馆新世纪首届学术年会论文集，2003：68-72.
[74]谢欢. 学术创新源于浓烈的兴趣与执着的追求——钱亚新先生索引思想研究[J]. 国家图书馆学刊，2012(3)：86-93.
[75]侯汉清，王雅戈. 中国近代索引研究的开山之作——《引得说》[J]. 大学图书馆学报，2006(5)：76-81.
[76]平保兴.《引得说》是一本我国近代最早系统研究索引专著说质疑——兼论钱亚新《索引和索引法》之特色及其学术思想[J]. 图书馆理论与实践，2010(5)：45-47.
[77]谢欢. 再谈我国第一部现代索引专著[J]. 图书馆杂志，2013(10)：101-105.
[78]张厚生，杨海平. 钱亚新先生关于目录学家的研究成果与贡献[J]. 图书馆，2006(1)：49-52.
[79]朱刚，杨海平. 钱亚新先生在目录学理论研究上的贡献[J]. 图书馆杂志，2005(9)：13-15.
[80]张厚生，刘娟. 钱亚新论著编译系年(上)(下)[J]. 图书馆理论与实践，2007(2)：125-132；2007(3)：110-113.
[81]郑锦怀.《钱亚新论著编译系年》订正补遗[J]. 图书馆理论与实践，2010(4)：61-63.
[82]程焕文. 周连宽先生生平事迹与学术贡献——周连宽教授论文集前言[J]. 图书情报知识，2008(1)：105-110.
[83]姜伯勤. 论周连宽先生图书馆学与西北地理之学的学术遗产——《周连宽教授论文集》序[J]. 图书情报知识，2008(1)：102-104.
[84]柳凤敏，李新利. 周连宽与其档案学著作[J]. 档案管理，2007(3)：6-7.
[85]沈欣瑜，张衍. 溯先贤旧志 发今人学思——周连宽先生与国立社会教育学院[J]. 浙江档案，2013(10)：48-49.
[86]程焕文，编. 裘开明年谱[M]. 桂林：广西师范大学出版社，

2008.
[87]Dan Huo. Review: the father of Chinese library science education by Huanwen Cheng[J]. Libraries & Culture, 1999, 34(3): 297-298.
[88]柯愈春. 追求中国图书馆现代化的思想家徐家麟[J]. 图书情报知识, 2009(4): 5-16.
[89]曾凡菊. 徐家麟对民国图书馆学学术转型的贡献[J]. 图书馆建设, 2015(1): 46-50.
[90]张晖. 汪长炳与图书馆教育[J]. 图书情报知识, 2010(3): 121-124.
[91]刘峻明, 桂裕民. 中国图书馆学博士第一人——桂质柏先生[J]. 图书情报知识, 2009(6): 115-118.
[92]平保兴. 李钟履学术成就与思想研究[J]. 山东图书馆学刊, 2014(6): 21-25.
[93]党宝海. 房兆楹先生和他的学术研究[J]. 中国史研究动态, 2005(2): 26-28.
[94]白国应. 顾家杰的图书分类思想[J]. 重庆图情研究, 2012(1): 1-5, 11.
[95]徐孝定. 大藏书家徐行可事略[J]. 武汉文史资料, 1994(2): 14-19.
[96]湖北省图书馆. 徐行可先生捐赠古籍文物五十周年纪念集[M], 武汉: 武汉出版社, 2010.
[97]李玉安. 高风亮节藏家风范 芸编飘香后世景仰——著名藏书家徐恕逝世50周年纪略[J]. 图书情报论坛, 2009(4), 3-7.
[98]马志立. 不为一家之蓄 俟诸三代之英——收藏家徐行可掠影[J]. 收藏家, 2010(7): 79-83.
[99]童恩翼. 徐行可学行述略[J]. 图书情报论坛, 2010(4): 3-7.
[100]阳海清. 自标一帜黄汪外 天下英雄独使君——纪念徐行可先生向湖北省图书馆捐赠古籍50周年[J]. 图书情报论坛, 2012(2): 63-71.
[101]舒怀. 文献学家、藏书家徐行可先生学术思想管窥[J]. 图书

情报论坛，2012(3)：60-63.
[102]农伟雄. 严文郁和罗斯福图书馆[J]. 四川图书馆学报，2002(4)：71-74.
[103]杨子竞. 图书馆学家严文郁及其著作[J]. 图书馆，2007(6)：40-41，46.
[104]王秀粉. 绍往开来文明有道，诚中弘外郁德无疆——记图书馆学家严文郁教授[J]. 图书馆论坛，2009(3)：179-181.
[105]邹新明. 二十世纪三四十年代严文郁写给胡适的两封信——史料、纪念与感想[J]. 大学图书馆学报，2009(2)：105-110.
[106]周旖. 如何书史——评《中国图书馆发展史：自清末至抗战胜利》[J]. 图书馆论坛，2015(1)：106-112.
[107]郑永田，罗木华. 严文郁《美国图书馆名人略传》评介[J]. 图书馆建设，2015(3)：96-99.
[108]郑锦怀. 喻友信早期图书馆生涯考察[J]. 大学图书馆学报，2012(1)：100-105.
[109]平保兴. 论喻友信早期对图书馆学术研究的贡献[J]. 国家图书馆学刊，2012(4)：95-99.
[110]江山. 喻友信对图书馆学术的贡献[J]. 新世纪图书馆，2013(1)：78-80，10.
[111]韦庆媛. 记文华图书科第二届毕业生王文山[J]. 图书情报知识，2010(4)：125-128.
[112]曾友和. 王文山：中国现代佛教典籍分类法的奠基人[J]. 四川图书馆学报，2012(5)：79-80.
[113]尹吉星. 汪应文图书馆学思想研究[D]. 重庆：西南大学，2012
[114]尹吉星. 汪应文先生图书分类思想研究[J]. 图书馆，2012(6)：36-38.
[115]郑锦怀. 略谈吕绍虞对外国图书馆学的译介功绩——《编译四十年记》增注[J]. 图书馆理论与实践，2011(11)：82-85.
[116]江山. 李景新图书馆学术思想及其他[J]. 高校图书馆工作，

2014(6)：69-72.
[117]江山. 曾宪文儿童图书馆研究述略[J]. 晋图学刊，2015(1)：76-78.
[118]郑锦怀. 查修的生平与图书馆学成就考察[J]. 大学图书馆学报，2011(3)：118-125.
[119]江山. 陈鸿飞对民国图书馆学术史的贡献[J]. 高校图书馆工作，2013(4)：88-90.
[120]白君礼. 记西北农林科技大学图书馆第一任主任黄连琴女士[J]. 当代图书馆，2014(4)：44-46，10.
[121]周余姣. 一篇被忽略了的译文——巴特勒《图书馆学导论》在中国的首次译介[J]. 图书馆杂志，2011(1)：12-15.
[122]郑锦怀. 从图书馆界名人到翻译名家——文华毕业生于熙俭生平略考[A]. 陈传夫，主编. 文华情怀——文华图专九十周年纪念文集. 武汉：武汉大学出版社，2010：458-472.
[123]梁卫华. 程长源先生的档案学思想与实践[J]. 兰台世界，2012(5)：80.
[124]李金庆. 文华图专与厦门大学图书馆[A]. 第三届中美数字时代图书馆情报学教育国际研讨会论文集[C]. 2010：1-4.

【作者简介】

彭敏惠，女，汉族，1985 年生，武汉大学信息管理学院副教授，主要研究领域为图书馆学教育史、目录学，主持国家社会科学基金青年项目、教育部人文社会科学研究青年项目等国家级/省部级科研项目多项。在国内外专业核心期刊、国际会议等发表学术论文 20 余篇，撰写著作 1 部。